꿈은 이루어진다

뜻 있는 곳에 길이 있다.
하늘은 스스로 돕는자를 돕는다.

지도자 심서

명심 입지편
문자 명구편
정치 입문편
대화 연설편

이강훈 편술

일러두기

많은 책들이 매일 쏟아져 나오고 있다.
한해에 발간되는 책 만해도 수 만권에 이른다고 한다.
우리는 이런 초고속화 시대에 살고 있다.

차분히 사유할 시간조차 없다. 자료가 필요하다고 하여 도서관에 가서 책을 뒤적일 만큼 한가롭지도 않다. 인간에 있어서 불혹의 나이가 되면 공·사간 분망하게 마련이다.

사오십대는 인생의 성숙기요, 황금기이기도 하다.
사업에도 바쁘고 사회활동에도 분주한 시기이다. 친척·친지의 경조사는 물론 각종 행사에도 참석하여 축사도 한마디쯤 해야 하고, 더 나아가 지역 봉사활동도 해야 할 때이다.

또 야망이 있는 사람이라면 입신을 위해 각종 선거에도 나설 수도 있을 것이다. 이러한 때에 주어지는 모임이나 제반 행사의 참석은 그 자리 자체가 자신의 인품을 알리는 절호의 기회일 뿐 아니라, 자기의 인격을 돋보이게 할 수 있는 공간과 시간이어야 함은 말할 필요가 없다.

시간은 금이라고 하지 않던가....
수시로 만나는 순간순간들이 자기 발전에 유익이 되지 않으면 그것은 시간 낭비요, 삶의 잘못이라고 하지 않을 수 없다.

오늘날 무한경쟁 시대에 살고 있는 현대인으로서는 모든 것이 항상 남보다 한발 앞서야 한다.
남과 같아선 안된다. 만록총중(萬綠叢中)에 홍일점(紅一點)이어야 한다.
군계일학(群鷄一鶴)이 되어야 한다. 낭중지추(囊中之錐)라야 한다. 그러기 위해서 이 책이 엮어진 이유이기도 하다.
우리 사회에서는 아직도 각종 모임, 회의, 대화 토론시 주는 언변 연설의 힘은 크다.
격언·명언·명구·고사 등을 자유자재로 인용 구사할 때 그의 인격은 한층 더 빛날 것이다.
그런 뜻에서 문자 명문편이 쓰여졌다.

우리는 오래전 노정객이 정계를 떠나면서 한마디 던진 〈兎死狗烹〉- 토끼를 잡고나니 쓸모없어진 사냥개를 삶아 먹는다. 또 근래 자주 등장하는 〈내가 하면 로맨스고 남이 하면 불륜이라〉는 말이 膾炙(회자)되는 것을 보면 가히 말의 위력을 짐작하고도 남는다.

옛날에도 身言書判(신언서판)이라고 해서 인물 다음에 말(언변)을 꼽았다.
또 옛사람이 말하기를 언변은 자기를 장식하는 무늬(言身之文也)라고 하였다.

一. 명심입지편

이 책에는 너무나 진귀한 명언 명구가 많이 들어 있다. 이런 글들을 지식으로 갖추고 있으면 자신의 인격을 얼마든지 빛나게 할 수 있다.
본서의 내용은 다음의 4개 편으로 구성하였다.

첫째, 명심 입지편에서는 인간의 마음가짐과 처세훈 등 고금 선철들의 가르침이 다수 실려 있다. 실로 인간수양과 가정 교육에도 아주 필요한 내용들이다.
예경에서는 예와 효에 관한 사항들을 많이 옮겨 담고, 채근담 법구경 근사록에 서는 처세훈을, 그리고 톨스토이 인생독본과 카네기 처세론 등에서 선택한 명언 들은 인간수양과 처세 인생 삶의 질을 높이는데 크게 기여할 것으로 믿는다.

둘째, 문자 명구편에서는 토의·토론·주제발표·정견발표, 이·취임사 등에 폭넓게 사용할 수 있도록 유교경전과 제자백가, 고문진보 등 세계 명작에서도 짧고 뜻깊으며 감동적인 글을 200여 개 문항들을 가려 뽑았다. 우리의 역대 한시 시조, 중국의 한시도 실었다.

셋째, 정치 입문편에서는 사회활동을 하고자 하시는 분, 정치 지망생, 교사, 각종 단체 리더, 정치인의 역할에 도움이 되고자 하는 뜻에서 정치에 관해서 폭넓게 기술하였다. 특히 유교경전(대학 서경)서 많이 인용하였고, 순자·관자·한비자의 정치철학을 많이 취하였다. 정치 입문서가 되도록 노력했다.

넷째, 대화 연설편에서는 세계의 명문, 우리 선조들의 명문도 함께 실었다.
탕왕의 장명 궐기문, 부처의 설법, 예수 산상의 수훈, 제갈량의 출사표, 나폴 레옹의 고별사, 율곡의 만언 봉사, 이승만의 나의 맹서 등, 짧은 명문 100여 문을 게재, 사용에 부족함이 없도록 배려하였다.

본서의 내용들은 현대를 살아가는 우리들에게는 주옥같은 글들이요 길잡이가 될 것이다.
이 사회 지도자나 정치인이 되겠다는 이에게, 명심편은 正心(정심) 修己(수기)와 문자 명구편은 지식과 인격도야, 정치편은 정치에 관한 식견과 지도력을, 대화연설편은 일상생활의 왕성한 활동력을 더해 줄 것이다.

따라서 먼 길을 떠나는 길손에게는 천리마가 필요하듯이 지도자의 길을 걷고자 하는 이에게 이 책은 좋은 안내서가 될 것이다.

　　　　　　　　　　　　　- 이 책이 반드시 독자를 저 높은 곳으로 인도할 것이다. - 編者

C.O.N.T.E.N.T.S

I. 명심입지편

1. 인생과 교양 ——— 9
2. 노자·채근담·불경·성경 ——— 9
   ① 노자·채근담 ——— 37
   ② 불경·성경 ——— 42
3. 근사록 명언 ——— 57
4. 예경의 명언 ——— 62
5. 설원의 명언 ——— 72
6. 화(和)·락(樂)·효(孝) ——— 82
7. 속담 동양, 서양 ——— 89
   ① 동양 속담 ——— 89
   ② 서양 속담 ——— 92
8. 인간훈(人間訓) ——— 102
9. 권학문(勸學文) ——— 108
   주문공·백낙천·도연명 ——— 108
10. 구용·구사·구덕·삼덕·삼계 ——— 112
11. 자녀 교육 ——— 116
    ① 부부십계명 ——— 122
    ② 주자십회훈 ——— 124
    ③ 삼강오륜 ——— 126
12. 노년의 생활 ——— 127
    ① 건강비결(장수) ——— 127
    ② 노년의 지혜스러운 삶 ——— 128
    ③ 노인강령 ——— 130

II. 문자명구편

1. 대화시활용 문자 명구 ——— 133
   ① 문자 성어 상식 ——— 133
   ② 속담 문자 명구 ——— 154
   ③ 고전 명언 명구 ——— 158
   ④ 중국 고전 한시 ——— 167
2. 화묵(畵墨) 문구 ——— 170
   ① 화묵 문구 ——— 170
   ② 수양 풍아 ——— 173
   ③ 선림(禪林), 인품심경 ——— 174
3. 사서오경 명구 명언 ——— 177
   ① 대학·중용 ——— 177
   ② 논어·맹자 ——— 180
   ③ 시경·주역·서경 ——— 189
   ④ 예경 춘추 ——— 199
4. 제자 백가의 명언 ——— 210
   ① 노자·장자·열자 ——— 210
   ② 묵자·순자·관자 ——— 218
   ③ 한비자·손자 ——— 224
   ④ 회남자·강태공 ——— 229
5. 한국·중국의 한시 ——— 236
   ① 한국의 역대 한시 ——— 236
   ② 중국의 한시 ——— 243

C.O.N.T.E.N.T.S

Ⅲ. 정치입문편

1. 정치일반론 ── 251
2. 대학중용정치 ── 278
3. 공자정치 ── 283
4. 시경정치 ── 288
5. 서경정치 ── 291
6. 예경정치 ── 301
7. 노자, 장자, 묵자 정치어 ── 307
8. 순자 정치어 ── 311
9. 관자 정치어 ── 319
10. 한비자 정치어 ── 324
11. 강태공 정치어 ── 326
12. 황석공 성심론 ── 332
13. 손자 용병술 ── 335
14. 제갈량 심서 ── 338
15. 근사록 정치어 ── 341
16. 설원 정치어 ── 346
17. 지도자의 함양 수양 ── 356
18. 주역 계사전 ── 361
19. 춘추시대 정치-거울 ── 364
20. 고대 선현치도 ── 367
21. 고대 조선의 통치이념 ── 377
22. 정치 명언(서양·동양) ── 379

Ⅳ. 대화연설편

1. 일반대화, 연설자료 ── 385
2. 채근담 법구경 성경 ── 407
3. 맹자의 예화 ── 416
4. 장자·열자의 명언 ── 419
5. 순자의 명언 ── 421
6. 한비자의 명언 ── 424
7. 설원의 명언 ── 430
8. 여씨 춘추 명언 ── 438
9. 기타 명문 ── 443
10. 한국시조 ── 448
11. 한국의 근대시 ── 451
12. 세계 명시 ── 455
13. 한국의 역대 명문 ── 459
14. 조선조의 상소문 ── 466
15. 중국고전 명문장 ── 471
16. 부처 나폴레옹, 링컨 ── 485
17. 담화연설 자료 ── 492
18. 세계명사의 명구 ── 509
19. 지도자의 교양양식 ── 516
20. 선거연설의 예 ── 521
21. 성경 성찰의 글 ── 526

一. 明心立志篇(명심입지)

1. 인생과 교양 ································· 9
2. 노자, 채근담, 불경, 성경의 글 ············ 37
3. 근사록의 글 ······························· 57
4. 예경의 글 ································· 62
5. 설원의 글 ································· 72
6. 화(和) 악(樂) 효(孝) ······················ 82
7. 속담 (동, 서양) ···························· 89
　① 동양속담 ······························· 89
　② 서양속담 ······························· 92
8. 인간훈(人間訓) ·························· 102
9. 권학문 (勸學文) ·························· 108
10. 구용(九容), 구사(九思), 구덕(九德) ······ 112
　三達德(공자), 三元德(기독교), 三界(불교) ····· 113
11. 자녀 교육(子女教育) ···················· 116
　• 부부십계명　• 주자 十悔訓　• 御製祖訓 ········ 122
　• 삼강오륜(三綱五倫) • 백록동(서원) 계시문 ······ 126
12. 노년(老年)의 삶 ························ 127

명심(明心) 편

- 젊은이여! 큰 뜻을 품어라.
- 뜻있는 곳에 길이 있다.
- 가장 가치 있는 삶은 남을 위해 사는 것이다.

- 욕망은 인류의 지배자이다.
- 행복의 비결은 자기가 해야 할 일을 좋아하는 데 있다.
- 평생에 지킬 수 있는 말이 있다면 그것은 忠과 恕일 것이다. (공자)

- 옛 고훈(古訓)을 배우면 얻는 바가 있다.
- 사람의 집안에는 언제나 화기(和氣)가 돌도록 힘써야 한다.
- 때를 얻었을 때는 태만해서는 안된다. 기회는 두 번 오지 않는다.

- 선비는 자기를 알아주는 이를 위해 목숨을 바치고
  여자는 자기를 사랑하는 이를 위해 화장을 한다.
- 인생의 큰 병(病)은 단지 오(傲)자 한자이다.

- 노하기를 더디 하는 자는 용사보다 낫고
  자기 마음을 다스리는 자는 성을 빼앗는 것보다 나으니라. (성서)
- 모든 일은 미리 준비하면 이루어지고 (凡事豫則立),
  그렇지 않으면 망치(그르치게) 된다 (不豫則廢).

- 집안일 처리는 의(義)보다는 정리(恩가) 승(勝)하고 (門內之治 恩拚義),
  집밖에 일에는 온정보다는 의(義)가 앞서야 한다 (門外之治 義斷恩).

- 고생중에 고생을 해보지 않은 사람은 남의 윗사람이 되기 어렵다.
  (不受苦中苦 難爲人上人)

- 천하에는 늘 이기는 道(도)가 있고 늘 지는 道가 있다 (墨子天瑞).
  언제나 이기는 道를 柔(유)라 하고 언제나 지는 道를 强(강)이라 한다.

- 항상 기뻐하라. 쉬지말고 기도하라. 범사에 감사하라. (살전 5-16)

1. 인생과 교양

- 인생은 기쁨이다.
- 우리의 인생은 우리의 생각으로 인하여 만들어진다.
- 인생은 그대의 행복이라고 생각하라.
- 참된 행복은 자신의 마음속에 있다.
  * 바른 뜻을 세우고 제 자신 돌아보기를 게으르게 하지 마라.
    끊임없는 도전이 자기 발전임을 알라.
- 당신의 사업과 취미생활을 병행토록 힘쓰라.
- 삶은 과녁을 향해 날아가는 화살과 같다.
- 신앙은 정신적인 평화를 가져온다.
- 기쁘고 즐겁게 살아가기 위한 방법은 인생은 기쁨이라고 믿는데에 있다.
- 인생에서 우리의 관계보다 소중한 건 없다.
- 성현은 스스로의 상태를 만족하는 법이다.
- 성현은 자기자신에 대해서는 어디까지나 엄격하지만 남에게는 무엇하나 요구하는 법이 없다.
- 인생에 있어서 스스로의 천명을 알고 힘이 미치는 한 그것을 이루고자 노력하는 사람이야말로 유덕한 사람이라 할 것이다.
- 친절은 이 세상을 아름답게 한다.
- 행복을 자기 자신 이외의 것에서 발견하려고 바라는 사람은 그릇된 것이다.
- 나는 오늘이란 날이 인생의 첫날이며 또 최후의 하루인 것 같이 매일을 생활하는 것이다.
- 할 수 있다고 믿으면 그것은 가능한 것이다.
- 이 순간만이 당신의 시간, 뜻을 갖고 살고, 사랑하고 노력하라.
  내일을 믿지 말지니 시계가 멎어 있을지도 모르기에… .
- 당장 오늘부터 일의 계획을 세우고 계획에 따라 일을 하라.
  오늘은 내일을 계획하고 어제의 계획을 행동으로 옮기기 시작하기에 더 없는 날이다.
- 오늘이 중요하다. 오늘은 새롭고 신선하고 싱싱한 것이다.
  따라서 신명이 나는 새날인 오늘을 최대한 활용하라.
  오늘은 당신의 남은 생애의 제1일인 것이다.

지도자심서(心書)

- 세계를 통틀어 청명한 날 이상으로 칭찬받는 것은 없다.
  사람들이 시샘 없이 칭찬하기 때문이다.
- 하루하루는 조그마한 생명이다. 깨어서 일어나는 것은 모두 조그마한 탄생이며, 신선한 아침은 그 하나하나가 조그만 청춘이다.
- 오늘 남보다 조금 더 노력하라.
  성공은 기꺼이 남보다 조금 더 노력하는 사람에게 찾아온다.
- 너의 돈을 써라. 하루 또 하루 향상을 얻을 수 있는 일에 돈을 써라.
- 인생에 있어서 진실로 "실패자"라는 것은 자기가 하고 싶었던 일을 하지 않는 사람인 것이다. 또 "승리자란 것은 무엇인가?"
  나는 그것을 경쟁자한테 이기는 것이 아니고, 무의미한 것에 시간을 허비하는 자기의 性癖(성벽)을 이기는 것이다.
- 나는 이제 어떠한 생활이 나에게 닥쳐오던지 두려워할 이유가 없다는 것과, 슬기있는 사람에게 있어서는 하루하루가 새로운 생활이다.
- 자기에 대한 걱정 근심을 하지 말 것.
  과거에 일어난 일을 후회하지 말 것. 미래에 대하여 주저하지 말 것.
- 욕망은 작으면 작을수록 인생은 행복하다.
  우리는 이 인생에 불만을 품을 그 어떤 권리도 갖고 있지 않다.
  만약 우리가 인생에 불만을 느낀다면 그것은 자기 자신에게 있다는 것을 뜻한다.
- 인간에 행복이란 조용한 생활. 그리고 부족함을 모를 때 맛볼 수 있는 것이다.
  그러나 「큰 권력을 가진 자는 그런 행복을 누려서는 안된다」는 것은 드골의 말이다.
- 사랑은 자기희생일 때만 사랑이다.
- 모든 사람은 그가 누릴 수 있는 모든 향락이 남의 고통에 의해 얻어진 것임을 알 것이다.
- 인생이란 괴로운 것이며, 어떤 사람이든 즐거움보다는 괴로움이 많은 것이다.
  '인생을 즐겁게 살려면' 괴로움을 참고 괴로움을 괴로움으로 생각지 않아야 하는 것이다.
- 희희낙낙하게 살아가는 비결은 이 생애는 기뻐하기 위해 주어진 것이라고 굳게 믿는 일이다.
- 항상 모든 사람을 사랑하고 착한 생활을 영위하고 항상 자기가 원하는 바를 남에게 해 주는 곳에 참된 신앙은 있다.
  참된 신앙은 현재에 있어서만 행복을 주는 것이지 미래의 어떤 표면상의 행복도 주지 않는 것이기 때문이다.

一. 명심입지편

- 신앙은 삶에 힘이다.
  신앙은 힘이요, 이성은 생명의 등불이다. 신앙은 살아가는 받침대요 살아가는 힘이다.
- 종교 본래의 사명은 살아있는 사람들의 삶을 지탱해 주는 일이다.
  짧은 인생을 뜻있게 그리고 씩씩하게 살자면 신앙이란 의지할 곳이 필요하다.
- 참지 못하는 사람은 망하고, 잘 참아내는 사람은 오래도록 번영한다.
  모욕을 당하고 발끈 화를 내는 사람은 강물이 아니라 물구덩이의 물이다. 돌을 던지면 온통 흐려진다.
- 어떻게 하면 좋을지 모를 때, 곧 하는 편이 나은지, 안 하는 편이 나은지를 분간하지 못할 때, 하는 편보다는 안하는 편이 낫다는 것을 알아두는 것이 좋다.
- 일정한 시간에 기도를 올리는 습관을 갖는다는 것은 좋은 일이다.
  우리는 자기를 돌이켜 볼 기회를 가지니까 말이다.
- 인생에게는 목표라고 할 수 있는 것이 두 가지 있다.
  첫째는 욕심나는 물건을 손에 넣는 일, 둘째는 그것을 즐기는 일이다.
  인류 가운데서 가장 현명한 사람들은 모두 둘째의 일을 성취하고 있다.
- 첫걸음이 중요하다. (시작이 반이다)
  목표를 결정한 다음에 중요한 것은 행동을 나타내는 일이다.
  이 세상에 가장 가엾은 사람은 출발할 줄 모르는 사람이다.
- 중요한 것은 '하면 된다'는 것이다.
  노력하면 반드시 된다. 우물쭈물하는 것은 금물이다.
- 촛불이 꺼지면 여인은 모두 아름다운 법이다.
  미인은 추부(醜婦)의 적이요, 현인은 간신(奸臣)의 적이다.
- 우리 자신이 그렇게 하기를 허락하지 않는 한, 아무도 우리를 모욕하거나 괴롭힐 수는 없는 것이다.
- 우리가 행복하게 되기를 원한다면 남의 감사나 배은망덕을 전혀 잊어버리고, 오직 우리가 남에게 무엇을 베풀어 주는 것으로서 마음속의 즐거움을 느껴야 한다.
- 운명이 우리에게 '레몬을 주거든 그것으로써 레몬수를 만들라'.
  When you Have a Lemon make a Lemonade (레몬을 가지거든 레몬수를 만들라).
- 우리는 무엇이나 얻을 수는 있어도 아무것도 잃을 수는 없다는 두 가지 이유에서 노력해야 할 일이다.

1. 인생과 교양

지도자심서(心書)

- 누군가를 도와주는 것이야말로 행복으로 가는 비결이다. (관자)
  주위를 돌아보고 당신이 도와줄 수 있는 사람을 찾으라.
  타인에게 행복을 주었을 때 당신의 행복은 크게 된다.
  * 우리가 가지고 있는 것을 서로 나누기만 하면 우리는 모두 승자가 될 수 있다.
- 적을 만들고 싶으면 친구에게 이기는 것이 좋다.
  자기편을 만들고 싶으면 친구에게 이기게 하는 것이 좋다.
- 신이 우리들에게 절망을 보내주시는 것은 우리들을 죽이시기 위해서가 아니고 우리들 속에서 새로운 생명을 깨우쳐 주시기 위해서이다.
- 절망은 인간의 생활을 이해하고 받아들이기 위한 인생을 견디고 그 요구를 들어주기 위한 참다운 실험을 위해서 있는 것이다.
- 오래 살려고 하는 사람은 봉사를 하여야 한다.
  지배하려는 생각을 가진 사람은 오래 살지를 못한다.
- 사랑과 성공은 기다리지 않는다.
  사랑을 더욱 빛나게 하는 것은 상대방에 대한 끊임없는 배려이고, 일을 성공으로 이끄는 것은 지칠 줄 모르는 도전과 용기이다.
- 인간은 남을 사랑하며, 남을 위해서 애쓰며, 남을 위해서 희생을 바칠 때에 가장 큰 행복감을 맛보게 된다.
- 착한 일에는 반드시 희생이 따른다. 희생이 따르므로 착한 일이라 할 수 있다.
- 욕심을 부리고 이익을 구하는 마음보다 더 큰 화는 없다.
  인연을 만난 자 행복하고, 때를 아는 자 성공한다.
- 군자는 운명을 비웃지 않고, 운명에 기대지 않는다.
  운명을 정확히 알아 나쁜 것은 버리고, 좋은 것은 취하며 삶의 지침으로 삼는다.
- 옛말에 '사람 마음은 알기 어렵고, 기뻐하고 성내는 것은 적당히 조절하기가 어렵다'고 하였다.

  ♣ 본성이 인간에게 하나의 혀와 두 개의 귀를 준 것은 말하는 것보다 듣는 것을 두배로 하게 하기 위한 것이다. - (에픽테토스 어록)
  * 자기 자신을 다스리지 못하는 사람은 자유인이 아니다.
  * 살아 있는 동안 최선을 다해 선한 자가 되라. - (마루크스 명상록)

一. 명심입지편

- 운명은 그 사람의 바깥에 있는 것이 아니다. 각자의 마음속 내부에 있는 것이다.
  '자신의 운명을 결정하는 것은 누구보다도 자기 자신이다'.
- 장자(壯子)는 '질서를 존중하라, 피할 수 없는 것은 받아들여라'고 했다
- 슬기로운 사람은 때를 따르는 데에서 그것을 이루고
  어리석은 사람은 사리를 거스리는데에서 그것을 패한다.
- 숨은 덕행(德行)이 있는 사람은 반드시 나타나는 보답이 있고,
  숨은 행실(行實)이 있는 사람은 반드시 밝은 이름이 있다.
- 지조란 '純一한 정신을 지키기 위한 불타는 신념이요, 눈물겨운 정성이며, 냉철한
  확집(確執)이요 고귀한 투쟁이다'. (조지훈의 지조론에서)
- 인생의 황금률은 만사(萬事)에서의 중용이다. (로마의 시인 테렌티우스)
- 우리들은 자신에 의해서 구원되며, 자신에 의해서 멸망 당하는 것이다
- 이 세상에서 존재하는 모든 것은 아름답다.
- 인생은 실험도 반복도 하지 못한다. 즉 다시 살 수 없다.
- 인생은 의무이고, 사명이며, 또 사업이다.
- 짧은 인생은 차라리 더위도 소중한 것이다.
- 늦었다고 생각할 때가 가장 빠른 때이다.
- 정직하게 살자? 검소하게 살자? 뜻있게 살자?
- 재능은 숨겨 감추고, 언행은 모나지 않게 하라.
- 요(堯)가 경계하여 말하되 "날마다 하루를 삼가라". (日慎一日)
- 위대한 일로서 쉬운 일은 없다.
- 사람이 해낸 일은 사람이 할 수 있다. (人間之事皆可爲)

> ♣ 일은 변통을 귀히 여기고 말은 때에 절실함을 귀히 여긴다.
> * 나라의 위태로움을 보고 목숨을 바치고, 어려움을 당하여 몸을 돌보지 않는 것을 열사의 뜻이라고 한다. (三國志)

- 우리들이 '원하는 것을 소유함'은 큰 행복이다.
  그러나 「그 이상으로 행복한 것」은 우리들이 가지고 있는 것 이외의 것을, 아무것도 원하지 않는 그것이다.

1. 인생과 교양

- 오늘에 산다. - (도로디 딕스)
  가장 중요한 때는 현재뿐이다.
  허송세월보다 더 큰 죄악은 없다.

- 가장 중요한 인간은 현재 그대가 관계를 갖고 있는 인간뿐이다.
  자기에게 가까이 있는 자를 소중히 여겨라.
  가장 중요한 일은 그 사람들과 사랑하며 화합하는 그 일이다.
  왜냐하면 모든 사람은 서로 사랑하기 위해서 이 세상에 태어난 것이기 때문이다.

- 만나기 힘든 세상에서 서로 만난 같은 시대의 사람은 남을 위해서나 자신을 위해서나 서로 진심을 다한다.

- 사람이 처세하는데 모가 나서는 안된다.
  도(道)를 닦듯이 마음을 닦아 나가면 무엇인가 분명 이룰 수가 있다.

- 젊은이여! "빅 체인지를 빅 찬스"로 잡아라.
  기회를 잃지 마라. (勿失好機)

- 기회는 소녀처럼 왔다가 토끼처럼 달아난다.
  인생은 사랑이며 그 생명은 정신이다.

- 언제나 순간을 놓치지 말라.
  이 상황(狀況)이든 어떤 순간이든 그 하나하나가 영원한 표시로서 무한한 가치가 있다.

- 지위에 지나치게 집착하면 반드시 생명을 단축시키며, 재산을 지나치게 모으면 반드시 모두 잃고 만다.

- 자기를 과시하면 오히려 배척당한다. 자기의 공적을 자랑하면 오히려 비난을 받는다.

- 말을 많이 하지 말라. 말이 많으면 실수가 많다.
  많은 일에 관여하지 말라. 다사(多事)면 근심 걱정도 많다. (顔氏家訓)

- 공을 이루면 물러나는 것이 천도(天道)이다. (成功者去 天之道)
  공을 세우고 물러나는 사람을 가리켜 영웅이라 한다. (功成身退 是英雄)

- 가정에 있어서는 두 가지 말이 있다. 가로되
  오로지 관용하면 평화롭고. 오로지 겸손하면 부족함이 없다. (採根譚)

- 헬렌의 말 - 아이들을 교실로 데려가는 것은 누구나 할 수 있지만 "배움의 장으로 인도하는 것은 선생님" 밖에 없다.

- 레이저 사고란 - 시간과 에너지를 가치관과 목표라는 렌즈를 통해서 일상 활동에 집중시키는 과정을 말한다.
- 처세에는 인내력이 강한 자가 이긴다.
  참고 견딤은 무사장구의 근원이요, 노여움은 적이다. (大望)
- 뜻이 서 있지 않으면 키 없는 배, 재갈 없는 말과 같다. (傳習錄)
- 욕망은 지나치지 말아야 하고, 뜻은 다 채우지 말아야 한다. (禮記)
- 양명학(陽明學)이 중시하는 사상연마(事上研磨)란 '매일 매일 일과 속에서 자기를 단련'해 나가는 것이다.
- 왕양명(王陽明)의 知는 行의 시초이며, 行은 知의 이룸(成)이다.
- 무슨 일이든 여유를 갖고 조심스럽게 사양하면서 대처한다.
- 오직 어진 사람만이 사람을 사랑할 수 있고, 사람을 미워할 수 있다.
  꿈을 간직하고 있으면 반드시 실현할 때가 있다. (괴테)
- 전(傳)에 '몸으로 가르치면 좇고, 말로 가르치면 시비(訟) 한다'.
- 모든 위대한 사람은 겸손하다. (렛싱)
- 큰일 할 사람은 겸허할 줄 안다. (화이트 데드)
- 얼굴에 자기감정을 나타내는 사람은 큰 일을 못한다.
- 리더의 지식과 사상은 깊이보다 폭이 넓어야 한다.
- 우리가 무서워하지 않으면 안될 것은 무서움 그것이다. (존 케어)
- 화복(禍福)은 꼬인 새끼(糾墨)와 같다.
- 대중과 더불어(함께) 좋아하면 이루지 못할 것이 없다. (與衆同好 未不成)
- 날씨가 좋은날 폭풍우를 생각하지 않는 것이 인간 공통의 약점이니, 평온한 시대에 어떤 변동이 일어날 것에 대비해 나가야 할 것이다.
- 화근은 세밀한 곳에서부터 일어나고, 환난은 소홀한 데서부터 나오게 된다.
  (禍起于細微 患生于疎忽)
- 사람이란 결코 제 마음속을 드러내 보여서는 안되는 것이며, 어떤 수단을 써서라도 자기의 목적을 이루도록 노력하지 않으면 안되는 것이기 때문이다. (정략론 제44장)
- 우리 모두에게는 어딘가에 신성한 부분이 있다. 그리고 그 마음의 등불이 인도하는 바에 따를 때 그 빛은 점점 더 커지고 다른 사람에게도 번져갈 것이다. 이기심 없이 자신의 것을 내놓을 때 인간이라는 존재의 가장 깊은 곳이 그 친절함과 관대함을 따라 움직인다.

1. 인생과 교양

지도자심서(心書)

- 난세에는 부질없이 인심을 잃거나 적을 만들지 말아야 한다.
  은혜를 널리 베풀라. (이는 난세를 사는 길이다.)
- 만족할 줄 알면 욕보지 않고, 그칠 줄 알면 위태롭지 않다.
  부귀로 하여 교만해지면 스스로 그 대가를 지불해야 한다. (노자)
- 운명은 인생의 절반을 결정하지만, 나머지 절반은 우리 스스로가 결정한다. (군주론)
- 운명의 신은 여신이다. 그러므로 그를 마음대로 지배하려면 폭력으로서 다룰 필요가 있다. (군주론)
- 대의를 위하여 현실을 돌보지 않는 자는 멸망한다. (군주론)
- 세상은 냉혹한 도박장이다.

  ♣ 더 즐겁고 만족한 삶을 살려고 한다면 오직 꼭 필요한 일들만 행하고, 불필요한 행동들만이 아니라 불필요한 생각도 버려야 한다. - (마르크스 명상록)
  - 자신에게 주어진 모든 것들에게 "너는 내가 바라고 찾던 것이다"라고 말한다.
    현재의 시간을 네 자신에게 주어지는 선물로 만들어라. - (마르크스 명상록)

- 사람에게는 세가지 원망받는 일이 있는데. 첫째가 작(爵)이 높으면 남들이 투기하고, 둘째가 벼슬(官)이 크면 군주가 경계하고, 셋째가 녹(祿)이 많으면 원망이 미친다.
  (列子 說符篇)
- 묵은 원한은 새삼스레 은혜를 베푼다고 해서 결코 없어지는 것이 아니다. (정략론)
- 사람은 아주 악당이 될 수도, 아주 선량하게 될 수도 없는 것이다. (정략론)
- 춘하추동(春夏秋冬) 사계절의 흐름(바뀜)을 보더라도 제구실을 다하면 물러가는 법이다.
  (四時之序 成功者去 - 十八史略)
- 길이 멀어야 말의 힘을 알 수 있고, 날이 오래 지내야만 사람의 마음을 알 수 있다.
  (路遙知馬力 日久見人心 - 明心寶鑑)
- 이기는 것만 알고 지는 일을 모르면, 해가 그 몸에 미치리라. (대망)
- 시대를 만드는 자 권력의 안배만으로는 안된다.

- 구부린다고 해서 대접받는데는 별 차이가 없다.
- 곤란한 문제에 부딪칠 때에는 백지가 되라. 무로 돌아가면 반드시 길이 열린다.

- 부하란 반하게 하지 않으면 안된다.
  심복은 사리를 초월한데서 생겨난다.
  감탄시키고 감탄시켜서, 좋아서 어쩔 줄을 모르게 만들어 가는 것이다.

一. 명심입지편

- 거절하는 방법이 능란하면 쌍방이 모두 기분 상하지 않는다.
  그대가 화를 낼만큼이나 싫다면 더욱더 침착하게 거절할 수 있는 방법을 차분히 생각해야 한다.
- 지금은 모든 것이 화합(和合)이 제일이다. (문민정부)
- 강한 자에겐 져 주어라. (大望)
  무리를 하면 크게 다치는 법이다.
  모든 것을 살린다.

> ♣ 무릇 어진 사람은
> "의를 바로잡고 이익을 도모하지 않으며 (正其義 不謀其利),
> 도를 밝히고 공을 따지지 않는다 (明其道 不謀其功)"
> * 趙石父(보)가 말하기를
>   자기를 알아주지 않는 사람에게는 굽히고 (屈於不知己)
>   자기를 알아주는 사람에게는 편다 (伸於知己) – 春秋

- 목구멍을 지나면 뜨거운 것을 잊는 게 사람의 마음이다.
  너무 똑똑하면 미움을 받거나 경계를 당한다.
- 황금에 집착한 자는 황금 때문에 생명을 잃고
  의상에 집착한 여자는 의상 때문에 불의(不義)를 저지른다.
- 우리는 누구나 기쁨과 평화와 애정을 갖고서 하루하루를 살아가야 한다.
  세월이 너무나도 빠르게 흐르기 때문이다. 그리고 나에게 주어진 삶의 모든 순간들을 즐기라고 다짐한다.
- 자기가 해야 할 일을 사랑하라.
  그러나 자기가 해버린 일은 사랑하지 마라.

- 우리는 두 번 다시 같은 강물에 들어갈 수 없다. (헤라클레이토스)
- 너 자신을 알라(무지의 자각을 강조), 악법도 법이다. (소크라테스)
- 덕은 군인이 군인답고, 목수가 목수다울 때 생겨난다. (플라톤)

- 자연은 쓸데없이 어떤 것도 만들지 않는다. (아리스토텔레스)
- 지식은 덕이고, 덕은 곧 행복을 가져온다.
- 철학은 신학의 시녀이다. (토마스 아퀴나스)
- 아는 것이 힘이다. (베이컨)

1. 인생과 교양

지도자심서(心書)

- 예견하기 위하여 알라. (콩뜨)
- 만인의 만인에 대한 투쟁상태. (홉스)
  투쟁은 만물의 아버지요 만물의 왕이다.
- 자연으로 돌아가라. (루소)
- 자율은 곧 자유다. (칸트)
- 공명정대하라.
  비난받을 일을 하지 말라. (콩뜨)

　　♣ 깨어 믿음에 굳게 서서 남자답게 강건하라.
　　　너희 모든 것을 사랑하라. (고전 16;13-14)

- 인간은 신의 앞에선(고독한) 단독자이다. (키에르케고르)
- 우리의 소유물이 우리를 침해한다. (말르섹)
- 비합리적인 운명을 그대로 받아들이고 이를 사랑하라.
  권력의 의지는 생의 본질이다. (니이체)
- 인간은 인간사회에서만 인간이다. (피히테)
- 사람은 어느 사람과도 같지 않다. (個性)
  Every man is like no other man.
- 지구는 하나뿐이고, 자연은 유한하다. (스톡홀름선언 1972)
- 참된 것은 하늘의 도리이고 (誠者天之道)
  참 되려고 노력하는 것은 사람의 도리이다. (誠之者人之道也)
- 선(禪)은 부처의 마음이요 (禪是佛心)
  교(敎)는 부처의 말씀이다. (敎是佛語) - 知訥
- 재능이나 학문은 쓸 때에는 쓰지만, 그렇지 않을 때에는 칼집에 간직하여 마구 휘두르며 자랑하지 않는다. 그것은 재능과 학문을 참되게 쓰는 방법이다. 그렇지 않으면 그것은 결국 자기에게 커다란 재앙을 가져다준다. (呻吟語)
- 정성이 없고 성의가 없으면 (不精不誠)
  능히 사람을 움직일 수가 없다. (不能動人) - 莊子
- 남을 움직일 수 없는 것은 (不能動人)
  다만 정성이 이르지 못한 것이며 (只是誠不至)
  일에 있어서 싫증이 나는 것은 (於事厭倦)
  다 정성이 모자라서이다. (皆是無誠處) - 莊子

一. 명심입지편

- 모든 사람은 잠시동안 속일 수는 있다. 몇 사람을 계속해서 속일 수도 있다. 그러나 모든 사람을 계속해서 속일 수는 없다. (링컨)
- 속아서 잃은 돈만큼 유리하게 쓴 것은 없다. 말할 것도 없이 그 돈으로 지혜를 산 셈이니까. (쇼펜하우워)
- 사람은 사물에서 멀어지고, 자기자신에 가까워짐에 따라, 비로소 지상에서 행복해질 수 있다. (룻소)
- 인간이 이 세상에 존재하는 것은 부자가 되기 위해서가 아니라, 행복하게 되기 위해서다. (스탕달)
- 언제나 먼데로만 가려는가, 보라 좋은 것은 가까운데 있는 것을, 다만 행복을 얻는 방법을 배우면 된다. 행복은 언제나 눈앞에 있으니까. (괴테)
- 생을 보존하려는 자는 욕심을 적게 하고, 몸을 보전하려는 자는 명예를 피한다. (保生者寡慾 保身者避名) - 景行錄
- 자기를 굽히는 자는 중요한 지위에 처할 수 있으며, 이기기를 좋아하는 자는 반드시 적을 만나게 된다. (屈己者能處重, 好勝者必遇敵) - 경행록
- 유약(柔弱)은 生의 길이고, 강강(強剛)은 死의 길이다. (老子)
  인생만사 유약의 처세에 철(澈)한 자가 끝내는 승리를 얻는다.
- 천하의 병은 걱정보다 무거운 것이 없고 - (법구경. 77)
  사람을 해치기에는 어리석은 것보다 심한 것이 없다.
- 평소 늘 가신을 사랑하라. 부하들을 아껴라.
  난세에 가장 중요한 것은 가신이다. (이에야스)
  혼자만 독주해 버리면 정치도 전쟁도 하지 못하게 된다.
- 시간의 걸음에는 세가지가 있다.
  - 미래는 주저하면서 오고,
  - 현재는 화살처럼 날아오고,
  - 과거는 영원히 정지하고 있다.

> ■ "붓의 수명은 날(日)"로 세고, "먹의 수명은 달(月)"로써 세고, "벼루의 수명은 세(世 : 一世는 三十年)"로써 센다. 나는 이로해서 양생하는 법을 깨달았다. 〈벼루가 둔함으로써 몸(體)을 삼고, 고요한(靜)것으로써 용(用)을 삼아 수(壽)를 하듯〉 나도 몸가짐을 둔하게. 用에 처하기를 고요히 하여, 함부로 망동하지 않으므로써 生을 함양(涵養)하려는 것이다.
> (唐子西의 古硯銘에서)

1. 인생과 교양

지도자심서(心書)

- 자신이 흥분하면 바르게 되지 못한다. (身有所忿 則不得其正 -대학)
- 내가 능치 못한 것은 남에게 맡긴다. (劉邦)
- 남에게 지나친 일은 하지 말라. (공자)
  중니(仲尼)는 〈不爲已甚者러라〉, 공자는 지나친 행동은 하지 않았다.
  품성이나 언행 모든 점에 걸쳐 조화와 중용의 길을 걸은 성인이셨다.
- 조정에서는 벼슬만한 것이 없고, 향당(마을)에서는 나이만한게 없고, 세상을 돕고 백성을 기름(輔世長民)에는 덕만한 것이 없다. (명심보감)
- 讀書는 起家之本이요, 循理(순리)는 保家之本이요, 勤儉은 治家之本 이요, 和順은 齊家之本이 된다. (독서, 순리, 근검, 화순을 말한 것이다).
- 윗사람이 늙은이를 늙은이로 대우하면 백성들은 효도를 일으키고, 윗사람이 어른을 어른으로 대우하면 백성들은 우애하게 되고, 윗사람이 고아를 불쌍히 여겨주면 백성들은 배반하지 않을 것이다. (대학)
- 모든 일이 인자스럽고, 따뜻한 정을 남겨두면, 뒷날 만났을 때는 좋은 낯으로 보게 된다.
  만약 남이 나를 중하게 여겨주기를 바란다면, 내가 먼저 남을 중히 여겨야 한다.
- 모기가 새가 되려 한다고 해서 될 수는 없다.
- 공을 세웠을 때에는 남을 먼저하고 자신은 나중으로 한다.
- 은괄(隱括) 곁에는 굽은 나무가 많으며, 양의(良醫) 문전에는 환자가 모이고 숫돌 옆에는 둔해진 칼이 많은 법이다. 隱括(은괄) - 굽은 나무를 바르게 펴는 공구.
- 적이 되는 것도 편이 되는 것도 이쪽 태도 여하로 결정되는 것이다.
  항상 일이란 일석이조(一石二鳥)가 아니어서는 안된다.
  참소를 받는다는 것은 받는 쪽에도 그만한 미숙함이 있기 때문이다.
- 자기 불알의 때는 자기가 씻도록 하라.
  철새도 갈 곳은 자기가 정한다.
- 사소한 일에 사로잡히지 말라. 불가피한 사정과는 타협을 하라.
- 어떤 경우에도 대비, 그다음 몸가짐을 바로 해둘 것,
  이것이 인사를 다하고 경건하게, 천명을 다하는 자세이다.
- 사람에게 오는 환난(患難)에는 다만 하나의 처리 방법이 있다.
  "사람으로서의 할 일을 다하고, 노력한 다음에 모름지기 태연하게 천명을 기다려야 한다." (近思錄)

一. 명심입지편

- 바람이 불 때는 잠잠해질 때까지 엎드릴 줄도 알아야 한다.
  소나기는 피하는게 제일이다. (처세)
- 남자는 여자없이 살아간 예가 없다.
  여자가 없이는 아무도 이 세상에 태어나지 못한다.
- 길사(吉事-慶事)에는 오십리를 가고, 상사(凶事)에는 백리길을 간다고 했다. (吉行五十里 奔喪百里).
- 시(詩經)에 〈백리를 가는 사람은 구십리를 가서도 반(半) 왔다고 한다〉. (行百里者 半於九十).
  - 이것은 마지막 마무리의 어려움을 말한 것이다.
- 군자는 만물을 지배하고, 소인은 물에 지배된다. (君子役物 小人役於物)
  성인의 마음은 맑은 물이 멈추어 만상을 비추는 것과 같다.
- 군자는 남이 기쁘게 해주기를 다 바라지 않으며 (不盡人之歡)
  남이 충성스럽게 해주기를 다 바라지 않아 (不竭人之衷 以全交)
  사귐을 온전히 한다.
- 사사로움은 마음을 깎아 먹는 해충이며 (一心之蠹賊),
  모든 악의 근본이다 (萬惡之根本).
- 인간이 자기의 주장을 내세우는 것을 적당히 해두지 않으면 그 때문에 옴짝달싹할 수 없는 궁지에 몰리는 수가 흔히 있는 법이다.
  *J.P는 어느 대화에서 말하기를 이 세상에 "절대"가 있으면 그것은 죽음뿐 이라며 어느 얘기든지 여유를 두고 해야지, 절대라는 말은 나중에 부담이 되는 경우가 많다고 한다. 노(老) 정객다운 말이다.

◆ 무거운 짐이 사람을 만드는거다.
몸이 홀가분해선 사람이 되지 않는다.

- 인생은 노력에 의하여 결정된다.
  그것엔 조금치도 의심이 없지만 그 이상의 무엇인가가 있다는 것도 부정할 수는 없다.
- 항상 일이란 일석이조(一石二鳥)가 아니어서는 안된다.
- 하늘아래 물보다 더 부드러운 것도 없다.
  그러나 물보다 더 굳은 것을 이기는 것도 없다. (道家)
- 자신이 좋아하는 것을 끊고 욕심을 참는 것은, 소위 후일(後日)의 누환(累患)을 없이하는 소이이다. (絶嗜禁欲 所以除累- 張良)

1. 인생과 교양

- 작은 길 좁은 곳에서는 잠시 멈추어서 남이 먼저 지나가게 하고, 좋은 음식은 조금 남겨 남에게도 맛보게 하라.
  이것이 곧 세상을 사는 가장 안락한 방법인 것이다. (채근담)
- 사람은 한사람인데 '부귀하면 친척도 우러러보고, 빈천하면 업신여긴다.
  하물며 남이야 더할 것이 있겠는가(蘇秦).'
- 혼례는 삼강의 근본이며 (婚禮 - 三綱之本),
  시작을 올바르게 하는 도리이다. (正始之道) - 세종실록

◆ 횡거선생은 "날마다 반성하여야 발전한다"고 하였다.
  또 성인의 뜻을 이어받는 책임의 무거움을 말하였다.
  - 천지를 위하여 뜻을 세우고 (爲天地立心)
  - 백성을 위하여 도를 세우고 (爲生民立道)
  - 옛 성인을 위하고, 끊어진 학문을 이어받는 것은 (爲去聖繼絶學)
  - 만세를 위하여 태평 시대를 여는 것이다. (爲萬世開太平)

- 주역에서는 때(時)에 대한 중요성을 말하고 있다.
  간艮은 그치는 것이다(艮止也), 그칠 때는 그치고(時止則止), 해야 할 때에는 행하며(時行則行), 동정(動靜)이 그때를 놓치지 않아야(動靜不失其時) 그 도가 광명하다(其道光明).
- 군자는 도구를 몸에 감추어 준비한 채 때를 기다려 행동한다. 그러니 무슨 불리한 일이 있겠는가. (君子藏器於身 而待時而動 何不利之有) - 繫辭傳下
- 군자는 덕을 쌓고 업을 쌓는데 이는 때에 맞추기 위함이다.
  (君子進德修業 欲及時也) - 乾, 文言傳
- 일에는 반드시 변통(變通)이 따른다.
  일음일양(一陰一陽)을 변(變)이라고 하고, 막힘이 없는 것이 通이다.
  변통이란 때를 쫓아가는 것이다(變通者趣時也 - 周易) 라고 하였다.

◆ 윗 사람은 "예의에 알맞은 몸가짐"이 있어야 한다.
  - 제자리에 있으면서 아랫사람들을 두렵게 해야 하고,
  - 은혜를 베풀어 사랑할 줄 알게 해야 하며
  - 몸가짐이 타인의 눈길을 끌며
  - 일을 함에 있어 남에게 법도가 있어야 하며

- 덕행을 본받을 수 있어야 하고
- 음성은 즐거움을 주어야 하며, 동작은 아름다움이 있고
- 말에는 부드러움이 있게, 아래 사람을 대우할 것
  ☞ 이것을 예의에 알맞은 몸가짐이라 한다.

■ 그 일을 정성껏 다하는 것이, 나에게 달려있다(盡其在我)는 네 글자는 가히 위로는 하늘을 원망치 않고, 아래로는 남을 원망하지 않게 될 것이고 또 우러러보아 하늘에 부끄럽지 않고, 굽어보아 남에게 부끄럽지 않을 것이다.

■ 마음이 편안하면 초가집에 살아도 평온하고　　　　(心安茅屋穩)
　성품이 안정되면 나물국을 먹어도 향기롭다　　　　(性定菜羹香)

■ 주역에, 군자는 착한 것을 보면 옮기고　　　　　　(見善則遷)
　잘못하는 것이 있으면 고친다.　　　　　　　　　　(有過則改)

■ 宋나라 정자(程子)는 이런 말을 하였다
　군자가 착한 것을 보고 잘 옮기면, 세상에 착한 행실을 다 할 수 있고,
　잘못이 있을 때 잘 고치면 잘못이 없을 것이다.

■ 세상에 모든 것은 마음이 만들어 낸다. (一體唯心造)

■ 뜻이 서지 않으면 천하에 이룰 수 있는 일이 없다. (志不立 天下無可成之事)

■ 옛사람이 이르기를 "책을 천번 읽으면 (讀書千遍)
　그 뜻이 저절로 나타난다"고 하였다.　　(其意自見)

■ 두려워하지 않으면 두려운 일을 당하게 된다. (不畏入畏 - 周官)
　두려움을 모르고 함부로 행동하면 언젠간 두려워해야 할 운명에 빠지고 만다.
　즉 사람은 아무리 은총을 받고, 영화를 누릴 때라도 위태로움을 생각하며 매사에 조심해야 한다는 뜻이다.

◆ 시(詩)는 사람의 마음을 나타내는 것이고,　　　(詩以道心)
　서(書)는 세상의 일을 말하는 것이고,　　　　　(書以道事)
　예(禮)는 사람의 행실을 말하는 것이고,　　　　(禮以道行)
　악(樂)은 사람의 즐거움을 말하는 것이고,　　　(樂以道和)
　역(易)은 음양의 이치를 말하는 것이고,　　　　(易以道陰陽)
　춘추(春秋)는 명분을 밝힌 것이다.　　　　　　(春秋以道名分)
　　☞ 이는 장자(莊子)가 "시·서·예·악·역·춘추" 등 六經의 골자를 말한 것이다.

1. 인생과 교양

♣ 자식을 낳아 기르면서 가르치지 아니함은 부모의 잘못이요.
　가르쳐 깨우치기를 엄하게 하지 않음은 스승의 게으름이요.
　아비는 가르치고 스승이 엄하여 모두 소홀히 함이 없는데도
　학문을 이루지 못함은 자식의 허물이니라.　- 사마광 권학문

- 윗 사람의 총애를 받을 때일수록 주위에 덕을 심어 놓아야 하고, 가득 찬 것을 가졌을 때에는 넘칠 것을 염려할 줄 알아야 한다.
  나를 미워하는 사람이 있거든 그에게 베풀어 줄 은혜를 찾아라.
- 큰일을 하는 사람은 자그마한 일에 신경을 쓰지 않으며,
  큰 공을 세우는 자는 절개 때문에 목숨을 버리지 않는다.
- 대행(大行)에는 세근(細謹)을 돌보지 않고,
  대례(大禮)는 소절(小節)을 사양치 않는다.
  소절(小節)에 급급(汲汲)한 자는 榮名을 이루지 못하고,
  소치(小恥)를 미워하는 자는 功을 세우지 못한다. - (史記)
- 결단을 내려야 할 때 내리지 않으면 도리어 재난을 당한다.
  자를 때 안 자르(끊다)면 그 난을 당한다. - (史記, 春申君列傳)
- 재앙(災殃)이란 좋은 것이다. 재앙이 없으면 아무리 재능이 뛰어났더라도 그것을 나타낼 기회가 없을 것이다. - (史記 諧謹列傳)
- 세상이 혼란스러울 때 성인이 나타나고, 나라가 위급할 때 영웅이 난다.
  세찬 바람이 불어봐야 굳센 풀임을 알 수 있다.
- 큰 성공을 하면 작은 성공은 이에 따라온다.
  모든 곳에서 이길 필요는 없다.
  적의 중심을 목표로 전력을 기울여 돌진하라. - (크라우제비츠)
- 사람을 시켜봐서 능히 해내지 못하면 이것을 불초(不肖)라 하고, 또 가르쳐 주었는데도 해내지 못한다고 하면 이것을 졸(拙)이라고 일컫는다.
- 군자가 소인과 더불어 가까이 있으면,
  스스로를 지켜 바르게 해야 한다. (自守以正)
  어찌 오직 군자 스스로 자기만을 완전하게 할 뿐이겠는가.
  또한 소인으로 하여금 불의에 빠지지 않도록 하며, 순일한 도리로서 서로 보호하여 그 악이 그치도록 막을 뿐이다. - (伊川)

> ♣ 섭이중(聶夷中)의 君子行에 나오는 글
>
> 군자는 미연에 방지하니 (君子防未然)
> 혐의받을 곳에는 처하지 않네 (不處嫌疑間)
> 오이밭에서는 신발 고쳐 신지 않고 (瓜田不納履)
> 오얏나무 아래서는 관 바로잡지 않는다고 (李下不正冠) 하였다.

- 행동함이 없으면 정확히 아는 것이라도 쓸데가 없다. (非動則明無所用)
- 하늘은 친한 이가 없으나, 공경하는 이와 친할 뿐이다. (書經 太甲)
- 전쟁에 이겼더라도 喪(상)을 당했을 때의 예(禮)로 처신할 일이다.
- 처음에 신실(信實)하지 않고서는 끝을 잘 맺을 수가 없다.
  周公도 '그 처음을 신중히 하되 끝맺음을 잘해야 마침내 어렵게 되지 않는다'고 하였다.
  (慎厥初 惟厥終 終以不困) - 書經 蔡仲之命
- 끝을 삼가려면 처음부터 잘하라. (慎終于始)
  처음과 끝을 생각하며 배움에 항상 힘쓰라. (念終始 典于學) - 傳說
- 공자는 말하고 있다.
  '젊은이는 모름지기 집안에서는 효도를 하고, 사회에 나가서는 남을 존중할 줄 알아야 하며, 성실하고 정직하여 모든 사람을 사랑하고 어진 선비들과 사귀고 여력이 있으면 글을 배우라'.
- 공자는 '청빈은 좋다. 청빈하면서 자존심을 갖는 것은 더욱 좋고, 부자로서 겸손하면 더더욱 좋다'고 하였다.
- 노자는 말하기를 현자(賢者)는 '그 다투지 않으므로 해서 천하가 그와 다투는 일이 없다'. 또 폭력을 쓰는 자로서 그 종말이 좋은 자가 있다면 내가 스승으로 모시겠다고 했다.
- 일년(一年)을 동병(動兵)하면 十年의 태평을 잃는다.
  싸움은 결코 최선의 방법이 아니다. - (孫子병법)
- 나는 진심으로 긴 여름을 사랑한다.
  사람은 가을의 정신으로 몸을 수련할 일이요, 봄의 정신으로 남에게 대할 일이다. 名文과 唐詩는 추기(秋氣)에 더욱 빛날지며, 송나라 서정시와 원나라 극시(劇詩)는 春心에 향기로울지니라. (林語堂)
- 평화스러운 세상에 청렴하고 공정한 군주의 다스림을 받아 산과 개울이 흐르고 호수가 있는 고장에 태어나 궁색하지 않은 집에서 자라고 이해성 있는 아내를 맞아 영리한 자식을 두는 것 이것이야말로 나의 완전한 인생이다. (林語堂)

1. 인생과 교양

- 횡거선생은 도량이 커야 함을 말하였다.
  마음이 크면 모든 것이 다 통하고,　　　(心大則百物皆通)
  마음이 작으면 모든 것이 다 병이 된다. (心小則百物皆病)

- 공정합(龔定盦)은 말했다.
  성현은 말하지 않고, 학자는 말하며, 愚者는 논한다.

- 선비가 사흘동안 책을 읽지 않으면 스스로 이야기하는 말이 무미건조하게 느껴지고 거울에 비친 자기 얼굴이 미워진다. (黃山谷)

- 학자는 입으로 먹은 것을 토하여 새끼를 기르는 큰 까마귀와 같은 자이고, 사상가는 뽕잎을 먹고 명주실을 토해내는 누에와 같은 자이다.

- 인간은 한 편의 시와 같이 살아야 하며 사물을 그림처럼 보아야 한다.

- 이 한해(年)는 한눈(一目)도 팔 수 없는 소중한 해이다. (1995. 지방선거의 해)

- 부모를 섬기는 데는 효도와 공경을 근본으로 삼고,
  처자를 대하는 데는 화순(和順)을 먼저 하도록 하고,
  가정을 다스리는 데는 절약과 검소를 중요한 일로 삼고,
  세상을 살아가는 데는 겸손과 사양을 힘써 하도록 하라. (北窯集)

- 마음가짐은 반드시 겸손함을 으뜸으로 하고,　　(處心 必主讓退)
  몸가짐은 반드시 화순함을 힘쓸 것이다.　　　　(接物 必務和順) - 閔光勳

- 남을 책망하는 마음으로서 자기를 책망하고　　(責人之心 責己)
  자기를 사랑하는 마음으로서 남을 사랑하면　　(愛己之心 愛人)
  충실하고 너그러운 도가 극진할 것이다.　　　　(忠恕之道 盡矣) - 孫舜孝

- 세상에 큰 용맹이 있는 자는　　　　　(世有大勇者)
  헐뜯어도 노여워하지 않고　　　　　　(毀之而不怒)
  덤벼들어도 놀라지 않고　　　　　　　(犯之而不驚)
  욕을 하여도 언짢아하지 않는다.　　　(辱之而不屑) - 金淨

- 때는 만나기 어렵고, 잃어버리기는 쉽다.　　(時難遭而易失)
  하늘이 주는 것을 받지 않으면,　　　　　　　(天與不授)
  도리어 그 앙화를 받는다.　　　　　　　　　(反受其咎) - 洪儒

- 사람이 어느 누가 죽지 않겠는가.　　　　　　(人誰不死)
  다만 먼저 가고 뒤에 가는 차이가 있을 따름인데, (但有先後)
  하필이면 죽음에 뜻을 쏟으랴.　　　　　　　(何必掛慮) - 李陸

명심입지편

- 사람이 죽고 사는 것은 운명에 달려있고, (死生有命)
  부유하고 가난한 것은 천명에 달려 있으므로, (富貴在天)
  그 오는 것을 막아서도 안되고. (其來也 不可拒)
  가는 것을 쫓아서는 안된다는데, (其往也 不可追)
  그대는 무엇을 근심하랴. (汝何傷乎) - 百結先生

- 은혜와 의리를 널리 베풀라. (恩義廣施)
  인생이 어느 곳에서든지 서로 만나지 않으랴. (人生何處不相逢)
  원한과 원수를 맺지 말라, (讐怨莫結)
  좁은 곳에서 만나면 피하기 어렵다. (路逢狹處難回避)

- 가벼운 것은 마땅히 무거운 것으로 바로잡고,
  급한 것은 마땅히 느린 것으로 바로잡고,
  떠들썩(躁)한 것은 마땅히 고요한 것으로서 바로잡고,
  사나운(暴)것은 마땅히 부드러운 것으로서 바로잡고,
  거친(추:麤)것은 마땅히 세밀한 것으로서 바로잡으라. - (尙震)

- 목수가 집을 지을 때 큰 재목은 대들보나 기둥으로 쓰고, 작은 것은 서까래로 쓰고, 눕힐 것과 세울 것을 각각 그 자리에 알맞게 쓴 다음에야 큰집이 지어진다(사람 쓰는 것도 이와 같다).

- 사나운 호랑이가 산중에 있으면 위엄을 떨치지만, 들에 내려와 있으면 겁을 먹는다. 있을 곳에 있어야 한다는 뜻. (猛虎在山則威 在野則怯) - (郭再祐)

- 주역 고괘(蠱卦)의 상(象)에
  군자는 '백성을 구하고 덕을 기른다'고 하였다. (君子 振民育德)
  * 명도선생은 '군자의 일은 오직 이 두 가지만이 있을 뿐이요 그밖에 나머지 다른 일은 없다. 이 두 가지 일은 자신을 위하고 남을 위하는 道이다'고 하였다.

♣ 옛사람들에게는 화수위가종회법(花樹韋家宗會法)이 있어서 吉, 凶, 婚事때 예를 갖출 수가 있고, 골육(骨肉)의 정이 소원해짐을 막았다.

* **화수위가 종회법** : 당나라때 위씨의 집안사람들이 꽃나무 밑에서 잔치를 하면서 화목을 도모했다는 고사에서 나온 말, 우리나라에서도 종친회를 화수회라고 부르게 된 것은 여기에서 연유한 것이다.

1. 인생과 교양

- 군자는 움직이면 그것이 대대로 천하의 道가 되고,
  행하면 그것이 대대(代代)로 천하의 법도가 되며,
  말하면 그것이 대대(代代)로 천하의 준칙이 되는지라,
  멀리 있으면 우러러보는바 되고
  가까이 있으면 싫어하는바 되지 않는다.

    <시경> 주송(周頌) 진로(振鷺)편에
    제서도 미워하는 이 없고   (在彼無惡)
    예서도 싫어하는 이 없어   (在此無射)
    바라노니 밤낮   (庶機夙夜)
    길이 영예를 보전해 마치시기를   (以永終譽)
    한 것이 바로 이를 이른 것이다.

- 말과 행실은 군자의 중추기능이다   (周易繫辭上)
  〈言行 君子樞機〉- 周易 繫辭傳上
    *말이란 제 몸에서 나와서 다른 사람에게 미치게 되고, 행실이란 가까운데서 시작하여 먼데까지
    나타나게 된다. 즉 군자의 말과 행실은 명예와 치욕을 가늠하게 되는 것이니 조심해야 한다.

- 공자 말씀하시기를
  군자는 그 몸을 안전하게 한 뒤에 움직이고,   (安其身而後動)
  그 마음을 수월하게 가진 뒤에 말하고,   (易其心而後語)
  그 사귈 것을 정해놓은 뒤에 구하는 것이다.   (定其交而後求)
  그러므로 온전한 것이라 하였다. - 周易 繫辭傳下

- 孔子 - 세 사람이 길을 갈 때에는 나의 스승이 있다. (三人行必有我師)
  그들의 착한 점은 골라서 쫓을 것이요,   (擇其善者而從之)
  나쁜 점은 살펴서 자기 스스로 고쳐야 한다.   (其不善者而改之)

- 풀이 무성하도록 버려두지 말라.   (無使滋蔓) - 春秋 隱公六年
  즉 세력이 커지기 전에 미리 조치하라는 뜻이다.

- 어진 사람과 사귀고 이웃나라와 사이좋게 지내는 것이 나라의 보배다.
  〈親仁善隣 國之寶也 - 隱公六年〉 *춘추五父

- 악을 보거든 농부가 힘써 잡초를 뽑듯이 뽑아라. (周任)
  〈見惡 如農夫之務去草焉〉- 隱公

一. 명심입지편

◆ **위험한 것을 보고 멈출 줄 알아야 지혜로운 사람이다.**
〈見險而能止 知矣哉〉- 周易 蹇象

■ 자기도 자기의 뜻에 만족할 수 없는데 어떻게 남이 모두 내 뜻에 만족하기를 바라겠는가(朱熹 下學指南).

■ 말을 해야 하는데 침묵함은 잘못이요. 침묵해야 하는데 말을 함도 잘못이다. 반드시 말을 할 경우에 말을 하고, 침묵해야 할 경우에 침묵함은 오직 군자라야 할 수 있다(申欽 象村稿).

■ 하늘이 「내게 복을 박하게 내리면 나는 나의 덕을 두텁게 하여 그것을 맞이하고,
하늘이 「내 몸을 고달프게 하면 나는 내 마음을 편안히 하여 그것을 보충하며,
하늘이 「나의 처지를 불우하게 하면 나는 나의 도리를 알아 그것을 통하게 하니,
하늘인들 내게 어쩌겠는가. - (채근담)

■ 복이 있거든 항상 스스로 아끼고, 권세가 있거든 항상 스스로 공손하라.
인생의 교만과 사치는 처음은 있어도 끝이 없을 때가 많으니라.

■ 만물을 사랑하는 최선의 길은 자기 타고난 본성을 이루어 주는데 불과하다.
〈愛物之道 不過各遂其性而已〉- 金時習

■ 아무리 논밭을 많이 가졌다 하더라도 사람이 하루에 먹는 곡식은 두 되밖에 되지 않고, 아무리 고대광실 넓은 집이 있다 하더라도 밤에 누워 자는 잠자리는 여덟 자 밖에 안된다.〈良田萬頃 日食二升 廣廈千間 夜臥八尺〉-下學指南

■ 주나라 위공 때 영자(甯子)는 '선비를 취하는 道에 대해서 말했다'.
'궁한 자는 현달시켜 주고, 끊어지려는 자는 존속시켜 주어야 하며, 넘어지려는 자는 일으켜 주어야 한다.

♣ **선을 勸勉(권면)함은 벗 사이의 도리이다.** (責善은 朋友之道야니라 - 孟子)

* 선을 권면하는 방법은 정성을 다하되 말을 아끼는 것이다. 그러면 남에게 도움이 되고 나에게도 스스로 욕됨이 없다.
  • 입으로 말하는 것이 몸으로 행함보다 못하고, 몸으로 행함도 마음을 다함보다 못하다. (邵雍)
  • 군자의 道는 효보다 더 큰 것이 없고, 효의 근본은 어버이에게 순종함보다 더 큰 것이 없다. 그러므로 어진 이와 효성스러운 자식이 부모에게 순종코자 하거든 반드시 먼저 妻子에게 애정을 잃지 말아야 하고 兄弟에게 화목을 잃지 말아야 한다.

1. 인생과 교양

- 예(禮)란 天理의 절문(節文)이요, 인사(人事)의 준칙이다.
  〈禮者 天理之節文, 人事之儀則也〉 - 朱熹

- 인(仁)은 사람이 지켜야 할 마음이요, 의(義)는 사람이 따라 나가야 할 길이다.
  〈仁-人心也, 義-人路也〉 - 맹자

  > ♣ 孔子같은 성인도 미워하는 것이 있다고 하였다.
  >
  > - 남의 잘못을 떠들어 대는 것을 미워하고,
  > - 아래 사람이 윗사람을 훼방하는 것을 미워하고,
  > - 용맹하기만 하고 예절을 가리지 못하는 것을 미워하고,
  > - 과감하기만 하고 꽉 막힌 것을 미워한다.

- 군자는 천기를 보아 거사를 하며, (見幾而作)
  때를 기다려 움직인다. (待時而動)
  기를 아는 사람은 은밀히 행동하기를 권한다.
  천기를 누설하면 실패한다(幾事不密則害成)고 보기 때문이다.

  모든 일의 성패는 때와 깊은 관련을 갖는 것이요, 때를 기다리고(待時), 때에 맞추고(及時), 때를 따르며(而時), 때를 보고 거사하는 것(見機而作), 이 모두 시중(時中)이라는 말이다.

- 군자는 반드시 다른 사람의 평판을 피하기 위해 너무 부드럽거나 약해서는 안될 것이다. (君子 不必避他人之言 以爲太柔太弱) - 橫渠
  - 당신이 높은 곳에 서 있을 때에만 다른 사람을 끌어 올릴 수 있다.
  - 사람들은 가장 요란한 잡음을 내는 경첩에 제일 먼저 손이 가게 마련이다.
    "우는 아이 젖 준다" 책은 울지(보채지) 않기 때문에 읽혀지지 않는다.

- 재산을 잃으면 작은 것을 잃고, 명예를 잃으면 큰 것을 잃고, 용기를 잃으면 전부를 잃는다. (괴테)
  비록 내일 세계의 종말이 온다 하더라도 내일을 준비하며 오후를 보내겠노라.

- 뜻이 있는 자 마침내 일을 이룬다. (有志者事竟成) - 後漢西

- 뜻이 있어야 명(命)을 생각하게 되고, 명을 알아야 자기가 할 바를 깨닫게 되고, 할 바를 깨달아야 자기 자신을 돌이켜보며, 또한 뜻을 위하여 매진할 수가 있는 것이다.

♣ 인생오계(人生五計) 〈주신중·송나라. 1097-1167〉

송(宋)나라 주신중(朱新仲)이 한 말이다. 즉 한 인간이 세상에 나서 옳은 삶을 살려면 적어도 다음 다섯 가지는 생각을 하고 준비를 하여야 한다고 하였다.
- 생계(生計) - 먹고사는 경제 문제가 아닌 육신을 건강하게 유지하기 위한 계책은 무엇인가.
- 신계(身計) - 이 한 몸의 처세는 어떻게 할 것인가. 즉 어떤 뜻을 세워 무엇을 위하여 자기는 한세상을 위해 진력할 것인가.
- 가계(家計) - 한 가장으로서 가정과 후손을 어떻게 다스리고 가르쳐 갈 것인가.
- 노계(老計) - 기력이 쇠잔해지는 노년은 어떻게 맞이하고 보낼 것인가.
- 사계(死計) - 한 번 죽고 한 번 사는 인생인데 어떤 죽음으로 일생을 마감할 것인가.

■ 사람이 세상에 나서 한번 사는데 잘사는 사람 못사는 사람이 있는가 하면, 좋은 일에 큰일을 하는 사람도 많고, 반면에 갖은 악행을 남기고 떠나는 사람도 허다하다. 따지고 보면 모두가 人生五計를 어떻게 설계하고 다져가는가에 달린 결과일 것이다. 立志와 立命으로 우리는 운명조차 바꾸어 갈 수 있다고 하지 않았던가.
어차피 한번 사는 세상이다.
그리고 세상이 있어 내가 있는 것이지만, 한 번 난 이상 내가 중심이다. 왜냐하면 나를 그 누구도 대신하지 못하며 또 나의 일은 내가 하는 것이지 남이 이를 대신할 수 없기 때문이다.
나는 또한 지금의 나로서 끝나는 게 아니며, 어제의 나도 나요, 지금의 나는 물론, 내일의 나도 나이며 죽어서도 나는 나다.
그러한 나는 또한 혼자 왔다 혼자 가는 것이 아니며, 아무개 손자와 아들로, 아무개 친구요 남편이요, 아버지요, 사회일원으로서 나 이다. 나는 결코 작은 내가 아니다.
따라서 크건 작건 한번 사는 세상인데 '五計'를 한번은 생각해야 할 것이 아니겠는가. 더구나 지도자가 될 사람은 남보다 더 큰 '五計'를 키워나가야 할 것이다.

■ 자공(子貢)이 孔子에게 묻기를 후세에 어떤 말로 선생님을 칭찬할까요? 라고 했을 때, 공자는 말하기를 내 어찌 칭찬받을 가치가 있겠느냐, 만약 꼭 말을 해야 한다면 '배우기를 좋아하여 만족하는 법이 없었고(好學而不厭), 가르침을 부지런히 하여 나태하지 않았다는 것(好敎而不倦)', 이 말뿐일 것이로다!
- ■ 당신이 찾지 않는 것은 발견할 수 없다. (지원하지 않는 사람을 고용할 수는 없다)
- ■ 변화를 지배하는 자가 성공한다. - (톰 피터스)
- ■ 네가 원하는 것만 바꿀 수 있다.
- ■ 슈바이처는 "끊임없는 친절"은 많은 것을 이룰 수 있다고 했다.

지도자심서(心書)

- 학문의 수행은 기억력이 왕성한 소년시대에 해야 한다. - (修學務早)
  학업은 부지런히 하면 정통하고, 놀기에 정신이 팔리면 거칠어진다. 〈業精於勤 荒於嬉〉
- 책을 열 번 읽더라도 정신을 차리지 않으면 곧 잊어버리게 되나, 한 번 쓰는 데는 정신을 들이게 되므로 잊어버리지 않게 된다. - (十讀不如一寫)
- 나쁜나무 그들 밑에서 쉬게 되면, 몸이 더러워지므로 쉬지 않는다. 〈惡木之陰 不可暫息〉
  - 악당 밑에 있거나 더불게 되면 몸을 망치게 되기 심상이니 같이 하지 말라는 비유이다.

> ■ 행동에는 꾸물거리지 말고, 대화에서는 횡설수설하지 말며,
>   생각에서는 모호하게 하지 말라. - (마르크스 명상록)

- 인간은 서로를 위하여 태어났다. 그러므로 가르치든지 아니면 용납하라.
- 고민하지 말고 단순해 져라, 네게 일어나는 모든 일은 우주 전체 속에서 영원 전부터 네게 정해져 있던 일들이 하나하나 일어나고 있는 것일 뿐이다. - (마르크스 명상록)

  일평생 나아가 입신양명하고 싶은가.
  그렇다면 남이 쉬고 있을 때 분투하라.

  가장 성공했다는 말을 듣고 싶은가.
  그렇다면 탐욕을 버려라.

  가장 행복한 사람이라는 말을 듣고 싶은가.
  그렇다면 사랑을 베풀어라.

  가장 존경받는 사람이 되고 싶은가.
  그러면 믿을 수 있는 사람이 되라.

> ♣ 재물이 없어도 남에게 베풀 수 있는 7가지가 있다.
>
> 1. 마음을 주어라.   5. 좋은 말만 하라.
> 2. 몸으로 베풀어라.   6. 양보심을 보여라.
> 3. 좋은 눈으로 보라.   7. 우호적인 감정을 행동으로 옮겨라.
> 4. 웃음 띤 얼굴을 하라.

- 미래의 청사진을 그려라.
  미래의 청사진을 그려놓고 분투 노력하라.
  암시의 청사진은 반드시 이루어지는 법이다.

一. 명심입지편

- **할 수 있다는 신념을 가져라.**
  '신념' 제1호, 하면 된다. 하면 된다.
  하면 된다고 거듭 되풀이 하여, 신념의 에너지를 충전하라!
- **사랑의 웃음꽃을 피워라.**
  항상 기뻐하라, 기뻐하는 마음이 최상의 보약이고,
  사랑의 웃음꽃이 최고의 양약이다.
  웃음꽃에는 모든 질병이 물러간다.
  우리는 기쁠 때 웃지만, 웃으면 기뻐지는 법이다.
- **절망하지 말라.**
  문제는 세상만사 마음먹기에 달렸다.
  젊은 청소년들이여! 꿈을 가져라.
  미래의 희망찬 노래를 불러라.
  미래의 희망찬 승리의 노래를 불러라.
  언제나 감사의 노래를 불러라.
  노래는 생명의 고동이며, 생명의 간절한 염원이다.

> ♣ 도쿠가와 이에야스의 좌우명(座右銘)
>
> 사람의 일생은 무거운 짐을 지고 먼 길을 가는 것과 같다.
> 서두르지 말지어다.

부자유를 일생사로 생각하면 그리 부족한 것은 없는 법.
마음에 욕망이 샘솟거든 곤궁할 때를 생각할 일이다.
참고 견딤은 무사장구의 근원이요, 노여움은 적이라 생각하라.
이기는 것만 알고 지는 일을 모르면 해가 그 몸에 미치리.
자신을 책하고 남을 책하지 말라.
미치지 못하는 것이 지나친 것보다 나으니라.
단기(短氣)를 일으키지 마라. 단기는 사람을 장님으로 만든다.
성급해서는 안 된다. 네 몸 앞길에는 긴 봄, 가을이 있으리라.
성을 내면 성낸 만큼 손해라는 것을 알라. 노하면 안된다.
나는 앞으로 서두르지 않겠다.
그러나 잠시도 멈추지는 않겠다. (이에야스)

1. 인생과 교양

- **격양(擊壤) 시(詩)에 이르기를** - 淮南子 人間訓

    평생에 눈썹 찡그릴 일을 하지 않으면　　　　　　　(平生不作皺眉事)
    세상에 이를 갈 원수 같은 사람은 없을 것이다.　　　(世上應無切齒)
    仁者는 욕심 때문에 삶을 다치지 아니하고　　　　　(仁者不以欲傷生)
    知者는 이익 때문에 의리를 해치지 않는다　　　　　(知者不以利害義)
    君子는 천하 때문에 親喪을 검소하게 않는다.　　　 (君子不以天下儉其親)

- **안자(晏子)가 말했다**

    옛사람은 아주 훌륭한 태도로 죽음을 맞이했다.
    어진 사람이건 어질지 못한 사람이건 다 이것을 통해 休息으로 들어갔다.
    "죽음"이란 본래의 고장으로 돌아감을 의미한다.
    그래서 예전에는 죽은 사람을 '돌아간 사람'이라고 불렀다.
    죽은 사람을 돌아간 사람이라고 부를 경우, 살아 있는 사람은 길가는 사람이 될 것이다.
    그런데 길을 떠나 돌아갈 줄을 모른다면 이는 집을 잃은 자라고 아니할 수 없다.
    이같이 어떤 한 사람이 집을 잃었을 때, 사람이 모두 올바른 死生觀을 상실하는 일이 있어도 비난할 줄 모르니 이것은 어찌된 일인가.
    여기 한 사람이 있어서 鄕土를 떠나고 가족과 헤어져 家業을 전폐한 채, 사방으로 떠돌면서 돌아가지 않는다면 무엇이라 할 것이다.
    방탕한 자라고 할 것임이 틀림없다.　- 列子 天瑞編

- **인생에는 휴식이 없는 법이다** (生無所息).

    자공(子貢)은 학문에 싫증을 느꼈다. 그래서 공자에게 털어놓았다.
    　"좀 쉬고자 합니다."
    공자는 이를 일축했다.
    　'쉬다니? 인생에는 휴식이 없는 법'이다.
    　"그러면 저는 쉴 수도 없는 것입니까?"
    　'왜 있기야 있지! 저 무덤을 보려무나, 높고 가지런하고 언덕 같고 엎어놓은 솥 같은 저것! 거기 가면 쉴 수 있으리라.'

    〈죽음〉이란 위대한 것을 알겠습니다.
    　군자나 소인이나 다 같이 쉴 수 있으니... .
    　"네 말대로. 사람들은 생을 다 즐거운 줄만 알고, 그것이 괴로운 줄은 모른다.
    　늙으면 몸이 쇠약해지는 줄은 알지만, 편해지는 줄은 모른다.
    　죽음이 싫다고만 생각하고 그것이 편안한 줄은 모르고 있다."　- 列子 天瑞篇

> ♣ 노계(老計) : 어떻게 나이를 먹느냐 하는 문제이다.
>
> 나이가 먹기 싫다고 해서 세월이 멈춰주지 않는다.
> 하늘의 運行秩序에 따라 인간은 나이를 먹게 되어 있다.

흔히 나이가 드는 것을 안타까워하며 후회하기 일쑤지만, 老計의 입장에서 보면 나이 드는 것은 하나의 즐거움 그리고 뜻있는 것이라 할 수 있다.

〈老去入佳境〉(나이 먹어서 佳境에 들어간다)의 마음가짐을 갖게 되면 人生의 진미, 하는 일의 진미, 學文의 진미를 깨닫게 되는 법이다.

젊었을 때의 모든 인생 일 학문은 미숙한 것이기 때문에 거기에서는 진미를 맛볼 수 없는 것이다.

〈行年五十而知四十九年非〉 즉 인생 五十세가 되어서 비로소 지난 四十九년간의 生의 과오를 깨닫고, 〈六十而六十化〉 즉 설혹 六十세가 되더라도 육십세 만큼 변화한다. 인간은 살고 있는 한, 나이를 들면 들수록 잘 변화하여 가지 않으면 안된다는 것을 말하고 있다.

■ 사람이 늙어지면 동맥경화(動脈硬化), 대뇌(大腦)경화, 정신(精神)경화 등등의 여러 가지 경화(硬化), 노화(老化)증세가 나타나게 마련이지만 그렇게 경화하여 버리면 참된 노(老)가 못 된다. 老라는 글자는 '늙을 老'인 동시에 '익숙할 老'로서 노련, 숙년의 뜻이 있음을 알아야 할 것이다.

그래서 나이를 먹는 것은 바로 넓고 큰(蕩蕩) 한 경지에 들어간다는 것을 뜻하지 않으면 안 될 것이다. 또 나이가 들면(老境) 자녀들로부터 갖가지 대우를 받는 것은 물론이지만 사회(世人)으로 부터도 어른으로서의 존경과 예우를 받게 되는 인간 최고의 경지이기도 함을 잊어서는 안 될 것이다

그것은 그동안 애써 일해온 데 대한 사회로부터의 보답이기도 하다.

장자(莊子) 내편(內篇)에는 이런 말이 있다.

「우리에게 늙음을 주어 편안하게 하며, 우리에게 죽음을 주어 쉬게 한다고」
 - (佚我以老 息我以死)

> ♣ 인생예찬 : "삶은" 신이 우리에게 내려 준 최고의 선물입니다.
>
> 삶 자체가 기쁨이고 영광인 것입니다.
> "인간이 존재" 하는 것은 행복하기 위해서 있는 것입니다.

1. 인생과 교양

지도자심서(心書)

그래서 주어진 인생을 즐겁게 살지 않는 것은 잘못이고, 크게 실수하는 것입니다.
「무엇하나」 부족할 것 없는 세상! 이 좋은 세상에!
- 즐기지 못하면 바보!
- 행복하지 못하면 바보!
- 노년(청춘)을 마음껏 구가합시다.
  인생 70은 웃고 즐기는 것이 첫째라고 했습니다.
- 영국의 문호 섹스피어는 노년을 즐기는 생각들에서 삶을 사는 지혜는 과거를 사랑하지 말고 지금 가지고 있는 것을 마음껏 즐기는 것이라고 했습니다.
  여러분 노년을 행복하게 보냅시다.

■ 의지(Will) : Ella Wheeler Wilkox
- 의지가 강한 사람의 단호한 결심을
- 막거나 방해하거나 통제할 수 있는
- 기회니 운명이니 숙명이니 하는 것은 없다.

☞ 안연(顏淵)은 말하기를 '순(舜) 임금은 어떤 사람이며, 나는 어떤 사람인가?
  훌륭한 행동을 하는 자는 또한 순임금과 같을 뿐'이라고 말씀하셨으니,
  나 또한 마땅히
  〈안연이 순임금이 되기를 바란 마음가짐〉을 본보기로 삼아야 한다고 생각해야 할 것이다.〉
  (顏淵曰 舜何人也 予何人也 有爲者 亦若是, 我亦當以顏之希舜爲法) - 격몽요결

■ 인생 〈三을〉
- 건강합시다   • 오늘을 즐깁시다   • 매사에 감사합시다

♣ 존위슬리(감리교의 창시자: 1705~1891)
  할 수 있는 모든 곳에서 '할 수 있는 모든 때에'
  할 수 있는 모든 사람에게 '할 수 있는 만큼 오래도록'
  〈우리가 베풀 수 있는 모든 선행을 예수그리스도의 마음으로 힘써 행하는 것〉
  우리의 의무이자 이 땅에서의 우리의 존재 이유이다.

■ 모세가 하나님 얼굴을 보게 해 달라고 기도했을 때, "네가 내 얼굴을 보지 못하리니 나를 보고 살자가 없음이니라"(출 33;20) 고 응답하셨던 것이다.
■ 하나님의 나라는 볼 수 있게 임하는 것이 아니요, 또 여기있다 저기있다 못하리니, 하나님의 나라는 너희 안에 있느니라. (눅;17-20,21)

一. 명심입지편

2. 노자·채근담·불경·성경 말씀

🖊 노자

- 말할 수 있는 道는 영원한 도가 아니며 (道可道非常道)
  부를 수 있는 이름은 이름이 아니다. (名可名非常名) - 老子 1장

- 세상에 모든 사람들이 (天下皆)
  아름다움을 아름답다고 알 수 있음은 (知美之爲美)
  오직 추함이 있기 때문이다. (斯惡已) - 老子 2장

- 재능이 있는 자를 높이지 말아라. (不尙賢)
  그래야 다툼이 없게 된다. (使民不爭)
  재물을 귀하게 여기지 말아라. (不貴難得之貨)
  그래야 도둑질을 막을 수가 있다. (使民不爲盜) - 老子 3장

- 가장 좋은 것은 물과도 같다. (上善若水)
  만물에 생명을 주지만 (水善利萬物)
  자기를 위해 다투지 않고 (而不爭處 人之所惡)
  늘 남들이 싫어하는 곳으로 흐른다. - 老子 8장

- 가족이 화평하지 못할 때 (六親不和)
  효도와 헌신이 생기고 (有孝慈)
  나라가 어지러울 때 (國家昏亂)
  충신이 나오게 된다. (有忠信) - 老子 18장

- 휘어지면 온전해지고, 굽은 것은 펴진다.
  적게 가지면 얻게 되고, 많이 가지면 혼란스러워진다.
  공은 자랑하지 않으므로 인정받고, 뽐내지 않으므로 오래가며,
  오직 다투지 않음으로 아무도 그와 다투지 않는다. - 노자 22장

- 잘 걷는 사람은 자취를 남기지 않고, 말을 잘하는 사람은 허물을 남기지 않으며
  착한 사람은 착하지 못한 사람의 스승이 되고, 착하지 못한 사람은 착한 사람의 도움이
  된다. - 老子 27장

지도자심서(心書)

- 남을 아는 것은 지혜로우나, 자기를 아는 것은 더욱 지혜로우며,
  남을 이기려면 힘이 필요하지만, 자기를 이기려면 더욱 강해야 한다.
  만족을 아는 사람은 부유한 사람이고, 힘써 해내는 자는 뜻이 있는 자이다.
  자기가 있어야 할 곳에 있는 자는 오래가며, 죽어도 없어지지 않는 것은 영원히 사는
  자이다. - 老子 33장

- 세상에서 가장 부드러운 것이 세상에서 가장 강한 것을 이긴다. - 老子 43장

- 아는 사람은 말하지 않고 (知者不言)
  말하는 자는 알지 못한다. (言者不知) - 老子 56장

- 강과 바다가 모든 골짜기의 왕이 되는 이유는 모든 골짜기보다 낮은 자리에 있기 때문이다.
  그러므로 백성 위에 서려면 겸손해야 하며 백성 앞에 서려면 뒤에서 따라야 한다.
  그러할 때, 온 천하가 즐거이 그를 추대하여 싫어하지 않음은 (天下樂推而不厭),
  그 다툼이 없기 때문이다. (以其不爭)
  그러므로 천하 사람들이 그와 더불어 다투는 일이 없다. (故天下莫能與之爭) - 老子 66장

- 사람의 부드럽고 약한 것은 생(生)의 길이고 굳고 강한 것은 죽음(死의) 길이다.
  그러므로 군대가 강하면 이기지 못하고 나무가 강하면 부러지게 된다. - 老子 78장

- 진실한 말은 아름답지 않고   (信言不美)
  아름다운 말은 진실하지 않다. (美言不信)
  아는 사람은 떠벌리지 않고   (知者不博)
  떠벌리는 사람은 알지 못한다. (博者不知) - 老子 81장

  ■ 말로하는 자는 행동하는 자의 노예이며, 행동하는 자는 말로 하는 자의 주인이라
  하였다. (言之者 行之役也, 行之者 言之主也)

- 공자는 - "어진이를 보면 그와 같아지려고 노력하고, 어질지 못한 이를 보면 스스로
  반성하여 살피라"고 하였다.

  ♣ 말이란 인류 최고의 발명품이다.

  우리는 말을 통하여 타인과 연결되고, 그것은 살아가면서 얻을 수 있는 몇 안 되는
  즐거움 가운데 하나다. 그래서 언제 어디서나 대화할 일이 생기면 그것을 좋은
  기회로 생각할 일이다. - (래리 킹)

채근담

- 君子(지도자)는
  한가로운 때는 긴박한 일에 대비하는 마음가짐을 지녀야 하고,
  분주할 때에는 여유있는 멋을 지녀야 하는 것이다. (채근담 8)
  〈君子 閑時 - 要有喫緊的心思, 忙處 - 要有悠閑的趣味〉

- 완전한 명예와 아름다운 절개는 홀로 독차지 하지 말고,
  남에게도 조금은 나누어 주어야 害를 멀리하고 몸을 보전할 수 있다.
  더러운 행실과 불명예스러운 이름은 남에게만 돌리지 말고,
  조금은 자기에게로 돌려야 빛을 감추고 덕을 기를 수 있다. (채근담 19)
  〈完名美節 不宜獨任, 分些與人 可以遠害全身
  辱行汚名 不宜全推, 引些歸己 可以韜光養德〉

- 세상을 살아감에 있어서 반드시 성공하기만을 바라지 말라.
  그르침이 없으면 그것이 바로 성공인 것이다.
  남에게 베풀 때 상대방이 그 德에 감격하기를 바라지 말라,
  원망이 없으면 그것이 바로 덕(德)인 것이다. (채근담 28)
  〈處世不必邀功, 無過便是功. 與人不求感德, 無怨便是德〉

- 덕(德)이란 것은 재주의 주인이며, 재주란 덕의 노예이다.
  그러므로 재주는 있으나 덕이 없는 것은 집에 주인이 없고,
  노예가 일을 함과 같으니, 어찌 도깨비가 미쳐 날뛰지 않겠는가.
  〈德者才之主 才者德之奴. 有才無德 如家無主而奴用事矣〉 (채근담 139)

- 허물의 책임은 남과 같이 할지언정, 공은 남과 같이 하지 말아야 한다.
  공(功)을 함께하면 서로 시기하게 될 것이다.
  환란(患亂)은 남과 같이 할지언정, 안락은 같이하지 말아야 한다.
  안락(安樂)을 같이하면 서로 원수가 될 것이다. (채근담 141)

- 굶주리면 달라붙고, 배부르면 떠나가며,
  따뜻하면 몰려들고, 추우면 버리는 것이, 인정의 공통된 병폐이다.
  〈饑則附 飽則颺 燠則趨 寒則棄 人情通患也〉 (채근담 143)

2. 노자·채근담·불경·성경 말씀

- 하루가 이미 저물었으나 오히려 노을이 아름답게 빛나며,
  한해가 장차 기우려고 하지만, 귤은 더욱 꽃다운 향기를 풍긴다.
  그러므로 군자는 인생의 말로만년(末路晚年)에
  더욱 정신을 가다듬어야 한다. (채근담 199)

- 일이 조금 뜻대로 되지 않을 때는
  "나보다 못한 사람을 생각하면 원망과 탓하는 마음이 저절로 사라진다."
  마음이 조금 나태해질 때는 나보다 나은 사람을 생각하면 정신이 저절로 분발하게 된다. (채근담 215)

- 하늘은 한 사람을 현명하게 함으로써, 모든 사람의 어리석음을 일깨우려 하는데,
  세상에서는 오히려 자기의 장점을 뽐내어 남의 단점을 들춰낸다.
  하늘은 한 사람을 부유케 함으로, 모든 사람의 빈곤함을 구제하려고 하는데
  세상에서는 오히려 자기의 소유를 자랑하여 남의 빈곤함을 업신여긴다. (채근담 218)

- 입은 곧 마음의 문이므로 입을 지킴이 엄밀하지 못하면
  마음의 진기(眞機)가 모두 새어 나간다.
  뜻은 곧 마음의 발이므로 뜻을 막음이 엄하지 못하면,
  마음이 모두 바르지 못한 길로 달리게 된다. (채근담 220)

- 행복은 먼데 있는 것이 아니라 가장 가까운 곳에 있다란 말이 있듯이,
  즐거운 멋은 결코 많음에만 있는 것이 아니다.
  조그마한 연못이나 자그마한 돌 하나에도 자연히 멋이 깃들여져 있고, 오막살이 초가집에도 맑은 바람이 스치고 밝은 달이 비추어 아름다운 풍경이 펼쳐진다. (菜根譚後集 5)

- 이루어진 것은 반드시 파괴된다는 것을 알게 되면
  이루어지기를 바라는 마음이 지나치게 굳지 않을 것이며,
  삶이란 반드시 죽는다는 것을 알면 삶을 보전하는 길에 지나치게 괴로워하지 않을 것이다. - (菜根譚後集 62)

- 사람이 당장에 번뇌를 없애려고 했으면, 그 자리에서 없애야 한다.
  만일 따로 쉴 자리를 찾으려고 한다면, 아들, 딸을 다 결혼시킨 후에도 역시 일이 남아 있는 법이다. 옛사람이 말하기를
  '이제 가서 쉬려거든 곧 가서 쉬어라. 만일 끝날 때를 찾는다면 끝날 때가 없을 것이다'
  라고 했으니 참으로 뛰어난 견해로다. (채근담후집 15)

- 병든 뒤에야 건강이 보배임을 알고 전란(戰亂)에 처하고서야,
  평화가 복된 것임을 아는 것은, 일찍 아는 지혜가 아니다.
  福을 바라는 것이 禍의 근본임을 알고, 生을 탐냄이 죽음의 원인이 됨을 아는 것이
  바로 탁견(卓見)이다. (菜根譚後集 98)

- 꽃은 반 정도 핀 것을 보고, 술은 적당히 취하도록 마시면 그 가운데 아름다운 멋이 있는 것이다.
  만일 꽃이 활짝 피고, 술이 만취되면 곧 악경(惡境)을 이루는 것이니 영화가 절정에 이른 자는 마땅히 이것을 생각해야 한다. (채근담후집 122)

- 인생은 일분(一分)을 줄이면 일분을 벗어나게 된다.
  만일 교유(交遊)을 줄이면 시끄러움에서 벗어나고, 말을 줄이면 허물에서 벗어나고, 생각을 줄이면 정신이 소모되지 않으며, 총명을 줄이면 본성을 온전히 한다.
  그러므로 날로 줄임을 구하지 않고, 날로 더함을 구하는 사람은 참으로 생(生)을 속박하는 것이다. (菜根譚後集 131)

- 너희는 믿지 아니하는 자와 멍에를 함께 메지 말라.
  의와 불법이 어찌 함께하며, 빛과 어둠이 어찌 사귀리요. (고후 6;14)

> ■ 공자 : 도(道)로는 같이 갈 수 있으나 권세로는 같이 갈 수 없다.
> (可與適道 未可與權也)
> * 권세는 부자간에도 나누지 못한다고 하지 않던가.

- 큰 일에 매달린 사람은 작은 일을 잊는 법이다.　　(務大者 固忘小)
  작은 일에 힘쓰는 자는 큰 것을 잊게 마련이다.　　(務小者 亦忘大)

- 조석부(趙石父)가 말하기를 - (춘추)
  자기를 알아주지 않은 사람에게는 굽히고　　(屈於不知己)
  알아주는 사람에게는 편다.　　(伸於知己)

- 충직은 형통중에 숨겨져 있지만 사실 역경 중에 들어납니다. "형제는 위급한 때에 증명되지만(잠 17;17) 환난날에 진실하지 못한 자를 의뢰하는 것은 부러진 이와 위골(違骨)된 발과 같습니다." - (잠 25;19)

- 존경은 우정이 최선의 동반자입니다. 존경은 혀가 당기는 불을 아주 잘 통제하고 꺼줍니다. - (알레드)

2. 노자·채근담·불경·성경 말씀

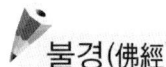 불경(佛經)

🔽 삼귀의(三歸依)
- 부처님께 귀의하고 　　　　　　(歸依佛)
- 부처님 법에 귀의하며 　　　　　(歸依法)
- 수도하는 스님에게 귀의한다 　　(歸依僧)

🔽 신도의 오계(五戒)
- 산목숨을 해치지 말라 　　　　　(不殺生)
- 주어지지 않는 것을 가지지 말라 (不與取)
- 사음을 범하지 말라 　　　　　　(不邪淫)
- 거짓말을 하지 말라 　　　　　　(不妄語)
- 술을 마시지 말라 　　　　　　　(不飮酒)

🔽 육바라밀(六波羅密) - 피안에 이르기 위하여 실천할 여섯가지 덕목

- 보시(布施) - 남을 대할 때에는 주는 마음으로 대하라.
  그리고 보수(報酬) 없는 일을 연습하여라.
  이것이 탐심을 제거하는 布施바라밀이니라.

- 지계(持戒) - 未安에 머무르지 말고 항상 후회하는 일을 적게 하라.
  이것이 진심을 제기하는 持戒바라밀이니라.
  戒는 法이니 법을 바르게 하자는 것이다.

- 인욕(忍辱) - 모든 사람들을 부처님으로 보라.
  부처님의 인욕을 배우고 깨쳐 볼 일이니
  이것이 곧 恥心을 제거하는 忍辱바라밀이니라.

- 정진(精進) - 옳거든 부지런히 실행하라.
  布施 持戒 忍辱을 부지런히 시행해 나가야 한다.
  이것이 정진바라밀이니라.

- 선정(禪定) - 이러한 과정으로 시간이 경과함에 따라 마음이 안정되나니,
  이것이 禪定바라밀이니라.

- 지혜(知慧) - 이것이 익숙해지면 마음이 편안해지고
  따라서 지혜가 나고 지혜가 나면 일에 대하여 의심이 없나니라.
  이것이 반야(般若)바라밀이니라.

▼ 팔정도(八正道), 열반에 들기 위한 실천

① 정견(正見), 바른 견해
② 정사유(正思惟), 바른 생각
③ 정어(正語), 바른 말
④ 정업(正業), 바른 행위
⑤ 정명(正命), 바른 생활
⑥ 정정진(正精進), 바른 노력
⑦ 정념(正念), 바른 기억
⑧ 정정(正定), 바른 선정

▼ 십중대계(十重大戒)

① 살계(殺戒) - 살아있는 생명을 죽이지 말라.
   자비심으로 모든 중생을 건지고 구호하라

② 도계(盜戒) - 주어지지 않은 것을 훔치지 말라.
   자비심으로 온갖 중생을 도와 복되고 즐겁게 하라.

③ 음계(婬戒) - 음란한 행위를 하지 말라.
   슬기로운 마음으로 온갖 중생을 제도하여 깨끗한 법을 일러주라.

④ 망어계(妄語戒) - 거짓을 말하지 말라.
   온갖 중생들로 하여금 바른말과 바른 소리를 갖게 하라.

⑤ 고주계(沽酒戒) - 술을 팔지 말라.
   술은 죄악을 일으킨다. 모든 중생의 밝고 빛나는 지혜를 일러 주어야 한다.

⑥ 설사중과계(說四衆過戒) - 部衆의 허물을 말하지 말라.
   불법에 대해 허물을 말하거든 자비심으로 교화하여 대승법을 믿게 하라.

⑦ 자찬훼타계(自讚毀他戒) - 자기를 칭찬하고 남을 훼방하지 말라.
   모든 중생을 대신하여 욕을 받으며, 나쁜 일은 제게 돌리고 좋은 일은 남에게
   돌려야 한다.   간석가훼계

⑧ 간석가훼계(慳惜加毁戒) - 아끼고 욕설하지 말라.
   빈궁한 사람을 위하여 그가 구하는 대로, 온갖 재물을 다 주고 법도를 일러주라.

⑨ 진심불수회계(瞋心不受悔戒) - 성내지 말고 참회를 잘 받아라.
   끝없는 자비심으로 중생을 평화롭게 하며, 효순한 마음을 내게하라.

⑩ 방삼보계(謗三寶戒) - 삼보(佛. 法. 僧)를 비방하지 말라.
   삼백대의 창으로 나의 심장을 찌르는 듯 여겨야 할터인데, 스스로 비방할까 보냐.

■ 주요문구(主要文句)
- 바라밀(波羅密) : 피안에 이름, 완성
- 아수라(阿修羅) : 제악(諸惡)가운데 권세욕
- 보시(布施) : 부처님의 가르침이나 재물을 남에게 베품
- 삼계(三界) : 욕계(欲界), 색계(色界), 무색계(無色界)
- 사섭법(四攝法) : 보시(布施), 애어(愛語), 이행(利行), 동사(同事)
- 사성제(사성제) : 고제(苦諦), 집제(集諦), 諦(滅諦), 도제(道諦)

⬇ 보왕삼매론(寶王三昧論)

① 몸에 병이 없기를 바라지 마라.
몸에 병이 없으면 탐욕이 생기기 쉽나니, 그래서 성인이 말씀하시되 '병고로서 양약을 삼으라' 하셨느니라.

② 세상살이에 곤란 없기를 바라지 마라.
세상살이 곤란이 없으면 업신여기는 마음과 사치한 마음이 생기나니, 그래서 성현이 말씀하시되 '근심과 곤란으로서 세상을 살아가라' 하셨느니라.

③ 공부하는 데 장애 없기를 바라지 마라.
마음에 장애가 없으면 배우는 것이 넘치게 되나니, 그래서 성인이 말씀하시되 '장애속에 해탈을 얻으리라' 하셨느니라.

④ 수행하는데 마(魔) 없기를 바라지 마라.
수행하는데 마가 없으면 서원(誓願)이 굳건해지지 못하나니, 그래서 성인이 말씀하시되 '모든 마군으로서 수행을 도와주는 벗을 삼으라' 하셨느니라.

⑤ 일을 꾀하되 쉽게 되기를 바라지 말라.
일이 쉽게 되면 뜻을 경솔한데 두게 되나니, 그래서 성인이 말씀하시되 '여러겁을 겪어서 일을 성취하라' 하셨느니라.

⑥ 친구를 사귀되 내가 이롭기를 바라지 마라.
내가 이롭고자 하면 의리를 상하게 되나니, 그래서 성인이 말씀하시되 '순결로서 사귐을 길게 하라' 하셨느니라.

⑦ 남이 내 뜻대로 순종해 주기를 바라지 마라.
남이 내 뜻대로 순종해 주면 마음이 스스로 교만해지나니. 그래서 성인이 말씀하시되 '내 뜻에 맞지 않는 사람들로서 원림(園林)을 삼으라' 하셨느니라.

⑧ 공덕을 베풀면 과보를 바라지 마라.

과보를 바라면 도모하는 뜻을 가지게 되나니, 그래서 성인이 말씀하시되 '덕 베푼 것을 헌신짝처럼 버리라' 하셨느니라.

⑨ 이익을 분에 넘치게 바라지 마라.

이익이 분에 넘치면 어리석은 마음이 생기나니, 그래서 성인이 말씀하시되 '적은 이익으로써 부자가 되라' 하셨느니라.

⑩ 억울함을 당해서 밝히려고 하지 마라.

억울함을 밝히면 원망하는 마음을 돕게 되나니. 그래서 성인이 말씀하시되 '억울함을 당하는 것으로 수행하는 문을 삼으라' 하셨느니라.

■ 이와 같이 막히는 데서 도리어 통하는 것이요, 통함을 구하는 것이 도리어 막히는 것이니, 이래서 부처께서는

저 장애(障礙) 가운데서 보리도를 얻으셨느니라.
어찌 저의 거슬리는 것이 나를 순종함이 아니며, 저가 방해하는 것이 나를 성취하게 함이 아니리요.

■ 보시 (布施)

아무 조건없이 거저 베푸는 것을 보시라고 한다. 그러므로 진정한 보시는 언제 누구에게, 무엇을 베풀었다는 생각마저 없어야 한다. 사람은 혼자 사는 것이 아니고 이웃과 함께 살기 마련이다. 그러기 때문에 이웃이 굶주리고 있을 때 나만 결코 배부를 수가 없다.

같은 시대 한나라에 살고 있는 우리들은 같은 운명에 맺어져 있는 것이다.

분수에 따라 베푸는 일은, 함께 사는 이웃에 마땅한 도리이다.

다른 사람의 고통, 이웃의 슬픔을 자기 일처럼 받아들이는 데에 부처님의 참된 가르침은 생동하게 되는 것이다.

■ 효행 (孝行)

부처님께서는 재가(在家) 신도들에게 이 효행을 특별히 당부하셨다.

어버이 살아실제 섬기기를 다하여라.

돌아간 후면 애닳다 어이 하리,

평생에 고쳐 못할 일 이 뿐인가 하노라.

낡은 수레는 구르지 않듯이 늙은 몸은 활동력을 잃게 된다.

2. 노자·채근담·불경·성경 말씀

지도자심서(心書)

자식이 부모를 섬기는 일은 인간의 도리이다.
만약 부모에게 불손하거나
소홀이 받든다면 그 결과는 머지않아 내 자신에게 돌아와 내 자식이
나에게 불손하고 불효가 될 것이다. 이것은 인과의 법칙이다.

■ 또 부처께서는 십중대은(十重大恩)을 설하셨다.
① 어머님 품에 품고 지켜 주신 은혜
② 아기를 낳을 때 고통을 이기시는 어머니 은혜
③ 아기를 낳고 근심을 잊는 은혜
④ 쓴 것은 삼키고 단것은 뱉어 먹이는 은혜
⑤ 진 자리 마른 자리 가려 뉘시는 은혜
⑥ 젖을 먹여 기르는 은혜
⑦ 손발이 닳도록 깨끗하게 씻어주는 은혜
⑧ 먼 길을 떠나갔을 때 걱정하시는 은혜
⑨ 자식을 위해 악업도 마다하지 않는 은혜
⑩ 끝까지 불쌍히 여기고 사랑해 주시는 은혜

■ 불교의 〈우란분재의 사흘 공양이 갖는 원래의 의미는〉
여러 가지 일에 쫓겨 봉사할 시간이 없는 사람이 1년을 통해 적어도 사흘동안은 가난한 사람을 위해서 봉사하는데 있다.

• 색심불이(色心不二) : 물질과 마음은 둘이 아니다.
• 마음은 항상 둥글고 넉넉하지 않으면 안된다.
• 불평과 불만은 자기의 욕망이 충족되지 않았을 때 일어나는 것이다.
• 거목(巨木)은 바람과 맞서지 않는다. 자연 그대로 살아감으로 넘어지지 않는다.
• 그대들의 영원한 소유물은 그대들의 생명이요 마음뿐이다.
  그 외에는 어느것 하나 자기 소유물은 없는 것이다.
• 두려워할 이유가 없는데도 아주 두려워하는 사람이 있다(시 14;5)고 기록되어 있다.
  이것은 잘 통제되지 못한 두려움이다.
• 몸은 아래로 돌아가고 영혼은 위로 올라간다.
• 지식은 교만하게 한다. (고전 8;1)

불경 노래

■ 행복의 문　　　　　(정운문 작사, 추월성 작곡)

　마음속의 부처님을 항상 모-시면
　어디를 - 가나오나 행복하리라 -
　아 -무리 험한 곳에 있- 더라도 -
　부처님이 언제나 보호 하리라 -
　믿음 있는 사람에게 부처님 -있고
　염불하는 사람에게 부처님 있다 -
　마 -음에 부처님을 모 -시 -며 -
　염불 많이 하면은 행복하리라 -

■ 사흥 서원　　　　　(최영칠 작곡, 김용호 편곡)

　중생을 다 건지 오리다
　번뇌를 다 끊으오리다
　법문을 다 배우오리다
　불도를 다 이루오리다

■ 산화가　　　　　(정운문 작사, 정민섭 작곡)

　몸은 비-록 이 자리에서 헤어- 지지만
　마음-은 언제라도 떠나- 지 마세
　거룩하신 부처님을 항상 모시- 고
　오늘 배-운 높은 법문 깊이- 새겨서
　다음날- 반가웁게 한 맘 한 뜻으로
　부처님의 성전-에 다시 만나- 세

■ 자비의 노래　　　　　(이혜성 작사, 서창업 작곡)

　우리 함께 믿으니 자비로울 뿐
　모든 불자 서로서로 사랑합시다
　우리 함께 벗하니 너그러울 뿐
　모든 이웃 서로서로 용서합시다
　우리 함께 일하니 돕고 도울 뿐
　모든 중생 서로서로 존중합시다.

2. 노자·채근담·불경·성경 말씀

지도자심서(心書)

📖 성경 말씀

- 복있는 사람은 악인의 꾀를 쫓지 아니하며, 죄인의 길에 서지 아니하며 오만한 자의 자리에 앉지 아니하고, 오직 여호와의 율법을 즐거워하여 그 율법을 주야로 묵상하는 자로다. (시편 1편)
그는 시냇가에 심은 나무가 시절을 쫓아 과실을 맺으며, 그 잎사귀가 마르지 아니함과 같으니 그 행사가 다 형통하리로다. (시 1;1-3)

- 여호와는 나의 목자시니 내게 부족함이 없으리로다.
그가 나를 푸른 초장에 누이시며, 쉴만한 물가로 인도하시는 도다.
내 영혼을 소생시키고, 자기의 이름을 위하여 의의 길로 인도하시는 도다. (시 23;1-3)

- 여호와는 나의 빛이요 구원이시니, 내가 누구를 두려워하리요.
여호와는 내 생명의 능력이시니, 내가 누구를 무서워하리요.
나의 대적 나의 원수된 행악자가 내 살을 먹으려고 내게로 왔다가 실족하여 넘어졌도다. (시 27;1-2)
하나님은 우리의 피난처요 힘이시니, 환난 중에 만날 큰 도움이시라.
땅이 변하든지 산이 흔들려 바다 가운데 빠지던지 바닷물이 흉용하고 뛰놀지라도 우리는 두려워 아니하리로다. (시 46;1-3)

- 악을 행하는 자들 때문에 불평하지 말며, 불의를 행하는 자들을 시기하지 말지어다. 그들은 풀과 같이 속히 베임을 당할 것이며 푸른 채소같이 쇠잔할 것임이로다. (시 37;1-2)

- 너희가 어린아이들과 같이 되지 아니하면, 결단코 천국에 들어가지 못하리라. 그러므로 누구든지 이 어린 아이같이 자기를 낮추는 자가 천국에서 큰 자니라. (마 18;3-4)

- 지혜를 얻은 자와 명철을 얻은 자는 복이 있나니, 이는 지혜를 얻는 것이 은을 얻는 것보다 낫고, 그 이익이 정금보다 나음이니라. (잠 3;13-14)

- 여호와가 이르되, '모든 육체는 풀이요, 그 모든 아름다움은 들의 꽃과 같으니' 풀은 마르고 꽃은 시드나 우리 하나님의 말씀은 영원히 서리라. (사 40;6.8)

- 영원하신 하나님 여호와, 땅끝까지 창조하신 자는 피곤치 아니하시며, 곤비치 않으시며, 명철이 한이 없으시며, 피곤한 자에게는 능력을 주시며, 무능한 자에게는 힘을 더하시나니, 소년이라도 피곤하며 곤비하며 장정이라도 넘어지며 자빠지되, 오직 여호와를 앙망하는 자는 새 힘을 얻으리니 독수리의 날개 치며 올라감 같을 것이요, 달음박질하여도 곤비치 아니하겠고 걸어도 피곤치 아니하리로다. (사 40;28-31)

- 여호와는 나의 힘이요, 노래시며, 나의 구원이시로다.
  그는 나의 하나님이시니 내가 그를 찬송할 것이요.
  내 아버지의 하나님이시니 내가 그를 높이리로다. (출 15;2)
  〈주의 말씀은 내 발의 등이요, 내 길에 빛이니라〉 - (시 119;105)

- 복음은 모든 믿는 자에게 구원을 주시는 하나님의 능력됨이라,
  복음에는 하나님의 의가 나타나서 믿음으로 믿음에 이르게 하나니,
  기록된바 오직 의인은 믿음으로 말미암아 살리라 함과 같으니라. (롬 1;16-17)

- 모든 성경은 하나님의 감동으로 된 것으로 교훈과 책망과 바르게 함과 의로 교육하기에 유익하니, 이는 하나님의 사람으로 온전케하며 모든 선한 일을 행하기에 온전케 하려 함이니라. (딤후 3;16-17)

- 지음을 받은 물건이 지은 자에게 어찌 나를 이같이 만들었느냐 말하겠느냐.
  토기장이가 진흙 덩어리 하나로 하나는 귀히 쓸 물건을, 하나는 천히 쓸 그릇을 만들 권한이 없느냐. (롬 9;21)

- 내 아들아 네 아비의 훈계를 들으며, 네 어미의 법을 떠나지 말라.
  이는 네 머리의 아름다운 관이요, 네 목의 금사슬이니라. (잠 1; 8-9)

- 내가 젊어서 취한 아내를 즐거워하라.
  그는 사랑스런 암사슴 같고, 아름다운 암노루 같으니 너는 그의 품을 항상 족하게 여기며, 그의 사랑을 항상 연모하라. (잠 5;18-19)

- 대저 명령은 등불이요, 법은 빛이요, 훈계의 책망은 곧 생명의 길이라. (잠 6;23)
  사람이 불을 품고서야 어찌 그 옷이 타지 아니하겠으며,
  사람이 그 숯불을 밟고서야 어찌 그의 발이 데지 아니하겠느냐. (잠 6;27-28)

- 지혜없는 자에게 이르기를
  도둑질한 물이 달고, 몰래 먹는 떡이 맛이있다 하는도다. (잠 9;16-17)
  속이고 취한 음식물은 사람에게 맛이 좋은 듯 하나, 후에는 그의 입에 모래가 가득하게 되리라. (잠 20;17)

- 가난한 자는 이웃에게도 미움을 받게 되나, 부유한 자는 친구가 많으니라.
  빈곤한 자를 불쌍히 여기는 자는, 복이 있는 자니라. (잠 14;20-21)
  재물은 많은 친구를 더하게 하나, 가난한즉 친구가 끊어지느니라. (잠 19;4)

2. 노자·채근담·불경·성경 말씀

■ 분을 쉽게 내는 자는 다툼을 일으켜도, 노하기를 더디하는 자는 시비를 그치게 하느니라. (잠 15:18)

■ 내가 ① 자유로우나 모든 사람에게 종이 된 것은 더 많은 사람을 얻고자 함이요.
　　　② 유대인들에게 내가 유대인 같이 된 것은 유대인을 얻고자 함이요.
　　　③ 율법 아래에 있지 아니하나 율법아래 있는자 처럼 된 것은 율법 아래에 있는 자들을 얻고자 함이요.
　　　④ 약한 자들에게 내가 약한 자 같이 된 것은 약한 자들을 얻고자 함이라.
　　　　　(고 9;19, 20, 22)
　• 아무리 눈은 보아도 족함이 없고, 아무리 귀는 들어도 가득차지 않는다. - (성경)
　• 주께서는 하나님의 나라는 너희 안에 있느니라. (눅 17;21)
　• 주께서는 무엇이든지 땅에서 풀면 하늘에서도 풀리라. (마 18;18)

■ 불의로 치부하는 자는 자고새가 낳지 아니한 알을 품은 것 같아서,
그의 중년에 그것이 떠나가겠고 마침내 어리석은 자가 되리라.

■ 하나님 나라는 마치 자기 채소밭에 갖다 심은 겨자씨 한 알 같으니, 자라 나무가 되어 공중의 새들이 그 가지에 깃들였느니라, 또 여자가 가루 서 말 속에 갖다 넣어 전부 부풀게 한 누룩과 같으니라 하셨더라. (눅 13;19,20)

　　　■ 내주여 뜻대로 하소서 살던지 죽던지
　　　　내 모든 것을 주께 맡기고
　　　　저 천상을 향하여 고요히 가리니. (막 14;36)

■ 여자가 낳은 자 중에 '요한' 보다 큰 자가 없느니라. (눅 6;27)
■ 사람이 만일 천하를 얻고도 자기를 잃든지 빼앗기든지 하면 무엇이 유익하리요. (눅 9;25)
■ <u>스스로 분쟁하는 나라마다 황폐해질 것이요.
스스로 분쟁하는 집은 무너지느니라.</u> (눅 11;17)
■ 하느님의 말씀을 듣고 지키는 자가 복이 있느니라. (눅 11;28)
■ 자기의 모든 소유를 버리지 아니하면, 능히 내 제자가 되지 못하리라. (눅 14;33)
■ 예수께서 이르시되
나는 부활이요 생명이니, 나를 믿는자는 죽어도 살겠고, 무릇 살아서 나를 믿는자는 영원히 죽지 아니하리니. (눅 11;25)

- 죄의 삯은 사망이요 하나님의 은사(선물)는 그리스도 예수 우리 주안에 있는 영생이니라. (롬 6;23)
- 그리스도의 영이 없으면 그리스도의 사람이 아니라. (롬 8;9)
- 누구든지 주의 이름을 부르는 자는 구원을 얻으리라. (롬 10;13)
- 무엇이든지 기도하고 구하는 것은 받은 줄로 믿으라. (막 11;24)
- 말은 마음을 나타내는 수단이다.
- 불을 가까이하면 화상을 입기 쉽다.
- 주여! 내 입술을 열어주소서.
- 잘못을 눈감아 줄 수 없는 자, 통치할 수 없다
- 할 수 있거든 너희로서는 모든 사람과 더불어 화목하라. (롬 12;8)
- 내가 결코 너희를 버리지 아니하고 너희를 떠나지 아니하리라. (희 13;5)
- 오직 믿음으로 구하고 조금도 의심치 말라. (약 1;6)
- 로렌스 형제는 「믿는 자에게는 모든 것이 가능하고, 「소망하는 자는 모든 것이 덜 어려워지며, 사랑하는 자에게는 모든 것이 쉬워진다. (하나님의 임재연습)
- 내 형제들아 너희가 여러 가지 시험을 당하거든 온전히 기쁘게 여겨라. 이는 너희의 믿음의 시련이 인내를 만들어 내는 줄을 너희가 앎이라. 인내를 온전히 이루라 이는 너희로 온전하게 구비하여 조금도 부족함이 없게 함이라. (약 1;24)

> ■ 너희가 노년에 이르기까지 내가 그리하겠고 백발이 되기까지 내가 너희를 품을 것이다. 내가 지었은 즉, 내가 품을 것이요 내가 품고 구하여 내리라. (사 46;4)

⬇ 내 사랑하는 이는 내게 속하였고 나는 그에게 속하였도다. (아가 2;16)

사랑하는 너는 어여쁘고 어여쁘다 내 사랑아.
너는 나를 도장같이 마음에 품고 도장같이 마음에 두라. (아 8;6)
너는 왼팔로 내 머리를 고이고 오른손으로는 나를 앉는구나. (아 8;3)

⬇ 그리스도인의 생활 - 롬 12장 ; 14-21

- 너희를 박해하는 자를 축복하라, 축복하고 저주하지 말라.
- 즐거워하는 자들과 함께 즐거워하고, 우는 자들과 함께 울라.
- 서로 마음을 같이하며, 높은데 마음을 두지 말고, 도리어 낮은데 처하며 스스로 지혜있는 체 하지 말라.

2. 노자·채근담·불경·성경 말씀

- 아무에게나 악을 악으로 갚지 말고, 모든 사람 앞에서 선한 일을 도모하라.
- 할 수 있거든 너희로서는 모든 사람과 더불어 화목하라.
- 내 사랑하는 자들아, 너희가 친히 원수를 갚지 말고, 하나님의 진노하심에 맡겨라. 기록되었으되 원수 갚는 것이 내게 있으니 내가 갚으리라고 주께서 말씀하시니라.
- 네 원수가 주리거든 먹이고, 목마르거든 마시게 하라. 그리함으로 네가 숯불을 그 머리에 쌓아 놓으리라.
- 악에게 지지 말고 선으로 악을 이기라.
- 목사를 굶주리게 하는 교회는 그 자신도 굶주리게 될 것이다. - (예수 따름이)
- 기도는 하나님께서 자신을 우리에게 주기를 구하고 예배드리는 사람은 자기 영혼과 자기 속에 있는 모든 것을 하나님께 드릴 것을 요구한다.

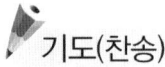
기도(찬송)

[1] 긍휼히 풍성하신 하나님, 주의 은혜를 내게 허락하셔서

"늘 내게 있게" 하시고 "내 안에서 역사하시며 끝까지 함께하게 하소서.
나로 하여금 주께서 가장 기뻐하시고 흐뭇해하시는 일들만을 늘 소원하게 하소서"

무엇보다도 나로 하여금 주 안에서 안식케 하시고 내 마음이 주안에서 평안을 얻게 하소서.
"주님은 내 마음의 평안이시고 오직 주님만이 안식이십니다.
주를 떠나서는 모든 것이 힘들고 불안합니다.
나는 오직 지극히 높으시고 영원히 선하신 주 안에서만 눕고 자겠나이다. (시 4;8)"

[2] 주님! 사랑이 하늘로부터 내 마음속으로 흘러내려 가게 하여주소서.

제가 마음을 다해 영원한 사랑이 내 안에 거하고, 내 안에 충만해지도록 한 사람으로서 기도하고 사랑하는 일에 삶을 바치겠습니다.

오! 하나님 제가 사죄받은 죄인이 거룩해질 수 있는 데까지 거룩하게 하여주소서.
우리가 영원하신 하나님께서 우리의 동무가 되셔서 한순간의 격차도 없이 끊임없이 우리를 지켜보시고 우리의 아버지가 되셔서 우리의 영혼에 언제나 자신을 계시하시기를 기뻐해 주시라고 기도합니다.

[3] 나의 힘이신 여호와여! 내가 주를 사랑하나이다.
주님 주신 거룩한 날 주 앞에 기쁨으로 나와 기도하고 찬양하며 주께 경배드립니다.
하나님이여! '내 속에 정한 마음을 창조하시고' 내 안에 정직한 영을 새롭게 하소서.
나를 주 앞에서 쫓아내지 마시고 주의 성령을 내게서 거두지 마소서.
주의 구원의 즐거움을 내게 회복시켜 주시고 자원하는 심령을 주사 나를 붙드소서.
오~ 하나님! 저희 마음에 친히 임재하시고 저의 삶을 통해 주님의 빛을 비추소서.
- 주님만을 위해 온전히 저희 앞에 삶의 좌표가 되게 하소서. -

[4] 내주 하나님! 주만 따라가게 하소서.
어떠한 역경과 괴로움이 내 앞을 가로막아도 물리치고 가게 하소서 환난, 슬픔, 풍파, 모두 이겨내고서 나 언제나 이길로만 가게 하소서,
주님! 내 마음에 오사 날 붙들어 주시고 내 마음에 새 힘주사 늘 기쁘게 하소서.
사랑의 주 사랑의 주, "내 마음 속에 찾아오사 내 모든 죄 사하시고 내 상한 마음 고치소서.

[5] 나의 주(인이)신 이여! 나의 아버지시여!
우리의 기도를 들어 주시고, 주님의 은혜를 내려 주소서.
주님의 기쁨을 함께하게 하소서.
나로 의인의 죽음을 죽게 하시고, 나의 마지막이 의인의 마지막과 같게 하소서

「곧 우리가 쓸모없게 된 후에도
계속 살아있는 일이 없게 해주소서.」
주여! 주의 모습을 더 많이 담게 하소서.
깰 때에 주의 형상으로 만족하리이다. (시 17;15) - 브레이너드

[6] 오- 예수님 저는 주님이 주신길을 따라가기를 원합니다.
저는 주님 닮기를 원합니다. 오직 주님의 은혜를 통해서만 저는 주님을 닮을 수 있습니다. 오 겸손하신 구세주여! 저에게 진실한 그리스도인의 지식을 주시어 제스스로를 경멸할 수 있도록 도와주소서.

저로 하여금 인간의 심령이 이해할 수 없는 교훈 즉 겸손과 자기 부정을 통해 죽는 법을 배우게 하소서. 선하신 주님! 주님은 저를 사랑하기 위해 수많은 창피와 수모를 당하셨습니다.

"제 마음속에 주님을 향한 존경과 사랑을 각인시켜 도와주소서. 주님의 행하신 일을 따르고 갈망하도록 저를 빚어 주소서."

주님 주님과 함께 아무것도 아닌 자가 되기를 원합니다. 저는 저의 교만 그리고 지금까지 저를 사로잡은 허영심을 모두 주님께 제사를 드리기 원합니다.
실족하지 않도록 저를 지켜 주소서. 허영을 보이지 않도록 제 눈을 돌려주소서.
그래서 오직 주님만을 바라보고 주님 앞에서 자신을 바라보게 하소서.
그때 비로소 제가 누구이며 주님이 어떤 분이신가를 알 수 있습니다.

[7] 토비아가 결혼했을 때 드리는 기도
우리 조상의 하나님 찬양받으소서. 주님의 이름으로 하여금 영세무궁토록 찬미받게 하소서- 주님이 창조하신 하늘과 만물로 하여금 영원토록 찬양하게 하소서 주님은 아담을 창조하셨고 그들을 받들어 줄 아내로서 하와도 창조하셨습니다.
내가 지금 이 여자를 아내로 맞는 것은 음욕 때문이 아니라 하나님의 뜻을 참되게 이루기 위해서입니다.
나와 내 아내에게 자비를 베풀어 주소서. (토비트 8;5)

■ 참고 (기도의 수칙)
  ■ 끈기있게 기도하라   ■ 기도로 불안을 이겨라   ■ 기도로 하나님과 교재하라
  ■ 말씀을 따라서 기도하라 ■ 은밀하게 기도하라   ■ 일에 앞서 기도하라
  ■ 기도의 일기 내용을 기록하라

- 使徒(사도) - 예수가 복음을 전하게 한 열 두 사람.
- 信經(신경) - 천주교의 신조를 적은 경문, 굳게 믿고 지켜나가는 생각, 신념.
- 그리스도라는 칭호는 그리즘(chrism) 즉 거룩한 기름으로 부음받았다는데서 유래했다.

[8] ■ 주와 같이 되기를   (찬송 454)
  주와같이 되기를 내가 항상 원하오니
  온유하고 겸손한 주의 마음 주소서
  세상에서 우리가 나그네로 있을때
  주의형상 닮아서 살아가게 하소서.

■ 주예수 내맘에 오사   (찬송 286)
  주예수님 내맘에 오사 날 붙들어 주시고
  내마음에 새힘을 주사 늘 기쁘게 하소서
  사랑에주 사랑의 주 내맘속에 찾아오사
  내모든죄 사하시고 내 상한맘 고치소서.

▮ 주기도문

하늘에 계신 우리 아버지,
1. 아버지의 이름을 거룩하게 하시며
2. 아버지의 나라가 오게 하시며
3. 아버지의 뜻이 하늘에서와 같이 땅에서도 이루어지게 하소서.
4. 오늘 우리에게 일용할 양식을 주시고
5. 우리가 우리에게 잘못한 사람을 용서하여 준 것 같이, 우리의 죄를 용서하여 주시고,
6. 우리를 시험에 빠지지 않게 하시고 악에서 구하소서.
   나라와 권능과 영광이 영원히 아버지의 것입니다. 아멘.

▮ 사도신경

나는 전능하신 아버지, 천지의 창조주를 믿습니다.
나는 그의 유일하신 아들, 우리 주 예수그리스도를 믿습니다.
그는 성령으로 잉태되어 동정녀 마리아에게서 나시고
본디오 빌라도에게 고난을 받아 십자가에 못 박혀 죽으시고
장사된지 사흘 만에 죽은 자 가운데서 다시 살아나셨으며
하늘에 오르시어 전능하신 아버지 하나님 우편에 앉아 계시다가
거기로부터 살아 있는 자와 죽은 자를 심판하러 오십니다.
나는 성령을 믿으며, 거룩한 공교회와 성도의 교제와
죄를 용서받는 것과 몸의 부활과 영생을 믿습니다. - 아멘.

▮ 십계명

하나님이 이 모든 말씀으로 말씀하여 이루시되
나는 너를 애굽땅, 종 되었던 집에서 인도하여 낸 네 하나님 여호와니라.

1. 너는 나 외에는 다른 신들을 네게 두지말라.
2. 너를 위하여 새긴 우상을 만들지 말고,
   또 위로 하늘에 있는 것이나 아래로 땅에 있는 것이나
   땅아래 물속에 있는 것의 어떤 형상도 만들지 말며
   그것들에게 절하지 말며, 그것들을 섬기지 말라.
3. 너는 네 하나님 여호와의 이름을 망녕되게 부르지 말라.
4. 안식일을 기억하여 거룩히 지켜라.

2. 노자·채근담·불경·성경 말씀

5. 네 부모를 공경하라.
   그리하면 네 하나님 여호와가 네게 준 땅에서
   네 생명이 길리라.
6. 살인하지 말라.
7. 간음하지 말라.
8. 도둑질하지 말라.
9. 네 이웃에 대하여 거짓 증거하지 마라.
10. 네 이웃의 집을 탐내지 말라. (출 20;1-17)

▌큰 두 계명

예수께서 이르시되 "네 마음을 다하고 목숨을 다하고 뜻을 다하여
  주 너희 하나님을 사랑하라" 하셨으니 이것이 크고 첫째되는 계명이요.

둘째는 그와 같으니 "네 이웃을 네 몸과같이 사랑하라" 하셨으니 이 두 계명이
  온 율법과 선지자의 강령이니라." (마 22:37-40)

- 참된 행복, 행복한 삶이라는 것은 "주님을 바라보고 기뻐하고 주님으로 부터 오는 기쁨으로 기뻐하며, 주님으로 말미암아 기뻐하는 것이고 그것 외에 다른 것은 아니기 때문이다".

> ■ 성도의 안식은 그리스도인의 가장 행복한 상태이다
>
> (참고) 성경 ; 66권 (구약 39, 신약 27), 총 1,189장
>   4복음서 ; 마태. 마가. 누가. 요한.
>   4대 선지자 ; 이사야, 에레미아, 다니엘, 에스겔, 시편 총 150편, 잠언 총 31장.

- 오직 정의를 물같이, 공의를 마르지 않는 강같이 할지어다. - (암 5:24)
- 교회가 외치지 않으면(만약 너희들이 침묵하면) 돌들이 소리를 지를 것이다. (눅 19;40)
- 하박국은 악하고 부패한 시대속에서 "정오의 해처럼 더욱 빛나야 할 하나님의 정의"는 어디 있느냐고 묻고 있다.

> ♣ 죽은 후에 하나님께 간다
>
> 우리 인격이 몸과 완전히 분리되고 전혀 실체가 없는 가운데서 하나님과 함께하고 교제하는 새로운 상태가 시작되는 것이다.
> (성령을 받는다는 것은 하나님을 마음속에 영혼속에 모신다는 것이다.)

3. 근사록(近思錄) 명언

■ 횡거(橫渠)선생은 어린이를 가르치는데 '네가지 유익한 점'을 말하였다.

① 자기가 가르치는 일에 얽매여 드나들지 않으니 첫째 유익함이요.
② 남을 가르치는데 여러번 반복하면 자기 또한 그 글의 참뜻을 깨닫게 되니 둘째 유익함이요.
③ 어린이를 상대하면 반드시 의관을 바르게 하고 위의(威儀)를 갖추어야 하니 세번째 유익함이요.
④ 항상 자기로 인연해서 남의 재질을 그르치게 되지 않을까 걱정을 하면 감히 자기의 학문을 게으르게 하지 않을 것이니 네 번째 유익함이다.

■ 공자께서 사람을 가르칠 때는 그 사람이 알고싶어 하지 않으면 깨우쳐 주지 않고(孔子 敎人 不憤不啓), 그 사람이 표현하려고 애쓰지 않으면 일러 주지 않았다. (不悱不發)

■ 이천(伊川) 선생은 일은 어느 것도 미루어서는 안된다고 하였다.
천하의 일은 비유컨대 한 집안의 일과 같다. 내가 하지 않으면 그가 해야 할 일이요, 갑이 하지 않으면 을이 해야 할 일이다.
또 늘 다가올 일에 대처해야 한다고 말하였다.
사람은 멀리 있는 것을 생각하지 않으면 반드시 가까이 닥쳤을 때 근심이 있다.
생각해야 할 것은 당면한 일 밖에 있는 것이다. (人無遠慮 必有近憂 思慮當在事外)

■ 성인은 남을 꾸짖을 때는 언제나 느리고 (聖人之責人也常緩)
다만 일이 올바르게 되기를 바라며 (便見只欲事正)
남의 허물을 드러내지 않는다 (無顯人過惡之意).

■ 군자의 배움은 날로 새로워져야 한다. (君子之學 必日新)
날로 새로워진다는 것은 날로 진보 하는 것이다. (日新者 日新也)
날로 새로워지지 않는 자는 반드시 날로 퇴보한다. (不日新者必日退) - 伊川

■ 배우지 않으면 늙고 쇠약해진다. (不學便老而衰)
사람의 배움이 나가지 못하는 것은 (人之學不進)
다만 용기가 없기 때문이다. (只是不勇) - 明道

- 일상 기거함에 있어서는 공손하고 (居處恭)
  일을 잡아야 함에 있어서는 공경스럽고 (執事敬)
  남을 대함에 있어서는 충실되어야 한다. (與人忠)   - 論語, 子路

- 시경(詩經)과 서경(書經)은 도(道)를 담은 길이요, 춘추(春秋)는 성인이 쓰는 도구(道具)이다. 「서경과 시경은 약방문 같고」, 「춘추는 약을 써서 병을 치료하는 것과 같다. 성인의 행위는 모두 이 책에 들어 있다.」 이른바 〈공자는 이 책에 실린 행사(行事)는 깊이 생각하고 밝히는 것만 같은 것이 없다〉고 하였다. (伊川先生 春秋傳 序曰...)

- 伊川선생이 역전(易傳)에 이르기를
  군자는 윗자리에 앉아있어 천하의 의표가 되니 (爲天下之表儀)
  반드시 그 엄정함과 공경스러움을 다해야 한다. (必極其莊敬)

- 남의 충고를 달게 받아야 한다.
  염계(謙溪; 周敦頤) 선생은 '잘못에 대한 남의 충고를 기쁘게 받아들여야 한다'고 말하였다. 공자의 제자인 仲由는 잘못에 대한 충고의 말을 들으면 기뻐하며 잘못을 고쳐 좋은 평판이 길이 세상에 전한다.

- 주공(周公)은 '지극히 공평하고 사욕이 없었으며 나아가고 물러남을 도(道)로서 하였고 이욕(利慾)에 가려진 적이 없었다'.
  자신의 몸 처신(處身)하는 것을 두려워하고 조심성 있게 하고 항상 공손하고 두려워하는 마음을 지니었다.

- 이천 선생은 사람은 성(盛)할 때에 경계하여 재난을 막아야 한다고 말하였다.
  성인이 경계해야 할 것은 반드시 모든 것이 왕성할 때에 해야 한다. (聖人爲戒 必於方盛之時).
  한창 왕성할 때 경계할 줄 모르고 안일하고 부귀한 것에 젖으면 (方其盛而不知戒 故狃安富), 교만과 사치가 생기며, 「안락을 누리면 기강이 무너지고, 재앙과 어지러움을 잊으면, 다시 재앙이 싹트기 시작」한다. 이런 것들이 점점 스며들어 마침내 어지러움에 이르는 것을 알지 못하게 된다고 하였다.

- 횡거(橫渠) 선생은 남의 평판을 두려워하지 않고 살아가려면, 의(義)만을 지녀야 한다고 말하였다.
  천하의 일 중에 크게 근심스러운 것은 (天下之事大患)
  다만 남의 비웃음을 사는 것을 두려워하는 것이다. (只是畏人非笑)
  마땅히 살 곳에 살고, 마땅히 죽을 때에 죽으며

오늘 만종의 녹을 내일 버리고 (今日萬鍾 明日棄之)
오늘의 부귀가 내일 굶주리게 되더라도 (今日富貴 明日飢餓)
또한 근심하지 않는다. 이것은 오직 義에만 있는 것이다.

■ 할 말은 하고 이치를 구명(究明)해야 한다.
명도(明道) 선생이 말을 하려고 머뭇거리며 입을 여닫기만 하는 것에 대하여 말하기를 "만약 입을 열어야 할 때는 상대의 머리를 요구할 경우에라도 모름지기 입을 열어야 한다. 그 말을 들으면 반드시 엄정하여져서 잘못을 할 수가 없다"라고 하였다.
또 일에 있어서는 "그 이치를 궁구하여 밝혀야 한다"라고 말하였다.
모름지기 소용(所用)이 있는 일은 배워야 한다.
주역(周易) 고괘(蠱卦)에는
"군자는 이것으로써 백성을 건지고 덕을 기른다고 하였다." (振民育德)

■ 伊川 선생은 안락(安樂)을 경계(警戒)하여 말하였다.
사람이 안락의 경지에 있게 되면 마음이 기뻐서 머무르려 하고, 또 그것을 깊이 사모하고 탐닉하여 그 속에서 오랫동안 있고 싶어 하지만 되지 않는다.

주역(周易) 예괘(豫卦) 육이효(六二爻)에
중정으로써 스스로 지키기를 돌과 같이 한다 (以中正自守 其介如石).
하루가 다 가지 않아서 무릇 일의 기미를 알게 될 것이니 바르고 吉하다고 하였다.
안락의 경지로 편안하게 오래 갈 수는 없는 것이다.
오래 빠져있지 않으면 吉한 것이다.
또 임금은 항상 편안하고 즐거움에 빠지지 않도록 조심해야 한다고 말하였다.
임금이 위망에 이르는 길은 하나가 아니지만 (人君致危亡之道非一),
열락에 빠지는 것이 대부분이다 (而以豫(悅樂)爲多).

■ 명도 선생은 小人과 교제하는 방법을 말하였다.
요부(堯夫)는 '타산의 돌로 옥을 갈 수 있다는 것'을 알았다. (他山之石 可以攻玉)
옥은 온화하고 윤택한 물건으로써 만약 두 덩어리의 옥으로 서로 갈려고 하면 반드시 갈아지지 않는다. 모름지기 다른 거친 물건을 얻어야만 갈 수가 있다.
비유컨대 군자와 소인이 함께 있어서 소인의 침탈과 능욕을 받는다면, 몸을 닦고 반성하고 두려워 피하고 마음을 움직여 참을성 있게 하고 증익(增益)하여 환란을 미리 예방한다.
이와같이 하면 도리가 생겨난다.

3. 근사록(近思錄) 명언

- 다른 산에서 나는 돌로 자기의 옥(玉)을 가는데는 필요한 것으로, 남의 잘못도 나의 선(善)을 닦는데 도움이 된다는 말. 〈요부〉는 북송(北宋)때의 학자. 소강절(邵康節 ; 시호) 이라고도 부른다.

- 주역의 이괘(履封) 초구(初九)에 이르기를
 '자기의 분수를 지켜 행하면 나아감에 잘못이 없다' 라고 하였다 (履之初九日 素履往无咎).

- 현자(賢者)는 그 본분을 편안히 지켜 이행하므로 그가 처함에는 즐겁고, 벼슬에 나아가면 장차 유익한 일을 한다. 그러므로 벼슬길에 나아감을 얻으면 유익한 일을 하여 不善이 없다.

- 세월은 낮과 밤을 가리지 않고 간다.
 공자가 시냇가에 서서 말하기를
 "가는 것이 이와 같구나, 낮과 밤을 가리지 않고" 라고 하였다. (子在川上日 逝者如斯夫 不舍晝夜)
 한(漢)나라 이래 유학자들이 모두 이 뜻을 알지 못하였다.
 이것으로 성인의 마음이 순결하고 끝이 없는 것(만물의 끊임없는 운행)을 볼 수 있다.
 순결하고 끝이 없는 것은 하늘의 덕(德)이다.
 하늘에 덕이 있는 것은 곧 왕자의 '도' 라고 말할 수 있다.
 중요한 요점은 다만 홀로 있을 때 삼가는 데에 있는 것뿐이다. (明道先生)

- 하늘이 명부(命賦)한 것이 성(性)이요 (天命之謂性)
 성(性)에 따르는 것이 도(道)요　　(率性之謂道)
 도(道)를 마름하는 것이 교(敎)이다. (修道之謂敎)

- 道는 잠시도 떠날 수 없는 것이니, 떠날 수 있는 것은 道가 아니다.
 그러므로 군자는 그의 보이지 않는 것을 삼가고,
 들리지 않는 것을 두려워하는 것이다. - 中庸

- 희노애락이 발(發)하지 않는 상태를 중(中)이라 하고,
 발하여 모두 절도(節度)에 맞는 것을 화(和)라고 한다.
 중(中)은 천하의 大本이요, 화(和)는 천하의 달도(達道)니,
 中和의 德을 극진하게 하면, 天地가 자리 잡히어,
 만물(萬物)이 화육(化育)되는 것이다. - 中庸

■ 군자의 네가지 도 (君子之道四 丘未能一焉) - 中庸

자식들에게 바라는 것으로써 아버지를 섬기는 일	- (所求乎子 以事父)
신하들에게 바라는 것으로써 임금을 섬기는 일	- (所求乎臣 以事君)
아우에게 바라는 것으로써 형을 섬기는 일	- (所求乎弟 以事兄)
벗들에게 바라는 것으로써 먼저 베풀어 주는 일	- (所求乎朋友 先施之)

그 중 어느 하나도 나는 잘 하지 못하였다. - 공자

사랑하는 것을, 仁(인)이라 하고
마땅히 해야 할 옳은 것을, 義(의)라 하고
사람의 도리를 다하는 것을, 禮(예)라 하고
옳은 것을 지키는 것을, 信(신)이라 한다.
천성을 그대로 지녀서 편안한 상태에 있는 것을 聖(성)이라 이르고,
잃어가는 性을 되찾아 그것을 잡아 지키는 것을 賢(현)이라 이르며,
발하는 것이 적어 눈으로 볼 수 없으나 두루 채워도
다함이 없는 것을 神(신)이라 이른다. - 近思錄 道體篇

■ 높은 지위에 있으면서 너그럽지 않음은 성인도 경계하신 바이다.
  너그러우면서 해이하지 않으며, 어질면서 나약하지 않다면
  일을 망치지 않을 것이다. (丁若鏞 牧民心書)

■ 역(易)에는 〈꼭대기가 되려 하지 않는 것 그것이 길한 것이다〉. (易曰 無首 吉)하였다.
  그래서 공자는
  "높고 높도다. 오직 높은 것은 하늘이로되 오직 요임금만이 그 하늘을 본 받았도다"
  하였다. 이는 대개 임금된 자가 가져야 할 공을 말한 것이다.

■ 앉은뱅이는 밤낮으로 한 번만 서서 걸어 보았으면 하고, (跛人日夜願一起)
  장님은 밤낮으로 눈을 떴으면 하는 소원을 잊지 않는다. (盲人不忘視)

■ **손사막**은 - **담**(膽)은 크게 가져 결단력을 높이고
  (孫思邈) **마음**은 세심하게 가져 치밀히 관찰하며
  지혜는 원만하게 하여 막힘이 없게 하고
  행동은 곧게 바르게 하라 하였다.

3. 근사록(近思錄) 명언

4. 禮經(예경) 명언

- 곡례(曲禮)에 이르기를, 불경하지 말며, 생각을 장엄하게 하고. 말을 이치에 맞도록 하면, 백성을 편안하게 다스릴 수 있을 것이다.〈曲禮曰 母不敬 儼若思 安定辭 安民哉〉
  - 禮記曲禮

- 예(禮)는 오고 가는 것을 숭상한다. (禮尙往來)
  가기만 하고 오지 않는 것도 예가 아니며 (往而不來 非禮也)
  오기만 하고 가지 않는 것도 예가 아니다 (來而不往亦非禮也).

- 禮라고 하는 것은 몸을 닦고, 도리를 지켜 자기를 낮추고,
  남을 존경하고 겸양하여, 남을 존중하는 데에 있다. - 禮記 曲禮

- 禮는 남에게 가서 배우는 것이요 (禮聞取於人)
  남이 와서 배우는 것이 아니다. (不聞取人).

- 禮는 사람에게 있어서는 마치 술을 빚는데 누룩이 있는 거와 같다.
  〈禮之於人也 猶酒之有蘗也〉 - 禮記 禮運 * 蘗 - 누룩 얼, 국(麴)과 같음.

- 禮는 사람의 몸과 같은 것이다.
  사람의 몸이 갖추어지지 않았으면 不成人이라고 한다.
  사람이 예를 행함에 있어 미흡하면 그것은 인체의 불구와 같다.

  禮라는 것은 모든 일을 다스림으로 이끄는 것이다.
  ▶ 父子는 자리를 같이하지 않는다. (父子-不同席)
     죽음은 백성의 마지막 큰일이다. (死民之卒事也)
     - 존귀한 손님 앞에서는 개를 꾸짖지 않는다. (尊客之前 不叱狗)
       상중에는 웃지 않는다. (臨喪不笑) - 曲禮

- 제사(祭祀)라는 것은 봉양을 뒤따라 하고, 효도를 계속하는 것이다.
  효도(孝道)는 기르는 것이다(孝子畜也). 도리에 순응하여 인륜에 거슬리지 않는 것을 기르는(畜휵) 것이라고 한다. * 畜(축) - 기를 휵, 가축 축

- 모름지기 임금의 使者는 이미 명령을 받으면, 그 말씀을 하룻밤이라도 자기 집에서 묵히지 말고 즉시 출발해야 한다. (爲君使者 - 已受命 君言 不宿於家)

- 살아있는 자(喪主)를 아는 자는 조문하고, 죽은 이를 아는 자는 슬퍼한다.
  살아있는 자를 알고 죽은 이를 모르면, 조문할 뿐 슬퍼하지 않으며,
  죽은 이를 알고 살아있는 이를 모르면, 슬퍼할 뿐 조문하지 않는다.
- 조상할 때 부의(賻儀)를 낼 수 없으면 장례 비용을 묻지 않으며,
  문병할 때 물품을 줄 수 없으면 그가 원하는 것을 묻지 않으며,
  남을 만나서 숙소를 제공할 수 없으면 그의 숙소를 묻지 않는다. (曲禮上)
- 천자가 죽는 것을 붕(崩)이라 하고, 제후는 훙(薨)이라 하고, 대부는 졸(卒), 사(士)는 불록(不錄), 서인(庶人)은 사(死)라고 한다. 침상(寢牀)에 있는 것을 시(尸)라 하고, 관(棺)에 있는 것을 구(柩)라고 한다.
  새가 죽는 것을 강(降-떨어질 강)이라 하고, 짐승이 죽는 것을 지(漬-짐승죽을 지)라 하고, 구난(寇難)에 죽는 것을 兵이라 한다. *寇-떼도둑 구, 겁탈할 구.
- 어버이를 섬김에는 어버이의 허물을 덮어 숨기는 경우는 있으나, 안색(顔色)을 범하여 극간(極諫)하는 일은 없어야 한다. 좌우에 가까이 나아가 부지(扶持) 봉양하되 일정한 방위가 없으며, 어버이를 위해 죽도록 힘든 일을 하다가 어버이가 죽기에 이르면 상주로서 哀毁 之節을 극진히 해야 한다. - 檀弓上
- 가짐이 큰 사람은 거만해서는 안된다.
  - (有大者 不可以盈 - 주역 序卦)
- 가짐이 많음에도 능히 겸손하면 반드시 즐거우리라.
  - (有大而能謙 必豫 - 주역 序卦)
- 딸 시집보내기를 반드시 내 집보다 나은 자에게 해야 하니 내 집보다 나으면 딸이 사람을 섬김이 반드시 공경하고 반드시 조심한다고 하였다. - (安定胡 先生)

♣ 이천(利川) 선생이 말하였다.

사람에게 세가지 불행이 있으니
▸ 소년으로 고과(高科)에 오름이 첫째 불행이요.
▸ 부형의 권세(權勢)를 빌어 좋은 벼슬을 함이 둘째 불행이요.
▸ 높은 재주가 있어 문장(文章)을 잘함이 셋째 불행이다. - (二程全書 遺書)

♣ 옛사람이 이르기를

▸ 증명할 수 없는 것을 기록해 놓으면 그 선대(先代)를 속이는 것이 되고,
▸ 증명할 수 있는 것을 기록해 놓지 않으면 이것은 그 선대를 잊어버리는 것이다.
  고 하였다. - (古人云 無徵而書 是誣其先, 有徵而不書 是棄其先).

♣ 선(善)한 말을 하고 욕을 먹는 것이 제왕(帝王)의 일이다. - 마루쿠스/ 명상록

> ♥ 사람이 태어나면서 부터 생활과정 - 禮記曲礼
>
> | | |
> |---|---|
> | 人生十年 曰幼(어린이)니 學(배워야) 이니라 | (幼/ 學) |
> | 二十曰 弱이니 冠(성인식을 함) 이니라 | (弱/ 冠) |
> | 三十曰 壯이니 有室(아내를 맞음) 이니라 | (壯/ 有室) |
> | 四十曰 强이니 仕(벼슬에 나아감) 니라 | (强/ 仕) |
> | 五十曰 艾니 服官政(정치에 참여함) 하니라 | (艾/ 服官政) |
> | 六十曰 耆니 指使(지시하여 일을 함) 하니라 | (耆/ 指使) |
> | 七十曰 老이니 而傳(가사를 물려 줌) 이니라 | (老/ 而傳) |
> | 八十九十曰 모(耄)요, 七年曰 悼(애초롭다) 니 | (耄/ 悼) |
> | 悼與耄는 有罪라도 不可刑焉 하니라 | (耄悼有罪 不可刑) |
> | 百年曰 期니 이(頤)니라, 부양을 받는다. | (期/ 頤) |

  * 冠(관) - 성인이 되었다는 말.
    艾(애) - 쑥 애자로 쉰 살이 되면 머리털이나 살갗이 쑥처럼 허옇게 된다는데서 붙인 말.
        耄(모) - 眊(모)와 같은 뜻으로 눈이나 정신이 혼미한데서 붙인 이름.
    悼(도) - 애처롭다는 뜻으로 일곱살 된 어린아이를 말함.
    期(기) - 사람의 수명을 백살로 보아 一期(일기)로 하는데서 붙인 이름.
    耆(기) - 늙은이 기. 어른 기. 스승 기.

■ 어머니 마음 - (어버이 날) - 5. 8.
 나실 때 괴로움 다 잊으시고
 기르실제 밤낮으로 애쓰는 마음
 진자리 마른자리 갈아 뉘시며
 손발이 다 닳도록 고생 하시네
 하늘 아래 그 무엇이 넓다 하리요
 어머니의 희생은 가이 없어라.

■ 어버이 살아신 제 섬길 일란 다하여라
 지나간 후면 애달프다 어찌하리
 평생에 고쳐 못한 일이 이뿐인가 하노라. - 정철

■ 재물이 쌓인 연후에 예의가 있게 되리라.
 -(物畜然後 有禮 - 周易 序卦傳)

■ 사람과 협동하는 자에게는 재물이 반드시 모이리라.
 -(與人同者 物必歸焉 - 周易 序卦)

■ 선비, 大夫家의 나이에 따른 교육 및 치사(致仕)

- 아이가 '여섯 살이 되면 수를 세는 것'과, 동서남북의 방향을 가리킨다.
- 일곱 살이 되면 남녀가 함께하지 않으며, 음식을 함께 먹지 않는다.
- 여덟살이 되면 문호를 출입하고, 자리에 앉아 음식을 먹게 되면 반드시 어른보다 나중에 들어야 하는데, 비로소 사양하는 예를 가르친다.
- 아홉 살이 되면 날짜 세는 것을 가르친다.
- 열살이 되면 집을 나가 바깥 스승에게 취학하게 하며, 바깥방에서 거처하면서 글씨 쓰는 것과 계산하는 법을 배운다.
  옷은 명주저고리와 바지를 입히지 않으며, 모든 예절은 처음 가르친대로 하고, 아침·저녁으로 어린이가 지켜야 할 예의를 배우되 간이(簡易)하고 신실(信實)한 일을 청해 배운다.
  십일(十一) 십이세(十二歲)의 경우에도 똑같다.
- 남자로서 열 세살이 되면 음악을 배우고 시(詩)를 읊고 석무(夕舞)를 배운다.
- 열 다섯살(成童)이 되면 상무(象舞)를 배우고 활쏘기와 말 다루기를 배운다.
- 스무살이 되면 관례하고 비로소 예를 배운다.
  갑옷과 명주옷을 입을 수 있으며, 대하(大夏)의 무악(舞樂)을 배우며
  효제의 길을 돈독하게 실행하며, 넓이 배우나 남을 가르치지 않으며
  지식과 덕을 속에 쌓은 채 함부로 들어내지 않는다. (內而不出)
- 서른살이 되면 아내를 맞이하며, 비로소 남자로서의 일을 다스린다.
  널리 배우지만 정해진 스승이 없고, 화순(和順)하게 벗과 사귀나 그 뜻을 살펴, 자기 수양의 밑거름으로 삶는다.
- 사십세에 이르러 비로소 벼슬하여 사물에 대해 계책과 생각을 발표한다.
  정치가 자기의 의도와 맞으면 복종하고, 맞지 않을 때는 벼슬을 버리고 떠난다.
- 쉰살이 되면 명령을 받아 대부(大夫)가 되어 관부(官府)의 정사를 담당하며(服官政)
- 일흔살이 되면 관직을 내놓고 물러나 노후(老後)를 정양한다. - (禮記內則)

■ 인생수기표 (人生壽期表)

연령(年齡)	호 칭(呼稱)
滿一歲(만일세)	돌, 生後 十二個月(생후 십이개월)
五歲(오세)	塵兒(진아), 亂兒(난아)
十歲(십세)	花童(화동), 始材(시재), 風童(풍동), 才童(재동), 勇雛(용추)
十五歲(십오세)	志學(지학), 始長(시장)
二十歲(이십세)	弱冠(약관), 雄豪(男)(웅호)(남), 慈味(女)(자미)(여)
三十歲(삼십세)	立志(입지), 恕凉(서량)
四十歲(사십세)	不惑(불흑), 壯齡(장령)
五十歲(오십세)	知命(지명), 知天命(지천명)
六十歲(육십세)	耳順(이순), 休甲(휴갑), 六旬(육순), 六齡(육령), 耆壽(기수)
六十一歲(육십일세)	回甲(회갑), 還甲(환갑), 還壽(환수), 還曆(환력), 眞甲(진갑)
六十二歲(육십이세)	進甲(진갑), 陳甲(진갑)
六十六歲(육십육세)	美壽(미수), 雙六(쌍육)
七十歲(칠십세)	古稀(고희), 七旬(칠순), 稀壽(희수), 督壽(도수)
七十七歲(칠십칠세)	喜壽(희수), 雙七(쌍칠)
八十歲(팔십세)	傘壽(산수), 夢八(몽팔), 八旬(팔순), 耋壽(질수), 鶴齡(학령)
八十八歲(팔십팔세)	米壽(미수)
九十歲(구십세)	卒壽(졸수), 耄壽(모수), 龜齡(구령)
九十一歲(구십일세)	望百(망백)
九十九歲(구십구세)	白壽(백수), 鶴壽(학수), 雙九(쌍구)
百歲(백세)	上壽(상수), 百壽(백수), 望壽(망수)
百八歲(백팔세)	茶壽(다수)
每歲(매세)	每年(매년), 生辰日(생신일)

- 결혼이란 마치 열차의 두레일 같다 어느 한쪽도 이상이 있으면 탈선 전복의 위험이 따른다. 언제나 서로의 위치를 지키며, 사랑의 원리의 궤도를 따라 공동의 목표를 향해 힘차게 人生路程을 창조해 나가는 것이다.

- '혼례'에서는 남자가 아내를 친히 맞는다. 남자가 여자보다 먼저하는 것은 강유(剛柔)의 이치에 따른 것이다. 하늘이 땅보다 먼저 움직이고, 임금이 신하보다 먼저 움직인다. 남녀관계와 이치가 같다. - 禮記 郊特牲

- 무릇 남자가 절할 때는 왼손을 위로한다. (拜尙左手) - 禮記 內則

- 군자가 거처하는 데는 항상 남향하여 앉고, 누울 때는 반드시 동쪽으로 머리를 둔다.
  〈君子之居 恒當戶 寢東首〉 - 禮記 玉藻(마름 조)

- 천하(天下)에 여러 제도를 고칠 수 있되 그럴 수 없는 것이 있다.
  즉 • 친한 사람을 친하게 여기고
    • 높은 사람을 공경하고
    • 어른을 어른으로 모시고
    • 남·녀간에 구별이 있는 것이 바로 그것이다.
  이 네가지는 인도(人道)의 대륜(大倫)으로서 언제까지나 변함이 있을 수 없다.
  〈親親也 尊尊也 長長야 男女有別〉 - 禮記 大傳

- 손님은 공손함으로써 대하는 것을 위주로 한다. 제사에는 공경함을 위주로 하고 상사(喪事)에는 슬퍼함을 위주로 한다. 회동(會同) 즉 모임에는 약속이 정확하고 교양 있음을 위주로 한다.
  〈賓客主恭 祭祀主敬 喪事主哀 會同主詡〉 - 少樣

- 仁(인)은 義(의)의 근본이다. (仁者-義之本也) - 禮運
  어질고 자애로운 마음은 의로운 행동의 뿌리요 바탕이다.
  그러므로 나라를 다스리는 사람에게 어진 마음이 없다면, 그것은 마치 밭을 가는데 쟁기를 사용하지 않는 것과 같은 것이다.

- 충신은 예의 근본이요, 의리는 예의 문체이다.
  〈忠信- 禮之本也, 義理- 禮之文也〉 - 禮器
  忠信 즉 사람의 진심은 禮儀(예의)의 근본이요, 義理는 예가 엮어내는 아름다운 문체이다. 그러므로 예는 안이 되는 마음과 밖이 되는 무늬가 서로 어우러져서 이루어지는 것이다.

4. 禮經(예경) 명언

■ 논어(論語) 위정(爲政)편에 나오는 공자의 말씀이다.
　나는 15세에 학문에 뜻을 두었고 (吾十有五而志於學)
　30세에 모든 기초가 확립되었으며 (三十而立)
　40세에 사물의 이치에 대하여 의문나는 점이 없었고 (四十而不惑)
　50세에 천명을 알았고 (五十而知天命)
　60세에 남의 말을 순순히 받아들일 수 있었다 (六十而耳順).
　70세에 마음이 하고자 하는대로 행하여도 도에 어긋나지 않았다 (七十而從心所欲不踰矩).

☞ 나이에 대한 별칭이 있다.
- 남성 20세- 약관(弱冠) 정년(丁年),　• 30세- 이립(而立)　• 40세- 상년(桑年), 불혹(不惑)
- 50세- 知天命 장가(杖家) 애년(艾年)　• 60세- 이순(耳順) 장향(杖鄕)
- 61세- 화갑(華甲) 화년(華年)　• 70세- 고희(古稀) 장국(杖國) 종심(從心) 희년(稀年)
- 80세- 산수(傘壽) 장조(杖朝)　• 81세- 반수(半壽) 망구(望九)　• 88세- 미수(米壽)
- 90세- 졸수(卒壽) 동이(凍梨)　• 91세- 망백(望百)　• 99세-백수(白壽)　• 100세- 기이(期頤)

☞ 고대에는 사장제(四杖制)라 하여 지팡이를 짚는데 법도가 있었다.
　50살에는 - 집안에서만(杖家), 60살에는 - 마을에서(杖鄕), 70살에는 - 나라 안에서(杖國)
　80살이면 임금이 있는 조정에서도 장조(杖朝)라 하여 허용되었다.

■ 옛날에 「유우(有虞)씨는 덕을 귀하게 여기고, 연령을 높이 받들었으며, 「하후(夏候)씨는 벼슬을 귀하게 여기고 연령을 높이 받들었다. 「은(殷)나라 사람은 부(富)를 귀하게 여기고 연령을 높이 받들었으며, 「주(周)나라 사람은 부모를 귀하게 여기고 연령을 높이 받들었다. 이처럼 우, 하, 은, 주는 천하의 성왕(盛旺)이다. 그런데도 한번도 연령을 잊은 적이 없다. 연령이 천하에 귀하게 여겨진 것이 오래이니, 부모 섬기는 일에 버금가는 것이다. (연령을 중요시함)

■ "걸을 때에는 어깨를 나란히 하지 않고, 같이 가지 못하며 뒤에 따른다.
노인을 볼 때에는 수레와 걷는 것을 모두 피한다. 「반백(斑白)인 사람은 길을 갈 때 짐을 지지 않는다. 이것은 어른을 받드는 도리가 '거리'에까지 미친 것이다."
옛날 법도에 「오십(五十)에는 승도(甸徒)가 되지 않고, 새를 나눌(頒禽) 때에는 어른에게 많이 준다. 이것은 어른 받드는 도리가 사냥까지 미친 것이다. 「군려(軍旅)나 십오(什五)가 벼슬이 같으면 손위 연령을 높이 받든다. 그러니 어른 받드는 도리가 군려에까지 미친 것이다(禮記 祭儀).

一. 명심입지편

- 본항에서는 부모 섬기는 다음으로 연령을 중요시한 것이다.

  旬徒(순도) - 수레를 몰고 가는 인도자

  車徒(거도) - 수레로 가는 것과 걸어가는 것

  軍旅(군려) - 군사 오백인, 什五(십오) - 십오인

- 선비는 나아가기는 어려우나 물러서기는 쉽다. (其難進而易退)

  그것이 마치 유약하고 무능한 것 같다. (粥粥若無能也)

  선비가 크게 행동할 때에는 위엄이 있어 범접하기 어려운 것 같고, 작게 행동할 때에는 부끄러워 감히 아무것도 하지 못할 것 같아서 나아가기가 어렵다는 것이며, 그런 때문에 나아 갈 때는 세 번 절하고 물러날 때는 한번 절한다는 것이다.

  * 粥粥(죽죽) - 나약하고 유약한 모양.

- 선비는 임금을 위하여 힘써 일하기를 먼저하고, 녹(錄)을 뒤로 하나니, 이것이 또한 녹을 주기 쉬운 것이다. (先勞而後錄 不亦易錄乎) - 儒行

- 사양하는 것을 세번하는 것은 달이 三日로서 백(魄)을 이루는 것에서 본받은 것이다. (讓之三也 象月之三日而成魄也).

  * 魄(백)은 달의 형체만 있고 빛이 없는 곳을 말함. 보통으로 달의 魄은 十六일 이후에 생기지만 그때는 보름달로 밝아서 볼 수 없고, 그믐 전 三일의 아침 달이 동쪽에서 나올 때 보이고, 초하루 후의 三일 저녁달이 서쪽으로 지려할 때 보임. 뜻은 달의 빛이 너무 밝으면 魄(백)은 보이지 않고, 밝지 않을 때 백이 보이는 것처럼 주인은 밝음으로 상징하고, 손님은 魄(백)으로 상징하여 달의 밝음이 백을 보이려고 전후 三일을 양보하는 것처럼 주인이 손님에게 세번 양보한다는 뜻.

참고

예경에서 많은 내용들을 인용한 것은 아직도 많은 부분들이 예절교육 삶의 지식으로 필요하다고 느꼈기 때문이며, 특히 3년상이나 3번 사양하는 것, 혼례시 남자가 먼저 예를 올리는 것 등의 근거에 대해서 잘 설명되어 있으므로 귀한 지식이 될 것으로 믿는다. 우리는 옛것이라고 해서 너무 배척하거나 도외시(度外視) 할 것이 아니라 溫故知新할 필요가 있다. 서경에도 '學于古訓하면 乃有獲이라' 하였고 不由古訓이면 于何其訓이리요 하지 않았던가.

4. 禮經(예경) 명언

◆ 전래의 어린이 십계명(十誡命)

이 십계명은 우리가 어릴적 할머니들로 부터 익히 들어온 것이지만 오늘날에 이르러서는 다 잊혀져가고 있는 현실이라 우리 고유의 풍습이 전해졌으면 하는 아쉬움에서 적어본다.

① 부라부라(弗亞弗亞)

　예로부터 할머니들이 손자의 허리를 잡고 왼편과 오른편으로 기우뚱기우뚱하게 하면서 〈부라부라〉라고 부르며 귀에 익혀준다.
　여기에서 불(弗)은 하늘에서 땅으로 내려온다는 뜻이고, 아(亞)는 땅에서 하늘로 올라가는 것을 말한다. 따라서 부라부라(弗亞弗亞)는 사람으로 땅에 내려오고 신(神)이 되어 하늘로 올라가는 무궁무진한 생명을 가진 손자를 예찬하는 것이다.

② 시상시상(侍想侍想)

　그 뜻은 사람의 형상과 마음 그리고 기맥(氣脈)과 신체는 태극(太極)과 하늘 땅에서 받은 것이므로 사람 곧 작은 우주(宇宙)라는 인식아래 하나님을 나의 몸에 모신 것이니 하나님의 뜻에 맞도록 순종하겠다는 것을 표시하는 것이라고 한다.

③ 도리도리(道理道理)

　머리를 좌우로 흔드는 동작. 도리(道理)로 생겨났듯이 너도 도리로 생겨났음을 잊지 말라는 뜻. 머리를 좌우로 흔들게 함으로써 좌측과 우측을 가르치고 아울러 너와 나, 과거의 미래를 가르치는 것이라고 한다.

④ 지암지암(持開持闇)

　두 손을 내놓고 다섯 손가락을 쥐었다 폈다 하는 동작. 그윽하고 무궁한 진리를 창졸간에 알 수 없으니 두고두고 헤아려 깨달으라는 뜻이다.

⑤ 곤지곤지(坤地坤地)

　오른손 집게손가락으로 왼편 손바닥을 찧는 동작.
　지암지암한 이치를 깨닫고 곤지도로 돌아오라는 뜻이 담겨 있다.
　하늘의 이치를 깨달으면 사람과 만물이 서식하는 땅의 이치(坤地道)에 입각하여 천지간(天地間)의 무궁무진한 조화를 알게 된다는 뜻.

⑥ 섬마섬마(西摩西摩)

　어린아이를 일으켜 세우면서(立) 하는 말로 섬마섬마라고 한다.
　건운(乾運)에세 곤운(坤運)으로 돌아설 때는 정신문명인 강상(綱常) 이치만으로는 안되므로 서마도(西摩道)에 입각한 물질문명을 받아들여 발전해 나가라는 뜻이다. 서마서마는(따로따로)라고 부르기도 하는데 이때는 독립발전하라는 뜻도 포함하고 있다.

⑦ 어비어비(業非業非)

무서움을 가르치는 말. 어릴 때부터 하나님의 뜻에 맞는 삶을 살라는 뜻이다. 하나님의 뜻에 맞는 업(業)이 아니면 벌을 받는다는 의미이다.

⑧ 아함아함(亞合亞合)

손바닥으로 입을 막으며 소리내는 동작. 두 손을 가로 모아 잡으면 아(亞)자의 모양이 되는데 이것은 天地 左右의 형국(形局)을 뜻하는 아군(亞君) 아제(亞帝)를 이 몸에 모시었다는 것을 상징한다.

⑨ 짝짝꿍 짝짝꿍(作作弓作作弓)

손바닥을 마주치며 소리내는 동작. 활궁(弓) 자를 등지어 두 개 쓰고 밑에 하나를 그으면 아(亞)자가 된다. 활 두개를 화살 위에 놓은 꼴처럼 두 손을 마주치면 아(亞)자의 형국이 되니 이것은 天地左右의 체궁(體弓)이요 태극(太極)의 궁궁 을을(弓弓 乙乙)과 상통한다.

하늘에 오르고 땅으로 내리며, 사람으로 오고 신(神)으로 가는 이치를 깨달았으니 작궁무(作弓舞)나 추어 보자는 뜻이다. 실제로 춤 박자에 맞게 짝짝꿍 짝짝꿍을 친다.

⑩ 질라라비 훨훨(至娜呵備活活議)

팔을 훨훨 치며 춤추는 동작 천지 우주의 모든 이치를 갖추고 지기(地氣)를 받아 생긴 육신(肉身)을 활활(活活)하게 자라도록 작궁무(作弓舞)를 추어가며 즐겁게 살아가는 뜻이다.

傳來의 십계명은 한마디로 말해 인간의 존엄성을 강조하면서 이지적(理智的)이고 진보적이며 활동적이고 낙천적인 정신이 깃들여 있는 것이라고 할 수 있다. 천심(天心)을 고스란히 간직하고 있는 어린아이를 달래고 놀리는 단순한 행동에도 이처럼 무궁무진한 교훈이 담겨 있다는 것은 결코 예사로운 일이 아니다.

■참고

이 전래(傳來)의 어린이 십계명과 인생수기표(人生壽期表)는
〈怡堂 李根濟 遺稿〉 李定九, 篇. - 2008. 9.
◉ 李根濟　任成均館博士　敍判任官六等者, 光武七年一月三日 ◉

5. 說苑(설원) 명언

- 도리에 맞게 구하면 얻지 못할 것이 없으며, 때에 맞추어 하면 이루어 내지 못할 것이 없다. (説苑 談叢)

- 때가 이르지 않았을 때는, 억지로 일을 만들 수 없고 (時不至 不可强生也)
  일을 끝까지 궁구하지 않으면, 억지로 성취시킬 수 없다. (事不究 不可强成也)

- 지혜는 의심나는 것을 그대로 비워 두는 것 만한 것이 없고 (智莫大於闕疑)
  행동은 후회없는 일을 하는 것보다 큰 것이 없다. (行莫大於無悔)

- 노력은 가난을 이기고, 조심함은 화를 이기며 (力勝貧 慎勝禍)
  삼감은 해를 이기고, 경계함은 재앙을 이긴다. (慎勝害 戒勝災)

- 부유할 때는 반드시 가난을 염두에 두며 (富必念貧)
  장년일 때는 노년을 생각하라 (壯必念老)
  나이가 비록 어릴지라도 (年雖幼少)
  염려는 이르지 않다. (慮之不早)

- 부귀는 교만과 약속을 하지 않았는데도 교만이 스스로 찾아오고, 그 교만은 망함과 기약을 하지 않았는데도 망함이 스스로 찾아온다. (談叢)

- 어떤 부끄러움도 능히 참는 자는 편안할 것이요 (能忍恥者安)
  그 어떤 욕됨도 능히 참는 자는 오래 존속 하리라. (能忍辱者存)

- 지혜에 해독을 끼치는 것으로 술(酒)보다 더한 것이 없고,
  일을 그르치게 하는 것으로는 즐거움(樂)보다 더한 것이 없다.
  또 청렴을 해치는 것으로는 색(色)보다 더한 것이 없고,
  강직(剛直)을 꺾는 것은 도리어 자기 스스로 약해지기 때문이다.

- 中庸에는 묻기를 좋아하는 것은 지혜에 가까우며, 힘써 실천하는 것은 仁에 가까우며, 부끄러움을 아는 것은 勇에 가깝다고 하였다.

- 맹자 이르되 '사람은 누구나 자기 밭에 거름을 주어 가꿀 줄은 알면서, 자기 마음에 거름을 주어 가꿀 줄은 모른다'. (孟子曰 : 人知糞其田, 莫知糞其心)

■ 詩經에 그런 놈들은 "승냥이나 호랑이의 입에 처넣어라"(投畀豺虎)
　호랑이가 더럽다고 먹지 않거든　　　(豺虎不食)
　저 북쪽 凍土(동토) 황무지에 버려라　(投畀有北)
　북쪽 凍土(동토)가 받지 않거든　　　(有北不受)
　저 하늘 밖으로 버려라.　　　　　　(投畀有昊)

고 하였으니, 이는 근본을 모르는 자를 두고 한 말이다. 즉 무고한 참소를 일삼는 사람에게 한 말이라고 한다.
　*豺(시) - 승냥이 시, 虎(호) - 범호, 畀(비) - 던질 비 줄비, 投 - 던질 투

■ 子思 이르되 "배움은 才智를 더하기 위해서이며, 숫돌질은 칼날을 세우기 위해서이다".
　(子思曰 : 學所以益才也 礪所以致刃也)

■ 사광(師曠)은 이렇게 말하였다.
　젊어서 학문을 좋아하는 것은 일출때의 볕과 같고 (少而好學 如日出之陽)
　장년에 학문을 좋아하는 것은 한낮의 빛과 같으며 (壯而好學 如日中之光)
　늙어서 학문을 좋아하는 것은 촛불의 밝음과 같다 (老而好學 如炳燭之明).

■ 안자(晏子)는 이렇게 말하였다. '내 들으니 -
　일을 하는 자는 언제나 성공했고　　　(爲者常成)
　걷는 자는 틀림없이 도착한다.　　　 (行者常止)
　나는 보통 사람과 다른 것이 아무것도 없소, 다만
　언제나 일을 하되 포기하지 않았고 (常爲而不置)
　항상 걷되 쉬지 않았을 뿐이요.　　 (常行而不休)
　그것 때문에 나를 넘어서지 못할 뿐인 것 같소.

■ 상창(常摐)이 병이 나자 老子가 찾아가 가르침을 청했다.
　이에 상창은 이렇게 말했다.
　①사람들은 고향을 지나게 되면 수레에서 내리게 되지 그 이유를 아는가?
　　노자가 대답했다.
　　'고향을 지나다가 수레에서 내리는 것은 "고향을 잊지 못해서가 아닙니까"?
　　아무렴 맞는 말이지' 하고는 상창이 다시 물었다.
　②큰 교목(喬木)을 지나다가는 그리로 달려간다. 그 이유를 아는가?
　　노자가 대답했다.
　　"큰 고목을 보고 달려가는 것은 〈늙은이를 공경한다는 뜻이 아닙니까?〉"라고 하였다.

③ 상창(常摐)이 아무렴 그렇고 말고 하고는, 자신의 입을 벌려 노자에게 보여 주면서 물었다. '내 혀가 있느냐?' 이 말에 노자가 있다고 대답하자.

④ 상창이 다시 '그럼 이빨은 그대로 있느냐?'고 물었다.

이에 노자(老子)는 〈다 빠지고 없습니다〉라고 대답하였다.

그렇다면 그 이유를 아느냐? 이 질문에 노자는 이렇게 대답하였다.

〈무릇 혀가 그대로 있는 것은 부드럽기 때문이 아닙니까?〉 또 이빨이 빠지는 것은 강하기 때문이 아니겠습니까?.

그러자 상창이 "아무렴 맞는 말이다. 천하의 원리를 다하였으니 내 무엇으로 그대에게 더 말해 줄게 있으랴!"고 하였다.

*고향, 고목, 혀, 이빨이 지닌 숨겨진 뜻.

■ 易(역)에 謙遜(겸손)이 중요하다고 하였다.
- 天道는 가득한 것을 덜어 겸손한 것에 보태주고,   - 天道 (虧滿而益謙)
- 地道는 가득 찬 것을 변화시켜 겸손한 쪽으로 흐르게 하며   (變滿而流謙)
- 鬼神은 가득 찬 것을 害(해)하며 겸손한 이에게 복을 주며   (害滿而福謙)
- 人道는 가득 찬 것을 싫어하며 겸손한 것을 좋아한다.   (惡滿而好謙)

라고 하였으니 이처럼 무릇 겸손을 품고 있으면 유약(柔弱)의 부족함을 사도(四道)가 도와줄 것이니 어찌 그쪽으로 가서 뜻을 얻지 못할 수가 있겠는가?

■ 공자는 군자에게 근심이 있느냐는 子路의 질문에 답하기를

君子에게는 근심이 없다. 군자는 자기 행동을 닦았으나 얻지 못해도 그렇게 뜻을 둔 것만으로도 즐겁게 여기며, 얻게 되면 지혜롭다고 즐거워한다. 그래서 평생이 즐겁고 하루라도 근심스러운 날이 없다.

하지만 소인은 그렇지 않다. 얻지 못하면 못 얻은 것을 근심하고, 얻고 나면 잃을까 근심한다. 그래서 평생 근심만 있고, 하루도 즐거운 날이 없다.

■ 孔子가 영계기(榮啓期-春秋時代 高士)를 만나 선생에게는 어떤 즐거움이 있습니까? 하고 물었더니 그는 이렇게 대답하는 것이었다.

나에게는 즐거움이 아주 많지요.

하늘이 만물을 내릴 때에 오직「인간만이 가장 귀하다」고 하였소.

그런데 나는 이미 인간으로 태어났소. 이것이 첫 번째의 즐거움이요.

그리고 또 그중에「남자를 귀하다」고 하였소. 그런데 나는 이미 남자로 태어났으니 이것이 그 두 번째 즐거움이요.

또 세상의 많은 사람들 중에는「태어나서 강보(襁褓)를 채 벗어나지 못한 채 죽는 자」도 많소. 그러나 나는 이미 '아흔 살이나 살았소, 이것이 그 세 번째 즐거움'이요.
무릇 가난이란 '선비라면 누구에나 있는 것, 또 죽음이란 사람이라면 누구나 맞이할 종착점'이지요, 늘 상도(常道)로 그 종점을 기다리고 있으니 어찌 근심이 있으리요?.

■ 공자는 이렇게 말하였다.
무릇 부유(富裕)하면서 능히 남을 부유케 해주는 자는 가난 하고자 해도 가난해질 수가 없고, 귀(貴)하면서 능히 남도 귀하게 해주는 자는 賤하고자 해도 천해질 수가 없으며, 현달(顯達)하면서 능히 남까지 현달하게 해주는 자는 窮하고자 해도 궁해질 수가 없다.

♥ 자공(子貢)이 묻기를 「군자는 큰 물을 보면 관상(觀賞)한다」는데 이유가 있습니까?
孔子가 이렇게 대답해 주었다.
무릇 '물(水) 이라고 하는 것은 군자에게는 德으로 비유된다.'
① 그는 널리 시여(施與)하되 사사로움이 없어 德과 같은 것이다.
② 그를 만나면 물건은 살아나니 仁과 같은 것이다. 또
③ 그 흐름이 낮은데로 굽은 데로 따라가서 그 자리에 잘 순응하니 義와 같은 것이며,
④ 얕은 물은 흘러 움직이고, 깊은 물은 그 깊이를 알 수 없으니 智와 같으며,
⑤ 백길이나 되는 절벽도 의심없이 다가가니 勇과 같은 것이다. (德, 仁, 義, 智, 勇)
- 그런가 하면·약하지만 면면히 이어져 천천히 도달하니 察(찰)과 같은 것이며,
- 나쁜 것을 만나도 사양하지 않고 받아주니 포몽(包蒙)과 같으며,
- 청결치 못한 것을 받아들여 깨끗이 내보내니 이는 善化(선화)와 같고,
- 지극히 큰 量(양)도 평평하게 해주니 이는 正(정)과도 같은 것이며,
- 가득 채우고도 더 넘치기를 바라지 않으니 이는 度(도)와 같으며, 온갖 굴절을 헤치고 끝내 동쪽에 닿으니 이는 意(의)와 같은 것이다.
이런 까닭으로 군자가 큰 물을 보면 반드시 감상하는 것이다.

♥ 무릇 지혜로운 자는 어찌해서 「물을 좋아하는가?」 대답은 이렇다.
샘(泉)의 원천에서 궤궤(潰潰)히 흘러나와 밤낮을 놓치지 않고 흐르는 것이 마치 '힘' 있는 자와 같고, 이치에 순응하되 작은 끊어짐도 없는 것은 마치 '공평(公平)'을 유지하는 사람 같으며, 흐르되 낮은 것으로 임하는 것은 '용기' 있는 자와 같으며. 장애를 만나도 청정(淸正)하게 기다리는 모습은 '천명(天命)'을 아는 자의 풍모와 같다.
모든 사람들이 그를 통해 '공평'을 얻고, 만물이 그로 인해 '정(正)'해지며, 모든 생물이 그를 얻으면 살아나고, 그를 잃으면 죽으니, 바로 덕(德)을 갖춘 자와 같고, 맑고 연연

(淵淵)하나 그 깊이를 측량할 길 없으니 성인의 '마음 속' 같다.

天地지간을 통윤(通潤)시켜 국가가 이로써 이루어지니, 이는 바로 지혜로운 자가 물을 좋아하는 까닭이다.

♥ 무릇 어진 자는 어찌해서 「산(山)을 좋아하는가?」 대답은 이렇다.

무릇 山은 높고 높아 만인이 다 우러러보는 바이다.

「초목이 거기서 자라며 만물이 그로부터 바로 선다」. 또 「날 짐승이 거기에 모여들고 길짐승들이 거기에 산다」. 「온갖 보물이 그 속에 저장되어 번식하고, 기이한 물건이 그 속에 숨겨져 있다」.

이처럼 온갖 물건을 길러주되 권태롭다 아니하며, 사방의 모든 것을 다 불러 모으되 제한을 두지 않는다. 구름을 일으켜 천지지간을 통기(通氣)시키며, 천지를 이로써 이루고, 나라를 이로써 편안히 하니 이 때문에 仁者는 山을 즐기는 것이다.

♥ 「옥에는 여섯 가지 아름다움이 있기」 때문에 군자가 이를 귀히 여긴다.
- 바라보면 온윤(溫潤)하며(德), 가까이하면 무늬가 청석(清晳)하다(智).
- 그 소리가 가까이는 은은히 울려오고 멀리까지 들린다(義).
- 굽어 있으나 이를 굽힐 수는 없고, 속이 비어 있으나 약하지 않다(勇).
- 깨끗이 각이 져 날카로우나 사람을 다치게는 하지 않는다(仁).
- 흠이 있으면 반드시 밖에서 보이도록 한다(情).

이상이 곧 玉이 貴히 여김을 받는 아름다움 들이다.

① 바라보았을 때 온유하다는 것은 君子에게는 德에 비유되고,
② 가까이하였을 때 무늬가 뚜렷하다는 것은 군자에게는 智에 비유된다.
③ 소리가 가까이는 느리나 멀리까지 들린다는 것은 義에 비유되며,
④ 折하되 굽혀지지 않는 것, 비어 있되 약하지 않은 것은 勇에 비유된다.
⑤ 날카로우나 남을 해치지 않는 것은 군자의 仁에 비유되며,
⑥ 흠이 있으면 반드시 밖으로 내어 보이는 것은 군자의 情에 비유된다.

■ 사람은 「갓난아기 때에는 할 수 없는 것」이 다섯 가지이니,
① 눈이 있어도 보이지 않고,   ② 스스로 먹을 수 없으며,
③ 걷지 못하고,   ④ 말도 할 수 없고,
⑤ 시화(施化)하지 못한다. 때문에
- 석 달이 지나 제구실을 하여야 능히 볼 수 있고,
- 일곱달이 지나 이빨이 생긴 후라야 능히 먹을 수 있으며,

- 1년이 지나 무릎뼈가 생긴 후라야 걸을 수 있고,
- 3년이 지나 성대(聲帶)가 합해져야 말을 할 수 있고,
- 열여섯살이 되어 정기가 소통된 후라야 施化할 수 있다.

陰이 다하면 陽으로 돌아오고, 양이 다하면 음으로 돌아온다.

그러므로 음은 양 때문에 변한다.

그리하여 「남자는 여덟 달에 이가 생겨, 여덟 살에 이를 갈기 때문에 二八은 十六에 精氣가 조금씩 통하기 시작하고,

「여자는 일곱 달 만에 이가 나서 일곱 살에 이를 갈기 때문에 二七은 十四에 精氣가 화하여 조금씩 통하는 것이다. 그런데

"지혜롭지 못한 자는 정기가 化하여 이를 때에, 생식기가 감동하여 정욕의 접촉을 마구 범하려 한다". 그 때문에 도리어 혼란을 반복하게 되는 것이다.

* 시화(施化) - 남녀의 생식 접촉, 즉 남녀관계를 할 수 있음을 말한 것이다.

■ 자공이 공자에게 묻기를 "사람이 죽은 후에도 압니까?" 아니면 아무것도 모릅니까?
이에 공자가 이렇게 설명하였다.

〈내가 죽은 자도 앎이 있다고 말하고 싶으나, 그렇게 되면 孝子 順孫들이 자기의 삶을 망치면서까지 죽은 이를 보내는데 빠져들까 두렵고, 내가 죽고 나면 아무것도 모른다고 하고 싶으나, 그렇게 되면 불효한 자손들이 죽은 사람들을 내팽개칠까 두렵다.〉

* 順孫 _ 조부모를 잘 받들어 모시는 손자.

사사(子貢)야! 너는 죽은 사람이 앎이 있는지의 여부에 대해 알고 싶으냐?, 죽은 후에 천천히 알게 될 것이니, 그때에도 오히려 늦지 않다.

■ 의복과 용모라는 것은 눈을 즐겁게 하는 것이요, 소리와 응대는 귀를 즐겁게 하는 것이며 기욕(嗜慾)과 호오(好惡)는 마음을 즐겁게 하는 것이다.

관(冠)이라는 것은 성인이 되었음을 남이 알도록 하기 위한 것일 뿐 아니라, 덕을 쌓아 스스로 속박하여 잘 수행하도록 하기 위한 것이기도 하다. 그렇게 함으로써 자신의 사악(邪惡)한 마음을 걸러내고 바른 뜻을 지켜 나아갈 수 있도록 돕는다.

군자가 처음 관(冠)을 쓰면 반드시 축하해주고, 예(禮)를 갖추어 그 冠으로 하여 마음의 다짐이 되도록 한다.

'이러한 이유 때문에 모자〈帽子〉에 대한 제도는 계속 이어져서 수없는 王이 나와도 그 제도를 바꾸지 않는 것이니, 이는 이미 이로써 德을 닦고 그 용모(容貌)를 단정히 하는 기준이 되었기 때문이다.

지도자심서(心書)

- 공자는 제나라 곽문(郭門) 밖에 가서 소악(韶樂 - 순임금이 지었다는 음악)을 들은 지 석달 간이나 고기의 맛을 모를 정도로 심취하였다.

  그러므로 '음악'이란 자신만을 즐겁게 하는 것이 아니라 남도 즐겁게 하며, 자기만 바르게 고쳐주는 것이 아니라 남도 바르게 고쳐주는 것이다. 이러한 음악에 있어서 그 즐거움이 이와같이 깊은 줄은 몰랐다고 공자 자신이 술회하였던 것이다.

- 노(魯)나라에 아주 검소한 자가 있어 와력(瓦鬲-질솥)으로 밥을 끓여 먹고 있었다. 그런데 그 맛이 너무나 훌륭하자 이를 토형(土鉶)에 담아 공자에게 드렸다. 공자가 이를 받아 매우 즐거워하며, 마치 태뢰(太牢-천자가 지내는 가장 큰 제사)의 음식을 받듯이 하는 것이었다. 이에 한 弟子가 물었다.

  와변(瓦甌-질 낮은 그릇)은 조악(粗惡)한 그릇입니다. 또 끓인 음식은 지극히 보잘것없는 선물입니다. 그런데 선생님께서는 어찌 이처럼 즐거워하십니까?

  그러자 공자는 이렇게 대답하였다.

  내 들으니 좋은 충간의 말을 들으면 그 임금이 생각나고 (吾聞好諫者 思其君)

  그 좋은 음식을 보면 그 어버이가 떠오른다고 하였다 (食美者 念其親).

  나는 그 음식이 후해서가 아니라, 이 좋은 음식이 나의 어버이를 떠올릴 수 있도록 하였기 때문에 그러는 것이다.

- 증삼(曾參)이 오이밭을 매다가 잘못하여 그 뿌리를 자르고 말았다. 그러자 그의 아버지가 노(怒)하여 큰 몽둥이로 증삼을 내리쳤다. 증삼은 그만 꼬꾸라져 한참 후에야 깨어났다. 그는 깨어나자마자 벌떡 일어나 아버지 앞으로 나아가 이렇게 말씀드렸다.

  '방금 제가 아버지께 죄를 지었습니다. 그런데도 아버지께서는 힘써 저를 깨우쳐 주셨습니다.'

  마음 아파하지 마십시오, 그리고는 물러나서 병풍 뒤에서 거문고를 뜯으며 노래를 불렀다. 이는 아버지로 하여금 듣게 하여 자신이 노래를 부를 정도로 아주 평온하다는 것을 알려드리기 위함이었다.

  공자가 이 소문을 듣고 자기 문인들에게 이렇게 말하였다.

  '증삼이 오거든 절대 들여보내지 마라'

  증삼은 이 말에 자신은 아무죄도 지은 것이 없다고 여겨 사람을 시켜 공자께 항의토록 하였다. 그러자 공자는 이렇게 설명해 주었다.

  '너는 고수(瞽瞍)에게 순(舜)이라는 아들이 있었다는 것을 들었겠지. 그 舜(순)임금이 그의 아버지를 섬길 때, 그 아버지가 그를 찾아 일을 시키고자 하였을 때에는 단

一. 명심입지편

한번도 곁에 없었던 적이 없었다. 그러나 그를 불러 죽이려고 하였을 때는 아무리 찾아도 없었다'.

작은 회초리로 꾸짖을 때는 곁에 있었지만, 죽이려고 때릴 때는 도망쳤던 것이다.

〈이는 아버지의 폭로는 피하여야 한다〉는 뜻이다. 그런데 지금 너는 몸을 맞게 그 폭로 앞에 버티어 바로 서서 도망가지 않았으니. 이는 네 몸을 죽여 아버지를 함정에 넣는 꼴이다.

그리하여 아버지의 불의(不義)와 아들로서의 불효(不孝)를 함께 지을 뻔했으니 어느 것이 더 큰 죄이냐?. 너는 천자(天子)의 백성이 아니더냐. 천자의 백성을 죽이게 되면 그 죄가 어느 정도인지 알고 있겠지?.

*증자같이 효성스런 인물에 더 나아가 공자의 문인이면서도 죄에 대해서는 어떤 의(義)에 처해야 할지 모를 지경이니 義란 정말 어려운 것이다.

■ 공자가 周나라 태묘(太廟)를 구경하는데, 오른쪽 계단 앞에 금속으로 만든 동상이 하나 놓여 있었다.

'그 동상은 입이 세 겹이나 꿰매어져 있었고, 그 등에는 이런 명문(銘文)이 적혀 있었다'(三緘其口 而銘其背曰).

옛 사람을 경계시켰던 말이라. '경계할지니라. 경계할지니라'.
① 말을 많이 하지 말라, 말이 많으면 일을 그르친다.
② 많은 일을 욕심 내지 말라, 일이 많으면 근심도 많다.
③ 편안하고 즐거울 때 반드시 조심하여 후회할 일을 짓지 말라.
④ 무엇이 손해나리요 하지말라, 그 화는 커질 것이다.
⑤ 무엇이 해로우리요 하지말라, 그 화는 장차 크리라.
⑥ 무엇이 잔혹하리요 라고 하지말라, 그 화는 장차 불꽃 같으리라.
⑦ 아무도 못듣겠지 라고 하지말라, 하늘의 요괴가 지켜보고 있다.
⑧ 번쩍번쩍 꺼지지 않고 활활 타오르니 어찌할거나.
⑨ 막힘없이 출렁출렁 장차 江河처럼 되리라.
⑩ 끊임없이 이어져 장차 그물처럼 되리라.
⑪ 푸르고 푸르러 베어지지 않는다고 하나.
　장차 큰 도끼를 만나면 어찌하려나.
⑫ 진실로 조심하지 않으면 화의 뿌리가 되리라.
⑬ 말이 무엇을 상하게 하는가? 바로 화의 문이로다.

지도자심서(心書)

- 강하기만 한 자는 제 命에 죽지 못하고, 이기기만을 좋아하는 자는 반드시 적을 만나리라.
- 도둑이 주인을 원망하고, 백성이 그 귀인을 해하리라.
- 천하를 다 덮을 아무것도 없다는 것을 군자라면 알아야 한다.
- 그 때문에 자신을 뒤로하고 자신을 낮추어 사람들이 그를 사모하게 하는 것이다.

■ 원망은 보답하지 않는데서 생기고　　　　　　(怨生於不報)
　화는 다복(多福) 한데서 생긴다.　　　　　　　(禍生於多福)
　안정과 위험은 스스로 처신하는 데에 따르고.　(安危在於自處)
　곤핍하지 않은 것은 미리 예방하는 데에 있다.　(不困在於蚤豫)
　또 존망은 어떤 사람을 얻느냐에 달려있다.　　(存亡在於得人)
　따라서 끝맺음을 시작할 때처럼 조심하면,　　 (愼終如始)
　이에 장구(長久)할 수 있으리라.　　　　　　　(乃能長久)

■ 정절(貞節)이 있고 선량(善良)한데도 망(亡)함이 있는 경우에는, 그 선조(先祖)들의 여앙(餘殃)이 있기 때문이요, 못되고 악한데도 살아나는 경우는, 그 선조들의 남긴 덕(德)이 있기 때문이다.
　* 貞良而亡, 先人餘殃, 猖蹶而活, 先人餘德.

■ 권세를 얻으려면 큰 것을 얻어야 하고,　(權取重)
　은혜를 베풀려면 길게 베풀어야 한다.　 (澤取長)

■ 재주있고 어질면서 책임이 가벼우면, 이름을 남기게 되지만,
　재주가 모자란 데도 임무가 크다면, 몸도 죽고 이름도 망치게 된다.
　* 才賢任輕 則有名, 不肖任大 則亡身.

■ 낮은 지위에 있으면서도 자기의 어짊으로, 불초한 자는 섬기지 못하겠다고 나선 자는 백이(伯夷)요. 다섯번은 탕(湯) 같은 성인에게, 다섯번은 걸(桀)같은 폭군에게, 나아간 자는 이윤(伊尹)이다. 또는 더러운 임금이라고 싫어하지도 않고, 작은 관직이라고 사양하지도 않은 자는 유하혜(柳下惠)이다.

■ 일보다 계획을 먼저 세우면 성공하려니와　(謀先事則昌)
　일이 계획보다 빠르면 망치리라.　　　　　 (事先謀則亡)

一. 명심입지편

- 군자는 복이 고루 미치지 못하면 어쩌나 걱정하고
  화는 백 가지 중 하나라도 미치면 어쩌나 하고 걱정한다.
  〈군자 - 慮福不及, 慮禍百之〉
- 군자는 충실할수록 반드시 하고, 가졌으면 없는 듯이 한다.
  군자가 대비함이 있으면 아무 일이 없다.
  〈君子 - 實如虛 有如無, 君子 - 有其備 則無事〉

> **■참고** 본 내용은 임동석 역주〈설원〉에서 취하였음. -1996. 동문선 간.

> ■ 뜻을 세우지 않으면 천하에 이룰 것이 없다. (志不立 天下無可成之事)
>   백공(百工)의 기예(技藝)라 하더라도 이제껏 뜻에 기초하지 않은 것이 없다.
>   ☞ 큰 일을 도모코자 하는 자는 치욕스런 일을 수용한다. (韓信의 跨下之辱)
>   * 심겨진 곳에서 꽃을 피어라.
>   세상일은 시작이 있고 끝이 있어 아름답다.

- 두번 있었던 일은 세 번 있게 된다.
  두 번 배신, 두 번 속인 자는 각각 세 번도 하게된다.   - (싸르트르/ 말)
- 교양은 아무것도 또 그 누구도 구출하지 못한다. 그것은 아무것도 정당화하지 못한다. 그러나 그것은 인간의 산물이다. 인간은 그 속에 자기를 투시하고 거기서 제 모습을 알아본다. 오직 비판적 거울만이 인간의 모습을 보여준다.
- 지금은 아주 정확한 시기이며, 명백한 때요. 우리는 더 이상 악이 선에 섞여 세상을 미혹하는 어스레한 오후를 살아가는 것이 아니오. 이제 하느님의 은총으로 빛나는 태양이 떠올랐으며 광명을 두려워하지 않는 자들은 필경 그 태양을 찬양할 거요, 당신도 그중 하나이기를 바라오. - (아서 밀러/ 시련)

> ♣ 오래동안 편안함을 믿지말며 - (無恃久安)
>   처음 맞는 어려움을 꺼리끼지 말라. - (無憚初難)
> ♣ 백성을 부유하게 해주고 민중을 편안하게 하며. - (富民安衆)
>   편안할 때 위태로움을 생각하라. (이는 참 정치인의 자세이다) - (居安思危)

5. 說苑 (설원) 명언

6. 和·樂·孝

⬇ 和爲貴하니라 - (論語 學而)

조화를 이루는 것이 가장 귀중하다.
무슨 일이든지 사람과의 조화가 없으면 되는 것이 없다.
인간은 화(和)로서 융합할 수가 있다.
和는 기계에 있어서 윤활유와도 같은 존재이다.

- **致中和면 天地位焉하며 萬物育焉이니라.** - 中庸

  중과 和에 이르게 되면 하늘과 땅이 제자리에 있게 되며 만물이 자라게 된다.
  中 이란 하늘로부터 받는 본성이다.
  和 란 그 본성에 따라 행하는 도를 말한다.

  *致(치) - 극치에 이르다
  中(중) - 기울고 치우치고 지나치고 모자람이 없는 것
  和(화) - 조금도 어긋남이 없이 조화를 이루는 것
  位焉(위언) - 자리를 바로 잡다

- **德은 和也요. 道는 理也이라.** - (장자 外篇, 繕性)

  德(덕)이란 화합이요. 道(도)란 이치이다. 덕으로 모든 것을 감싸주고 받아들이는 것을 仁이라 하고, 道로써 모든 것이 이치에 맞는 것을 의(義)라 한다. 또 義가 뚜렷해서 사물이 서로 친해지는 것이 忠(충)이요. 순수한 마음이 본래의 모습으로 돌아가는 것이 樂(악)이요. 성실한 행동이 절도에 맞는 것이 禮(예)이다.
  그런데 이 德을 겉으로 드러내지 않으면 더욱 가리워지지 않지만, 만일 仁義다.
  禮義다 하면서 남을 가르치려고 내두르면 그때는 德도 흐려지고 本性도 잃게 된다.

- **和者大同於物하며 物不得傷閼(애) 者이라.** - (列子, 皇帝)

  화기(和氣)란 것은 만물과 조화하게 되는 것이니, 어떤 것도 그를 상하게 하지 못한다. 그런 사람은 쇠나 돌 속에서도 노닐 수 있고, 물과 불 속에도 뛰어들 수 있다 (游金石 踏水火).

  ▎참고

  노자 五十五장에서는 〈知和曰常〉, 조화의 원리를 아는 것은 항상 변하지 않는 道의 진리와 일치하는 것이라 했고, 論語에서도 '和爲貴라 하여 사람이 조화를 이루는 것이 가장 귀하다'라고 했다.

- 用兵之道는 在於人和니 和則不動而自戰矣라 (諸葛亮心書, 和人). 무릇 용병하는 도는 장병이 인화함에 있으니 '화목하면 동요하지 않고 스스로 단결되어서 싸울 수 있다'.

- 不和於國에 不可以出軍이니라.
  나라 안이 화목하지 못할 때에는 군대를 출동시켜서는 안된다.

- 先和以後造事이니라.
  먼저 화목하고 나서 큰일을 꾀하여야 한다.
  큰일을 함에 있어서 의견이 분분한 상태에서 시행하거나, 반목하고 있는 상태에서 도모한다면 실패할 가능성이 크다.
  가정이나 국가에 있어서 화목, 화합이란 아주 중요한 것이다.
  *이상은 和의 중요함을 말한 것이다. 비유컨대 和는 기계에 있어서는 윤활유요, 음식에 있어서는 맛을 내는 조미료와 같다. 약방에 감초와도 같다.

▣ 樂合同이요 禮則異이라. - (荀子, 樂論)
  음악은 화합의 작용을 하고, 예는 분별의 작용을 한다. 음악은 지위나 신분을 떠나서 사람의 마음을 조화하여 하나로 만들고, 禮(예)는 사람과 사람 사이의 상하 귀천을 분별하면서 질서를 지키게 한다. 즉 禮樂은 한쪽은 화합하고 한쪽은 분별하는 것이지만 그 상반되는 효용에 의해서 세상이 다스려지는 것이다. 禮記(樂記)에 나오는 〈樂統同 禮辨異〉도 같은 뜻이다.

- 樂行而志淸하고 禮修而行成이니라. - (순자, 樂論)
  음악이 울리면 감정이 깨끗해지고, 예가 닦아지면 행실이 이루어진다.
  군자는 종소리를 들으며 감정을 이끌고 (군자 -以鐘鼓導志)
  거문고와 비파로서 마음을 즐겁게 한다 (以琴瑟樂心)고 했다.
  *즉 '禮樂(예악)이 어우러짐으로서 세상이 편안해지고, 사람마다 즐거움을 다할 수 있다'는 뜻이다.

- 樂(악)은 베푸는 것이다.   (樂也者 施也)
  禮(예)는 보답하는 것이다.   (禮也者 報也) - 禮記, 樂記
  樂은 같게 하는 일을 하고   (樂者爲同)
  禮는 달리하는 일을 한다.   (禮者爲異) - 禮記, 樂記

- 樂은 사람의 마음을 화평케 하고   (樂和民聲)
  禮는 사람의 마음을 절도있게 한다. (禮節民心)

지도자심서(心書)

樂이 지나칠 때에는 존비간에 공경이 없게 되고,　　　　(樂勝則流)
禮가 지나칠 때에는 사랑이 없어 친속이 이산하게 된다.　(禮勝則離)
樂이라는 것은 마음으로부터 나오고,　　　　　　　　　(樂由中出)
禮라는 것은 밖에서부터 일어난다.　　　　　　　　　　(禮自外作)

▼ **孝라는 것은 모든 행동의 근원이요, 오륜의 으뜸이요, 인의 근본이 된다.**
　그렇기 때문에 죄가 삼천이나 되나, 불효가 제일 큰 것이다.
　〈孝者 - 百行之原, 五倫之首 爲仁之本也, 故罪在三千, 不孝爲大〉

- 큰 효자는 평생토록 부모를 사모한다. 〈大孝 - 終身慕父母〉 - 論語 學而

- 부친이 계실 때에는 그 뜻을 살피고,　　　　(父在觀其志)
　부친이 돌아가시면 생존시의 행적을 살펴,　(父沒觀其行)
　삼년 동안은 선친의 도를 고치지 않아야　　(三年無改於父之道)
　비로서 효자라 할 수 있다. - 論語 學而　　　(可謂孝矣)

- 선조를 받들 때는 효를 생각하고　　　　　　(奉先思孝)
　아랫사람을 대할 때에는 공손함을 생각하라.　(接下思恭)

- 부모의 연세는 늘 기억하지 않으면 안된다.
　〈父母之年 不可不知也〉 - 論語 里仁
　부모의 연세가 많아지고 오래 살아계심은 기쁜 일이지만 한편으로 두려워진다.
　여생(餘生)이 얼마 남지 않았음을 생각하면 두렵고 슬퍼진다.
　그래서 부모의 연세는 꼭 알고 있어야 한다.

- 어버이를 잊기는 쉬우나, 어버이가 나를 잊게 하기는 어렵다.
　〈忘親易 使親忘我難〉 - 莊子, 天運

- 어버이가 효도하면 자식도 또한 그에게 효도하고, 자신이 이미 불효하면
　그 자식이 어찌 효도하리요.
　〈孝於親 子亦孝之, 身既不孝 子何孝焉〉 - 太公

🔽 나의 늙은 어른을 어른으로 섬겨, 써 남의 늙은이에게까지 미치게 하고
　　나의 어린이를 사랑하여, 써 남의 어린이에게까지 미치게 하면, 천하는 가히 손바닥에서 놀릴 수 있다 〈老吾老 以及人之老, 幼吾幼 以及人之幼 天下可運於掌〉.
　　　故- 推恩 足以保四海, 不推恩 無以保妻子.

■ 오늘날 사람들이 형제끼리 서로 사랑하지 않는 것은 모두 부모를 사랑하지 않는 까닭에서 연유한 것이다. 만약에 부모를 사랑하는 마음을 가지고 있다면 어찌 부모의 자식을 사랑하지 않을 수 있겠는가.　- 栗谷全書
■ 부모는 자식이 병들까 근심한다. (父母 - 唯其疾之憂)　- 論語 爲政
■ 친상(親喪)에는 스스로의 정성을 다하는 것이다.　- 孟子 등문공
■ 거상(居喪)중에는 진심으로 슬픔을 다하면 될 뿐이다.　- 子游

🔽 나의 발을 펴보고 나의 손을 펴 보아라. (啓予足 啓予手)　- 曾子
　　증자가 죽음에 임박해서 제자를 불러놓고 한 말이다. "효행의 첫째 요건"은 부모에게 받은 몸을 상하게 하지 않는 데서 시작한다는 교훈이다. 그리고 자기 몸을 평생토록 〈戰戰兢兢 如臨深淵 如履薄氷〉 하듯 아꼈다.
　　또 孝經에도 〈身體髮膚 受之父母, 不敢毁傷 孝之始也〉 즉 부모로부터 받은 신체를 다치지 않는 것이 효의 시초(始初)라 했다.

🔽 그들의 아들이 잘나고 못남은 다 하늘의 뜻이다.　- 孟子
　　堯(요)와 같은 훌륭한 아버지에게도 丹朱(단주)와 같은 어리석은 아들이 있었고, 또 舜(순)의 아들 중에는 商均(상균)과 같은 不肖(불초)가 있었다.

🔽 朴世茂(이조-明宗때)가 지은 童蒙先習에 이런 말이 있다.

■ 아버지는 사랑으로 자식을 보살피고
　자식은 효도로 어버이를 섬기고　　　　(父慈子孝)
■ 임금은 의리로 신하를 거느리고
　신하는 충성으로 임금을 섬기고　　　　(君義臣忠)
■ 남편은 화목으로 아내를 인도하고
　아내는 순종으로 남편을 따르고　　　　(夫和婦順)
■ 형은 우애로 아우를 돌보고
　아우는 공경으로 형을 받들고　　　　　(兄友弟恭)

6. 和・樂・孝

지도자심서(心書)

- 벗들은 벗답게 착한 행실을
  닦도록 서로 도와야 한다. (朋友輔仁)
  그런 연후에야 사람답다고 말한 것이다.

▼ 아버님이 나를 낳아 주시고　　　　　　(父兮生我)
　어머님이 나를 길러 주시니　　　　　　(母兮鞠我)
　애닳도다 부모님이여　　　　　　　　　(哀哀父母)
　나를 살리느라고 고생하셨네　　　　　(生我劬勞)
　그 은혜 갚으려 하면　　　　　　　　　(欲報之德)
　넓고 큰 하늘 같은 은덕 다함이 없겠구나(昊天罔極) - 詩經 蓼莪

▼ 孔子는 자식이 어버이 섬기는 일을 이렇게 말했다. (孝子之事親也)
- 집에 있으면 공경을 다하고　　　　　　(居則致其敬)
- 봉양하면 즐거움을 다하고　　　　　　(養則致其樂)
- 병들면 근심을 다하고　　　　　　　　(病則致其憂)
- 돌아가시면 슬픔을 다하고　　　　　　(喪則致其哀)
- 제사 때면 정성을 다할 것이다.　　　　(祭則致其嚴)

※ 이 다섯 가지를 갖춘 후에 능히 그 어버이를 섬긴다고 할 것이다.

▼ 안씨가훈(顔氏家訓)에 이런 말이 있다.

'형제란' 형체는 나눴으나 기운을 이어받은 사람이다. 바야흐로 어렸을 때 부모가 왼쪽 오른쪽에 손을 잡고, 앞뒤로 옷깃을 잡고, 밥을 밥상에서 먹고, 옷도 전하여 입고, 공부할 때도 같이하니, 비록 인륜을 어기는 사람이라도 서로 사랑하지 않음이 없다. 그런데 장성함에 이르러 각각 그 아내를 맞고, 저마다 그 아들을 두게 되면, 비록 인륜에 도타운 사람이라도 그 인정이 좀 쇠약하여지지 않음이 없다.

- 작은 嫌惡(혐오)로 해서 친척들 사이가 뜨게 하지 말고 (毋以小嫌, 疎至戚)
  새 원망으로 해서 지난날의 은혜를 잊게 하지 말라　　 (毋以新怨, 忘舊恩)

- 조기(趙岐)의 불효유삼(不孝有三)
  • 무도한 뜻에 아첨하고 굴종하여 어버이를 불의에 빠뜨리는 것.
  • 집이 가난하고 어버이가 年老하여도 祿(녹)을 받는 벼슬을 하지 않는 것.
  • 아내를 娶(취)하지 않아서 無子로 선조의 제사를 끊는 것이다.
    * 이 불효중에 뒤를 이을 아들이 없는 것이 가장 큰 불효라고 맹자는 말한다.

一. 명심입지편

■ 증자(曾子)의 효유삼(孝有三)

大孝尊親하며 其次不辱이요 其下能養이니라.

증자 말씀하시되 효에는 세 가지가 있다.
- 대효는 어버이를 존경하고
- 다음에 욕되게 하지 않고
- 그리고는 능히 봉양하는 것이다.

⬇ 더부룩한 다북쑥(蓼莪 - 육아) - 시경 小雅

| 애처롭다 우리 부모님 | 哀哀父母 (애애부모) |
| 나를낳고 고생 하셨네 | 生我劬勞 (생아구로) |

아버지 아니면 누굴 믿고	無父何怙 (무부하호)
어머니 아니면 누굴 기대리	無母何恃 (무모하시)
아버님 날 낳으시고	父兮生我 (부혜생아)
어머님 날 기르시니	母兮鞠我 (모혜국아)

| 쓰다듬어 길러주시고 | 拊我畜我 (부아휵아) |
| 키우고 가르쳐 주셨네 | 長我育我 (장아육아) |

| 거듭거듭 살펴 주시고 | 顧我復我 (고아복아) |
| 나고 들며 안아 주셨네 | 出入腹我 (출입복아) |

| 이 은혜 갚고자 하나 | 欲報之德 (욕보지덕) |
| 하늘이 무정하셔라! | 昊天罔極 (호천망극) |

*부모의 사랑을 노래한 詩이다.

♣ 사람이 백세 가운데 질병이 있으며 유년기가 있다.

故로 군자는 다시 돌아올 수 없음을 생각하여 베푸는 것이다.

"친척이 이미 돌아가시면" 비록 孝(효)하고자 하나 누구를 위하여 효하며,

"나이가 이미 오십 육십이 되면" 비록 공경 하고자 하나 누구를 위하여 공경하겠는가?.

故(고) 군자는 효에는 미치지 못함이 있고. 공경에는 때 아님이 있다 하는 것이다.

〈人之生也 百世之中 有疾病 有老幼焉 故君子 不可復者而先施之也.
　親戚旣沒 雖欲孝 誰爲孝, 年旣耆艾 雖欲悌 誰爲悌 故君子 孝有不及 悌有不時.〉
雖 : 비록수, 艾 : 쑥애

지도자심서(心書)

⬇ 자식은 여호와의 주신 基業이요, 胎의 열매는 그의 賞給이로다.

젊은 자의 자식은 壯士의 手中에 화살과 같으니,
이것이 그 箭筒(전통)에 가득 찬 자는 복되도다.
저희가 성문에서 그 원수와 말할 때에 수치를 당하지 아니하리로다. (시 127;3-5)

- 너희 자녀를 노엽게 하지 말고 오직 주의 교양과 훈계로 양육하라. (엡 6;4)
- 마땅히 행할 길을 아이에게 가르쳐라.
  그리하면 늙어도 그것을 떠나지 아니하리라. (잠 22;6)
- 네 부모를 공경하라. 그리하면 너의 하나님 나 여호와가, 네게 준 땅에서 내 생명이 길이라. (출 20;12)
- 내 아들아 네 아버지의 훈계를 들으며, 네 어머니의 법을 떠나지 마라.
  이는 네 머리의 아름다운 관이요, 네 목의 금사슬이니라. (잠 1;8-9)
- 너 낳은 아버지에게 청종하고, 네 늙은 어머니를 경히 여기지 말지니라.
  네 부모를 즐겁게 하며, 너 낳은 어머니를 기쁘게 하라.

■ 자녀들아! 너희 부모를 주안에서 순종하라, 이것이 옳으니라.
네 아버지와 어머니를 공경하라. 이것이 약속 있는 첫 계명이니,
이는 네가 잘되고 땅에서 장수하리라. (엡 6;1-3)

■ 아내들이여! 자기 남편에게 복종하기를 주께 하듯 하라.
이는 남편이 아내의 머리됨이 그리스도께서 교회의 머리 됨과 같음이니 그가 친히 몸의 구주시니라, 그러나 교회가 그리스도에게 하듯 아내들도 범사에 그 남편에게 복종할지니라. (엡 5:22-24)

■ 지혜로운 아들은 아비의 훈계를 들으나, 거만한 자는 꾸지람을 즐겨듣지 아니하느니라. 사람은 입의 열매로 인하여 복록을 누리거니와, 마음이 궤사(詭詐)한 자는 강포(強暴)를 당하느니라. 입을 지키는 자는 그 생명을 보전 하나 입술을 크게 벌리는 자에게는 멸망이 오느니라. (잠 13;1-3)

■ 하나님의 나라는 먹는 것과 마시는 것이 아니요, 오직 성령 안에서 義와 평강과 희락(喜樂) 이다.

■ 여호와여, 내가 알거니와 사람의 길이 자신에게 있지 아니하니 '걸음을 지도함이 걷는 자에게 있지 않아 하니라'.

■ 장로에 대한 고발은 두세 증인이 없으면 받지 말 것이요. - (딤 5:19)

一. 명심입지편

7. 속담 – 동양·서양

⬇ 동양 속담

- 가루는 칠수록 고와지고 말은 할수록 거칠어진다.
- 가마 타고 시집가기는 틀렸다.
- 개꼬리 삼년 되어도 황모 못된다.

- 고려(高麗)적 잠꼬대
- 거미도 줄을 쳐야 벌레를 잡는다.
- 거지도 부지런하면 더운밥을 얻어먹는다.

- 고쟁이를 열두벌 입어도, 보일 것은 다 보인다.
- 고추나무에 그네를 뛰고, 잣 껍질로 배를 만들어 타겠다.
- 고치를 치는 것이 누에다. 꿩 잡는 게 매다.

- 곯아도 젓국이 좋고, 늙어도 영감이 좋다.
- 굽은 나무가 선산(先山)을 지킨다.
- 귀신은 경문(經文)에 막히고, 사람은 인정에 막힌다.

- 꼬부랑 자지 제 발등에 오줌 눈다.
- 부처님 살찌고 파리하기는 석수(石手)에 달려있다.
- 고삐 없는 말, 고삐가 길면 잡힌다.

- 꽁지 빠진 새 같다.
- 꿀 먹은 벙어리요, 침 먹은 지네라.
- 까마귀도 내 고향 까마귀는 반갑다.

- 남의 밥그릇엔 손대지 말라. (侵官之害)
- 책은 울지 않기 때문에 읽지 않는다.
- 돕는 일에도 철학이 있어야 한다.

- 동네 개가 타동 개에 물려도 분하다.
- 먹는 데는 남이고 궂은일엔 집안이라.
- 살아있는 것만으로도 세상의 주인공임을 알아야 한다.
- 아주머니 떡도 싸(커)야 사 먹는다.

- 어느 구름에 비(가)든지 알아야지.
- 여자와 개구리는 뛰는 방향을 알 수 없다.
- 욕심은 가져도, 심술은 버리랬다고.
- 우물 파면 개구리 생긴다.
- 우비가 좋아도 옷은 젖는다.
- 인간은 아픔만큼 성숙한다.
- 인간 성패는 인간관계에 달렸다.
- 유리와 처녀는 깨어지기 쉽다.
- 작은 고추가 더 맵다.
- 장난이 아이 된다. 장난삼아 하다 – 애 밴다고.
- 장난 잘못하면 일거리 만든다.
- 장닭이 울어야 날이 새지.
- 저승길과 변소 길은 대신 못 간다.
- 저 팽이가 돌면, 이 팽이도 돈다.
- 참새는 작아도 알만 잘 까고, 제비는 작아도 강남만 잘 간다.
- 주제에 수캐라고 다리 들고 오줌 눈다.
- 죽 떠먹은 자리. 한강에 배 지나간 격.
- 지게도 큰일 하지만, 작대기도 큰일 한다.
- 집이 크면 근심도 많다. 가지 많은 나무 바람 잘 날 없다.
- 아닌 밤중에 홍두깨(내밀 듯). 자다가 봉창 두들기는 소리 –.
- 기타 줄도 끊어질 때가 되면 끊어진다.
- 토기 잡는 덫으로 호랑이를 잡으려 한다.
- 팥이 풀려도 솥 안에 있다.
- 핌피(PIMFY) : 제발 내 지역에서 해달라. (Please In My Front).
- 님비(NIMBY) : 내 지역에선 절대 안된다. (Not In My Back Yard).
- 니에비(NIEBY) : 어떤 지역에도 공해시설은 떠넘길 수 없다.
  (Not In Everybody Back Yard)
- 한 권의 책과 만나는 순간
  우리는 다시 태어난다. (교보문고)

- 사람은 책을 만들고
  책은 사람을 만든다. (한국언어문화원)
- 말과 글이 바로서야
  민족과 나라가 바로선다. (한길사)
- 내가 바뀌면 세상도 바뀐다.
  난 내가 만들어 간다! (뱅뱅)
- 고객을 가족처럼
  신용을 생명처럼. (대한보증보험)
- 천하에 근심과 즐거움이
  선거에 있다(天下憂樂在選擧). (중앙선관위)
- 앞서면 끝없이 멀리 보이지만
  뒤처지면 바로 앞도 보이지 않는다. (동양그룹)
- 일찍 일어나는 새가
  벌레를 많이 잡는다. (신호그룹)
- 지구촌을 뜨겁게
  세상인을 품안에 (2002년 월드컵 유치표어- 서울특별시)
- '더 빨리, 더 높이, 더 힘차게.' (올림픽 주제가)
- 농촌이 살아야 나라가 선다 (농협중앙회)
- 책과 함께 미래로
  정보와 함께 세계로 – (교보문고)
- **愛人無可憎** (애인무가증) 이요. 고운사람 미운데 없고
  憎人無可愛 (증인무가애) 이니라. 미운사람 고운데 없다.
- **十人守之** (십인수지) 라도 – 열 놈이 지켜도
  不得察一賊 (부득찰일적) 이라. 한 놈 도둑을 못 잡는다.
- **兒童之言** (아동지언) 이라도 – 아이들의 말이라도
  宜納耳門 (의납이문) 하라. 귀담아 들어라.
- **三世之習**에 **至于八十**이라. (삼세지습 지우팔십)
  세 살 적 버릇이 여든까지 간다.

7. 속담 – 동양 서양

지도자심서(心書)

- **他人之宴**에 **曰梨曰柿**라. (타인지연 왈이왈시)
  남의 잔치에 배 놓아라 감 놓아라 한다.
- **一魚**가 **渾全川**이라. (일어 혼전천)
  한 마리 물고기가 온 강물을 흐린다.
- **一夜之宿**에 **長城或築**하라. (일야지숙 장성흑축)
  하룻밤을 자도 만리장성을 쌓아라.
- **一覆之水**는 **不復成器**라. (일복지수 불복성기)
  한번 쏟은 물은 다시 그릇에 담을 수 없다.
- **一日之狗**가 **不知畏虎**라. (일일지구 부지외호).
  하룻강아지 범 무서운 줄 모른다. (철모르고 함부로 덤비는 것)
- **積功之塔**은 **不墮**라. (적공지탑 불타)
  공든 탑이 무너지랴.
- **西瓜皮舐**면 **不識內美**라. (서과피지 불식내미)
  숙박 겉핥기면 속의 좋은 맛을 알 수 없다.
- **窮之事**는 **飜亦破鼻**라. (궁지사 번역파비)
  재수 없는 놈의 일은 자빠져도 코가 깨진다.
- **明鏡**은 **醜婦之冤**이니라. (명경추부지원)
  맑은 여인은 못생긴 여인이 싫어한다.
  즉 사악한 사람이 올바른 사람을 미워하고 원망한다.
- **水能載舟**나 **又能覆舟**하니라. (수능재주 우능복주)
  물은 배를 띄우기도 하고 또한 엎을 수도 있다.
  즉 백성은 임금을 길러, 모실 수도 있으나 해칠 수도 있다는 뜻.
- **好船者溺**이요 **好騎者墮**라. (호선자익 호기자타)
  배타기 좋아하는 사람은 물에 빠지고,
  말타기 좋아하는 사람은 말에서 떨어진다.

▼ 서양 속담

- 젊은이여! 큰 뜻을 품어라.
  Boys. be ambition. - William Clark

- 배우지 않으면 아는 것이 없다.
  Learn not. and know not.
- 노고가 없으면 얻는 것도 없다.
  No pains, no gains.
- 뜻 있는 곳에 길이 있다.
  Where there is a will. there is a way
- 먼저 생각해 보고 나서 말을 하라.
  First think and then speak
- 입에서 재앙이 나온다.
  Out of the mouth comes evil.
- 붓은 총검보다 강하다.
  The pen is mightier than the sword.
- 적게 심은 사람은 적게 거둔다.
  He who sows little reaps little.
- 자기 자신보다 더 큰 적은 없다.
  Man has not a greter enemy then himself.
- 예법이 사람을 만든다.
  Manners maketh man.
- 사람이 해낸 일은 사람이 할 수 있다.
  What man has done, man can do.
- <u>스스로</u>를 행복하다고 생각하는 사람은 행복하다.
  He is happy that thins himself so.
- 남을 행복하게 하는 사람은 참으로 행복한 사람이다.
  He is truly happy who makes others happy.
- 네 이웃 사랑하기를 네몸 사랑하듯 하라.
  thou shalt love thy neighbour as thyself. (마태 19)
- 큰 사랑이 있을 때에는 큰 괴롬도 있는 것이다.
  When there is great love, there is great pain.
- 인생은 즐겁다. Life is sweet.
  인생은 항해다. Life is voyage.

7. 속담 - 동양 서양

지도자심서(心書)

- 예술은 길고 인생은 짧다.
  Art is long, life is sort.
- 미래를 두려워 말라.   Fear not the future,
  과거를 한탄하지 말라.   Weep not for the past.
- 밝은 면을 보라.   Look at the bright.
  고통 없는 인생은 없다.   No life without pain.
- 시간은 곧 돈이다.
  Time is money.
- 성급히 굴면 일을 그르친다.
  Haste makes waste.
- 세월은 사람을 기다리지 않는다.
  Time and tide wait for no man.
- 욕심이 가장 적은 사람이 가장 부유한 사람이다.
  He is richest that has fewest wants.
- 실패는 성공의 근본이다.
  Failure teaches success.
- 근면은 성공의 근원이다.
  Industry is the parent of success.
- 위대한 일로서 쉬운 것은 없다.
  Nothing great is easy.
- 왕관을 쓰는 머리에는 불안이 깃든다.
  Uneasy lies the head that wears a crown. (섹스피어)
- 온갖 입장의 의견을 모두 들어라.
  Hear all parties.
- 상호 협력은 자연의 법칙이다.
  Mutual help is the law.
- 백성의 소리는 정말 큰 힘이 있다.
  The voice of the people truly is great in power.
- 세상이 최선의 판단자다.
  The public is the best judge.

- 단결은 힘이다.

  United is strength.
- 뭉치면 일어서고, 분열하면 망한다.

  United we stand, divided we fall.
- 투표용지는 총알보다도 강하다.

  The ballot is stronger than the bullet.
- 자유가 아니면 죽음을 달라.

  Give me liberty, or give me death. (파트리 헨리)
- 의지는 힘이다.

  Will is power.
- 욕망은 인류의 지배자다.

  Want is the master of mankind
- 해가 날 때 풀을 말려라. (기회를 잃지 말라)

  Make hay while the sun shines.
- 무슨 일이나 다할 수 있는 사람은 없다.

  No living man all things can.
- 말하기 전에 두 번 생각하라!.

  Think twice before you speak!
- 노병은 죽지 않고 사라질 뿐이다.

  Old soldiers never die, they just fade away.
- 아름다움은 보는 사람의 눈에 달려있다.

  Beauty exists in the eyes of the beholder
- 하늘은 스스로 돕는 자를 돕는다.

  Heaven helps those who help themselves.
- 피는 물보다 진하다.

  Blood is thicker than water.
- 까놓고 말하라.

  Call a spade.
- 쇠는 뜨거울 때 쳐라.

  Strike while the iron is hot.

지도자심서(心書)

- 배움에 왕도(지름길) 없다. (꾸준함이 제일이다)
  There is no road to learning.
- 오직 자기만을 위해서 사는 사람은 살 값어치가 없다.
- 자기를 다스리는 사람은, 머지않아 남을 다스리게 될 것이다.
- 남을 존경할 줄 모르는 사람은, 남에게서도 존경을 받지 못한다.
- 행복의 요소는 첫째는 건강이요. 둘째는 가난이 가까이 접근하지 못할만한 충분한 재산, 셋째는 행복한 대인관계, 그리고 넷째는 사업의 성공이다. (럿셀)
- 큰 것을 얻으려면 큰 것을 주지 않으면 안된다.
- 조수(潮水)에는 언제나 썰물이 있는 법이다. (다 차면 빠지게 마련이다.)
- 중요한 것은 얼마나 오래 사느냐가 아니라, 얼마나 값있게 사느냐 하는 것이다.
- 빚을 얻으러 가는 사람은, 슬픔을 얻으러 가는 것이다.
- 어떤 놀이든지 이겼을 때, 그만두는 것이 좋다.
- 돈의 가치는 가지는데 있는 것이 아니라, 쓰는 데 있다.
- 너무 높은데 앉은 사람은 안전하게 앉아있을 수 없다.
- 칼을 쥐는 자는 칼로서 망하리라.
- 인생은 짧고 예술은 길다. 기회는 달아나고,
  실험은 불확실하고, 판단은 어렵다. (희랍 히포크라테스 警句에서)
- 시간을 잘 맞춘 침묵은 말보다 더 좋은 웅변이다. (M.터퍼)
- 청년기는 대실수이다. 장년기는 투쟁이다.
  그리고 노년기는 후회이다. (B.디즈레일라)
- 인간은 패배했을 때 끝나는 것이 아니라 포기했을 때 끝나는 것이다. (R.닉슨)
- 좋은 친구는 건강에도 좋다. (I.사라손)
- 잔잔한 바다에서는 좋은 뱃사공이 만들어지지 않는다. (영국속담)
- 사랑하고 사랑받는 것은 태양을 양쪽에서 쪼이는 것과 같다. (D비스코트)
- 너의 의무를 다하라. 그리고 나머지는 하나님께 맡겨라. (P.코네일)
- 가정은 삶의 보물 상자가 되어야 한다. (C.코르뷔제)
- 훌륭한 삶에는 세 가지 요소가 있다.
  즉 배우는 일, 돈 버는 일, 무엇인가 하고 싶은 일. (C.몰리)

- 먹는 것은 자신을 즐겁게 하기 위함이요.
  입는 것은 남을 즐겁게 하기 위함이다. (B.프랭클린)
- 지혜는 고통을 통해서 생긴다. (아에스킬루스)
- 좋은 나무는 좋은 열매를 맺는다. (W.랭런드)
- 인생은 불확실한 항해이다. (세익스피어)
- 위인은 국가의 이정표요 경계표이다. (E.버크)
- 일은 시작할 때가 언제나 좋다. (B.파스칼)
- 다른 사람을 지배하려는 사람은
  먼저 자기 자신의 주인이 되어야 한다. (P.메신저)
- 참고 견디는 것은 운명을 이겨낸다. (L.M감베다)
- 근심하지 말라, 근심은 인생을 그늘지게 한다. (페스탈로찌)
- 중용을 지켜라, 균형은 만사의 최선이다. (헤시오도스)
- 큰 배는 깊은 바다를 요구한다. (G.허버트)
- 사는 기술이란 공격 목표를 골라 힘을 집중하는 것이다. (모르아)
- 근면과 숙달 이것만 있으면 불가능이란 없다. (사무엘존슨)
- 만족한 웃음은 집안의 햇빛이다. (데컬리)
- 조상의 영광은 자손의 등불이다. (살루스트우스)
- 열성만이 인생을 영원하게 만든다. (괴테)
- 지구상엔 인간 이외에는 위대한 것이 없다. (W.헤밀턴)
- 목적없이 존재하는 것은 아무것도 없다. (보들레르)
- 인생에 있어 가장 중요한 것은 만사에 중용을 지키는 것이다. (데렌티우스)
- 근로가 잠들면 빈곤은 창으로 들어온다. (라이닉)
- 자기가 할 수 있는 일은 남에게 밀지 말라. (제퍼슨)
- 최초의 큰 웃음보다는 마지막의 미소가 오히려 났다. (영국속담)
- 훌륭한 충고보다 값진 선물은 없다. (에라스무스)
- 사자라 할지라도 파리들로부터 자기 몸을 방어해야 한다. (독일속담)
- 인간은 천(옷감)에 따라서 자기 옷을 지어야 한다. (T.내쉬)
- 천재는 1퍼센트의 영감이요, 99퍼센트의 노력이다.

- 자기의 신뢰는, 성공 제일의 비결이다. (에머슨)
- 지혜는 운명의 정복자이다. (유베날리스)

- 인간은 모든 만물의 척도이다. (프로다코라스)
- 인간의 웃음은 하나님의 만족이다. (J. 와이스)

- 화가 나면 열을 세어라. 풀리지 않으면 백을 세어라. (제퍼슨)
- 모든 국가의 기초는 그 나라 젊은이들의 교육이다. (디오케네스)

- 인간은 신의 걸작품이다. (F.퀼즈)
- 폭풍은 참나무가 더욱 깊게 뿌리를 박도록 한다. (G.허버트)

- 모범은 훈육보다 유효하다. (영국속담)
- 기와 한 장 아껴서 대들보 썩는다. (한국속담)

- 말 한마디가 세계를 지배한다. (E.쿠크)
- 남의 신세를 지게 되면 자유를 잃고 만다. (사이디)

- 광선은 비록 더러운 것을 통과할지라도 오염되지 않는다. (성아우구스티누스)
- 말은 마음의 지표요, 거울이다. (T,W.로버트슨)

- 전쟁에서는 오직 한번 죽지만, 정치에서는 여러번 죽는다. (W.처칠)
- 위대한 것 치고, 정열 없이 이루어진 것은 없다. (R.에머슨)

- 혀는 천천히, 눈은 재빠르게. (세르반데스)
- 유일한 선은 지식이며, 유일한 악은 무지이다. (디오게네스)

- 폭군에 대한 반역은 신에게 대한 복종이다. (제퍼슨)
- 인민의 소리는 신의 소리이다. (알쿠이)

- 고픈 배로서는 아무도 애국자가 될 수 없다. (윌리엄, 브란)
- 아래 사람의 불만은 리더쉽을 필요하게 하는 필요악이다. (드골)

- 인생은 바다, 사공은 돈이다.
  사공이 없으면 세상을 잘 타고 넘을 수가 없다. (맥케린/ 미국 경제학자)
- 숭고한 인간과 못난 인간과는 한발 차이밖에 나지 않는다. (나폴래옹)

- 재능은 없어도 인격은 갖추어야 한다. (하이네/ 독일시인)
- 일은 친구를 만든다. (괴테/ 독일시인)

- 전 세계를 알면서 자신을 모르는 인간이 있다. (라퐁테스/ 프랑스시인)
- 인간은 자연 중에서 가장 약한 한그루의 갈대이다.
  그러나 그것은 생각하는 갈대다. (파스칼/ 프랑스 철학자)
- 인간에 있어서 최대의 적은 인간이다. (R,버어튼/ 영국목사)
- 인간은 아무런 이유 없이 살아갈 수는 없다. (카뮈/프랑스, 소설가)
- 친구와 포도주는 오래될수록 좋다. (영국속담)
- 가장 가치 있는 삶은 남을 위해서 사는 것이다.
  남에게 베푸는 행위를 하지 않는 삶은 죽음보다도 못하다.
  그러므로 고독 속에서도 남에게 봉사한다. (함마슐드/ 스웨덴, 정치가)
- 산다는 것, 그것은 치열한 전투이다. (로망로랑/ 프랑스, 작곡가)
- 인생은 투쟁과 변화와 단호한 결정으로 다져진다. (R. 프로스트/ 미국, 시인)
- 창조는 투쟁 때문에 생기는 것이다.
  투쟁이 없는 곳에 인생은 없다. (비스마르크/ 독일, 정치가)
- 인생은 넓은 바다를 향해가는 것이다.
  이성은 나침반이고, 정열은 질풍이다. (포우프/ 영국, 시인)
- 결혼하기 전에는 두 눈을 크게 뜨고 보라.
  결혼 후에는 한쪽 눈을 감으라. (토마스 플러어/ 영국, 성직자)
- 사랑은 세상을 꽃동산으로 만드는 위대한 열쇠다. (스티븐슨/ 영국, 소설가)
- 황금은 불로 시험하고, 우정은 곤경으로써 시험당한다. (영국, 격언)
- 진정한 웅변은 할 말을 하고, 할 말만 하는 것이다. (라로슈푸코/프랑스, 오알리스트)
- 우리의 자신이 우리의 운과 불운을 만든다.
  그리고 이것을 우리는 운명이라고 부른다. (디즈렐리/영국, 정치가)
- 운은 우리에게 부귀를 빼앗을 수는 있어도,
  용기는 빼앗을 수 없다. (세네카/ 로마, 철학자)
- 먼저 그대 자신을 존경하라. (피다고라스/ 그리스, 수학자)
- 우리는 일하기 위해서 태어났다.
  우리가 일할 수 있음을 아는 것은 행복이다. (워너메이커/ 미국, 실업가)
- 국가의 운명은 청년의 교육에 달려있다. (아리스토텔레스/ 그리스, 철학자)
- 현명한 사람은 기회를 행운으로 바꾼다. (산타야나/ 미국, 철학자)

7. 속담 - 동양 서양

지도자심서(心書)

- '크레오 파트라'의 코. 그것이 조금만 더 낮았더라면, 역사가 변했을 것이다. (파스칼/ 프랑스, 수학자)
- 희망이 없으면, 노력도 없다. (사무엘존슨/ 영국, 시인)
- 희망은 강한 용기이며, 새로운 의지이다. (루터/ 독일, 종교개혁자)
- 모든 사람은 각자의 행복을 만들어 내는 대장장이다. (서양속담)
- 불행을 고치는 약은 소망뿐이다. (세익스피어/ 영국, 시인)
- 대체로 불안이란 자신을 믿지 못하고, 중심이 흔들리기 때문에 생기는 것이다. (굴드/ 미국, 천문학자)
- 바쁜 벌은 슬퍼할 시간이 없다. (윌리암블레이크/ 영국, 시인)
- 절망이란 어리석은 자의 결론이다. (B.디즈렐일러/ 영국, 정치가)
- 죽음보다 강한 자는 누구냐? 죽음이 닥쳐와도 웃을 수 있는 사람이다. (뤄케르트/ 독일, 시인)
- 고난은 사람의 진가를 증명하는 기회이다. (에피크로스/ 그리스, 철학자)
- 행복한 날에는 즐기고, 재앙이 있는 날에는 생각하라. 신은 이 두 가지를 함께 보내셨다. (성서)
- 생명이 있는 한 희망은 있다. (세르반테스/ 스페인, 극작가)
- 하나님은 행복만을 주기 위하여 인간을 만든 것은 아니다. (R. 프린트)
- 자신을 행복하다고 생각지 않는 인간은 결코 행복해질 수 없다. (러셀/ 영국)
- 기쁜 마음으로 일하고, 그리고 행한 일을 기뻐할 수 있는 사람은 행복하다. (괴테/ 독일, 시인)
- 웃음은 인간에게만 허용된 것이며, 이성이 가지는 특권의 하나이다.
- 고귀한 일은 모두 처음에는 불가능한 일로 보인다. (카알라일/ 영국, 평론가)
- 처세에서 성공하려면, 어리석은 척하면서 현명해야 한다는 것을 나는 깨달았다. (몽테스큐/ 프랑스사상가)
- 일이 즐거움이라면 인생은 낙원이다. 일이 의무라면 인생은 지옥이다. (고르기/ 러시아. 문호)
- 태만은 살아있는 죽음이다. (영국, 금언)
- 자신(自信)은 성공의 제일 첫 번째 비결이다. (에머슨/ 미국, 사상가)
- 자연은 우리에게 걷기 위한 다리를 준 것 같이, 인생에 처하기 위한 지혜도 주었다. (몽테뉴/ 프랑스. 사상가)

一. 명심입지편

- 기하학을 모르는 자는 이門 (그의 학교 아카데미아의 문앞)을 들어서지 말라.

  (폴라톤/ 그리이스 철학자)
- 좋은 일은 빨리 실천하라. (볼트/ 독일, 철학자)
- 하늘에 빛나는 별과 마음속의 도덕률, 이 두가지 만을 믿고 강하게 살아간다.

  (칸트/ 독일, 철학자)
- 인생의 모습이 잿빛으로 늙었을 때 인식(認識)이 완성된다. (헤겔/ 독일, 철학자)
- 인간은 모두 태어나면서부터 알고 싶어한다. (제일철학 첫페이지에서)

  국가는 본질적으로 가족 및 우리들 중의 어느 개인보다 앞서 있다.

  전체는 부분에 대해 앞서기 때문이다. (아리스토텔레스/ 그리스, 철학자)
- 화(鍋)가 풀리면 인생도 풀린다. (틱낫한 - 베트남 승려)

  속이 시원하려면 반드시 화해해야 한다.

♥ 인생에서 우리 인간관계보다 중요한 것은 없다.

> ♣ 우리는 누구나 기쁨과 평화와 애정을 갖고서 하루하루를 살아야 한다.
>
> 세월이 너무나도 빨리 흐르기 때문이다.
>
> 그리고 나에게 주어진 삶의 모든 순간들을 즐기라고 다짐한다.

- 죽음에 이르러서야 멈추는, 끝없고 쉼없는 인간의 권력욕의 덧없음을, 인생의 종말이 보여준 셈이다. - 영국 철학자/ 토마스 홉스
- 말이 씨앗이 된다. 〈행복하다고 말하면 행복해진다.〉
- 파도가 일지 않는 바다를 상상할 수 없듯이 고난 없는 인생을 상상할 수 없다.
- 정상에 오르는 길은 다양할지라도 산꼭대기에선 같은 달을 본다. - (일본속담)

> ♧ 바람부는 날의 시   도종환
>
> 흔들리지 않고 피는 꽃이 어디있으랴.
>
> 이세상 그 어떤 아름다운 꽃들도
>
> 다 흔들리면서 피었나니
>
> 흔들리면서 줄기를 굳게 세웠나니
>
> 흔들리지 않고 가는 사랑이 어디 있으랴.

7. 속담 - 동양 서양

8. 人間訓 (인간훈)

① 一令 一惡 - (下略)

- 一令逆則百令失 (일령역칙백령실): 하나의 명령이 도리에 어긋나면 백 가지 영이 실패한다.
- 一惡施則百惡結 (일악시즉백악결): 하나의 악한 일을 행하게 되면 백 가지 악이 맺어진다.

* 염철론(염철론)에서는 한 사람을 엄벌에 처함으로서 백인을 올바른 길로 인도하고 한 사람을 극형에 처함으로서 만인으로 하여금 몸가짐을 근신케 한다. 〈刑一而正百, 殺一而懼萬〉

② 一利 一事 - (耶律楚材 - 蒙)

- 興一利不若除一害 (흥일이불약제일해): 하나의 利를 일으키는 것은, 하나의 害됨을 제거하는 것만 못하다.
- 生一事不若減一害 (생일사불약감일해): 하나의 일을 만드는 것은, 하나의 해를 줄이는 것만 못하다.

③ 一薰一蕕 - (春秋左氏傳; 僖公四年)

- 一薰一蕕 十年尙猶有臭 (일훈일유 십년상유유취)
  향기로운 풀과 악취를 내는 풀을 같이 놓아두면, 향기는 어느새 없어지고 악취만 십 년이 넘도록 남아 있다.

* 악인의 해독은 손쉽게 선인을 구축(驅逐)하고 오랫동안 사회악으로 남는 법이다.
  그레샴의 법칙에 〈악화는 양화를 구축한다〉는 것은 인간 생활 전반에 통용되는 것이라고 할 수 있다. (蕕(유) - 냄새나는 풀 유. 臭(취) - 냄새 취)

④ 二忘〈忘食. 忘憂 - (論語, 而)〉

- 發憤忘食 (발분망식): 발분하여 먹는 것도 잊어버린다. (학문에)
- 樂以忘憂 (락이망우): 즐거워하여 근심을 잊어버린다. (학문을)

* 葉公(섭공)이 자로에게 공자라는 분이 어떠한 분이냐고 물었을 때 아무 대답도 하지 않았다. 이런 사실을 후에 듣고, 공자는 왜 이렇게 말하지 않았느냐고 자로에게 말하였다. 〈그(공자)의 사람됨은 학문에 발분하면 식사를 잊고 학문을 즐김에, 걱정을 잊으며 늙어가는 것조차 알지 못한다고 -〉

⑤ 三戒(삼계) - (論語, 季氏)

- 戒色(계색) : 소년 시절에는 혈기가 안정되어 있지 않으므로 여색을 경계해야 한다. (戒之在色)
- 戒鬪(계투) : 장년기에 이르러서는 혈기가 바야흐로 굳세므로 다툼을 경계해야 한다. (戒之在鬪)
- 戒得(계득) : 늙어서는 혈기가 쇠잔한 고로 물심양면의 탐욕을 경계하여야 한다. (戒之在得)

* 공자 이르되 군자에겐 삼위(三畏)가 있다고 하셨다.
  천명을 두려워하고(畏天命), 대인을 두려워하며(畏大人), 성현의 말을 두려워하느니라(畏聖人之言).

⑥ 三務(삼무) - (曾國藩 : 清末(1811-1872))

- 早起(조기) : 일찍 자고 일찍 일어나라.
- 有恒(유항) : 무슨 일이 있더라도 변치 않고 양심(항심)을 지켜라.
- 重厚(중후) : 대인관계에서 深重(심중)을 기하고 후하게 대하여라.

* 이는 증국번(曾國藩)이 자식인 기택((紀澤)에게 보낸 편지에서 이 삼무(三務)를 잘 지켜야 한다는 데서 나온 말이다. 또한 증국번은 〈날이 새면 바로 일어나지 눈을 뜨고 있으면서 잠자리에 누워 엎치락 뒤치락하지 말라고 자계(自戒)하였다〉 (黎明即起, 醒後勿霑戀).

⑦ 三不忘(삼불망) - (易經, 繫辭傳下)

- 安而不忘危(안이부망위) : 편안할 때 위태함을 잊어서는 안된다.
- 存而不忘亡(존이부망망) : 존재할 때 멸망을 잊어서는 안된다.
- 治而不忘亂(치이부망란) : 잘 다스려질 때 어지러움을 잊어서는 안된다.

* 공자의 말씀이다.
  이 三不忘으로 스스로 경계하고 조심한다면, 적게는 일신(一身)과 가정을, 크게는 나라를 보전(保全)할 수 있을 것이다. 또 이르시되 '위태로워질까 염려하는 이는 그 자리를 안전하게 하는 사람이요(危者, 安其位者也). 망할까 근심하는 이는 그 생존을 보존하는 것이다(亡者, 保其存者也). 어지러워질까 근심하는 이는 다스리게 되는 사람이다(亂者, 有其治者也).

⑧ 三不詳(삼불상) - (說苑. 劉向 - 前漢)

- 賢而不知(현이부지) : 사람의 현명함을 알지 못한다.
- 知而不用(지이부용) : 알면서도 쓰지 않는다.
- 用而不任(용이부임) : 쓰고서도 맡기지 않는다.

8. 人間訓(인간훈)

⑨ 三友(삼우) - (論語, 季氏)

- **益者三友**(익자삼우) : 유익한 벗에는 셋이 있다
    - **友直**(우직) : 정직한 벗. 友諒(우양) - 성실한 사람
    - **友多聞**(우다문) : 박식(博識) 박학(博學)한 벗
- **損者三友**(손자삼우) : 해로운 벗이 셋이 있다.
    - **友便辟**(우편벽) : 성품이 한편으로 치우친 벗
    - **友善柔**(우선유) : 굽실거리기 잘하는 사람
    - **友便佞**(우편녕) : 성의없이 겉치레로 빈 말을 잘하는 사람

⑩ 三不去(삼불거) - (大戴禮, 本名篇)

- **有所取無所歸不去**(유소취무소귀불거) : 보내도 돌아갈 곳이 없는 경우
- **與夫三年喪不去**(여부삼년상불거) : 부모의 삼년상을 마친 경우
- **前貧賤後富貴不去**(전빈천후부귀불거) : 전에는 비천하다가 부귀하게 된 경우

  - 위 경우는 **七去之惡**(칠거지악) 이 있더라도 아내를 내쫓을 수가 없다. -

* 칠거지악(七去之惡)이란 : 不順(불순), 無子(무자), 淫行(음행), 嫉妬(질투), 惡疾(악질). 多言(다언), 竊盜(절도), 〈五不取(오불취)〉란 : 아내로서 취하면 안 될 다섯가지 조건 - 모반한 자를 낸 집(逆家子), 가정이 어지러운 집(亂家子), 형을 받은 자가 있는 집(世有刑人), 악질병이 있는 집(世有惡疾), 과부의 맏딸(喪婦長女 - 멋대로 자란 여자).

⑪ 四知(사지) - (後漢書, 楊震傳) - 宋

- **天知**(천지) : 하늘이 알고 있다.
- **神知**(신지) : 신이 알고 있다.
- **我知**(아지) : 내가 알고 있다.
- **子知**(자지) : 자네가 알고 있다.

* 하늘과 신(神) 나(我) 자네(子)가 알고 있으니 어떻게 아는 자가 없다고 할 수 있겠는가? (何謂無知)

⑫ 四患(사환) - (邵康節) - 宋

- 財(재) : 私財(사재)는 사람을 탐욕으로 몰아 넣는다.
- 色(색) : 女色(여색)은 사람을 좋을 대로 놔둔다.
- 名(명) : 名譽(명예)는 사람을 자만스럽게 만든다.
- 勢(세) : 權勢(권세)는 사람을 제멋대로 하게 한다.

* 소강절(邵康節)은 남자가 대장부답게 되려고 생각한다면 이 사환(四患)으로 부터 초연해져야 한다고 말하였다.

〈 중국번(曾國藩 : 淸末)의 四不이 있다.

不激(불격) - 큰 일을 하는 사람은 격동해서는 안되고
不躁(불조) - 초조한 마음을 가져서도 안되고
不競(불경) - 쓸데없이 남과 경쟁해서도
不隨(불수) - 또 남의 뒷전에 서기만 해서도 안된다.

⑬ 四計(사계) - (사람의 네 가지 계획)

- 一日之計在晨(일일지계재신) : 하루의 계획은 새벽에 있고
- 一年之計在春(일년지계재춘) : 한 해의 계획은 봄에 있고
- 一生之計在勤(일생지계재근) : 한 평생의 계획은 부지런함에 있고
- 一家之計在身(일가지계재신) : 한 집안의 계획은 화목함에 있다. (在和)

⑭ 四窮(사궁)

- 鰥(환) : 老而無妻(노이무처) : 늙어서 아내가 없는 것이요
- 寡(과) : 老而無夫(노이무부) : 늙어서 남편이 없음이요
- 孤(고) : 幼而無親(유이무친) : 어려서 부모가 없음이요
- 獨(독) : 老而無子(노이무자) : 늙어서 자식이 없음을 이른다.

⑮ 五計(오계) - 朱新仲, 宋

- 生計(생계) : 어떻게 생(生)을 살아나갈 것인가 하는 계획
- 身計(신계) : 인간관계에 대한 사회적 교제상의 생활계획
- 家計(가계) : 자기 가정을 어떻게 꾸려나갈 것인가의 문제
- 老計(노계) : 어떻게 나이를 먹느냐의 문제
- 死計(사계) : 어떻게 죽어가야 하는가에 대한 계획

⑯ 五福(오복) - (書經-周書, 洪範)

- 壽(수) : 장수, 오래 삶
- 富(부) : 부유(富裕)한 것
- 康寧(강녕) : 안락하게 지내는 것
- 攸好德(유호덕) : 훌륭한 미덕(美德)을 닦는 것
- 考終命(고종명) : 늙음으로서 목숨을 마치는 것

⑰ 六然(육연) - (崔巨渠 :1478-1541) - 明

- 自處超然(자처초연) : 처신에 있어서는 초연
- 處人藹然(처인애연) : 사람에 대해서는 애연(부드럽고 정답게)
- 有事斬然(유사참연) : 유사시에는 참연(활기있게 처리). 崭新
- 無事澄然(무사징연) : 무사시에는 징연(조용히 있어야 한다)
- 得意澹然(득의담연) : 득의(得意)시 에는 담연(담박하게)
- 失意泰然(실의태연) : 실의시에는 태연자약해야 한다.

⑱ 六中觀(육중관) - 安岡正篤(1898-1983), 日本

- 忙中有閑(망중유한) : 망중에도 한가함이 있다.
- 苦中有樂(고중유락) : 고생 중에도 즐거움이 있다.
- 死中有活(사중유활) : 죽음에도 삶이 있다.
- 壺中有天(호중유천) : 항아리 속에도 하늘이 있다.
- 意中有人(의중유인) : 의중(意中)에 사람이 있다.
- 腹中有書(복중유서) : 배 속에 글이 있다.

⑲ **十戒銘(십계명)** - 廟堂忠告(張養浩 : 1270-1329), 宋

- **修身(수신)** : 몸을 닦는 것
- **用賢(용현)** : 현인(賢人)을 채용하는 것
- **重民(중민)** : 백성(고용자)을 중하게 쓰는 것
- **遠慮(원려)** : 먼 앞날을 생각하는 것
- **調燮(조섭)** : 불에 고기를 구워 조리하는 것 같이 서둘지 않는 것
- **任怨(임원)** : 도리에 맞을 때에는 즐겁게 남의 원망을 받아들일 것
- **分謗(분방)** : 동료가 받을 비방을 나누어 받는 것
- **應變(응섭)** : 변화에 잘 적응해 나가는 것
- **獻納(헌납)** : 남의 충고를 받들어 들일 것
- **退休(퇴휴)** : 언제 어느 때 퇴직을 할 것인가를 생각할 것

⑳ **靑年精神(청년정신)** - (알버트 슈바이처)

- 젊게 생각합시다.
- 용기를 가집시다.
- 도전 합시다,
- 포기하지 맙시다.
- 멀리 바라봅시다.
- 세계로 떠납시다.
- 마음을 엽시다.
- 따뜻해 집시다.
- 사랑합시다
- 친구가 됩시다.
- 정직 합시다.
- 청년이 됩시다.

부처님 말씀 - 出曜經

분노할 때는 말하지 말라.
대중 속에서나 고요한 속에서나
분노가 불꽃처럼 성한 사람은
스스로 깨닫지 못하리라.

8. 人間訓(인간훈)

9. 勸學文(권학문)

▼ 朱文公(주문공) 勸學文(권학문)

勿謂今日不學而有來日하며 - 금일 배우지 아니하고 내일이 있다고 미루지 말며,

勿謂今年不學而有來年하라 - 올해 배우지 아니하고 내년이 있다고 말하지 말라.

日月逝矣나 歲不我延이니 - 낮과 달은 흐르니 세월은 나를 위해서 더디가지 않는다.

嗚呼老矣라 是誰之愆고 - 아아 늙었구나 이 누구의 허물인고

少年易老學難成이요 - 소년은 늙기 쉽고 배움은 이루기 어려우니

一寸光陰不可輕이니라 - 짧은 시간이라도 가벼이 여기지 말라.

未覺池塘春草夢하야 - 아직 못가의 봄풀은 꿈에서 깨어나지 못했는데

階前梧葉已秋聲이니라 - 어느덧 섬돌 앞의 오동나무는 벌써 가을 소리를 내는구나.

*勸學文(권학문) : 학문을 권하기 위한 詩. 여기서는 주문공의 권학문 외에 白樂天(백낙천)의 권학문, 그리고 眞宗(진종)황제 권학문을 싣기로 한다.

▼ 白樂天(백낙천) 勸學文(권학문)

有田不耕倉廩虛하고 - 밭이 있어도 갈지 않으면 곳간은 비게 되고.

有書不敎子孫愚하리라 - 책이 있어도 가르치지 않으면 자손은 우매하리라.

倉廩虛兮歲月乏하고 - 곳간이 비면 세월 보내기가 구차하고,

子孫愚兮禮義疏하리라 - 자손이 우매하면 예의에 성기리라.

若惟不耕與不敎이면 - 오직 갈지 않고 가르치지 않음은,

是乃父兄之過歟인져 - 이는 곧 부형(父兄)의 허물인져.

一. 명심입지편

🔽 陶淵明(도연명) 詩(시)에 이르기를

盛年不重來하고 – 젊음은 두 번 거듭 오지 아니하고,
(성년부중래)

一日難再晨이니 – 하루에 새벽도 두 번 있지 않나니,
(일일난재신)

乃時-當勉勵하라 – 젊었을 때 마땅히 학문에 힘쓰라.
(내시-당면려)

歲月不待人이니라 – 세월은 사람을 기다리지 않느니라.
(세월부대인)

🔽 真宗皇帝 勸學(진종황제의 권학문)

- 집을 부하게 하려 좋은 밭 살 필요가 없도다 (富家不用買良田)
  책 속에 천종의 곡식이 있는 것을 (書中自有千鍾粟)

- 거처를 편안히 하려 높은 집 지을 필요가 없도다 (安居不用架高堂)
  책 속에 절로 황금의 집이 있는 것을 (書中自有黃金玉)

- 남아가 평생의 뜻 이루고자 한다면 (男兒欲遂平生志)
  육경을 창 앞에 펴놓고 부지런히 읽으라 (六經勤向窓前讀)

🔽 荀子(순자)의 勸學(권학) 편에 이르기를

不積頎步(부적규보)면 – 발걸음을 쌓지 않으면,

無以至千里(무이지천리)요 – 천리(千里)에 이르지 못할 것이요.

不積小流(부적소류)면 – 작게 흐르는 물이 모이지 않으면.

無以成江河(무이성강하)니라 – 강과 하천을 이루지 못하느니라.

  * 또 권학편에는
  〈준마도 대번에 천리를 뛰는 것이 아니요, 노둔한 말도 하루하루 쉬지 않고 열흘을 가면 가지는 것이다〉. 頎步(규보) – 발걸음.
  "學不可以已(학불가이이) – 배움이란 그쳐서는 안된다."
  즉 일생을 두고 꾸준히 배우고 닦아야 한다.

🔽 明道(명도) 선생은 배워야 한다고 말하였다.

"배우지 않으면 늙고 쇠약해진다. (不學便老而衰)
 사람의 배움이 나아가지 못하는 것은, (人之學不進)
 용기가 없기 때문이다. (只是不勇)

9. 勸學文(권학문)

또 배우는 자는 지기가 있어야 한다고 말하였다. (學者爲氣)
"사람은 게으른 마음이 한번 생기면, (懈意一生)
곧 스스로 버리고 포기하게 된다. (便是自棄自暴)
"군자의 배움은 날로 새로워져야 한다. (君子之學 必日新)
날로 새로워진다는 것은 날로 진보하는 것이요 (日新者, 日進也)

▼ 독서를 함에 세 가지에 집중하여야 한다. - 朱熹(주희)

"첫째, 마음이 집중되어야 하고, (心到 심도)
둘째, 눈이 집중되어야 하고, (眼到 안도)
셋째, 입이 집중되어야 한다. (口到 구도)

■ 넓게 배우고, (博學之 박학지)
자세히 묻고, (審問之 심문지)
조심스럽게 생각하고, (愼思之 신사지)
밝게 분별하고, (明辯之 명변지)
독실하게 행동하여야 한다. (篤行之 독행지)

▼ 孔子의 三計圖에 이르기를

- 一生之計는 在於幼하고 — 일생의 계획은 어릴때에 있고,
- 一年之計는 在於春하고 — 일년의 계획은 봄에 있고,
- 一日之計는 在於寅하고 — 하루의 계획은 새벽에 있다.

  幼而不學이면 老無所知요 — 어려서 배우지 않으면 늙어서 아는 바가 없고,
  春若不耕이면 秋無所望이요 — 봄에 밭 갈지 않으면 가을에 거둘 것이 없으며,
  寅若不起면 日無所辦이니라. — 새벽에 일어나지 않으면 그날의 할 일이 없다.

孔子 말씀하시기를 (論語 學而편)

- 學而時習之면 不亦說乎아
  _{학 이 시 습 지 부 역 열 호}
- 有朋自遠方來면 不亦樂乎아
  _{유 붕 자 원 방 래 불 역 락 호}
- 人不知而不慍는 不亦君子乎아
  _{인 불 지 이 불 온 불 역 군 자 호}

배우고 때때로 익히니 기쁘지 아니한가?
벗이 있어 먼 곳으로부터 찾아오니 또한 즐겁지 아니한가?
남이 나를 알아주지 않아도 원망하지 않으니 참 군자가 아니겠는가?

孔子 말씀하시되

- 博學而篤志하고 - 넓이 배워서 뜻을 두텁게 하고,
- 切問而近思면 - 간절하게 묻고 잘 생각하면
- 仁在其中矣니라 - 어짊이 그 속에 있다.

孔子·君子에게는 세 가지 두려워하는 바가 있다.

- 畏天命(외천명) - 천명을 두려워하고
- 畏大人(외대인) - 높은 어른을 두려워하고
- 畏聖人之言(외성인지언) - 성인들의 말씀을 두려워한다.

공자는 네 가지를 끊었다. (仲尼 四絶)

1. 毋意 (무의) - 억측심(臆測心)이 없고
2. 毋必 (무필) - 필연심(必然心)이 없고
3. 毋固 (무고) - 고집심(固執心)이 없고
4. 毋我 (무아) - 이기심(利己心)이 없었다. - (중니 사절이라 한다)

9. 勸學文(권학문)

10. 九容(구용)·九思(구사)·九德(구덕)·三德(삼덕)·三界(삼계)

⬇ 구용(九容)

- 발걸음은 무겁게 하고   - 足容重(족용중)
- 손을 포개어(拱手) 바로 앉으며   - 手容恭(수용공)
- 눈매는 바르게 하고   - 目容端(목용단)
- 입모습은 다물고   - 口容止(구용지)
- 목소리는 정숙히 하고   - 聲容靜(성용정)
- 머리는 바르게 가누고   - 頭容直(두용직)
- 숨은 고르게 쉬고   - 氣容肅(기용숙)
- 서는 것은 의젓하게 하고   - 立容德(입용덕)
- 낯빛은 엄숙 단정하게 하라   - 色容莊(색용장)

  *몸과 마음을 가지는 데에는 구용(九容)보다 더 절실한 것은 없다.

⬇ 구사(九思) - 論語 季氏

- 볼 때는 편견 없이 밝게 볼 것을 생각하고,   - 視思明(시사명)
- 들을 때는 가리움 없이 듣는 것을 생각하고,   - 聽思聰(청사총)
- 낯빛은 온화할 것을 생각하고,   - 色思溫(색사온)
- 얼굴 모습은 공손하게 할 것을 생각하고,   - 貌思恭(모사공)
- 말할 때는 충성스럽게 할 것을 생각하고,   - 言思忠(언사충)
- 섬길 때는 공경스럽게 할 것을 생각하고,   - 事思敬(사사경)
- 의심날 때는 물을 것을 생각하고,   - 疑思問(의사문)
- 분할 때는 어지러워질 것을 생각하고,   - 忿思難(분사난)
- 이득을 볼 때에는 옳은 것인가를 생각하라.   - 見得思義(견득사의)

  *학(學)을 진(進)하게 하고 뜻을 더하는 데는 九思보다 더 절실한 것이 없다.

◘ 구덕(九德) - 書經 皐陶謨

- 너그러우면서도 엄하고   - 寬而栗(관이율)
- 부드러우면서도 확고부동하고   - 柔而立(유이입)
- 성실하면서도 공손하며   - 愿而恭(원이공)
- 어지러움을 바로 잡으면서도 공경스럽고   - **亂而敬(난이경)**
- 유순하면서도 굳세고   - **擾而毅(요이의)**
- 곧으면서도 온화하고   - 直而溫(직이온)
- 간략하면서도 세심하고   - 簡而廉(간이렴)
- 억세면서도 착실하고   - **剛而塞(강이색)**
- 실행력이 강하면서 의롭다.   - **彊而義(강이의)**

* 고요(皐陶)는 말하기를 행동을 함에는 아홉가지 덕이 있으니 이런 덕을 갖춘 사람이 나라를 다스리면 천하가 태평하여진다고 한다. 이 말은 고요가 순임금에게 한 말이다.

■ **공자의 삼달덕 (三達德)**

    지(知) : 知者不惑 - 지자는 현혹(眩惑)되지 않고,
    인(仁) : 仁者不憂 - 인자는 근심하지 않고,
    용(勇) : 勇者不懼 - 용자는 두려워 않는다.

■ **그리스도교의 삼원덕 (三元德)**

    믿음(信), 사랑(愛), 소망(望)

■ **불교의 삼계 (三界)**

    욕계(欲界), 색계(色界), 무색계(無色界)

■ **삼법인설 (三法印說)**

    諸行無常 - 현상은 항상 생멸(生滅) 변화하고 있다는 것이다.
    諸法無我 - 고립한 나(我)라는 것은 실체가 없다는 것이다.
    一切皆苦 - 인생살이 자체가 고뇌와 번뇌로 이루어졌다는 것.

■ **사성제 (四聖諦)**

    고(苦), 苦聖諦 - 현실 세계의 삶은 고통이라는 것,
    집(集), 集聖諦 - 고통의 원인은 욕심(번뇌)에 있다는 것.
    멸(滅), 滅聖諦 - 모든 번뇌와 욕심에 대한 집념을 없애는 것.
    도(道), 道聖諦 - 해탈의 경지를 깨달아 아는 일.

- 마음을 깨우는 부처의 말씀
  - 조그마한 악이라 가벼이 여겨
    거기에 재앙이 없다고 하지 말라
  - 물방울이 아무리 조그맣더라도
    점점 모이면 큰 그릇 채우나니
  - 무릇 가득한 저 큰 죄악도
    작은 것이 쌓이어 이루어지는 것이다.   - 出曜經

- 임종게(臨終偈)   - (晴虛休靜/ 1520-1604). 세수 85세. 법랍 67세.
  팔십년 전에는 그대가 나이더니 팔십년전걸시아(八十年前渠是我)
  팔십년 후에는 내가 그대이구나 팔십년후아시걸(八十年後我是渠)

- 칸트의 도덕법칙 (道德法則)
  - 제1법칙 : 내 자신의 격률(格率)이 언제나 동시에 보편적 입법의 원리가 될 수 있도록 행위하라.
  - 제2법칙 : 네 자신에게 있어서나 다른 사람에게 있어서나 인격을 언제나 동시에 목적으로 대하고 결코 수단으로 대하지 말라.
  - 제3법칙 : 인격을 가진 자로 구성된 단체의 일원으로서 그 단체가 잘되도록 행위하라.

- 노인의 사고 (四苦)
  빈고(貧苦), 병고(病苦), 고독고(孤獨苦), 무위고(無爲苦).

  ♣ 〈국민은 서서히 이끌어라〉 백성을 따르게 하는 일은 여간 어려운 일이 아니다.
  갑자기 속박을 가하면 서민(庶民)이라도 반드시 얌전하게 복종한다고는 말할 수 없으나, 서서히 납득시켜 나가면 호걸이라도 모두 내 마음대로 따르게 할 수 있다.

- 여러가지 시련을 겪은 다음에 크게 될 수 있으리라.
  - (有事而後 可大 - 주역 序卦)

- 가도가 궁하면 필연코 식구끼리 서로 반목하고 배반하게 되리라.
  - (家道窮 必乖 - 주역 序卦)

- 사물은 궁진할 수는 없다. 최종 궁극이란 있을 수 없다.
  - (物 不可窮也 - 주역 序卦)

촌철 상식

* 괴테는 다음과 같은 말을 남겼다.
  「만일 모든 사람들이 자신들의 집 마당을 깨끗이 치운다면 이 세상 전부가 깨끗해질 것이다.」
* 토마스 칼라일은 「행동으로 옮기지 않는 신념은 쓸모없는 것」이라고 말했다.
* 자존심보다 겸손을 택하라.
* 빌 밀리켄은
  「프로그램이 사람을 변화시키지 않는다. 좋은 관계가 사람을 변화시킨다」.
* 헬렌의 말 : 아이들을 교실로 데려가는 것은 누구나 할 수 있지만 배움의 장으로 인도할 수 있는 것은 선생님밖에 없다.
* 지금 상태 그대로 머물러 있어서는 우리가 꼭 되려고 하는 사람이 될 수가 없다.
* 도와주겠다고 내민 손은 잡아야 한다.
* 남을 위해 할 수 있는 최선의 길이란 그들의 주변에 머물면서 그들이 상처를 입을 때마다 치료해 주고, 그들이 앞으로 더욱 잘할 수 있도록 격려의 말을 건네주는 정도일 것이다.
  『엘리어트』는 다음과 같은 질문을 던진다.
  "만일 우리가 하는 일이 다른 사람의 삶에 고단함을 덜어주는 것이 아니라면 과연 우리는 무엇을 위해 사는가?
* 리더는 희망을 이야기해야 한다. 나폴레옹의 말이다.
* 우리가 실천할 수 있는 가장 좋은 것은 남들에게 봉사하는 것이다.
* 소크라테스는 "세상을 변화시키려는 사람이 있거든 자신부터 변화시키라고 하라"라고 말했다.
* 괴로움을 피하지 말라. 〈괴로움은 인생의 본질중 하나다〉. 인생에 괴로움이 없다면 만족감을 어떻게 알 수 있겠는가. 〈인생은 선물이고 행복이야〉 - 러/도스토예프스키
* 하늘을 생각지 않는 인생이 휘둘리는 권력의 허망함은 한순간의 그림자와 같다. 권력은 정오 무렵의 뜨거운 햇살 아래 사라지는 그림자와 같은 것이다.
* 나는 수취인을 찾고 있는 **유용한 선물**이 되고 싶었다.
* 나는 다만 인간들을 화해시키고 인간들에게 봉사하기 위해서 살리라.

10. 구용, 구사, 구덕, 삼덕, 삼계

11. 자녀 교육(子女 敎育)

■ 소년들이여 야망을 가져라!
크고 위대한 일은, 위대한 생각을 품고 노력했던 사람이다.
성공한 사람은 모두 같이 위대한 꿈의 소유자였다.
당신의 상상력이나 창조력의 힘은 천하를 질 수 있다.

소년들이여 꿈을 가져라!
고정관념에 얽매이지 말고 창조적으로 밀고 나가라.
하면 된다는 신념을 가지고 노력하라.
기필코 당신은 성공할 수 있다.

■ 나는 누구인가?
50억 인구 중에 잘 생기고 멋있는 살아 움직이는 걸작 천상천하 유아독존이요.
인류를 대표하는 소우주요, 우주는 나의 축소판이요, 아아… 위대하다.
나의 존재가치가 이토록 고귀하고 위대할 줄이야.
나는 참 나를 찾았다.
절대 망설이지 않겠다. 주저하지 않겠다.

운명아 길을 비켜라.
내가 나간다.

뜻있는 곳에 길이 있다.
이제부터 승리는 내 것이다.
승리는 내 것이란 말이야. 으 하하 …

■ 아침에는 희망찬 계획을 하고
낮에는 성실한 노력을 하고
저녁에는 반성과 기도를 하라.

오늘 일은 내일로 미루지 말며
자기 일은 자기가 하고
집안일을 도우며
어버이를 공경하라.

- 현실을 보다 밝게
  생각을 보다 깊게
  세상을 보다 넓게
  모든 일에 정성을
  주어진 일에 최선을
  목적 있는 행동을
  후회 없는 생활을

- 멀리 생각하라
  길게 내다 보고
  미래를 설계하는 사람에게
  복이 온다.
  눈앞에 이익에 급급한 사람에게는
  복이 지나쳐 버린다.
  눈앞의 것을 집착말라.
  눈앞의 것은 금방 지나간다.

- 나는 해야 한다는 사명감이 있다
  나는 하면 된다는 신념이 있다.
  나는 할 수 있다는 의지가 있다.
  나는 하고 말겠다는 심정이 있다.

- 덕은 외롭지 않고, 의는 부끄럽지 않다
  세상을 밝게 살며, 마음을 넓게 갖고,
  희망을 크게 품자.

- 사람에게는 세 가지 위대한 액체가 있다
  그것은 곧 피와 눈물과 땀이다.
  피는 용기와 정열의 상징이요.
  눈물은 심정의 골수에서 토해내는 정성의 심볼이요.
  땀은 노력의 표상이다.
  모든 위대한 사람은
  이 세가지 액체를 대우주에 증발시킨 댓가의 산물이다.

지도자심서(心書)

■ 한가지 뜻을 두고 앞으로 가라

가다보면 장애가 생기고,
그 장애를 넘고 보면 또 장애가 있다.
그러나 장애가 나를 위해 있고,
능력있는 사람으로 키워주는 것이다.
평온한 바다는 익숙한 항해사를 만들지 못함과 같다.
노력하고 노력하여 하나님께 매달리는 것이다.
그러면 하나님은 당신을 도와주실 것이다.
배는 넓은 대양에서보다는
항구 안에 있을 때 훨씬 더 안전하다.
그러나 배는 항구에 있기 위해서
만들어진 것은 아니라는 점이다.
그러므로 사람도 이와 같은 것
비바람이 몰아치는 만경창파를 헤치고
목표를 향해 전진하는 것이다.

■ 말이란 아름다운 생명이다

즐거운 말 한마디 마음을 밝게 하고
위로의 말 한마디 무한한 힘이 된다.
은혜로운 말 한마디 사랑을 심어주고
때에 맞는 말 한마디 천금보다 귀하다.

■ 희망을 가져라

희망이 있는 인생은 강하다.
희망이 없는 인생은 패배자다.
희망은 인생의 힘이다.
희망 있는 인생은 성공한다.
희망은 인생의 등불이다.
희망은 인생의 기쁨이다.
희망은 인생의 행복이다.
희망은 인생의 원동력이다.
희망은 인생의 태양이다.

- 인생은 하루하루가 엄숙한 경주이다
  보람있게 인생을 사는 지혜와 슬기로
  계획하는 하루, 성실한 하루가 되어
  후회 없는 인생을 살아가도록
  최선을 다하여야 한다.

- 한번뿐인 인생 고귀한 인생
  마음을 크게 가지고, 생각을 크게 품고
  고난에 도전하며, 실패에 굴하지 않고
  피땀 흘리고 노력하여, 성공하는 사람이 되라
  그리고 하늘이 필요로 하는 사람이 되라.

- 운명(運命)을 바꾸자
  생각이 바뀌면 행동이 바뀌고
  행동이 바뀌면 습관이 바뀌고
  습관이 바뀌면 성격이 바뀌고
  성격이 바뀌면 인격이 바뀌고
  인격이 바뀌면 운명이 바뀐다.

- 최선(最善)을 다해라!
  최선을 다하는 사람에게
  최선의 보장이 있으리라.
  오늘 일을 내일로 미루는 사람에게는
  운명의 신이 주는 보상도 내일로 미루어진다.
  오늘은 오늘밖에 없다.
  물에 빠졌다고 모두가 익사자가 되는 것은 아니다
  죽었다고 포기할 때 익사자가 된다.
  죽을 힘을 다하여 움직여라.
  죽을 힘을 다할 때 살 힘이 생긴다.
  하늘이 무너져도 솟아날 구멍이 있고
  호랑이에게 물려가도 정신만 차리면 산다.
  정신이 강하면 강할수록 대 우주의 정기를 받아들여
  뜻대로 소원이 이루어진다는 것을 명심하라.

11. 자녀 교육

지도자심서(心書)

■ 역경(逆境)을 이겨라
역경에 이기면 성공자가 되고
역경에 굴복하면 실패자가 된다.
역경이 없는 인생은 무가치한 인생이다.
금이 수 백도의 불 속에서 달구어져 순금이 나오듯
고난의 불 속에 피눈물을 흘린 사람이
위인이 되고 성자도 된다.

이런 아이가 되게 하소서
■ 배움에 철저하고 언행이 일치하며,
과거를 거울삼아 현실에 충실하고
미래를 개척하며 자신을 책임지는
신념에 찬 자녀로 자라나게 하소서.

■ 역경에 도전하고 승리에 겸손하며
패자에 너그럽고 정의를 드높이며
자신을 절제하여 헛되지 않은 삶을
추구하는 자녀로 성숙하게 하소서-

이런 부부가 되게 하여 주소서
사랑을 줄줄 알고 받을 줄 아는
부부가 되게 하소서 -
작은 것을 얻어도 소중하게 여기며
큰 것을 가지고도 아끼지 아니하고
좋은 것을 얻었을 때 서로가 양보하고
허물이 있을 때는 덮어주게 하소서
어려울 때 곁에서 힘이 되게 하시고
벅찰 때는 서로가 나눠지게 하시며
용기를 잃었을 때 두 손 잡게 하소서 -

이런 가정이 되게 하여 주소서
주님이 호주되고 성경이 가훈되어
아빠는 말씀보고 엄마는 기도하며,

약속된 축복받고 본이되게 하소서 -
아빠는 믿음으로 가정을 다스리고
엄마는 사랑으로 아이를 훈육하고
자녀는 순종으로 어른을 공경하며
가정에 지상낙원 꽃피우게 하소서 -
우리 가정은 언제나 행복하고 기쁨이 넘치며,
웃음꽃이 떠나지 않는다.
서로 돕고 사랑하며, 맡은 바 직무에 최선을 다한다.
희망이 있고 꿈이 있으며, 미래를 창조해 나가는 지혜가 있다.
믿음직스러운 아버지와 사랑의 미덕을 갖춘 어머니가 있으며
한가지 목표를 향해 전진하는 성실한 아들, 딸이 있다.

천생연분인줄 생각하라

혹시 아내(남편)을 잘못 만났다고 생각해 보지는 않았는가?
내가 이 사람을 만나지 않았더라면 이 고생은 하지 않았을 텐데 -
하는 바보 같은 생각을 하지 마라.

이 세상에 잘못 만나는 것은 없으며 다만 잘못 본 것뿐이다.
그 사람과 나는 잘 만났다.

그러나 어디를 어떻게 보느냐가 문제다.
(이 사람이 어쩌다가 나 같은 사람을 만나 이 고생을 하고 있나…)라고
생각해 보라. 모든 것이 내 탓이지 -
그 사람 탓이 아닌데, 나는 그 사람을 탓하고 있는 것이다.
내가 바뀌면 상대방도 바뀐다.
마음을 넓게 가져라!.

사랑을 주어라

이 세상에 사랑으로 해결하지 못할 문제가 없다.
사랑은 만병통치약이다.
〈사랑은 주는 것이다〉 남을 행복하게 해주려는 노력이다.
이 노력을 반복할 때 이미 그 열매가 나를 행복하게 할 것이 분명하다.
사랑은 내가 가지고 있으면 아무런 가치가 없지만,
그것을 남에게 주었을 때 아름다운 꽃이 만발할 것이다.

11. 자녀 교육

부부〈남편과 아내가 지켜야 할〉십계명

♥ 남편

1. 아내가 자기 몸의 일부인 것을 깨지지 않도록 조심하면서 작은 일에 관심을 가져야 한다.
   아내는 남편이 생일이나 결혼기념일 같은 작은 일에 관심을 가져줄 때 가장 행복을 느낀다.
2. 아내를 존경해야 한다. 한국의 남편들은 오랜 관습인 남존여비(男尊女卑) 사상에 물들어 있기 때문에 자기도 모르게 여자를 업신여기는 경향이 있다.
3. 아내에 대해 책임을 져야 한다. 많은 경우 아내들은 남편의 건강에만 신경을 쓰고 자신에 대해서는 전혀 힘쓰지 않는다. 그러므로 남편이 아내를 돌보아야 한다.
4. 가정은 아내와 함께 이끌어 가는 것이다. 직장에서 돌아오면 아내와 같이 가정이란 학원을 가꾸어야 한다.
5. 아내는 가정을 분신으로 생각한다. 자녀와 함께 놀아주며 친구가 되어주는 일은 아내에 대한 사랑의 표현이다.
6. 아내의 사랑은 모자란 것을 채워주는 데서 온다. 결혼 전에는 모든 것이 다 좋게 보였지만 결혼한 후에는 마음에 맞지 않는 것이 늘어나게 되어 있다. 부족한 것을 채워주는 기쁨을 가져야 한다.
7. 월급봉투를 모두 아내에게 맡기고 매달 용돈을 받아 써라.
   돈은 남편보다 아내가 잘 관리하는 신비한 비결을 발견하게 될 것이다.
8. 모든 일을 아내와 의논하라. 아내는 남편이 자신을 의논의 대상으로 생각할 때 가장 보람을 느껴 어떤 십자가도 함께 지게 된다.
9. 사랑한다는 말을 자주 하라. 그것이 좀 과장되게 들려도 아내는 만족한다.
10. 결혼할 때의 서약을 성실하게 지켜라. 그것은 부부간의 마지노선이다.

♥ 아내

1. 남편의 사기를 높여주고 자존심을 건드리지 말라. 남편은 자존심 하나로 사는 존재이다. 자존심을 건드리면 사기가 떨어진다.
2. 자녀들 앞에서 남편을 칭찬하고 자랑하라.
3. 남편의 수입을 친구의 남편과 비교하지 말라. 아무리 작은 수입이라도 감사하고 만족하라.
4. 남편의 부정에 침묵하지 말라. 부정을 묵인하는 것은 올바른 내조가 아니다.

5. 음식을 만들 때 정성을 다하라. 남편은 처음에는 아내의 얼굴을 보지만 나중에는 아내의 음식을 보면서 고맙게 여긴다.
6. 남편의 나쁜 점은 먼저 좋은 점을 칭찬하고 난 후에 말하라.
7. 자녀를 가진 후 남편에게 더 관심을 가져라.
8. 낮에는 정숙한 숙녀가 되고 밤에는 요한 불여우가 될 필요가 있다.
9. 끝없이 자기를 단장하고, 교양을 가꾸고, 남편의 대화 상대가 될 수 있도록 힘써라.
10. 가장 중요한 것은 남편에게 순종하고 남편을 존경하는 것이다.

紫虛元君(자허원군) 誠諭心文에 말하기를

- 복은 검소하고 맑은데서 생기고
- 덕은 겸손하고 사양하는 데서 생기며,
- 도는 고요하고 평안 한데서 생기고
- 생명은 화하고 창한데서 생기고.
- 근심은 욕심이 많은데서 생기고
- 재앙은 탐욕이 많은데서 생기고,
- 과실은 경솔하고 교만한데서 생기고
- 죄악은 어질지 못한데서 생긴다.
- 눈을 경계하여 다른 사람의 그릇된 것을 보지 말고
- 입을 경계하여 다른 사람의 결점을 말하지 말고,
- 마음을 경계하여 탐내고 성내지 말며
- 몸을 경계하여 나쁜 벗을 따르지 말라.
- 유익하지 않은 말은 함부로 하지 말고
- 내게 관계없는 일은 함부로 하지 말라.
- 총명한 사람도 어둔데가 많고
- 계획을 세웠어도 편의를 잃을 수가 있다.
- 남을 손상케하면 마침내 자기도 손실을 볼것이요
- 세력에 의존하면 재앙이 따른다.

福生於淸儉하고
德生於卑退하고
道生於安靜하고
命生於和暢하고
憂生於多慾하고
禍生於多貪하고
過生於輕慢하고
罪生於不仁이니

無益之言 莫妄說하고
不干己事 莫妄爲하라
聰明도 多暗昧오
計算도 失便宜니라
損人終自失이요
依勢禍相隨라

御製祖訓 (어제조훈) (五勸五戒)

- 효도와 공경을 권한다.   勸孝悌 (권효제)
- 학문을 권한다.   勸學問 (권학문)
- 선비숭배를 권한다.   勸崇儒 (권숭유)
- 절약과 검소를 권한다.   勸節儉 (권절검)
- 간하는 말 받아들이기를 권한다.   勸納諫 (권납간)

  ▶ 참고 : 어제 조훈은 조선왕조 21대 임금인 英祖(영조)가 지어, 손자 곧 뒷날 22대 임금이 된 正祖(정조)에게 준 家訓(가훈)이다. 그중 五勸만 게재한다.

朱子 十悔訓 (주자 십회훈)

- 부모에게 효도하지 않으면 죽은 뒤에 뉘우친다.   不孝父母死後悔 (불효부모사후회)
- 가족에게 친절하지 않으면 멀어진 뒤에 뉘우친다.   不親家族疎後悔 (불친가족소후의)
- 젊었을 때 부지런히 배우지 않으면 늙어서 뉘우친다.   少不勤學老後悔 (소불근학노후회)
- 편안할 때 어려움을 생각하지 않으면 실패한 뒤에 뉘우친다.   安不思難敗後悔 (안불사난패후회)
- 부할 때 아껴 쓰지 않으면 가난한 후에 뉘우친다.   富不儉用貧後悔 (부불검용빈후회)
- 봄에 씨뿌리고 밭 갈지 않으면 가을에 뉘우친다.   春不耕種秋後悔 (춘불경종추후회)
- 담장을 고치지 않으면 도적맞은 후에 뉘우친다.   不治垣墻盜後悔 (불치원장도후회)
- 색을 삼가지 않으면 병든 후에 뉘우친다.   色不謹愼病後悔 (색불근신병후회)
- 술 취할 때 망녕된 말은 술 깬 뒤에 뉘우친다.   醉中妄言醒後悔 (취중망언성후회)
- 손님을 접대하지 않으면 간 뒤에 뉘우친다.   不接賓客去後悔 (부접빈객거후회)

白鹿洞(서원) 揭示(게시)

- 五教之目 (인간이 지켜야 할 五倫)
  - 父子有親(부자유친) - 부자 사이에는 친애가 있어야 하고,
  - 君臣有義(군신유의) - 군신 간에는 의리가 있어야 하고,
  - 夫婦有別(부부유별) - 부부 사이에는 분별이 있어야 하고,
  - 長幼有序(장유유서) - 어른과 아이 사이에는 서열이 있어야 하고
  - 朋友有信(붕우유신) - 벗과 친구 사이에는 신의가 있어야 한다.

- 爲學之序 (학문을 하는 방법)
  - 博學之(박학지) - 넓게 배우고,
  - 審問之(심문지) - 자세히 묻고,
  - 愼思之(신사지) - 조심스럽게 생각하고,
  - 明辨之(명변지) - 밝게 분별하고,
  - 篤行之(독행지) - 독실하게 행동해야 한다.

- 修身之要 (수신하는 방법)
  - 言忠信(언충신) - 참된 충과 신으로 말하고.
  - 行篤敬(행독경) - 언행을 도탑게 하여 삼가 행한다.
  - 懲忿窒慾(징분질욕) - 분을 억누르고 욕심을 억제하며,
  - 改過遷善(개과천선) - 잘못을 고쳐 착한 것으로 옮긴다.

- 處事之要 (일 처리 요령)
  - 正其義(정기의) - 그 의를 바로 하고
  - 不謀其利(불모기이) - 그 이익은 도모하지 않는다.
  - 明其道(명기도) - 그 도를 밝히고,
  - 不計其功(불계기공) - 그 공은 따지지 않는다.

- 接物之要 (대인관계 요령)
  - 己所不欲(기소불욕) - 내가 원치 않는 일을
    勿施於人(물시어인) - 남에게 강요하지 말라.

- 行有不得(행유부득) - 행하고도 좋은 성과가 없으면,
  反求諸己(반구제기) - 그 원인을 자신에게서 구하여야 한다.
    * 백록동 서원은 南宋시대 學館으로 朱子가 다시 일으킨 것, 唐나라 초기의 학자
    "李渤(이발) 이 이곳에 살면서 흰 사슴을 길렀다" 하여 붙인 이름.
    이 揭示(게시) 내용은 주희가 백록동 서원에 정한 學規(학규)임.

삼강, 오륜 (三綱, 五倫)

- 三綱(삼강)
  - 父爲子綱(부위자강) - 아버지는 아들의 벼리가 되고,
  - 君爲臣綱(군위신강) - 임금은 신하의 벼리가 되며,
  - 夫爲婦綱(부위부강) - 남편은 아내의 벼리가 된다.

- 五倫(오륜)
  - 父子有親(부자유친) - 아버지와 아들은 친함이 있어야 하고
  - 君臣有義(군신유의) - 임금과 신하는 의가 있어야 하며,
  - 夫婦有別(부부유별) - 남편과 아내는 분별(예절)이 있어야 하고,
  - 長幼有序(장유유서) - 어른과 어린이는 차례가 있어야 하고며
  - 朋友有信(붕우유신) - 벗과 벗은 믿음이 있어야 한다.

♣ 과시하려고 알기를 갈망하고 있는 자가 있는데 이것은 부끄러운 허영이다.
  * 다른 사람들을 봉사하기 위하여 알기를 갈망하는 사람이 있다. 이것은 사랑이다.
  * 자신의 도덕성을 고양하기 위하여 알기를 원하는 사람도 있다. 이것은 절제다.

  ▶ 입에서 나오는 것은 마음에서 나오는 것이다. 마음에 가득한 것을 입으로 말하기 때문이다.

  ▶ 홀로 있어 넘어지고 붙들어 일으킬 자가 없는 자에게는 화가 있으리라. (시락서 6;6)

  ▶ 우정을 발전시키는데 시간을 들여야 합니다. 만약 우정을 끝내야 되겠으면 외상(外傷)을 입히지 않고, 서서히 하십시오.

  ▶ 사람의 지혜는 그의 얼굴에 광채가 나게 한다. - (전 8:1)
    믿음으로 말미암아 그리스도께서 우리 마음에 계신다.
    이생이 있는 모든 것에는 어떻게든 이런저런 고통이 따르는 것을 인정해야 한다.

一. 명심입지편

12. 老年(노년)의 생활

【건강 長壽의 비결 십계명】

1. 육식은 적게 먹고, 채소는 많이 먹는다 　　　(小肉多菜)
2. 식사는 적게 하고, 씹기는 많이 한다 　　　　(小食多嚼)
3. 당분은 적게 먹고, 과일은 많이 먹는다 　　　(小糖多果)
4. 소금은 싱겁게 먹고, 식초는 많이 먹는다 　　(小塩多酢)
5. 옷은 가볍게 입고, 목욕은 자주 하라 　　　　(小衣多浴)
6. 번민은 적게 하고, 수면은 많이 하라 　　　　(小煩多眠)
7. 말은 적게 하고, 활동은 많이 하라 　　　　　(小言多行)
8. 분노는 적게 하고, 웃음은 많이 하라 　　　　(小憤多笑)
9. 욕심은 적게 갖고, 베풂은 많이 하라 　　　　(小慾多施)
10. 차는 조금만 타고, 걷기는 많이 하라 　　　(小車多步)

　　☞ 땀 흘리지 않고는 성공하지 못한다. (無汗不成)

📖 노년을 슬기롭게 사는 길

- 오늘 내가 빈천하거든 베풀지 않았음을 알며,
  자식이 나를 돌보지 않거든
  내 부모를 내가 편히 모시지 않았음을 알라.

- 보시하며 남의 고통 외면하고 악착스레 재물을 모아
  자식 줄려 하였거든 일시에 재가 되어
  허망할 때 있을 것을 각오하라.

- 보시하며 상대는 내 거울이니 그를 통해 나를 보라.
  빈천자 보이거든 또한 그와 같이 될 것을 알고 보시하며
  부자를 만났거든 베풀어야 그같이 될 것을 알아라.

- 가진 자 보고 질투하지 마라.
  베풀어서 그렇고
  없는 자 비웃지마라 베풀지 않으면 너 또한 그러리라.
  현세의 고통을 내가 지어 내가 받는 것
  뿌리지 않고 어찌 거두랴.

- 뿌리는 부모, 줄기는 남편, 열매는 자식.
  부모에 거름하면 남편 자식 절로 되고
  뿌리가 썩어지면 남편 자식 함께 없다.

- 단출하다 좋다마라 다음 생애 어디가나?
  첩첩산골 외딴곳에 외로워서 어찌 살며
  오손도손 화목한 집 서로 도와 만났느니라.

- 오래 살며 고통보면 부모지친 원인이고
  불구자식 안았거든 불효부모 과보니라.
  내몸이다 내입이다 마음대로 하였느냐?
  죽어 다시 만난 곳이 이 세상 너의 부부 너의 자식 알겠느냐?

- 누구를 원망하고 누구를 탓하느냐
  지은 자도 너였었고 받은 자도 너이니라.
  오는 고통 달게 받고, 좋은 종자 다시 심어
  이 몸 받았을 때 즐겁게 가꾸어라.

- 짜증 내고 원망하면 그게 바로 지옥이고
  감사하게 받아내면 서방정토 예 있으니
  마음 두고 어디 가서 무얼 찾아 헤메는가?
  열심히 정진하여 우리 모두 성불하세.

노년의 지혜(知慧)로운 삶

- 늙은이가 되면
  미운 소리, 우는 소리, 헐뜯는 소리
  그리고 군소릴랑 하지도 말고
  조심조심 일러주고 설치지 마소.
  이기려 하지 마소 져 주시구려.

- 많은 돈 남겨 자식들 싸움하게 만들지 말고
  살아있는 동안 많이 뿌려서
  산더미 같은 덕을 쌓으시구려.

- 그리고 정말로 돈을 놓치지 말고
  죽을 때까지 꼭 잡아야 하오.

옛 친구 만나거든 술 한잔 사주고
손주 보면 용돈 한 푼 줄 돈 있어야
늙으막에 내 몸 돌보고 모두가 받들어 준다나?

- 나의 자녀, 나의 손자 그리고 이웃
  누구에게든지 좋게 뵈는 늙은이로 살으시구려
  자식은 노후보험이 아니라오. 해주길 바라지 마소.

- 아프면 안되오 멍청해도 안되오.
  늙었지만 바둑도 배우고 기계체조도 하시구려.
  속옷이랑 날마다 갈아입고 날마다 샤워하고
  한 살 더 먹으면 밥 한 숟갈 줄이고
  적게 먹고 많이 움직이시구려.

- 듣기는 많이 하고 말은 적게 하소.
  어차피 삶은 환상이라지만 그래도 오래오래 사시구려.

♥ 觀我生 : 한시, 子責 글, 노인강령

- 세상살이가 큰 꿈과 같은데 (處世若大夢)
  어찌 그 삶을 근심 하리요. (胡爲勞其生) - 李白

- 뜰의 나무는 사람이 떠나간 것도 모르고 (庭樹不知人去盡)
  봄이 오자 옛날 꽃 그대로 다시 피네. (春來還發舊時花) - 岑參

- 유소사(有所思) - 延清 宋之問
  사람은 한번 가면 다시 오는 이 없건만 (古人無復洛城東)
  옛 사람이 보았던 바람에 지는 꽃을 보네 (今人還對落花風)
  해마다 꽃은 같것만 (年年歲歲花相似)
  해마다 다른 사람 얼굴 (歲歲年年人不同)
  그대 젊은이들에게 하고픈 말은 (寄言全盛紅顔子)
  모름지기 반생을 넘은 이 백발노인 어여삐 여겨라. (須憐半死白頭翁)

- 양졸(養拙)   - 樂天 白居易
  부드러운 쇠로는 칼을 만들 수 없고 (鐵柔不爲劍)
  굽은 나무로는 수레의 끌채를 만들 수 없지 (木曲不爲轅)

12. 老年(노년)의 생활

지도자심서(心書)

지금 또한 내가 이와 같아서 　　　　　(今我亦如此)
어리석어 쓸모가 없구나 　　　　　　　(遇蒙不及門)
달갑게 명리를 버리고 　　　　　　　　(甘心謝名利)
전원으로 돌아가리. 　　　　　　　　　(滅跡歸邱園)

■ 絶筆(절필)　　- 李玄逸(이현일)
草草人間世(초초인간세)　　사람마다 세상사리 초로 같은데
居然八十年(거연팔십년)　　어느덧 팔십년을 지내었구나
生平何所事(생평하소사)　　한평생 하온 일 무엇이런가
要不愧黃天(요불괴황천)　　하늘땅 우러러 굽어 부끄럼 없네.

■ 示諸子 : 자식에게 훈계한 글 - (조인규 1237~1308)
임 모셔 하올 일은 충성 다하고 　　　(事君當盡忠)
모든 일 앞에 놓고 지성 있을 뿐 　　　(遇物當至誠)
바라건대 밤낮으로 부지런하면 　　　 (願言勤宿夜)
너희들께 아무런 욕될 것 없다 　　　　(無忝爾所生)

【 노인 강령(綱領) 】

　우리는 사회의 어른으로서 젊은이들에게 솔선수범하는 자세를 지니는 동시에 지난날 우리가 체험한 고귀한 경험 업적, 그리고 민족의 얼을 후손에게 계승할 전수자로의 사명을 자각하며 아래 사항의 실천을 위하여 다 함께 노력한다.

1. 우리는 가정이나 사회에서 존경받는 노인이 되도록 노력한다.
2. 우리는 경로효친 윤리관과 전통적 가족 제도가 유지 발전되도록 힘쓴다.
3. 우리는 청소년을 선도하고 젊은 세대에 봉사하며 사회정의 구현에 앞장선다.

　　　　　　　　　　　　　　　　　　　　　　　1982년 5월 8일

---

* 노인은 심신의 변화를 깨닫고 자신의 위치와 할 일을 찾아서 후손의 번영과 국가의 발전을 위하여 여생을 보내는 슬기를 보여야 한다. (경로헌장 중에서)

♣ 젊음과 아름다움은 우리를 건드리고는 속히 가버리니 그것들을 즐기자.
　■ 우리의 행복을 시샘하는 시간이 급히 달음질치니 기회를 붙잡자.

二. 文字名句篇(문자명구)

1. 대화시 활용문자 명구 명언
    ① 문자 성어(2~10자) 상식 ················ 133
    ② 속담 문자 명언 명구 ················ 154
    ③ 고전 명언 명구 ················ 158
    ④ 고전 상용 명언 명구 ················ 162
    ⑤ 중국 고전시 ················ 167

2. 화묵(畵墨) 문구(文句)
    ① 화묵(書墨) 수양(修養) 풍아(風雅) ········ 170
    ② 선림(禪林) 인품(人品) 심경(心境) ········ 174

3. 사서오경(四書五經) 명구 명언
    ① 대학(大學) 중용(中庸) ················ 177
    ② 논어(論語) 맹자(孟子) ················ 180
    ③ 시경(詩經) 서경(書經) ················ 189
    ④ 주역(周易) 예기(禮記) 춘추(春秋) ········ 196

4. 제자 백가(諸子百家)의 명언
    ① 노자·장자·열자 ················ 210
    ② 묵자·순자·관자 ················ 218
    ③ 한비자·손자·회남자 ················ 224
    ④ 육도삼략(六韜三略) ················ 232

5. 한국 중국의 역대 한시(漢詩)
    ① 한국의 한시(歷代) ················ 236
    ② 중국의 한시(唐宋) ················ 243

문자(文字) 편

- 苟日新이어든 日日新하고 又日新하라.　　　　- 大學
  _{구일신　　일일신　　우일신}
  진실로 하루를 새롭게 할 수 있거든
  나날이 새롭게 하고 또 날로 새롭게 하라.

- 詩云에 永言配命이 自求多福할지니라.　　　　- 詩經
  _{시운　영언배명　자구다복}
  시에 이르되 천명에 길이 배합하면
  자신이 많은 복을 얻을 것이다.

- 知者不言하고 言者不知하니라　　　　- 老子
  _{지자부언　언자부지}
  아는 자는 본래 말이 없고
  말 많은 자는 알지 못하는자니라.

- 學如不及이요 猶恐失之하라　　　　- 孔子
  _{학여불급　유공실지}
  배움이란 미치지 못하는 것처럼 하고
  오히려 배워서 아는 것을 잃을까 두려워하라.

- 人道는 惡盈이 好謙이니라　　　　- 易經
  _{인도　오영　호겸}
  사람의 도는 자만을 미워하고
  겸손함을 좋아한다.

- 惟事事에 乃其有備니 有備無患이니라　　　　- 書經
  _{유사사　내기유비　유비무환}
  오직 일마다 이에 준비함이 있나니
  준비가 있으면 근심(걱정)이 없느니라.

- 爭天下者는 必先爭人이니라.　　　　- 管子
  _{쟁천하자　필선쟁인}
  천하를 다투는 자는
  반드시 먼저 사람과 다툰다.

- 天下는 非一人之 天下요,　- 천하는 한 사람의 천하가 아니요
  天下之 天下也라.　　　　　천하 사람의 천하이다.　- 太公望

1. 대화시 활용 文字 名句 名言

① 文字 成語 (2~10자) 상식

- 元年(원년)   연호를 정하였을 때의 첫해. 건국된 첫해.
- 景福(경복)   큰 행복(시경에 있는 말)
- 白眉(백미)   여러 사람 중에 뛰어남을 이름. 흰 눈썹을 지닌 사람.
- 杞憂(기우)   쓸데없는 근심. 하늘이 무너질까봐 걱정한데서 나온 말.
- 矛盾(모순)   앞뒤의 말이 서로 어긋남, 이치에 맞지 않음.
- 敬遠(경원)   겉으로는 공경하는체 하면서 속으로는 꺼리고 피하는 것.
- 鷄肋(계륵)   닭의 갈비뼈. 먹자니 그렇고 버리자니 아깝고 난처한 상황.
- 古稀(고희)   예로부터 매우 드물다는 뜻으로 70세를 말한다.
- 跼蹐(국척)   겁이 많아서 몸둘 바를 모르는 상태의 비유이다.
- 斷腸(단장)   창자가 끊어질 듯한 슬픔을 말한다.
- 無恙(무양)   병이 없다. 탈이 없다는 뜻. 평안무사함을 의미한다.
- 墨守(묵수)   자기의 의견이나 주장, 소신 따위를 끝까지 지킨다는 것.
- 不肖(불초)   재주 없는 사람. 자기(낮춤말).
- 落款(낙관)   글씨나 그림에 자기의 이름을 쓰고 도장을 찍음.
- 駙馬(부마)   예비로 준비한 말, 천자의 사위를 뜻하기도 한다.
- 弊帚(폐추)   못쓰게 된 빗자루라는 뜻.
- 魍魎(망량)   그림자 옆에 생기는 엷은 그늘. 도깨비 헛개비
- 宿主(숙주)   기생한 동·식물에게 양분을 주는 동·식물(寄主)
- 雁書(안서)   편지나 소식을 말함. (기러기 다리에 비단을 매어 소식을 전한데서 연유)
- 黜陟(출척)   능력 없는 사람을 내쫓고 능력 있는 사람을 씀.
- 芻狗(추구)   풀로 엮은 개는 제사때 쓰이나 쓰인 후는 버림받는 것을 이른다.
- 擅斷(천단)   자기의 단독 의견으로 마구 일을 처리함(擅便).
- 朝覲(조관)   제후가 천자를 뵙는 것.
- 涵養(함양)   학문과 식견을 넓히어 심성을 닦음.
- 無我(무아)   자기를 망각함 無我境 나를 잊고 있는 경지.

- 三餘(삼여) 독서하기 좋은 세 가지 餘暇(여가) - 겨울 밤. 비올 때.
  冬-歲의 여가. 夜-日의 여가, 雨-時의 여가〈이를 독서 삼여라고 한다〉.
- 婉曲(완곡) 언행이 노골적이 아님, 말씨가 곱고 차근차근 함.
- 奏效(주효) 효력을 나타냄.
- 效驗(효험) 일의 좋은 보람.
- 均霑(균점) 은혜 이익을 고루 입음.
- 惠存(혜존) '자기의 저서나 작품을 남에게 드릴 때 받아 간직하여 주십사'는 뜻으로 쓰는 말.
- 原罪(원죄) 인류의 조상인 아담과 이브가 금단의 열매를 따먹은 결과 인간이 날 때부터 갖고 있다는 죄.
- 膾炙(회자) 회와 구운 고기. 널리 사람의 입으로 퍼지어 오르내림.
- 跋扈(발호) 세차고 사나워서 제어할 수 없게 날뜀.
- 快擲(쾌척) 금품을 마땅히 쓸 자리에 흔쾌히 내어줌.
- 笏記(홀기) 혼례나 제례의 의식 때에 그 순서를 적는 글.
- 逆鱗(역린) 임금의 성냄. 용의 턱밑 비늘을 거스리면 성을 낸다는 데서 온 말.
- 殿下(전하) 왕, 왕비의 높임말. 領袖(영수) - 여러 사람 중에서 우두머리.
- 暴擧(폭거) 난폭(亂暴)한 행동거지. *난폭(亂暴) - 몹시 포악함
- 領座(영좌) 부락이나 단체의 우두머리 *座長座上 - 앉은 자리에서 어른
- 擁立(옹립) 옹위하여 임금의 자리에 서게 함. (推戴 -모셔올림, 받들음)
- 蛇足(사족) 쓸데없이 덧붙는 것. 畫蛇添足(화사첨족의 준말)
- 挽歌(만가) 상여를 메고 갈 때 부르는 노래. 죽은 사람을 애도하는 노래.
- 食言(식언) 한번 입 밖에 낸 말을 다시 입속에 넣는다는 뜻. (약속을 안지킴)
- 壟斷(농단) 이익을 독차지함. 독점.
- 左袒(좌단) 왼쪽 어깨의 옷을 벗는다는 뜻으로, 편들어 동의한다는 뜻.
- 濫觴(남상) 사물의 맨 처음. 시작. 근원.
- 破鏡(파경) 깨진 거울이라는 뜻, 부부의 이별을 비유한 말.
- 壓卷(압권) 서책 중에서 가장 뛰어난 부분, 詩文(시문)을 이르는 말.
- 推敲(퇴고) 문장을 다듬고 고친다는 뜻. (추고)
- 助長(조장) 도와서 성장시킴. 때론 무리하게 해친다는 뜻도 있음.
- 獨步(독보) 재능이 출중하여 혼자 뛰어남을 이르는 말.
- 一者(일자) 만유가 그것으로부터 나오고 그곳으로 돌아가는 절대자에 붙인 이름.

三字語

- 斅學半(효학반)   가르침은 배움의 반이 된다는 뜻.
- 法三章(법삼장)   사람을 죽인 자, 상처를 입힌 자, 재물을 훔친 자, 이 3개법만 시행.
- 八不出(팔불출)   아무데도 쓸데없는 어리석은 사람. (八不用, 八不取)
- 萬事休(만사휴)   방책을 강구할 도리가 없는 것. 방책이 서지 않음을 이름.
- 老益壯(노익장)   늙었어도 젊은이 못지않게 건강하다는 뜻.
- 先入見(선입견)   미리 들은 어떤 말로 생각이 정해져 있는 고정적인 견해.
- 如反掌(여반장)   손바닥을 뒤집는 것 같이 쉽다는 뜻.
- 井底蛙(정저와)   우물 안 개구리이니 견식이 좁은 사람을 이름.
- 月旦評(월단평)   인물의 비평. 月旦(월단)은 준말.
- 恒茶飯(항다반)   언제나 먹는 밥이나 차(茶)이니 예사로운 일이라는 뜻.
- 破天荒(파천황)   전례없는 일을 처음으로 하는 일. 前代未聞. 미증유(未曾有).
- 千里眼(천리안)   먼 곳의 일도 잘 알아낸다는 뜻.
- 秋風扇(추풍선)   가을철의 부채로, 남자의 사랑을 잃은 여자에 비유.
- 紅一點(홍일점)   주로 남자들 사이에 끼어있는 단 한사람의 여자에 비유.
- 彌縫策(미봉책)   임시로 꾸며대어 눈가림만 하는 계책.
- 登龍門(등용문)   입신 출세의 관문.
- 連理枝(연리지)   서로 다른 나무가지가 맞닿아서 결이 통한 것.
- 獅子吼(사자후)   기운차게 썩 잘하는 연설.
- 靜勝熱(정승열)   조용히 있으면 더위를 이겨낼 수 있다.
- 敬無災(경무재)   공경하면 재앙이 없다.
- 門外漢(문외한)   그 일에 전혀 관계가 없는, 또 익숙하지 않는 사람.
- 長明燈(장명등)   밤새도록 켜놓는 등, 무덤 앞에 세우는 돌로 네모지게 만든 등.
- 鐵面皮(철면피)   낯이 두꺼운 사람. 후한무치한 자를 이름.
- 九尾狐(구미호)   꼬리 아홉 달린 여우. 간사하고 요망한 사람을 이름.
- 俎上肉(조상육)   도마에 오른 고기. 운명이 다하여 어찌할 수 없음(机上肉).
- 木偶人(목우인)   나무로 만든 인형. 어리석고 미련한 사람을 이름.
- 和爲貴(화위귀)   조화를 이루는 것이 가장 중요하다.
- 祀玆酒(사자주)   제사에만 술을 써라.

1. 대화시 활용

- 學殖也(학식야)　배움이란 불어나는 것이다. (殖-불을 식, 늘어나다)
- 樂出虛(악출허)　음악 소리는 텅 빈 데서 나온다.
- 滿則覆(만즉복)　가득차면 곧 엎어진다.
- 無勸成(무권성)　이루는 것을 애써 권하지 말라.
- 毋彝酒(무이주)　노상 술을 마셔서는 안된다. (彝-떳떳할 이, 항상)
- 樂合同(악합동)　음악은 화합의 작용을 한다. (音如政通)
- 遼東豕(요동시)　남이 보면 별수 없는 공을 자랑한다.
- 仁者壽(인자수)　어진 자는 근심이 없어 장수한다는 뜻.
- 金石交(금석교)　철석같은 굳은 결의를 말함.
- 화수분(화수분)　재물이 자꾸 생겨서 써도 줄지 아니함을 가리키는 말.

四字成語

- 衆人環視(중인환시)　여러 사람이 둘러싸고 지켜봄. (衆人目視, 衆人所現)
- 一以貫之(일이관지)　한 이치로 모든 일을 꿰뚫음. (공자의 일관된 원칙)
- 富則多事(부즉다사)　재산이 있으면 일도 많음.
- 不爲酒困(불위주곤)　술 때문에 곤경을 겪지 않음.
- 弱者先手(약자선수)　바둑, 장기를 둘 때 못하는 이가 先手가 되어 먼저 둔다는 뜻.
- 積羽沈舟(적우침주)　가벼운 새털도 많이 쌓이면 배도 가라앉을 수 있다.
- 見月忘指(견월망지)　달을 보면 가리키는 손가락은 잊는다.
- 盲者失杖(망자실장)　장님이 지팡이를 잃었다 함이니, 난처한 입장에 처함.
- 讀書三到(독서삼도)　독서를 함에 눈으로 보고, 입으로 읽고, 마음으로 해독한다.
- 易子教之(역자교지)　자식은 바꾸어 교육함.
- 中正仁義(중정인의)　도를 행하는 것은 중용에 맞게(中), 처신은 바르게(正).
  　　　　　　　　　마음씀은 어질게(仁), 분별은 옳게(義) 함.
- 懸頭刺股(현두자고)　머리를 끈으로 묶어 높이 걸어 잠을 깨고, 허벅다리를 찔러 졸음을 막다. (학업에 정진함을 이름)
- 便宜從事(편의종사)　옛날 외교사절이나 전시 중 장군에게 특별한 지시를 내리지 않고 현장 상황에 따라 처리하도록 하는 일종의 재량권을 의미.
- 轉迷開悟(전미개오)　번뇌의 迷(미)한 것을 벗고 열반의 깬 마음에 이르는 일.

- **貞吉悔毋**(정길회무) 貞(정)하면 吉(길)하여 뉘우침이 없음. - 周易
- **君子不器**(군자불기) 군자는 일정한 용도로만 쓰이는 그릇이 아니라는 뜻.
- **仲尼四絶**(중니사절) 무의(毋意), 무필(毋必), 무고(毋固), 무아(毋我), 즉 意 -억측심, 必 -필연심. 固 -고집심, 我 -이기심. 공자는 이 4가지를 끊었다는 것.
- **心廣體胖**(심광체반) 마음이 넓고 윤체가 남. - 大學
- **勉勉循循**(면면순순) 부지런히 힘써서 끊이지 않게 함. - 近思錄
- **出悖來違**(출패래위) 남에게 거슬리는 말을 하면 거슬리는 말이 온다. - 大學
- **貧者一燈**(빈자일등) 부자의 많은 도움보다 빈자의 작은 정성이 중요하다.
- **博文約禮**(박문약례) 넓게 배우고 예를 지킴.
- **三令五申**(삼령오신) 세 번 명령하고 다섯 번 알린다.
- **誠中形外**(성중외형) 마음속에 성실함이 있으면 외형으로 나타난다.
- **好好先生**(호호선생) 어떤 일에나 좋다, 괜찮다고 말하는 사람(예스맨).
- **代不乏人**(대불핍인) 시대마다 그때에 합당한 인물이 나서는 법이라는 뜻.
- **建德如偸**(건덕여투) 덕을 닦기를 도둑질하듯이 남이 알까봐 은밀히 하라는 뜻.
- **洗踏足白**(세답족백) 상전의 빨래에 발 뒤축이 희어지다.
- **相馬瘦失**(상마유실) 말의 상을 보는데 말랐으면 잘못 보기 쉽다. (相士貧失)
- **年豊民樂**(연풍민락) 풍년이 들어 백성들이 즐거워한다.
- **教學相長**(교학상장) 가르침이나 배움이 다 나의 학업을 증진시킨다.
- **菽麥不辨**(숙맥불변) 콩과 보리를 구별하지 못하는 어리석은 사람
- **自手削髮**(자수삭발) 어려운 일은 자기 스스로 감당치 못함을 이름.
- **妻子城獄**(처자성옥) 아내는 성이고 자식은 옥이라, 집안일에 매인다는 뜻.
- **强弩之末**(강노지말) 강한 힘도 최후에는 쇠퇴하여 아무것도 할 수 없음.
- **格物致知**(격물치지) 사물의 이치를 연구하여 지식을 명확히 하다.
- **見蚊拔劍**(견문발검) 모기를 보고 칼을 뺀다, 하찮은 일에 화를 내다.
- **政不二門**(정불이문) 정치는 문이 둘일 수 없다.
- **老當益壯**(노당익장) 늙을수록 더욱 뜻을 건강해야 한다. (老益壯은 준말)
- **弄璋之慶**(농장지경) 아들을 낳은 기쁨. 弄瓦之慶은 - 딸을 낳은 기쁨
- **大材小用**(대재소용) 큰 인물을 작은 일에 사용하는 것.
- **空行空返**(공행공반) 빈손으로 갔다가 빈손으로 돌아온다. (헛수고)
- **驚天動地**(경천동지) 하늘과 땅을 진동 시킬만큼 세상을 놀라게 하다.

1. 대화시 활용

- **妄自尊大**(망자존대) 자기만 잘났다고 뽐내고 남을 업신 여기다.
- **盲人眼疾**(맹인안질) 있으나마나 아무 소용이 없음.
- **方底圓蓋**(방지원개) 네모진 밑바닥에 둥근 뚜껑을 덮는 것 (서로 맞지 않음).
- **良禽擇木**(양금택목) 좋은 새는 나무를 가려서 앉는다. 사람도 친구를 가려 사귐.
- **欲哭逢打**(욕곡봉타) 울고 싶던 차에 쥐어박힌다. 핑계가 생겨 잘됐다는 말.
- **賣鹽逢雨**(매염봉우) 소금을 팔다가 비를 맞는다. 마가 끼어서 잘 안된다는 뜻.
- **面從腹背**(면종복배) 앞에서는 복종하는 체하고 뒤돌아서는 배반한다.
- **物各有主**(물각유주) 무엇이나 그 주인이 있다. 임자 없는 물건은 없다.
- **心術去福**(심술거복) 심술은 복을 차버린다.
- **欲巧返拙**(욕교반졸) 너무 잘하려고 하면 도리어 안된다. (欲速不達)
- **已發之矢**(이발지시) 이미 쏜 화살이라. 중지할 수 없다는 뜻. (旣張之舞)
- **忍之爲德**(이지위덕) 참은 것이 덕이 된다는 뜻이니 좋다는 말.
- **升堂入室**(승당입실) 방에 들어가려면 마루를 거쳐야 한다. (순서가 있다는 말)
- **揭斧入淵**(게부입연) 도끼를 들고 물에 들어가다. 잘못된 방법을 이름.
- **鰣魚多骨**(시어다골) 맛 좋은 준치에 가시가 많다. 好事多魔(호사다마)
- **開門揖盜**(개문읍도) 문을 열어놓고 도둑을 맞아들이다. 화를 자초하다.
- **跖狗吠堯**(척구폐요) 도척이 기르는 개가 요 임금을 보고 짖는다. (桀犬吠堯)
- **見兎放狗**(견토방구) 토끼를 발견한 후에 엽견을 놓아서 잡음. (때를 잘맞춤)
- **苦中作樂**(고중작락) 괴로움 속에도 즐거움이 있다.
- **口講指畫**(구강지화) 말로 설명하고 손으로 그려가면서 자세히 가르쳐 줌.
- **矯角殺牛**(교각살우) 뿔을 바로잡다가 소를 죽인다. 잘하려다 더 큰 낭패를 봄.
- **刻骨難忘**(각골난망) 남의 은혜를 깊이 새겨서 잊지 아니함. (白骨難忘)
- **文房四友**(문방사우) 종이, 붓, 벼루, 먹.
- **口耳之學**(구이지학) 들은 풍월격으로 아무런 연구성이 없는 천박한 학문.
- **救患分災**(구환분재) 타인의 환난을 구하고 재해를 분담 깊은 동정을 베품.
- **記問之學**(기문지학) 항상 고서를 읽어 기억할 뿐 응용능력이 없는 학문.
- **騎虎拔鬚**(기호발수) 호랑이 등에 타고 그 수염을 뽑다. 위험한 짓.
- **窮而後工**(궁이후공) 시인이 궁하면 궁할수록 그 짓는바 시가 교묘해진다.
- **莫逆之友**(막역지우) 마음이 서로맞아 거스림이 없는 생사를 같이 할 수 있는 벗.

- 明鏡不疲(명경불피)　밝은 거울은 사람의 얼굴을 자주 비쳐도 피로하지 않음.
- 物極則反(물극즉반)　만물의 변화가 극도에 달하면 다시 원상으로 복귀함.
- 美成在久(미성재구)　훌륭한 일은 오래가야 이루어진다.
- 使驥捕鼠(사기포서)　말에게 쥐를 잡으라고 한다. 부릴 줄 모르는 사람에 비유.
- 對牛彈琴(대우탄금)　소에게 가야금을 들려주다. 말귀에 염불한다.
- 氷氷過去(빙빙과거)　어름어름해서 지나친다. 슬슬 하는 둥 마는 둥 일을 해치움.
- 覆車之戒(복차지계)　실패한 일을 거울삼아 경계하다. (前車覆後車戒)
- 伴食宰相(반식재상)　자리만 차지하고 있는 무능한 재상.
- 博物君子(박물군자)　온갖 사물에 정통한 사람
- 說往說來(설왕설래)　서로 변론을 주고받으며 옥신각신하다.
- 手不釋卷(수불석권)　손에서 책을 놓지 않고 글을 읽다.
- 有志竟成(유지경성)　뜻이 있으면 일이 마침내 이루어진다.
- 兩手執餠(양수집병)　두 손에 든 떡, 가지기도 버리기도 어려운 경우.
- 元亨利貞(원형이정)　사물에 근본이 되는 도리. (주역에 나오는 말)
- 以實直告(이실직고)　사실대로 고함. (以實告之)
- 鄕黨尙齒(향당상치)　시골(마을)에서는 나이를 제일로 한다.
- 日就月將(일취월장)　나날이 다달이 진보한다.
- 置之度外(치지도외)　도외시하여 내버려 둠. 문제 삼지 않는다.
- 貪花蜂蝶(탐화봉접)　꽃을 찾아다니는 벌과 나비.
- 破邪顯正(파사현정)　그릇된 것을 깨뜨리고 올바르게 바로 잡다.
- 抱腹絕倒(포복절도)　배를 잡고 몸을 가누지 못할 정도로 몹시 웃다.
- 赤子之心(적자지심)　난대로의 순수하고 거짓이 없는 마음.
- 前功可惜(전공가석)　잘되어 가던 일이 실패로 돌아가다.
- 專心致志(전심치지)　한결같은 마음으로 그 일에만 뜻을 다하다.
- 朝名市利(조명시리)　명예는 조정에서 다투고, 商利는 시장에서 구한다.
- 着足無處(착족무처)　발 붙이고 설 자리가 없다. 의지할 곳이 없다.
- 春寒老健(춘한노건)　봄 추위와 노인의 건강이니 오래가지 못한다는 뜻
- 癡者多笑(치자다소)　어리석은 이가 많이 웃는다. 자주 웃는 사람을 욕하는 말.
- 人急計生(인급계생)　사람이 위급하면 계책이 생긴다는 뜻. (窮則通)

1. 대화시 활용

지도자심서(心書)

- **左思右考**(좌사우고) 이렇게 저렇게 생각해 보다. (左顧右眄)
- **隱忍自重**(은인자중) 괴로움을 참고 몸가짐을 조심함.
- **緘口勿說**(함구물설) 입을 다물고 말을 하지 못하게 함.
- **坐不安席**(좌불안석) 마음에 걱정·불안·초조감이 있어 편안히 앉아 있지 못함.
- **勞心焦思**(노심초사) 애쓰고 속태움, 깊은 근심에 빠져 괴로운 심정.
- **男探女悅**(남탐여열) 남자는 탐닉하고 여자는 기뻐한다.
- **悠悠自適**(유유자적) 아무것에 속박되지 않고 하고 싶은대로 편안히 살아감.
- **無情之責**(무정지책) 아무 까닭이 없는 책망. 不審之責 - 살피지 못한 책임.
- **左之右之**(좌지우지) 제 마음대로 다룸. 남에게 이래라 저래라 함.
- **三旬九食**(삼순구식) 서른 날에 아홉끼니 밖에 못 먹음. 가난하여 끼니를 거름.
- **吐盡肝膽**(토진간담) 거짓없는 실정을 숨김없이 모두 말함.
- **鷽鳩笑鵬**(학구소붕) 비둘기와 같은 작은 새가 큰 붕새를 보고 웃는다.
- **禹拜昌言**(우배창언) 우임금은 합당한 말을 들으면 절을 하여 받아드림.
- **書心畵也**(서심화야) 글씨는 그 사람의 정신을 나타내는 것이므로 심화라 한다.
- **燒眉之急**(소미지급) 눈썹이 탈 정도의 다급함에 비유, 급박함(焦眉之急).
- **量入爲出**(양입위출) 국가의 세입을 조사하여 지출을 정한다.
- **御人如馬**(어인여마) 사람을 부리는 것이 말을 부리는 것과 같다.
- **永字八法**(영자팔법) 永字한 자로서 모든 문자의 서법을 갖추고 있다는 말.
- **屋烏之愛**(옥오지애) 사랑하는 사람의 집 위에 있는 까마귀까지 귀여워한다.
- **原情定罪**(원정정죄) 사실을 규명한 후에 형벌을 정함
- **爲善最樂**(위선최락) 선한 일을 하는 것은 인생최대의 낙이다.
- **緯武經文**(위무경문) 무를(橫絲), 문을(縱絲)로 하여 나라를 짜낸다. 文武로 다스림.
- **流水不腐**(유수불부) 흐르는 물은 썩지 않는다. 정체되어 있으면 썩는다.
- **富不三世**(부불삼세) 부자라고 해도 삼대 가기가 어렵다는 뜻. / 貪不三世
- **入鄕循俗**(입향순속) 마을에 가면 그곳 마을 풍속을 쫓으라는 말
- **弄假成眞**(농가성진) 농담 장난으로 한 말이 진담으로 이루어진다는 뜻
- **上善如水**(상선여수) 최고의 선은 물과 같다. 선을 물의 성질에 비유
- **害盈福謙**(해영복겸) 거만한 자에게는 해를 주고 겸손한 자에게는 복을 준다.
- **不問言根**(불문언근) 말이나 언론의 출처 근거는 묻지 않는다.

二. 문자명구편

- 自古及今(자고급금) 예로부터 지금까지의 사이(기간, 동안).
- 走爲上策(주위상책) 목숨이 위태로울 때는 도망치는 것이 최상책이다.
- 措手不扱(조수불급) 일이 매우 급하여 손을 쓸 수가 없다.
- 恩甚怨生(은심원생) 은혜를 베푸는 것이 도를 넘치면 원망이 생긴다. (愛多憎至)
- 音如政通(음여정통) 음악과 정치 사이에는 서로 관계가 있다. (통한다는 뜻)
- 自全之計(자전지계) 자기만 편하고 온전하도록 일을 꾸민다.
- 自勝之癖(자승지벽) 언제나 제가 남보다 낫다고 여기는 버릇을 이름. (좌전)
- 以一警百(이일경백) 사소한 일을 거울삼아 큰 일을 경계하다. (하나로 백을경계)
- 以蚓投魚(이인투어) 미물 지렁이라도 물고기가 좋아하듯 다 쓸모가 있다.
- 臨難鑄兵(임난주병) 난리가 일어난 후에 무기를 만든다. (때가 늦었다는 뜻)
- 卽心是佛(즉심시불) 내 마음이 곧 부처라는 말.
- 進寸退尺(진촌퇴척) 한치를 나아가다 한자를 물러선다. 즉 소득이 없음.
- 人窮則詐(인궁즉사) 사람은 궁하면 속인다. (鳥窮則啄, 獸窮則攫(확))
- 借書一甁(차서일병) 옛날에 책을 빌렸을 때와 돌려보낼 때 술 한병을 보냄.
- 千古笑端(천고소단) 천년의 웃음거리. 곧 큰 웃음거리라는 뜻.
- 嚔有人說(체유인설) 재채기 할 때는 남이 나에 관한 말을 하고 있다는 속설.
- 和氣致祥(화기치상) 음양이 서로 합하면 그 기운이 엉기어 祥瑞를 낸다는 말.
- 君命不宿(군명불숙) 인군의 명령은 밤을 묵히지 않는다. 바로 시행하라는 뜻.
- 拔本塞源(발본색원) 폐단의 근원을 뽑고 막아 없앰.
- 根深枝榮(근심지영) 뿌리가 튼튼하면 가지가 번성한다.
- 防微杜塞(방미두색) 작은 일을 방비하여 퍼지는 것을 막는 것.
- 切齒腐心(절치부심) 몹시 분하여 이를 갈고 속을 썩이다.
- 旣張之舞(기장지무) 이미 벌린 춤이란 뜻으로 중도에 그칠 수 없음/ 已發之矢.
- 騎虎之勢(기호지세) 범을 타고 달리면 기세가 좋아서 그칠 수가 없다는 뜻.
- 玉石俱焚(옥석구분) 옥과 돌이 함께 탄다. 즉 소인이나 현인이 함께 재앙을 당함.
- 因敗成功(인패성공) 실패로 인하여 큰일을 이름.
- 玉骨仙風(옥골선풍) 살빛이 희고, 고결하여 신선의 풍채가 있음.
- 賣友求榮(매우구영) 벗을 팔아 영달을 구하다.
- 尙德緩刑(상덕완형) 덕을 숭상하고 형벌을 낮추다.

1. 대화시 활용

- **割肉充腹(할육충복)** 제 살을 베어서 배를 채우다. 혈족의 재물을 취하다.
- **咸興差使(함흥차사)** 심부름간 뒤에 아무 소식이 없다.
- **好事多魔(호사다마)** 좋은 일에는 방해가 되는 일이 많다. (鮮魚多骨)
- **禍福由己(화복유기)** 화나 복은 자기 스스로가 초래하는 것이다.
- **患得患失(환득환실)** 얻으려고 근심하고 얻은 후는 잃을까 근심한다. (小人)
- **會者定離(회자정리)** 만나면 반드시 헤어진다.
- **橫說竪說(횡설수설)** 조리 없는 말을 함부로 지껄이다.
- **補助之政(보조지정)** 제후가 봄, 가을로서 지방을 순찰하여 인민의 부족됨을 보조하는 정치.
- **宵衣旰食(소의간식)** 날이 밝기 전에 옷을 입고 해가 진 후에 식사를 한다. 즉 천자가 정사에 勤勞(근로)함을 이름.
- **車螢孫雪(차형손설)** 車胤이라는 사람은 반딧불에 책을 읽어 상서랑이 되었고, 孫康이란 사람은 눈빛에 책을 읽어 어사 대부가 되었다는 故事.
- **一夜十起(일야십기)** 後漢(후한)때 第五倫(제오륜)이 앓은 조카 간호를 위하여 하룻밤에 열 번이나 일어났다는 고사.
- **吹毛求疵(취모구자)** 털을 불어 헤쳐서 그 속의 흉을 찾는다.
- **雉膏不食(치고불식)** 기름진 꿩이 먹히지 않는다. 賢士가 쓰이지 못함.
- **畫龍點睛(화룡점정)** 명화(名畫)가 용을 그리고 눈을 그려 넣었더니 하늘로 올라갔다는 고사에서 사물의 긴요한 것. 일을 완전히 성취함을 말함.
- **唾面自乾(타면자건)** 남이 내 얼굴에 침을 뱉었을 때 이것을 닦지 않고 마를 때를 기다린다는 뜻. 꾹 참으라는 말.
- **狐裘羔袖(호구고수)** 호피로 만든 좋은 옷에다 질이 나쁜 羔皮(고피)의 소매를 단것. 아주 착한 사람에게 조그마한 흠이 있음을 비유한 말.
- **炎涼世態(염량세태)** 권세에는 아첨하여 쫓고 없을 때는 푸대접하는 세상 인심.
- **方長不折(방장부절)** 한창 자라는 나무는 꺾지 않는다. 앞길이 청청한 사람을 박해하지 말라. 잘 되어가는 일은 방해하는 일이 아니라는 뜻.
- **禮勝則離(예승즉이)** 예절이 너무 지나치면 親和(친화)감이 없어진다는 뜻.
- **可欺以方(가기이방)** 그럴듯한 말로서 남을 속일 수 있음.
- **罪人不孥(죄인불노)** 죄인을 처벌하는 데는 그 처자식까지는 미치지 않는다.
- **野無遺賢(야무유현)** 어진 이가 초야에 묻혀 지내지 않게 하라.

- ■ 不虐無告(불학무고)　의지할 곳. 있는 하소연할 때 없는 사람을 학대하지 말라. (子子單身)
- ■ 百年河淸(백년하청)　백년하청을 기다린다. 기다려도 소용이 없음을 말함.
- ■ 兔死狗烹(토사구팽)　狡兔死而 良狗烹의 준말;
  교활한 토끼가 죽은 뒤에는 충실한 사냥개를 삶아 먹는다.
  쓸모가 없게 된 후에는 버린다는 뜻.
- ■ 亡水行舟(망수행주)　물이 없는데도 배를 띄우려 한다. (무리한 일. 사리에 안맞음)
- ■ 改過不吝(개과불인)　허물을 고치는 데는 인색하지 말라.
- ■ 無主乃亂(무주내난)　주인이 없으면 어지러워진다. (군왕의 자리는 비워둘 수 없다)
- ■ 習與性成(습여성성)　습관은 성품을 이룬다. 나쁜 버릇은 빨리 바로잡아야 한다.
- ■ 爾惟麴糱(이유국얼)　그대는 누룩이 되어다오. (보좌해 달라는 뜻) - 서경
- ■ 有德有刑(유독유형)　덕이 있는 사람이래야 오직 형벌을 가할 수 있다. - 서경, 呂刑편
- ■ 橘化爲枳(귤화위지)　강남의 귤을 북쪽에 심으면 탱자가 됨. (南橘北枳(남귤북지))
- ■ 遷延歲月(천연세월)　일을 그때 처리하지 않고 미루어 나감.
- ■ 降者不殺(항자불살)　항복한 자는 죽이지 않는다.
- ■ 拳不勝心(권불승심)　힘보다는 의지 마음가짐이 중요하다.
- ■ 政由俗革(정유속혁)　정치는 습속에 따라 고친다.
- ■ 成器而動(성기이동)　능력을 갖춘(進德修養) 후에 움직인다.
- ■ 直情徑行(직정경행)　생각나는 대로(直情) 제멋대로 행동하는 것(徑行)
- ■ 大義滅親(대의멸친)　대의를 위해서는 육친을 돌보지 않는다. (春秋隱公四年)
- ■ 輔車相依(보거상의)　수레의 떡방나무와 바퀴는 서로 의지한다. (脣齒輔車)
- ■ 脣亡齒寒(순망치한)　입술이 없어지면 이가 시리다.
- ■ 濟河焚舟(제하분주)　강을 건너서 배를 불사르다. (決死抗戰의 覺悟)
- ■ 止戈爲武(지과위무)　창을 멈추게(止戈) 하는 것을 무(武)라 한다
- ■ 廢常不祥(폐상불상)　상도를 폐하면 상서롭지 못하다. (불상) 不祥
- ■ 大福不再(대복부재)　큰 복은 두 번 다시 오지 않는다.
- ■ 軍無私怒(군무사노)　전쟁에는 사사로운 노여움이 없다. (大義名分만이 존재한다)
- ■ 不索何獲(불색하획)　찾지 않고서 어떻게 얻을 것인가.
- ■ 困獸猶鬪(곤수유투)　쫓기는 짐승은 오히려 덤빈다. 窮寇는 莫追라 한다.
- ■ 窮鼠囓猫(궁서설묘)　궁지에 든 쥐가 고양이를 문다. 심하게 하면 害를 입는다.

1. 대화시 활용

- 物壯則老(물장즉로) 만물은 왕성하면 노쇠하게 된다. 이는 자연의 법칙이다.
- 報怨以德(보원이덕) 원한을 덕으로서 갚는다.
- 有蓬之心(유봉지심) 다북쑥처럼 마음이 오므라져 있다.
- 道通爲一(도통위일) 도(道)는 모든 것을 하나로 통하게 한다.
- 山木自寇(산목자구) 산의 나무는 베게 만든다. 寇(구) - 약탈할 구
- 皮爲之災(피위지재) 호랑이 표범은 그 무늬(가죽) 때문에 재앙이 따른다.
- 至言去言(지언거언) 지극한 말이란 말하지 않는 것이다.
- 火就燥也(화취조야) 불은 마른 것을 따르고. 물은 습한 것을 따른다. (水就濕也)
- 形不勝心(형불승심) 외모는 마음만 못하다. "상형불여논심 - (相形不如論心)"
- 馬不停蹄(마부정제) 달리는 말은 말굽을 멈추지 않는다.
- 兩造對弁(양조대변) 원고와 피고를 대질시켜 변명하게 하는 일. (兩造具備)
- 若崩厥角(약붕궐각) 모서리를 무너뜨리는 것과 같이 쉽다.
- 禍與福隣(화여복린) 화와 복은 이웃하고 있다.
- 法立令行(법립영행) 법도를 새우고 명령이 시행되도록 하라.
- 華而不實(화이불실) 말이 화려하면 알맹이가 없다.
- 盂方水方(우방수방) 주발이 모나면 담긴 물도 모가 난다.
- 貴耳賤目(귀이천목) 듣기를 잘하고 보기를 천시하라.
- 怒者逆德(노자역덕) 노하게 되면 싸우게 됨으로 덕을 거스리게 된다.
- 堂構之樂(당구지락) 아들이 아버지의 사업을 계승하여 이루는 락.
- 傍觀者審(방관자심) 제삼자가 보는 것이 공정하다. 소송판결이 그 예이다.
- 當局者迷(당국자미) 당사자는 사심 때문에 마음이 흐려진다. (我田引水되기 쉽다)
- 伯俞泣杖(백유읍장) 백유는 어머니로부터 종아리를 맞고 아프지 않다하여 울었다.
- 生寄死歸(생기사귀) 세상에 사는 것은 기류와 같고, 죽음은 본집에 돌아가는 것 같다.
- 修學早務(수학조무) 학문의 수행은 일찍이 힘써야 한다.
- 虎父犬子(호부견자) 아버지에 비해 아들이 아주 못난 것.
- 懸崖撒手(현애살수) 벼랑 끝에서 (매)달린 손을 놓다. 즉 아주 위험한 일을 감행함.
- 成允成功(성윤성공) 성실을 다하면 성공이 온다.
- 始勤終怠(시근종태) 시작 때는 부지런히 잘하나 나중에는 게으르고 잘 안한다는 뜻.

五字語

- 爭名者於朝(쟁명자어조) 조정에서 이름을 다투고(시정(市井)에서 이권을 다툰다).
- 爭利者於市(쟁이자어시) 朝名 市利(조명시리)는 이의 약자이다.
- 祭豊年不奢(제풍년불사) 제사는 풍년이라고 하여 호사스럽게 지내서는 안된다.
- 酒百藥之長(주백약지장) 온갖 약 가운데 으뜸이라는 뜻. 술의 다른 이름.
  "술을 마시면 인심을 길러 그 공험이 많으므로 약 중에 첫째간다는 말".
- 蓼蟲不知苦(요충부지고) 여뀌는 쓰지만은 그것을 먹고사는 벌레는 쓴맛을 모른다.
- 鐸以聲自毁(탁이성자훼) 목탁은 소리 때문에 훼상 당한다. 화를 自招함을 이름.
- 春無三日晴(춘무삼일청) 봄에 꽃필 무렵에는 다풍다우하여 청명한 날이 적다는 뜻.
- 好學近好知(호학근호지) 학문을 즐기는 자체가 지자(知者)에 가깝다는 말.
- 知者見未萌(지자견미맹) 슬기가 있는 사람은 일이 미리 발생하기 전에 안다.
- 愚者暗成事(우자암성사) 어리석은 자는 일이 벌어졌는데도 사정에 어둡다.
- 有錢使鬼神(유전사귀신) 돈이 있으면 귀신도 부린다.
- 正己以格物(정기이격물) 자기를 바르게 함으로서 남을 바르게 한다.
- 不足懸齒牙(부족현치아) 치아에 올릴 것도 못된다. 특별히 말 할 정도가 못됨.
- 孝衰於妻子(효쇠어처자) 처자 때문에 효하는 마음이 이완되기 쉬움을 경계한 말.
- 惡紫之奪朱(오자지탈주) 자주색이 붉은색 자리를 빼앗는 것을 싫어한다.
- 修己以安人(수기이안인) 자기를 수양하여 남을 편안하게 한다.
- 必也正名乎(필야정명호) 반드시 명분을 바르게 세워라.
- 嘉言罔攸伏(가언망유복) 좋은 말이 숨겨지지 않도록 해야 한다.
- 刑期于無刑(형기우무형) 형벌을 주는 것은 형벌이 없어지기를 기약하는 것이다.
- 無侮老成人(무모노성인) 노성한 사람을 업신여기지 마라.
- 官不及私昵(관불급사일) 벼슬에는 사사로운 친분이 미치지 않게하라(昵~친근할 일).
- 民事不可緩(민사불가완) 백성의 일을 소홀히 해서는 안된다.
- 一不殺六通(일불살육통) 옛날 講經科(강경과)의 講生이 七書中에 六書는 通하였으나
  一書에 不(불합격)을 하여 낙제하였음. (과락점이 없어야 함을 이름).
- 有德不可敵(유덕불가적) 덕행이 높은 사람과는 싸울 수가 없다. - (春秋 僖公)
- 卑讓德之基(비양덕지기) 낮추고 양보하는 것이 덕의 근본이다.
- 部婁無松栢(부루무송백) 둔덕(部婁)에는 송백이 없다.
  좁은 바닥에는 인물이 성장하지 못한다.

1. 대화시 활용

지도자심서(心書)

- **柔弱勝剛强**(유약승강강) 유약한 것이 억세고 강한 것을 이긴다.
- **爲善無近名**(위선무근명) 선을 행하여도 명예를 가까이하려 않는다.
- **善行無轍迹**(선행무철적) 선행은 흔적없이 행하여야 한다.
- **內直而外曲**(내직이외곡) 마음을 곧게 지니고 겉모습은 부드러워야 한다.
- **得魚而忘筌**(득어이망전) 물고기를 잡고 나면 통발을 잊는다. (得兎而忘蹄)
- **得意而忘言**(득의이망언) 뜻을 전하고 나면 그 말을 잊는다. (見月忘指)
- **軍中無虛言**(군중무허언) 군중에는 허언이 없다. 실없는 농이 없다. (戱言)
- **死力十重培**(사력십중배) 사력을 다하면 열 배의 힘이 솟아난다.
- **欲力五重倍**(욕력오중배) 욕심으로 하는 일은 보통 때보다 다섯 배의 힘이 난다.
- **猝富貴不祥**(졸부귀불상) 벼락 부귀는 상서롭지 못해 재액이 따르기 쉽다.
- **死後藥方文**(사후약방문) 죽은 뒤에 약방문이라. 시기를 잃어 낭패됨을 이름.
- **身老心不老**(신노심불노) 몸은 늙었으나 마음은 늙지 않았다는 뜻.
- **敗莫大於愚**(패막대어우) 패하는 일은 어리석음보다 더 큰 것이 없다.
- **顚沛必於是**(전패필어시) 지리멸렬하여 곤경에 처했을 때에도 이렇게 해야 함.
- **一言以蔽之**(일언이폐지) 한 마디로 능히 그 뜻을 다함. 蔽一言 한마디로 말하면.
- **貴珠出賤蚌**(귀주출천방) 조개 속에서 명주가 난다. 하잘것 없는데서 훌륭한 물건이 난다는 뜻. (明珠(명주) - 蚌蛤(방합)속의 眞珠)
- **謀先事則昌**(모선사즉창) 일하기 전에 계획 세우면 실패 없이 성취된다는 말.
- **文章憎命達**(문장증명달) 문장에 장한 사람은 대개 불우하다는 것.
- **物聚於所好**(물취어소호) 물건은 반드시 그 물건을 좋아하는 사람에게로 모인다는 말.
- **笑者不可測**(소자불가측) 웃는 자의 속마음은 예측하기가 어렵다.
- **魚懸由甘餌**(어현유감이) 물고기는 맛난 먹이를 먹으려다가 낚시에 걸려든다.
- **斷指以存掔**(단지이존완) 손가락을 끊고 팔뚝을 둔다. (작은 것을 희생 큰 것을 보전)
- **學不可以已**(학불가이이) 배움이란 그쳐서는 안된다.
- **木受繩則直**(목수승즉직) 나무는 먹줄을 받으면 곧게 된다.
- **能書不擇筆**(능서불택필) 글씨를 잘 쓰는 사람은 붓 종이를 가리지 않는다.
- **寡則必爭矣**(과즉필쟁의) 적으면 반드시 다투게 된다.
- **德者得身也**(덕자득신야) 덕이란 몸으로 겪어서 얻어지는 것이다.
- **慈母有敗子**(자모유패자) 어머니의 사랑이 지나치면 자식을 망친다.
- **衆曲不容直**(중곡불용직) 굽은 것이 많은 곳에는 곧은 것이 용납되지 않는다.
- **窮通各有命**(궁통각유명) 사람이 곤궁함도 영달함도 다 사람의 운명에 달려있다.

- 圖難於其易(도난어기이)　　어려운 일을 하고자 할 때에는 그 일의 쉬운 것부터 해 나간다.
- 一簣可用享(일궤가용향)　　정성이면 한 접시의 음식으로 제사 지내도 귀신은 기뻐한다.
- 二名不偏諱(이명불편휘)　　두 자로된 이름은 휘(諱)하지 않는다. (諱~꺼릴 휘)
- 一簣障江河(일궤장강하)　　한삼태기의 흙으로 강물을 막는다. 작은 힘으로 큰일을 함.
- 赤手障江河(적수장강하)　　맨주먹으로 흐르는 강물을 막는다. 혼자의 힘으로 큰일을 해냄.
- 飽暖生淫慾(포난생음욕)　　배불리 먹고 따뜻하게 입어 안일함에 자연히 음욕이 생긴다.
- 校書如掃塵(교서여소진)　　서적의 문자는 수정 교정을 하더라도 오류가 있음을 이름.
- 以不解解之(이불해해지)　　글의 뜻을 해석하는데 있어 곡해하기 쉬우므로 억지로 해석
　　　　　　　　　　　　　　하지 말고 마음속으로 생각하여 두면 곡해를 면할 수 있고
　　　　　　　　　　　　　　또 자연히 바르게 해석할 수 있다는 뜻. - (呂覽審問編)

六 字 語

- 有德者必有言(유덕자필유언)　　덕 있는 사람은 반드시 말이 있다.
- 動靜不失其時(동정불실기시)　　동할 때 동하고 정할 때 정하는 것을 때에 맞게 함.
- 事親也曾子可(사친야증자가)　　어버이 섬기는 것은 증자와 같이하여야 함이 옳다.
- 鉛不可以爲刀(연불가이위도)　　납으로는 칼을 만들 수 없다. 물건에는 용도가 있다.
- 百年壽之大齊(백년수지대제)　　백년이 수명의 최대한계(大齊)이다.
- 信而後勞其民(신이후노기민)　　신의를 얻은 뒤에 백성을 부려야 한다.
- 知止所以不殆(지지소이불태)　　멈출 곳을 알게 되면 위태롭지 않을 것이다.
- 見卵而求時夜(견란이구시야)　　달걀을 보고 새벽 알리기를 바란다. (조급함)
- 福莫長於無禍(복막장어무화)　　행복이란 화가 없는 것을 으뜸으로 한다.
- 人心譬如盤水(인심비여반수)　　인심은 비유하건대 쟁반에 담긴 물과 같다.
- 兵戰其心者勝(병전기심자승)　　군인은 그 마음으로 싸우는 자가 이긴다.
- 有志者事竟成(유지자사경성)　　뜻이 있으면 일은 마침내 이루어진다.
- 馬行處牛亦去(마행처우역거)　　말 가는 곳이면 소도 갈 수 있다. (彼丈夫 我丈夫 - 같은뜻).
- 吾入他鞘難拔(오입타초난발)　　내 칼도 남의 칼집에 들어가면 빼기 어렵다. (鞘-칼집 초)
- 聰明不如鈍筆(총명불여둔필)　　총명이 둔하게 적어 놓은 것만 못하다.
- 逐鹿者不顧兔(축록자불고토)　　逐鹿者 不見山 - 사슴 쫓는 자 토끼를 돌아보지 않는다.
　　　　　　　　　　　　　　　　- 큰 일을 하려는 자는 사소한 일에 신경 쓰지 않는다.
- 膏燭以明自消(고촉이명자소)　　촛불은 밝기 때문에 스스로 소멸을 초래한다.

1. 대화시 활용

지도자심서(心書)

- **燈火將滅更光**(등화장멸갱광)   등잔불이 꺼질 때에는 반짝 빛난다. 해가질 때 반짝 노을이 짐도 마찬가지이다. 사람도 임종하기 전 반짝 정신이 든다고 한다.
- **聞名不如見面**(문명불여견면)   이름을 듣는 것 보다 그 사람의 얼굴을 보는 것이 낫다.
- **良賈深藏若虛**(양가심장약허)   良賈(양가-장사를 잘하는 상인), 큰 장사군은 노점에다 물건을 진열하지 않아서 비어 보인다.
- **禹過家門不入**(우과가문불입)   三過其門不入(삼과기문불임) 하나라 우왕이 처음에 요순을 섬길 때 천하의 홍수를 다스림에 급하여 자기 집 문전을 지나면서도 들어가지 않았다는 고사(서경).
- **有治人無治法**(유치인무치법)   다스리는 사람은 있지만 다스리는 법은 없다.
- **有生者必有死**(유생자피유사)   살아있는 것은 언젠가는 꼭 죽는다. 生者必滅(생자필멸)을 말한다.
- **利不百不變法**(이불백불변법) · (利不十不易業) - 현행의 이익이 백배 늘기 전에는 현행의 법을 고치지 않는다.
- **災妖不勝善政**(재요불승선정)   천재지변의 재난이 선정을 이기지 못한다.
- **一馬不被兩鞍**(일마불피양안)   한 마리의 말 등에 두 개의 안장을 얹지 못한다.
- **致誠則無他事**(치성즉무타사)   사람은 정성 외에 아무것도 없다.
- **履雖新不爲冠**(이수신불위관)   신은 아무리 새것이라도 관으로 쓰지 않는다.
- **君子不爲苛察**(군자불위가찰)   군자는 까다롭게 살피지 않는다.
- **義天下之良寶**(의천하지양보)   의로움이란 세상에서 가장 값진 보배이다.
- **嫁女須勝吾家**(가녀수승오가)   여식을 출가시킴에는 내 집보다 나은 가문으로 보내야 남편의 집을 존경하고 부도(婦道)를 다한다.
- **人須磨在事上**(인수마재사상)   사람은 모름지기 일 위에서 닦아야 한다. (王安石)
- **손바닥을 뒤집는 것而往實而歸**(허이왕실이귀)   빈 마음으로 찾아갔다가 가득 차서 돌아온다. 배움 얻고.
- **猶舍穫而攟粟**(유사확이군속)   추수할 것을 버려두고 조이삭을 줍는 것 같다.
- **景不爲曲物直**(경불위곡물직)   그림자는 굽은 물건을 위해 곧아지지 않는다.
- **山生金反自刻**(산생금반자각)   산은 금을 생산하므로서 도리어 파헤쳐진다.
- **人生事反自賊**(인생사반자적)   '사람은 일을 만들어 내고 도리어 그 일 때문에 해를 당한다' (모든 것은 자신에게 원인이 있다는 것).
- **木生蠹反自食**(목생두반자식)   나무는 좀이 생기게 하여 도리어 그 좀에게 파먹힌다.

二. 문자명구편

- 奉漏甕沃焦釜(봉루옹옥초부) 물이 새는 독을 들어 바닥이 탄 솥에 부음. 즉 급히 하지
  않으면 공효가 없음에 비유. - 史記. - 沃(물댈옥)
- 衣食者民之本(의식자민지본) 옷(衣)과 밥(食)은 인민의 근본이요.
- 稼穡者民之務(가액지민지원) 농사짓는 일은 인민이 힘써 할 일이다.
- 務大者固忘小(무대자고망소) 큰 것에 힘쓰는 자는 작은 일은 잊게 된다(춘추).

七字 語

- 門內之治恩揜義(문내지치은암의) 집안에 다스림은 의보다는 은정(恩情)이 앞선다.
  집안일에는 의(義)보다 은 정리(恩)가 승(勝)하고
  세상일에는 이와 반대다.
- 門外之治義斷恩(문외지치친의단은) 집밖에 일에는 은정보다는 의가 앞서야 한다.
- 美女爲醜婦之仇(미녀위추부지구) 미인은 못생긴 여인의 미워하는 바이다.
- 道不同不相爲謀(도부동불상위모) 지켜나갈 도가 같지 않은 사람과는 더불어 의논하지 말라.
- 挾泰山以超北海(협태산이초북해) 태산을 옆구리에 끼고 북해를 건너뛴다함이니,
  불가능함을 이름.
- 小不忍則亂大謀(소불인즉난대모) 작은 일을 참지 못하면 큰 계획을 어지럽게 한다
- 心大則百物皆通(심대즉백물개통) 마음이 크면 모든 것이 通(통)하고. 마음이 적으면 모
  든 것이 다 病(병)이다.
- 不患寡而患不均(불환과이환불균) 적은 것을 근심하지 말고, 고르지 못한 것을 근심하라.
- 不患貧而患不安(불환빈이환불안) 가난한 것을 근심하지 말고, 평안하지 못한 것을 근
  심하라.
- 禍莫大於不知足(화막대어부지족) 화(禍)는 만족할 줄 모르는 것보다 큰 것이 없다.
- 莫大乎與人爲善(막대호여인위선) 남과 더불어 선을 행하는 것보다 더 주요한 일은 없다.
- 鑑明則塵垢不止(감명즉진구부지) 거울이 맑으면 먼지가 앉을 수 없다. 깨끗한 사람에
  게 부정한 사람은 붙어 있을 수 없다는 의미이다.
- 五百世而聖人出(오백세이성인출) 오백년 마다 성인이 나온다는 말.
- 土敝則草木不長(토폐즉토목부장) 토질(地力)이 피폐하면 초목이 생장할 수가 없다.
  / (水煩則 魚鼈不大)
- 質的張而弓矢至(질적장이궁시지) 과녁을 세우면 화살이 날아온다.
  / 林木이 무성하면 도끼가 들어온다.

1. 대화시 활용

지도자심서(心書)

- 聖人之心如止水(성인지심여지수)　성인의 마음은 맑은 물이 멈추어 만상을 비추는 것 같다.
- 猛狗則酒酸不售(맹구즉주산불 수)·(售 : 팔아넘길 수) - 주점에 사나운 개가 있으면 술을 사러 갈 수가 없어 술이 쉰다는 것, 인군 옆에 간신이 있으면 현신이 자유로이 참여할 수가 없어 국사가 쇠퇴하여짐을 이름.
- 言行-君子之樞機(언행, 군자지추기)　말과 행동은 군자가 갖추어야 할 중요한 요소이다. (언행일치)
- 深山大澤-生龍蛇(심산대택 생용사)　비상한 곳은 비상한 물건을 낸다는 말.

八字 語

- 成功之下不可久處(성공지하 불가구처)　성공한 땅에 오래 머물러 있으면 남한테 원한을 받아 화를 당한다는 뜻.
- 丈夫一言千年不改(장부일언 천년불개)　남자가 한번 말한 것은 천년이 가도 변하지 않는다. (男兒一言重千金 - 같은 뜻)
- 爲人上者　患在不明(위인상자환재불명)　위 사람이 되어서는 총명치 못할까 근심하고
  爲人下者　患在不忠(위인하자충재불충)　아래 사람이 되어서는 충성치 못할까 근심한다.
- 天下無不　是底父母(천하무불시저부모)　천하에 옳지 않은 부모는 없다.
- 君君臣臣　父父子子(군군신신부부자자)　인군은 인군답게 신하는 신하답게, 아비는 아비답게 자식은 자식답게. - (孔子)
- 蒼蠅附驥尾 致千里(창승부기미치천리)　쇠파리가 하루를 날으매 천리를 갈 수 없지만 천리마의 꼬리에 붙으면 천리의 먼 곳을 갈 수 있다는 뜻으로, 범인이 현자에 부수하여 고명을 이름을 말함.
- 工人數變業 失其功(공인삭변업실기공)　장인이 업을 자주 바꾸면 성공할 수가 없다.
- 臟器於身 待時而動(장기어신대시이동)　몸에 큰 덕(재능)을 감추고 때를 기다려서 움직인다. (행동한다)
- 上交不諂下交不瀆(상교불첨 하교부독)　冒瀆 - 침범하여 독되게 함.
  - 윗사람과 사귀어도 아첨하지 않고, 아랫사람과 사귀어도 모독하지 않는다.

- 欲觀千歲 卽審今日(욕관천세 즉심금일) 천년의 일을 알고 싶으면,
  - 먼저 오늘을 살펴보라. 어제는 오늘의 거울.
- 山林茂而 禽獸歸之(산림무이 금수귀지). (殺戮不足以服其心)
  - 산림이 무성해야 짐승들이 모여든다.
- 無責下則 人臣不參(무책하즉 인신불참) (參(참) - 헤아림 살피다.
  - 말에 책임을 지우지 않으면 신하는 함부로 말을 한다.
- 斷而敢行 鬼神避之(단이감행 귀신피지)
  - 어려운 일이라도 결단성 있게 해나가면 귀신이라도 그 길을 피한다.
- 富於千篇 貧於一字(부어천편 빈어일자)
  - 문장력이 풍부한 사람일지라도 적당한 글자 한자를 발견 못하는 수가 있다
- 雖鞭之長 不及馬腹(수편지장 불급마복). 雖- 비록수
  - 비록 말 책직이 길어도 말 배에까지 미치게 해서는 안된다. (지나침을 경계)
- 邑號朝歌 墨子回車(읍호조가 묵자회차)
  - 아침은 노래하는 때가 아니므로 조가(朝歌)라 이름 지어진 고을에는 묵자가 들어가지 않았다. 〈渴不飮盜泉水 : 갈불음 도천수 하다 - 曾子)〉
  - 〈邑勝母 曾子不入〉 읍승모 - 증자불입 "증자는 효성이 지극하여, 勝母(승모) 어머니를 이긴다. 즉 불효를 이름한 땅에는 발도 들여놓지 않았다. 또 청렴해서 비록 목이 말라도 도천(盜泉)의 물은 이름만이라도 더러우니 마시지 않았다고 한다.
- 十萬養兵 一日用兵(십만양병 일일양병)
  - 십만의 대병을 기르는 것은 위급시 한번 쓰기 위함이다.
- 以勢交者 勢傾則絶(이세교자 세경즉절) 以利交者 利窮則散
  - 세력 가지고(때문에) 교제한 사람은 그 권세를 잃으면 그 교제는 끊긴다.
  - 이익 때문에 교제한 사람은 그 이익이 다하면 그 교제가 흩어진다.

九字 語

- 功成名遂身退 天之道(공성명수신퇴 천지도)
  - 공을 세우고 명예를 얻었으면 몸이 물러나는 것이 하늘에 순응하는 길이다.
- 泰山覆於前 心不妄動(태산복어전 심불망동)
  - 장수는 눈앞에 태산이 무너져도 마음속에 망동하지 말아야 한다.

1. 대화시 활용

지도자심서(心書)

- **燕雀安志 鴻鵠之志哉**(연작안지 홍곡지지재)
  - 제비 참새가 어찌 홍곡(따오기)의 뜻을 알랴. 소인이 어찌 대인의 뜻을 알랴 이 말은 진승(陳勝)이 동료들에게 탄식조로 한 말이다. 또 왕후 장상의 씨(종자)가 어찌 따로 있으랴. 한말도 이때 진승의 말이다. (王侯將相 寧有種乎)
- **好面譽人者 背而毀之**(호면예인자 배이훼지)
  - 면전에서 칭찬하는 자는 뒤에서는 흉본다. (莊子 盜跖篇)
- **三日不讀書 語言無味**(삼일부독서 어언무미)
  - 삼일을 독서하지 않으면 사상이 비열해져서 말도 자연히 雅致가 없어진다.
- **無餌之釣 不可以得魚**(무이지조 불가이득어) - 미끼 없는 낚시로는 고기를 잡을 수가 없다 / 기본이 있어야 한다는 뜻.
- **屈於不知己 伸於知己**(굴어부지기 신어지기) - 자기를 알아주지 못하는 자에게는 구부리고, 알아주는 사람에게는 편다.
- **勞謙君子**(노겸군자) - 공로와 덕 있는 군자로구나.
  君子有終 -吉(군자유종길) - 군자 끝까지 길하리라. - (주역)

十 字 語

- **百星之明不如一月之光**(백성지명 불여일월지광)
  - 많은 별의 밝음이 달 하나의 비치는 것만 못하다.
    즉 범인 백사람이 현인 한 사람에 따르지 못한다.
- **不受苦中苦 難爲人上人**(불수고중고 난위인상인)
  - 고생 중의 고생을 해보지 않은 사람은 남의 윗사람이 되기 어렵다.
- **人而無恒心 不可以作巫醫**(인이무항심 불가이작무의)
  - 사람에게 일정한 마음이 없으면 무속인이나 돌팔이 의원도 될 수가 없다.
- **任重道遠者 不擇地而息**(임중도원자 불택지이식)
  - 무거운 짐을 지고 먼 길을 가는 자는 쉴 자리를 가리지 않는다.
- **去一分奢侈 少一分罪過**(거일분사치 소일분죄과)
  - 일푼의 사치를 버리면 일푼(작은)의 죄과가 적어진다.
- **星星昭昭 不若月之噎噎**(성성이소소 불약월지열열)
  - 별빛 밝음이 달이 구름에 가려진 밝음만 못하다. 噎(열) - 가려막을 열
- **士別三日則 更刮目相對**(사별삼일즉갱괄목상대)
  - 선비가 헤어진 지 삼일 후면. 눈을 비비고 다시 보아야 한다.

二. 문자명구편

- 飮食男女 人之大慾存焉(음식남녀 인지대욕존언) - 예기義運篇
  - 음식과 남녀의 정은 인간의 가장 큰 욕정(感情)이니 만치 삼가하여야 함을 이름.
- 三年無改於父之道 可謂孝(삼년무개어부지도 가위효)
  - 아버지가 죽은 후 삼년간을 아버지의 생존시 하시던 일을 고치지 않으면 가히 효도라 할 수 있다.
- 風雨無鄕而 怨怒不及(풍우무향이 원노불급)
  - 비와 바람은 사람에게 차별을 두어 편파한 일을 하지 아니하므로 사람에게 원망이나 분노를 사지 아니함.
- 亂之所生也 則言語爲階(난지생야 즉언어위계)
  - 어지러운 일이 발생하는 것은 언어로부터 시작을 단계로 삼는다.
- 久假而不歸 惡知其非有也(구가이불귀 오지기비유야)
  - 오랫동안 빌리고 돌려주지 않았으니 그것이 내 것 아님을 어찌 알리오.
- 蝙蝠不自見 笑他梁上燕(편복부자견 소타양상연)
  - 박쥐(편복)가 자기의 추태는 모르고, 들보에 달려있는 남의 추태(제비)를 보고 비웃는다는 뜻.
- 石擲則石擲 餠擲則餠擲(석척즉석척 병척즉병척)
  - 돌로 치면 돌로 치고, 떡으로 치면 떡으로 친다. 즉 이에는 이. 눈에는 눈으로 대한다는 뜻.
- 蠶吐絲而 爲繭以自衛也 卒以烹其身(잠토사이 위견이자위야 졸이팽기신)
  - 누에는 실을 토해 자기 보호를 위해 고치를 만들어 제 몸을 보호하지만 그것 때문에 삶아 죽는다.

■ 深奧(심오)한 漢字(한자)의 세계

社訓 公募 (1등상) – 직원
- 日職集愛 可高拾多 – (하루 업무에 애정을 모아야 능률도 오르고 얻는 것도 많다)
  (일직집애 가고싶다)

【경영자 측 의견】
- 溢職加書 母何始愷 – (일과 서류가 넘치는데 애들 엄마가 좋아하겠는가)
  (일직가서 모하시개)   그래도 직원들이 굽히지 않자 결국 사훈을 이렇게 정했다.
- 河己失音 官頭登可 – (물 흐르듯이 아무 소리 없이 열심히 일하면 높은 자리에
  (하기실음 관두등가)   오를 수 있다)
- 鹽昞下內   – (세상의 소금이며 빛과 같은 존재지만 늘 자신을 낮춘다)
  (염병하내)

1. 대화시 활용

② 속담 문자 명언 명구

- 행동으로 하는 자는 늘 성취하는 것이 있고   위자상성 (爲者常成)
  행동하는 자는 목적하는 바를 이루게 된다.   행자상지 (行者常止)
  모든 일은 행함이 있어야 이룸이 있다.   행야성야 (行也成也)
- 손바닥을 뒤집는 것 같이 쉽다.   이어반장 (易於反掌)

- 적은 것을 탐내다가 큰 것을 잃는다.   소탐대실 (小貪大失)
- 번성한 후에는 반드시 쇠퇴한다.   성자필쇄 (盛者必衰)
- 범을 길러 화를 당한다.   양호유환 (養虎遺患)
- 전쟁이란 용기로 한다.   전용기야 (戰勇氣也)

- 싸움에 임해 장수를 바꾼다.   임진역장 (臨陣易將)
- 칠 일을 하는 사람은 그림을 않는다.   칠자불화 (漆者不畵)
- 기쁜 마음으로 백성의 앞장을 선다.   열이선민 (說而先民)
- 위대한 인물에게는 자기가 없다.   대인무기 (大人無己)

- 고삐가 길면 밟힌다(轡-고삐비).   비장필천 (轡長必踐)
- 목이 말라야 우물 판다.   갈이천정 (渴而穿井)
- 맺은 사람이 매듭 푼다.   결자해지 (結者解之)
- 모기가 산을 등에 지다.   문예부산 (蚊蚋負山)
- 궁지에 든 쥐가 고양이를 문다.   궁서설묘 (窮鼠囓猫)
- 손뼉이 맞아야 소리가 난다.   고장란명 (孤掌難鳴)
- 소금을 팔다가 비를 맞는다.   매염봉우 (賣鹽逢雨)
- 울고싶자 쥐 박힌다.   욕곡봉타 (欲哭逢打)

- 권세가 있을 때는 따르고 없을 때는 버린다.   염부한기 (炎附寒棄)
- 쓸데없는 곳에 마음이 팔리면 뜻을 잃는다.   완물상지 (玩物喪志)
- 위태로운 일을 보면 목숨을 주라.   견위수명 (見危授命)
- 생명을 버리고 정의를 취하라.   사생취의 (捨生取義)

- 헤매는 사람은 길을 묻지 않았기 때문이다.   미자불문로 (迷者不問路)
- 흐르는 물은 앞을 다투지 않는다.   유수부쟁선 (流水不爭先)
- 四十세는 夭死(요사)라고 하지 않는다.   사십불칭요 (四十不稱夭)
- 자기 분수를 지켜 행하면 나아감에 잘못이 없다.   소리왕무구 (素履往无咎)

- 나의 삶을 돌아보아 나아가고 물러선다.   관아생진퇴 (觀我生-進退)
- 윗물이 흐리면 아래 물이 맑지 않다.   상탁하부쟁 (上濁下不淨)
- 공사는 사사로이 의논하지 않는다.   공사불사의 (公事不私議)
- 사치스러움은 가장 큰 악이다.   치악지대야 (侈惡之大也)

- 음식을 가리는 자는 살찌지 않는다.   자식자불비체 (餐食者不肥体)
- 시작이 있으면 끝이 있다.   유지자필유종 (有始者必有終)
- 부모가 계시면 늙었다고 일컫지 않는다.   부모재물칭노 (父母在不稱老)
- 사람을 보려거든 그 늘그막을 보라.   간인지간후절 (看人只看後截)

- 인생은 망아지가 틈새로 지나가는 것 같다.   인생여구과극 (人生如駒過隙)
- 서당개 삼년에 풍월을 한다.   당구삼년폐풍월 (堂狗三年吠風月)
- 무정세월이 흐르는 물 같다.   무정세월약류파 (無情歲月若流波)
- 발 없는 말이 천리간다.   무족지언비천리 (無足之言飛千里)

- 아니땐 굴뚝에 연기나랴.   불연지돌연불생 (不燃之堗煙不生)
- 입찬말은 무덤 앞에 가서 하라.   도모전언방진야 (到墓前言方盡也)
- 가시덤불 속에는 난새나 봉황이 깃들지 않는다.   지극비난봉소서 (枳棘非鸞鳳所棲)
- 윗 사람은 아랫 사람의 스승이다.   상자하자지사야 (上者下者之師也)

- 강하고 억센 자는 제명에 죽지 못한다.   강양자부득기사 (强梁者不得其死)
- 논밭이 천년이 되면 그 주인은 팔백사람.   천년전토팔백주인 (千年田土八百主人)
- 百尺竿頭 벼랑에서 손을 놓는 것은 가히 대장부로다.   현안살수장부아 (懸岸撒手丈夫兒)
- 만산 古木의 한 가지만이 푸른 一枝青의 기개가 있다.   만산고목일지청 (滿山枯木一枝青)

- 천하는 뜻한 바와 같지 않아
  항상 열 중에 일곱 여덟에 머문다.(晉書)   천하불여의 (天下不如意) / 항십거칠팔 (恒十居七八)
- 그 장점을 귀히 여기고,
  그 단점을 잊는다. (三國志)   귀기소장 (貴其所長) / 망기소단 (忘其所短)
- 공을 높임은 오직 뜻에 있고,
  업을 넓힘은 오직 부지런함에 있다. (서경)   공숭유지 (功崇惟志) / 광업유근 (廣業惟勤)
- 사람은 모름지기 일위에서 닦아야 한다. (傳習錄)   인수마재사상 (人須磨在事上)
- 나라를 짊어지는 큰 일꾼은 둘도 안된다. (史記)   국사무쌍 (國士無雙)
- 일이 잘되는 것과 못 되는 것은 때에 달려있다. (荀子)   우불우자시야 (遇不遇者時也)
- 군자는 아름다운 방향으로 변한다. (易經)   군자표변 (君子豹變)

1. 대화시 활용

지도자심서(心書)

- 운용의 묘는 일심에 있다. (十八史略)   운용지묘존호일심 (運用之妙存乎一心)
- 쟁신은 반드시 차츰 차츰 간한다. (貞觀政要)   쟁신필간기점 (諍臣必諫其漸)
- 인생의 큰 병은 단지 傲자(오) 한자이다. (前習錄)
                   인생지대병 지시일개자 (人生之大病 只是一個傲字)

- 음덕이 있는 자는 (조상의덕)   유음덕자 (有陰德者)
  반드시 양보(陽報)가 있다. (淮南子)   필유양보 (必有陽報)
- 작은 은혜를 사사로이 하여   무사소혜 (毋私小惠)
  전체를 상하게 하지 말라. (採根譚)   이상대체 (而傷大體)
- 장단은 누구에게나 있고   장단가가유 (長短家家有)요
  추위 더위는 어디에나 같다.   염량처처동 (炎凉處處同)이라
  시비는 본래 실상이 없으며   시비무상실 (是非無相實)하여
  규명하고 따져보면 모두 공허하게 된다.   구경총성공 (究竟摠成空)이라.
- 덕은 재주의 주인이요   덕자재지주 (德者才之主)
  재능은 덕의 노예이다.   재자덕지노 (才者德之奴)
- 부드러우면 삼키고   여즉여지 (柔則茹之)
  딱딱하면 뱉는다.   강즉토지 (剛則吐之)
- 함부로 말해서는 안된다   망유일언 (罔有逸言)
  쉽게 말을 내놓치 말라.   무이유언 (無易由言)
- 할 수 없다고 말하지 말고   망왈불극 (罔曰不克)
  오직 그 마음을 다하라.   유기궐심 (惟既厥心)
- 십년 가는 권세 없고   권불십년 (權不十年)
  열흘 붉은 꽃이 없다.   화무십일홍 (花無十日紅)
- 억지로 하는 사람은 패할 것이요   위자패지 (爲者敗之)
  잡으려고 하는 사람은 잃을 것이다.   집자실지 (執者失之)

- 자기의 마음으로 남의 마음을 헤아린다. (以己之心으로 度人之心이라)
- 물건을 아끼는 도는 각각 타고난 본성을 이루어 주는데 지나지 않는다.
  (愛物之道는 不過各遂 其性而己이니라. - 김시습 金時習, 1435~1493)

- 별빛이 아무리 반짝여도 달빛이 밝게 보임만 못하다. (星星昭昭 不若月之喧喧)
- 남의 아래에 서는 사람은   위인하자 (爲人下者)
  그 모습이 흙과 같다.   기유토야 (其猶土也)

二. 문자명구편

- 하늘의 도리는 특별히 친한 사람이 없고   천도무친 (天道無親)
  언제나 착한 사람의 편이다.   상여선인 (常與善人)
- 분열된지 오래되면 반드시 통일이 되고   분구필합 (分久必合)
  통일된지 오래되면 반드시 분열이 된다.   합구필분 (合久必分)
- 만사가 이미 다 정해져 있는데   만사분기정 (萬事分己定)
  그걸 모르는 인생 바쁘기만 하네.   부생공자망 (浮生空自忙)
- 군자는 죽은 뒤에   군자질몰세 (君子疾沒世)
  이름을 더럽히지 않으려고 조심한다.   이명불칭언 (而名不稱焉)
- 옛부터 이르기를 맏아들을 폐하고   폐장입유 (廢長立幼)
  작은 아들을 세우는 것은, 혼란을 自取하는 길이다.   취난지도 (取亂之道)
- 일을 꾀하는 것은 사람이지만   모사재인 (謀事在人)
  일이 되는 것은 하늘에 달려있다.   성사재천 (成事在天)
- 사람이 어질다 어리석다 하는 것은
  비유하면 쥐와 같아서   비여서의 (譬如鼠矣)
  스스로 있는 곳에 따라 다르다. (李斯)   재소자처의 (在所自處耳)
- 천금을 쓰면 죽을 것을 면하고   천금불사 (千金不死)
  백금을 쓰면 받을 형벌을 안 받는다.   백금불형 (百金不刑)
- 대용은 자신만을 위해 내는 용기가 아니며   대용불용 (大用不勇)
  大利란 자신만의 이익을 추구하는 것이 아니다.   대리불리 (大利不利)
- 형제간에는 최선을 다하고   형제치미 (兄弟致美)
  너그럽게 대우하라.   관이대지 (寬以待之)
- 적은 원망을 용서치 않으면   소원불사 (小怨不赦)
  큰 원망이 반드시 생긴다.   대원필생 (大怨必生)
- 선비가 쓰임을 받으면 나아가고   용지즉행 (用之則行)
  쓰임을 받지 못하면 들어앉아 있는다.   사지즉장 (舍之則藏)
- 董仲舒(동중서)가 말하기를 어진 사람이란
  - 의를 바로잡고 이익을 도모하지 않으며, (正其義 不謀其利)
  - 도를 밝히고 공을 따지지 않는다고 한다. (明其道 不計其功)
- 얼굴 좋음이 몸 좋음만 같지 못하고   상호불여신호 (相好不如身好)
  몸 좋음이 마음 좋음만 같지 못하다.   신호불여심호 (身好不如心好)

1. 대화시 활용

- 도리를 알고만 있는 사람은 그를 좋아하는 사람만 같이 못하고,
  　　　　　　　　　　　　　　　　　지지자 불여호지자 (知之者不如好之者)
  그 도리를 좋아하는 사람은 그것을 즐기는 사람만 못하다.
  　　　　　　　　　　　　　　　　　호지자불여락지자 (好之者不如樂之者)
- 상삼행(觴三行)은 (左傳-宣公 二年文에)
  신하가 임금을 모시고 잔치를 할 때에는　　신시군연 (臣侍君宴)
  삼작(三爵)을 넘지 않아야 한다고 하였다.　　불과삼작 (不過三爵)

③ 고전 명언명구

- 教學爲先이니라. (교학위선)
  가르치고 배우는 일을 먼저 한다.

- 刑不上大夫하니라. (형불상대부)
  상대부에게는 형벌을 가하지 않는다. 그것은 그 면목을 존중하고 절의를 장려하기 위해서이다. 그래서 곤장을 치지 않았고, 유배하거나 심하면 자결토록 하였다(사약을 내림).

- 酒百藥之長이니라. (주백약지장)
  술은 백약중의 으뜸이다. 술을 마시면 인심을 길러 공헌이 남는다.
  또 마음을 길러 豪宕(호탕) 장부의 기계를 가지게 한다.

- 乞不竝行 (걸불병행)
  구걸하는 사람은 같이 가지 않음이니 무엇을 요구할 때나 청할 때에는 혼자서 가는 곳이 이롭다는 말.

- 十指不動 (십지부동)
  열 손가락을 움직이지 않음이니 조금도 일을 하지 않는다는 것.
  공직자들이 움츠리고 일을 하지 않음을 伏地不動(복지부동)으로 표현하고 있으나 十指不動으로 말함이 더 적절하다고 본다.

- 言身之文也 (언신지문야)
  말이 내 몸의 무늬라 함은 말을 잘함은 자기를 품위, 멋있게 장식하여 빛나게 하는 것이라는 뜻.

- 机上肉不畏刀 (궤상육불외도)
  도마 위의 고기가 칼을 두려워하랴.
  이미 죽을 처지에 놓여 있을 때에는 무서워하지 않는다는 뜻. '궁한 도적은 쫓지 말라' '쥐가 고양이를 문다' 함은 다급한 처지에 있는 자를 경계한 말이다.

- **身言書判** (신언서판)

사람을 평가나 선택할 때면
1. 인물이 잘났다.
2. 말을 잘 할 줄 안다.
3. 글씨를 잘 쓴다.
4. 사물의 판단이 옳은가.

이 네 가지를 보아야 한다는 말이다.

- **酒有別腸** (주유별장)

'술은 다른 음식과 달라서 따로 들어가는 장이 있다'는 말로 밥은 밥대로 먹고 또 술을 많이 마실 때 쓰이는 말.

- **酒不雙杯** (주불쌍배)

술은 우수(偶數)로 마시지 않고 기수(奇數)로 마신다는 뜻.
한잔 술은 없다는 뜻으로 한잔 더 마시라고 할 때 쓰이는 말이다.

- **笑裏藏刀** (소리장도)

'웃음 속에 칼을 감추고 있다' 겉은 싱글벙글하지만, 내심은 음험하다는 뜻.
적에게는 믿게 만들고 방심시키고, 얕보도록 만들고 이쪽은 충분히 방책을 세워 준비를 마친 다음 행동으로 나선다.

- **指桑罵槐** (지상매괴)

'뽕나무를 가리켜 회화나무를 꾸짖는다' 직접 상대를 비판하지 않고 제3자를 비판하여 자기가 의도하는 바를 간접적으로 상대에게 전한다.

- **借刀殺人** (차도살인)

'칼을 빌려가지고 사람을 죽인다' 자기의 실력을 보전하기 위하여 교묘히 타국의 힘을 빌려 적을 격파하는 책략, 예컨대 조조가 황조의 손을 빌어 이형을 죽인 고사.
후한의 왕윤이 적장 여포를 빌어 동탁을 살해한 고사가 있다.

- **和羹鹽梅** (화갱염매)

'국은 소금으로 그 맛을 돋군다' 함이니 임금이 훌륭한 재상을 얻어 나라를 잘 다스리는 것, 성실한 부하를 두어 일이 잘 성취된다는 뜻. 若作和羹 - 爾惟鹽梅의 준말

- **良禽擇木** (양금택목)

'좋은 새는 나무를 가려 앉는다' 즉 자기가 의지하고 사귈 친구는 덕이 있는 사람으로 택하여야 한다는 뜻. '良禽擇木而棲, 賢主擇主而事'는 삼국촉지에 나오는 말이다.

1. 대화시 활용

■ 林深鳥棲 (임심조서)
'수풀이 깊어야 새들이 깃든다' 즉 사람이 덕을 쌓아야 인재가 모여든다는 뜻.
貞觀政要.에는 水(수)물이 넓으면 고기가 놀고 인과 의가 쌓이면 만물이 이에 歸之(귀지)한다고 한다.

■ 久座之鳥帶箭 (구좌지조대전)
'오래 앉으면 새도 살을 받는다' '편안하고 이로운 곳에 너무 오래 있으면 마침내 화를 당하게 된다'는 뜻이니 물러설 줄 알아야 한다는 것이다.
높은 지위에 안주하여 물러날 줄 모르면 언젠가는 쫓겨나게 된다(장기집권을 경계함).
요직에 오래 버티고 있음은 삼가야 한다.

■ 禍不單行 (화불단행)
'화는 혼자서 다니지 않는다' 함이니 '사람의 재앙은 언제나 겹쳐서 닥친다'는 뜻.
'집안에 불상사가 계속 일어남'. '한 마을에 줄초상이 일어나는 경우' 등

■ 身土不二 (신토불이)
'사람과 자연은 하나'라는 뜻. 굳이 어원을 따지자면 불교경전 법화경에 나오는 '依正不二'에서 찾을 수 있다.
依報(의보)로서 의는 국토 곧 土이고 正報(정보)로서의 정은 身(신)이니, 의정불의는 身土不二의 다른 표현이라고 볼 수 있다.

■ 豎子不足與謀 (수자부족여모)
'더벅머리(豎子)와 더불어 모의는 못한다. 장차 항왕(項羽)의 천하를 빼앗을 자는 패공(劉邦)일 것이다' 라고 말하며 범증이 한탄한 말이다.

■ 不入虎穴不得虎子 (불입호혈부득호자)
'호랑이 굴에 들어가지 않으면 호랑이 새끼를 얻을 수 없다' Y.S가 3당 통합에 뛰어들어가 대통령이 된 것은 호랑이 굴속에 들어갔기 때문에 호랑이를 잡은 격이라고나 할까.

■ 羊公之鶴 (양공지학)
晉(진)나라 때 丞相(승상) 羊祜(양우)집 鶴(학)이 춤을 잘 춤으로 양우가 그 학을 자랑하고 학의 춤을 보라고 재상을 모아 잔치를 하였다.
그날은 학에게 별 먹을 것을 다 주어도 춤을 추지 아니하니 주인이 무색하였다.
그 뒤에 남의 獎拔(장발)을 당하고도 제 책임을 못하는 것을 羊公之鶴이라고 하였다.

二. 문자명구편

- 狸處堂而衆鼠散 (이처당이중서산)

'고양이가 집에 있으면 쥐들이 흩어져 달아난다' 즉 옳은 사람이 자리에 있으면 뭇간신들(衆奸)은 흩어져 버린다.

- 人事- 蓋棺定 (인사개관정)

'사람의 일이란 그가 죽어봐야 한다. 관뚜껑을 덮은 다음에야 진실한 평가가 나게 된다는 뜻'이니 살아있을 때 평가는 바뀔 수 있다는 것이다.

- 聖人- 能知聖人 (성인 - 능지성인)

'성인이라야 성인을 능히 안다' 소인으로서는 대인을 헤아릴 수 없다는 뜻.

- 有而不施이면 窮無與也이니라. (유이불시 - 궁무여야)

있을 때 베풀지 않으면 궁할 때 도움을 받지 못한다.

- 人有厚德이면 無問小節이니라. (인유후덕 - 무문소절)

그 사람에게 큰 덕행이 있으면 작은 잘못은 묻지 말아야 한다.

- 與衆同好면 靡不成하니라. (여중동호 - 미불성)

뭇 사람과 더불어 좋아하면 이루지 못할게 없다.

- 君子交絶이라도 不出惡聲이니라. (군자교절 - 불출악성)

신사는 교제가 끊겨도 나쁜 소리는 내지 않는다.

- 聖人之責人也엔 常緩이니라. (성인지책인야 - 상완)

성인이 남을 책함엔 언제나 느리게 한다.

- 人道는 惡盈而好謙이니라. (인도 - 오영이호겸)

사람의 도는 가득함(자만)을 미워하고 겸손함을 좋아한다.

- 戰勝이라도 以喪禮處之하니라. (전승 - 이상례처지)

전쟁에 이겼더라도 상 당하였을때의 예로 처신할 일이다.

- 有功則 以身後之하니라. (유공즉 - 이신후지)

공을 세웠을 때 남을 먼저하고 자신을 나중으로 한다.

♥ 봄 밤 한 시각이 천금과 같은데 　　　　　- 春宵一刻値千金
　꽃향기 맑고 달 그림자 아름답다. (東坡 春夜) 　- 花有淸香月有陰

1. 대화시 활용

④ 고전 상용 명언 명구 활용

- **爲山九仞**에 **功虧一簣**하리이다. (위산구인 공휴일궤)
  '높이 구인의 산을 쌓는데, 최후의 한짐 흙을 빼면 이룰 수가 없다' 함이니 오랫동안 애써 해 놓은 일이 한번 실수로 그릇됨을 이름, 최종 마무리를 잘할 것을 강조함. 다 된일 공(功)이 끝에 가서 흙 한 삼태미에 이지러지리.

- **死後大卓**이 **不如生前一杯酒**라. (사후대탁 불여생전일배주)
  '죽은 후에 큰상을 차려 권하는 것보다. 살아있을 때 한잔 술이 더 낫다.'

- **直木先伐**하며 **甘井先竭**하니라. (직목선벌 감정선갈)
  '곧은 나무는 먼저 잘리우고 좋은 우물은 먼저 마른다'
  재주와 꾀 있는 사람이 그로 말미암아 재앙과 화를 받음을 비유한 말.

- **莫交三公**하고 **慎吾身**하라. (막교삼공 신오신)
  '삼정승 사귈 생각 말고, 내 한 몸을 조심하여라.' '열 형방 사귀지 말고 죄짓지 말라'
  잘못하여 남에게 신세질 생각을 말라는 뜻.

- **豹死留皮**이요 **人死留名**이니라. (표사유피 인사유명)
  '표범은 죽어서 껍질을 남기고, 사람은 죽어서 이름을 남긴다.'

- **十目所視**며 **十手所指**니 **其嚴乎**인저
  증자가 이르되, '열 눈으로 보는 바이며, 열 손가락이 가리키는 바이니, 그 삼엄함이여!'

- **心不在焉**이면 **視而不見**하며 **聽而不聞**하며 **食而不知其味**이니라.
  大學에 '마음에 있지 아니하면, 보아도 보이지 않고, 들어도 들리지 않으며, 먹어도 그 맛을 알지 못하는 것이다. 이는 수신이 그 마음을 바르게 함'에 있다고 하는 것이다.

- **人**이 **莫之其子之惡**하며 **莫之其苗之碩**하니라.
  속담에 이르되 '사람이 제 자식의 나쁜 점은 알지 못하며, 제 곡식의 싹이 큰 줄은 모른다. 이는 수신하지 않고서는 집안을 바로 잡을 수 없음'을 말한 것이다.

- **或生而知之 或學而知之 或困而知之 乃其知一也**니라. (공자)
  혹은 나면서부터 알기도 하며 혹은 배워서 알기도 하며 고심해서 알기도 하나 앎에 있어서는 한가지이다.

- **六十**에 **非帛不煖**하며 **七十**에 **非肉不飽**하니라. (비백불난 비육불포)
  60대의 노인이 되면 비단옷이 아니면 따뜻하지 않으며, 70대의 노인은 고기가 아니면 배부르지 않다.

- 政者는 口言之를 身必行之이니라. (정자 - 구언지 신필행지)
  정치는 말로 한 것을 몸으로 반드시 옮기는 것이다. (묵자)

- 未有學養子以后 嫁者也이니라. (미유학양자이후 가자야)
  어린애 기르기를 배우고 난 뒤에야 시집갔다는 사람 아직 없다.

- 私者는 一心之蠹요 萬惡之根本也라. (사자-일심지모 만악지근본야)
  사사로움은 마음을 깎아먹는 해충이며, 모든 악의 근본이다. (李滉)

- 鵠不日浴而白이요 烏不日黔而黑이니라. (곡불일욕이백 오불일검이흑)
  백조는 날마다 목욕하지 않아도 희고, 까마귀는 날마다 검게 하지 않아도 검다.
  *그것은 천질(天質)이 그렇기 때문이다. (장자)

- 烹牛不鹽이면 敗所爲하니라. (팽우불염 패소위)
  소를 삶은 데 간(소금)을 하지 않으면 하는 바를 망친다.
  즉 소금값이 아까워서 간을 맞추지 않으면 국(羹)이 될 수 없다.

- 道聽塗說이면 德之棄也이니라. (도청도설 덕지기야) 공자
  큰 길에서 듣고 작은 길에서 말하는 것은 덕을 잃는 것이다.
  남의 이야기를 듣고 바로 다른 곳에 가서 옮기는 경솔한 짓을 말한다.

- 覆水難定水요 綸言如汗이니라. (복수난정수, 윤언여한)
  엎어진 물은 도로 거두어 담기는 어렵고 군주의 명령 또한 땀과 같다.
  *綸言 (윤언-군주가 아래 사람에게 내리는 말)은 땀과 같다.
  걷어들일 수 없다.

- 大廈將顚에 非一木所支也이니라. (대하장전 비일목소지야)
  큰집이 곧 무너지려 하는데 한 나무로 버텨지지는 않는다.

- 不以言擧人하며 不以人廢言이니라. (불이언거인 불이인폐언)
  군자는 "말만으로 사람을 천거하지 않고, 사람으로써 그 말까지 버리지 않는다.
  또 말로써 사람을 판단하지 않는다". (不以辭盡人)

- 撫我則后요 虐我則讎이니라. (무아즉후 학아즉수)
  옛 사람의 말에 이르되 '나를 어루만지면 임금이요, 나를 학대하면 원수라 하였다'
  백성을 사랑해 주면 군으로서 우러러보고, 백성을 학대하고 악한 정치를 하는 자는 우리의 적이라는 말을 하는 것이다.

1. 대화시 활용

- 善用人者는 爲之下이니라. (선용인자 위지하)
'남을 잘 쓰는 사람은 그 몸을 낮춘다' 즉 남의 지도자가 되려면 먼저 겸손한 덕을 지니라는 말이다. 또 훌륭한 용사는 힘 자랑을 하지 않고(善爲士者 不武), 싸움을 잘하는 사람은 성내지 않는다. (善戰者不怒)

- 主憂臣辱요 主辱臣死이니라. (주우신욕 주욕신사)
옛사람이 말하기를 '인군에게 근심이 있으면 신하는 욕을 보게 되고, 인군이 욕을 보게 되면 신하는 죽게 된다'고 하였다.

- 人之患은 在乎爲人師이니라. (인지환 재호위인사)
'세상 사람의 폐단은 자기가 다른 사람의 스승이 되기를 좋아하는 데에 있다. (孟子)

- 人生到處有靑山이요 男兒到處有美人이니라.
'인생이 사는 곳에는 청산이 있고 (인생도처유청산)
남아 대장부 있는 곳에 미인이 있도다. (남아도처유미인)

- 農夫饑死라도 枕厥種子하니라. (농부기사 침궐종자)
'농사꾼은 굶어 죽더라도 그 씨앗을 베고 죽는다'

- 路遙知馬力하고 日久見人心이라. (노요지마력 일구견인심)
길이 멀면 말의 힘을 알 수 있고, 시일이 오래되면 사람의 마음을 알 수 있다.

- 天不生無祿之人이요 (천불생무록지인)
地不長無名之草하니라. (지부장무명지초)
'하늘은 녹 없는 사람을 낳지 아니하고, 땅은 이름 없는 풀을 기르지 아니한다'

- 捕鼠之猫는 匿爪하니라. (포서지묘 익조)
'쥐를 잡는 고양이는 발톱을 감춘다' 함이니 능력 있는 이는 재주를 깊이 감추고 드러내지 않는다는 뜻.

- 時來 - 風送滕王閣이요. (시래풍송등왕각)
運退雷轟薦福碑하니라. (운퇴뇌굉천복비)
'때가 이르면 왕발이 순풍을 만나 등왕각에서 서문을 지어 이름을 세상에 높이고, 운이 없으면 천복비에 벼락이 떨어져 비석문이 깨뜨러져, 천신만고가 수포로 돌아간다'는 것이다.

- 財産分明은 大丈夫이니라. (재산분명 대장부)
'재물에 대하여 분명함은 대장부'이다.

- **有麝自然香**이니 **何必當風**고 (유사자연향 하필당풍)
'사향을 지녔으면 저절로 향기로운데, 어찌 반드시 바람이 불어야 향기가 나겠는가'.
즉 몸에 고명한 덕을 지녔으면 스스로 나타내려 하지 않아도 세상에 알려진다는 뜻이다.

- **木從繩則直**하고 **人受諫則聖**하니라. (목종승즉직 인수간즉성)
나무가 먹줄을 쫓으면 곧고, 사람이 충간을 받아들이면 거룩하게 된다.

- **羊羹雖美**나 **衆口難調**하니라. (양갱수미 중구난조)
'양 고기국이 비록 맛이 좋으나, 뭇사람들의 입맛을 맞추기는 어렵다'

- **若聽一面說**이면 **便見相離別**이니라. (약청일면설 편견상이별)
'만약 한편 말만 들으면, 문득 친한 사이가 멀어짐을 볼 것이다.

- **畵虎畵皮難畵骨**이요. (화호화피난화골)
知人知面不知心이니라. (지인지면부지심)
'범을 그리되 모양을 그릴 수는 있으나 뼈는 그리기 어렵고, 사람 얼굴은 알지만 속 마음은 알 수가 없다.

- **美女得易**나 **將帥難得**이니라. (미녀득이 장수난득)
'미녀는 얻기 쉬우나 장수는 얻기 어렵다.
훌륭한 인재란 일조일석에 만들어지는게 아니고 많은 인고의 세월을 거쳐 만들어지기 때문이다.

- **知足則可樂**이요 **務貪則憂**이니라. (지족즉가낙 무탐즉우)
경행록에 이르기를 '넉넉함을 알면 가히 즐거울 것이요, 탐하는데 힘쓴 즉은 근심이니라.

- **素書**에 **貴而忘賤者**는 **不久**이니라. (소서-귀이망천자 불구)
몸이 귀하게 되고 나서 천했던 때를 잊는 자는 오래 계속하지 못하느니라.

- **禍不可倖免**이요 **福不可再求**이니라. (화불가행면 복불가재구)
경행록에 이르기를 '화는 가히 요행으로 면하지 못하고, 복은 가히 두번 다시 얻지 못한다.'

- **責人之心責己**하고 **恕己之心恕人**하라. (책인지심책기 서기지심서인)
'남의 잘못을 책망하는 마음으로 자기 자신을 책망하고, 자기 잘못을 용서하는 마음으로 남을 용서하라'.

- **萬乘天子**라도 **食以爲大**라. (만승천자 식이위대)
'만승천자라도 먹는 게 제일이다. 金剛山도 식후경이라' 한다.

1. 대화시 활용

지도자심서(心書)

- **非知之難**이요 **處之則難也**니라. (비지지난 처지즉난)
알기가 어려운 게 아니라, 아는 것을 어떻게 처리하느냐가 어려운 것이다.
〈非知之難이요 行之惟難이라〉도 같은 의미.

- **知臣莫如主**요 **知子莫如父**이니라 (지신막여주 지자막여부)
'신하를 알기에 그 인군만한 이 없고, 자식을 알기에 부모만한 이 없다.'

- **千人所指**면 **無病而死**하니라. (천인소지 무병이사)
'천 사람의 손가락질을 받으면, 병 없이도 죽는다' 즉 많은 사람의 손가락질을 받으면 망신당하고야 만다는 뜻이다.

- **成則君王**이요 **敗則逆賊**이니라. (성즉인군 패즉역적) - 선거가 하나의 예
같은 일이라도 '잘되면 군왕의 칭호를 받을 것이요, 못되면 역적의 벌을 받는다' 함이니 세상만사 승자에게 유리하게 된다는 뜻 (잘되면 충신, 못되면 역적).

- 三略에 **香餌之下**에 **必有死魚**요 (향유지하 필유사어)
重賞之下에 **必有勇夫**이니다. (중상지하 필유용부)
'향기로운 미끼 아래 반드시 죽는 고기가 있고, 중한 상금 아래 반드시 용감한 사람이 있다. 눈앞에 놓인 이득 때문에 반드시 몸을 버리고 죽게 된다.

- **鷙鳥累百**이 **不如一鶚**하니라. (지조루백 불여일악)
멧새 : '수 백마리가 있어도 독수리 한 마리만 못하다'. (鷙-산새지, 鶚-독수리악).
〈千雀莫如一鳳〉-천마리의 새가 봉 한 마리만 못하다.

- **千羊之皮**는 **不如一狐之腋**이니라. (천양지피 불여일호지액)
천마리의 양가죽이 한 여우의 겨드랑이 털만 못하다.

- **死生有命**이요 **會者定離**이라. (사생유명 회자정리)
'사람이 죽고 사는 것이 다 명에 있고, 모이면 헤어지는 것이 필연이다'.
佛家(불가)에서는 諸行無常(제행무상)이고 生者必滅(생자필멸)이라고 한다.

- **小忠**은 **大忠之賊**야요. **小利**는 **大利之殘也**이니라.
작은 충성은 큰 충성의 적(賊)이며, 작은 이익은 큰 이익의 殘(잔)이다.

- 공자 - **可與適道**이나 **未可與權**야라. (공자왈 가여적도 미가여권)
공자는 이렇게 말하였다.
'道(도)로는 같이 갈 수 있으나, 權勢(권세)로는 같이 갈 수 없다.'
권력은 부자지간에도 나눌 수가 없다고 한다.

- 富潤屋이요 德潤身이니라. (부윤옥 덕윤신)

  '부는 집을 윤택하게 하고, 덕은 몸을 빛나게 한다.'

  사는 집을 보면 그 사람이 부유한지를 알 수 있고, 사람을 대해보면 덕을 지녔는지 그의 인품을 알 수 있다.

- 籠中鳥요 網中魚라. (농중조 망중어)

  '농 속에 든 새요, 그물 속에 든 고기라'.

  어찌할 수 없는 처지에 있음을 가리킴. 독 안에 든 쥐, 푸줏간에 든 소.

⑤ 중국 고전적 感懷詩

- 오자서(伍子胥)가 읊은 노래에 동병상련(同病相憐)이란 말이 나온다.

같은 병은 서로 불쌍히 여기고	(同病相憐)
같은 근심은 서로 구원한다.	(同憂相救)
놀라 나는 새는	(驚翔之鳥)
서로 따라 날고	(相隨而飛)
여울 아래 물은	(瀨下之水)
다시 함께 흐른다.	(因復俱流)

  * 오자서가 백비를 합려왕에게 천거하여 대부란 벼슬자리를 주게 한 것이 그가 나와 같은 처지에 있었기 때문에 한번 보고 신임하였다는 것이다. (同痛相憐이 나온다)

- 마원(馬援 - 광무제때 대장군)은 늘 말하기를

무릇 대장부가 뜻을 품었으면	(大丈夫爲者)
어려울수록 굳세어야 하며	(窮當益堅)
늙을수록 건강해야 한다.	(老當益壯)

  * 노익장(老益壯)은 여기서 유래한다. - 후한서 마원전

- 왕발(王勃)은 등왕각 서(序)에서

늙음을 당하면 더욱 씩씩해야 한다.	(老當益壯)
어찌 흰 머리의 마음을 알랴.	(寧知白首之心)
궁하여지면 더욱 굳어져야 한다.	(窮且益堅)
청운의 뜻은 떨어지지 않는다. (墜-떨어질 추)	(不墜靑雲之志)

  * 청운지지(靑雲之志)라는 말은 여기에서 나온 것이다.

1. 대화시 활용

지도자심서(心書)

■ 당(唐) 나라 때의 시인 가도(賈島)의 詩에
   인가가 드문 곳에 한가한 집이 있어서   (閑居少隣竝)
   풀에 묻힌 길이 거친 정원과 통하고 있네.   (草徑入荒園)
   새는 연못가 나무에서 자고   (鳥宿池邊樹)
   중은 달 아래 문을 두드린다.   (僧敲月下門)

   ※ 퇴고(推敲-문장을 가다듬고 고친다)는 이 시(詩)에서 나온 것이다.
      가도는 이 시의 마지막 절이 "중은 달 아래 문을 두드린다"에서 두드린다.〈고(敲)보다는 민다(推)고〉
      하는 것이 어떨까 고민하다가 한유(韓愈)를 만나 두드린다는 고(敲)가 좋겠다는 조언을 얻는다.

■ 당(唐)의 시인 유우석(劉禹錫)의 죽지사(竹枝詞)에
   구당협의 시끄러운 열두군데 여울   (瞿塘嘈嘈十二灘)
   사람들은 말하네, 길이 옛부터 어렵다고   (人言道路古來難)
   못내 안타까와 하노라 인심이 물만도 못하여   (長恨人心不如水)
   생각이 부족하여 평지에 풍파를 일으키는 것을   (等閑平地起波瀾)

   * 평지(平地)라는 말이 나오고 파란(波瀾)도 나온다. 嘈(조-지꺼리다)

■ 宋代의 유명한 정치가(문학자)이던 완안석의 石榴詩에는
   모두가 푸른빛 일색인 가운데 단 하나의 붉은빛   (萬綠叢中紅一點)
   사람의 마음에 봄의 정취를 일으키는 데는   (動人春色不須多)
   꼭 그것이 많을 필요는 없으리
   또청주의 推官인 劉俘(유부)가 말하길 詩를 생각하는데 있어서
   그 자리 위에 만일 홍일점이 있으면   (座上若有一點紅)
   한말 정도의 작은 그릇이라도 천의 종과같이   (斗宵之器成千鐘)
   뚜렷하게 두드러질 것이다.

   * 홍일점과 일점홍이란 단어가 나온다. (宵-작을 소)

■ 손작(孫綽)의 情人碧玉歌(정인벽옥가)에는
   푸른 구슬 참외를 깰 때에   (碧玉破瓜時)
   님은 사랑을 못 견디어 넘어져 뒹굴었네.   (郎爲情顚倒)
   님에게 감격하여 부끄러워 붉히지도 않고   (感君不羞赧)
   몸을 돌려 님의 품에 안겼네.(羞赧-수난)   (廻身就郎抱)

   * 파과(破瓜)란말이 나온다. 破瓜之年은 여자의 나이 16세를 말한다.
     전도(顚倒)란-전란도봉(顚鸞倒鳳)의 뜻으로 남녀가 함께 정을 나눔.

■ 시절에 슬퍼 꽃에 눈물 뿌리고   感時花濺淚 (감시화천루)
   이별이 아파 새소리에 마음 놀라네   恨別鳥驚心 (한별조경심) - 杜浦

二. 문자명구편

- 세상일 어긋남이 매양 이러하니　　　　　　　　世事相違每如此 (세사상위매여차)
  인생 백년의 좋은일은 몇 번이나 있을까　　　　好懷百歲幾回開 (호회백세기회개)

- 소리내 울면 마땅히 하늘에 이르고　　　　　　有聲當徹天(유성달철천)
  눈물 흘리면 마땅히 구천에 이르리라　　　　　有淚當澈泉(유루당철천) - 陳師道

- 세상에 산다는 것이 꿈과 같거니　　　　　　　處世若大夢/처세약대몽
  어찌 삶을 근심하랴. (春日醉言志/ 李白)　　　胡爲勞其生/호위노기생

- 하늘이 아무리 높고 땅이 멀고 멀다해도 그 다할 날이　(天長地久有時盡)
  있건만, 이 원통한 한은 잇고 이어서 그칠 날이 없구나. (此限綿綿無絶期)

- 사창에 산다는 것이 꿈과 같거니　(沙窓月白白蟲咽)
  외로운 베갯머리 이불마저 싸늘한데 어찌 꿈인들 이루겠는가. (孤枕衾寒夢不成)

♣ 촌철고어 (古語)

- 開化(개화) : 개물성무 화민성속(開物成務 化民成俗)의 준말, 즉 사물의 이치를 밝혀 일을 성취하고 인민을 교화하여 좋은 풍속을 이룬다는 것으로 유교경전의 어구를 딴 것이다.
- 桎梏(질곡) : 속박 자유를 몹시 속박당함.
- 인줄(-쭐) : 부정을 막기 위하여 길이나 문에 건너질러 매는 줄, 금줄없이 태어난 세대를 신세대라 한다. 아기를 출생하면 대문에 인줄을 매어 부정을 예방코져 함.
- 꼰대 : 은어로 늙은이 선생, 현대의 흐름이나 변화에 적응하지 못하고 자신의 생각을 고수하는 사람, 완고(頑固)함을 이름.
- 掣肘(철주) : 사람의 팔굽을 제약하여 마음대로 못하게 함. * 掣(철)- 당길철. 肘(주)- 팔꿈치
- 傳喝(전갈) : 사람을 시켜 말을 전하거나 안부를 물음.
- 除授(제수) : 추천의 절차를 밟지 않고 임금이 직접 벼슬을 내리는 것.
- 不遷位(불천위) : 덕망이 높고 국가에 큰 공로가 있는 사람에게 영원히 사당에 모시도록 국가에서 허가한 신위(神位).
- 賜牌地(사패지) : 고려 조선시대 국가에 공을 세운 왕족과 관리에게 주는 토지.
- 配享(배향) : 공신 명신 또는 학덕이 높은 학자의 신주를 종묘나 문묘 서원 등에 향사(享祀)하는 일
- 園(원) : 왕세자 또는 왕세손으로 책봉된 뒤에 왕위에 오르지 못하고 사망한 분과, 왕의 생모로 선왕비가 아닌 분의 묘소.
- 字(자) : 가명외(家名外)에 붙이는 성인(成人)의 별명, 남자 20세가 되어 관례. (冠禮 -아이로 성인이 되는 禮式)를 행하여 성인이 되면 字가 붙는다.

1. 대화시 활용

2. 화묵(畫墨) 문구(文句)

【畫墨(화묵)】 - ①

- 天假手(천가수) - 書經
  하늘은 스스로 손을 주지 않고 인력을 빌려 그 의지를 실현한다.
- 天假年(천가년)
  오래오래 장수하라. 하늘이 내려준 연령을 말함. (天地壽. 南山壽)
- 山高水長(산고수장) - (嚴先生 祠堂記). 산은 높고 물은 깊다.
  풍경이 좋은 것을 말하지만, 인품이 높고 맑음을 비유해서 말한다.
- 行雲流水(행운유수) - 宋史. 하늘에 흘러가는 구름과 물.
  아무 거리낌없이 일에 응하고 종사하여 유순하게 행동함에 비유.
- 學萬人敵(학만인적) - 만인 적을 배우라. 항우의 말로 書는 성명을 알면 족하고 劍(검)은 一人의 적이나, 많은 적을 배워야 한다.
- 道法自然(도법자연) - 老子. 진실한 道(도)는 자연 속에 있다.
- 述而不作(술이부작) - (공자) 祖述(조술)은 하지만 창작은 하지 않는다.
  오직 전통만 따르고 私見(사견)으로 이를 개혁하지 않는다.
- 醉裏乾坤小(취리건곤소) - 취하면 마음이 커지고 天地(천지)가 작게 보인다.
  하늘이 돈잎만 하다. 돈짝만 하다. 콩짝만 하다.
- 去者日以疎(거자일이소) - 이 세상을 떠난 사람은 세월이 흐르면 잊어간다.
  來者日以親(내자일이친)은 오는 자는 날로 친해진다. - 古詩
- 樹倒猢猻散(수도호손산) - 큰 나무가 쓰러지면 그 나무에서 살고 있던 원숭이도 가버린다. 두목이 가버리면 부하도 흩어진다.
  * 猢猻(호손) - 원숭이
- 萬物備於我(만물비어아) - 맹자
  천지간 모든 사물의 이치는 자기 마음에 달려있다.
- 造物不舍我(조물불사아) - 조물주는 자기만을 버리는 일을 하지 않는다.
  공평하다는 뜻. 三無私(삼무사)는 - 天無私覆, 地無私載, 日月無私照
- 一擲睹乾坤(일척도건곤) - 韓退之. 주사위를 던지고 天地(천지)를 걸다.
- 經國之大業(경국지대업) - 국가경영의 중대사업, 文章(문장)에 대해서 魏(위)의 文帝(문제)가 〈文章經國之大業 不朽之盛事〉라 했다.

- **在德不在險**(재덕부재험) - 史記
  국가를 유지하는 것은 견고한 要塞(요새)로는 되지 않는다.
- **一鳴驚人**(일명경인)
  "평소에는 아무것도 하지 않지만 무슨 일이 생기면 놀랄만한 힘을 발휘한다" 장차 날게 되면 하늘 높이 날 것이고, 한번 울게 되면 세상 사람들을 깜짝 놀라게 할 것이다. 이는 楚 莊王의 말이다. (飛將冲天 鳴將憼人)
- **冬日可愛**(동일가애)
  겨울 햇빛은 따뜻하여 사랑받지만, 여름 햇빛은 따가워서 싫어한다.
  정답고 부드러운 사람에 비유.
- **天長地久**(천장지구)
  천지는 사물하고 다투지 않기 때문에 만물이 여기에 歸(귀)하고 長久이다.
- **氷炭不同器**(빙탄부동기)
  찬 얼음과 뜨거운 탄불은 같은 그릇에 넣을 수 없다. 氷炭不相容도 같은 뜻.
- **善戰者不怒**하고(선전자불노) - 잘 싸우는 자는 노하지 않고,
  不爭而善勝한다(부쟁이선승) - 다투지 않아도 잘 이긴다.
  오로지 자연그대로이고 다투지 않는다. 고로 천하는 이것과 다툼이 없다.
- **不知老將至**(부지노장지)
  老가 곧 오는 것도 모르고 있다. 나이를 먹는 것도 모르고 학문수양에 몰두하다.
- **樂天知命**(낙천지명 -易經) - 천명을 깨닫고 이에 만족한다.
- **飮河滿腹**(음하만복 -莊子) - 많은 물을 마시려고 해도 자신의 배 가득히 밖에 못 마신다.
  (분수에 만족한다)
- **眞金不鍍**(진금부도 -李紳) - 순금은 도금할 필요가 없다.
- **心正則筆正**(심정즉필정 - 柳公權) - 마음이 바르면 붓도 반듯하여 좋은 글씨가 된다.
  어떤 일이든 이와 같다.
- **玉在山而草木潤**(옥재산이초목윤 - 荀子) - 산에 寶玉(보옥)이 묻혀 있으면 산 중의 초목도 潤(윤)이 난다.
- **桃李不言下自成磎**(도리불언하자성계 - 史記) - 梨花(이화)와 桃花(도화)는 말이 없어도 꽃구경오는 발길이 자연히 길을 이룬다.
- **飄風不終朝**요(표풍부종일) - 돌풍은 아침내내 불지 않고,
  驟雨不終日이니라(취우부종일) 소나기는 종일 내리지 않는다. - 老子

2. 화묵(畫墨) 문구(文句)

지도자심서(心書)

- **單絲不成線**이요(단사불성선) - 한 가닥 실은 선을 꼬을 수 없고,
  孤掌豈能鳴이니라(고장기능명) - 한 손바닥으로는 소리를 낼 수 없다. - 水許傳
- **破山中賊易**이요(파산중적이) - 산중의 도적은 파하기 쉬우나
  破心中賊難이니라(파심중적난) - 심중의적(사욕, 잡념)은 파하기 어렵다. - 王守仁
- **寬仁厚德**(관인후덕) - 위정자는 관용하고 인자해야 하며 덕을 후하게 해야 한다.
- **施乾轉坤**(시건전곤) - 천하를 革新(혁신)한다. - 韓愈
- **治天下當無私**(치천하당무사) - 정치에는 私가 없어야 한다. 공정무사해야 한다.
  정치는 公正治化之本이다. - 呂氏春秋
- **清如水平如衡**(청여수 평여형) - 물과 같이 청렴하고 저울같이 공평하다. - 葉康
- **存政莫重乎無私**(존정막중호무사) - 정치를 바르게 유지하는 데는 사심이 없는 것이 가장 중요하다. - 潘尼
- **罰一勸百政之經**(벌일권백정지경) - 韓愈
  일벌하여 백인에게 선을 권하는 것이 정치의 대경이다.
- **政令愈簡 民愈淳**(정령유간 민유순) - 陸游
  정령을 간소화할수록 민중은 淳朴(순박)하다. 너무 복잡해지면 교활해진다.
- **防民之口 甚於防水**(방민지구 심어방수)
  민중의 입을 막기란(세론을 억압), 홍수를 막기보다도 어렵다.
- **用法無私 從諫如流**(용법무사 종간여류)
  국법은 사심없이 시행하고, 간언은 흐르는 물을 따르듯이 빨리 쫓아라.
- **立法貴嚴 責人貴寬**(입법귀엄 책인귀관)
  법 세움을 엄정히 하고, 사람 책망하기는 관대히 하라.
- **興一利 不如除一害**(흥일이 불여제일해)
  국가의 이익을 일으키(창출)는 것도 좋으나, 폐해를 제거하는 편이 더 중요하다.
- **明智而忠信**(명지이충신)   밝은 지혜로서 상관에게는 충성 붕우에게는 신의,
  寬厚而愛之(관후이애지)   아래 사람에게는 관용과 후의를 베풀고 사랑한다. - 賈誼
- **招忠正之士**(초충정지사)   성실 공정한 인재를 등용하고,
  開公直之路(개공직지로)   공평 정직한 세론의 길을 열어라. - 何晏
- **視人當如子**(시인당여자)   백성 보기를 내자식처럼 여기고,
  愛民亦如傷(애민역여상)   백성 사랑하기를 자기의 아픔같이 여겨라.(唐玄宗)

- 簡則不勞人(간즉불노인) 施政(시정)이 간소하면 민생의 노고는 적고.
  儉則不費財(검즉불비재) 검소하면 재정의 낭비를 줄인다. - 惠宗
- 以忠恕爲心(이충서위심) 충과 恕(서)로서 마음을 삼고,
  以平易爲政(이평이위정) 누구나 알 수 있는 쉬운 정치를 시행한다. - 蘇軾
- 唯公則生明(유공즉생명) 公正(공정)함은 明察(명찰)의 근본. - 菜根譚
  唯廉則生威(유염즉생위) 淸廉(청렴)함은 존엄의 근본. 관리가 알아둘 2개 조항.

【修養(수양)】- ②

- 崇德廣業(숭덕광업) 덕행을 쌓으며 학업을 넓힌다. - 易經
  深根固柢(심근고저) 근본을 견고히 한다.
  根(근)은 橫(횡)으로 뻗은 뿌리, 柢(저)는 縱(종)으로 뻗은 뿌리. - 老子
- 心欲小而志欲大(심욕소이지욕대) 욕심은 적게, 뜻은 크게 품어라. - 淮南子
- 進德工夫在日新(진덕공부재일신) 덕을 쌓는 요결은 나날이 스스로 새로워지는 것이다. - 陸游
- 出自幽谷(출자유곡) 새가 깊은 계곡에서 나와
  遷于喬木(천우교목) 고목에 오르듯이 학덕을 향상시킨다. - 詩經
- 述而不作(술이부작) 傳統(전통)의 道(도)를 조술하고 함부로 창작하지 말고
  信而好古(신이호고) 옛것을 믿고 사랑하라. - 論語
- 不積小流以無成江海(부적소류이무성강해) - 荀子
  細流(세류)가 모이지 않으면 長江(장강) 大海(대해)가 되지 않는다.
- 時難得而易失(시난득이이실) 때는 얻기 어렵고 잃기는 쉽다. - 邵雍
  心雖悔而何追(심수회이하추) 일단 실하면 아무리 후회해도 쫓을 수 없다.
- 心如金石(심여금석) 마음은 금석같이 견고하고
  志似松筠(지사송균) 의지는 송죽같이 변치 않는다. - 關羽

【 風雅(풍아) 】

- 酒有別腸(주유별장) 술은 다른 식물과 달라서 따로 들어가는 장이 있다.
- 翰墨遊戲(한묵유희) 書(서) 畵(화)를 즐기다.
- 蔽月羞花(폐월수화) 달도 얼굴을 가리고 꽃도 부끄러워 할 미인
- 憐蛾不點燈(련아부점등) 벌레가 등불에 뛰어들 것을 가련히 여기고 등불을 켜지 않는다.
  - 菜根譯

2. 화묵(畵墨) 문구(文句)

- 室閑茶味淸(실한다미청)
  고요한 방안에 茶(다)의 향기가 맑게 풍긴다.
- 詩言志, 歌永言(시언지 가영언)
  詩(시)는 의사를 말한 것이고, 歌(가)는 그 말을 길게 끌어 나타내는 것이다. - 書經
- 一日淸閑 一日福(일일청한 일일복)
  閒靜(한정)한 一日이야말로 더 없는 幸(행)이라 할 수 있다.

【禪林(선림)】

- 鏡自不照(경자부조)
  마음 거울은 자신이 스스로 사물을 비치지 않는다. 사물이 있어야 비칠 수 있다.
- 虎頭燕頷(호두연함)
  범과 같은 머리 제비 같은 턱, 즉 달인의 異相(이상)
- 風從虎 雲從龍(풍종호 운종용)
  범은 바람을 일으키며 일어서고, 용은 구름을 불어 나타난다. - 易經
- 雲歸山 水歸海(운귀산 수귀해)
  구름은 산으로 돌아가고 물은 바다로 돌아간다. 즉 사물 모두 그 근원으로 돌아간다.
- 精金百鍊出紅爐(정금백련출홍로)
  붉은 불에 백번이고 精鍊(정련)해야 순금이 된다.
  사람도 고수(苦修)한 후에 대오(大悟)할 수 있다.
- 金屑雖貴 落眼成翳(금설수귀 낙안성예)
  황금의 알맹이도 눈에 들어가면 방해가 된다.
  거룩한 가르침도 잘못 집착하면 해를 입는다. - 從容錄, 翳(예)-가릴, 덮음
- 心安如海 膽量如斗(심안여해 담량여두)
  대해와 같이 마음이 넓고 氣魄(기백)도 太斗말 같이 크다.
  본인 인격을 形容(형용) - 從容錄
- 大海若知足 百川應倒流(대해약지족 백천응도류) - 普灯錄
  대해가 물을 받지 아니하면 시냇물은 역류할 것이다. 多求廣施 하라는 뜻.
- 火不待日熱 風不待月凉(화부대일열 풍부대월량) - 普汀綠
  불타는 불은 태양이 없어도 뜨겁고, 부는 바람은 달이 없어도 시원하다.

- 志不可一日墜(지불가일일추) - 의지를 높이 갖고 하루라도 떨어뜨리지 말며,
  心不可一時放(심불가일시방) - 마음은 항상 근신하고 한시라도 방심하지 말라.
  맹자는 방심을 제재하는 것을 수양의 요결로 삼았다. 墜(추) - 떨어질 추

- 志正則衆邪不生(지정즉중사불생) - 뜻을 바로 하면 사념이 생기지 않고,
  心正則衆事不躁(심정즉중사부조) - 마음이 조용하면 여러 일이 잘되고 粉亂(분란)이 일어나지 않는다. 躁(조) - 급할 조.

- 持己不可不嚴明(지기불가불엄명) - 자신의 몸가짐은 엄명하지 않으면 안되고,
  與人不可不和氣(여인불가불화기) - 交友할 때에는 和氣(화기)로서 대하라.

- 昨日之非不可留(작일지비불가유) - 어제 그릇된 일에 마음 담지 말고
  今日之是不可執(금일지시불가집) 오늘의 옳은 일에 고집 세우지 마라.
  是非得失(시비득실)에 마음을 집착시켜서는 안된다.

- 量寬足以得人(양관족이득인) - 도량이 넓어야 인재를 얻을 수 있고,
  身先足以率人(신선족이솔인) - 솔선해야 사람들을 지휘할 수 있다. - 王導

【人品(인품) 心境(심경)】 - ③

- 性靜者 多壽考(성정자 다수고) 심정이 조용한 사람은 장수한다.(考-老)
  愛山泉 樂閒曠(애산천낙한광) 산과 천류를 사랑하고 잡념 없는 한적한 나날을 즐긴다.
  曠(광) -밝을 광

- 浮生適意則爲樂(부생적의즉위락)이 세상을 마음 내키는 대로 사는 것을 낙으로 삼는다.
  - 司馬光

- 世情冷暖杯中酒(세정냉난배중주)세상의 인정이 차고 따뜻하고 달고 쓰기가 잔속의 술과 같다.

- 鳶飛戾天 魚躍于淵(연비려천 어약우연)솔개는 하늘에서 날고 고기는 연못에서 논다. 대자연의 흐름을 말함. 正大流行한 心氣의 형용, 생생하고 활발한 광경. 飛躍(비약)이란 어구는 이에 의한 것. - 詩經(시경)

> ♥ 우리는 누구나 기쁨과 평화와 애정을 갖고서 하루하루를 살아가야 한다.
> 세월이 너무나도 빠르게 흐르기 때문이다.
> 그리고 나에게 주어진 삶의 모든 순간들을 즐기라고 다짐한다.

【상 식】

- 열 집이 있는 곳에는 반드시 충신이 있고 　　　　　　　　　(十室之門 必有忠臣)
- 열매 없는 꽃은 심을 필요가 없으며 　　　　　　　　　　　(不結花子 休要種)
- 의리없는 벗은 사귈 필요가 없다. 　　　　　　　　　　　　(無義之朋 不可交)

- 아침에 도를 깨달으면 저녁에 죽어도 좋으니라. 　　　　　　(朝聞道 夕死可矣)
- 세사람이 길을 가면 그중엔 반드시 나의 스승이 있다. 　　　(三人行 必有我師)
- 덕은 외롭지 않다. 반드시 이웃이 있다. 　　　　　　　　　(德不孤 必有隣)
- 여자는 남자로 집을 삼고, 남자는 여자로 방을 삼는다. 　　(女以男爲家 男以女爲房)
- 삶을 주심(살 수 있게)에 대한 보답은 죽음으로서 하고(갚고)　(報生以死)
- 물건을 주심에 보답할 적에는 힘으로서 함이 사람의 도리이다. (報賜以力)

- 애욕(婬樂-음락)의 즐거움으로 제 몸을 싸는 것은 고치를 짓는 누에와 같다.
   - (법구경 愛欲品)
- 모든 보시(報施)에서 경(經)의 보시가 제일이요.
   모든 맛에서는 도(道)에 맛이 제일이요.
   모든 낙(樂)에서는 법의 낙이 제일이니라. - (법구경 愛欲品)

- 지식은 교만하게 한다(고전 8:1). 사람을 존귀하게 하는 것은 오직 사랑이다.
- 분노가 교만의 자녀라면, 온유는 겸손의 자녀이다.
- 이 세상에는 오직 두가지 진리가 있다. 하나는 하나님이 모든 것이 되신다는 사실이고, 또 하나는 우리 피조물은 아무것도 아니라는 사실이다.
- 자기부정은 자신을 아무것도 아닌 존재로 여기는 것이다.
- 우리는 무엇을 빌린 사람처럼 살아야 한다.
   우리의 소유와 우리의 자신은 모두 빚이다.
   그러기에 그것을 빌려주신 분의 의지에 따라 사용해야 한다.

♥ 죽음에 진정한 의미를 묵상하라.

"온전한 사랑이 두려움을 쫓나니" (요일 4:18)
죽음은 자연 오게 되어 있다. 원하던 원치 않던, 다른 모든 일에서 하나님의 뜻에 순종하듯 똑같은 순종의 자세로 우리는 그것을 기다려야 한다. 그리고 사모해야 한다. 죽음은 우리의 회개의 완성이며 행복의 시작인 동시에 영원한 상급이기 때문이다. 또 죽음만이 우리가 할 수 있는 가장 좋은 회개이기 때문이다.

3. 사서오경 명구 명언 (四書五經 名句 名言)

【大學(대학) 中庸(중용) 名句】

- 大學之道는
  在明明德하며(재명명덕) - 밝은 덕을 밝히는 데에 있으며
  在親民하며(재친민) - 백성을 친애하는데 있으며
  在至於至善이니라(재지어지선) - 지극한 선에의 머무름에 있다.

- 君子는 必愼其獨也이니라(군자 - 필신기독야) - 大學 傳六章
  '혼자 있을 때를 삼간다' 남이 보고 듣지 않더라도 언행을 삼간다.

- 修身이 在正其心이니라(수신-재정기심) - 대학 傳七章
  몸을 닦음은 그 마음을 바르게 함에 있다.

- 君子는 有諸己而後에 求諸人이니라(군자 - 유제기이후 구제인) - 傳九章
  군자는 '자기가 있은 후에라야 남에게 있기를 요구한다. 즉 자기가 仁을 행한 후에 남에게 이를 행하게 하고 또 자신이 악을 물리친 후에 남의 악을 고쳐줄 수 있는 것이다.'
  * 有諸己而後(유제기이후) - 자기가 옳게 행한 뒤에

- 好而知其惡者, 天下鮮矣이니라 (호이지기오자 - 천하선의) - 傳八章
  '좋아하면서 그 나쁜 점을(미워하면서도 그 좋은 점을) 아는 사람이란 천하에 드물다.

- 民之所好를 好之하며, 民之所惡를 惡之者- 傳十章
  '백성의 좋아하는 자를 좋아하고, 백성이 싫어하는 바를 싫어한다'
  이런 사람을 일러 백성의 부모(지도자)라 한다 (此之謂民之父母).

- 言悖而出者는 亦悖而入하니라(언패이출자 역패이입) - 傳十章
  '말이 거슬러 나가면 또한 거슬려 들어온다'
  또 도리에 어긋나게 들어온 재물은 역시 어긋나게 나간다.

- 所惡於上으로 毋以使下이니라(소오어상 무이사하) - 傳十章
  '윗 사람에게 싫다고 느껴진 것으로 아랫사람에게 시키지 말 것이다'
  즉 윗 사람이 자기에게 부당한 방법으로 한다고 해서, 자기 또한 아래 사람에게 그 같은 방법으로서 해서는 안된다.

지도자심서(心書)

- 仁者以財發身하고(인자이재발신)

  不仁者以身發財하니라(불인자 이신발재) - 傳十章

  '어진 사람은 재물로서 몸을 일으키고, 어질지 못한 사람은 몸으로서 재물을 일으킨다'

  仁者는 재산이 있으면 그것을 세상에 풀어 인심을 향상시킨다.

  그러나 불인한 위정자는 도리어 재물을 권력으로 걷어드리려고 한다.

- 탕왕(湯王)의 반명(銘盤)에 이르기를 - 傳二章

  苟日新이어든 日日新하고 又日新이라(구일신 일일신 우일신)

  진실로 하루를 새롭게 할 수 있다면 나날을 새롭게 할 수 있고 또 날로 새로워진다.

- 誠其意者는 毋自欺也라(성기의자 무자기야) - 傳六章

  '그 뜻을 성실하게 한다' 함은 스스로를 속이는 일이 없어야 한다는 것이다.

- 속담에 이르기를

  人이 莫知其子之惡하고 莫知其苗之碩이라 하다.

  사람은 그 자식의 악을 아는자 없고 그 곡식의 싹이 자란 줄 아는 자 없다고 한 것이다.

- 德者本也요 財者末也니라(덕자본야 재자말야)

  '덕은 근본적인 것이고 재물은 말단적인 것이다'

- 財聚則民散하고 財散則民聚니라(재취즉민산 재산즉민취).

  재산을 걷어 모은 즉, 백성이 흩어지고 재산을 헤쳐 푼즉 백성은 모인다.

- 康誥曰 惟命은 不于常이라(강고왈 유명 - 불간상)

  강고에 말하기를 '오직 천명은 일정 불변한 것이 아니다'

  선하면 천명을 얻고 불선하면 잃게 된다는 뜻이다.

- 身有所忿懥면 則不得其正이니라(신유소분치 즉부득기정)

  '자신에 노여워하는 바가 있으면 그 바름을 얻지 못한다.'

  * 忿懥(분치) - 분하고 노여워하다.

  * 참고 ; 대학의 내용은 주회가 삼강령 이라고 한 明明德 親民 止於止善과 八條目이라고한 格物 致知 誠意 正心 修身 齊家 52治國 平天下로 요약된다.

  ♥ 군자(지도자) 란 "홀로 있을때 라도 그 그림자에게 조차 부끄러운 일을 하지 않으며"
  (君子獨立 不慚于影) "홀로 잘 때라도 그 혼백에 조차 부끄러운 일을 하지 않는다"
  고 하였다(獨寢 不慚于魂). - 晏子春秋

【中庸(중용) 名句(명구)】

중용의 작자는 자사(子思)라고 전해지고 있으며, 중용에 나오는 중(中)은,
천하의 정도(正道)요, 용(庸)은 천하의 정리(定理)라고 정이천(程伊川) 선생은 말하고 있다.
주희(朱熹)는 不偏不倚 無過不及而 平常之理라고 정의하고 있다.

- 致中和면(치중화) - 中과 和에 이르면
  天地位焉하고(천지위언) - 천지가 제자리를 찾고
  萬物育焉이니라(만물육언) - 만물이 육성되니라. - (중용 1장)

- 군자는 素其位行이요(君子 - 소기위행) - 군자는 그 현존위치에 따라 행하고,
  不願乎其外이라. (불원호기외) - 그 외의 것은 원하지 않는다.
  부귀의 위치에 있어서는 부귀를 행하며 빈천한 자리에 있어서는 빈천에 알맞은 일을
  행한다. (중용 14장)

- 夫政也者는(부정야자) 蒲盧也니라. (포로야)
  정치라는 것은 창포와 갈대 같은 것이다. 빨리 자라는 물가의 부들이나 갈대같이 사람
  들의 교화에 가장 효과가 크다는 것이다. - (중용 20장)

- 好學은 近乎知하고(호학 근호지) - 배우기를 좋아하는 것은 知에 가깝고
  力行은 近乎仁하고(역행 근호인) - 노력해서 행하는 것은 仁에 가깝고
  知恥은 近乎勇어니라(지치 근호용) - 수치를 아는 것은 용(勇)에 가깝다.

- 凡事豫則立하고(범사예즉입) - 모든 일은 미리 준비하면 이루어지고,
  不豫則廢하니라(불예즉폐) - 그렇지 않으면 잘되지 못한다.
  말이 미리 정해져 있으면 전복되지 않고 일이 미리 정해져 있으면 곤란하지 않게 된다.

- 有弗學이언정 學之인댄 弗能弗措也하니라. (弗能弗措 - 불능불조)
  배우지 않음이 있을지언정 그것을 배우면 능해지지 않고는 그만두지 않는다(묻지 않음
  이 있을지언정 그것을 물으면 알지 않고는 그만두지 않는다).

- 人一能之어든 己百之한다. (인일능지 기백지)
  남이 한번에 해서 능해지거든 자신은 백번을 해본다(남이 열 번을 해서 능해지거든 자
  신은 천 번을 해본다). - (중용 20장)

3. 사서오경 명구 명언

【 論語名句(논어명구) 】

■ 공자 - 〈學而時習之면 不亦說乎아〉, 有朋自遠方來면 不亦樂乎아.
논어 학이편에 나오는 말이다. '배우고 때때로 익히면 또한 기쁘지 않겠는가' 이어서 「벗이 있어 멀리서 찾아오면 또한 즐겁지 않겠는가,「남이 나를 알아주지 않더라도 성내지 않음이 또한 군자가 아니겠는가. (人不知而不溫 不亦君子乎아)

■ 공자 - 〈巧言令色이 鮮矣仁이라〉
교묘한 말과 아첨하는 얼굴빛에는 인이 부족하니라.

■ 공자 - 〈溫故而知新이면 可以爲師矣니라〉
옛것을 익히고 새로운 것을 알면 능히 남의 스승이 될 수 있느니라.

■ 공자 - 〈學而不思則罔하고 思而不學則殆니라〉
배우고 생각하지 않으면 어둡고(진리를 이해할 수 없음), 생각만 하고 배우지 않으면 위태한 사상에 빠지기 쉬우니라.

■ 공자 - 〈知之爲知之요 不知爲不知가 是知也라〉
안다는 것을 안다고 하고, 모르는 것을 모른다고 하는 것이, 진실로 아는 것이니라. 이는 공자가 由(유)에게 안다는 것이 어떤 것인지를 가르쳐 주신 것이다.

■ 공자 - 〈朝聞道면 夕死라도 可矣이라〉
아침에 도를 들어 깨달으면 저녁에 죽어도 좋으니라. 도와 진리를 모르고 오래 사느니 하루라도 도를 알고 참답게 살라는 뜻.

■ 공자 - 〈不患莫己知요 求爲可知也니라〉
남이 자기를 알아주지 않음을 근심하지 말고, 내가 남에게 알려질만한 일을 하고자 노력하라. 이는 수신을 강조한 말이다.

■ 공자 - 〈德不孤라 必有隣이니라〉
덕은 고립되어 있지 않다. 반드시 그 이웃이 있느니라 즉 덕을 지닌 자에게는 덕 있는 자들이 모이게 마련이라는 뜻이다.

■ 증자 - 〈吾日三省吾身하니라〉
나는 날마다 세가지 일로 내 자신을 반성하고 있노라.
'그것은 남을 위해서 일함에 성의를 다하지 않았던가, 친구와 서로 사귐에 성실하지는 않았던가, 스승으로부터 물려받은 학문을 익히지 않지는 않았던가' 하는 것이다. 〈爲人謀而不忠乎, 與朋友交而不信乎 傳不習乎〉

- 공자 - 〈老者安之하며 朋友信之하며 少者懷之니라〉
  자로(子路)가 선생님의 뜻을 듣고 싶다고 하자 공자 말하기를 "늙은이를 편안하게 하고, 친구에게는 믿음을 주고, 어린이에게는 사랑으로 감싸주는 사람이고 싶구나" 하셨다.

- 공자 - 〈觚不觚면 觚哉觚哉아〉
  모난 그릇에 모서리가 없으니, 어찌 모난 그릇이라 할 수 있겠는가. 하찮은 물건도 그 특성이 없어지는 것이 안타까운데, 나라에 귀중한 문물제도가 상실되어감을 애석하게 생각하여 하는 말이다.

- 공자 - 〈不語怪力亂神이러시다〉
  해괴한 일, 힘쓰는 일, 난동부리는 일, 그리고 귀신에 관하여는 말하는 일이 없었다.

- 공자 - 〈三人行에 必有我師이라〉
  세 사람이 함께 가면 반드시 나의 스승이 있느니라. 그 착한 사람을 가려서 따를 것이고 그 나쁜 점을 가려서 내 잘못을 고쳐야 한다.

- 공자 - 〈釣而不網하시며 弋不射宿이러시다〉 조이불망 익불석숙
  낚시질은 하였으나 그물로 고기를 잡지는 않았으며, 주살로 자는 새를 쏘지는 않으셨다. 즉 생물에 대한 자제하는 마음이라 하겠다.

- 증자 - 〈鳥之將死에 其鳴也哀矣니라〉
  새가 죽음에 임하면 그 울음이 애처롭고, 사람이 죽음에 임하면 그 말이 선하여진다 (人之將死 其言也善). 문병을 갔을 때 맹경자에게 한 말이다.

- 공자 - 〈不在其位면 不謀其政이니라〉
  그 지위에 있지 않으면 그 정사를 논하지 말지니라.

- 공자 - 〈沽之哉 沽之哉라 我는 待賈者也로다〉
  팔아야지 팔고말고, 나는 좋은 값으로 팔리기를 기다리는 사람이로다.
  어진 임금이 있어 자기를 등용해 준다면 자기의 큰 뜻을 펴서 일할 수 있음을 암시한 것이다.

- 공자 - 〈邦無道에 富且貴焉이 恥也니라〉
  나라에 도가 행하여지지 않는(난세)데 부를 누리고 귀해지는 것은 부끄러운 일이다. 그러나 도가 행하여지는 나라에 가난하고 천하게 사는 것 또한 부끄러운 일이다 (邦有道 貧且賤焉 恥也).

- 공자 - 〈小不忍則亂大謀이니라〉
  작은 것을 참지 못하면 큰일을 도모할 수가 없다. 한신이 소시에 수모를 참고 불량배의 가랭의 밑을 기어나간 것은 후일에 큰 일을 하기 위한 인내였다.

3. 사서오경 명구 명언

지도자심서(心書)

- 공자 - 〈惟酒無量어사되 不及亂이라〉
  술은 일정한 양이 없으나 정신을 잃을 정도까지는 먹지 않았다.

- 공자 - 〈愛之欲其生하고 惡之欲其死하나니라〉
  자기가 좋아하는 사람은 오래 살기를 바라고, 미워하는 사람은 금방이라도 없어져 버렸으면 한다. 즉 愛憎의 감정에서 생각하는 것이 바로 인간의 미혹이다.

- 공자 - 〈成人之美하고 不成人之惡하나니라〉
  군자는 남의 아름다운 점을 도와 이루게 하고 남의 악한 일은 선도하여 이루어주지 않는다. 소인은 이와 반대다.

- 공자 - 〈學如不及이요 猶恐失之니라〉
  배움이란 미치지 못한 것처럼 하고, 오히려 배워서 아는 것을 잃을까 두려워해야 한다. 즉 목표를 향하여 아무리 쫓아도 미치지 못하는 것처럼 해서 전심전력해야 하고 그래도 학문을 놓칠세라 두려워하고 신중해야 한다.

- 공자 - 〈君君 臣臣 父父 子子니이다〉
  임금은 임금답고, 신하는 신하답고, 아버지는 아버지답고, 아들은 아들다워야 한다.

- 공자 - 〈知者不惑하고 仁者不憂하고 勇者不懼니라〉
  지혜로운 사람은 미혹되지 않고, 인자는 근심하지 않고, 용자는 사람을 두려워하지 않는다.
  * 공자 - 〈爲君難하며 爲臣不易라〉. 爲父難爲子不易
  임금 노릇하기가 어렵고, 신하 노릇하기도 쉽지 않다. 임금이 되어 천직을 다하기도 어렵고, 또 신하로서 그 직책을 원만히 수행하기도 쉬운 일이 아니다.

- 공자 - 〈敏而好學하며 不恥下問하나니라〉
  영민하여 배우기를 좋아하고, 아랫사람에게 묻기를 부끄러워하지 않는다.

- 顔淵(안연) - 〈無伐善하며 無施勞하나이다〉
  착한 일을 하고도 자랑하지 않고, 공로를 세우고도 드러내지 않으려고 한다.
  또는 남에게 수고를 끼치지 않으려고 한다.

- 공자 - 〈久而敬之〉- 우정이 깊을수록 더욱 공경하라
  〈再思可矣〉- 두 번쯤 생각하고 행동하면 좋다.
  〈欲速則不達〉- 빨리하려고 하면 달하지 못한다.

- 공자 - 〈不憤이어든 不啓하며 不悱어든 不發이니라〉. 悱_머뭇거릴 비
  분발하지 않으면 열어주지 않고, 애쓰지 않으면 일깨워 주지 않는다.
  노력하는 자에게 길이 열린다는 뜻. (구하는 자는 얻게 된다 - 求則得之)

■ 공자 - 〈以四敎하시니 文行忠信이니라〉
공자는 항상 네 가지를 가르치시니, 학문과 덕행과 성실과 신의이니라.

■ 증자 - 〈以文會友하고 以友輔仁이니라〉
군자는 학문으로서 벗을 모으고, 벗으로서 인을 향상시켜야 한다.

■ 공자 - 〈見小利則 大事不成이니라〉 작은 이익을 돌아보지 말라, 작은 이익을 돌아보면 큰일을 이루지 못한다.

■ 군자 - 〈和而不同하고, 소인은 同而不和이니라〉
군자는 남과 화합하되 뇌동하지는 않지만, 소인은 뇌동은 하지만 화합하지는 못한다.

■ 공자 - 〈攻其惡이요 無攻人之惡이니라〉
자신의 잘못은 따지고, 남의 잘못은 따지지 않는다.

■ 공자 - 〈見利思義하며 見危授命하라〉
利(이)를 보면 의를 생각하고, 위태함을 보면 목숨을 내놓는다.
또 오래된 약속이라도 평생토록 잊지 않고 지킬 수 있는 사람은 성인이라 할 수 있을 것이라고 말했다.

■ 공자 - 〈時然後言이라 人不厭其言하니라〉
때가 된 연후에야 말하기 때문에, 남들이 그의 말을 싫어하지 않는다. 또 즐거워한 뒤에야 웃기 때문에, 남들이 그의 웃음을 싫어하지 않는다.

■ 공자 - 〈言必信하며 行必果니라〉
말은 반드시 믿음직하게 하고, 행동은 반드시 과단성이 있어야 한다.
〈不怨天 不尤人〉 - 하늘을 원망하지 않고, 남을 탓하지 않는다.

■ 공자 - 〈言忠信하며 行篤敬하라〉
말은 성실하여 신의가 있고, 행동은 돈독하여 공경스러워라. 그러면 오랑캐 나라라 해도 행해질 수 있을 것이다. 子張(자장)은 이 말을 듣고 감복하여 '言忠信 行篤敬'의 여섯 글자를 허리띠에 새겼다고 한다.

■ 공자 - 〈工欲善其事인데 必先利其器니라〉
장인이 그 일을 잘하려 하면, 반드시 먼저 그 연장을 예리하게 해야 한다.

■ 공자 - 〈臧文仲은 其竊位者與인저〉
장문중은 '그 벼슬자리를 도둑질한 사람이로다' 유하혜의 현명함을 알면서도 그를 천거하지 않은 것은 직책을 태만히 한 것으로 벼슬도둑으로 폄하한 말이다. 자기보다 현명한 사람에게 자리를 양보하는 것이 옛 법도이다.

3. 사서오경 명구 명언

■ 공자 - 〈不曰如之何如之何者는 吾未如之何也已矣니라〉
어떻게 할까. 어떻게 할까하고 말하지 않는 사람은, 나도 어찌할 도리가 없다. 일을 앞두고 어떻게 했으면 좋을까 하고 고민하지 않는 사람은 나도 어떻게 도와줄 수가 없다.

■ 공자 - 〈君子는 疾沒世而 名不稱焉이니라〉
군자는 죽은 후에 이름이 칭송되지 않을까 걱정한다. 즉 죽은 후에 이름이 더럽혀지지 않기를 바라며 염려하는 것이다.

■ 공자 - 〈不以言擧人하며 不以人廢言이니라〉
군자는 '말로써(말 잘한다고) 사람을 천거하지 않으며, 사람이 시원찮다고 해서 그 말까지 버리지 않는다.

■ 공자 - 〈居處恭 執事敬 與人忠이라〉
평소에 공손하고, 일을 하는 데 있어 신중하고, 남과 사귀기를 성실히 하라 그러면 어디에 가든 버림을 받지 않으리라.

■ 공자 - 〈當仁하야 不讓於師니라〉 인을 주장함에 있어서는 스승에게도 양보하지 말아야 한다.
〈事君하되 敬其事하고 以後其食이니라〉 - 임금을 섬김에 있어 그 직무를 성실히 하고 녹은 뒤로 미루는 것이다.
〈有敎면 無類니라〉 가르침에는 출신성분 빈부귀천 선악인이 없다.

■ 공자 - 〈道不同이면 不相爲謀니라〉
길이 같지 않으면, 서로같이 일을 계획하지 말아야 한다.
〈過而不改가 是謂過矣라〉 - 잘못을 저지르고 이를 고치지 않는 것 이를 일러 잘못이라 한다.

■ 공자 - 〈益者三友니〉 友直하며 友諒하며 友多聞이면 益矣라
유익한 벗 셋이 있으니, 정직한 사람을 벗으로 삼고, 진실한 사람을 벗으로 삼으며, 다식한 사람을 벗으로 삼으면 유익하다.

■ 공자 - 〈言未及之而言을 謂之躁요〉
- 말을 다 하기도 전에 말을 꺼내는 것은 조급한 짓이요.
- 말해야 할 때 말하지 않는 것은 숨기는 것이고,
- 안색을 살피지 않고 말하는 것은 소경같은 짓이다. (言及之而不言謂之隱, 未見顔色而言謂之瞽) - 三愆

■ 공자 - 〈君子 有三畏하니〉 군자에게는 세 가지 두려워하는 것이 있다.
畏天命하며, 畏大人하며, 畏衆人之言이니라.
'천명을 두려워하며, 큰 인물을 두려워하며, 민중의 여론을 두려워하느니라'.

■ 공자 - 〈割鷄에 焉用牛刀리요〉
'닭을 잡는데 어찌 소 잡는 칼을 쓰겠는가? 즉 큰 인물은 큰 일을 해야 큰 성과를 나타낼 수 있다는 뜻이다.'(割鷄할 계 - 닭을 잡다)

■ 공자 - 〈惡紫之奪朱也하노라〉
'자주색이 붉은색 자리를 뺏는 것을 미워한다. 혼색이 정색을 밀어낸다는 말, 즉 서로 정통임을 주장하면서 邪(사)가 正(정)을 이긴다'는 뜻이다.

■ 공자 - 〈往者는 不可諫어니와 來者는 猶可追니라〉
지난 일이야 말릴 수 없지만. 오는 일은 따라갈 수 있다.

■ 공자 - 〈故舊無大故 則不棄也라〉
오랫동안 일해 온 사람은 큰 잘못이 없는 한 버리지 않는다. 또한 '한사람에게서 모든 재능이 구비되기를 구하지 말아야 한다'(無求備於一人).

■ 공자 - 〈萬邦有罪는 罪在朕躬하니라〉
만방의 백성들에게 죄가 있다면 그 죄는 오로지 짐에게 있는 것이다.

■ 공자 - 〈寬則得衆하고 信則民任焉이니라〉 너그러우면 많은 사람을 얻고, 신의가 있으면 백성이 신임하게 된다.
子貢(자공)이 한마디 말로서 종신토록 행할 만한 것이 있습니까? 공자가 말했다. "그것은 바로 恕(서)의 도리이다. 자기가 하고 싶지 않은 것을 남에게 시키지 말아야 하느니라". (子曰 其恕乎이저 己所不欲을 勿施於人이니라. - 論語)
무릇 어진 사람은 자기가 서고자 하면 그 마음을 미루어 남을 서도록 해주고, 자기가 이루고자 하면 그 마음을 미루어 남을 이루도록 해준다.(己欲立而立人이요 己欲達而達人이니라)

♥ 위 게재한 문항들은 주옥같은 글들이다. 익혀두면 유용할 것이다.

【孟子名句(맹자명구)】

■ 맹자 - 〈何必曰利있고 亦有仁義而已矣니이다〉
왕께서는 '하필이면 이(利)를 말씀하십니까? 오직 인(仁)과 의(義)가 있을 뿐입니다' 왕께서 이로움을 말씀하시면 나라와 가정 개인 모두가 이익만을 추구하게 됩니다. 그리되면 상하가 서로 빼앗지 않고는 만족지 않을 것이며, 나라 또한 위태해질 것입니다. (仁義의 정치를 論함.)

3. 사서오경 명구 명언

지도자심서(心書)

- 맹자 - 〈樂民之樂者는 民亦樂其樂하나니라〉
  백성의 즐거움을 즐거워하면, 백성도 또한 임금의 즐거움을 즐거워 한다.
  임금이 백성을 걱정하면, 백성 또한 임금을 걱정할 것이다.

- 맹자 - 〈我는 四十에 不動心하니라〉
  나는 사십부터는 마음이 동요되는 일이 없었다.
  공자는 사십에 미혹되지 않았다고 한다.(공자 - 四十不惑)

- 맹자 - 〈天時는 不如地利요 地利는 不如人和니라〉
  천시는 지리만 같지 못하고, 지리는 인화만 같지 못하다.
  인화란 인심을 얻는 것이며 민심의 화합을 말한다.

- 맹자 - 〈枉己者는 未有能直人者也니라〉
  자기를 굽힌 사람으로서 남을 곧게 바로잡은 사람은 아직까지는 없었다.

- 맹자 - 〈以天下與人은 易하고 爲天下得人은 難이니라〉
  천하를 남에게 주기는 쉬워도, 천하를 위하여 인재를 얻기란 어려운 일이다.
  왕위를 내놓기는 쉬워도, 자리를 물려줄 만한 참된 인물을 구하기란 어렵다.

- 맹자 - 〈孔子, 成春秋 而亂臣賊子 懼하니라〉
  공자께서 춘추를 지으사 난신적자들이 두려워했다.
  그리고 '나를 알려고 하는 사람도 오직 춘추를 볼 것이고, 나를 책하려 하는 사람도 춘추를 볼 것이다'.

- 맹자 - 〈惡死亡而樂不仁하나니 是는 猶惡醉而强酒니라〉
  지금 세상 사람들은 죽고 망하는 것을 싫어하면서도 악을 즐겨 행하니, 이는 마치 술취하기를 싫어하면서도 억지로 술 마시는 것과 같다.

- 맹자 - 〈順天者는 存하고 逆天者는 亡이니라〉
  하늘의 뜻에 순종하는 자는 생존하고, 하늘의 뜻에 거슬리는 자는 망한다.

- 맹자 - 〈行有不得者어든 皆反求諸己니라〉
  행해도 얻어지지 않거든 모두 '자기자신을 반성할 일이다.
  안되는 원인과 책임을 남에게 돌리려 하지 말고 자신의 행동을 냉철히 반성할 일이다.'

- 맹자 - 〈愛人不親이어든 反其仁하라〉
  사람을 사랑하는데도 친해지지 않거든 자신을 반성하라.
  또 사람을 다스리는데도 따르지 않거든 자신의 지혜를 반성할 일이다(治人不治 反其智).

- 맹자 - 〈得其民이면 斯得天下矣리라〉
  그 백성을 얻으면 천하를 얻는다. 백성을 얻으려면 그의 마음을 얻고 마음을 얻으려면 그들이 바라는 것을 가져다 주고, 싫어하는 것을 시키지 말아야 한다.

- 맹자 - 〈至誠而不動者 未之有也니라〉
  지극히 성실하면서 남을 감동시키지 못한 일은 아직까지 없다.

- 맹자 - 〈易其言也는 無責耳矣니라〉
  사람이 자기의 말을 쉽게 함은 그 말에 대한 책임감이 없기 때문이다.

- 맹자 - 〈人之患은 在好爲人師니라〉
  사람의 폐단은 남의 스승노릇 하기를 좋아하는데 있다.

- 맹자 - 〈聲聞過情을 君子恥之니라〉
  명성이 실제보다 지나친 것을 군자는 부끄러워한다.

- 맹자 - 〈執中하시며 入賢無方하시니라〉
  중용을 지키고 어진 인재를 등용하는데 그 신분을 따지지 않았다.

- 맹자 - 〈愛人者는 人恒愛之하고〉
  남을 사랑하는 자는 남도 항상 그를 사랑하고, 남을 공경하는 자는 남도 그를 공경한다 (敬人者 人恒敬之).

- 옛말에 - 〈盛德之士는 君不得而臣하며〉 덕이 높은 선비는 왕도 그를 신하로 삼을 수가 없고, "아버지도 그를 아들로만 대할 수가 없다(父不得而子)."

- 맹자 - 〈其子之賢不肖는 皆天也라〉
  그들의 자식이 잘나고 못남은 다 하늘의 뜻이다.

- 맹자 - 〈位卑而言高는 罪也라〉 - 지위가 낮으면서 말을 높게 하는 것은 죄이다.
  높은 자리의 일에 대해서 이러쿵 저러쿵 참견 시비를 논하는 것은 월권이다.

- 맹자 - 〈不敎民而用之를 謂之殃民이니라〉
  백성을 가르치지 않고 이를 쓰는 것은 백성을 재앙에 빠뜨리는 것이다.
  훈련도 시키지 않고 전쟁터에 내보내는 것 또한 죽음으로 내모는 것과 같다.

- 孟子 - 〈知命者는 不立乎巖墻之下하니라〉
  천명을 아는 사람은 돌담 아래에 서지 않는다.
  조심해서 행동하라는 뜻.

3. 사서오경 명구 명언

지도자심서(心書)

- 맹자 - 〈民이 爲貴하고 社稷이 次之하고 君이 爲輕이니라〉
  백성이 귀중하고, 사직이 그 다음이며, 임금은 가볍다.
  백성이 있어야 사직 즉 나라가 있고 나라가 있은 다음 임금이 있는 것이다.
  맹자 - 〈聖人은 百世之師也니라〉- 성인은 백세의 스승이다.

- 맹자 - 〈往者不追하며 來者不拒하나니라〉
  가는 자를 붙들지 않고, 오는 자를 막지 않는다. 맹자가 제자의 교육하는 태도를 밝힌 것이다. 가르침을 청해오는 사람에게는 과거를 묻지 않고 받아준다.

- 맹자 - 〈君子之守는 修其身而天下平이니라〉
  군자의 지킴은 자기 한몸을 닦음으로서 천하를 화평케 하는 것이다.

- 맹자 - 〈事親이 爲大하고 守身이 爲大하니라〉
  섬기는 일 중에서는 부모를 섬기는 것이 가장 중대하고. 지키는 것 중에서는 자기 몸을 지키는 것이 가장 중요하다.

- 맹자 - 〈心不若人인되 則不知惡니라〉
  마음이 남과 같지 않은데도 싫어할 줄 모른다. 남의 마음을 이해하고 존중하는 넓은 마음가짐이다. 군자의 태도이다.

- 맹자 - 〈人病은 舍其田耘人之田이니라〉
  '사람의 병폐는 자기 밭은 내버려두고 남의 밭을 김맨다' 이는 '자기의 일은 근심치 않고 남의 일을 근심한다' 함이니 처신의 부족함을 일컫는 말이다.

- 맹자 - 〈천하에 존중되는 세가지는 爵一, 齒一, 德一이니라〉
  조정에서는 벼슬자리가 제일이고(朝廷에는 莫如爵요)
  민간에서는 나이가 제일이고(鄕黨에는 莫如齒요).
  세상을 구제하고 백성을 지도하는 데는 덕이 제일이니라(輔世長民에 莫如德).

- 맹자 - 〈五十에 非帛不煖하며 七十에 非肉不飽니라〉
  오십살이 되면 비단옷을 입지 않으면 몸이 따뜻하지 않으며, 칠십살이 되면 고기를 먹지 않으면 배가 부르지 않다.

- 맹자 - 〈人必自侮然後에 人侮之하며, 家必自毁以後에 人毁之하니라〉
  사람은 반드시 자신을 모욕한 뒤에야 남이 그를 모욕하고,
  가문은 반드시 그 자신들이 파괴한 뒤에야 남이 그 가문을 파괴한다.
  〈國必自伐以後에 人伐之하니라〉- 나라는 반드시 그 자신들이 자벌한 뒤에야 남이 그 나라를 토벌한다. - (孟子 離婁章)

- 孟子 - 〈權然後에 知輕重하며〉
  가볍고 무거운 것은 달아 봐야만 알고
  길고 짧은 것은 재봐야만 안다. -〈度然後 知長短〉

- 孟子 - 〈君子는 行法하야 以俟命而已矣이라〉
  군자는 법대로 행하고, 천명을 기다릴 뿐이다. (俟) - 기다릴사

- 맹자 - 周公(주공)은 삼왕(禹우, 湯탕, 文문 武무의 삼대왕)이 하신 일과 자기가 행하는 일이 맞지 않는 일이 있으면 "仰而思之"하사(하늘을 쳐다보면서 생각하여), "夜以繼日"하사 (밤을 낮을 삼아가며 궁리하셨고), "幸而得之"어든(다행히 그 도리를 체득하게 되면), "坐而待旦"이러시다. (이를 실행하기 위해서 앉아서 날 새기를 기다리셨다).

> ♥ 대장부(大丈夫) 란 - (孟子 滕文公)
> - 천하의 넓은 집에서 살고 · 천하의 바른 자리에 서며
> - 천하의 큰 도를 행하여 뜻을 이루면 백성들과 함께해 나가고
> - 뜻을 얻지 못하면 홀로 그 도를 행함으로써
> - 부귀도 그 마음을 어지럽히지 못하고   (富貴不能淫)
> - 빈천도 그 마음을 변하게 하지 못하며   (貧賤不能移)
> - 위세나 무력도 그 뜻을 꺾지 못하니   (威武不能屈)
>   이런 사람을 대장부라 이른다. (此之爲大丈夫)

【詩經名句(시경명구)】

- 〈窈窕淑女는 君子好逑로다〉 - 周南 關雎
  요조숙녀는 군자의 좋은 짝(好逑)이로구나

- 〈之子于歸여 宜其室家로다〉 - 周南 桃夭
  시집가는 이 색시, 한 집안을 화락케 하라

- 〈我心非鑒이라 不可以茹로다〉 아심비감 불가이여(邶風 栢舟)
  내 마음 거울 아니니 남의 마음 비쳐볼 수도 없네. 茹(여)_헤아리다

- 〈深則厲요, 淺則揭니라〉 심즉여 천즉게 _(邶風(패풍) 匏有苦葉)
  깊으면 옷을 입은 채로 건너고, 얕으면 옷을 걷고 건너리.
  현실에 따라 처세하라는 뜻이다.

3. 사서오경 명구 명언

지도자심서(心書)

- ⟨凡民有喪이면 匍匐救之라⟩ 범민유상 포복구지 _(패풍 谷風)
  이웃에 큰일 생기면 힘을 다해(발 벗고 나서서) 도왔다네.

- ⟨于嗟鳩兮여 無食桑葚하라⟩ 우차구혜 무식상심 _(위풍 氓(맹))
  아아 비둘기들아 오디를 맛있다고 마구 따먹지 마라. 많이 먹으면 몸에 해롭다.
  - 남녀간의 사랑도 너무 정욕적으로 빠지다 보면 마음과 몸이 상할 수도 있으니 조심하라는 경고이다.

- ⟨豈無膏沐이리오마는 誰適爲容이리요⟩ 기무고목 수적위용 _(위풍 伯兮(백혜))
  어찌 머리감고 기름 못 바르리오 만은 누굴 위해 곱게 단장하리.
  - 곱게 단장을 해보일 상대가 없다면서 전쟁에 나간 남편을 그리워하며 탄식하고 있다.

- ⟨揚之水여 不流束薪이로다⟩ 양지수 불류속신(王風 揚之水)
  콸콸대는 물결인데 나무단도 하나 떠내려 보내지 못하네. 한때는 콸콸대며 솟구쳐 흐르면 물줄기도 흩어지고, 부서지면 나무단 조차 떠내려 보낼 힘이 없다. 즉 왕성하고 번창하던 국가도 쇠약해지면 아무것도 할 수 없다는 비유이다.

- ⟨有兎爰爰이어늘 雉離于羅로다⟩ 유토원원 치리우라(왕풍 兎爰토원)
  토끼는 깡충깡충 뛰어놀고, 꿩은 그물에 걸렸구나. 즉 악인(토끼)은 날뛰고 바른 사람(꿩)은 궁지에 몰려 있다는 비유이다.

- ⟨一日不見이 如三月兮로다⟩ 일일불견 여삼월혜(왕풍 采葛채갈)
  하루를 못 보아도 석달이나 된듯싶네. 사랑하는 사람을 보고싶은 간절한 마음.
  如三秋나 如三歲도 같은 뜻으로 쓰인다.

- ⟨伐柯伐柯오 其則不遠이로다⟩ 벌가벌가 기즉불원(豳風 伐柯)
  나무를 찍네 도끼자루를 베네. 그 법은 먼데 있지 않네. 그 자루에 맞출 도끼는 자기 손에 들고 있다. 즉 사람을 다스리려고 생각하는 사람이 자신도 사람임을 생각하면 그 방법은 저절로 알 수 있다는 뜻이다.

- ⟨維鵜在梁하니 不濡其翼이로다⟩ 유제재량 불유기익(曹風, 候人후인)
  사다새가 어살에서 날개도 적시지 않네. 사다새는 물고기를 잡아먹고 사는 짐승인데 물고기들이 있는 어살에 있으면서 날개조차 적시지 않고 있다. 즉 조정에 있는 대부들이 일은 하지 않으면서 녹만 축내고 있다는 비유.

- ⟨伐木掎矣며 析薪杝矣라⟩ 벌목기의 석신치의(소아 小弁소변)
  나무를 벨 때에는 인줄을 치고, 장작을 팰 때에는 결을 따라야 한다. 모든 일은 원칙 순리대로 풀어나가야 한다. 어거지로 해서는 효과가 없다는 뜻이다.

二. 문자명구편

- **〈缾之罄矣여 維罍之恥로다〉** 병지경의 유뢰지치(소아 육아)
  병에 술이 떨어짐은, 그건 바로 술통에 수치라네. 작은 병에 술이 떨어진 것은 그 원인이 큰 술통에서 공급해 주지 않았기 때문이다. 이는 백성의 생활이 어려울 것은 임금이 정치를 잘하지 못했다는 비유로 그것은 곧 임금의 수치라는 것이다.

- **〈有菀者柳에 不尙息焉가〉** 유울자류에 불상식언가(소아 菀柳울류)
  울창하게 우거진 버드나무 그늘 밑에 쉬고 싶잖은가. 성군이 있으면 그 밑에 누구나 살고 싶어 한다. 즉 성군을 그리는 노래.

- **〈壽考維祺하여 以介景福이로다〉** 수고유기 이개경복(大雅 行葦행위)
  오래오래 사시고 큰 복을 누리소서. 원로나 스승의 장수와 복록을 기원한 시이다.

- **〈天地方蹶시니 無然泄泄어다〉** 천지방궐 무연예예(대아 板판)
  하늘아 지금 움직(노하여)이는데, 그리 태평스러울 수 있으랴.
  하늘이 벌을 내리려고 하니 위정자여 정신차려 선정을 베풀라는 충고이다.
  蹶(궐)- 움직이다. 泄泄(예예)~답답함. 느슨하게 풀어가다.

- **〈先民有言하되 詢于芻蕘하니라〉** 선민유언 순우추요(대아 板)
  지난날의 어진 분들은 말씀하시길 꼴베는 아이나 나무꾼에게도 물어보라 하였다. 이는 어리고 무식한 사람이라도 때론 옳은 말을 들을 수 있으니 너무 무시해 버리지 말라는 뜻이다.

- **〈無言不讎며 無德不報니라〉** 무언불수 무덕불보(대아 抑억)
  대답 없는 말 없고, 보답 없는 덕 없다. 어떤 말아라도 되돌아오고 어떤 덕이라도 보답이 있는 법이니, 생각없이 쉽게 말하지 말고 쓸데없는 말 삼가라는 뜻.

- **〈柔則茹之요 剛則吐之라〉** 유즉여지 강즉토지(대아 증민)
  부드러운 것은 삼키고, 딱딱한 것은 뱉어버리네. 즉 약한 사람은 잘 보고 억누르지만 포악한 사람 한테는 굴종한다는 비유이다. * 茹(여) - 먹다. 마시다.

- **池之竭矣를**(지지갈의) - 못 물이 가뭄에 마를 때에는(대아 召旻소민)
  不云自頻하며(불운자빈) - 물가부터 마른다고 하지 않나 *頻(빈)- 물가(澳), 기슭

- **泉之竭矣를**(천지갈의) 샘물이 마를 때에는
  不云自中이로다(불운자중) - 가운데서부터 마른다고 하지 않던가.

- 시에 이르길, 〈**忘念爾祖 聿修其德이라**〉 망념이조 율수기덕 - (大雅文王)
  너의 조상의 생각을 하지 않을 수 없을 것이니. 자진하여 그 덕을 닦아야 한다고 하였다. 공자는 이 시경을 인용하여 효의 처음과 마지막을 한마디로 맺은 것이다.

3. 사서오경 명구 명언

지도자심서(心書)

- 여형에 이르길, 〈一人有慶이면 兆民賴之라 하니라〉 - 일인유경 조민뢰지

  천자가 몸에 덕행이 있고 모든 사람한테서 경애 될만한 행실을 갖는다면 온 백성이 신뢰한다고 하였다. 呂刑은 甫刑이라고도 하며 서경의 편명이다.

- 공자 - 〈天地生이 人爲貴요 人之行이 莫大於孝라〉 - 천지생 인위귀 인지행 막대어효

  하늘과 땅이 낳은 것 중에서 사람이 가장 귀하고, 사람의 행실에 있어서는 효보다 큰 것이 없다.

- 공자 - 〈父子之道는 天性也요 君臣之誼也라〉 - 부자지도천성 군신지의야

  부자의 도는 천성의 것이요. 군신의 의리이다. 어버이가 나를 낳으셨으니 대를 잇는 것이 이보다 더 큰 것이 없다.

  (참고) 시경은 중국의 가장 오래된 시가집이다.

  시경에는 305편의 시가 수록되어 있고, 소아 6편은 편명만 남아있어 이를 합치면 총 311편이 된다. 이들은 風(풍), 雅(아), 頌(송), 三부분으로 나눠는데 국풍 160편, 소아 80편, 대아 31편, 총 40편으로 되어 있다.

- 대명(大明) - 大雅편

밝고 밝은덕 땅에 있으면	(明明在下) 명명재하
빛나는 천명 하늘에도 계시니라	(赫赫在上) 혁혁재상
하늘은 믿기 어렵고	(天難忱斯) 천난침사
임금자리 지키기 쉽지 않나니	(不易維王) 불이유왕
천자의 자리에 있는 은의 적자로서도,	(天位殷適) 천위은적
천하를 지키지 못했네.	(使不挾四方) 사불협사방

  (참고) 하늘은 반드시 어느 한 나라를 돕겠다고 생각하는 일은 없다. 오늘은 주나라를 돕고 있는 듯하나, 지금이라도 천명을 거역하는 악정을 베풀면 이를 버리고, 딴 나라를 돕게 마련이다. 그러므로 임금노릇 하기가 어렵다고 했다.

- 즐거움(假樂 ; 가락) - 大雅 편

어김없이 잊지 않고	(不愆不忘) 불건불망
모두 옛 법도를 따르도다	(率由舊章) 솔유구장
맡기신 일 게을리하지 않으시니	(不解于位) 불해우위
백성들이 두루 편안하리.	(民之攸墍) 민지유기 - (大雅假樂)

  (참고) 선왕의 법도 따름이 좋고, 또 임금이 맡은 일을 게을리하지 않으니 백성들이 편안히 살고 있다. 측 태평성대를 축복하는 노래이다.

二. 문자명구편

【 書經名句(서경명구) 】

■ 옛사람이 말하기를 나를 어루만지면 임금이요 　　(撫我則后)
　나를 학대하면 원수라 하였다. 　　(虐我則讎)

■ 사람을 희롱하면 덕을 잃고 　　(玩人喪德)
　물건을 희롱하면 뜻을 잃는다. 　　(玩物喪志)
　아침 일찍 일어나 늦은 밤에라도 　　(夙夜)
　혹 부지런하지 않아치 마라 　　(罔或不勤)
　細行을 삼가치 아니하면 　　(不務細行)
　마침내 큰 덕을 더럽혀 　　(終累大德)
　산을 아홉길이나 쌓되 　　(爲山九仞)
　공이 흙 한삼태미에 이즈러진다. 　　(功虧一簣) - 書經 旅獒(여오)

■ 원망은 큼에 있지 아니하며 　　(怨不在大)
　또한 작음에 있지 아니한지라 　　(亦不在小)
　순히하며 순히하지 아니하며 　　(惠不惠)
　힘쓰며 힘쓰지 아니함에 있다. 　　(懋不懋)
　오직 그 죄는 큼에 있지 아니하며 　　(惟厥罪 無在大)
　또한 많음에 있지 않다. 　　(亦無在多) - 書經 康誥

■ 〈可愛非君이며 可畏非民가?〉 가애비군 가외비민 - (서경 大禹謨)
　가이 사랑할만한 이는 임금이 아니겠으며 두려워할 만한 것은 백성이 아니겠소?
　임금은 나라의 바탕인 백성을 진정으로 사랑하고 두려워할 줄 알아야 하고 백성들은
　그 나라를 다스리는 임금을 받들고 사랑해야 한다.

■ 〈民可近이언정 不可下이라〉 민가근 불가하 - (서경 五子之歌)
　백성들과 가까이 할지언정 얕잡아 보아서는 안된다. 백성이야말로 나라의 근본이며,
　근본이 굳어야 나라가 편안하다.

■ 〈火炎崑崗하면 玉石俱焚하니라〉 화염곤강 옥석구분 - (胤証 윤정)
　곤륜산에 불이 타면 옥과 돌이 함께 다 탄다. 즉 일을 잘못 처리하면 큰일이 건 작은
　일이건 모두를 망친다는 것이다. 玉石俱焚은 여기서 유래된 것이다.

■ 〈天吏逸德은 烈于猛火하니라〉 천리일덕 열우맹화 - (胤征)
　관리가 덕을 잃으면 그 해독은 사나운 불길보다도 더 무섭다.

■ 〈立愛惟親하시며 立敬惟長하소서〉 입에유친 입경유장 - (伊訓)
　사랑을 세우시되 집안 사람부터 하고 공경함을 세우시되 나이 많은 이로부터 하시라.

3. 사서오경 명구 명언

- 〈奉先思孝하시며 接下思恭하시라〉 봉선사효 접하사공 - (太甲)
선조를 받드실 때는 효도를 생각하시고, 아래 사람을 대하실 때는 공손함을 생각하소서.
널리 밝게 보시고 덕을 귀담아들어 쌓으십시오.

- 〈藥不瞑眩이면 厥疾弗瘳하니라〉 약불명현 궐질불추 - (열명)
약이 현기증이 날 만큼 어지럽지 않으면 그 병은 낫지 않는다. 즉 어떤 일처리도 간하는 말도 어정쩡하고 공도가 없으면 효험보기가 어렵다는 뜻.

- 〈若作酒醴면 爾惟麴蘖하라〉 약작주례 이유국얼(麴蘖국얼) - 누룩(酒醴주례) - 술과 단술
술과 단술을 빚을 때에는, 그대는 누룩이 되어다오.
내가 쇠라면 그대는 숫돌이 되어주고, 또 강을 건널 때는 배(舟)가 되어다오.
즉 임금이 어진 신하에게 자기를 잘 보좌해 달라는 비유이다.

- 〈民之所欲을 天必從之하니라〉 민지소욕 천필종지 - (泰誓)
백성이 하고자 하는 바는 하늘도 반드시 이에 따른다.

- 〈吉人爲善하되 惟日不足이니라〉 길인위선 유일부족
좋은 사람은 착한 일을 함에 날이 부족하다고 한다. 즉 착한 일은 일생을 두고 해도 못다 한다는 말이다.

- 〈股肱惟人이며 良臣惟聖이니라〉 고굉유인 양신유성
팔과 다리가 있어야 사람이 되듯, 어진 신하가 있어야 성군이 되니라.

- 〈樹德務滋요 除惡務本이니라〉 수덕무자 제악무본 (태서)
덕을 심으려면 자라도록 힘쓰고, 악을 제거하려면 뿌리채 없애도록 힘써야 한다.

- 〈無偏無黨이면 王道蕩蕩하리라〉 무편무당 왕도탕탕 - (홍범)
편협함이 없고 파당이 없으면, 왕도는 평탄해질 것이다.

- 〈人無於水監이요 當於民監이라〉 인무어수감이 당어민감 - (酒誥)
사람은 물을 거울로 삼을 것이 아니라. 마땅히 백성을 거울로 삼아야 한다.
이는 백성들로부터 자기의 능력과 평판을 들어 보아야 한다는 것이다.

- 〈天命不易라 天難諶이니라〉 천명불이 천난심 - (君奭)
하늘의 명은 쉽지 않기에. 하늘을 믿고만 있기란 어렵다. 하늘의 명은 그 사람의 행하는 바에 따라 변화하므로 언제 바뀔지 모른다.

- 〈民心無常하여 惟惠之懷하나이다〉 민심무상 유혜지회 - (蔡仲之命)
민심은 한결같지 아니하여, 오직 은혜를 베풀어 주는 사람을 따를 뿐이다.

- 〈無作聰明하여 亂舊章이니라〉 무작총명 난구장 - (채중지명)
총명한 체하며 옛 규범을 어지럽히지 마라. 자기의 새로운 지식을 내세워 가르침이나 옛 법도를 함부로 뜯어 고치지 말고 옛 법도를 따르는 게 좋다는 말.

- 〈功崇惟志요 業廣惟勤이니라〉 공승유지 업광유근 - (周官)
공적을 높임은 뜻에 있고, 사업을 넓힘은 근면함에 있다. 즉 공적은 의지에 달려있고, 사업은 근면에 달려있다는 말이다.

- 〈居寵思危하여 罔不惟畏하라〉 거총사위 망불유외 - (주관)
높은 자리에 있을 때 총애를 받을 때 위태함을 생각하며, 두렵지 아니함이 없이하라. 두려워하지 아니하면, 두려워할 일을 당하리라(弗畏入畏).

- 〈推賢讓能하면 庶官乃和하리라〉 추현양능 서관내화 - (주관)
어진이를 추천하고 유능한 이에게 양보하면, 모든 관리들은 화합할 것이다.

- 〈若蹈虎尾하며 涉于春氷이라〉 약도호미 섭우춘빙 - (君牙)
책임자는 매사 일처리에 있어 마음에 위태로움과 근심함이 '호랑이 꼬리를 밟은 듯하고, 봄철 얼음 위를 걷는듯하라. 즉 신중히 하라는 뜻'이다.

- 〈后德惟臣이요 不德惟臣어니라〉 후덕유신 부덕유신 - (冏命경명)
임금이 덕이 있는 것도 신하에게 달려있고, 덕이 없는 것도 신하에게 달려있다. 즉 떠받드는 재상에게 성군이 되고 못 되는 것이 달려있다는 것으로 - 보좌하는 이의 중요성을 말한 것이다.

- 〈一人有慶 兆民賴之니라〉 일인유경 조민뢰지(呂刑 여형)
인군 한 사람에게 경사(덕행)가 있으면 만백성이 이에 의지하여 편안하리라.

- 〈后克艱厥后하며 臣克艱厥臣〉이면 (후극간궐후 신극간궐신)
〈政乃乂하여 黎民이 敏德하리이다〉 (정내예 여민 민덕)
"임금은 임금 자리의 어려움을 알고, 신하는 신하 자리의 어려움을 알면 정치는 잘되고 백성들은 덕을 숭상하기에 힘쓸 것이다."
임금도 신하도 가장도 자기 자리의 어려움을 알고, 책임을 다하면 잘되지 않을 리 없다. 논어에도 '임금 노릇 하기도 어렵고 신하 노릇 하기도 쉽지 않다'.(爲君難 爲臣不易)고 하였다.
*乂(예) - 다스리다. 黎民(여민) - 백성

> ♥ 詩經 書經은 道를 담은 글이요. 春秋는 성인이 쓰는 도구다.
> 시경 서경은 약방문(藥方文) 같고, 춘추는 약을 써서 병을 치료하는 것과 같다.
> 경전(經典)은 그 의를 논하는데. 춘추는 옛사람들의 행사에 있어 옳고 그름을 밝히는 것이므로 이(理)를 밝히는데 요긴(要緊)하다.

【周易(주역) 명구】

■ 〈易 -與天地準이라〉 여천지준 - (周易繫辭 上)
周易(주역)은 천지에 준하여 만들어졌다. 그러므로 천지의 법칙과 합치되는 것이다. 역이란 그 옛날 성인이 도덕을 숭상하고 공업을 넓히기 위하여 지은 것이라 한다.

■ 〈二人이 同心하면 其利斷金이니라〉 이인동심 기리단금(계사 상)
두 사람이 마음을 같이하게 되면, 그 예리함이 쇠라도 자를 수 있다. 또 마음을 같이하는 말은 향기롭기가 난초와 같다.

■ 〈亢龍이니 有悔라〉 항룡유회 - (繫辭上)
높이 오른 용이니 뉘우침이 있으리라. 항룡은 최고의 위치에 오른 龍(용)이다. 그래서 극한에 도달되어서는 근신하고 경계해야 하며, 잘못 움직이면 아래로 떨어지게 되니 뉘우침이 따른다고 한 것이다.

■ 〈幾事-不密則害成하나니라〉 기사불밀즉해성 - (계사 상)
기밀한 일을 은밀히 하지 않으면 해를 입게 된다. 즉 임금이 기밀을 지키지 않으면 신하를 잃고, 신하가 기밀을 지키지 않으면 몸을 잃는다는 말이다.

■ 〈慢藏誨盜며 冶容이 誨淫이니라〉 만장회도 야용회음 - (계사 상)
간수하는 물건을 허술하면 도둑에게 와서 도둑질하라고 가르치는 것이 되고, 얼굴의 화장을 난잡하게 하는 것은 남에게 와서 음탕한 짓을 하라고 가르치는 셈이 된다. 易(역)에 이르기를 '짊어지고 또 타면 도둑을 오게 만드는구나' 한 것은 도둑을 스스로 불러들이는 것이 된다는 것이다.

■ 〈書不盡言하며 言不盡意이니라〉 서부진언 언부진의 - (繫辭 상)
공자 - 글로서는 말을 다 표현할 수가 없고, 말로는 뜻을 다 표현할 수가 없다고 하셨다.

■ 〈變通이 莫大乎四時하고 崇高가 莫大乎富貴니라〉
변통(변화에 통하여 막힘이 없는)에는 사계절보다 더 큰 것이 없고, 높은 것으로는 존엄한 지위와 풍요한 삶이 따르는 '부귀'보다 더 큰 것이 없다.

■ 〈天地之大德曰生이요 聖人之大寶曰位니라〉 - 繫辭계사 下
하늘과 땅의 큰 덕은 만물을 생성육성하는 것이요, 성인의 가장 큰 보배는 임금의 자리이다. 그 자리에 있지 않으면 그 도를 행할 수가 없다.
그 임금의 자리는 어떻게 지킬 것인가. 백성을 사랑하는 仁(인)의 마음으로 지킨다. 또 어떻게 사람을 모을 것인가, 백성의 생활을 풍족케 하는 재물로 모으는 것이다.

■〈尺蠖之屈은 以求信也요〉 척확지굴 이구신야 - (계사 하)
자벌레가 몸을 굽히는 것은 펴기 위함이요, 용과 뱀이 엎드려 있는 것은 보전하기 위함이다(龍蛇之蟄 以存身也), 龍蛇(용사)의 칩거와 군자의 進德修業(진덕수업)은 굴에 속하고, 그 활동과 활약은 伸(신)을 의미한다.

■〈憧憧往來면 朋從爾思라〉 동동왕래 붕종이사 - (계사 하)
역에 이르기를 '항상 벗을 그리워하며 오고 가면, 벗은 너의 생각을 따르게 되리라'

■〈三人行에 則損一人하고 一人行에는 則得其友라〉 - (계사 하)
역에 말하기를 '세 사람이 동행하면 한 사람은 따돌려지고, 혼자서 가면 벗을 얻게 된다'고 하였다. 이것은 하나로 합치하는 것을 말하는 것이다. - (言致一也)

■〈彰往而察來하며 而微顯闡幽하니라〉 창왕이찰래 이미현천유 - (계사)
대저 역은 '지난 일을 드러내고 오는 일을 살피며, 나타나는 것을 미묘하게 하고 어두운 것을 밝힌다.' 또 밝고 큰 것도 아주 작은 것에 원인이 있음을 통찰하고 아주 작아서 보이지 않는 것도 그 실상을 또렷이 밝혀낸다.

■〈謙은 尊而光하고 井은 居其所而遷이라〉 겸존이광 정거기소이천 - (계사 상)
겸은 존에서 빛나고, 정은 그 장소에 있어도(물은) 옮긴다. 겸양은 할수록 존경을 받게 되고, 그 덕은 크게 빛나게 된다.
우물은 한 곳에 있지만 그 물을 이용하는 사람에 따라서 여러 곳에 가져가기도 하고(遷의 뜻) 또 여러 사람이 이용한다. 군자의 도리는 井道(정도)와 같아서 자신이 있어야 할 곳에 안주하면서 깊이 수덕하여 그 가르침은 모든 사람을 이롭게 하고 세상을 이롭게 한다.

■〈危者를 使平하고 易者를 使傾하니라〉 위자사평 이자사경 - (繫辭下)
위자(위태하지 않을까 해서 항상 조심하는 사람)를 편안하게 하고, 안이한 자를 기울어지게 시킨다. 明代 내지덕은 월왕 구천이 와신상담 끝에 오왕 부차를 마침내 사로잡았다. 이것이 곧 危者使平라 했고, 또 來知德은 唐나라 현종이 궁중에서 노래와 여색을 즐기다가 안록산의 난을 초래하였으니, 이것이 易者使傾이라 했다.

■〈物畜然後에 有禮리라〉 물축연후 유례 - (序卦)
물이 쌓인 연후에 예의가 있게 되리라.

■〈與人同者 物必歸焉이리라〉 여인동자 물필귀언 - (서괘)
사람과 협동하는 자에게는 物(물)이 반드시 모인다. 많은 사람들이 뜻을 같이해서 일치 협력하면 물자도 많이 모이게 되고 사람들도 더욱 많이 모여서 점점 성하게 된다.

3. 사서오경 명구 명언

지도자심서(心書)

■ 〈有大者 不可以盈이라〉 유대자 불가이영 - (서괘)
가짐이 큰 자는 거만함으로써 함은 불가하니라. 겸손해야 한다.
가짐이 커서도 능히 겸손하면 반드시 즐거우리라(有大以能謙 -必預).

■ 〈有事以後에 可大리라〉 유사이후 가대 - (서괘)
일이 있은 이후에 클 수 있느니라. 여러 가지 시련을 겪은 후에 크게 될 수 있으리라.

■ 〈夫婦之道는 不可以不久也니라〉 부부지도 불가이북구야 - (서괘)
부부의 도는 이로써 오래하지 않을 수 없다. 따라서 부부의 도는 오랫동안 변하지 않아야 한다.

■ 〈革物者는 莫若鼎이리라〉 혁물자 막약정 - (서괘)
물을 개혁하는 것은 솥과 같음이 없으리라. 「鼎(정)은 제왕의 寶器(보기)를 의미하며 革(혁)은 -去舊(거구-옛것을 제거한다는 뜻)를 의미한다. 또 「鼎(정)은 取新(취신-새로운 것을 취한다는 뜻) 혁신 뜻」도 있으며, 또 「솥으로 음식물을 조리하여 천지신과 종묘의 제사에 쓰고, 또 양현 양민 등 기르다」의 의미도 가지고 있다.

■ 〈以貴下賤하니 大得民也로다〉 이귀하천 대득민야 - (屯初九)
귀하면서도 천한 사람을 잘 대하니 백성을 얻으리라. 높은체 하지 않고 천한 자들을 따뜻하게 대해주며 고충을 들어주면 인심을 얻는 법이다.

■ 〈君子以하여 作事謀始하나니라〉 군자이 작사모시 - (訟象)
군자는 일을 할 때 그 시작을 잘한다. 그리하여 후일 분쟁이나 송사가 일어날 원인을 남기지 않는다. 심사숙고해서 처리한다는 말이다.

■ 〈謙은 亨하니 君子有終이리라〉 겸형 군자유종 - (謙卦)
겸손한 사람은 막힘없이 통하므로 군자는 유종의 미를 거둘 것이다. 남에게 겸손하면 존경과 추앙을 받게 된다. 사람의 道(도) 역시 가득찬 것을 싫어하고 겸손을 좋아하는 것이다. - (人道 害盈而福謙)

■ 〈君子가 以振民하며 育德하느니라〉 군자 진민육덕 - (蠱象고상)
군자는 백성을 거두어서 분발시키며, 덕을 기르게 만드는 것이다.
이는 지도자가 해야 할 큰 임무인 것이다. - (振民 育德)

■ 〈貞吉하여 悔亡이라〉 정길 회망 - (咸九四)
바르면 吉(길)하여 후회함이 없으리라. 밀거니 당기거니, 그리워하고 잊지 못하는 마음으로 오가면 친구는 너의 생각을 따르게 될 것이다. - (憧憧往來 朋從爾思)
꾸준한 마음으로 일편단심 왕래한다면 좋은 친구도 만날 수 있고, 또 좋은 배필도 얻을 수 있다는 뜻이다.

- ⟨羝羊이 觸藩하여 羸其角이로다⟩ 저양 촉번 이기각 - (大壯九三)
  숫 양이 울타리를 들이받아 그 뿔이 휘어졌다(다치다). 자기의 힘만 믿고 나아간다면 비록 가는 길이 바르더라도 위험이 따르기 마련이다. 경거망동하지 말라는 뜻이다

- ⟨君子以하여 立不易方하나니라⟩ 군자이 입불역방 - (恒卦)
  군자는 입신하되 방향을 바꾸지 않는다. 언제나 자기의 명확한 입장과 주관을 가지고 모범과 안정을 이루는 것이다.

- ⟨損上益下하니 民悅无疆이라⟩ 손상익하 민열무강 - (益象익단)
  위를 덜어서 아래를 더해주니 백성들이 한없이 기뻐한다. 위에서 아래로 내려오니 그 道(도)가 크게 빛날 것이다. 임금이 백성들에게 이익을 주면 백성들은 기뻐하게 된다.

- ⟨鼎折足하여 覆公餗하나라⟩ 정절족 복공속 - (鼎九四)
  솥의 다리가 부러져 임금님의 진찬을 엎지르다. 이는 솥의 세 발처럼 나라를 받치고 있는 三公(삼공)이 잘못되면 나라를 망친다는 비유이다. - (折足覆餗)

- ⟨井渫不食하여 爲我心惻하니 可用汲이라⟩ 王明하면 並受其福하리라. - (鼎九三)
  우물물이 맑아도 이를 마시지 않으니 내 이를 슬퍼하노라. 물을 길어라 임금이 총명하시면 아울러 많은 복을 받으리라.
  이는 덕이 높은 선비가 쓰여지지 않음을 비유한 것으로 보인다. "硕果不食(석과불식) - 큰 과일이 먹히지 않는다. 큰 인물이 쓰임을 받지 못함"과 같다.
  * 井冽寒泉食(정렬한천식) - 우물물이 맑고 차다. 차가운 샘물을 마실지어다.
  * 井-養而不窮也(정 양이불궁야) - 우물은 길으매 궁해지지 아니한다.
  * 物不可窮也(물불가궁야) - 사물은 궁진할 수 없다. 최종 궁국이란 있을 수 없다.
  * 모든 근심은 하늘에 맡기고(寄愁天上), 걱정은 땅속에 묻어라(埋憂地下).

【禮記(예기) 명문】

- ⟨毋不敬하며 安定辭하라⟩ 무불경 안정사 - (禮記 曲禮)
  불경하지 말며, 말은 안정되게 하라. 윗 사람이 백성을 대할 때 공경하는 마음과 행실이 엄숙 단정하고 말은 이치에 맞도록 조용하고 침착하게 하면 백성을 편안하게 하는 것이다.

- ⟨敖不可長이요 欲不可從이라⟩ 오불가장 욕불가종 - (곡례)
  오만을 자라게 해서는 안되고, 욕심을 쫓아해서도 아니된다. 또 뜻한 바를 만족시키려 해서도 안되고(志不可滿), 즐거움을 극도로 누리려 해서도 안된다(樂不可極).
  이 네 항목(敖, 欲, 志, 樂)은 인생의 大戒로서, 예로서 악을 방어하고 선을 행하는데 뜻이 있다.

3. 사서오경 명구 명언

- 〈臨難에 無苟免이니라〉 임난 무구면 - (곡례)
  어려움을 당해서 구차하게 모면하려 하지 마라.

- 〈禮不踰節이니라〉 예불유절 - 예는 절도를 넘어서는 안된다.
  예는 친소에 따라 정하고, 상하를 분별하여 정하며 지나치면 아첨이 되기도 한다.

- 〈禮聞來學이요 不聞往敎니라〉 예문내학 불문왕교 - (곡례)
  예는 와서 배우는 것이지, 가서 가르친다는 말은 듣지 못했다.

- 〈冬溫而夏凊하며 昏定而晨省이니라〉 동온이하정 혼정이신성 - (곡례)
  무릇 사람이 되어 부모를 섬기는 예는 "겨울에는 따뜻하게 여름에는 시원하게 해드리며, 저녁에는 잠자리를 봐드리고 아침에는 문안을 드린다".

- 〈貧者 不以貨財로 爲禮하나니라〉 빈자 불이화재 위례 - (곡례)
  가난한 사람은 재화로서 예를 차리지 않는다. 진심으로 행하면 이미 예는 다한 셈이다.

- 〈公事는 不私議니라〉 공사 부사의 - (곡례)
  공사는 사사로이 의논하지 않는다. 공공의 장소에서 의논해야지 자기 집이나 숨은 장소에서 의논해서는 안된다. '공과 사를 구분'하라는 말이다.

- 〈年長以倍則 父事之하고〉 - 나이가 배나 더 많은 사람은 아버지를 섬기는 것처럼 하고,
  〈十年以長則이어든 兄事之하고〉 - 십년이 더 많은 사람은 형을 섬기듯이 하고
  〈五年以長이어든 肩隨之니라〉 - 오년이 더 많은 사람은 어깨를 나란히 하되 따라야 한다.

- 〈知生者는 弔하고 知死者는 喪하니라〉 지생자 조, 지사자 상 - (곡례)
  상을 당한 상주를 아는 사람은 조상하는 말을 하고, 죽은 이를 아는 사람은 애도의 정을 표한다.
  • 弔喪(조상)할 때 부의를 낼 수 없으면 장례비용을 묻지 않으며, 문병할 때 물품을 줄 수 없으면 그가 원하는 것을 묻지 않으며.
  • 남을 만나서 숙소를 제공할 수 없으면 그 숙소를 묻지 않는다. - (曲禮上)
  * 喪(상) - 애도의 정을 표하는 것.

- 〈爲人臣之禮는 不顯諫이니 三諫而不聽이어시든 則逃之하니라〉 - (곡례)
  남의 신하된 자의 예는 임금의 허물을 드러내어 간하지 않는다. 세 번 간해서 듣지 않으면 떠나가 버린다. 아들이 어버이를 섬김에 있어 세 번 간하여도 듣지 않으면 울부짖으며 따른다. - (三諫而不聽 則號泣而隨)

- ⟨事親호대 有隱而無犯하니라⟩ 사친 - 유은이무범 - (檀弓)
  ① 어버이를 섬김에는 어버이의 허물을 덮어 숨기는 경우는 있으나, 안색을 범하여 극 간하는 일은 없어야 한다.
  ② 임금을 섬김에는 안색을 범하여 극간하는 일은 있어도 허물을 덮어 숨기는 일은 없어야 한다(事君 有犯而無隱).
  ③ 스승을 섬김에는 안색을 범해서 간하는 일도 없고 그 허물을 덮어 숨기는 일도 없다 (事師 無犯無隱).

- ⟨死而不弔者 - 三이니 畏와 厭과 溺이니라⟩ 사이부조자 삼 외, 염, 익 - (檀弓)
  죽은 사람에게 조상하지 않는 것에 세 가지가 있다.
  두려워 죽은 자(남에게 협박을 받고 두려워 스스로 목숨을 끊은 자), * 압사당한 자(바위, 건물 붕괴 등), 익사당한 자이다.
  * 자살한 지도자를 예우차원을 넘어 모범지도자로. 정치에서 그 이름을 파는 것은 어딘지 적절해 보이지 않는다.
  * 인사(절하기) : 拱手(공수), 두 손가락을 가지런히 편 다음 평상시 남자는 왼손이 위로 가도록 하고 (拜向左手). 여자는 이와 반대로 하고 절한다.

- ⟨祭는 豊年에 不奢하며 凶年에 不儉이니라⟩ 풍년불사 흉년불검 - (禮經 왕제)
  제사는 풍년이라고 해서 호사스럽게 하지 않으며, 흉년이라고 해서 약식(간단하게)으로 하지 않는다. 예에 따라 한다.

- ⟨父子篤하고 兄弟睦하며 夫婦和는 家之肥也니라⟩ - (禮運)
  부자사이가 돈독하고 형제가 화목하며 부부가 화합하면 그 집안은 살찔 것이다.

- ⟨禮는 始於謹夫婦니라⟩ - (內則)
  예는 부부사이의 도리를 삼가는 데서부터 시작된다. 부부 사이에도 평소에 삼가고 조심하고 공경하는 마음을 잊어서는 안된다. 가장 친밀한 사이다 보니 자칫 예를 소홀히 하기가 쉽다.

- ⟨名者는 人治之大者也니라⟩ 명자 인치지대자야 - (大傳).
  명칭(호칭)은 사람을 다스리는데 큰 역할을 한다. 삼가하지 않을 수 없다. 집안에서 촌수와 장유를 따져 호칭을 바로 하는 것은 중요한 일이다. 가령 형수가 제수보다 나이가 적어도 남편의 서열을 따라 형님으로 불러야 하고, 삼촌이 조카보다도 어리더라도 마땅히 숙부로 부르며 존대해야 한다.

- ⟨不道舊故니라⟩ - 부도구고(少儀) : 남의 오래된 허물은 말하지 않는다.
  ⟨有諫而無訕⟩ - 유간이무산 : 신하된 자는 임금을 간하되 비방하지는 않는다.

3. 사서오경 명구 명언

【訕(산) - 비방할 산】

요즈음 정치판(선거)에서 십년 전 일을 가지고 맹공하는 것은 정치판이라고 해도 오상(五常)에 관한 문제가 아니라면 自制해야 할 것이다.
이는 신사답지 못하기 때문이다.
중요한 것은 이러고서는 국가가 앞으로 나아갈 수 없기 때문이다(발전).

- 學然後에야 知不足하며(학연후 지부족) - 배운 후에야 부족함을 알고
  教然後에야 知困이니라(교연후 지곤) - 가르쳐 본 후에야 어려움을 안다.
  教學爲先(교학위선) - 가르치고 배우는 일을 먼저 한다.
  즉 교학의 중요성을 말한 것이다.

- 〈옛날 대학의 교수법에 4가지(豫, 時, 孫, 摩)〉가 있다. - (學記)
  * 학생의 나쁜 습관이 발생하기 전에 미리 방지하는 豫(예)법
  * 스스로 알기를 원할 때 가르쳐주는 時(시)법 - (시기와 정도에 맞게함)
  * 절도를 넘지 않고 가르침을 베푸는 것을 孫(손)법 - (孫은 順순조롭다)
  * 서로 관찰하여 선행을 따르는 것을 摩(마)법(摩는 깎고 다듬는다)

- 〈擇師는 不可不愼也라〉 - 택사 불가불신
  선생을 선택하는 일은 신중하지 않으면 안된다. 학생은 선생의 학통과 학풍 그의 모든 인품 선행까지도 본받게 되기 때문이다.

- 〈大德은 不官이니라〉 대덕불관 - 큰 덕을 지닌 사람은 벼슬에 묶이지 않는다.
  〈大道는 不器니라〉 대도불기 - 대도는 한갓 그릇에 매이지 않는다.
  〈大信은 不約이니라〉 대신불약 - 참다운 신의는 약속하지 않는다.

- 〈善教者는 使人繼其志하니라〉 - 선교자 사인계기지 - (학기)
  훌륭한 스승은 그 제자로 하여금 뜻을 이어가게 한다. 그것은 교육이나 학문뿐만 아니라 장인의 기능에 있어서도 마찬가지이다.

- 〈治世之音은 安而樂하니 其政이 和요〉 - (樂記)
  잘 다스려지는 나라의 음악은 편안하고 즐겁다. 이는 그 정치가 화평하기 때문이다.
  반대로 어지러운 세상의 음악은 원망하여 슬픔에 차 있다.
  그 정치가 도리에 어긋나기 때문이다(亂世之音 怨而怒 其政乖)
  태평시에는 화평한 노래가, 난세에는 원망의 노래가 유행한다.

- 〈審樂而知政하니라〉 심악이지정 - (樂記)
  나라 안에 음악을 살펴보면 정치 현실을 짐작할 수가 있다. 즉 음악에는 그 시대의 민심이 깔려있다. 그러하기에 聲音의 길은 정치와 통한다는 것이다(觀其舞면 知其德이니라).

■ 〈禮는 節民心하며 樂은 和民聲하나니라〉 - (樂記)
  예는 사람의 마음을 절도있게 하고, 음악은 사람의 마음을 화평하게 한다. 예는 사람의 마음을 알맞게 조절해 주고, 음악은 희로애락의 정을 부드럽게 순화시켜 준다.

■ 〈禮者는 所以綴淫也니라〉 예자 소이철음야 - (학기)
  예는 지나친 욕망을 막는다. 예는 일상생활에 절도를 지키게 하고 문란한 행위를 금한다. 그런 까닭에 예악은 잠시라도 우리 몸에서 떠나게 해서는 안된다(禮樂 不可斯須去身).

■ 〈齊之日에 思其居處〉 하며 - 재계하는 날에는 그분이 생전에 기거하던 곳을 생각하며
  思其笑語(사기소어) 하며 - 그 웃고 이야기하던 모습을 떠올리며
  思其志意(사기지의) 하며 - 그 지녔던 뜻을 생각하며
  思其所樂(사기소락) 하며 - 그 즐거워하던 바를 그려보며
  思其所嗜(사기소기) 하니라 - 그 좋아하던 바를 생각할 뿐이다.

■ 〈孝有三이니 大孝는 尊親하며 其次는 弗辱이요 其下는 能養이니라〉 - (祭義)
  효도에는 세 가지가 있으니 가장 큰 효는 어버이를 존경하고 높이며, 다음은 어버이나 조상에게 욕이 돌아가지 않게 행실을 바로 하는 것이며, 그 다음은 부모가 의식주에 궁하지 않게 봉양하는 일이다.

■ 〈貴有德하며 貴貴하며 貴老하며 敬長하며 慈幼이니라〉
  선왕이 천하를 다스리는 데에는 5가지 道(도)가 있다.
  덕이 있는 자를 귀하게 여기고, 존귀한 자를 귀히 여기고, 늙은이를 귀하게 여기고, 어른을 공경하고, 어린이를 사랑하는 것이다.

■ 〈治人之道는 莫急於禮니라〉 치인지도 막급어예 - (祭統)
  사람을 다스리는 길은 예보다 더 급한 것은 없다.
  예에는 五經(오경-길례, 흉례, 군례, 빈례, 가례)이 있으나 제례만큼 중요한 것은 없다.

■ 〈夫祭有餕하니 餕者는 祭之末也이니〉 - (祭統)
  무릇 제사에는 餕(준)이 있는데, 준이란 제사의 마지막이니 몰라서는 안되는 것이다. 옛사람이 말하기를 "終者-如始라" '마무리를 잘하는 자는 시작을 잘하는 것과 같이 한다' 했으니 준이 그것일 따름이다.

  * 餕(제사퇴물준) - 제사에서 먹고 남긴 음식을 먹는 예로서 위에서부터 아래에 이르기까지 널리 은혜를 베푸는 의미를 가지고 있다. 故로 祭者敎之本也라 하는 것이다.

■ 〈小人은 貧斯約하고 富斯驕라〉 소인 빈사약 부사교 - (仲尼閒居)
  소인은 가난하면 구차해지고 부유하면 교만해진다. 쪼들리고 궁박해지면 나쁜 마음을 품게 되고 생활이 풍부해지면 교만방자하게 된다. 이것이 소인의 행태이다.

3. 사서오경 명구 명언

■ 〈睦父母之黨하면 可謂孝矣니라〉 목부모지당 가위효의 - (방기)
부모의 일가친척과 화목함은 가히 효도라 할 수 있다. 그러므로 어진 이는 화목을 위해 동족을 모은다고 한다. 시경에 '의좋은 형제는 너그럽고 유유하지만 의나쁜 형제는 서로를 헐뜯네'라고 하였다.

■ 〈예의 시작은 在於正容體하며 齊顏色하며 順辭令하나니라〉 재어정용체 제안색 순사령
"몸가짐을 바르게" 하며 "얼굴빛을 고르게" 하며 말씨를 순하게 하는 데 있다.
몸가짐, 얼굴빛, 말씨 이 세가지는 올바른 예의생활의 기초가 되는 것이다. - (冠義)

♥ 拜上左手(배상좌수) - 절할 때 왼손을 위로한다.
대개 종중 가운데에는 일을 맡는 것을 영화로 여긴다(蓋宗中之事 以有事爲榮).

【 春秋(춘추) 名句(명구)】

■ 〈親仁善隣은 國之寶也니라〉 - (隱公 六年)
어진이를 친애하고 이웃과 사이좋게 지내는 것은 나라의 보배이다. (五父)
어진이를 정치에 참여케 하고 이웃 나라와 친선관계를 맺는 것이 바람직하다는 말이다.

■ 〈信不繼면 盟無益也니라〉 - (桓公 十二年)
진실로 신용을 지키지 않으면 맹세는 아무 소용이 없다. (君子)
시경에서도 말하기를 '군자가 많은 맹세를 할수록 난리는 길다'고 했는데, 이는 모두 신용이 없기에 나온 말이다.

■ 〈苟利於民이 孤之利也니라〉 - (文公 十三年)
진실로 백성을 이롭게 하는 것이 나의 이로움이다(邾子). 邾- 나라이름 주
하늘이 백성을 낳고 임금을 두는 것은 이를 이롭게 하려는 것.

■ 〈武有七德〉 (宣公 十二年)
武(무)에는 일곱가지 德(덕)이 있다. (楚子)
1. 난폭한 자를 억누르고(禁暴), 2. 무기를 거두어 싸움을 중지시키고(戢兵), 3. 나라와 임금을 보전하고(保大), 4. 공을 정하고(定功), 5. 백성을 편안하게 하고(安民), 6. 만민을 화락하게 하고(和衆), 7. 재물을 풍족하게 해서 생활을 안정시키는 것이다(豊財).
* 戢(즙)- 거두다. 그침. 병기모음

■ 〈進思盡忠하고 退思補過하니라〉 - (선공 십이년)
나아가서는 충성을 다할 것만 생각하고 물러나서는 그 허물을 메워줄 것만 생각한다. (子貞子), 조정에 나아가서는 오직 충성, 물러나서도 임금의 허물이 있으면 바로잡아 주려고 골몰한다. 이는 충신의 일상을 말한 것이다.

■ 〈器與名 不可以假人이니라〉 - (成公 二年)
　기와 명은 남에게 빌려주지 않는다. - (공자)
　　* 器(기)는 벼슬의 등급에 딸려있는 의복이나 수레.
　　* 名(명)은 벼슬이나 신분에 상당한 칭호, 예컨대 벼슬을 준다든지 권한을 위임한다던지 하는 것 등 자신만이 소중히 간직해야 할 물건이나 명예와 관계되는 것은 명분없이 내주어서는 안된다는 것이다.

■ 〈盜憎主人하고 民惡其上이라〉 - (成公 十五年)
　도둑은 재물주인을 싫어하고 백성은 그의 상전(윗사람)을 미워한다.
　이는 재물주인이 지키고 있어 훔쳐 갈 수가 없기 때문이요. 또 백성은 늘 쓸데없는 간섭을 받고 강압을 당하기 때문에 관리들을 싫어하게 마련이다.

■ 〈多行無禮면 必自及也라〉 - (襄公 四年)
　무례한 짓을 많이 행하면, 그 무례함을 받게 된다.
　〈同罪異罰은 非刑也라〉 - (襄公 六年)
　죄는 같은데 벌이 다른 것은 형이 아니다. - (子罕)

■ 穆叔〈목숙(襄公 二年)은 말하기를〉 훌륭한 사람을 찾아가서 묻는 것을 '諮(자)'라 하고, 친척에 대하여 묻는 것을 '詢(순)'이라 하며, 예에 관하여 묻는 것을 '度(도)'라 하고, 정사에 관하여 묻는 것을 '諏(추)'라고 한다. * 諏- 물음 추

■ 〈君子勞心하고 小人勞力이라〉 - 襄公 九年
　군자(지도자)는 정신적으로 애쓰고. 소인(백성)은 살아가는데 육체적으로 수고한다.
　- 知武子〈衆怒難犯이요 專欲難成이니라〉 - 대중의 분노는 막기 어렵고, 혼자만의 욕심은 이루기 어렵다. 衆怒如水火(중노여수화)도 같은 뜻이다.

■ 〈大上은 有立德이요 其次는 有立功이요 其次는 有立言이니라〉
　최상은 덕을 세우는 것이고, 그 다음은 공을 세우는 것이며, 그 다음은 훌륭한 말을 남겨 놓는 것이다(穆叔). 즉 덕으로 나라를 다스리는 것이 최상의 업적이고. 다음은 재난을 막고 적을 물리쳐 공을 세우는 일. 그 다음은 교훈이 될 값진 말을 남기는 것이다. 이 세 등급의 사람은 죽은 지가 오래되어도 썩지 않는다고 한다. - (死而不朽)
　　* 朽(후) - 썩을 후

■ 〈不義而彊이면 其斃必速이리라〉 - (昭公 元年)
　옳지 못하면서 강하면 반드시 빨리 쓰러진다. - (叔向)
　불의한 일을 실행력이 강해서 분별없이 밀어부치면 결국 악이 쌓이어 빨리 쓰러지게 된다.
　　* 彊(강) - 굳셀강. 斃(폐) - 죽을 폐, 斃死(폐사) - 쓰러져 죽다.

3. 사서오경 명구 명언

지도자심서(心書)

- 〈公事는 有公利요 無私忌니라〉 - (昭公 三年)
  공무에는 공공의 이익이 있을 뿐. 사사로운 이해는 없어야 한다. - (惠伯)
  공무에 사사로움이 끼어서는 안되고, 공공의 이익이 우선시 되어야 한다는 말이다.

- 〈不賞私勞하고 不罰私怨이라〉 - (昭公 五年)
  사사로운 수고에는 상을 주지 않고, 사사로운 원한에는 벌을 주지 않는다. - (周任)
  즉 상은 공익을 위해 수고했을 때 주고, 벌은 사사로운 감정으로 주어서는 안된다는 뜻.

- 〈嫠不恤其緯하고 而憂宗周之隕이라〉 - (昭公 二十四年)
  과수댁이 베짜는 그 씨줄이 끊어질 것은 걱정하지 않고. 망해가는 주나라를 근심한다.
  이것은 윗사람이 문란해지면 하잘것 없는 홀어미에게까지 재앙이 미친다는 것을 말하는 것이다.
  * 嫠 - 과부 리, 恤 - 근심 흘, 緯 - 씨줄 위, 隕 - 죽을 운 떨어질 운.

- 〈人各有能 有不能也라〉 - (定公 五年)
  사람은 저마다 능한 것이 있고 능하지 못한 것이 있다. - (由于)
  누구에나 일장일단(一長一短)이 있으니 이를 잘 알아서 쓰라는 말이다.

- 군자(君子)가 말하기를 "자기의 힘을 생각하고 행동에 옮긴다면 실수가 적을 것이다. 일의 성공과 실패는 자신에게 달린 것으로서 다른 사람이 어쩔 수 없는 것이다".
  * 시경에서도 말하기를 "어찌 새벽 일찍이 또는 밤늦게 대신이 있는 곳으로 가고 싶지 않으리오 만은 가고자 하는 길에 이슬은 많기도 하여라"라고 하였다. 이는 詩經 召南의 行露편에 나오는데 예를 지키지 않고 무례하게 행하면 반드시 화가 돌아올 것을 비유하여 말한 것이다.

- 文公이 말하기를 〈신용이란 나라를 지키는 보배이다〉

- 진(晉)의 구계(臼季)는 말하였다. - (晉 文公에게)
  * 신(臣)은 〈문을 나가면 길 위에 사람들을 손님 대하듯 하고, 일을 맡아하면 신을 제사 지내는 것 같이하라〉는 말을 들었습니다. 또 구계는 말하기를 〈순(舜) 임금은 죄로해서 곤(鯀)을 죽였지만 그 아들 우(禹)를 거용(舉用)했습니다. 관중은 환공(桓公)의 원수이었지만, 환공을 도와서 패자가 되었습니다. 시에 이르기를 〈순무와 무를 뽑네- 밑동만 보지를 말라〉고 했습니다.

- 시경에 〈하늘의 위광을 두려워하여 이에 임금님을 잘 지키라〉고 한 것은 '임금님을 신뢰하라'는 것이다. 商書에 "유약한 자는 굳건함으로서 고치고(沈漸剛克), 굳건한 자는 부드러움으로 고친다(高明柔克)."

- 중니(仲尼)는 말씀한 바 있다.
  그릇이나 이름만은 남에게 빌려주어서는 안되는 것이다(器與名 不可以仮人).
  그것은 임금이 맡아 가지고 있어야 할 것이기 때문이다.

■ 편안함과 안일함은 실로 이름을 망친다.(懷與安 實敗名)
■ 주자(周子- 晉나라 悼公)는 말하기를 - 成公 十八年
사람들이 임금을 求하는 것은 임금의 명령으로 나라를 다스리게 하려는 것이다. 임금을 세우고도 그 명령에 따르지 않는다면 임금이 무슨 필요가 있겠는가. 선택했다면 恭敬하고 따라야 한다. 그렇게 한다면 神도 복을 내릴 것이다.

■ 한헌자가 재상이 되어 국정을 잡고 있었는데 말하기를
〈사람이 따라 주기를 원한다면 먼저 반드시 그 사람을 위하여 힘써야 한다〉고 하였다.

■ 양공(襄公)때 然明의 말이다. - 양공 二十四年
귀해지면 두려워할 줄을 알고, 두려우면 내려갈 줄 생각하는 것이 도의 근본이다.

■ 태양을 걸고 맹세한다.
  * 시경에 정직한 덕행이 있으면 천하 사람들이 모두 귀의한다.

> ♥ 군자에게는 네 번의 때가 있다.
> '아침에는 정치를 관여'하고 '낮에는 여러 가지 일을 의논'하고 '저녁에는 행하여야 할 명령을 정리'하고 '밤에는 몸을 편히 쉬는 것'이다.

■ 어진이의 말은 그 이로움이 크다. 〈안자의 한마디 말에 제나라 경공이 형벌을 줄였도다〉
시경에 이르기를 〈군자가 복을 행하면 문란함이 없어지도다〉라고 한 것은 이것을 말한 것이다. 옛글에 이르기를 〈공경하면 재앙이 없다(敬-無災) 하였고 또 오는 사람을 공경해서 맞이하면 하늘이 복을 내린다〉고 하였다.

> ♥ 자문백이 말하기를 정치에는 세 가지 힘쓸 것이 있으니
> 이는 '사람을 잘 등용'하고 '백성의 민심을 따르는 것'과 시기를 잘 고르는 것이다.

■ 〈提彌明은 말했다〉 - (宣公 二年)
신하로서 임금을 모신 연석에서 술이 석 잔을 지나는 것은 예가 아니라 하고, 조순의 차우(車右)인 제미명은 조순을 부축해서 내려왔다.(이것은 晉侯가 술자리를 베풀어서 조순에게 술을 마시게 하고 무사(武士)를 매복시켜 죽이려 했기 때문이다.

■ 〈狐突은 말했다〉 - (僖公 十年)
신이 듣건대 귀신은 인연(因緣)이 없는 자의 제사를 받아드리지 아니하고, 백성은 자기 친족(親族)이 아닌 자를 제사(祭祀) 지내지 않는다.

3. 사서오경 명구 명언

지도자심서(心書)

- **〈이름짓는 데는 다섯가지가 있다〉** - (桓公六年 (中繻))

  信, 義, 象, 假, 類가 있는데 '그 이름을 가지고 태어나는 게 신(信)'이고, '장래의 번영을 생각해서 훌륭한 덕으로서 이름을 짓는 것이 의(義)'이며, '얼굴 생김을 견주어 이름 짓는 것이 상(象)'이고, '탄생과 관계되는 사물(事物)에 견주어 붙이는 게 가(假)'요, '어버이와 관계되는 사물에 견주어 취(取)하는 것이 유(類)'입니다.

  註 : 이는 노나라 환공이 부인 문강과 종부와 함께 태자를 명명(命名)할 때 환공이 신유에게 이름을 물으니 그가 대답한 말이다.

- 孔丘(공자)의 조상에 弗父何(불보하)가 송나라의 임금이 될 것인데 厲公(여공)에게 사양(辭讓)하였다. 불보하의 증손 正考父에 이르러 재공(載公), 무공(武功), 선공(宣公)의 세 임금을 섬기었다. 벼슬이 상경(上卿)의 높은 벼슬에 있었으면서도 근신하고 공경을 다하였다. 그러므로 그의 정명(鼎銘)에는 "대부(大夫)가 되어서는 등이 굽었고, 경(卿)이 되어서는 어깨가 움츠러들었으며, 상경(上卿)이 되어서는 허리가 아주 구부려져 큰길로 가지를 못해서 담을 따라서 걸었으나, 남이 아무도 나를 업신여기는 자가 없었다. - (昭公 七年)

- 晏子(안자)가 말하기를 화합과 동의는 틀린다. "화합한다는 것은 국을 끓이는 것과 같아서 물, 불, 초, 간장, 소금, 매실에다 삶은 생선이나 고기를 넣고, 나무로 불을 때서 요리사가 그것을 조화시키고 맛을 보아 모자라는 것은 더 넣고, 많은 것은 덜어내어 만듭니다".

  이렇게 해야 정치가 공평해져서 충돌이 없고 백성들도 다투는 마음이 없어집니다.

  시경에서도 이르기를 〈국에 간을 맞추는 것과 같이 경계하면 정치는 공평해지고 백성들은 다투는 마음이 없어진다〉고 하였다.

- 仲尼(중니)가 말하기를 〈정치가 관대하면 백성들이 태만해진다.

  백성들이 태만해지면 사납게 이를 다스려야 한다〉 백성들이 잔학해질 무렵에 이를 관대하게 다스려야 한다.

  관대함으로 사나움을 다스리고 사나움으로 관대함을 구제하여야 하는 것이다.

  정치는 이렇게 조화를 해 나가는 것이다.

- **병서에 이르기를** 〈남보다 앞서려면 사람의 마음을 빼앗아야 하고 그래도 뒤질 적에는 적이 쇄하기를 기다려라〉.

- **송의 대부 烏枝鳴**(오지명)이 말하기를 작은 숫자를 가지고 싸우려면 일제히 죽을 각오를 해야 한다. 일제히 공격하여 싸우는 데는 긴 무기를 사용하지 않는 것이 좋다. 그러니 모두 단검을 사용하도록 하라고 하였다.

二. 문자명구편

[참고] : 춘추는 오경(五經)중의 하나 춘추(春秋)시대 노(魯)나라를 기준으로 쓴 역사기록. 은공(隱公) 1년에서 애공(哀公) 14년까지(BC 722-BC 481) 12대 242년간에 발생한 사건을 사관(史官)이 기록한 것을 "공자"가 윤리적인 입장에서 비판 수정을 가하여 정사(正邪) 선악(善惡)을 내린 것, 공평무사하고 정당한 언론의 귀감으로서 춘추필법(春秋筆法)이라는 말이 생겨날 만큼 간결하면서도 날카로운 문장에는 실로 현인의 명언이 도처에 산재되어 있어 일상의 정신적 지주(支柱)를 얻기에 족(足)하다.

♥ 일이 조금 뜻대로 되지 않을 때는 나보다 못한 사람을 생각하면 원망과 탓하는 마음이 저절로 사라진다.
마음이 조금 나태해질 때는 나보다 나은 사람을 생각하면 정신이 저절로 분발하게 된다.

♥ 아침 노을은 비가 올 징조이므로 밖에 나가지 않고 (朝霞不出門)
저녁 노을은 맑은 날씨가 될 징조이므로 천리라도 간다. (暮霞行千里)

♣ 짤막지식
- 할례(割禮) : 옛것을 벗어버리고 본성을 갱신한다는 뜻, 또 유대인 종교적 관습의 뜻도 있다.
- 사사시대 : 여호와의 신앙은 상실되고 삶의 모든 영역에서 하나님이 없는 절망의 시간.
- 하나님의 도성 : 하나님의 뜻에 따라 살아가는 사람들로 구성. 책이름/ 성아우그스티누스.
- 지상의 도성(都城) : 인간의 기준으로 살아가는 사람들.
- 泰斗(태두) : 태산과 북두칠성(泰山北斗의 준말), 그 한 방면에서 권위있는 사람.

♣ 기록한 성경말씀 가운데 명심해야 할 구절들은 다음과 같은 것이다.
1. 타락한 자들은 다시 새롭게 하여 회개하게 할 수 없나니 (히 6;6).
2. 짐짓 죄를 범한즉 다시 속죄하는 제사가 없고 (히 10;26).
3. 의의의 도를 안 후에 받은 거룩한 명령을 저버리는 것보다 알지 못하는 것이 도리어 그들에게 나으니라 (벧후 2;21).
4. 성경은 폐지하지 못하나니 (요한 10;35) - 존 번연/ 1628~1688

♣ "혈과 육은 하나님 나라를 이어받을 수 없기"(고전 15;50) 때문에 그곳 하늘에서는 아무도 육체를 따라 자신을 알지 않습니다.

*교회는 내가 사랑하므로 병이 낫다(아 2;5)는 것을 체험하고 너희는 건포도로 나의 힘을 돕고 사과로 나를 시원하게 하라. 내가 사랑하므로 병이 생겼음이라(아 2;5)고 외칩니다.
- (하나님의 사랑/ 성 버나드)

3. 사서오경 명구 명언

4. 제자백가의 명언(諸子百家의 名言)

◘ 老子(노자) 명언

■ 和其光하고 同其塵하니라 - 四章

그 빛을 부드럽게 하고 속세(塵)와 함께 어울린다.
재능이나 명예 따위를 드러내지 않고 세속에 동화할 줄 알아야 한다.
이는 노자의 철학을 대표하는 和光同塵(화광동진)의 사상이다.

■ 多言數窮이니 不如守中이니라 - 五章

말이 많으면 자주 궁지에 몰리게 되니, 중용을 지켜라. 말을 많이 하다 보면 실수도 하게 마련이다. 어느 경우에는 한마디 실수가 천추의 한을 남기는 수도 있다. "말 많은 놈 쓸모없다" "말 많은 집 장맛도 쓰다"는 속담도 있다.

  * 數(삭) - 자주삭, 窮(궁) - 다할 궁

■ 上善若水 - 八章

최상의 선은 물과 같다. 물은 만물에 생명(이익)을 주지만 자기를 위해 다투(공명을)지 않고, 늘 남들이 싫어하는 곳(아래)으로 흘러서 크나큰 존재 바다를 이루게 된다.

■ 功遂身退는 天之道니라 - 九章

공을 세우고는 물러나는 것이 하늘의 도이다. 이는 四時(사계절)의 변화와도 같다.
봄은 봄의 할 일을 끝내면 그 자리를 여름에게 넘겨준다. 여름도 가을도 제각기의 일을 마치면 그 지위를 겨울에게 양보한다.   * 遂(수) - 성취할 수, 마칠 수

■ 生而不有하며 爲而不恃하니라 - 十章

낳고 키우고도 소유하지 않으며, 큰 일을 하고도 자랑하지 않는다. 이는 자기가 한 것으로 여기지 않고 대자연이 한일로 여기는 것이 본래의 德(덕)이라고 한다.

  * 恃(시) - 자랑하다의 뜻.

■ 國家昏亂하여 有忠臣이니라 - 十八章

나라가 혼란해지자 충신이 나오게 된다. 즉 나라가 어지러우면 이를 바로잡기 위해서 애국지사가 나오게 마련이고, 전쟁이 일어나면 국난을 극복하기 위하여 장군이 나오게 마련이다.

- **俗人昭昭인데 我獨昏昏하니라** - 二十章
  세상 사람들은 영특하고 똑똑한데, 나 혼자 멍청하고 어리석다. 모든 사람이 재간을 부리며 영악한 척하며 살아가고 있는데 홀로만이 멍청하게 살고 있다.

- **曲則全하고 小則得이니라** - 二十二章
  구부러지면 도리어 온전해질 수가 있고, 적으면 도리어 얻게 된다.
  구분 나무는 쓸모가 적기 때문에 제 수명을 다할 수가 있지만, 곧은 나무는 쓸모로 인해 먼저 베임을 당하게 된다(直木先伐).

- **不善人者는 善人之資니라** - 二十七章
  착하지 못한 사람은 착한 사람의 도움이 된다. *資(자) -도울 자, 제물 자
  또 "善人者는 不善人之師라" 착한 사람은 악한 사람의 스승이 된다고 한다.

- **聖人은 去甚하고 去奢하며 去泰하니라** - 二十九章
  성인은 심한 것을 버리고, 사치함을 버리며, 교만함을 버린다.
  즉 우리의 일상생활에서 中庸(중용)을 얻으면 심(甚)이 되지 않고, 소박하면 사(奢)가 되지 않고, 겸손하면 태(泰)가 되지 않는다(去三).

- **戰勝이라도 以喪禮處之하니라** - 三十一章
  전쟁에 이겼다 하더라도 상례로 대처해야 한다.
  전쟁에서 이겼다고 기뻐하기보다는 상례에 임한 사람처럼 슬픔을 가지고 전후 처리를 해야 한다.

- **勝人者有力이요 自勝者強이니라** - 三十三章
  남을 이기는 자는 힘이 있고, 자신을 이기는 자는 강하다. 남을 이기는 자는 남보다 힘만 세면 되겠지만, 자신의 사리사욕을 이기기란 쉽지 않다. 그래서 자기를 이기는 자가 가장 강한 사람인 것이다. 또 남을 아는 것을 知(지)라 하고 자신을 아는 것을 明(명)이라 한다.

- **強梁者는 不得其死하니라** - 四十二章
  강하고 억센 자는 제 命(명)에 죽지 못한다. 힘만 믿고 날뛰는 강포(強暴)한 자는 제명에 죽기 어렵다. 나무도 강하면 꺾이고, 모난 돌은 정을 맞는다.

- **知者不言이요 言者不知니라** - 五十六章
  아는 사람은 말하지 않고, 말하는 사람은 알지 못한다. 본래 참된 지자(知者)란 말이 적고, 말이 많은 사람은 대개 도를 알지 못하는 사람이다.

4. 제자백가의 명언

■ 九層之臺도 起於累土니라 - 六十四章
아홉 층의 대(臺)도 한 줌의 흙이 쌓여서 세워진다. * 累土(누토) - 흙을 쌓아 올림.

■ 治大國 若烹小鮮이니라 - 六十六章
큰 나라를 다스리는 것은, 작은 생선을 삶는 것과 같다. 즉 작은 생선을 익힐 때는 이리 뒤척 저리 뒤척해서는 안되는 것처럼, 나라 다스림도 쓸데없이 번잡하게 법률을 만들거나 제도를 자주 고치고 토목공사를 일으키는 등 백성을 혼란스럽게 해서는 안된다.

■ 千里之行도 始於足下니라 - 六十四章
천리의 길도 발아래 한 발자국에서 시작된다. 사물은 모두 가까운데 있는 작은 일에서 처리하는 것이 현명하다는 뜻이다. 천리길도 한 걸음으로 부터라는 속담과 같은 의미이다.

■ 善用人者는 爲之下니라 - 六十八章
남을 잘 쓰는 사람은 그 몸을 낮춘다. 즉 웃 사람이 되려면 덕을 지니라는 말이다. 싸움을 잘하는 사람은 성내지 않는다고 한다(善戰者 不怒), 덕을 지녔기 때문이다.
  * 大者宜爲下(대자의위하) - 대인은 마땅히 아래〈몸을 낮추는 겸허한 자세〉가 되어야 한다.
  * 大國者下流(대국자하류) - 큰 나라는 강물의 하류, 〈온갖 물을 다 받아드리는 바다〉와 같다.

■ 知不知上이요 不知知病이니라 - 七十一章
알면서도 알지 못하는 척 하는 것이 가장 좋고, 알지 못하면서도 아는체 하는 것은 병이다.

■ 和大怨이라도 必有餘怨이니라 - 七十九章
큰 원한은 화해하더라도 반드시 얼마간 원한이 남는다. 그러므로 사람이 가장 두려워야 할 일은 남한테 원한을 사는 일이다. 조심할지어다.

■ 天道無親이요 常與善人이니라 - 七十九章
하늘의 도는 누구와 특별히 친함이 없고, 항상 착한 사람과 함께한다.
春秋(춘추-僖公 五年)에도 하늘은 누구와도 친하지 않고, 오직 덕있는 자를 돕는다고 한다.

■ 信言不美요 美言不信이니라 - 八十一章
믿음직한 말은 아름답지 않고, 아름다운 말은 미덥지 않다. 진실성이 있는 말은 결코 아름답게 꾸미지 않고, 꾸미는 말에는 진실성이 없는 법이다. 또 착한 사람은 변론하지 않고, 변론하는 사람은 착하지 않다(善者不辯 辯者不善).

> ✿ 하나님의 지혜는 영원한 빛의 광채이며 주님의 주권의 거울이다. - (지혜서 7;26)
> 솔로몬 ; 사람의 지혜는 그의 얼굴에 광채가 나게 한다. - (전 8;5)

◘ 莊子(장자) 名言(명언)

- **適千里者는 三月聚粮하니라** - 莊子 逍遙遊
  천리를 가려는 이는 석달 먹을 양식을 준비해야 한다.
  또 백리를 가려는 이는 하룻밤 묵고 올 마련으로 먹을 양식을 준비해야 하듯이 먼 인생의 길을 가기 위해서는 상당한 기간을 배우고 닦아야 한다는 말이다.
  聚糧(취량) - 양식을 모으다.

- **至人은 無己요 聖人은 無名이니라** - 逍遙遊
  지극한 사람에게는 자기라는 게 없고, 성인에게는 명예라는 게 없다.
  덕을 충분히 쌓은 사람(至人)은 자기라는 존재를 잊고 산다.

- **偃鼠는 飮河라도 不過滿腹이니라** - 逍遙遊
  두더지가 강물을 마신다해도 그 배를 채우면 그만이다.
  또 뱁새가 깊은 숲속에 둥지를 튼다 해도 나뭇가지 하나면 족한 것이다.

- **大道不稱이요 大辯不言이니라** - 齊物論
  큰 도는 이름 붙일 수가 없고, 큰 변론은 말하지 않는다.
  大道(대도)는 이렇다 하고 정의할 수가 없으며, 위대한 변론은 말로 표현하지 않는다.

- **吾生也有涯나 而知也無涯니라** - 養生主
  우리의 삶에는 한정이 있지만, 앎에는 한정이 없다.
  인간은 고작 백세를 넘기기 어렵지만, 지식에는 한정이 없으니 양생을 옳게 하면서 지식을 탐하라는 말이다.

- **言者는 風波也요 行者는 實喪也니라** - 人間世
  말이란 풍파와 같은 것이요. 행동에는 이해가 따른다. 말이란 풍파처럼 움직이는 것이기 때문에 조심해야 하고, 행동에도 이해득실이 따르니 신중하지 않으면 위험에 빠질 수 있다.

- **惡死之弱喪而不知歸(오사지약상이부지귀)** - (莊子 제물론(齊物論)
  죽음을 싫어하는 것은 고향을 떠났다가 다시 돌아가는 것을 모르는 것과 같다. 그래서 무서워할 것도 싫어할 것도 없다. *弱喪(약상) - 어려서 고향을 떠나 고향을 잃은 사람.

- **佚我以老하고 息我以死하니라** - 大宗師
  우리에게 늙음을 주어 편안하게 하고, 우리에게 죽음을 주어 쉬게 한다. 그러므로 삶을 좋게 영위하는 것은 곧 죽음을 좋게 맞는 일이다. *佚(일) - 편안할 일, 息(식) - 쉴 식

4. 제자백가의 명언

■ 無爲事任하고 無爲知主하라 - 應帝王
일의 책임자가 되지 말고, 지혜의 주인공이 되지 말라. 일의 책임자가 되면 그 임무를 수행하기 위해서 몸과 마음을 다 바치게 된다. 또 지혜의 주인공이 돼도 이를 시행해 나가기 위해서 정신적으로 피곤하게 된다.

■ 通於天者는 道也요 順於地者는 德也니라 - 天地
하늘과 통하는 것이 도이고, 땅에 순응하는 것이 덕이다. 하늘은 도로서 통하게 되고, 땅은 덕으로 순응하게 한다.

■ 盜跖從卒九千人이니라 - 도척은 구천명의 졸개를 거느리고 있었다.
도척은 9천명의 부하를 이끌고 천하를 제멋대로 돌아다니며 제후를 침노했다. 남의 집에 구멍을 뚫어 門(문) 지도리를 떼어내고, 몰래 들어가서는 마소를 빼앗고, 부녀자를 납치하며, 욕심을 채우기 위해서는 친한 사람도 잊어버리고, 부모 형제도 돌보지 않으며, 조상의 제사도 지내지 않았다. 그가 지나가면 큰 나라에서는 성을 지키고, 작은 나라 사람들은 들어가 숨고 하면서 만민이 괴로워했다. 이는 천하의 대도인 도척의 행패를 말한 것이다.(莊子 盜跖) *도척 - 악한 사람의 비유로 쓰임,

■ 盜亦有道乎아 도둑질에도 도가 있는가? - 莊子 胠篋(거협)
도척의 부하가 물었다. 도둑질하는 데도 도가 있습니까? 그러자 도척이 말하기를 어느 것인들 도가 없겠느냐? 그 집안에 무엇이 있는가를 미루어 알아 맞추는 것이 聖(성)이요. 앞장서 들어가는 것은 勇(용)이요, 맨 나중에 나오는 것은 義(의)요, 훔친 것이 좋고 나쁜 것을 가리는 것은 知(지)요, 공평하게 나누는 것은 仁(인)이다.
즉 聖(성). 勇(용), 義(의), 知(지), 仁(인)의 五德(오덕)이 없이는 큰 도둑이 될 수 없다는 말이다. *盜跖- 춘추 전국시대 큰 도적, 賢人(현인) 柳下惠(유하혜)의 아우.

■ 竊國者爲諸侯니라 - 外篇 胠密
나라를 훔친 자는 제후가 된다. 예부터 작은 물건을 훔친 자는 도둑으로 처벌받지만, 혁명으로 나라를 취한 자는 임금이 되는 것이다. 한 사람을 죽이면 살인죄로 처벌받지만 전장에서 수 많은 사람을 죽여도 살인이 되지 않는다.
오히려 영웅 칭호를 받게 된다.

■ 擊鼓而求亡子焉이라 - 天道
북을 치면서 도망간 자를 찾는다. 이는 도저히 가망이 없다는 뜻으로 불가하다는 말이다. 도둑을 잡으려는 사람이 동네방네 다니면서 '도둑아 나오라'고 외쳐 댄다면 도둑은 더욱 꼭꼭 숨어 버릴 것이다. 방법이 합당치 않다는 뜻이다.

■ 鵠은 不日浴而白이요 烏不日黔而黑이니라 - 天運
백조는 날마다 목욕하지 않아도 희고, 까마귀는 날마다 검게 물들이지 않아도 검다.
"희고 검은 것은 자연의 본질이기 때문에 사람이 이렇다 저렇다 말할것이 못되다."
* 鵠(곡)-따오기 곡, 烏(오)-까마귀 오, 黔(검)-검어질 검, 浴(욕)-씻을 욕, 黑(흑)-검을 흑.

■ 褚小者는 不可而懷大요 - 至樂
주머니가 작으면 큰 물건을 품을 수가 없고. 또 짧은 두레박 줄로는 깊은 우물의 물을 길을 수가 없다. (短綆者不可以汲深)

■ 越鷄不能伏鵠卵이니라 - 당닭은 커다란 고니의 알을 품을 수가 없다. 즉 작은 배에 무거운 짐을 실을 수 없고, 도량이 작은 사람에게 큰 일을 맡길 수 없다는 것과 같다.

■ 兒子終日嗥而嗌不嗄하니라(아자종일호이 익불사) - 莊子 庚桑楚
어린애는 온종일 울어도, 목이 쉬지 않는다(嗌不嗄). 어린애가 목이 쉬지 않는 것은 자연과의 화합이 지극하기 때문이요, 온종일 주먹을 쥐고 있어도 저리지 않는 것은 덕과 함께 있기 때문이요. 온종일 보고 있어도 눈을 깜박이지 않는 것은 마음이 밖으로 움직이지 않기 때문이다.
* 嗥(호) - 울다. 부르짖다. 嗌(익) - 목구멍, 嗄(사) - 목쉴 애, 목소리갈랠 사.

■ 窮亦樂이요 通亦樂이니라 - 讓王
궁해도 즐거워하고 통해도 즐거워한다. 공자는 '도를 얻은 사람은 궁해도 즐거워하고 통해도 즐거워할 줄 알아야 한다'. 고 했다.

■ 上壽百歲요 中壽八十이니라 - 盜拓
가장 오래 살면 백살이요 중간으로 오래 살면 팔십살이다. 그 밑에 下壽(하수)는 육십살이다. 거기에서도 앓는 일 슬픈 일, 근심 걱정하는 일들을 제하고 나면 입을 벌리고 유쾌하게 웃는 일은 한달동안 너댓세에 지나지 않을 것이다.
"이 말 또한 도척이 공자에게 한 말" 가운데의 한 대목이다.

■ 飮酒以樂爲酒하니라 - 어부(漁父)
술을 마시는 것은 즐거움이 주가 되어야 한다. 술을 마시는 것은 곧 환락이다(飮酒則歡樂). 친구와 술을 마시는 것은 삶을 보다 즐겁게 하는 일이다.
따라서 술을 즐기는 사람은 술그릇을 가리지 않는다. (飮酒以樂 不選其具)

■ 腓無胈하고 脛無毛니라(비무발 경무모) - 天下
장딴지의 껍질이 벗겨지고, 정강이의 털이 없어졌다. 옛날 우임금은 홍수를 막고 장강과 황하의 큰 흐름을 조절하여 名川 3백과 支川 3천, 그 밖에 수없이 많은 작은 냇물을 통하게 했는데, 그 때문에 장딴지의 껍질이 벗겨지고, 정강이의 털이 달아서 없어졌다. 우임금은 이처럼 천하를 위해 일했다.
* 腓(비)- 장딴지 비. 胈(발) - 정강이털 발, 脛(경) - 정강이 경

- 聖人則以身殉天下(성인즉이신순천하) - 성인은 천하를 위해 목숨을 바치고(버리고)
  小人則以身殉利(소인즉이신순리) - 소인은 이익을 위해 목숨을 바치고
  士則 以身殉名(사즉이신순명) - 선비는 명예를 위해 목숨을 바치고
  大夫則以身殉家(대부즉이신순가) - 대부는 가문을 위해 목숨을 건다. - (莊子. 雜篇)

◘ 列子(열자) 명언

- 知死之惡 未知死之息也이니라 - 天瑞
  죽음이 싫다고만 생각하지. 죽음이 편안한 휴식인 줄은 모른다. 또 늙으면 쇄약해지는 것은 알지만, 늙는다는 것이 편안한 줄은 모른다 (知老之憊 未知老之佚).
  (憊 (비)) - 고달프다. 쇠약하다.

- 畫爲僕虜하여 苦則苦矣나, 夜爲人君하여 其樂無比니라 - 周穆王
  낮에는 종이 되어 고생의 고생을 하지만, 밤에는 임금이 되어 그 즐거움은 비길 데가 없다. 옛날에 한 늙은이가 낮에는 남의 집 종이 되어 몹시 괴로웠지만, 밤에는 꿈속에 임금이 되어 한없이 즐거웠다고 한다.
  • 그러나 반면에 부자인 주인 영감은 밤마다 남의 하인 노릇을 하는 꿈을 꾸었다. 이것 저것 안하는 일이 없었고 욕먹고 매맞기를 예사로 당했다.
  • 즉 인생이란 낮과 밤, 생시와 꿈으로 이어지는 것인데, 종노릇을 하는 늙은이에게는 편안한 꿈이 있었고, 사람들이 부러워하는 부자에게는 괴로운 밤이 있었다는 이야기이다. * 僕虜(복로) - 노예, 붙잡아다가 부리는 종

- 生我者父母요 知我者鮑叔也니라 - 力命
  나를 낳은 이는 부모이지만 나를 알아주는 사람은 포숙이로다.
  춘추시대 齊(제)나라 사람인 관중과 포숙의 두터운 우정을 말하는데 후세 사람들은 참된 우정을 두고 管鮑之交(관포지교)라고 한다.

- 吞舟之魚는 不游枝流니라 - 楊朱
  배를 삼킬만한 큰 물고기는 지류에서는 놀지 않는다.

즉 사람도 큰 인물은 보잘것 없는 벽촌에 살아서는 뜻을 이루기 어려우니 넓은 세상으로 나가라는 비유이다.

속담에 사람은 낳아서 서울로 보내고 말은 제주로 보내라고 했다.

 * 呑(탄) - 삼킬 탄, 游(유) - 헤엄칠 유.

■ 鴻鵠高飛하여 不集汚池니라 - 양주

기러기와 고니는 높이 날아 더러운 못에 내려앉지 않는다. 즉 고결한 인품을 지닌 사람은 시정잡배와 더불거나 주거지를 같이하지 않는다는 비유이다.

 * 鴻鵠(홍곡) - 기러기와 따오기

■ 形枉則影曲하고 形直則影正이니라 - 說符

형체가 굽으면 그림자도 굽고, 형체가 곧으면 그림자도 바르다. 열자는 이것을 보고 모든 일은 자신을 내세우지 말고 바른 사람의 뒤를 따라야 하는 것이라 는 것을 깨달았다.

 * 枉(왕)-굽을 왕, 影(영)-그림자 영, 曲(곡)- 굽을 곡,

■ 言美則響美하고 言惡則響惡이니라 - 說符

말이 아름다우면 그 메아리도 아름답고, 말이 나쁘면 그 메아리도 듣기 싫다.
즉 모든 결과는 자기가 하기 나름이라는 뜻. 상대적이라는 말. * 響(향) - 소리울릴 향

■ 善持勝者는 以强爲弱이니라 - 說符

승리를 잘 유지하는 사람은 강함을 약함으로 여긴다. 즉 실상은 강하지만 들어내지 않고 약한듯이 겸손하게 행동하여 주위로부터 시샘이나 미움을 받지 않는다.

 * 持(지) -지킬 지

■ 天下有常勝之道하고 不常勝之道하니라 - 列子 天瑞

천하에는 늘 이기는 道(도)가 있고 늘 지는 道가 있다. 언제나 이기는 道를 柔(유)라 하고 언제나 이기지 못하는 道(도)를 强(강)이라 한다.

■ 知老之憊요 未知老之佚이니라 - 天瑞

사람은 늙으면 몸이 쇠약해지는 것은 알지만, 늙으면서 몸도 마음도 더 편해지는 것은 깨닫지 못하고 있다. 또 죽음은 싫다고만 생각하지, 죽음이 편안한 휴식인 줄 모르고 있다(知死之惡 未知死之息也).

♣ 이는 마치 "못가에 살아 도끼의 쓰임새를 모르고"(是猶澤人之非斤斧).
"산 속에만 살아 그물이 어디에 쓰이는지 모르고"(山人之非網罟也)있는 것과 같다.

4. 제자백가의 명언

◘ 墨子(묵자) 명언

- **良弓難張**이나 **然可以及高入深**이니라 - 墨子 親士
  좋은 활은 당기기는 어렵지만 당기고 나면 높이 날고 깊이 들어가게 한다.
  또 좋은 말은 타기는 어렵지만, 무거운 짐을 싣고 멀리 갈 수가 있다(良馬難乘 然可以任重 致遠).
  마찬가지로 훌륭한 인재는 부리기는 어렵지만 임금을 이끌어주며, 그 존귀함을 드러내 준다.
  즉 힘들고 어려운 일 가운데에 효과나 가치가 크게 난다는 뜻.

- **貧則見廉**하고 **富則見義**니라 - 修身
  가난할 때에는 청렴을 보여주고, 부자일 때에는 의를 보여준다.
  또 살아있는 사람에게는 사랑을 보여주고, 죽은 사람에게는 슬픔을 보여준다.
  이 네 가지는 군자의 기본자세인 것이다.

- **原濁者**는 **流不清**이니라 - 修身
  근원이 흐리면 그 흐르는 물도 맑지 않다. '上濁下不淨'(웃물이 흐리면 아래 물이 맑지 않다)과 같다. 또 근본이 견고하지 못하면 말단도 위태로워지며, 행동에 신용이 없으면 명성도 사라진다.

- **天下從事者**는 **不可以無法儀**이라 - 法儀
  천하의 일을 하는 사람에게는 본받을 표준 법도가 없어서는 안된다.
  정치에는 법과 제도에 근거해야 하고, 건축에는 설계도를 기준 삼아 집을 지어야 한다. "莫若法天(막약법천)"이라 한다. 모든 표준 법도에 있어서는 '하늘을 법도로 삼는 것보다 좋은 것은 없다'고 한다. 하늘은 공평하고 그 공평으로 만물을 육성한다. 따라서 나라와 백성을 다스리는 길은 오직 하늘을 본받는 것이 첫째이다.

- **得下之情則治**하고 **不得下之情則亂**이니라 - 尙同下
  아래의 실정을 알면 나라가 다스려지고, 아래의 실정을 알지 못하면 어지러워진다. 즉 민심을 파악하고 백성의 실정을 살피는 것이 다스림에 있어 중요하다는 말이다.

- **一目之視也**는 **不若二目之覩也**니라 - 상동하
  한 눈으로 보는 것은 두 눈으로 보는 것만 같지 못하다. 또 한 귀로 듣는 것은 두 귀로 듣는 것만 못하다(一耳之聽 不若二耳之聽也). 한 손으로 잡는 것은 두 손으로 잡는 것만 굳세지 못하다(一手之操也 不若二手之疆也). 다 같은 의미이다.
  *覩(도) - 볼 도, 操(조) - 잡을 조

- **政者**는 **口言之**를 **身必行之**하니라 - 公孟
  정치란 입으로 말한 것을 몸으로 필히 실천하는 것이다.

◘ 荀子(순자)의 명언

- **蓬生麻中이면 不扶而直이니라** - 勸學
  다북쑥도 삼 가운데서 나면, 붙들어주지 않아도 곧게 자란다. 즉 사람의 성장도 환경의 영향을 많이 받는다는 비유이다. 착한 주위 사람들의 사이에 있게 되면 착해진다는 뜻이다.

- **質的張이면 而弓矢至焉이니라** - 권학
  과녁을 펼쳐 놓으면, 화살이 날아온다. 또 숲이 우거져 나무가 무성하면, 도끼든 사람이 찾아오고(林木茂 而斧斤至焉), 식초가 시어지면, 초파리가 들끓게 된다. 즉 남이 한다고 함부로 휩쓸리지 말고 행동을 조심하라는 뜻이다.
  행동하는 바에 따라 일이 생긴다.

- **有爭氣者는 勿與辯也하라** - 勸學
  다투기를 잘하는 사람과는 변론을 하지 말라.
  禮(예)를 모르고 함부로 하는 사람과는 피하는 게 좋다. 말이란 상대편에서 예의를 다할 때 비로소 나눌 수 있는 것이다.

- **鬪者는 忘其身者야요 忘其親者야니라** - 榮辱
  싸우는 자는 제 몸을 잊을 뿐 아니라, 친족도 잊는 자이다. 나아가 임금도 잊는 자이다. 작은 노여움을 참지 못하고 다투게 되면 큰일을 망치게 된다.

- **乳彘不觸虎하고 乳狗不遠遊하니라** - 영욕
  새끼 돼지(乳彘유체)는 호랑이에게 가까이 가지 않고, 젖먹이 강아지(乳狗유구)는 먼 데로 놀러 나가지 않는다고 한다. 그 이유는 제 어미가 걱정할까봐 행동을 조심하는 것이라고 한다. 하물며 부모를 생각하는 자식이라면 위험한 곳에 가지 않는 것이 마땅하다는 말이다.

- **自知者는 不怨人하니라** - 영욕
  자신을 아는 자는 남을 원망하지 않고, 또 천명을 아는 자는 하늘을 원망하지 않는다. 論語(논어)에도 천명을 알지 못하면 군자가 될 수 없다고 했다.(堯曰)

- **信信信也며 疑疑亦信也니라** - 非相
  믿을 만한 것을 믿는 것이 信(신)이요. 의심할만한 것을 의심하는 것 또한 信(신)이다. 믿을만한 것을 믿지 않는 것도 잘못이고, 의심해야 할 것을 무조건 믿는 것도 잘못이다.

4. 제자백가의 명언

지도자심서(心書)

■ 聞之, 不若見之하고 見之, 不若知之하며 知之, 不若行之니라 - 儒效

들는 것은 보는 것만 같지 못하고, 보는 것은 아는 것만 같지 못하고, 아는 것은 실행하는 것만 못하다. 즉 배운다는 것은 실천하는 데서 완성된다는 말이다.

■ 人最爲天下貴也니라 - 王制

인간은 천하에서 가장 귀한 것이다.
• 물과 불에는 氣(기)는 있지만 생명이 없고, • 풀과 나무에는 생명은 있지만 知覺(지각)이 없으며, • 짐승에는 지각은 있으나 예의가 없다. 그러나 오직 • 인간에게만은 기도 있고 생명도 있으며, 지각도 있고 또 예의도 있다. 그러므로 사람이 가장 귀한 것이다.

■ 主道는 治近不治遠하니라 - 王霸

임금의 도는 가까운 것을 다스리고 먼 곳을 다스리지 않는다. 또 분명한 것을 다스리고 흐릿한 것은 다스리지 않으며(治明不治幽), 근본이 되는 한 가지를 다스리고 이것저것 잡다하게 다스리지 않는다고 했다.

■ 君子儀也요 儀正而景正이니라 - 君道

임금은 백성의 표준이요. 표준이 바르면 그림자(백성)도 바르게 된다. 임금이 네모난 그릇 같다면 백성도 따라서 네모꼴이 된다(君子盂也 盂方而水方) 고 했다. 즉 임금이 백성의 본보기가 되어야 한다는 말이다

■ 無私人以官職事業하니라 - 君道

현명한 임금은 '사사로이 벼슬자리나, 특혜 이권이 붙은 일거리를 주는 일은 하지 않는다'.

■ 師術有四나 而博習不與焉이니라 - 致仕

스승이 될만한 도에는 네 가지가 있는데, 널리 익히는 것은 여기에 들지 않는다.
첫째 • 존엄성을 지니고 매사에 두려워할 줄 알면 남의 스승이 될만하고, • 나이 오십, 육십이 되도록 사람들로부터 신뢰를 받으면 남의 스승이 될만하고, • 경전을 막힘없이 강설하고 그 사상을 훼손하지 않으면 남의 스승이 될만하고, • 학문의 精微(정미)한 점을 알아 이치를 밝힐 수 있으면 남의 스승이 될만하다고 했다.

■ 用兵攻戰之本 在乎壹民이니라 - 議兵

군사를 써서 전쟁에 이기는 방법은, 백성을 하나로 하는 데에 있다. 옛날 성인의 전쟁하는 법은 민심을 통일하는 데 있었다. 아무리 군비가 넉넉하고 전략이 뛰어나도 백성이 따르지 않는다면, 湯武(탕무)같은 성인도 어찌할 수 없기 때문이다.

■ 天地者는 生之本이요 先祖者는 類之本이니라 - 禮治
  천지는 생명의 근본이요. 조상은 종족의 근본이니라. 또 임금과 스승은 정치의 근본이다(君師者治之本也). 천지가 없으면 생명이 없고, 조상이 없으면 태어날 수 없고, 제왕이 없으면 평화가 없을 것이다.

■ 心者形之君也요 而神明之主也니라 - 解蔽
  마음이란 육체의 왕이요, 신묘한 힘을 가진 주인이다. 마음이란 육체를 지배하는 왕이요 신통하고 靈妙(영묘)한 힘을 가진 주인이다.

■ 人主無賢이면 如瞽無相이니라 - 成相
  임금 곁에 어진이가 없다는 것은, 소경(瞽고)에게 지팡이(相상-돕다)가 없다는 것과 같다.

■ 知者自知 仁者自愛니라 - 子道
  지자는 스스로를 알고, 인자는 스스로를 아끼고 사랑한다. 이는 공자가 물었을 때 안연의 대답이었다.
  • 자기 자신을 아는자야 말로 참된 지자이고, 또
  • 자기 자신을 사랑하고 소중히 여기는 자는 참된 仁者(인자)인 것이다.

■ 良醫之門은 多病人이니라 - 法行
  용한 의원집 앞에는 많은 병자들이 몰린다. 이와같이 학덕이 높은 스승이 있으면 배우러 오는 제자들이 많음(문전성시)을 이른 말이다. 이는 子貢(자공)이 孔門(공문)에 제자들이 많음을 비유해서 한 말이다.

■ 遇不遇者는 時也니라 - 宥坐
  세상을 잘 만나고 못 만나는 것은 그때의 형편이다. 운명이란 잘되어 갈 때도 있고 안되어 갈 때도 있으니 우쭐하거나 비관하지도 말라 운이란 돌고 돈다는 것이다.

■ 無舊言이면 吾鄙之하니라 - 유좌
  옛 친구를 만나서 어릴 적 이야기가 없으면, 나는 이를 못난이로 여긴다. 크게 출세한 친구가 어릴 적 시골 친구를 만나서 자신을 뽐내느라 자랑만 늘어놓고 어릴적 정다웠던 이야기는 한마디도 하지 않았다. 공자는 이런 사람을 비열한 사람이라고 했다.

■ 爲人下者는 其猶土야니 - 堯問
  남의 아래에 서는 사람은 그 모습이 흙과 같다.
  흙을 깊이 파면 샘물을 얻게 되고, 여기에 씨뿌리고 모종을 하면 오곡이 번성하고, 초목이 번식하고 짐승들이 살며, 살아서는 이 위에 서고 죽어서는 이 속에 묻힌다.

4. 제자백가의 명언

◘ 管子(관자)의 명언

■ 政之所興은 在順民心이니라 - 牧民

정치가 잘되는 까닭은 민심을 따르는 데에 있다. 정치를 망치는 것은 민심을 역행하는 데에 기인한다(政之所廢 在逆民心). 즉 백성이 원하는 바를 살피고 그것을 들어주어야 한다.

■ 蛟龍得水라야 而神可立也니라 - 形勢

교룡은 물을 만나야 신기(위력)을 나타낼 수 있다. 또 호랑이나 표범도 심산유곡에 살아야 비로소 위엄을 떨칠 수가 있다.
즉 영웅도 때를 만나야 의지할 곳을 얻는다는 말.

■ 不行其野라도 不違其馬니라 - 形勢

들에 나갈 일이 없더라도 기르던 말을 버려서는 안된다. 또 임금이 당장 쓸 자리가 없다고 해서 능력있는 신하를 버려서도 안된다. 詩(시)에 이르기를 "비록 실과 삼이 있더라도 사초나 띠풀을 버리지 말며, 미녀가 있더라도 못생긴 여자를 버리지 말라" 낮은 벼슬아치도 인물이 없을 때에는 대용할 수가 있는 법이다.
즉 후일에 대비함이 있어야 한다는 뜻.

■ 一年之計는 莫如樹穀이요, 終身之計는 莫如樹人이니라 - 權修

일 년의 계획으로는 곡식을 심는 일 만한 것이 없고(십년의 계획으로는 나무를 심는 일만한 것이 없으며 - 莫如樹木), 평생의 계획으로는 사람을 심는 일 만한 것이 없다.

■ 治國有三本이니라 - 立政

치국에는 세 가지 기본이 있다.
 * 신하가 그 지위에 어울리는 덕을 갖추고 있는가(德不當其位),
 * 신하가 그 녹봉에 어울리는 공을 세우고 있는가(功不當其祿),
 * 신하가 그 벼슬에 어울리는 재능이 있는가(能不當其官) 이 세 가지는 임금이 마땅히 해야 할 일이다.

■ 見賢不能讓이면 不可與尊位니라 - 立政

현명한 이를 보고도 자리를 양보할 줄 모르는 사람에게는 높은 자리를 주어서는 안된다. 즉 지위는 어느 때든지 적임자에게 물려 주어야 한다. 그렇지 아니하고 자리에 연연하여 욕심을 가지고 물러날 줄 모르는 사람을 벼슬 도둑이라고 하는 것이다.

■ 地者는 政之本야라 - 乘馬

토지는 정치의 근본이다.
토지에서 만물이 생성되고 이로 인해 인류가 생존하고 있다. 그러므로 토지정책 국토관리야말로 인간에게 행복을 가져다주는 근본이기에 중요성을 말한 것이다.

- **有名則治요 無名則亂이니라** - 樞言

  명분이 있은즉 다스려지고, 명분이 없으면 어지러워진다. 정치를 함에 있어서 중요한 것은 명분이다. 자로가 공자에게 정치를 하신다면 무엇부터 하시겠습니까? 물었을 때 반드시 명분을 바르게 할 것이다(必也正名乎)라고 했다. (樞-지도리, 돌쩌귀 추).

- **明賞不費요 明刑不暴니라** - 추언(樞言)

  은상을 밝히는 것은 낭비가 아니요. 형벌을 밝히는 것은 暴虐(포학)이 아니다.

- **令重於寶하고 社稷先於親戚이니라** - 법법(法法)

  명령은 보배보다도 중하고, 사직(나라)은 부모에 우선한다.
  법률은 백성보다도 중하고 권력은 벼슬보다도 귀하다(法重於民 威權貴於爵祿).

- **爭天下者는 必先爭人이니라** - 覇言

  천하를 다투고자 하는 자는 먼저 사람을 다툰다. 즉 천하를 얻으려면 먼저 사람을 얻으라는 뜻. 또 천하 대중의 마음을 잡아야 한다. 민심을 얻지 못한 권력은 오래갈 수 없기 때문이다.

- **以備待時 以時興事** - 覇言(패언)

  옛날 성왕들은 사전에 만만의 준비를 갖추기에 부심했고, 그러고서도 그 시기가 오기를 신중히 기다릴 줄 알았다. 즉 "만반의 준비를 갖추어 시기를 기다리고, 시기가 왔을 때 행동으로 옮겼다". 그들이 성공한 이유는 여기에 있다.

- **任之重者는 莫若身이요 塗之畏者는 莫如口니라** - 戒

  짐의 무겁기는 몸 만한 것이 없고, 길의 두렵기로는 입 만한 것이 없다. 모든 일은 몸이 아니면 할 수 없다. 그래서 몸을 가장 무거운 짐에 비유한 것이다. 화가 입으로 해서 생기는 일이 많다. 그러므로 인생 행로에 있어서 입을 가장 두려운 길이라 한 것이다. 또 기약하기 멀기로는 해(年)만한 것이 없다.

- **治國之道는 必先富民이니라** - 治國(치국)

  나라를 통치하는 가장 좋은 방법은, 먼저 백성을 부유케 만드는 데에 있다.
  민생을 안정시켜 백성을 잘살게 하는 게 치국의 근본이다.

- **海不辭水이라 故로 能成其大하니라** - 形勢解

  바다는 물을 사양하지 않는다. 그러므로 능히 그 크기를 이룬다. 泰山은 不辭土石이라 故로 能成其高 하니라, 즉 "큰 인물이 되려면 도량이 넓어 많은 사람을 끌어안을 수 있는 포용력이 있어야 한다"는 비유.

4. 제자백가의 명언

◘ 韓非子(한비자) 명언

- **一人奮死로 可以對十하니라** - 初見秦
  한 사람이 죽음을 무릅쓰면 열 사람과 싸울 수 있다.

- **愛臣太親하면 必危其身하니라** - 愛區
  신하를 너무 사랑하여 가까이하면 반드시 그 몸이 위태롭다.
  또 임금의 근심은 남을 믿는데 있다. 人主之患 在於信人(인주지환 재어신인)고 한비자는 말한다.

- **國無常强하고 無常弱이니라** - 有度
  나라란 항상 강함도 없고, 항상 약함도 없다. 정치를 하기에 달려있다.

- **法不阿貴하고 繩不撓曲이니라** - 유도
  법은 귀한 자에게 아첨하지 않고, 먹줄은 굽은 것에 휘어지지 않는다.

- **侵官之害는 甚於寒이니라** - 二柄
  남의 직권을 침해하는 것은 혹심한 추위보다도 해가 크다.

- **楚靈王이 好細腰하니 而國中多餓人이니라** - 이병
  초나라의 영왕이 허리가 가는 미인을 좋아하자, 나라 안에 굶는 사람(허리를 가늘게 하려고)이 많았다. 또 越(월)나라의 임금이 용맹을 좋아하자 죽음을 가볍게 여긴 자가 많았다고 한다. 이처럼 아랫사람은 윗사람의 하는 바를 따르게 되니, 임금은 하고자 하는 바를 드러내 보이지 말라는 비유이다.

- **行小忠은 則大忠之賊也니라** - 十過
  작은 충성을 행하는 것은, 곧 큰 충성의 賊(적)이 된다. 초나라의 司馬(사마)인 子反(자반)은 전쟁터에서 목이 말라 물을 찾았다.
  그의 하인은 주인이 술을 좋아하는 것을 알고 물 대신 술을 주었다. 술을 마신 자반은 취해 버렸고, 그 때문에 초나라 군사는 폐하고 말았다.
  이같이 설익은 충성은 큰 충성에 적이 되는 것이다.(顧小利는 則大利之殘也니라)

- **事以密成하고 語以泄敗하니라** - 說難
  일은 비밀을 지킴으로서 이루어지고, 말은 새어나감으로써 실패한다.
  옛날 많은 일들이 정보누설로 실패한 것을 역사 속에서 본다.
  국가나 기업들에게도 정보누설은 돌이킬 수 없는 큰 피해를 가져올 수 있다.

■ 非知之難也요 處知則難也니라 - 說難
알기가 어려운 것이 아니라, 아는 것을 어떻게 처리하느냐가 어려운 것이다.
즉 아무리 좋은 일이라도 때와 장소를 가릴 줄 알아야 한다는 말이다.

■ 工人數變業이면 則失其功이니라 - 解老
장인이 자주 업을 바꾸면 성공하지 못한다.
즉 기술자가 오랫동안 그 한가지 일을 갈고 닦아야 名匠(명장)이 될 수 있다는 뜻이다.
직장도 자주 옮겨 다니게 되면 한 분야에 정통할 수 없는 것과 같다.
 * 數(삭) -자주 삭, 變(변) -변할 변

■ 以天下로 觀天下하니라 - 解老
천하로서 천하를 본다. 자기가 처해있는 상태나 실정을 바탕으로 하여, 넓이 천하의 정세를 達觀(달관)한다는 뜻이다.
또 몸으로서 몸을 보고, 마음으로서 마음을 보며, 나라로서 나라를 본다고 한다.
老子(노자-54장)의 말이다.

■ 敎其所憎者에 相千里之馬하니라 - 說林下
미워하는 사람에게는 천리마 고르는 법을 가르치고, 그가 좋아하는 사람에게는 일하는 말 고르는 법을 가르쳤다(敎其所愛者 相駑馬).
천리마란 어쩌다 나오는 것이지만, 일하는 말은 날마다 매매가 있는 것이므로, 그쪽이 이익이 많기 때문이다.

■ 楊布之狗라 - 說林下
양포집의 개와 같다. 楊子(양자 : 양주)의 아우인 양포가 흰옷을 입고 외출을 했다가 비를 만나서 검은 옷으로 갈아입고 돌아왔다. 그러자 자기 집의 개는 주인인 양포를 몰라보고 마구 짖어댔다. 화가 난 그는 개를 때리려고 했는데. 이때 형인 양자가 말했다.
때리지 말라. 너 역시 같을 것이다.
"겉모양이 바뀌면 그 알맹이마저 바뀌었다고 의심하는 건 누구나 있을 수 있는 일이다".
즉 겉모양이 변한 것을 보고 그 내용까지 바뀌었다고 생각하는 사람을 楊布之狗(양포지구)에 비유한다. * 狗(구) - 개 구.

■ 奔車之上에 無仲尼요 - 安危
마구 달리는 수레 위에 공자는 없다. 군자는 결코 위험한 곳에 가지 않기 때문이다.
일찍이 공자는,
'위태로운 나라에는 들어가지 않고, 어지러운 나라에 살지 않는다'고 했다.

4. 제자백가의 명언

지도자심서(心書)

- **佩韋以自緩 佩弦以自急하니라** - 觀行

  西門約(서문표)는 성질이 급하였기 때문에 항상 "부드러운 가죽 띠를 허리에 차고, 자신의 성미를 누그러뜨리려 했으며, 董安于(동안우)는 성질이 느리기 때문에 "활시위를 차고 다니면서 스스로를 긴장시키려고 했다. 즉 두 사람은 다 자기의 단점을 알고 스스로를 훈계하고 있다.

  佩韋齋(패위재)니 佩弦齋(패현재)니 하는 雅號(아호)는 여기에서 유래한 것이다".

  * 佩(패)- 찰 패, 韋(위)- 가죽 위, 弦(현)- 시위 현, 緩(완)- 느릴 완

- **非天時면 雖十堯不能冬生一穗니라** - 功名

  天時(천시)가 아니면 열 사람의 요임금이 있다 하더라도, 겨울철에 한 개의 이삭도 나게 할 수 없다. 성군이라도 때가 맞지 않으면 어떠한 재능이나 수완을 발휘할 수 없다는 뜻.

  * 堯(요) -요임금 요, 穗(수) - 이삭 수.

- **右手畵圓하고 左手畵方하면 不能兩成이니라** - 공명

  오른손으로 원을 그리고, 왼손으로 모(方)를 그리면, 둘 다 그릴 수가 없다. 두 마리의 토끼를 쫓는 사람은 한 마리도 잡지 못한다.

  즉 마음을 두 가지로 쓰면 한가지 일도 제대로 이루기 어렵다는 비유이다.

  * 畵(화) - 그림 화, 圓(원) - 둥글 원, 方(방) - 모 방.

- **明主之愛一嚬一笑니라** - 內儲說上

  현명한 임금은 한번 찡그리거나 한번 웃는 것도 아낀(삼가함)다. 기쁨과 슬픔도 함부로 나타내지 않는다. 임금의 언어 행동 표정에 따라 신하는 영합하려 하기 때문에 표정까지도 신중히 해야 한다는 뜻이다.

  옛날에 군주가 발(簾)을 내리고 가신을 대한 것은 다 까닭이 있어서이다.

  * 嚬(빈) - 찡그릴 빈, 笑(소) - 웃을 소, 儲(저) -저축할 저, 버금 저.

- **內擧不避親하고 外擧不避讐하니라** - 說疑

  내거(內擧)함에 친척을 피하지 않고, 外擧(외거)함에 원수를 피하지 않는다. 즉 인재를 천거함에 있어서는 자기의 친척이라고 해서 굳이 사양할 필요도 없고, 또 원수지간에 있는 인물이라도 꺼릴 필요가 없다.

  이는 사람을 가리지 말고 발탁하여 능력 위주로 쓰라는 말.

- **治天下에 必因人情이니라** -八經

  천하를 다스림에는 반드시 인정(남을 도와주고 보살펴주는)에 따라야 한다. 인정이 부족한 사람은 후덕한 愛民(애민)의 정치를 할 수가 없다.

◘ 孫子(손자) 명문

- **兵者는 國之大事이다** - 始計
  "전쟁은 국가에 있어서 크나큰 일이라"
  거기에 나라의 생사가 달려있고(死生之地), 존망이 달려있다(存亡之道).
  * 兵者(병자) - 무력, 용병, 즉 전쟁이라는 뜻

- **將者는 智信仁勇嚴也니라** - 始計
  장수란 지혜, 신의 어짐, 용기, 위엄이 있어야 한다.
  이는 장수가 갖추어야 할 五德(오덕)을 말한 것이다.

- **攻其無備하고 出其不意니라** - 시계
  적의 방비 없는 것을 공격하고, 생각지 못한 곳으로 나아간다.
  이는 허점을 찌르는 것으로 적정을 잘 아는 기습작전인 것이다.

- **兵貴勝하고 不貴久니라** - 作戰
  전쟁은 이기는 것을 귀히 여기고, 오래 끄는 것을 귀하게 여기지 않는다.
  장기전이야말로 백성에게 고통을 주고 나라도 피폐하게 만든다.
  속결속전으로 끝내는 것이 좋다는 말이다.

- **全國爲上이요 破局次之니라** - 謀攻
  나라를 온전하게 두는 것이 최상이고, 나라를 깨뜨리는 것은 차선이다. 즉 적국의 시설이나 인명을 살상하지 않고 항복을 받는 것이 가장 좋은 방법이고, 부득이 나라를 파괴하는 것은 차선의 방법이다.
  전쟁에 있어서는 싸우지 않고 이기는 것을 으뜸으로 삼는 이유이다.

- **十則圍之하고 五則攻之니라** - 謀攻
  용병의 방법은 아군의 병력이 적군의 십배가 될 때에는 적을 포위하고, 아군의 병력이 적군의 五배가 될 때는 적을 공격한다.
  아군의 병력이 적군의 배가 될 때에는 적의 병력을 분산시킨다(倍則分之).
  병력이 비등할 때는 전력을 다해 싸운다(敵則能戰之).

- **知彼知己면 百戰不殆니라** - 모공
  적을 알고 나를 알면 백번 싸워도 위태롭지 않다.
  참으로 명언이다. 그러나
  '적을 모르고 나만 알면 한번 이기고 한번은 진다(不知彼而知己 一勝一敗)'.

4. 제자백가의 명언

지도자심서(心書)

- 勝兵先勝하고 而後求戰이니라 - 軍形
  승리하는 군대는 먼저 이기고 뒤에 싸움을 구한다. 이것은 용병을 잘하는 자는 자기가 패배하지 않을 곳에 서서 적의 패배를 놓치지 않는 것이다.
  이미 이길 수 있는 여건을 만들어 놓고 싸우기 때문이다

- 善戰者는 致人하고 而不致於人이니라 - 虛實
  싸움을 잘하는 자는 적을 나오게(誘引) 하고, 적에게 끌려가지 않는다.
  즉 남을 조종하고 남에게 조종당하지 않는다.
  적의 작전에 말려들지 않는다는 뜻이다.

- 侵掠如火하고 不動如山이니라 - 軍爭
  침략(공격)할 때에는 불과 같고, 움직이지 않을 때는 산과 같다. 적을 공격할 때는 타오르는 불길처럼 그 힘이 맹렬해야 하고 戰機(전기)를 엿보면서 자중할 때는 태산같이 泰然自若(태연자약)해야 한다.

- 以近待遠하고 以逸待勞니라 - 軍爭
  아군은 가까운데 포진하여 멀리서 공격해오는 적을 기다리고, 아군은 충분히 휴식을 취하면서 지친 것을 기다려 싸운다.

- 無恃其不來하고 恃吾有以待也니라 - 九變
  적이 오지 않을 것을 믿을 게 아니라, 내가 갖추고 기다리고 있음을 믿어야 한다.
  언제 어떤 경우라도 적이 침입해 오면 곧바로 싸울 수 있는 완전한 준비태세를 갖추라는 말이다.

- 數賞者窘也요 數罰者困也니라 - 行軍
  자주 상을 주는 것은 군색한 것이요. 자주 벌주는 것은 곤란하기 때문이다.
  즉 상과 벌은 신상필벌의 원칙에 따라 행하여져야 한다.
  * 數(삭) - 자주 삭, 窘(군) - 군색할 군, 困(곤) - 곤할 곤

- 進不求名하고 退不避罪니라 - 地形
  전쟁에 나아가더라도 戰功(전공)을 구하지 말고, 물러서(후퇴)더라도 죄를 피하지 말라 전공을 세웠다고 명예를 바래서도 안되고, 또 후퇴하고 패배할지라도 구차하게 변명하거나 그 책임을 회피해서는 안된다.
  오직 장수는 나아가든 물러나든 국가의 안녕과 백성의 안전을 생각해야 한다.
  * 避(피)-피할 피, 恃(시)-믿을 시.

- 陷之死地然後에 生이니라 -九地
  죽을 지경에 빠지게 되면 살길을 찾게 된다. 절박한 궁지에 처하게 되면 혼연일체가 되어 사생결단하게 되고 도리어 퇴로가 생길 수 있다.
  窮寇莫追(궁구막추)란 말도 있고 必死則生(필사즉생)이란 말도 있다.
  '投之亡地 後에 存한다'도 같은 뜻이다. *陷(함) - 빠질 함

- 非利不動하고 非得不用하며 非危不戰이니라 - 火攻
  전쟁에는 이익이 없으면 움직이지 않고, 얻는 것이 아니면 사용해서는 아니되며, 위태한 것이 아니면 싸우지 않는다.

- 兵可百年不用에 不可一日不備니라
  군대는 백년을 쓰지 않더라도 단 하루도 방비가 없어서는 안된다.

- 百戰百勝이 非善之善也요 - 백전백승이 최선의 것이 아니고,
  不戰而屈人之兵이 善之善者也라 - 싸우지 않고 적을 굴복시키는 것이 최선의 길이다.
  ※ 六韜(육도)에서 강태공은 말하고 있다. 온전한 승리는 싸우지 않는 것이다(全勝不鬪).
  孫子는 나라를 온전하게 두는 것이 최상이고, 나라를 깨트리는 것은 차선이라고 했다.

◘ 淮南子(회남자)의 명언

- 夏蟲不可與語寒하고 曲士不可以語於道이니라 - 原道訓
  한 철만 사는 '여름벌레에게는 추위를 말해도 알지 못하고' 견문이 좁은 '선비에게는 大道(대도)를 논한들 소용이 없다.' 莊子(장자) - 秋水에서도 "우물 안 개구리에게 바다를 말해도 알지 못한다(井蛙不可以語於海)"라 했다.
  *蟲(충)-벌레 충, 蛙(와)- 개구리 와.

- 乞火는 不若取燧요 寄汲은 不若鑿井이니라 - 覽冥訓
  남에게 불을 빌리는 것은 부싯돌(燧수)을 갖니만 못하고. 남의 집의 우물물을 깃는 것은 내 집에 우물을 파느니만 못하다. 즉 남의 힘을 비는 것은 자신의 힘에 의해 해결하는 이만 못하다는 것이다.
  *乞(걸) - 빌 걸, 燧(수) - 봉화 수, 쇠로 불낼 수, 汲(급) - 물길을 급, 鑿(착) - 팔 착.

- 勝非其難也요 持之者其難也니라 - 道應訓
  승리하기가 어려운 것이 아니요, 이를 유지하기가 어렵다. 즉 승리 후 백성을 골고루 복을 누리며 잘살게 하기는 어렵다는 말, 또 守成(수성)이 창업보다도 어렵다는 뜻이기도 하다.

4. 제자백가의 명언

지도자심서(心書)

■ 石上不生五穀이요 禿山不游麋鹿이니라 - 도응훈

돌 위에서는 오곡이 자라지 않고, 민둥산에서는 사슴이 놀지 않는다. 만물은 그가 존재할만 조건이 되지 않으면 존재할 수 없다는 것이다.

　*禿(독) -민둥산 독, 穀(곡) - 벼 곡, 游(유) -노닐 유, 麋(미) -고라니 미, 鹿(록) -사슴 록.

■ 畜池魚者는 必去獱獺이니라 - 兵略訓

못에 물고기를 기르는 자는 반드시 수달을 제거한다. 수달은 물가에 살면서 물고기를 잡아먹기 때문에 한데 둘 수가 없다. 모든 일을 함에 있어 방해되는 것은 제거, 患害(환해)를 예방하는 것이 좋다는 뜻.

　*獱(편)- 수달 편, 獺(달)- 물개 달.

■ 欲滅迹而走雪中이라 - 雪山訓

발자국을 없애려고 하면서 눈 속을 달린다. 또 활을 잡고서 새를 부르고 막대기를 휘두르면서 개를 부르는 것과도 같다.

　*滅(멸) - 멸할 멸, 迹(적) - 발자국 적, 走(주) - 달릴 주.

■ 百川異源이나 而皆歸於海니라 - 氾論訓

모든 개천은 그 근원이 다르나, 모두 바다로 돌아간다.

모든 사람들의 직분이나 일은 달라도 종국적으로는 다 나라가 잘되게 하는데, 애쓰는 것이다(百家殊業 而皆務於治).

■ 山有猛獸면 林木爲之不斬이니라 - 雪山製

산에 맹수가 있으면 재목은 베어지지 않는다. 사나운 짐승이 산에 있으면 나무꾼은 벌채를 할 수가 없다. 즉 큰 세력에 의지하고 있으면 禍害(화해)를 당하지 않는다는 비유이다. *斬(참) - 벨 참, 猛獸(맹수) - 사나운 짐승.

■ 先針以後縷면 可以成帷니라 - 설산훈

먼저 바늘이 간후 실이 뒤따르면, 가히 휘장을 이룰 수 있다. 모든 일은 순서에 따라야 한다는 말이다. 바늘 가고 실 간다는 말도 있다.

　*縷(루)- 실 루, 針(침)- 바늘 침, 帷(유)- 휘장 유, 장막 유.

■ 烹牛而不鹽이면 敗所爲也니라 - 설산훈

소를 삶아도 소금을 치지 않으면 국이 되지 않는다.

쇠고기를 삶으면서 소금이 아까워 간을 맞추지 않으면 국이 될 수 없다.

즉, 한 푼을 아끼려다 백량을 잃는 것과 같이 작은 것 때문에 큰일을 낭패한다는 비유이다.

　*烹(팽) - 삶을 팽, 鹽(염) - 소금 염, 敗(패) - 패할 패, 망치다의 뜻.

■ 嘗一臠肉하여 知一鑊之味니라 - 설산훈

고기 한점을 맛보고 솥 안에 든 고기 맛을 안다.

또 하나의 나뭇잎 떨어지는 것을 보고 한 해가 저무는 것을 알 수 있고(見一落葉 而知歲之將暮), 병 속에 든 얼음을 보고 천하에 추위가 닥쳐옴을 알 수 있다.

즉, 작은 것을 미루어 큰 것을 알 수 있다는 말이다.

* 嘗(상) - 맛볼 상, 臠(련) - 산적접 련, 잘게 썬 고기점 한점의 고기를 말함, 鑊(확) - 가마솥 확.

■ 水火相憎이나 錯在其間이면 五味以和니라 - 說林訓

물과 불은 서로 미워하나 솥이 그 가운데 있으면 여러 가지 맛을 내는 조화를 이룬다. 또 이와 반대로 骨肉(골육) 간에도 서로 사랑하지만 간사한 자가 이를 이간질하면 부자 간에도 서로 위험하다. 세상사란 서로 미워하지만 어울릴 수도 있고, 서로 사랑하지만 위험하게 될 수도 있다는 뜻이다.

* 錯(혜)- 세발달린 구리그릇 혜. (예): 솥, 냄비의 뜻.

■ 陶者用缺盆하고 匠人處狹廬니라 - 說林訓

질그릇 만드는 도공은 깨어진 동이를 사용하고, 집을 짓는 목수는 좁은 집에서 산다. 좋은 물건은 돈 때문에 다 팔아먹고 보잘것없는 것은 집에서 사용한다는 뜻이다. 대장장이 집에 식칼 없다. 짚신장수 마누라 맨발로 다닌다. 이는 장사꾼의 경우를 말한 것이다.

* 陶(도)- 질그릇 도, 缺盆(결분)- 흠이 있는 동이, 狹(협)- 좁을 협, 廬(려)- 집. 狹廬- 좁은 초막, 오두막집.

■ 臨河而羨魚는 不如歸家織網이니라 .

강에서 물고기를 탐내는 것은 집에 돌아가서 그물을 짜는 것만 못하다. 실현 불능한 헛된 생각은 버리고 실지로 이룰 수 있는 방법을 찾으라는 뜻.

* 臨(임) - 임할 임, 羨(선) - 부러워할 선.

■ 天下有三危니라 -人間訓

천하에는 세 가지 위험한 일이 있다.

• 덕이 적으면서 임금으로부터 많은 총애를 받는 것.　　　　- 小德而多寵
• 재주가 적으면서 지위가 높은 것.　　　　　　　　　　　- 才下而位高
• 큰 공이 없면서 후한 녹을 받는 것, 즉 분수에 넘치는 대우를 받지 말며 함부로 욕심을 내지 말라는 뜻이다. 생명 보전의 길을 말한 것이다. - 身無大功而受厚祿

■ 天地之道는 極則反이요 盈則損이니라 - 泰族訓

천지의 도는 궁극에 달하면 곧 돌아오고, 가득 차면 곧 덜게 된다.

■ 劍待砥라야 而後能利니라 - 脩務訓

칼은 숫돌을 기다린 뒤에야 날카로워진다. 사람도 수양을 쌓은 뒤에야 현명해진다는 뜻.

◘ 六韜(육도) 三略(삼략) 명언

- 同天下之利者는 則得天下하니라 -文韜

  천하에 이득을 함께 하는 자는 천하를 얻는다. 반대로 천하의 이득을 제멋대로 하려는 사람은 반드시 천하를 잃게 된다. 이는 天理(천리)인 것이다.

- 借人國柄하면 則失其權하니라 -文韜

  임금이 신하에게 권력을 빌려(위임)주면 곧 그 권력을 잃게 된다. 권력을 빌려주거나 외국으로부터 힘(군대)을 빌리는 일 따위는 조심해야 한다.
  잘못하면 화로 이어지기 때문이다.

- 日中必彗하며 操刀必割(執斧必伐) 이니라

  해가 중천에 있으면 반드시 말려야 하고, 칼을 잡았으면 반드시 베야 한다(도끼를 들었으면 반드시 찍어야 한다). 모든 일에는 때가 있으니 이를 놓치지 말라는 뜻이다.
  (彗- 비로쓸 혜)

- 可怒而不怒 姦臣乃作하니라 - 문도

  가이 노할만한데도 노하지 않으면, 간신이 일어나게 된다. 또 죽일 놈을 죽이지 않으면 큰 도적이 생기게 된다. 적절한 형벌은 다스림에 필요하다는 말이다.

- 賞一以勸百하고 罰一以懲衆하니라 - 文韜

  하나를 상주어서 백을 권장하며, 하나를 벌해서 대중을 징계한다. 즉 상은 권장하는 것이며 벌은 징계를 보이므로서 惡(악)을 저지르지 못하게 함이다. 또 賞一人以勸萬人나 一罰百戒도 같은 말이다.

- 全勝不鬪하고 大兵無創이니라 - 武韜

  온전한 승리는 싸우지 않는 것이며, 대병은 傷(상)하지 않는다. 온전한 승리란 싸우지 않고 이기는 것이며. 싸우되 적과 아군 모두 상함이 없는 것이다.
  * 創(창) - 상할 창, 비로소 창.

- 大智不智 大謀不謀(大勇不勇 大利不利) - 武韜

  큰 지혜는 지혜가 아니며, 큰 지모는 지모가 아니다(큰 용기란 자신의 일만을 위해 내는 것이 아니며, 큰 이익이란 자신의 이익만을 추구하는 것이 아니다). 큰 지혜라고 하는 것은 자기 혼자만의 지혜를 쓰는 것이 아니고, 큰 꾀란 자기 혼자만의 꾀를 쓰는데 그치는 것이 아니다.

- 利天下者는 天下啓之하니라 - 무도

  천하를 이롭게 하려는 사람에게는 천하가 길을 열어주고. 이와 반대로 천하를 해롭게 하려는 사람에게는 천하사람이 힘을 합쳐 그의 길을 막을 것이다(害天下者 天下閉之).

- 太强必折이요 太張必缺이니라 - 武韜

  너무 강하면 꺾여지고, 너무 떨치면 반드시 이지러진다. 또 '강한 나무는 부러지고, 强暴(강포)한 사람은 제명에 죽지 못한다'(强木則折 强梁者 不得其死).

  * 梁(량) - 굳셀 량, 대들보 량.

- 民如牛馬하니 數餧食之하고 從之愛之하니라 - 무도

  백성은 성격이 소나 말과 비슷해서, 자주 먹을 것을 주고 그 후에는 사랑해야 한다. 그리하면 군주를 따르게 된다.

  * 數(삭) - 자주 삭, 餧(위) - 먹일 위.

- 將冬不服裘하며 夏不操扇하니라 - 龍韜

  장수는 겨울에 갖옷을 입지 않고, 여름에 부채를 잡지 않는다. 비가 와도 우산을 펴지 않는다. 또 군사가 다 쉴 곳을 정하고 나서야 숙소에 들어간다. 이는 병사들의 노고를 몸소 체험하고 솔선하여 병사들에게 예절을 다하는 것이다.

  * 裘(구) - 갖옷 구, 操(조) - 잡을 조, 扇(선) - 부채 선.

- 降者勿殺하며 得而勿戮하니라 - 虎韜

  항복한 자는 죽이지 말고, 포로가 된 자도 죽이지 말아야 한다. 또한 적국의 백성에게는 인, 의를 보이고 덕을 베풀며, '죄는 그들의 임금 한 사람에게 있는 것'이라고 선전한다. "降者不殺" "降者不斬"도 같은 뜻으로 쓰인다.

  * 戮(륙) - 죽일 륙, 降(항) - 항복할 항.

- 治國安家는 得人也요 - 上略

  나라가 다스려지고 가정이 편안한 것은. 사람(현인)을 얻었기 때문이요.
  또 나라를 망치고 집안을 깨는 것은 사람을 잃었기 때문이다.

- 軍國之要는 察衆心하고 施百務하니라 - 上略

  軍國(군국-군대와 국가)의 요체는, 민중의 마음을 살피고 百務(백무)를 베푸는 것이다. 위태로운 자는 이를 편안케 하고, 두려운 자는 이를 기쁘게 해주고, 배반한 자를 돌아오게 하고 원통하게 죄를 뒤집어쓴 사람이 있으면 그 실상을 밝혀준다.

4. 제자백가의 명언

지도자심서(心書)

■ 用人之道는 尊以爵하고 贍以財하니라 -上略

사람을 쓰는 방법은 벼슬로서 높여주고, 재물로서 넉넉히 해준다. 그리한다면 천하의 인재들이 저절로 모여들 것이다. "또 예로써 대접하고 의로써 격려한다면 선비는 목숨을 바칠 것이다(接以禮 勵以義 則士死之)".

* 爵(작)- 벼슬 작, 贍(섬)- 넉넉할 섬, 勵(려)- 장려할 려.

■ 柔能制剛하고 弱能制强하니라 -上略

군참(軍讖)에 이르기를 柔(유)는 능히 剛(강)을 제어하며, 弱(약)은 능히 强(강)을 제어한다. 유약제강강(柔弱制剛强)이라고도 한다.

柔(유)는 덕이요 剛(강)은 賊(적)이다. 약은 사람이 돕는 바이며, 강은 사람의 공격하는 바이다. 사람은 누구나 약자를 동정하며, 강자를 미워한다.

그렇기 때문에 약자는 돕는 이가 많고, 강자는 고립되며, 공격의 대상이 된다.

* 軍讖(군참)- 전쟁의 승패를 예언한 책. 柔(유)- 부드러운 것, 剛(강)- 굳센 것.

■ 使義士에 不以財니라 -中略

의로운 선비는 재물로서 부릴 수가 없다. 의롭게 사는 선비는 재물 때문에 자신의 지조를 꺾지 않기 때문이다.

또한 의로운 사람은 어질지 못한 자(군주)를 위하여 죽지 않는다고 한다. 같은 의미로 "淸白之士는 不可以爵祿得(청렴결백한 선비는 벼슬이나 녹봉으로 얻을 수 없다)"이라 한다.

■ 군참에 일렀으되 '어진장수의 군대를 통솔'하는 것은

恕己而治人하고 推惠施恩이면 士力日新이니라 -上略

자신을 용서하는 마음으로 남을 다스리며, 미루어 은혜를 베풀면 병사들의 힘이 날로 새로워 더해진다.

싸우면 바람이 일어나는 것 같고, 치면 마치 강물이 터지는 것만 같다.

■ 軍讖(군참)에 香餌之下에 必有死魚하니라 -上略

향기로운 먹이가 있는 곳에는 반드시 죽는 물고기가 있고, 무거운 상을 내리는 곳에는 용부(勇夫)가 있다(重賞之下 必有勇夫)고 하였다.

■ 傷賢者는 殃及三世(상현자는 앙급삼세) 하고

- 현인을 상해하는 자는 그 화앙(禍殃)이 자손 삼대에 미치고

蔽賢者는 身受其害(폐현자 신수기해) 하니라 -下略

- 현인을 은폐하는 자는 그 자신(自身)에 환해(患害)를 받는다.

進賢者는 福流子孫(진현자 복류자손) 하고
 - 현인을 추천한 자는 복덕이 후세에까지 미치고
妬賢者는 其名不全(투현자 기명부전) 하니라
 - 현인을 질투하는 자는 자기 명예를 보전할 수 없다. - (下略)

♥ 군자의 도는 효보다 더 큰 것이 없고(君子之道 莫大乎孝).
　효의 근본은 어버이에게 순종함보다 더 큰 것이 없다(孝子之道 莫大乎順親).
　그러므로 어진 이와 효성스러운 자식이 부모에게 순종하고져 하거든.
　• 반드시 먼저 처자에게 애정을 잃지 말아야 하고 "欲順於親 先必乎 妻子不失其好"
　• 형제에게 화목을 잃지 않아야 한다(兄弟不失其和). - (性理學大全)
　* 부모가 완전히 해서 낳아 주셨으니 자식이 온전히 하여 돌려 드리는 것이
　　가히 효도라 이른다"(父母全而生之 子全而歸之 可謂孝矣)".
　　그 몸을 다치게 하지 않고 그 몸을 욕되게 하지 않는 것을 온전히 한다고 하는 것이다.
　　(不虧其体 不辱其身 可謂孝矣) - 孔子
　* 신체와 머리털과 피부는 부모에게서 받은 것이니 감히 손상시키지 않음이 효의 시작이고
　　(身體髮膚 愛之父母 不敢毁傷 孝之始也),
　　입신하고 도를 실천하여 후세에 이름을 떨치고, 나아가 부모님을 빛나게 하는 것이 효의
　　마지막이다(立身行道 揚名於後世 以顯父母 孝之終也).

♣ 술회(述懷) - 西竹朴氏
　不欲憶君自憶君한대 ; 임 생각 떨치려 해도 절로 임 생각나
　問君何事每相分고 ; 묻노니 무슨 일로 매번 헤어지는가.
　莫言靈鵲能傳喜하니 ; 까치가 기쁜소식 전한다 말하지 마오
　幾度虛驚到夕曛이 ; 몇 번이나 헛되이 놀라 저녁까지 기다렸던고?

♣ 詩 "대군은 멀리까지 가서 전쟁을 벌리지 않는다"(詩, 大武遠宅而不涉)하였다.
　詩曰 逸詩(없어진 詩)이다. 〈言大軍不遠 跋涉攻伐〉이라 하였다. 跋涉(발섭)

♧ 역(易)에는 "여우가 물을 다 건너놓고 그만 꼬리를 적신다"(易, 狐涉水 濡其尾)
　易曰 未濟卦에 〈小狐汔濟 濡其尾〉라 하였다. - (韓詩外傳). 汔(흘) - 거의 흘
　　* 일의 끝마무리를 잘 하라는 것이다 (靡不有初, 鮮克有終)

4. 제자백가의 명언

5. 한국 · 중국 한시(漢詩)

◘ 한국 역대 漢詩

1. 箜篌引(공후인) - 麗玉(여옥)

   公無渡河(공무도하) 임더러 강을 건너지 말랬더니
   公竟渡河(공경도하) 임은 그에 저 강을 건너다가
   墮河而死(타하이사) 강에 빠져 죽으시니
   將奈公河(장내공하) 가신 님을 어이 할꼬.

   * 문헌상으로는 우리나라에서 가장 오래된 서정시가 된다. 고조선 때의 뱃사공인 霍里子高(곽리자고)의 아내 여옥이 물에 빠져 죽은 남편의 죽음을 서러워한 노래라고 한다.

2. 黃鳥歌(황조가) - 瑠璃王(유리왕)

   翩翩黃鳥(편편황조) 펄펄 나는 저 꾀꼬리는
   雌雄相依(자웅상의) 자웅이 서로 노니는데
   念我之獨(염아지독) 외로워라 이 내 몸은
   誰其與歸(수기여귀) 뉘와 함께 돌아갈까.

   * 고구려2대 瑠璃王(유리왕)이 집을 나간 아내 雉姬(치희)를 그리워하며 지은 노래라고 한다.

3. 文德遣仲文詩(문덕견중문시) - 乙支文德(을지문덕)

   神策究天文(신책구천문) 그대의 신통한 책략은 천문에 통달했고
   妙算窮地理(묘산궁지리) 신묘한 꾀는 지리에 통달했도다.
   戰勝功旣高(전승공기고) 싸워 이긴 공로 이미 드높았으니
   知足願云止(지족원운지) 만족한 줄 알았거든 원컨대 그만두게나.

   * 을지문덕 장군이 살수 대전에서 隋軍(수나라 군사)을 평양성 30리까지 유인하여 군사를 피폐케 한 후에 敵將(적장) 于仲文(우중문)에게 보낸 시이다.

4. 秋夜雨中 - 崔致遠(최치원)

   秋風惟苦音(추풍유고음) 가을바람 쓸쓸하고 애처로운데
   擧世少知音(거세소지음) 세상에는 알아줄이 별반 없구나,
   窓外三更雨(창외삼경우) 창밖에 밤은 깊고 비는 오는데
   燈前萬里心(등전만리심) 등잔불 앞 만리 고향 생각뿐이네.

5. 初夏 - 李仁老(이인노)

春去花猶在(춘거화유재)　봄은 갔어도 꽃은 아직 피어있고
天晴谷自陰(천청곡자음)　하늘은 갰어도 골짜기는 저절로 그늘지도다.
杜鵑啼白晝(두견제백주)　두견새가 한낮에 우짖으니
始覺卜居深(시각복거심)　비로소 깊은 골짜기에 살고있는 줄을 깨닫노라.

6. 絶命詞 - 金子粹(김자수)

平生忠孝意(평생충효의)　평생에 품은 뜻 충성과 효도
今日有誰知(금일유수지)　오늘날 누가 있어 알아주리
一死吾休恨(일사오휴한)　이렇게 돌아가니 내 원한도 그만인가
九原應有知(구원응유지)　구원에 임의 精靈(정령) 나의 뜻 알아주리

　*이 작자의 字(자)는 純仲(순중)이요 호는 桑村(상촌)이며 麗末(여말)에 급제하여 벼슬이 충청감사에 이르렀으나 이조 太祖대왕의 형조판서로 부름을 거역하고 광주로 내려가며 이 絶命詩(절망시)를 짓고 自決(자결)함.

7. 登白雲峰 - 太祖大王(李成桂)

引手攀蘿上碧峰(인수반라상벽봉)　댕댕이 덩굴 휘어잡고 상상봉에 올라가니
一庵高臥白雲中(일암고와백운중)　암자 한 채 높이있어 구름 속에 누웠구나
若將眼界爲吾土(약장안계위오토)　눈 앞에 뵈는 땅이 내 것이 될 량이면
楚越江南豈不容(초월강남기불용)　초월강남 먼먼덴들 어이아니 안기리.

8. 夢中作 - 世宗大王(세종대왕)

雨饒郊野民心樂(우요교야민심락)　풍년비 들에 차니 백성 즐기고
日映京都喜氣新(일영경도희기신)　서울에 상서 햇빛 기쁜 일일세
多黃雖云由積累(다황수운유적누)　아직도 창황한 일 쌓였다지만
只爲吾君愼厥身(지위오군신궐신)　나라의 밝은정치 있어야 하지.

9. 題望遠亭 - 成宗(성종)

浩浩乾乾思無窮(호호건건사무궁)　하늘 땅 멀고멀어 이 생각도 그지없고
一亭高趣水雲中(일정고취수운중)　물가에 높은 정자 구름밖에 솟아 있네
登臨幾憶桃源客(등림기억도원객)　무릉도원 계신님을 몇 번이나 그렸는고
欲問仙家興異同(욕문선가흥이동)　묻노니 신선놀이 우리 인간 어이닷소.

10. 北征時作 - 南怡(남이)

白頭山石磨刀盡(백두산석마도진)　백두산 바위 돌에 칼을 갈고
豆滿江水飮馬無(두만강수음마무)　두만강 깊은 물은 말을 다 먹이어
男兒二十未平國(남아이십미평국)　사나이 젊어서 나라 평정 못하면
後世誰稱大丈夫(후세수칭대장부)　후세에 그 누가 장부라 하리

11. 詠懷(영회) - 宣祖(선조)

痛哭關山月(통곡관산월)　관산에 걸린 달을 보고 통곡하며
傷心鴨水風(상심압수풍)　압록강 물위를 스치는 바람에 가슴을 상하노니
群臣今日後(군신금일후)　모든 신하들이여 오늘 이 지경을 겪은 이후에도
誰復謂西東(수부위서동)　누가 또다시 '동인이다 서인이다' 하고 당쟁을 말할 것인가

12. 在海鎭營中 - 李舜臣(이순신)

水國秋光暮(수국추광모)　바닷가 가을철 짙어가는데
驚寒雁陳高(경한안진고)　추위 놀란 기러기떼 높이 나르네
憂心轉輾夜(우심전전야)　나라일 걱정되어 잠못 이룰제
殘月照弓刀(잔월조궁도)　싸늘한 달빛이 칼을 비취네

13. 賞春(상춘) - 高宗皇帝(고종)

花間看蝶舞(화간간접무)　꽃사이로 나풀나풀 나비 춤추고
柳上聽鶯聲(유상청앵성)　버들가지 위에선 꾀꼬리 운다
群生皆自樂(군생개자락)　만물도 모두가 즐기는 이때
最是愛民情(최시애민정)　사랑하는 백성들 어이지내나

14. 詠半月 - 黃眞伊(황진이)

誰斷昆山玉(수단곤산옥)　뉘라서 곤산옥을 찍어 내어서
裁成織女梳(재성직녀소)　직녀의 얼레빛 만들었는지
牽牛離別後(견우이별후)　서방님 눈물지며 헤어진 뒤에
謾擲碧空虛(만척벽공허)　암커나 벽공위에 던져버렸오

15. 泣別慈母 - 申師任堂(신사임당)

慈親鶴髮在臨瀛(자친학발재임영)	강릉에 계신 백발의 친정어머님
身向長安獨去情(신향장안독거정)	이몸은 서울 향해 홀로 떠나갑니다
回首北村時一望(회수복촌시일망)	가던길 친정(북촌)마을 되돌아 바라보니
白雲飛下暮山靑(백운비하모산청)	해저문 청산에 흰 구름만 지나갑니다

16. 與平壤妓 - 金炳淵(김병연)

平壤妓生何所能(평양기생하소능)	평양기생 잘하는게 무엇이라뇨 - 金笠(김립)
能歌能舞又能詩(능가능무우능시)	가무에도 능하고 시에도 또 능하오 - 妓生(기생)
能能其中別無能(능능기중별무능)	능하고 능한데도 신통찮은 걸 - 金笠(김립)
月夜三更呼夫能(월야삼경호부능)	월야삼경에 님 부르는데 능하다오 - 妓生(기생)

* 김삿갓과 평양기생 간에 주고 받은 詩시 이다.

17. 貧女吟 - 蘭雪軒許氏(난설헌허씨)

豈是乏容色(기시핍용색)	얼굴인들 남보다 빠질 것이랴
工針復工織(공침복공직)	바느질에 길쌈도 잘하는 아씨인데.
少小長寒門(소소장한문)	한가에 태어나 자라났기에
良媒不相識(양매불상식)	좋은 매파 못만나 시집 못갔지.

18. 稀又詩 - 張氏(李時明의 夫人)

人生七十古來稀(인생칠십고래희)	우리인생 칠십살기 예로부터 드무온데
七十加三稀又稀(칠십가삼희우희)	일흔에다 셋 더하니 드물고도 드물고나,
稀又稀中多男子(희우희중다남자)	드물고도 드문중에 아들까지 많이 두니
稀又稀中稀又稀(희우희중희우희)	드물고 또 드물고 그 가운데 또 드무네.

19. 자술(自述) - 李玉峰(이옥봉) - 嘉林世稿

近來安否問如何(근래안부문여하)	요사이 안부 어떠하신지 묻사옵니다
月白紗窓妾恨多(월백사창첩한다)	달 밝은 창가에서 이몸 한도 많습니다
若使夢魂行有跡(약사몽혼행유적)	만약 꿈속에 혼이 있어 다닌 흔적 남긴다면
門前石路已成沙(문전석로이성사)	문앞 돌길이 이미 부서져 모래가 되었을 것입니다

20. 閨情(규정) - 李玉峰(이옥봉)
　　有約來何晩(유약래하만)　약속하고서도 왜 이리 늦으시나
　　庭梅欲謝時(정매욕사시)　뜨락의 매화도 시드는 이때
　　忽聞枝上鵲(홀문지상작)　문득 가지위에 까치소리 듣고서
　　虛畵鏡中眉(허화경중미)　부질없이 거울보며 눈썹그려요.

21. 待郎君(대낭군) - 凌雲(능운)
　　郎云月出來(낭운월출래)　임께서 달이뜨면 오신다더니
　　月出郎不來(월출낭불래)　달이 떴는데 오시지 않으시네
　　想應君在處(상응군재처)　아마도 상상컨대 임 계신 그 곳은
　　山高月上遲(산고월상지)　산이높고 골이깊어 달이 더디 뜨겠지.

22. 金樽美酒千人血(금준미주천일혈)　금 술통에 담긴 아름다운 술은 천사람의 피요.
　　玉盤佳肴萬姓膏(옥반가효만성고)　옥소반의 아름다운 안주는 만백성의 기름이로다.
　　燭淚落時民淚落(촉누락시민누락)　촛불의 눈물 떨어질때 백성의 눈물 떨어지고
　　歌聲高處怨聲高(가성고처원성고)　노릿소리 높은 곳에 원망하는 소리 높도다.

　＊이 詩(시)는 溪西 成以性(1595-1664)이 지은 작품이라는 설이 있다. 계서 年譜에 의하면 계서가 암행어사가 되어 전라도에 갔을때, 南原에 이르니 호남의 12읍 守令들이 마침 잔치를 하고 있어, 여기에 참석하였다가 음식을 얻어먹고는 韻字(운자)를 청해 짓고, 이어 암행어사 출두를 외쳤다고 되어 있다.

23. 짹짹 우는 새소리에 자던 선비 잠을 깨네
　　홀딱 벗은 주막계집 고쟁이도 팽개쳤네
　　으흥 으흥 내 사랑아! 시 한수를 지어볼까!
　　곤지갈석 昆池碣石 여송지성 如松之盛
　　천류불식 川流不息 내 사랑아　- 내 사랑아 -

　＊곤지라는 연못속에 차돌하나 숨었구나. 솔처럼 검은 덩굴안. 흐르는 물이 그치지 않네.

　♥ 이는 그녀의 물건이 얼마나 소탐한지 무성한 덩굴에 가려있는 샘처럼 흐르는 물이 그치지 않는다는 말.

24. 金笠(김립)의 詩(시) - 諧謔詩
　　二十樹下三十客　스무나무 아래 서른(三十(낯선))객이
　　四十村中五十食　마흔(四十(망할))놈의 마을에서 쉰밥을 먹었더라
　　人間豈有七十事　인간에 어찌 일흔(七十)일이 있으리요
　　不如歸家三十食　집에 돌아가서 설흔(三十(서른)) 밥 먹느니만 같지 못하구나.

- 書堂 乃早至(내조지)　서당에 내 일찍 이르니
  房中, 皆尊物(개존물)　방에는 다 잘난체 하는 사람 뿐이구나.
  生徒, 諸未十(제미십)　학생은 모두 열이 안되는데
  先生, 來不謁(내불알)　선생은 나와서 뵈옵지(인사) 않는구나.

- 此竹彼竹, 化去竹(화거죽)　이대로 저대로 되어가는 대로
  風打之竹, 浪打竹(낭타죽)　바람 부는대로 물결치는 대로
  飯飯竹竹, 生此竹(생차죽)　밥이면 밥 죽이면 죽, 이대로 살고
  是是非非, 付彼竹(부피죽)　옳으면 오른대로 그르면 그른대로 저대로 붙여주세.

- 毛深內闊 必過他人(모심내활 필과타인) - 김삿갓
  後園黃栗不蜂折 溪邊楊柳不雨長(후원황률불봉절 계변양류불우장) - 곱단이
  김삿갓 : 털 깊은 속 안이 넓으니, 그 누군가가 틀림없이 지나갔구나.
  곱단이 : 뒷동산에 익은 밤송이는 벌이 쏘지 않아도 벌어지고,
  　　　　시냇가의 수양버들은 비가 오지 않아도 잘 자라더라.
  * 이는 김삿갓이 단천의 노처녀(곱단이)와 하룻밤을 보내고 난 다음 처녀가 아니구나 하고
    비꼬자 이에 대한 곱단이의 능수능란한 응수이다.

- 雪打吟脣 詩欲凍(설타음순 시욕정)
  梅飄歌扇 曲自香(매표가선 곡자향) - (思齊 金正國)
  눈이 읊조리는 입술에 와 부딪치니, 시가 얼어 굳으려고 하는구나.
  매화가 노래하는 부채에 나부끼니, 곡조가 저절로 향기롭다.
  　　　　　　　　　　　　　　　　(飄-표) - 회오리바람. 나부끼다.

- 行祀中 偶吟 - (栢谷 金得臣)
  露草蟲聲濕(노초충성습)　이슬풀에 벌레소리가 젖고
  風枝鳥夢危(풍지조몽위)　바람에 흔들리는 나뭇가지에 새의 꿈이 위태롭다.

- 山河不改色(산하불개색)　산과 물은 전과 달라진 것이 없는데
  人物古今異(인물고금이)　사람은 예(옛날)와 지금이 다르구나
  　　　　　　　　　　　　- (晩雲 鄭忠信)

- 김시습의 即興詩(즉흥시) - 5세때
  - 세　종 : 童子之學(동자지학)은 白鶴(백학)이 舞靑松之末(무청송지말)이로다
  　　　　　(동자의 학문은 흰학이 푸른 소나무가지 끝에서 춤을 추는 것 같다.)
  - 김시습 : 聖君之德(성군지덕)은 黃龍(황용)이 翻碧海之中(번벽해지중)하니라.
  　　　　　(성군의 덕은 황룡이 푸른바다 가운데서 번득이는 것 같다.)
  　　　　* 이로부터 5세 신동이라고 알려지게 되었다(號는 梅月堂 생육신의 한사람).

지도자심서(心書)

■ **古人之書**는 **無不讀**이요(고인지서 무불독) - 옛사람의 글은 읽지 못할 것이 없고
天下之事는 **皆可爲**라(천하지사 개가위) - 천하의 모든 일은 다 할만하다.
　* 長江後浪推前浪(장강후랑추전랑)하고 - 장강의 뒷 물결이 앞 물결을 밀어내고,
　　一代新人換舊人(일대신인환구인)이라 - 한 시대의 새 사람이 옛사람을 대신한다.
　　- 시대의 변화 세대교체 등 세상의 새롭게 변화됨을 의미한다.

25. 옥중 세모(獄中歲暮) － 雩南 李承晩(1875~1965)

밤마다 긴긴 회포 닭이 울도록	(談懷夜夜抵晨鷄)
이해도 다 가니 집이 그리워	(却感流光憶舊樓)
사람은 벌레처럼 구멍에 살고	(人與蟄蟲深處穴)
세월은 냇물 따라 급히 흐르네	(歲從逝水急過溪)
어버이께 설 술 한잔 올려 보고파	(臘梅酒熟思供老)
솜옷 부쳐준 아내 보고파라	(新綿衣來戀見處)
헤어보니 이 겨울도 열흘 뿐인데	(屈指今冬餘十日)
삼년을 매어둔 말 한가롭구나	(三年櫪驥繫閑蹄)

　* 臘(랍) - 섣달, 햇수. 櫪(력) - 마판, 말구유.

26. 訪舊居(옛집을 찾아) － 李承晩(이승만)

桃園故舊散如煙	도원의 옛친구들과 서로 흩어져
奔走風塵五十年	오십년 풍진속에 돌아다니다.
白首歸來桑海變	흰머리로 돌아옴에 모두 변하여
春風揮淚古祠前	옛 사당앞 봄바람에 눈물만 짓네.

　* 李承晩(이승만)박사는 1946년 해방된 조국에 환국하자 그가 어려서 살던 桃洞(도동)을 찾았다. 그리고 즉흥시를 읊었던 것이다. 그것이 바로 이 시의 내용이다.

■ **偶吟(밤에 앉아서)** － 李承晩(이승만)

秋霜之氣忉俱寒(추상지기인구한)	서리같은 기운에 싸늘한 칼날
一死非難死節難(일사비난사절난)	절개에 죽기란 한결 어려워
此世如從床息輩(차세여종상식배)	오늘날 편한 길 쫓아만 가면
有誰義膽丈夫看(유구의담장부간)	뉘라서 장부라 이르오리까.

* 이 詩(시)에는 愛國忠節(애국충절)의 뜻이 담겨있다.

【참고】 이승만 박사는 九十(구십) 평생을 조국의 근대화와 독립 자유를 위해 몸 바쳤고, 33년 동안 미국에 망명하였다가 조국의 해방과 더불어 1945년 10월 16일 환국하여 대한민국 정부수립 후 초대 대통령으로서 선출되었으며 그 후 4.19 의거로 1961년 5월 29일 새벽 하와이로 망명의 길을 떠나야 했고 결국 그는 1965년 7월 19일(1875.3.26. 출생) 머나먼 이국땅에서 幽明(유명)을 달리하였다. 위의 詩 3首를 게재한 것은 이 박사의 애국충정과 인간미를 엿보고자 함에 있다.

이 詩들은 "인간 이승만" 李元淳 편저에서 취한 것이다.

♣ 쉽게 얻은 것은 쉽게 잃고 　　　　　　(得之易失之易)
　어렵게 얻은 것은 잃기도 어렵다 　　　(得之難失之難)
　재주는 쓸수록 날로 늘어나고 　　　　(才以用而日生)
　생각은 넓힐수록 새로워진다 　　　　　(思以引而不竭)

☞ 책임 있는 자리에 있으면서 　　　　　(居其位)
　해야 할 말을 하지 않는 것은 　　　　 (無其言)
　군자는 부끄럽게 여기며 　　　　　　 (君子恥之)
　말을 해놓고서 행하지 않는 것을 　　　(有其言無其行)
　군자는 부끄럽게 여긴다. 　　　　　　(君子恥之)

◆ 중국(中國)의 한시(漢詩)

요(堯)가 천하를 다스린지 50년에 과연 잘 다스려지는지를 알고자 직접 확인해 보고자 거리로 나갔는데, 마침 한 무리의 어린이들이 서로 손을 잡고 놀면서 이런 노래를 부르고 있었다.

1. 立我烝民(입아증민) 　우리 백성 살림살이 　-帝堯陶唐氏(요임금)
   莫非爾極(막비이극) 　임의 덕 아님없네
   不識不知(불식부지) 　제 자신도 모르는 체
   順帝之則(순제지칙) 　임의 덕 따르나니

* 어린이들의 순진무구한 노랫소리는 요금의 가슴속 깊이 스며들었다.
  다시 거름을 옮기다가 무심코 곁을 보니 백발노인 한 사람이 음식을 우물거리면서 격양(擊壤) 놀이(옛날 중국에서 하던 유희의 하나)를 하는데, 배를 두들기며 박자를 맞추면서 즐겁게 하고 있었다.

日出而作(일출이작) 　해가 뜨면 밖에 나가 일하고
日入而息(일입이식) 　해가 지면 들어와 쉬고
鑿井而飮(착정이음) 　우물 파서 물 마시고
帝力何有於我哉(제력하유어아재) 　임금의 힘이 내게 있어 무엇하리요.

※ 요 임금의 마음은 환하게 밝혀졌고 이러한 시절을 후세인들은 태평성대라고 한다.
요임금 시절 같은 성스러운 시대요(堯之日月), 순임금 시절같이 어진 정치로 백성을 다스리면 (舜之乾坤), 사람은 마음이 즐겁고 흐뭇해서 오래오래 살아 장수하시리.

2. 순(舜)임금 (帝舜有虞氏) - 南風의 詩

南風之薰兮(남풍지훈혜)　　　　　　남풍의 훈훈함이여
可以解吾民之慍兮(가이해오민지온혜)　우리 백성의 노여움을 풀어 주겠구나
南風之時兮(남풍지시혜)　　　　　　남풍의 때맞춰 붊이여
可以阜吾民之財兮(가이부오민지재혜)　우리 백성들의 재물을 풍성히 해주겠구나

3. 伯夷(백이) 叔弟(숙제) - 採薇歌(채미가)

登彼西山兮 採其薇矣(등피서산혜 채기미의)　저 서산에 올라 그 고비를 뜯네
以暴易暴兮 不知其非矣(이포역포혜 부지기비의)　폭력으로 폭력에 대하고 그 잘못을 모르네
神農虞夏忽焉沒兮(신농우하홀언몰혜)　신농·우·하·홀연히 몰(沒)하니
我安適歸矣(아안적귀의)　　　　나는 어디로 돌아가나
于嗟徂兮 命之衰矣(우차조혜 명지쇠의)　아아! 가련다 목숨이 쇠했고나.

* (徂-갈조, 비로서조)

※ 신농우하(神農虞夏) : 염제 신농씨. 우(虞)는 帝舜 有虞氏로 순임금. 하(夏)는 夏侯氏로 禹임금을 이르는 말. 이들은 모두 혁명에 의하지 않고 바른 도리로써 제위를 선양 받은 천자들이었으므로 이르는 말.

4. 大風歌(대풍가) - 漢高組(한고조)

大風起兮 雲飛揚(대풍기에 운비양)　　큰 바람이 일어나니 구름이 흩날리도다.
威加內兮 歸故鄉(위가내혜 귀고향)　　위험을 온 나라에 떨치고 고향에 돌아왔도다
安得猛士兮 守四方(안득맹사혜 수사방)　어떻게 해야 맹사를 얻어 사방을 지킬꼬.

5. 楚霸王(초패왕)의 哀歌(애가) - 項羽(항우)

힘이 산을 뽑음이여	(역발산혜)	- 力拔山兮
기개는 세상을 덮도다	(기개세)	- 氣蓋世
때가 이롭지 않음이여	(시불리혜)	- 時不利兮
추가 가지 않도다	(추불서)	- 騅不逝
추가 가지 않음이여	(추불서혜)	- 騅不逝兮
가이 어찌 할것인가	(가내하)	- 可奈何
우여 우여	(우여 우여)	- 虞兮虞兮
너를 어찌 할것인가	(내가하)	- 奈若何

* (騅) - 오추마 추, 말이름. [虞美人] - 항우가 총애하는 여인

6. **曹植(조식) 東阿王** - 七步詩(칠보시)

　　煮豆燃豆萁(자두연두기) - 콩을 삶은데 콩깍지에 불을 붙였네
　　豆在釜中泣(두재부중읍) - 가마솥 속에 콩이 눈물흘려 우는도다
　　本是同根生(본시동근생) - 본래 한뿌리에서 나왔는데
　　相煎何太急(상전하태급) - 서로 볶기를 어이 이리 급하게 하는가.

　　＊魏文帝(위문제)는 아우 조식으로 하여금 七步成詩하고 如不成이면, 일곱 걸음 안에 시를 짓도록 하고, 못 지으면 行大法(사형)으로 다스리겠다고 명하였다. 그러자 이에 답한 시가 바로 이 유명한 七步詩이다.

7. **賈島(가도) 二句(이구) 三年(삼년)** - 題詩後

　　二句三年得(이구삼년득) - 단지 2구를 삼년만에 득하니
　　一吟雙淚流(일음쌍루유) - 한번 읊는 동안 양눈에 눈물이 흐른다
　　知音如不賞(지음여불상) - 나의 지우들이 감상해 주지 않는다면
　　歸臥故山秋(귀아고산추) - 올가을 내 집으로 돌아가는 수밖에 없다.

　　[二句] ; 獨行 潭水影(독행담수영) - 홀로 못가 그늘 밑을 거닐고
　　　　　　　數息 池邊身(수식지변신) - 때로 못가에서 몸을 쉰다.

　　＊七步, 일곱 거름에 시 한 首(수)를 짖는 것이나, 단지 詩 두귀를 삼년 만에 얻었다는 것은 다 경이적인 일이어서 소개한다.

8. **백거이(白居易 - 樂天)** - 對酒(대주)

　　蝸牛角上爭何事(와우각상쟁하사) - 달팽이 뿔 위에서 싸운들 무엇하리
　　石火光中寄此身(석화광중기차신) - 부싯돌 번쩍하듯 찰나에 사는 몸
　　隨富隨貧且歡樂(수부수빈차환락) - 부자든 가난뱅이든 즐겁게 살 일이지
　　不開口笑是癡人(불개구소시치인) - 입 벌려 웃지 못할 자 바보가 아니랴

9. **이백(李白)** - 秋浦歌(추포가)

　　白髮三千丈(백발삼천장) - 길고 긴 흰머리
　　綠愁似個長(연수사개장) - 시름 때문인가
　　不知明鏡裏(부지명경리) - 거울 속의 가을 서리는
　　何處得秋霜(하처득추상) - 어디서 얻어 왔나. (알 수 없구나)

문자 명구 편

5. 한국·중국 한시

지도자심서(心書)

10. 이백(李白) - 將進酒(장진주)
人生得意須盡懽(인생득의수진환) - 사람이 뜻을 얻었을 때는 모름지기 환락을 다하고
莫使金樽空對月(막사금준공대월) - 공연히 황금 술단지를 달빛에 버려두지 말라.
天生我材必有用(천생아재필유용) - 하늘이 나를 낼적에는 그 재주 쓸데가 있었을 것이니
千金散盡還復來(천금산진환복래) - 많은 돈을 흩으면 돌아올 날이 있으리.

11. 두보(杜甫) - 寄李白(기이백)
昔年有狂客(석년유광객) - 옛적에 광객(狂客)이 있어
號爾謫仙人(호이적선인) - 적선인(하늘에서 내려온 신선)이라 하였는데
筆落驚風雨(필락경풍우) - 붓을 떨구면 풍우(風雨)를 놀라게 하고
詩成泣鬼神(시성읍귀신) - 시를 지으면 귀신을 울게 한다.
* 李太白(이백) 杜子美(두보)를 시성(詩聖) 시선(詩仙)이라 해서 李杜(이두)로 竝稱한다.

12. 두보(杜甫) - 곡강(曲江)의 詩
朝回日日典春衣(조회일일전춘의) - 조정에서 돌아와 날마다 春衣를 잡혀
每日江頭盡醉歸(매일강두진취귀) - 매일 강두에서 취하여 돌아오네
酒債尋常行處有(주채심상행처유) - 술 빚이야 가는 곳마다 보통 있는 일이지만
人生七十古來稀(인생칠십고래희) - 인생 칠십은 옛부터 드물다.
* 이 詩는 두보가 唐 숙종때 47세 무렵 좌습유(左拾遺)의 벼슬을 얻었을 때이다.

13. 한유(韓愈-退之) - 정병조에게 올리다(贈鄭兵曹)
當今賢俊皆周行(당금현준개주행) - 지금의 어진 준재들 다 함께 벼슬길에 진출하는데
君何爲乎亦遑遑(군하위호역황황) - 그대 또한 어찌하여 경황이 없는가
盃行到君莫停手(배행도군막정수) - 술잔이 그대에게 이르거든 거절하지 마소서.
破除萬事無過酒(파제만사무과주) - 만사 잊는데에는 술보다 나은 것이 없으이.

14. 백거이(白居易-樂天) - 太行路
行路難難重陣(행로난난중진)   - 길가기 어려움 거듭 말하기 어려우니
人生莫作婦人身(인생막작부인신) - 인생은 부디 부인의 몸 되지 마소
百年苦樂由他人(백년고락유타인) - 백년의 괴로움과 즐거움이 타인에게 달려 있다네
行路難難於山險於水(행로난난어산험어수) - 길가기 어려움. 산보다 어렵고 물보다 험하니
不獨人間夫與妻(부독인간부여처) - 비단 인간 부부사이 만이 아니요.

近代君臣亦如此(근대군신역여차) - 근래의 군신간도 이와 같다오.

*韓 퇴지(768-824)와 白낙천(772-846)사이는 퇴지가 낙천보다 네 살이 위이고 한백(韓白)이라 하여 李杜(이백 두보)와 함께 唐代 四大 시인으로 부른다.

15. 蘇軾(소식-東坡) - 薄薄酒 맛없는 술

薄薄酒勝茶湯(박박주승다탕) - 맛없는 술도 맹물보다는 낫고
粗粗布勝無裳(조조포승무상) - 거친 삼베옷도 치마 없는 것보다는 낫다
醜醜婦勝空房(추추부승공방) - 못생긴 처. 악한 첩도 공방보다는 낫다네.
生前富貴死後文章(생전부귀사후문장) - 생전엔 부귀요 사후에 문장이라지만
百年瞬息萬世忙(백년순식만세망) - 백년이 순식간이요 만세 바삐 지나가네
夷齊盜跖俱亡羊(이제도척구망양) - 백이 숙제 도척 모두 허무하니
不如眼前一醉(불여안전일취) - 눈앞에 한번 취함만 같지 못해
是非憂樂都兩忘(시비우락도양망) - 시비와 우락(憂樂) 모두 잊는것만 못 하다오.

16. 가도(賈島) - 劍客(검객-검술)

十年磨一劍(십년마일검) - 십년 동안 한 칼 갈아
霜刃未曾試(상인미증시) - 서리발 같은 칼날 일찍이 써 보지 못했네.
今日把贈君(금일파증군) - 오늘날 이것 가져다 그대에게 주노니
誰有不平事(수유불평사) - 어느 누가 공평치 못한 일 하겠는가.

17. 공수 이신(公垂 李紳) - 憫農(민농)

鋤禾日當午(서화일당오) - 한낮에 김을 매니
汗滴禾下土(한적화하토) - 땀방울이 논을 적신다.
誰知盤中飧(수지반중손) - 누가 알 것인가 소반의 밥이
粒粒皆辛苦(입입개신고) - 알알이 땀방울인 것을

18. 무 명씨(無名氏) - 蠶婦(잠부)

昨日入城市(작일입성시) - 어제 성 밖 시장에 들렀다가
歸來淚滿巾(귀래누만건) - 집에 돌아와 눈물만 흘렸다네
遍身綺羅者(편신기라자) - 온몸에 비단옷 두른 자가
不是養蠶人(불시양잠인) - 누에 치는 사람이 아니었다네.

19. 장통 주방(長通 朱放) - 照鏡見白髮(조경견백발)

宿昔青雲志(숙석청운지)	- 옛날 청운의 뜻이
蹉跎白髮年(차타백발년)	- 어쩌다 보니 늙었네
誰知明鏡裏(수지명경리)	- 누가 알랴 거울을 보고
形影自相憐(형영자상련)	- 나 홀로 슬퍼하는 심정을

20. 시경 소아(詩經 小雅) - 甫田之什 규변(頍弁 -고깔)

큰 눈이 오기 전에	如彼雨雪(여피우설)
싸락눈이 내린다네	先集維霰(선집 유산)
이제 살면 얼마나 더 살며	死喪無日(사상무일)
서로 만날 날 얼마나 되랴	無幾相見(무기상견)
이 밤 술로 즐기며	樂酒今夕(낙주금석)
그대들과 잔치 벌이네	君子維宴(군자유연)

* 형제와 친척들이 모여 잔치하는 노래

21. 고시(古詩) - 無名氏(무명씨)

백년도 못살면서	生年不滿百(생년부만백)
늘 천세의 근심을 품는구나	常懷千歲憂(상회천세우)
낮은 짧고 밤이 길어 괴롭거든	晝短苦夜長(주단고야장)
어찌 밤엔들 불 밝혀 놀지 못하랴	何不秉燭遊(하부병촉유)
즐겁기 위해서는 마땅히 때에 미치어야 하나니	爲樂當及時(위락당급시)
무엇 때문에 내년을 기다리랴.	何能待來茲(하능대래자)

* 唐宋八大家(당송팔대가) - 唐宋(당송) 시대의 八大(팔대) 文章家
 한유(韓愈), 유종원(柳宗元), 구양수(歐陽修), 왕안석(王安石), 증공(曾鞏), 소순(蘇洵),
 소식(蘇軾). 소철(蘇轍).

♣ 죽음의 승리 - 플로렌스 영주가 부른 노래
 아름다운 젊은 날은 그 얼마이던가?
 이처럼 속히 사라지는 것을
 즐거움을 쫓는 자는 쫓아라
 내일을 기약할 수 없지 않느냐.

 ※ 이 벽화에는 '이 세상의 마지막 날과 지옥의 모습'이 그려져 있고, 인생에 대한
  '허무감 그의 반동으로 향락적 욕망'으로 표출되었다.

三. 政治入門篇(정치입문)

1. 정치 일반론 ……………………………… 251
2. 대학 중용의 정치론 …………………… 278
3. 공자의 정치론 …………………………… 283
4. 시경의 정치 ……………………………… 288
5. 서경의 정치 ……………………………… 291
6. 예경의 정치 ……………………………… 301
7. 老子·莊子·墨子의 政治 ………………… 307
8. 순자의 정치 ……………………………… 311
9. 관자의 정치 ……………………………… 319
10. 한비자 정치 …………………………… 324
11. 강태공 정치 …………………………… 326
12. 황석공 소서 …………………………… 332
13. 손자 병법 ……………………………… 335
14. 제갈량 심서 …………………………… 338
15. 근사록 정치어 ………………………… 341
16. 설원 정치어 …………………………… 346
17. 지도자의 함양, 수양 ………………… 356
18. 주역 계사전 - 政治道 ………………… 361
19. 춘추 정치의 - 거울 …………………… 364
20. 고대 선현의 치도, 세존의 법문 홍범구주 …… 367
21. 고대 조선의 통치이념 ………………… 377
22. 정치 명언(서양, 동양) ………………… 379

정치(政治) 편

- **통치자는 편안하여도 위태함을 잊지 않고**　　(安而不忘危)
  　존재할 때 멸망을 잊지 않으며　　　　　　　　(存而不忘亡)
  　잘 다스려질 때 어지러움을 잊지 않는다.　　　(治而不忘亂)
  　- 이로써 몸이 편안하여 국가를 보전할 수 있다. - (周易 繫辭 上)

- **하늘은 사사로이 덮는게 없고**　　　　　　　　(天無私覆)
  　땅은 사사로이 싣는게 없으며　　　　　　　　　(地無私載)
  　해와 달은 사사로이 비추는 법이 없다.　　　　(日月無私照)
  　- 이로써 三王은 삼무사(三無私)를 받들어 천하를 위해 일하셨다. - 禮記 閑居

- **백성들을 위로하고 격려하라.**　　　　　　　　(勞之來之)
  　바로 잡아주고 곧게 해주라.　　　　　　　　　(匡之直之)
  　그들을 도와주고 부축해 주라.　　　　　　　　(輔之翼之)　- 滕文公 上, 堯(放動)

- **나라를 다스리는 데는 불멸의 道(도)가 있으니**　- (治國爲常)
  　백성을 이롭게 함으로써 근본을 삼는다.　　　- (利民爲國)

- **이 세상 온갖 근심 내가 먼저 근심하고**　　(先天下之憂而憂)
  　이 세상 온갖 즐거움 맨 나중에 즐기리라.　(後天下之樂而樂)
  　　　　　　　　　　　　　　　　　　- 宋/ 范仲淹 岳陽樓記

- **국가의 큰 임무는 戒備(국방) 보다 더한 것이 없다.**　- 諸葛亮 心書
  　전(傳)에 말하기를 갖추지 않으며 근신하고 생각지 않으면 그것은 군사가 아니다.

- **천하를 다스림에는 풍속을 바르게 하고,**　　　　(天下治 以正風俗)
  　재주가 뛰어난 인재를 얻는 일을 근본으로 삼아야 한다. (得賢才爲主) - 程明道

- **정치는 일정함을 귀히 여기고, 말은 구체적이면서 간결해야 한다.**　- 書經 필명

  　* 나라의 근심거리는 언로(言路)가 단절(斷絶)되는 것보다 큰 것이 없다.

1. 정치 일반론

- 정치의 요체(要諦)는 오직 인재를 얻는데에 있다.
  〈爲政在於得人〉- 孔子

- 천하(天下)를 얻으려면 먼저 사람을 얻으라.

- 무릇 치국(治國)의 道는 〈먼저 백성을 부유(富裕)하게 만드는데 있다〉 백성이 부유하면 통치하기가 쉽고, 반대로 백성이 가난할 때에는 통치하기가 어렵다.
  〈必先富民, 民富則易治也〉- 管子, 治國

- 정치의 요체는 민심을 따르는 데 있고, 정치를 망치는 것은 민심을 역행하는 데에서 基因(기인)한다. - 管子

- 옛날 나라를 잘 다스리는 사람은 반드시 먼저 나라의 '기강(紀綱)'을 세웠다.
  나라에 기강이 있는 것은 마치 몸에 혈맥이 있는 것과 같다. 몸에 혈맥(血脈)이 없으면 기(氣)가 통하지 않는 데가 있고, 나라에 기강이 없으면 법령이 행해지지 않는 것이 있게 된다.

- 성인은 자기 한 몸으로써 나라를 다스리지 않고 천하 모든 사람들과 마음을 하나로 해서 천하를 다스린다. 〈聖人不以一己治, 天下而天下治〉- 淮南子

- 정치는 사람을 아는데 달렸으며 '인민을 편안히 함'에 있다.
  사람을 안다는 것은 명석함이니 능히 사람을 제자리에 쓸 수 있을 것이며, 인민을 편케 하면 곧 은혜로운지라 모든 사람들이 이를 마음으로 따르게 된다. - 書經 皐陶(고요)

- 周書(주서)에 말하기를 '나라의 안위(安危)는 어떤 법령을 내느냐에 달려있고, 나라의 존망은 어떤 인물을 쓰느냐에 있다'.

- 정치는 간단하고 平易(평이)해야만 백성이 귀복한다.
  번거로운 법령을 제거하고 인민과 더불어 휴식한다.
  〈政不簡不易, 民不能近, 平易近民, 民必歸之, 掃除繁苛, 與民休息〉 - 十八史略

- 편안하게 해주는 길로 백성을 부리면,　　　　　(以佚道使民)
  비록 피로하더라도 원망하지 않고　　　　　　　(雖勞不怨)
  살려주는 길로 백성을 죽게 하면　　　　　　　　(以生道使民)
  비록 죽게 되더라도 죽인 자를 원망하지 않는다. (雖死不怨殺者)

지도자심서(心書)

- 정치의 승패가 사람에게 달려 있으니　　(爲政在人)
  사람을 등용하되 인격 전부로 하고　　(取人以身)
  몸을 닦음에 도로써 하고　　(修身以道)
  도를 닦음에 인으로써 한다.　　(修道以仁)

- 나라를 다스릴 때의 마음가짐은 병을 치료할 때의 마음가짐과 같다.
  환자란 병이 나아갈 때 더욱 신중하게 양생하여야 하듯이, 천하가 안정되어 가고 있을 때에 더욱 신중히 하지 않으면 안된다. - 貞觀政要, 太宗

- 실천이 따르지 않는 한갓 착하기만 한 것으로는 정치를 하기에 부족하고, 실행이 따르지 않는 한갓 형식만 갖춘 법도만으로는 그것이 저절로 운영되어 나가지 못한다. (徒善不足以爲政, 徒法不能以自行)

- 書經(서경)에 이르기를 '군주는 인물을 구하는데 수고롭고 인물을 얻은 후에는 안일한 법이다'. (惟文王敬忌, 一人以擇)

  ♠ 어진 이를 추천하는 자는 복덕이 후세 자손에까지 미친다.
  　　　　　　　　　　　　　　　　　(進賢者福流子孫 - 三略)

  ♠ 천하를 다스림에는 풍속을 바르게 하고, 재주가 뛰어난 어진 인재를 얻는
  　일을 근본으로 삼아야 한다.　　　(天下治 以正風俗 得賢才爲主 - 程明道)

- 정치가(政治家)란 모름지기 널리 고금(古今)의 사적(史蹟)에 통달하고 경천위지(經天緯地)의 재능과 세상을 바로잡고 시대를 구제(救濟) 할만한 경륜(經綸)이 있어야 한다.

- 그 정사를 도모하되 〈흑 어렵지 않나 하지 말라〉
  이를 폐함과 흥함이 너의 백성으로부터 헤아려서, 나가고 들어가고 함이 여럿의 말이 같으면 곧 시행하라.
  〈圖厥政 莫或不難 有廢有興 出入自爾師虞 庶言同則繹〉 - 서경(書經)

- 汲黯(급암)의 통치 방법은 〈대체적인 것만 바로 잡아줄 뿐 사소한 일들을 간섭하지 않는 것이었다.〉 - 정관정요
  〈참고 ; 治國者若耨田 去害而已 · 治國者若烹於小鮮 · 爲政猶沐也.

- "그대의 몸이 능히 바르면 누구도 감히 바르게 아니치 못하리라".
  백성의 마음은 똑바르기만 한 것이 아니니, 그대의 똑바름으로 바로 잡아주어야 한다.
  〈爾身克正 罔敢不正〉 - 周書 君牙篇

- 임금이 백성을 잘살게 하지 않으면 어진 임금이 아니요,
  신하가 임금을 바르게 간하지 않으면 충신이 아니다.
  〈君不恤民 非仁也, 臣不諫君 非忠也〉 - 三國史記

- 간하는 말 따르기를 물 흐르는 것 같이 함은 임금의 아름다운 덕이요,
  어려운 일을 임금에게 잘 실행하도록 권고하는 것은 신하의 충성된 도리이다.
  〈從諫如流 人君之美德, 責難於君 臣子之忠義也〉 - 權近

- 대저 정치가란 큰 뜻을 가슴에 품고 뱃속에 무한한 좋은 꾀를 간직해서 넓고 넓은 우주의 진리를 싸서 감추고, 천지의 오묘한 이치를 삼키고 뱉는 사람이라야 능히 참된 정치가라 할 수 있는 것이다.

- 윈스턴 처칠은 정치가가 되기 위한 바람직한 자격에 관해서 이렇게 말하고 있다. 〈그것은 내일 내주 내달 그리고 내년에 무슨 일이 일어날 것인가를 예언할 수 있는 재능이다〉. 그리고 훗날 그 예언이 맞지 않게 된 이유를 설명할 수 있는 재능을 소유했는가 아닌가에 달려있다.

- 정치가는 학자와 마찬가지로 공평하게, 냉정하지 않으면 안된다.
  〈사욕이 없어야 하고 청결한 생활이 필요하다〉 - 케네디(1956년 하바드大 에서의 유세강연)

- 지도자가 없는 대중은 아무 소용 없다.
- 정치는 동기가 아니라 결과에 의하여 평가된다.
  정치의 세계에서는 의도보다도 결과가 중요하다. - 듀베르제

- 데모크라시는 〈나는 자네와 같다는 것을 의미하지는 않는다〉.
  그런게 아니라 〈자네는 나와 같다는 것을 의미한다. - 데오돌 파카

- 주인 된 자는 항상 물새는 배를 타고, 불타는 지붕 밑에서 잠을 잔다는 마음가짐이 긴요한 것이다. - 이에야스

- 한 고을 수령은 기댈 언덕이 있어야 하고, 급할 때는 숨을 수 있는 숲도 있어야 하고, 또 싸울 때는 창을 막아줄 방패도 있어야 하는 법이다.

- 나라에 변고(變故)가 없어 평온무사하면, 그때에 이르러 나라의 政教, 刑罰을 닦으라. 그러면 대국(大國)이라도 두려워하리라.
  〈國家閑暇 乃是時, 明其政刑, 強大國 必畏之矣〉 - 孟子 公孫丑

- 나라의 근심거리는 바르게 하는 말을 끊어버리는 것보다 큰 것이 없다.
  〈國家大患 莫大於言絶〉 - 鄭斗卿

1. 정치 일반론

지도자심서(心書)

- 정치인은 백성의 소리에 귀를 기울일 줄도 알아야 한다.
  메뚜기 우는 소리도 들어야 하고, 봄날 새우는 소리도 들어야 한다.
  언어소통이 안되는 무식한 사람의 말(芻蕘之說)도 귀담아 들어야 하고, 눈먼 사람의 지팡이가 되어줄 줄도 알아야 한다.

- 옛글에 민심은 일정치 아니하여 은혜를 베푸는 사람만을 따른다고 한다. 언제 변할지 모르는게 백성의 마음이다. - 경계할지어다.
  〈夏書에서는 참된 마음을 다해야만 일을 성공시킬 수 있다.〉 (成允成功)

  * 참된마음 '정성을 다한다' 함은 어떻게 하는 것인가? 자나깨나 생각하는 것이다. 그리고 간절히 기도하는 것이다. 머리에 붙은 불을 끄듯하여 기도하는 마음이다. 절대자에게, 이 우주의 능력자 앞에서 무릎을 꿇고 겸허한 마음으로 답을 구하는 것이다. 정말 존망이 걸린 문제에 봉착했을 때에는 어떻게 할 것인가? 스스로에게 조용히 묻는다. 나는 이 일을 위해 죽을 각오가 되어 있는가? 하고 말이다.

- 지도자(정치인)의 허물은 일식(日蝕)이나 월식(月蝕)과 같다.
  잘못되면 남들이 모두 보게 되며, 그치면 남들이 모두 우러러 본다.

- 훌륭한 임금이 되기도 어렵지만, (爲君難)
  어진 신하가 되기도 쉽지 아니하다. (爲臣不易) - 康悌臣

- 유약(有若)의 말에 이르기를 〈백성이 족하면 인군이 누구와 더불어 부족할 것이며, 백성이 부족하면 인군이 누구와 더불어 족(足)할 것인가〉. 하였으니 군민(君民) 일체(一體)가 되어 상하가 서로 의지하여야 할 것은 이와같이 소연(昭然)합니다.

- 뜻은 크고 재주는 모자라 일을 패(敗)한다는 말은 수기(修己)함에 힘쓰지 않고 망녕되어 행하기 어려운 정사(政事)를 일으키거나 강약(强弱)을 헤아리지 않고 망녕되어 감히 당하기 어려운 적과 도전함을 말함이다.

- 정치를 함에는 진정(鎭靜)으로 기본을 삼아 총명한데도 察(찰)에 미치지 않고, 관대한데도 縱(종)에 이르지 않아야 한다. - 歐陽脩

- 좋은 약으로 병을 고치는 일은 어진 정사로 나라를 다스리고
  백성을 보호하는 것에 비유될 것이다. - 尹善道

- 나라의 흥망성쇠는 시운이 아니라 지도자의 賢愚에 달려있다.

- 임금(지도자란)은 표본이다.
  표본이 바르면 그림자인 백성도 바르다.
  임금이란 쟁반이다.

三. 정치입문편

쟁반이 둥글면 물(백성)도 둥글다.

임금이 활쏘기를 좋아하면 신하가 손끝에 활깍지를 떼지 않는다.

楚莊王이 허리 가는 미인을 좋아했더니, 조정에 허리를 가늘게 하다가 굶어 죽은 여자가 많았다고 한다.

* 옛날에 윗사람이 하는 일은 아래 사람이 따른다. (上之所爲, 民之所歸也)

  윗사람은 아래 사람의 스승이 된다. (上者 -下者之師)

- 임금은 배요, 백성은 물이니, (君子 -舟也, 庶人者 -水也)

  물은 배를 싣기도 하고 엎기도 한다. (水則載舟, 水則覆舟)

  이처럼 배는 강물의 물결을 쫓아 조심해서 운항할 때만이 안전할 수 있으며, 사람과 물건을 건널 수 있듯이, 인군은 '백성의 뜻에 따라' 정사를 펴나갈 때만이, 몸을 보존할 수 있고 태평성대를 이룰 수 있는 것이다

- 강고(康誥)에 말하기를 〈天命이란 일정불변한 것이 아니다〉

  선하면 천명을 얻고, 善하지 못하면 천명을 잃는다고 한다.

  즉 민의를 얻으면 나라를 얻게 되고, 民意를 잃으면 나라를 잃게 된다.

  인기는 물거품과 같아서 믿을 것이 못 된다.

  * 민심은 무상하여 은혜를 베풀어 주는 사람을 따를 뿐이다.

- 제왕수칙 10개조(帝王守則) - 北宋때 呂公著

1. 하늘을 두려워한다.	6. 간언(諫言)을 듣는다.
2. 백성을 사랑한다.	7. 가렴(苛斂)을 하지 않는다.
3. 수신(修身)을 한다.	8. 사치를 멀리한다.
4. 학문(學文)을 한다.	9. 형(刑)을 줄인다.
5. 현명한 사람을 등용한다.	10. 안일(安逸)하지 않는다.

- 옛날에 현명한 임금은 한밤중에도 자지 않고 어진 선비를 맞아들여 법도에 맞도록 직언을 하게 하여 임금 스스로 거기에 따랐고 직언하는 신하가 차례로 임금을 모시게 해서 백성들의 뜻이 위로 전달되게 하였다.

  * 시경에 이르되 〈사람이 없어지면 나라도 끝장난다〉고 하였는데 이는 인재가 없어짐을 말한 것이다.

- 옛날에 우왕(禹王)은 궁실을 낮게 지었으며 오직 농사에만 힘썼습니다. 옛날의 임금이라 해서 궁실을 화려하게 짓고 싶지 않은 것은 아니지만, 다만 백성의 재물을 허비하고 백성을 괴롭힐까봐 두려웠기 때문에 공사를 하지 못한 것뿐입니다.

  * 周易(주역) 履卦(이괘)에 이르기를 〈자기의 분수를 지켜 행하면 나아감에 잘못이 없다〉
   - 素履往无咎

1. 정치 일반론

지도자심서(心書)

- 믿음이란 임금의 큰 보배입니다. 〈나라는 백성에 의해 보전되고, 백성은 믿음에 의해 보전되는 것입니다〉. - (信者, 人君之大宝 国保於民, 民保於信).
  그러므로 옛 성인이 차라리 군대(국방)와 먹을 식량(군량)을 버리는 것은 상황에 따라 그럴수도 있다고 여겼으나, 믿음을 버려서는 안된다고 했으니, 뜻이 깊은 훈계입니다. (無信不立이라 하였다. - 孔子)

- 정자(程子)가 일찍이 말하기를 〈나라를 다스려서 국운의 연장을 얻는데까지에 이르고, 몸을 수양하여 「장생하는데 이르고, 학문을 하여 성인에 이르는 이 삼사(三事)」는 분명히 인력으로는 가히 조화를 이룰 수 있는 것이나 단 사람이 하지 않을 뿐이다〉.

    ♥ 사마온공(司馬溫公)은 말한다.
    군자가 선비를 기르는 것은 백성을 위해서이다. (君子之養士 - 以爲民也)
    역에도 이르기를(易曰) - 성인이 어진 이를 기르는 것은 만백성에게 그 덕이 미치게 함이다. (聖人養賢 以及萬民)라고 하였다.

- 天下(천하)는 한 사람의 천하가 아니다. 천하의 천하다.
  만일 정치를 맡은 사람이 잘못하여 억조(億兆) 창생(蒼生)이 어려움을 겪게 된다면 다른 사람에게 그 자리를 내어 주어야 하리라.
  * 성인은 많은 사람이 바라는 것을 행하기 때문에 일을 성취한다.

- 정치의 근본은 자비(慈悲)에 있다.
  자비는 초목(草木)의 뿌리이다.
  인화(人和)는 그 꽃과 열매이다.

- 경행록에 이르기를 〈정사를 다스리는 요체〉는   (爲政之要)
  공평하고 사사로운 욕심이 없이 깨끗이 하는 것이요   (曰公與淸)
  공을 이루는 길은 검소하고 부지런한 것이다.   (曰儉與勤)

- 옛사람의 말에
  〈임금은 諫爭간쟁 하는 신하가 있어야 나라를 잃지 않고, 아비는 간쟁하는 아들이 있어야 불의(不義)에 빠지지 않는다〉 고 하였다.

- 지극히 어지러움과 지극히 잘 다스려짐은,
  모두 사람이 만드는 것이요, 다른 데에 말미암지 않는다. 〈極難極治, 皆人所做 不有乎他也〉
  그런즉 자신을 닦는 것은 다스림(政治)에 나아가는 길이요
  어진 사람을 등용하는 것은 다스림(政治)하는 근본이로되

三. 정치입문편

자신을 닦음은 또한 인재(人材)를 취하는 근본이 되니,
천마디 만마디 말이 어찌 자기를 닦고
인재를 쓰는 일의 밖에서 나오는 것이 있겠느냐.   - 宣祖實錄

- 공자가 말씀하시기를
  현자(賢者)는 사람을 말로서 인도하고, 삼가도록 하는 데는 행동으로 한다.
  그러므로 군자는 말을 할 때에는 행동이 이르지 못할까 근심하고, 행동으로 할 때에는 그 끝에 폐단이 생기지 않을까 염려하면 백성은 말을 삼가고 행동을 조심한다고 하였다.

- 옛날의 성인은 세력이 왕성할 때에 뒤에 올 쇠약을 걱정하여, 미리 입법을 해서 쇠약(衰弱)해질 폐해를 제거(除去)했다.
  편안한 것을 알면서 위태로운 것은 모르고, 안락(安樂)을 취함을 좋아하면서도 수고로운 것을 싫어하면, 후에 걱정스러운 일이 생긴다.

- 옳은 정치는 말을 많이 하는데 있는 것이 아니고, 행하느냐 못하느냐에 달려있다.
  * 벼슬하는 사람이 올바르면 나라가 잘 다스려진다.   - 官正而國治

- 흥(興)할 때는 반드시 쇠(衰)함이 있음을 생각하고, 평안할 때는 반드시 위태할 때가 있음을 생각해야 한다.   - 盛衰安危

- 司馬法(周代의 병법)에 말하기를
  〈나라가 비록 커도 싸움을 좋아하면 반드시 망하고, 천하가 태평해도 싸움을 잊으면 반드시 위태롭다〉고 하였다.

- '명군은 간절한 간언(諫言)'을 미워하지 않고 널리 보고 들으며, '충신은 감히 중벌(重罰)'을 피하지 않고 직언한다.
  그러므로 모든 일에 못다 한 계책이 없어 그 공(功)이 만세에 빛난다.

- 임금된 사람의 병(病)은 마음이 넓고 크지 못한 데 있고, 신하된 사람의 병은 검소하고 검약할 줄 모르는 데 있다.

- 학문이나 정치는 근본을 알아야 한다. 학문을 논하는데 있어서는 이치를 밝혀야 하고(論學便要明理) 다스림을 논할 때는 치(治)의 본체를 알아야 한다.   - 論治便須識體

> ♥ 수고하면서도 그 일을 내세워 자랑하지 않고   (勞而不伐)
>   공이 있어도 그것을 자기의 덕으로 여기지 아니함이   (有功而不德)
>   참으로 후덕한 것이라 하겠다.   (厚之至也)

1. 정치 일반론

지도자심서(心書)

- 천분(天分)을 얻은 사람은 사사로운 마음을 두지 않으며, 한 가지의 불의한 일도 시행치 않으며, 한 사람의 무고(無辜)한 이를 죽이는 일을 하지 않는다. - 明道先生
〈安得天分 不有私心, 則行一不義 殺一不辜〉

- 나라는 利로써 이로움을 삼지 아니하고, 義로써 이로움을 삼는다.
의(義)임이 틀림없는 뒤에 취하라. 이(利)에만 따라 행하면 원(怨)이 많다.

- 관직에 있는 자는 반드시 심하게 성내는 것을 경계하라. 일에 옳지 않음이 있거든 마땅히 자상하게 처리하면 반드시 맞아들지 않는 것이 없으려니와 만약 성내기부터 먼저 하면 오직 자신을 해롭게 할 뿐이지 어찌 남을 해롭게 할 수 있으리요. - 明心寶鑑

- 아래 자리에 있으면서 윗사람의 신임을 얻지 못하면 백성을 다스리지 못한다.
〈居下位 而不獲於上 民不可得而治也〉

- 기회와 결단은 천하를 다스리는 자의 제1법칙이다. - 大望

- 이천선생은 개혁(改革)은 신중하게 해야 한다고 하였다.
개혁을 하여 크게 유익함이 없으면 오히려 후회하게 될 것이다.
하물며 도리어 해(害)가 되어서야 되겠는가.
그러므로 옛 사람이 개혁을 신중하게 한 것은 그 까닭이다.
〈革而無甚益, 猶可悔也, 況反害乎, 古人所以重改作也〉

  ♥ 참고 ; 書經(胤征)에는 〈舊染汚俗을 咸與惟新하리라〉 하였다.
  개혁은 꼭 필요한 것이다. 모든 조직에 있어서 기업뿐만 아니라 국가에 있어서도 마찬가지이다. 이건희 삼성회장이
  "일찍이 마누라, 자식 빼놓고는 다 바꾸라"고 했다는 이 말은 속된 표현이기는 하나, 경영인들에게는 꼭 명심할만한 금언이라고 생각된다. 오늘날 삼성이 세계 대기업으로서 성장한 것은 이 회장 자신의 이 철학의 밑받침이 주효했던 것으로 보인다.

- 여씨춘추(呂氏春秋 - 孟春紀)에서는 통치자의 임무를 이렇게 말하고 있다. 처음 생명을 탄생시킨 것은 하늘이요, 이를 양육하여 성장케 하는 것은 사람이다. 하늘이 탄생시킨 생명을 잘 보호·양육하여, 해치지 않는 사람을 천자(天子)라고 한다.
'천자의 일거일동(一擧一動)은 하늘이 내려준 생명을 보전하는 것을 임무로 삼는다'. 이것이 관직이 설립된 由來이니 관직(官職)을 설립한 것은 바로 그로써 생명을 보전하기 위한 것이다.

三. 정치입문편

- 동몽훈(童蒙訓)에 말하기를 관리된 자의 지켜야 할 법칙은 오직 3가지가 있으니, 〈청렴(淸廉)과 신중(愼重)과 근면(勤勉)〉이다.
  이 세 가지를 알면 몸 가질 바를 안다고 하였다. (當官之法 三事 - 淸, 愼, 勤)

- 인재(人材)를 잘 갈무리하면 '인재들이 마치 온 물이 바다로 모이듯이 모여들 것이다'. 진실로 이런 점에 힘을 기울인다면 나라를 평정시키지 못할 일이 어디 있겠는가. 임금은 성군이 되고 신하는 어질어지고 정치는 태평해질 것이다.

- 명(明)나라 世宗이 일찍이 군신들에게 말하기를 〈짐에 허물이 있는 것을 보거든 숨기지 않고 바로 말하는 것이, 곧 나에게 충성으로 보답하는 것이 된다〉고 하였다.

- 명령을 내리는 것은 행하고자 함이라 돌이켜서는 안된다.
  〈令出惟行, 弗惟反〉 - 서경

- 인간은 가장 많은 인간을 기쁘게 한자가 가장 크게 영화를 누리는 법이다.

- 민주사회의 지도자상은 웃는 얼굴로 시민과 악수하고, 손짓하는 자다.

- 요즈음 정치인은 토끼 가죽을 썼다가 곰 가죽도 쓰고, 때에 따라서는 호랑이 가죽도 쓸 수 있는 임기응변이 필요한 것이다.

- 적을 자기편으로 만드는 것도 리더쉽의 발로요, 불평분자를 자기 사람으로 되돌리는 것도 리더쉽의 발현이다.

- 사람을 움직이게 하려면 상대가 욕망하는 것을 주는 것이 유일한 방법이다.
  - 데일카아네기

- 인심을 얻으려면 그가 좋아하는 바를 빨리 알아내어 그것을 충족시켜 주는 게 제일이다.

> ♥ 정치는 義(의)로써 움직이기에 앞서 利(이)로써 움직인다.
> · 잘못을 눈감아 줄 수 없는 자는 통치할 수 없다. 〈수사학/ 아리스토텔레스〉
> · 개도 앉아있는 사람을 물지 않는데, 이는 겸손한 자에 대해 분노가 그친다는 것을 보여 준다.

- 이름을 다투는 자는 조정에서 하고, 이익을 다투는 자는 장판에서 한다. - 朝名市利
  〈나라를 富하게 하려는 자는 그 땅을 넓히는 일을 힘쓰고〉
  〈군사를 강하게 하려는 자는 그 백성이 富하기를 힘쓰고〉
  〈임금의 길을 행하려는 자는 그 德을 넓히기를 힘쓴다〉.

1. 정치 일반론

지도자심서(心書)

- 일은 흐트러지기 전에 다스리고, 일어나기 전에 수습(收拾)한다는 말이 있는데, 이는 화(禍)를 만나서 걱정한다는 것은 손이 늦어진 것이라고 말할 수 있다. 만일에 경우에 대비(對備)하라는 것이 옛사람의 가르침이다.
  * 일서(逸書)에서도 말하기를 〈편안한데 있을 때에 위태로운 때를 생각하라〉고 하였다. 위태로움을 생각하면 준비가 있게 되고, 준비가 있게 되면 근심이 없게 마련이다.
  * 詩에 이르기를 정치를 행하는 것을 여유 있게 하면 온갖 복이 모여든다고 하였다.

- 정치력이란 많은 것을 자기편으로 만들어 버리는 능력이다. - 로이드 죠지
  * 정치인은 천하의 눈을 가지고 보고, 천하의 귀를 가지고 듣는다.
  〈以天下之目視, 以天下之耳聽〉 - 准南子

- 정치(政治)란 아무나 하는 게 아니다.
  싸움에 지면서 이길 줄 알아야 하고, 남의 가려운데도 긁어줄 줄 알아야 한다.

- 세상 사람들이 늘 하는 말이 다들 천하국가라 하나니 '天下의 근본은 국가에 있고, 國家의 근본은 가정에 있고, 家庭의 근본은 자기 자신에 있다'는 것이다.
  〈天下之本在國, 國家之本在家, 家之本在身〉

- 팔과 다리가 있어야 사람이 되듯, 어진 신하가 있어야 성군이 된다.
  〈股肱惟人, 良臣惟聖〉 - 書經

- 평화 시에는 전쟁에 대비하고, 전시에는 평화에 대비해야 한다.

> ♥ 나라의 위태로움을 보고 목숨을 바치고　　　(見危政命)
> 　어려움을 당하여 몸을 돌보지 않는 것을　　　(臨難忘身者)
> 　열사의 뜻이라고 한다.　　　　　　　　　　　(烈士之志也)

- 천길 물속에 있는 고기를 잡으려면 그 고기가 좋아하는 것부터 장만해야 한다. 인재를 얻으려는 것도 이와 같다. - 釣有三權

- 용기있는 인간은 자기 자신에 관한 것을 제일 나중에 생각한다. - 쉴러
  먼저 우대하라. 그러면 후에 내가 우대받을 차례가 된다.

- 아무래도 좋을 일에는 내버려 두는 것이 좋다.

- 지나치게 욕심을 부리면 노리던 것마저 잃게 되고, 가지고 있는 것만으로 만족하지 않으면 가지고 있는 것마저 잃게 된다. 〈寓話 : 욕심많은 개〉

- 비록 그 행위가 비난받을 만한 것이더라도, 가져온 결과만 좋다면 그것으로 좋은 것이다.
  - 정략론 제9장
- 행운의 연속은 박수갈채와 더불어 사람을 어리석게 만들며, 전진의 한계를 헤아리지 못하게 한다.
  연전연승 앞에는 큰 함정이 있다.
- 공격의 요결(要訣)은 장점으로 승부한다.
  장기(長技)로 승부를 겨루라.
- 모름지기 인간은 일찌감치 기초를 닦아야지 뒤늦게 기초를 닦으면 몇 배의 노력이 필요하게 된다. - 군주론 제7장
- 인생의 반은 운으로 결정되지만, 그 나머지 반은 자기의 노력으로 결정된다.
  - 마키아벨리
- 시경(詩經)에 〈인심을 얻는 자는 흥하고, 인심을 잃는 자는 망한다〉
- 타인의 자유를 거부하는 자는 스스로 자유를 향유할 자격이 없다. - 링컨
- 자유를 포기하는 것은 인간으로서의 자격을 포기하는 것과 같다.
  인간의 권리를 포기하는 그것이다. 인간의 의무마저 포기하는 것이다.
  모든 것을 포기하는 사람에게는 어떠한 보상도 있을 수 없다. - 루쏘
- 위대성에는 신비성(神祕性)이 필요하다.
  너무 많이 알게 되면 사람들이 존경하지 않는다. - 프랑스 드골
- 신생국(新生國)이란 〈남이 걸어갈 때 뛰어야 한다〉 - 네루
  * 과거에 대해서 싸우면 미래를 잊는다. 〈처칠〉
- 형벌을 줄이면 백성이 원망하지 않으며, 부역과 세금을 줄이면 백성이 감격한다.
  그러므로 어진 옛 왕들은,
  〈백성에게서 받아들인 곡식으로 사치를 하지 않았고, 봄·가을로 창고의 곡식을 펴서 가난한 백성을 도왔다〉.
- 권력을 가진 자는 그것을 남용하기 쉽다. 오랜 경험이 가르치는 바에 의하면 그는 극한에 부닥치고 말 때까지 행사하기 마련이다. - 몽테스큐
- 평화는 힘만으로 되는 것이 아니며, 적(敵)을 파트너로 나아가 친구로 만들어야 한다.

1. 정치 일반론

지도자심서(心書)

- 나(이에야스)는 사람들의 소망을 이루어 주고 소망을 지키겠다.
  〈武〉라는 글자는 창 "戈"을 멈춘다 "止"고 씌어 있다.
  나의 날개 밑에서 편안히 지내는 자가 많으면 반드시 앞날은 나의 승리이리라.
  〈누가 백성을 더 행복하게 해주느냐의 싸움이다〉. - 대망

- 어부는 물로 돌아가게 하고
  농부는 그 밭에서 살게 하며
  상인은 시장에서 살게 하고
  관리는 형틀을 창고에 거두어 두고
  백성을 보호하라고 한다. - 범중
  *모든 사물은 각기 제자리를 찾았을 때 안정된다. 정치도 또한 이와 같다.

- 풀을 베되 그 뿌리를 남겨두면 결국 불행을 초래하고야 만다.
  끊어야 할 것을 끊지 않으면 도리어 그 난(亂)을 받고 만다.
  〈악한 싹은 일찍부터 끊어버려야 한다〉. (蚤絶其姦萌) - 韓非子

- 백성이 춥고 배고픈 지경에 이르는 것을 〈나라의 막다른 길〉이라고 한다.
  아내와 자식들의 생활이 곤란한 지경에 이르는 것을 〈집안의 막다른 길〉이라 한다.
  몸이 허약하여 생기가 없어지는 것을 〈몸의 막다른 길〉이라 한다.
  학문의 내용이 없는 것을 〈마음의 막다른 길〉이라 한다. - 呻吟語

- 사형(死刑) 선고를 내릴 때에는 판사가 고기를 먹거나, 음악을 듣지 않고, 사흘동안
  신중히 심리한 끝에 선고를 내리도록 했다. - 唐太宗

- 인민의 사랑을 얻고, 인민과 군대 사이의 완벽한 상호이해를 획득하기 위해서는
  1_ 인민을 존중할 것, 2_ 인민을 도울 것, 3_ 인민을 수호할 것
  *소위 베트남 인민군 전사자들이 신조로 삼는 '영예의 서약' 제9항의 내용이다.

- 중립국(中立國)은 있어도 중립 인간은 없다. - 후르시초프
  권력은 군고기 같아서 씹으면 씹을수록 맛이 난다. - 중국속담

- 정치 지도자는 대중의 환심을 사는 법도 알아야 한다.
  환심을 사는 기술 방법으로서는
   1. 상대방을 띄어 준다. (칭찬한다)
   2. 상대방 의견에 동조한다. (쫓는다)
   3. 겸손한 태도로 자신을 드러낸다. (PR)

三. 정치입문편

4. 친절하게 행동한다. (친절봉사)

　*상대방을 띄어줄 경우 - 칭찬만 하고 부탁은 하지 말라. 또 본인이 없는 곳에서 칭찬하도록 하라. 그러면 더 효과적이다. 또 남들이 모르는 사실(미담)을 찾아서 칭찬한다면 그 효과는 더욱 클 것이다.

　윗사람에겐 자기 자랑을 절제하고 간접적으로 피.알.하라. 아래 사람에겐 스스로 몸을 낮춰 피.알. 하라. 그러면 사람이 됐다는 좋은 평가를 받을 것이다.

■ 가진것(財物)도 나눌 줄 알아야 한다. 　- 大學

　가진 재산을 헤친(나눔)즉 대중이 모여들고, (財散則民聚)

　재산을 걷어 들인즉 대중이 흩어진다. (財聚則民散)고 하였다

　재물을 풀 줄도 알아야 한다. 수전노 노랑이에겐 사람이 모이지 않는다.

■ 세계적인 컨설팅 회사인 프랭클린 코비사의 최고경영자인 하이럼 스미스씨는 10가지 자연법칙이란 책 속에서 "우리가 가지고 있는 것을 서로 나누기만 하면 우리 모두 승자가 될 수 있다"고 하였다.

　*득인심하는 길은 주는 것, 베푸는게 첫째다.

■ 은혜를 베풀면 보답을 받고

　원수를 사면 벗어날 길이 없다.

　지난날의 잘못을 어이하리요.

　둘러봐야 눈앞이 캄캄하고나. 하는 絶望적인 글이 있다.

■ 논어(論語) 계씨(季氏)에 이런 글이 있다.

　적은 것을 근심하지 않고 고르지 않음을 근심하며, (不患寡而患不均)

　가난함을 근심하지 않고 편안하지 못함을 근심한다. (不患貧而患不安)

　인군은 업치 않음을 걱정하지 아니하고, 공평치 않음을 걱정 하나니 공(公)하면 明(명)하고, 嚴(엄)한 것은 그중에 있는 것이다.

■ 한(漢)나라가 일어나자 모든 것을 둥글게 만들듯이 엄한 형벌들을 없애고 간편한 것을 따랐으며,

　수식을 붙이지 않고 소박한 조각을 만들듯이 기교와 거짓을 없애니 그 법망은 배를 통째로 삼키는 고기라도 빠져나갈 만큼 관용스러웠다. 이는 〈法約三章〉법약삼장을 말한 것이다.

　*漢나라 高祖(고조)가 秦(진)의 苟法(가법)을 고쳐 이를 세 조문으로 만들었던 것이다.

■ 있을만한 지위가 아닌데 그 지위에 있는 것을 탐위(貪位)라 하고,

　받을 만한 명예가 아닌데 이를 받는 것을 탐명(貪名)이라고 한다.

　*옛글에 이르기를 〈服之不衷은 身之災也라〉, 몸에 맞지 않는 옷(관직)은 재앙을 초래한다.

1. 정치 일반론

지도자심서(心書)

■ "해악(害惡)"은 일시에 가(加)하고 오래 끌지 말아야, 민중의 원한을 적게 할 수 있다. 반대로 "은혜(恩惠)"는 보다 잘 느끼게 하도록, 오래 길게 베풀어 나가는 것이 좋다.
 - 君主論 제8장

♣ 남을 해치는 사람은 자신을 해치는 법이다.
"해로운 조언은 그런 조언을 한 사람에게 가장 해로운 법이다"
- 아리스토텔레스 수사학

■ 무장한 예언자는 승리하고, 무장하지 않는 예언자는 멸망한다. - 군주론 제6장
■ 인근 강국의 적국을 멸망시켜서는 안된다. - 戰國策
■ 유세의 요령은 〈상대편 군주의 긍지를 만족케하고 그의 부끄러워함을 건드리지 않는 데에 있다〉.
 상대편이 자기의 계교를 自信하거든 그 결점을 추구하지 말며, 자기의 결단을 용감한 줄로 自認하거든 항거하여 노(怒)하게 하지 말며,
 또 자신의 능력을 자만(自慢)하거든 그 어려움을 들어서 용기를 꺾어서는 안된다.
 - 韓非子 說難

■ 유세하는 자는 임금의 사랑하고 미워하는 정도를 통찰한 다음에 말을 꺼내야 한다.
〈용(龍)이라는 파충(爬蟲)은 잘 길을 들이면 그 위에 탈 수가 있는 것이나, 다만 목 줄기에 거꾸로 난 비늘이 있어 직경 한자 가량인데 사람이 이것을 건드리게 되면 반드시 건드린 사람을 죽인다고 한다.〉 - 한비자

통치자에게도 이런 비늘이 있다.
〈유세하는 자로서 임금의 이 비늘을 건드리는 일이 없으면 우선은 거의 성공한 것〉이라고 보겠다.
세객(說客)은 상대자의 마음속으로 뚫고 들어갈 문부터 찾아야 한다.
가령 이익을 좋아하는 위인이라면 이익부터 줄 생각을 해야 한다.

■ 때를 얻으면 게을리 하지말라. (勿失好機 : 물실호기)
 기회(機會)가 오면 움켜쥐어야 한다. 다시 오지 않는다.

■ 백성의 윗사람이 되어 가지고 백성들과 함께 즐기지 않는 것은 큰 잘못이다. 백성들의 즐거움을 즐겁게 해주면, 백성들도 또한 그의 즐거움을 즐겁게 해주고, 백성들의 근심을 근심해 주면 백성들 또한 그의 근심을 근심해 준다. (지도자의 條件)

三. 정치입문편

- 벼슬할만 한즉 벼슬 살고, 그만 둠직하면 그만두고, 오래 있음직 하면 오래 있고, 속히 물러섬직 하면 속히 물러선 이가 공자인 것이다. - 맹자공손추
- 임금이 능히 그 임금됨을 어렵게 알며, 신하가 능히 신하됨을 어렵게 여겨야만 정사가 이에 다스려져 백성이 덕을 빨리 알게 된다.
  〈后克艱厥后 臣克艱厥臣 政乃乂 黎民敏德〉 - 大禹模
- 아랫사람과의 관계는
  - 차별대우를 느끼지 않도록, 주는 내용을 공개 말고 개별적으로 주라.
  - 가장 아쉬울 때 가장 필요한 것을 주라.
  - 조금씩 간격을 두고 계속적으로 주라. 그러나 주고도 욕먹지 말라.
  - 은혜는 받아도 주어도 은혜가 된다.
- 우수한 교사는 가르치면서 배운다.
  현명한 통치자는 다스리며 따라야 한다.
- 인간은 조그만 박해에 대해서는 복수할 수 있지만, 커다란 박해(迫害)에 대해서는 복수할 수 없다. - 政略論
- 부하를 완전 장악하지 못한 간부라는 것은 엷은 얼음 위에 서 있는 것과 같다.
- 자기자신보다 우위한 자와 동맹하여서는 안된다. - 마키아벨리
- 나폴레옹의 알프스 원정은 따지고 보면 무모한 짓이었지만
  〈위험한 다리도 건너고 나면 칭찬을 받게 마련이다〉. - 결과의 중요성
- 속담에 오는 자는 두렵지 않다.
  두려운 것은 기다려도 오지 않는 자라고 하였다.

> - 모택동(毛澤東)은 다음과 같이 적었다.
>   - 하늘과 싸워라, 한없는 기쁨을 위해!
>   - 땅과 싸워라, 한없는 기쁨을 위해!
>   - 인간과 싸워라, 한없는 기쁨을 위해!

  * 우주를 극복하고 모든 기적을 성취하는 것은 대중 속에 살고 있는 인간이라는 것이다.
- 정치권력은 총구에서 나온다.
  그러나 당(党)이 총을 지배해야 한다.
  목적은 완전한 승리이다. 〈전쟁에서 중용(中庸)이란 우스운 것이기 때문이다〉 - 毛澤東

1. 정치 일반론

지도자심서(心書)

- 군대를 가진 자는 누구나 힘을 갖게 되며,
  전쟁이 만사를 결정짓는다. - 毛澤東

- 분열은 보통 평화에서 유래되며, 통일은 두려움에 연유한다.
  화의(和議)는 더 한걸음의 양보를 유발할 뿐이다.

- 방비는 서둘되 싸움은 서둘지 말라.
  싸우지 않는 검이 최상의 검이다.
  • 준비가 갖추어져 있지 않으면, 어떠한 계략도 성공할 수가 없다. - 管子
  • 일에 임할 때에는 반드시 계책(計策)이 있어야 한다. - 宋名臣 言行錄
  • 준비(準備)없이 행동(行動) 없다. - 毛澤東

- 충분히 승리의 조건을 갖추었을 때만이 전쟁이다.
  〈먼저 이기고 싸움을 구하라〉 이것이 전쟁의 요체(要諦)이다.

- 클라우제비치는 〈전쟁은 우리의 반대자에게 우리의 의지를 강요하는 폭력행위〉이다. 라고 선언하고 있다.
  전쟁은 장난이 아니다. 또한 모험과 승리를 위한 단순한 열정도 아니다. 그것은 진지한 목적을 위한 진지한 수단이다.

- 다중을 공격하지 말라. 친구보다 많은 적을 만들지 말라.
  전승의 핵심은 집중이다. 하나 보다는 둘이 강하기 때문이다.

- 무엇을 주장하려면 軍事力에 뒷받침이 있어야 하며, 平和時에도 군사력의 준비를 소홀히 해서는 안된다. - 마키아벨리

- 시대(時代)를 지배하는 자는 유혈(流血)을 두려워하지 않고, 힘을 아낌없이 사용하는 자이다.
  폭력이 없이는, 사정없이 거친 수단이 없이는 역사상 아무것도 성취하지 못할 것이다.
  - 엥겔스

- 군사를 다스리는 것은 물을 다스리는 것과 같다.
  실(實)을 피하여 허(虛)를 치며, 강(强)을 피하여 약(弱)을 공격하며, 치(治)를 피하여 난(亂)을 택하며, 예(銳)를 피하여 쇠(衰)를 친다.

- 군대는 평민을 정벌하지 않는다.
  다만 그들을 잘못 인도한 자들만을 정벌할 뿐이다. - 一罰百戒

- 싸움에 뛰어난 자는 쉽게 화내지도 않고, 가볍게 전쟁을 일으키지도 않는다. - 老子

- 유능한 정복자는 결코 성직자(聖職者)를 적(敵)으로 삼지 않는다. 그들을 포섭하여 이용할 수 있기 때문이다.

- 전진만 아는 장군은 지고, 후퇴만 하는 자도 진다.
  때로 나아가고 때로 물러나는 자가 승리를 차지한다. - 臨機應變

- 제갈량(諸葛亮) 심서(心書) 和人편에, 무릇 용병하는 法은
  - 먼저 군병들을 화목하고 단결하는 데 있다. (在於人和)
  - 군병들이 화목하면 동요하지 않고 잘 싸운다. (和則不動而自戰)
  - 만일 화목이 없으면 장수 이졸이 의심을 품게 되며, (若將吏相猜)
  - 모든 사졸들이 장수의 명령에 복종하지 않는다. (士卒不服)

  * 人和는 軍에서 뿐만 아니라 인간사회 모든 조직에 있어서 가장 중요한 요소이다.
    家和萬事成(가화만사성)이라 하였고, 공자도 學而편에서 〈和為貴〉라 하여 조화를 이루는 것이 가장 중요하다고 하였다. 무슨 일이든 사람 간에 조화가 없으면 되는 일이 없.
    〈예(禮)〉는 제약하기 때문에 자칫하면 인간관계를 멀어지게 한다. 따라서 그 폐단을 없애려면 화(和)로써 융합할 필요가 있는 것이다.

- 옛날 훌륭한 임금들은 새벽에 일어나서 아침이 되기를 기다렸고, 사방의 뛰어난 선비들을 구해서 자신을 돕게 하였으며, 아침부터 저녁 늦게까지 수라 드실 여가도 없이 정사에 부지런하였으므로, 백성을 화(和)하게 하였던 것이다.
  이것이 바로 하늘을 두려워하고 백성을 보호하며 마음을 바로잡고 덕(德)을 길러 백성을 다스린 옛날 제왕들의 똑같은 방법이었다.

  * 참정(讒鼎)의 명(銘)에 〈아침부터 부지런하고자 하여도, 오후에는 게을러진다〉고 하였는데 어찌 진력(盡力)하지 않으리요. 탕임금이 좌이대단(座而待旦 -밤새워 정치에 골몰하다가 아침을 맞음)한 까닭도 백성을 위한 善政을 베풀기 위해서였다.

- 요 임금과 순 임금의 집은 띳집에다 옷은 짧은 베옷이었으며, 국은 명아주와 콩잎국을 먹었으며, 그릇은 토기를 사용했습니다.
  가난한 필부같은 생활을 했으면서도 덕을 닦았기 때문에, 온 천지에 그의 후광이 빛났으니 堯, 舜은 부자의 극치라 할만 합니다.
  * 자기를 낮추고 겸양하는 것이 덕의 기초가 된다. - 卑讓 - 德之基也

- 하늘이 있으면 별이 있고, 땅이 있으면 초목이 있듯이 〈나라가 있으면 반드시 인재가 있게 마련이다〉. 매에게는 꿩을 잡게 하고, 닭에게는 새벽을 알리게 하고, 말은 수레를 매게 하고, 고양이는 쥐를 잡게, 그 재주에 따라 직책을 맡겨야 한다. - 人才活用法

1. 정치 일반론

지도자심서(心書)

- 일은 비밀을 지킴으로서 성취하고 말은 새는 데서 실패한다. - 韓非子 說難
  부하에 대해서는 허(虛)하고 무(無)하라. 속을 내보여서는 안된다.

  ♣ 내가 피해를 입었지만 후회는 없다.
  　그에게는 이득이 돌아갔고 내게는 정의가 돌아왔으니.
  　　　　　　　　　　　　　　　　　　　　　- 아리스토텔레스 수사학

- 옛날 장군(將軍)은
  - 사람 양육하기를 자기자식 기르듯 하였다.　　　　　(養人如己子)
  - 어려운 일이 있을 때에는 자신이 먼저 이를 행하고　(有難則以身先之)
  - 공이 있을 때는 남을 먼저하고 자신은 나중에 하며　(有功則以身後之)
  - 죽은 자가 있을 때는 슬퍼하여 장사 지내며　　　　(死者哀而葬之)
  - 상한 자가 있을 때는 눈물을 흘리며 어루만져 준다　(傷者泣而撫之)
  - 굶주린 자가 있으면 식량을 공급하여 먹게 하며　　(飢者給食而食之)
  - 지모가 있는 자는 예로 대접하고 녹을 주며,　　　　(智者禮而祿之)
  - 용맹이 있는 자는 상을 주어 권장한다.　　　　　　(勇者賞而勸之)
  * 장군이 능히 이같이 하면 그 군중이 가는 곳마다 재빠르게 승리할 것이다.
  　　　　　　　　　　　　　　　　　　　　　- 諸葛亮 心書 哀死篇

- 지휘관은 내리막 싸움을 하라.
  승리를 확신할 수 있을 때에만 공격한다. 그의 군사가 적의 10배일 때는 적을 포위하고, 5대 1로 우세할 때에는 공격한다.
  그러나 적세(敵勢)가 우세할 때에는 그는 퇴각할 수 있어야 한다.
  * 적은 군대는 큰 군대의 전리품에 불과하다.

- 강한 것은 우회하고 약한 것은 공격하며, 유지할 수 없는 영토는 취하지 않으며, 〈적의 전략을 공격〉함으로써 싸우고, 그렇게 함으로써 대규모의 무력 충돌을 미연에 방지한다.

- 자기의 몸을 보전하려는 군주는 선하기만 해도 안되고, 악인이 되는 것도 알아야 하며, 또한 그의 권리를 때에 따라 행사도 하고, 중지도 할 줄 알아야 한다. - 군주론 제15장

- 싸움을 잘한다는 것은 개인의 능력보다도 기세의 힘을 중시한다. 언덕을 굴러 내리는 통나무나 돌과 같은 힘을 발휘한다. (圓石之計) - 孫子

- 지식층은 두뇌를 가지고, 군부는 총을 가졌으며, 농민은 수(數)와 표(票)를 가졌다.
  - 헌팅

三. 정치입문편

■ 모택동(毛澤東)은 말했다.
　나의 "전략"은 1대 10의 전략이며, 나의 "전술"은 10대 1의 전술이다.

> • 적이 전진하면 우리는 우회하고　　(敵進我退)
> • 적이 진을치면 우리는 방해한다.　　(敵駐我擾)
> • 적이 피로하면 우리는 공격하고　　(敵疲我打)
> • 적이 퇴각하면 우리는 추격한다.　　(敵退我擊)

　＊즉 이길 수 있으면 싸우고 이길 수 없으면 도망치라고 가르치고 있다.
　　이는 모택동의 게릴라 전술 16字 전법이다.

■ 나라가 잘 다스려지고 화평해지는 것은 바로 정사가 공평(公平)하기 때문이고, 나라가 어지럽고 민심이 흩어져 날마다 상을 주어도 권장되지 않고, 날마다 벌을 주어도 안되어 결국 집과 나라가 망하게 되는 것은 "사욕(私慾)" 때문이다.

■ 성인이란 아무리 지위가 높고 천하를 마음대로 할 수 있는 권력을 가졌다해도, 절대로 자기 일신의 소유로 삼지 않습니다. 항상 교만심을 경계하고 사치를 금하며 공명정대한 법을 세워서 하늘을 대신해 만물을 다스리는 것에만 마음을 두었다.
　＊옛글에 이르기를 〈공경하면 재앙이 없다〉 - 敬無災

■ 보는 것은 눈의 재주이며, 듣는 것은 귀의 재주입니다.
　귀와 눈의 역할을 바꾸지 않는다면, 귀와 눈은 몹시 귀(貴)한 재주를 가지게 됩니다. 〈천하에 제일 밝은 귀를 가진 사람에게, 보는 일을 시킨다면 할 수 없듯이 손, 발, 등… 온 몸의 역할도 마찬가집니다.
　＊시(詩)에 이르되 〈윗 사람이 그 지위를 지키는데 게으르지 않으면(不解其位) 백성이 편안하다(民之攸墍).

■ "덕(德)"을 닦는 데에는 자신의 허물을 고치는 것이 제일이고, 백성을 보전하는 것은 선정(善政)이 제일입니다.
　그러므로 폐단을 개혁하고 풍속을 바로 잡으려면 전하(殿下)부터 이를 실천해야 합니다.
　＊詩云하되 〈당신의 가르침을 백성들이 본받는다〉

■ 예로부터 천하에 **태평을 누리기**는 쉽지만, 천하의 태평을 잘 지켜나가기는 어렵다고 합니다. 아직 세상이 태평하지 못할 때의 제일 급선무는 〈어진이를 찾아 등용시키는 것과, 임금님이 바른말을 듣는 것〉 보다 더 시급한 것은 없습니다. (이 時代의 哲言)
「좋은 일 하나를 듣고 그것을 **실행하지 못하면** 어떻게 하나고 두려워해야 하고, 좋지 못한 것을 보고 빨리 **제거하지 못하면** 어떻게 하나 하며, 밤낮 정사(政事)에 부지런해야 합니다.」
이렇게 해야 태평성대를 이룰 수가 있습니다.

1. 정치 일반론

지도자심서(心書)

- 안을 밝히는 자는 항상 자신의 허물을 보고 남의 허물은 보지 않으며, 밖을 밝히는 자는 남의 허물을 보고 자신의 허물은 보지 못한다 하였습니다.
  * 주역(周易) 관괘(觀卦) 上九爻에 이르기를 그의 생을 돌아보아 군자는 허물이 없을 것이다. (觀其生 君子無垢)

- 항상 행운을 누리고 싶으면 시대와 더불어 자기를 바꾸지 않으면 안된다.
  (정략론 제3권 9장)

- 애당초 이 세상엔 내 것이란 없다.
  생명도 재산도 권력도 명예도…. 만물이 〈전부 그 누구의 것도 아니다〉.
  "누구의 것도 아니라는 것은 모든 사람의 것이라는 말이다."
  자기 것이 아닌 생명이나 재산 권력…을 자기 멋대로 써서는 안된다.
  임시 맡겨진 것이니, 맡은 사람이 진정으로 모든 사람을 위해서 활용해야지 낭비를 하는 일이 있어서는 안된다.

- 자신에게 어떠한 재난이 휘몰아쳐도 장해나 위험이 닥쳐와도 「하여야 할 것을 하는」 것이 모든 인간 세계에 있어서의 도덕성의 기초이다.
  - 케네디(폴릿쳐 賞, 수상작품인 自著 '용감한 사람들'에서)

- 「변화를 보일 필요가 있을 때에는 변화하는 것이 필요하다」
  - Bulwer Lytton

- 자신의 양심에 충실하기 위해선 용기가 필요하다. - 케네디

- 「현상을 변혁(變革)하는 수단을 갖지 못한 나라는 그 존재 자체를 유지하는 수단도 갖지 못한다」는 것은 영국의 보수주의자 버크(Edmund Burke)의 말이다.
  이상과 능력과 업적에 걸쳐 현재의 수준을 그대로 반복 유지하려는 조직은 이미 적응력을 상실한 것으로 보아야 한다.
  인간의 사물 현상에서 한 가지 확실한 것은 변화인데, 현저하게 변모할 내일의 세계에 그러한 조직이 살아남으리라고는 도저히 생각할 수가 없기 때문이다.
  이는 미국 경영학자 '드러커'의 말이다.

- 흐르는 물은 썩지 않는다. 썩는 물이란 고인 물이다. 이는 자연법칙이다.
  부패하면 마비되고 마비되면 무능하다.
  〈성장없는 자체가 부패의 첫 징조이다〉고 파킨슨은 말한다.
  또 정체를 용허(容許)해서는 안된다고 아이젠아워는 말한 바 있다.

- 예링은 그의 저서 「권리를 위한 투쟁」에서 이렇게 말하고 있다.

  - 법의 목표는 평화이며, 이에 도달하는 수단은 투쟁이다.
  - 권리자의 권리주장은, 권리자 자신의 인격의 주장이다.
  - 권리를 위한 투쟁은, 권리자의 자기 자신에 대한 의무이다.
  - 권리의 주장은 사회공공에 대한 의무이다.

  * 본서는 예·링이 「원」 법학협회에서 1872년 봄여름 1.2차에 걸쳐 행한 강연 내용이다. 법질서는 법규를 유지하려는 용기를 가지지 않는 인민들에 의하여 파괴된다.
  그러므로 제1의 규칙이 〈불법을 참지 말라〉, 제2의 규칙이 〈불법을 하지 말라〉이다.

- 도로우는 「市民의 不服從」이란 책에서 이렇게 말하고 있다.
  〈가장 좋은 정부는 가장 적게 다스리는 정부〉라는 표어를 진심으로 찬성한다. 그 말은 결국 〈가장 좋은 정부는 전혀 다스리지 않는 정부〉라는데 까지 가게 되는데 나는 또한 그 말을 믿는다.
  또 "어진 사람은 다만 사람으로만 쓰일 것이요, 스스로 흙이 되어 바람 구멍을 막는데 쓰이지는 않을 것이다. 그런 역할은 자기 시체(屍體)에나 맡길 일이다.
  - 누구의 소유물이 되기에는
  - 누구의 더부살이가 되기에는
  - 혹은 세계 어느 왕국의 쓸만한 종이나 기계가 되기에는
  - 나는 너무나도 높이 낫노라.

- 정부의 **부당한** 처사에 대하여 시민은 **불복종할 권리**가 있을 뿐 아니라 오히려 그것을 의무로 여겨야 한다.
  ※ 도로우는 1849년(32세)에 인간의 혼(魂)은 신성한 것으로 국가로서도 침해할 권리가 없으며, 악법(惡法)에 따르지 않고, 투옥되는 것은 명예로운 것이라는 내용의 〈시민의 불복종〉을 탈고, 이것은 도로우 사후(死後)에 전집으로 출판되었는데 특히 간디와 킹목사 등에 지대한 영향을 미쳤다.
  그는 영국시인 토머스 그레이의 유명한 말 「미친무리 천한싸움 멀리떠나」 …이 말을 실생활에 옮긴 사람, 즉 그는 세속을 떠나 2년 동안 콩코드의 마을 어귀에 있는 위얼든 호반에 오두막을 짓고 실험적 생활에 들어갔다. (1845년)

- 〈도로우〉는 시민의 불복종이란 책에서 사람 하나라도 부당하게 잡아 가두는 정부 밑에서 "의로운 사람"이 진정으로 있을 곳은 역시 감옥이다.
  사람은 누구나 다 '혁명의 권리를 인정한다' 즉 정부의 폭정이나 무능이 심하여 견딜 수 없는 경우는 거기에 충성하기를 거부하고 저항하는 권리이다.
  나에게는 금전보다도 명예보다도 진리를 다오.

1. 정치 일반론

지도자심서(心書)

- 우리는 나라를 부모처럼 사랑해야 하며, 어느 때나 우리 사랑과 노력이 영광을 거기 돌리지 못하게 되거든,

  두려운 마음으로 장차 올 결과를 생각해 양심과 종교로 정신을 가다듬을 것이요. 결코 지배와 이득만을 바라지 말지니라. - 도로우

  국가라는 창녀와 은 옷을 두른 음녀야.
  옷은 걷어 올렸지만 네 혼은 진흙 속에 끌리는구나. - 시민의 불복종

♣ 하늘이 장차 대임을 맡기려는 자에게는 (天將降大任於是人也)

- 반드시 먼저 그들의 심지를 괴롭히고, (必先)   - 苦其心志
- 그들의 근골(筋骨)을 수고롭게 하고   - 勞其筋骨
- 육체를 굶주리게 하고   - 餓其體膚
- 그들의 생활을 궁핍케 해서   - 空乏其身
- 하는 일마다 그들이 꼭 해야 할 일과 어긋나게 한다.   - 行拂亂其所爲
- 그것은 마음을 움직이고 그 성질을 참을성 있게 하여   - 所以動心忍性
- 자기가 해내지 못한 일을 더 많이 할 수 있도록 해주기 위해서이다. (孟子 告子章)   - 增益其所不能

♣ 한가지 불의(不義)를 행하고 한 사람의 무죄(無罪)한 이를 죽여 천하를 얻을지라도 하지 않는다. - 맹자

- 능력이 있으면 욕심을 내라. 그것은 욕심이 아니다.
  너무 소심하고(左顧右眄), 용기가 없으면 기회는 날아간다.

- 웃 사람을 섬기는데 공경보다 능통한 방법은 없다. (事親 - 致其敬)

- 언로(言路)가 나라의 운명을 좌우합니다. (言論의 重大性)

  - 잘 다스려지는 시대에는 임금이 국정에 관한 의사를 말하기를 기다리지 않고 직접 묻고 듣기를 힘썼던 것입니다.
  - 중국의 순임금과 우임금 같은 성인은 사소한 말도 깊이 받아들이고, 좋은 말을 하는 사람에게는 절을 했기 때문에 훌륭한 정치를 이룩하였고, 반대로
  - 주여왕(周厲王)이나 진시황(秦始皇) 같은 포악한 임금은 나라와 자신을 비방하는 것을 감시하는 사람을 두고는, 비방죄(誹謗罪)를 제정하여 다스렸으므로 결국 나라가 망하게 되는 화를 불러일으켰던 것입니다.

    *옛말에 어린 새의 알을 훼손하지 않아야 뒤에 봉황새가 모이고, 비방조차도 사형으로 다스리지 않아야 좋은 말이 바쳐진다.라고 하였다.

- 중국 한나라 때의 유학자 유향(劉向)이
  - 임금에게 과실이 있는 것은 나라가 망하려는 징조(微兆)이고
  - 임금의 과실을 보고도 신하로서 바른말을 하지 않는 것은 나라가 망하려는 것을 그냥 가볍게 넘겨 버리는 것이니, 이는 충성(忠誠)으로서는 그냥 있을 수 없는 문제이다. 하였고
  - 또 말하기를 〈바른말을 하지 않으면 임금을 위태롭게 만드는 것이고, 억지로 바른 말을 하게 되면 자신이 위태롭게 된다. 그러나 임금을 위태롭게 하는 것보다는 차라리 자신을 위태롭게 만들어야 한다〉고 하였습니다.

- 옛날에 부열(傅說)이 고종(高宗)에게 告하기를 〈오직 국가가 잘 다스려지느냐 어지러워지느냐 하는 것은 모든 관리에게 달려 있다〉,
  '관직'이 임금의 근친에게 미치지 못하게 하는 것은 능력있는 사람을 쓰자는 까닭이요, 「작위(爵位)」를 악덕인에게 주지 않는 것은 어진 사람을 쓰자는 까닭이라고, 하였습니다.
  * 천자의 관리가 덕을 잃으면 맹화보다도 심하다(天吏逸德 烈于猛火).

- 사마광(司馬光)이 영종(英宗)에게 아뢰기를 〈국가를 통치〉하는 데는 公보다 앞서가는 것이 없으므로, 비루(鄙陋)하고 나라에 도움이 되지 못하는 자라면 비록 임금의 친척이 돼도 등용하지 말아야 한다고 하였습니다.
  * 주역에 윗사람의 것을 덜어서 아랫사람에게 더해 주니(損上益下),
    백성이 한없이 기뻐한다(民說无疆).

- 주역에 보면 〈재물을 허비하지 않고 백성을 괴롭히지 말아야 한다〉 하였고,
  한나라 조조(晁錯)는 사람은 누구나 부자가 되고 싶어하기 때문에,
  삼왕(禹. 湯. 文武)이 백성을 곤궁치 않게 했고 또 편안히 살고자 하는 것이 인간의 상정(常情)이므로, 三王이 백성의 힘을 기진맥진하게 부리지 않았다.

- 옛사람이 이르기를 〈대신은 팔다리와 같고 대간(臺諫)은 임금의 눈과 귀와 같다고 했습니다. 그러니 눈과 귀가 보고 듣는 임무를 하지 않는다면 어찌 팔과 다리를 쓸 수 있겠습니까.
  * 이는 대간의 직무가 중차대함을 언급하고 있는 것이다.

- 그림 속의 용(龍)은 비를 오게 할 수 없고, 그림의 떡은 배를 채울 수 없듯이, 형식적인 것만 일삼고 실질적인 행동이 없다면, 나라가 날로 병들어 나중에는 어떻게 할 수 없을 것입니다.
  그러나 공도(公道)를 밝혀서 각자의 자질에 따라 벼슬에 임명하는 것은 사람을 쓰는 실지입니다.

1. 정치 일반론

- 지금에 대신들은
  - 임금을 돕는 것을 자기의 책임으로 여기지 아니하고
  - 나라의 근심을 자신의 근심으로 여기지 않아
  - 이미 오래 묵은 폐습을 개혁하려는 뜻이 없고,
    마치 대단찮은 일처럼 보아 한갓 말단에만 급급(急急)합니다.

  이는 임금을 보필하고 나라를 다스리려는 뜻을 잃어버린 것입니다.
  이러고도 나라 일이 바로 잡히기를 바란다면 이는 마치 "판자에 아교를 붙여 배를 만든 후 허수아비로 그 배를 움직이게 하는 것과 같은 것"이니 어찌 강을 건널 수 있겠습니까. - 栗谷 만언봉사

- 공자가 말하기를 〈근심거리가 먼 곳에 있는 것이 아니라 바로 담장 안에 있다〉 하였습니다. 아-아 사람들은 변방을 침략하는 도적들은 알아도 조정이나 궁중 안의 도적은 알지 못합니다. 비겁하게 비위(脾胃)나 맞추며 아첨하는 짓을 하면서, 선량한 사람을 원수처럼 질투하여 사기를 떨어뜨리는 이가 바로 조정안의 적이요, 여우처럼 맵시나 부리며 말을 잘하여 남의 마음을 미혹되게 하고, 친척들을 시기하고 이간질하여 남의 가정과 나라를 되엎는 사람은 궁중 안의 도적입니다.
  * 변방의 도적들보다도 조정안의 도적은 다스리기가 더 어렵다.

- 인간은 부친이 죽음을 당한 일은 곧 잊을 수 있어도, 자기 재산의 손실은 여간해서 잊지 못하므로, 특히 타인의 소유물에 손을 대는 일이 있어서는 안된다. - 군주론 제17장

- 한번 혼낸 인물에게 중요한 직책이나 임무를 맡겨서는 안된다.
  - 정략론 제3권 17장

- 옛말에 〈물이 너무 맑으면 고기가 없고, 사람이 너무 따지고 살피면 동료가 없다〉 하였습니다. 대개 윗사람으로서 지나치게 살피는 것을 좋아하면 아랫사람이 용납될 것이 없습니다.

- 〈의심이 나면 맡기지 말고, 맡겼으면 의심치 말라〉했으니 참으로 인재를 얻어 벼슬에 임명했다면, 그 직무에 관여해서는 안됩니다.

> ♣ 무왕(周)은 자기가 지니지 않은 지능(智能)을 운영하기를 마치 자기의 소유인 것처럼 한 것이니 그것은 군주의 道에 통달(通達)한 것이다.
> (先王, 用非其有, 如己有之, 通乎君道者也)

♣ 세상 모든 일은 크고 작은 것 없이 모두 옛사람의 모범이 있다.

"무엇인가를 행할" 때, 옛사람이라면 이 일을 어떻게 처리하였을까를 생각한다.
"누군가와 응대할 때"에도 옛사람이라면 이 사람과 어떻게 응대하였을까?
- 공자, 예수라면 어떻게 하실까 하고 역사에서 그 답을 구(생각)해 볼 수도 있다.
* 예수님이라면 어떻게 하실까, (찰스 쉘던/1857- 1946) 의 말이다.

♣ 권력·재력·능력 : 이 세가지 중에 한가지도 없으면 당신은 평생토록 약자의 신세를 면치 못한다!.

* 듣건대 "지혜로운 자"는 기회를 버리면서 이(利)를 취하려 하지 아니하고
"용사(勇士)"는 죽음이 두려워 이름을 멸(滅)하지 않으며,
"충신"은 자기 일이 급해도 임금을 뒤로 미루는 일은 하지 않는다고 했다.

* 옛말에 〈작은 절개만 고집하는 자는 큰 일을 성취할 수 없고〉, 〈적은 부끄러움을 겁내는 자는 영명(榮名)을 세울 수 없다〉고 하였다. (務大者 固忘小/ 큰일에 힘쓰는 자는 작은 일을 잊는다)

■ 三金의 座右銘과 揮毫(휘호)

김영삼 좌우명, 휘호

- 깨끗과 정직 - (좌우명)
- 大道無門, 克世拓道, 鐵血男兒 - Y.S가 즐겨쓰는 휘호
- 有始有終(1997년 새해 휘호)
- 시작해 놓은 일을 임기 내 유종지미를 거두겠다는 뜻으로 보인다.
- 닭의 목을 비틀어도 새벽은 온다. (아무리 억압을 해도 민주화는 된다)

김대중 좌우명, 휘호

- 敬天愛人- (좌우명)
- 民主回復 祖國統一. - D.J가 즐겨쓰는 휘호
- 實事求是(1997년 새해 휘호) - 사실에 입각해서 진실을 추구한다는 이 휘호 속에는 현실 속에서 새로운 韓國化의 의미가 담겨있다고 하겠다.
- 정치는 예술이다. (새로운 시작을 위하여 책에서)
- 정치는 흙탕물 속에 핀 연꽃.
- 민주주의는 是是非非를 먹고 자란다 등이 있다.

1. 정치 일반론

지도자심서(心書)

김종필 좌우명, 휘호

- 流水不爭先 - 좌우명
- 震天動地. 上善如水, - J.P가 즐겨쓰는 휘호
- 啐啄同機(1997년 새해 휘호) - 시기를 잘 맞춰야 새 생명이 탄생할 수 있다는 즉, 정권 창출은 당원에게 달려있다는 경각의 뜻이 담겨있다고 하겠다.
  * 啐啄同機(줄탁동기) : 놓쳐서는 안될 좋은 시기의 비유.
- 自意半 他意半(자의반 타의반) - 1963.2.25 외유길에 오르면서 김포 공항에서 한 말.
- 春來不似春(춘래불사춘) - 봄은 왔지만 실제론 봄 같지 않다.
- 維新本黨. 笑而不答. 士爲知己者死
- 말할 때를 아는 사람은 또한 침묵할 때도 안다.
- 해류가 바뀌면 새우는 껍질을 벗는다. (3당 합당 때)
- 목수 역할론 - 목수가 집을 짓는 것은 반드시 자기가 살기 위한 것만은 아니다.
- 백리길을 가는데 처음부터 뛰면 자빠진다. (개혁속도 조절론)
- 바람이 불 때는 잠잠해질 때까지 엎드릴 줄 알아야 한다. (입조심)
- 물러날 때가 되면 붙들어도 물러날 것이다. (거취문제)

※ J.P는 해방 이후 우리나라 정치인 중 자신의 의중을 가장 재치있는 은유법으로서 잘 나타내는 수사학에 있어 제1인자라 할만하다. 그는 1961년부터 40년 동안 정치 생명력을 유지한 것은 그의 철학〈流水不爭先〉, 물(부드러움)과 무관치 않다고 본다.
물이란 앞서 나가려 하지 않고, 순리에 따르며 굳은 것(바위)을 만나면 돌아나가고 굳이 무리하게 뚫고 나가려 하지 않는다. 또 구렁(滿堅구학)을 만나면 건너뜀이 없이 다 채운 다음 나아가니 중간이 단절되는 법이 없다.
또 부드럽기 그지없으나 강한 쇠도 부패시키고 성을 내게 되면 배도 뒤엎고 돌도 떠내려 보낸다. 그는 위로는 앞서가지 않으니 겸손하다. 아래로는 멈춤 없이 나아가니 빠르며 결국 大海를 이룬다. 이는 큰 인물이나 大國을 이루는 것과 같다.

■ 명심보감 治政편에 이런 말이 있다.   (公職者의 道理)
  인군 섬기기를 어버이 섬기듯 하며   (事君 如事親)
  웃사람 섬기기를 형을 섬기듯 하며   (事長官 如事兄)

  동료와 더불기를 가족같이 하고   (與同僚 如家人)
  직원 대하기를 자기 집 일꾼 대하듯하며   (待群吏 如奴僕)
  인민 사랑하기를 처자같이 하며   (愛百姓 如妻子)
  나라일 처리하기를 내 집안일처럼 한 후   (處官事 如家事)
  능히 내 마음을 다하였다고 할 것이다.   (然後能盡吾之心)

- 지도자(指導者)의 마음 자세(姿勢)
  - 마음은 모가 나서는 안되고　　　　　(中不方)
    이름을 드러내서도 안된다.　　　　　(名不章)
  - 밖을 원만하게 하지 못하면　　　　　(外不圓)
    화를 불러오는 문이 된다.　　　　　(禍之門)
  - 곧기만 하고 능히 원만치 못하면　　　(直而不能枉)
    큰 일을(임무) 맡을 수가 없다.　　　(不可而大任)
  - 모만 나고 능히 원만치 못하면　　　　(方而不能圓)
    가히 오래 존속할 수가 없다.　　　　(不可而長存)
  - ☞ 강직하되 질 줄도 알고, 방정하되 항시 원만하게 처리하면
    큰 일을 해낼 수 있고, 오래 자리를 보존할 수가 있다. (說苑 談叢)

♣ 죄책감 만큼 두려운 것은 없다. - (솔로몬)

- 바른길을 가는 자가 안전하게 가는 자이다.
- 죄의 삯은 사망이다. ▸ 박애의 삯은 하나님의 은총이다.
  - ▸ 하나님의 은총에는 영생이 따른다. ▸ 폭정은 영원할 수 없다.
- 괴로움을 피하지 말라. 괴로움은 인생의 본질 중 하나다.
  인생에 괴로움이 없다면 만족감을 어떻게 알 수 있겠는가.
  깊은 골짜기가 있을 때 산은 높은 법이다.
- 권력은 정오 무렵의 뜨거운 햇살 아래 사그러지는 그림자와 같은 것이다.
- 한번 죽는 것은 사람에게 정해진 것이요, 그 후에는 심판이 있으리라. (히;9-27)
- 인순이 어진 인재가 없다고 한탄하는 것은 들판에 잘 자란 곡식이 널려 있는데도 수확하지 않는 것과 같다고 할 수 있다. - (이익/ 성호사설)
- 반드시 말을 해야 할 때 침묵해서는 안되고, 또한 반드시 침묵을 지켜야 할 때 말을 해서도 안된다. 말을 발한다는 것은 말할 때와 그칠 때를 아는 것이다.
- 이유없이 존재하는 것은 아무것도 없고, 가장 큰 것부터 가장 작은 것에 이르기까지 모든 존재는 저마다 이 세상에서 뚜렷한 제자리를 가지고 있다.
- 이 세상의 재물은 그 소유자에게 '자신이 어떤 사람인가' 라를 보여준다.
- 통치자에게는 힘이 유지(뒷받침) 되어야 한다.*
  - 다변화 시대에는 외교(지혜)가 위난(危難)을 모면해 준다.

1. 정치 일반론

2. 대학, 중용의 정치론

- **明明德(명명덕)**
  옛날에 밝은 덕을 천하에 밝히고져 하는 자는 (古之欲明明德天下者)

먼저 그 나라를 다스리고	- 先治其國
그 나라를 다스리고자 하는 자는	- 欲治其國
먼저 그 집안을 바르게 잡고	- 先齊其家
그 집안을 바르게 하고자 하는 자는	- 欲齊其家者
먼저 그 몸을 닦고	- 先修其家
그 몸을 닦고자 하는 자는	- 欲修其身者
먼저 그 마음을 바르게 하고	- 先正其心
그 마음을 바르게 하고자 하는 자는	- 欲正其心者
먼저 그 뜻을 성실하게 하고,	- 先誠其意
그 뜻을 성실히 하고자 하는 자는	- 欲誠其意者
먼저 그 앎을 투철히 하고,	- 先致其知

  앎을 투철하게 하는 것은(致知)
  사물을 잘 규명하는 데에 있는 것이다.   - 致知在格物   - (大學)

- 한집안이 어질면, 한나라에 어짐이 일어나고   (一家仁 一國興仁)
  한집안이 겸양하면, 한나라의 겸양이 일어나고   (一家讓 一國興讓)
  한사람이 이익을 탐하면, 한나라에 어지러움을   (一人貪戾 一國作亂)
  일으키나니 그 빌미가 이와 같은 것이니   (其機如此)

  이를 일러 〈한마디의 말이 일을 뒤엎고, 한사람이 나라를 안정시킨다〉고 말한 것이다.
  (一言僨事 一人定國) - 大學   * 僨 - 움직일 분
  ※ 한 집안이란 실제로 황실을 가르킨다. 황실과 임금이 어질 것을 바라고 있다.

- 강고(康誥)에 말하기를
  〈惟命은 不干常이라〉   - 천명이란 일정불변한 것이 아니다.
  道善則得志하고   - 선하면 천명을 얻고,
  不善則失之이니라   - 선하지 못하면 그것을 잃는다.

- 군자는 마땅히 해야 할 큰길이 있으니 (君子有大道)
  반드시 충성과 신의로써 그것을 얻고 (必忠信以得之)
  교만과 방자로 그것을 잃는다. (驕泰以失之矣) - 大學

- 詩經에 이르되 "올바른 모범을 아내에게 보이고 (刑于寡妻)
  형이나 아우에게 그 모범이 미쳐가게 하고" (至于兄弟)
  이리하여 나라를 잘 다스리도다. 하였다. (御于家邦)

- 詩에 이르되 "형에게 잘하고 아우에게 잘하는도다"(宜兄宜弟)
  형에게 잘하고 아우에게 잘한 뒤에야 (宜兄宜弟以后)
  나라 사람들을 가르칠 수가 있다 (可以教於國人)

- 어진 이를 보고도 등용치 못하고 (見賢而不能擧)
  등용하되 먼저 하지 못하는 것은 태만이요. (擧而不能先) - 命也
  불선한 사람을 보고서도 물리치지 못하고 (見不善而不能退)
  물리치되 멀리하지 못하면 허물이다. (退而不能遠) - 過也

- 詩에 이르되 浩然히 즐기시는 군자님이여! (樂之君子)
  백성의 부모시라고 했으니 (民之父母)
  백성이 좋아하는 바를 좋아하고 (民之所好) - 好之
  백성이 싫어하는 바를 싫어하는 것 (民之所惡) - 惡之
  이것을 두고 백성의 부모라 말한 것이다. (此之謂民之父母)

- 공자 말씀하시되
  인자는 자기가 서고자 하는데에 남을 세우고 (己欲立而立人)
  자신이 달하고자 하는 데에 남을 달하게 한다. (己欲達而達人)
  나에게 베풀어 짐을 원하는 것을, 남에게 베푸는 것과 같다.

- 공자 말씀하시되
  지혜로운 사람은 미혹되지 않으며 (知者不惑)
  어진 사람은 근심하지 않으며 (仁者不憂)
  용감한 사람은 두려워하지 않는다. (勇者不懼)

- 공자 말씀하시되
  벼슬하지 못함을 걱정할 것이 아니라 (不患無位)
  그 자리에 앉을만한 재능을 가졌는가를 걱정할 것이며 (患所以立)
  남이 나를 알아주지 않음을 걱정할 것이 아니라 (不患莫己知)
  남이 나를 알아줄 만한 학식 갖게 되기를 노력해야 할 것이다. (求爲可知也)

2. 대학, 중용의 정치론

지도자심서(心書)

- 맹헌자가 말하기를 〈馬乘(마승)을 기르는 자는 닭, 돼지따위를 살피지 아니하고, 喪事나 祭禮에 어름을 쓰는 집에서는 소와 양 따위를 기르지 아니하고〉
 百乘의 집에서는 모아 거두어들이는 신하는 기르지 아니한다. - 大學

- 僕臣(복신)이 바르면 임금도 능히 바르고　　　　　　　(僕臣正, 厥后克正)
 아첨하면 그의 임금이 스스로 성인이라 여기리니　　　(僕臣諛, 厥后自聖)
 임금의 덕도 오직 신하에게 달려있으며　　　　　　　(后德惟臣)
 덕이 없는 것도 신하에게 달려 있으니　　　　　　　　(不德惟臣)
 그대는 간사한 사람과 가까이 말며　　　　　　　　　(爾無昵憸人)
 귀와 눈이 되는 관리로 가득차게 하여　　　　　　　　(充耳目之官)
 임금을 선왕의 법도가 아닌 것으로 인도하지 말라.　　(迪上以非先王之典) - 書經 冏命
 * 僕臣(복신)- 시중하는 신하. 昵(닐)- 가까이 함, 친하게 함. 憸(간사할 섬)

- 윗사람에게 싫다고 느껴진 것으로　　　(所惡於上)
 아랫사람을 부리지 말 것이며　　　　　(毋以使下)
 아랫사람에게 싫다고 느낀 것으로　　　(所惡於下)
 윗사람을 섬기지 말라.　　　　　　　　(毋以使上)
 이런 것을 일러 〈絜矩之道〉라 한다. -大學

 * 絜矩之道(혈구지도) : 絜(혈)은 度(도)로서 재는 동작, 矩(구)는 尺(척)으로서 재는 동작, 따라서 혈구란 틀림없는가 아닌가를 자로 재는 것이니, 그 법도의 행함을 가히 알 수 있을 것이다.

- 詩經(시경)에 이르되
 은나라가 백성을 잃치 않았을 적엔　　　(殷之未喪師) 에
 상제와 짝이 될 수 있었도다.　　　　　(克配上帝) 러니
 마땅히 은나라를 거울삼아 볼지어다　　(儀監于殷) 이어다
 높은 천명은 지니기(보존) 쉽지 않다.　(峻命不易) 라 하니
 백성을 얻으면 나라를 얻게 되고　　　　(道得衆則得國) 하고
 백성을 잃으면 나라를 잃게 된다.　　　(失衆則失國) 하니라

- 공자께서 말씀하시되
 사람의 道는 정치에 민속하고,　　　　　(人道-敏政) 하고
 땅의 도는 栽植(재식)에 민속 하나니,　(地道-敏樹) 하니
 무릇 〈정치란 창포와 갈대다〉 고로　　(夫政也者는 蒲蘆也) 니라
 정치의 성패는 사람에 달려있으니　　　(爲政在人) 하니

사람 취함을 몸으로써 할 것이요.	(取人以身) 이요
몸을 닦음은 도로써 할 것이요	(修身以道) 요
도를 닦음은 인으로써 할 것이다.	(修道以仁) 이니라

- 詩經 文王

■ 무릇 일이란(凡事) 미리 준비하면 성립이 되고 (豫則立) 하고
준비하지 않으면 실패하게 된다. (不豫則廢) 하나니
말이 먼저 정해지면 막히지 않고 (言前定이면 則不跲) 하고
일이 먼저 정해지면 곤란이 발생하지 않고, (事前定이면 則不困) 하고
행위가 먼저 정해지면 괴로움을 당하지 않고 (行前定이면 則不疚) 하고
도가 먼저 정해지면 궁해지지 않는다. - 中庸 誠論
 * 疚(구) - 오랜병 구. 跲(겁) - 엎드러질 겁.

■ 레닌의 말이다. 〈반드시 기억하라!〉
우리가 언제든지 각종 침략의 위험에 직면할 수 있다는 사실을, 우리는 있는 힘을 다해 이같은 재난이 발생하지 않도록 방지해야 할 것이다.

■ **君子의 道는 네가지가 있는데**   - 中庸(중용 13장)
  丘(구: 공자)는 하나도 다하지 못하였다. (君子之道四 丘未能一焉)
  1. 자식에게 바라는 것으로서 아버지 섬김을 다하지 못하였고
  2. 신하에게 바라는 것으로써 임금 섬김을 다하지 못하였고
  3. 아우에게 바라는 것으로써 형 섬김을 다하지 못하였고
  4. 벗에게 바라는 것으로써 먼저 베풀기를 다하지 못하였다.
  (所求乎子 以事父, 所求乎臣 以事君, 所求乎弟 以事兄, 所求乎朋友 先施之)

---

* 이는 공자의 탄식이다. 道(도)는 사람으로부터 멀리 떨어져 있는 것이 아니라 인간에게 내재하고 있다는 것이다. 「자기가 남에게 요구하는 바로서 자신도 남에게 베푸는 것이 이상적인 규범이며 모두 도에 합당한 것이다. 그러니 庸德(용덕-언제나 변함이 없는 덕)을 행하며, 庸言을 삼가해서 행동에 부족한 바가 있으면 감히 힘쓰지 아니치 못하며, 말에 남음이 있으면 감히 다하지 않아, 말은 행동을 돌아보고 행동은 말을 돌아보는 것이니 군자가 어찌 부지런히 힘쓰지 않겠는가.」

■ 오로지 천하의 지성이어야,   (唯天下至誠) 이야
  능히 천하의 대경을 경륜할 수 있고,   (爲能經綸天下之大經) 하며
  천하의 대본을 세울 수 있으며   (立天下之大本) 하며
  천지의 화육을 알 수 있다.   (知天下之化育) 이니

2. 대학, 중용의 정치론

지도자심서(心書)

어찌 달리 의지하는 데가 있겠는가　　　(夫焉有所倚) 리오　-중용 32장

* 오직 천하에 지극한 誠(성)만이 능히 천하의 大經(대경)을 經綸(경륜)할 수 있으며, 천하의 大本(대본)을 세울 수 있으며 천지의 화육을 할 수 있음을 말한 것은 至誠(지성)이 아니면 이룰 수 없음을 말한 것이다.

▪ **벌을 줄 때는 자리를 옮기지 않는다 (罰不遷列)**　　*때를 잃지 않음을 말함.
  상을 줄 때는 때를 넘기지 않는다. (賞不逾時)　- 司馬法
  • 벌은 즉시 징벌하고 신속하게 규율을 집행하여 질서를 잡는데 있다.
  • 손빈(孫臏)은 한 걸음 더 나아가 "상은 하루를 넘기지 말고, 벌은 그 면전에서 행하라고 한다."

　▪ **중국의 신당서(新唐書)**는 〈일이 생기면 반드시 회의를 소집하여 여러 사람이 함께 의논하였는데, 이를 화백(和白)이라 부른다. 한 사람이라도 반대하면 반드시 결의를 강행하지 않았다.〉

▪ **자사(子思)**가 말하였다. 〈현명한 군주가 인재를 등용하는 것은 목공이 材木을 다루는 것과 같다〉 좋은 데를 택하고 나쁜 데를 버리는 것이다.

▪ **헌팅텐**은 말한다. 〈지식층은 두뇌를 가지고, 군부는 총을 가졌으며, 농민은 수(數)와 표를 가졌다. 정치적 안정을 위해서는 이러한 사회세력(社會勢力) 중 둘이 제휴(提携할 필요가 있다)고 했다.〉

▪ **후임자로 부임할 때** 〈믿음직한 참모 또는 심복부하 약간 명을 데리고 들어가는 것〉이 유리하다고 안토니 제이는 권장한다. 그렇지만 대동(帶同)한 심복의 자질과 행태를 보고 상급자를 평판하게 된다는데 유의할 필요가 있다고 한다.

▪ **역경(易經)**에 고귀를 다하면 후회가 있다고 했습니다. 이는 올라갈 뿐이지 내려올 수 없고, 펼 뿐이지 굽히지 못하며, 갈 뿐이지 돌아올 수 없는 사람에 대한 경종(警鐘)입니다.

　　* 휜(휘어진) 나무는 재목이 되지 못한다.
　　* 스스로를 지키는 자는 멸방될 수 없다.
　　* 곰은 쓸개로 죽고, 사람은 혀로 죽는다.
　　* 힘은 선(善)한 근본에 깃드는 것이라고 배웠습니다.
　　* 아는 것 만큼 보이고, 아는 만큼 즐길 수 있다.
　　* 성공이 끝이 아니다. (실패가 마지막이 아니다.)

三. 정치입문편

3. 공자의 정치론

■ 자장이 공자에게 물어 말하기를 - 論語 堯曰
  〈어떻게 하면 바른 정치를 할 수 있습니까?〉 공자 말씀하시기를,
  다섯가지 미덕을 존중하고, 네 가지 악덕을 물리치면, 바른 정치를 쫓아 할 수 있다.

• 五美(오미) - 다섯가지 미덕이란

  혜이불비 惠而不費 - 백성들에게 은혜를 베풀어 주되 낭비하지 않고
  노이불원 勞而不怨 - 백성들을 노역에 부리되 원망을 받지 않고
  욕이불탐 欲而不貪 - 하고자 하고 원하는 바 있으되, 탐욕하지 않고
  태이불교 泰而不驕 - 안태해도 남에게 무례하거나 교만하지 않으며
  위이불맹 威而不猛 - 위엄이 있으되 사납지 않다.

■ 은혜를 주되 낭비하지 않는 것은 백성들이 저마다 이득을 얻을 수 있는 곳에서 이득을 얻게끔 위정자가 해주니, 은혜를 베풀어 주되 낭비하지 않는다고 하지 않겠는가?

■ 또 백성들을 노역에 동원할 만한 일을 신중히 택하여 부리니, 백성들은 사리에 맞음을 알고, 신복하는 지라 그 누가 원망하겠는가.

■ 인정을 베풀고자 원하여 仁政을 했으니 그 이상 바랄 것이 없다.

■ 군자는 많고 적음이 없으며 지위가 높건 얕건 교만하지 않으니, 이것이 바로 높고 풍부하고 편안하되 남에게 교만함이 아니지 아니겠는가?

■ 또 군자는 의관을 바르게 하고 용모를 존귀하게 하고 외양을 엄숙하게 차리면, 남이 우러러보고 위엄을 느끼게 되니, 이것이 바로 위엄이 있으되 사납지 않음이 아니겠는가?

• 四惡(사악) - 네가지 악덕이란 - 논어 堯曰

  불교이살 不教而殺 - 가르치지 않고, 죽이는 것은 잔학이라 하고(虐)
  불계시성 不戒視成 - 미리 훈계하지 않고, 잘못만 따지는 것을 포악이라 하고(暴)
  만령치기 慢令致期 - 명령을 태만이 하고 기한을 독촉함을, 도적이라 하고(賊)
  유지여인 猶之與人 - 어차피 남에게 줄 물건의 출납을 인색케 하는 것을,
                      창고지기 같다고 한다.(有司)

지도자심서(心書)

- 공자 말씀하시기를 천승(千乘)의 나라를 다스림에 있어서는
  매사의 일을 신중히 하여 백성의 신의를 얻어야 하며, (敬事而信)
  비용을 절약하여 백성을 극진히 사랑으로 대할 것이며, (節用而愛人)
  시기를 잘 맞추어 백성을 부려야 한다. (使民以時)
  *공자는 德治에서는 위정자의 덕행에 초점을 두고 있으며, 정치의 信義에서는 위정자의 인민에 대한 신의를 강조하였다. 三事라 함은 古來로 〈敬事而信〉〈節用而愛人〉〈使民以時〉이고, 〈敬·信·節·愛·時〉를 五要라 하여 三事五要를 치국의 기본이 되는 要節로 삼았다.

- 온 천하가 그를 추대하여 싫어하지 않음은, (天下樂推而不厭)
  다툼이 없기 때문이다. (以其不爭)
  그러므로 천하 사람들이 그와 더불어 다투는 일이 없다. (天下莫能與之爭)

- 周公(주공)이 그의 아들 노공에 말하기를
  군자는 일가친척을 버리지 아니하며, 대신으로 하여금 자기를 써주지 않는다고 원망하지 않도록 하며, 원로공신은 큰 허물이 없으면 버리지 말고 한사람에게 완전하기를 바라지 말라.고 하였다.

- 어떤 사람이 공자에게 물었다. 선생께서는 왜 정치를 하지 않으십니까?.
  이에 대답하기를
  書經(서경)에 〈효도하라 오직 효도하라!〉 - (書云孝乎, 惟孝)
  그리고 형제에게 우애로움이 곧 정치에 참여함이요,
  정치를 함과 같으니라. 했거늘 어찌 정치 참여만이 정치를 하는 것이라고 할 수 있으리요? 하셨다.
  〈友于兄弟, 施於爲政, 是亦爲政, 奚其爲爲政〉

- 季康子가 정치에 관하여 묻자, 공자 말씀하시길
  政은 正입니다. 선생께서 솔선하여 바르게 한다면 (子師以正)
  누가 감히 바르게 행하지 아니하겠습니까? (孰能不正)

- 葉公(섭공)이 정치에 관하여 묻자, 공자 말씀하시기를
  가까운 자가 기뻐하고 (近者悅)
  먼데 있는 자가 찾아오는 것이다. (遠者來)

- 子夏(자하)가 거보(魯의邑名)의 읍재(읍재)가 되어 정치에 관하여 묻자, 공자 말씀하시길
  〈급히 서두르지 말고, 적은 이득을 꾀하지 말라〉 (無欲速, 無見小利)
  급히 서둘면 충분히 통달하지 못하고, (欲速則不達)
  적은 이득을 꾀하면 큰일을 이루지 못한다. (見小利則大事不成)

三. 정치입문편

- 공자 말씀하시되 〈참으로 자기 몸을 바르게 한다면 정치를 하는데 어려움은 없다〉. 자기 몸을 바르게 못하면 어찌 남을 바르게 다스릴 수 있겠는가?
  - (不能正其身, 如正人何)

- 仲弓(중궁)이 공자에게 정치에 관해 묻자
  〈먼저 적절히 밑의 관원들에게 일을 맡겨 처리하게 하고〉 작은 잘못은 관대히 용서해 주고 현명한 才士를 등용해 써라.

- 哀公(애공)이 묻기를 어떻게 하면 백성의 마음까지 따르게 할 수 있습니까.
  공자가 대답하기를 - (論語, 爲政편)
  곧고 올바른 사람을 등용해서 굽은 사람 위에 놓으면 백성들은 마음까지 복종할 것이다.
  (擧直錯諸枉則民服) *錯 : 둘 조, 섞일 착
  즉 바른 인재를 등용하여 높은 자리에 앉히면 백성들은 진심으로 따르게 된다.

- 공자 말씀하시되
  - 백성에게 **친애**를 가르침에 있어서 **효**보다 더 좋은 것이 없고
  - 백성에게 **예순(禮順)**을 가르침에 있어서 우애보다 좋은 것이 없으며
  - 사회 풍속을 순화시킴에 있어서 **악(樂)**보다 좋은 것이 없고
  - 임금을 **편안**케 하고 백성을 다스림에 있어서 **예**보다 좋은 것이 없다.
    예(禮)란 공경할 따름이니라. (禮者敬而已矣)

- 공자 말씀하시기를 옛날에
  - 천자(天子)가 간하는 신하 일곱을 두면
    비록 자신이 무도하다 하더라도 그 천하를 잃지 않고,
  - 제후(諸侯)는 다투어 간하는 신하 다섯만을 두면
    비록 자신이 무도하다 하더라도 그 나라를 잃지 않았으며,
  - 대부(大夫)는 다투어 간하는 신하 셋만 두면
    비록 자신이 무도하다 하더라도 그 집안을 잃지 않았다.
  - 사(士)에게 다투어 간하는 벗이 있으면
    그 몸에서 아름다운 이름이 떠나지 않을 것이며,
  - 아버지에게 다투어 간하는 자식이 있으면   - (父有爭子)
    불의에 빠지지 않을 것이다.   - (則身不陷於不誼)

* 그러므로 아버지가 의롭지 않은 일에 당면하면, 자식으로서 다투어 간하지 않으면 안되고, 신하로서는 임금께 다투어 간하지 않을 수 없는 것이다.

3. 공자의 정치론

지도자심서(心書)

- 공자가 이르되 〈군자가 임금 섬김〉에 있어서는
  - 임금앞에 나아가서는 충을 다할 것을 생각하고 (進思盡忠)
  - 집으로 물러나서는 잘못 고칠 것을 생각하고 (退思補過)
  - 임금의 아름다운 뜻에는 순종하고 (將順其美)
  - 임금의 그릇된 생각은 바로잡아 주는 것이니라 (匡救其惡)
    그리하여 위 아래가 친애하게 되는 것이다. (上下能相親也)

- 詩(시)에 이르기를
  마음으로 친애하니 (心乎愛矣)
  멀리 떨어져 있어도 멀어지지 않고 (遐不謂矣)
  마음속으로 언제나 품고있으니 (忠心藏之)
  어느 날인즉 잊을 수 있겠는가? (何日忘之)

- 공자 말씀하시기를
  고불고면 고재고재아   (觚不觚 觚哉觚哉)
  모난 그릇이 모나지 않으면 어찌 모난 그릇이라 하겠는가?
  ☞ 즉 임금이 임금 노릇을 다하지 못하고, 신하가 신하 도리를 다하지 못함을 개탄한 것이다.

- 공자 가로되
  - 근면 노력하고 자랑하지 않으며 (勞而不伐)
  - 공을 세워도 자기의 공덕으로 삼지 않음은 (有功而不德)
    후덕의 지극 함이니 (厚之至也)
    그 공으로써 下人함을 말함이니라 (語以其功 下人者也)
    * 下人(하인)은 下於人 곧 남을 존경하고 겸하한다는 뜻.

- 공자 말씀하시되
  - 위태할까 염려하는 자는
    그 지위를 편안케 유지하려는 자요 (危者 - 安其位者也)
  - 망할까 염려하는 자는
    그 생존을 보존하려는 자요 (亡者 - 保其存者也)
  - 어지러워질까 염려하는 자는
    그 다스림을 가질(유지)것이니라 (亂者 - 有其治者也)

- 성인이 만물을 통제하는 방법은 (聖人制萬物也)
  각자의 천성에 순응하여 온전하게 하는 것이다. (以全其天也)
  물의 본성은 맑은 것이지만 (水之性淸)
  흙이 그것을 흐려놓기 때문에 맑지가 않다. (土之抇之, 故不得淸)

三. 정치입문편

- 대저 대중은 군주의 보배이다. (夫以衆者, 君人之大寶也)
- 백성들이 윗사람을 원망하는데도 망하지 않는 자는 있을 수 없다.

    ♣ 내가 한 일을 생각하고 (審吾所以適人) - 공자
       남이 내게 해 주기를 생각해야 한다. (適人之所以來也)

- 가난하면서 원망하지 않기는 어렵고　　　　　　　(貧而無怨難)
  부자이면서도 교만하지 않기는 쉽다.　　　　　　(富貴而驕易)　- 논어

- 배우고 생각지 않으면 어둡고 ; 지혜롭지 못함.　(學而不思則罔)
  생각하고 배우지 않으면 위태롭다 ; 독선적이 됨. (思而不學則殆) - 논어

- 윗사람에게 미워하는 바로서 아랫사람을 부리지 말라. (所惡於上 毋以使下) - 대학
  * 논어에 〈겨울이 되어봐야 소나무 잣나무의 잎이 늦게 떨어짐을 알 수 있다〉고 했다.

- 공자는 〈더불어 이야기 할만한 인물인데도 만나지 않는다면 인재를 잃게 될 것이요, (可與言而 不與之言失人) 더부러 이야기할 상대가 아닌데도 만난다면 失言을 초래할 것이다〉 (不可與言而 與之言失言).

◆ 무릇 "천도(天道)"는 가득한 것을 덜어 겸손한 것에게 보태주고

　지도(地道)는, 가득한 것을 변화시켜 겸손한 쪽으로 흐르게 하며
　귀신(鬼神)은 가득한 것을 해(害)하여 겸손한 자에게 복(福)을 주며
　인도(人道)는 가득한 것을 싫어하며 겸손한 것을 좋아하게 마련이다.

　그리하여 "옷이 다 완성되면 옷고름이 빠져있게 되고, 궁성이 다 이루어지고 났더니 잘못 얽힌 경우가 있는 것이다." 이는 바로 완벽(完璧)함이 없다는 것을 보여주는 것으로 天道가 그렇게 한 것이다.
　역(易)에 가로되 〈겸(謙)은 형(亨)하다. 군자는 유종의 미를 이루어 길하리라〉고 하였다.
　* 易曰 謙亨 君子有終 吉.

    ♣ 군자가 권세있는 높은 자리에 올랐을 때는
       몸가짐을 엄정하고 공정하게 하고 마음을 온화하게 가져야 하며
       조금도 탐스런 무리들과 가까이하지 말며
       과격한 벌떼의 독을 범하는 일이 없어야 한다. - 채근담

3. 공자의 정치론

4. 시경의 정치론

■ 작은 빛(小明) - (詩經 小雅 谷風之什)

아 세상에 높은 관리들아	嗟爾君子(차이군자) 는
편안함만 생각지 말라	無恒安處(무항안처) 어다
그대의 자리 삼가 받들어	靖公爾位(정공이위) 하여
곧은 이와 언제나 같이 일하면	正直是與(정직시여) 하며
천신도 그대를 어여삐 보사	神之聽之(신지청지) 면
좋은 복 내려 주시로다.	式穀以女(식곡이여) 리라
온 세상 관리들아	嗟爾君子(차이군자) 는
항상 안식만 찾지 마라	無恒安息(무항안식) 어다
그대의 자리 삼가 받들어	靖公爾位(정공이위) 하여
곧은 이를 언제나 좋아하면	好是正直(호시정직) 하며
천신도 그대를 어여삐 보사	神之聽之(신지청지) 하여
큰 복을 내려주시리로다.	介爾景福(개이경복) 이어라

■ 아름다운 위의야 말로 - (抑抑威儀 ; 詩經大雅, 蕩之什)

사람의 도리를 다하면	無競維人(무경유인) 이면
사방이 이를 쫓으며	四方其訓之(사방기훈지) 하며
덕을 행하여 어질게 굴면	有覺德行(유각덕행) 이면
온 천하가 뒤따르리	四國順之(사국순지) 로다.
헤아리어 정령 정하고	訏謨定命(우모정명) 하며
멀리 생각하여 분부 내리며	遠猶辰告(원유신고) 하며
스스로 몸의 위의를 삼간다면	敬愼威儀(경신위의) 하면
백성의 본이 되리라.	維民之則(유민지측) 이니라.
그대의 백성들 바르게 하며	質爾人民(질이인민) 하며
임금의 법도를 삼가 지키어	謹爾侯度(근이후도) 하여
뜻밖의 환난에 대비하여	用戒不虞(용계불우) 요
그대들 언행에 조심하고	愼爾出話(신이출화) 하며
그대들 위의를 존경하여	敬爾威儀(경이위의) 하여
화평하고 착하게 하라.	無不柔嘉(무불유가) 어다

■ 듣거라 대신들이여(臣工)   - (詩經, 頌 : 臣工之什)

듣거라 대신들이여!	嗟嗟臣工(차차신공) 이여
소임을 삼가 다하라.	敬爾在公(경이재공) 이어다
짐은, 공적 보려 하노니	王釐爾成(왕리이성) 하시니
서로 돕고 물어 일할지어다.	來咨來茹(래자내여) 어다

■ 공자는 말씀하시기를

군자는 利를 다 取하지 않고 백성에게 남긴다. (君子, 不盡利以遺民)

• 시경 소아 大田篇에 이르기를

저기 버려둔 볏단이 있고	彼有遺秉(피유유병) 하여
여기에 거두지 않은 벼가 있네	此有不斂穧(차유불염제) 하니
이런건 과부의 이익이도다 하였다.	伊寡婦之利(이과부지이) 로다

그러므로 군자는 벼슬을 지내면 농사를 짓지 않고, 사냥을 하면 고기를 잡지 않으며, 계절의 음식을 먹어도 진귀한 것은 힘써 구하지 않는다. 대부는 羊(양)에 앉지 않고 선비는 개(犬)에 앉지 않는다.

• 시경 邶風(패풍) 谷風편에 이르기를

배추를 따고 순무를 따네	采葑采菲(채봉채비) 는
뿌리까지 캐지를 마시오	無以下體(무이하체) 니
그 사랑 변하지 않는다면	德音莫違(덕음막위) 인데
너와 함께 죽으리 하였다.	及爾同死(급이동사) 니라.

이것으로써 백성의 허물을 막으려 하였으나 오히려 義를 잃고 利를 다투어 그 몸을 망친다.

[참고] : 마승(馬乘)을 기르는 이는 닭, 돼지 따위를 살피지 아니하고, 얼음을 베어가는 집안은 소, 양 따위를 기르지 아니한다는 것과도 같다. 우리의 선조들은 볏단을 거두되 떨어진 벼이삭은 남겨두었으며, 배추나 무를 캐더라도 깨끗하게 다 거두질 않았다.

과실도 나무 끝에 달린 것은 일부 남겨두어 길가는 행인이나 걸인이 취하도록 하고, 날짐승이 먹도록 남겨 놓았다. 이는 자연 동물 사랑이 천지에 미쳤음을 말한다.

■ 시경에 〈夙興夜寐 亡忝爾所生〉이라 하니라.
　　　　　　　　숙 흥 야 매　　망 첨 이 소 생

아침일찍 일어나 밤늦게까지 자기를 낳아 준 이를 욕되게 하지 말라.

4. 시경의 정치론

지도자심서(心書)

- 서운(書云)하되 〈亡念爾祖하여 聿修其德〉이라 하니라.

  〈너의 조상을 생각을 하지 않을 수 없을 것이니 자진하여 그 덕을 닦아야 한다〉고 하였는데 공자는 이 글을 인용 孝의 처음과 마지막을 한마디로 맺은 것이다.

  * 聿(율) - 자진하여, 드디어.

- 시경에, 불량한 백성은   (民之無良) 민지무량
  서로 원망하고 다투며   (相怨一方) 상원일방
  그 지위를 탐내 양보를 모르다가   (受爵不讓) 수작불양
  그 몸을 망치고 만다.   (至于己斯亡) 지우기사망

- 시경에, 사방이 잘 다스려지면   (平平左右)
  사방이 다 복종하도다   (亦是卒徒)

- 군자는 〈꾸부릴 때는 꾸부리고   (時詘則詘)   * 詘 - 굴할 굴
  펼 때는 편다〉고 한다.   (時伸則伸)   * 伸(신) - 펼 신

- 傳에 미워하는 자가 많으면 위험하다.   傳曰 - (惡之者衆則危)

- 시에, 덕을 밝히고 밝혀서 아래를 다스린다.   (明明在下)
  서(書)에 밝은 덕을 잘 밝혀라.   (克明明德)

- 시에, 큰덕을 지닌 이는 나라의 울타리요.   (介人維藩)
  백성은 나라의 담장이라   (大師維垣)

- 傳(전)에, 위엄이 독하되 부리지 아니하며   (威厲而不試)
  형벌이 서 있되 좀처럼 사용하지 않는다.   (刑錯而不用)

- 詩經에, 도에 어긋나지 않고 道를 해치지 아니하면 (不僭不賊)
  누가 아니 따르리   (鮮不爲則)

- 書經에, 형벌은 시세에 따라 무겁고   (刑罰 - 世輕世重)
  시세에 따라 가벼웠다. (情狀參酌)

- 서경에, 하늘이 널리 덮어주듯   (弘覆乎天)
  덕으로 널리 덮어주면 네 몸도 풍족하리라.   (若德裕乃身)

三. 정치입문편

5. 서경의 정치론

❶ 옛 禹임금에 대해 상고해 보건대

　　문화와 가르침을 사해에 펴시고(文命, 敷于四海)
　　삼가 임금님을 받들어 모셨다.(祗承于帝)

■ 이르시길

　　〈임금이 능히 그 임금됨을 어렵게 알며,　　　　(后克艱厥后)
　　신하가 능히 그 신하됨을 어렵게 여겨야만〉　　(臣克艱厥臣)
　　정사가 곧 다스려지고　　　　　　　　　　　　(政乃乂)
　　백성이 덕을 빨리 알게 될 것이다.　　　　　　(黎民敏德)

■ 임금께서 이르기를, 그러하다 진실로 그같이 하면　(帝曰允若玆)
　　아름다운 말씀이 숨겨질 바 없으며,　　　　　　(嘉言罔攸伏)
　　초야에 어진이가 묻혀있지 않게 되어　　　　　(野無遺賢)
　　만방이 다 편안하게 될 것이니,　　　　　　　　(萬邦咸寧)

■ 여러 사람에게 의논하여 (稽于衆)
　　자기를 버리고 남을 따르며　　　　　　　　　　(舍己從人)
　　무고한 이를 학대하지 않으며　　　　　　　　　(不虐無告)
　　곤궁한 이를 버리지 아니함은,　　　　　　　　(不廢困窮)
　　오직 요(堯) 임금만이 할 수 있으셨다　　　　　(惟帝時克)

*우(禹)는 요와 순밑에서 치수의 대공을 세운 뒤 순(舜)의 선양을 받아 천자가 되어 하(夏)나라를 세움. 본장 첫머리에 대우(大禹)의 행적을 기술하고, 우는 순임금에게 먼저 군신이 지켜야 할 도(道)를 말하고 있다. 대우(大禹) - 우를 높여 부른 것

❷ 우왕(禹王)은 맛있는 술을 싫어하고　　　　　　(禹 -惡旨酒)
　　선한 말을 좋아했으며　　　　　　　　　　　　(而好善言)
　　탕왕(湯王)은 중용(中庸)을 지키고　　　　　　(湯執中)
　　어진이를 기용하는 데는 그 출신을 따지지 않았다.(立賢無方)

지도자심서(心書)

- 文王은 인민보기를 다친 사람 보듯 하였으며 (文王視民如傷)
  道를 바라기를 그것을 아직 못 본듯 하였고 (望道而未之見)
- 武王은 가까운 사람을 허물없다고 막대하지 않았고 (武王不泄邇)
  멀리 떨어져 있는 사람을 잊지도 않았다 (不忘遠)
- 周公은 이 三王(禹, 湯, 文武)의 장점을 모두 겸하여, (思兼三王)
  이 네가지의 일을 시행하려고 생각하였고 (以施四事)
  그 마음에 합당하지 않은 것이 있으면 (其有不合者)
  하늘을 우러러보며 생각하는데 (仰以思之)
  밤을 도와서 했다. (夜以繼日)
- 다행히 좋은 도리를 깨닫게 되면 (幸而得之)
  앉아서 날이 새기를 기다렸다. (坐而待旦)

  * 주공은 주나라 왕실에 위대한 정치가로 문왕의 아들이며 자기의 조카인 성왕을 위해 섭정하는 동안 주실(周室)의 宗主권을 확고히 하고, 주의 문물제도를 창제한 인물이다. 오늘날 정치인은 그의 정치철학을 본받을 만하다.

❸ 고요(皐陶)가 이르되   - (書經 大禹謨)

  순(舜) 임금의 덕에 허물이 없으시며   (帝德罔愆)
  아래를 임하되 간단하므로서 하시고   (臨下以簡)
  백성을 통솔하되 너그러움으로써 하시며   (御衆以寬)
  벌은 자손들에게 미치지 않게 하시고   (罰弗及嗣)
  상은 대대로 뻗게 하시며   (賞延于世)
  과실은 커도 용서하시고 큼이 없으시며   (宥過無大)
  고의적인 죄는 형벌하되 적음이 없으시며   (刑故無小)
  죄가 의심나는 이는 가볍게 하시고   (罪疑惟輕)
  공이 의심나는 이는 중하게 하시며   (功疑惟重)
  그 죄없는 이를 죽이니 보다는   (與其殺不辜)
  차라리 법 아닌 것을 잃게 하리라 하시어   (寧失不經)
  삶을 아끼시는 덕이   (好生之德)

三. 정치입문편

백성의 마음에 젖은지라 (洽于民心)

이에 관리도 범치 아니하나이다. (茲用不犯于有司)

* 순임금이 어느덧 재위 33년이란 세월이 흘러 백살이 가까워지자, 덕이 뛰어난 우에게 맡기려 하자, 우(禹)는 덕이 능치 못하여 백성들이 의지하지 아니할 것이라 하여 사양하고, 禹는 이어서 고요(皐陶)의 공적이 큼을 순임금에게 아뢰자 "순"은 고요를 불러 칭송한다. 이에 대해 "고요"가 순(舜)임금을 칭송하는 답을 올린다. 이것이 본문의 글이다.

❹ 우(禹) 임금은

■ 천하에 물에 빠진 자가 있으면 思(天下有溺者)

  자기 때문에 빠진 것 같이 생각하시며 (由己溺之也)

  천하에 굶주린 사람이 있으면 思(天下有饑者)

  자기 때문에 굶주린 것 같이 생각하시며 (由己饑之也)

  그러기에 급하게 서둘렀던 것이다. (是以如是其急也)

■ 이윤(伊尹)은 자신이 받드는 군주가,

  요 임금이나 순 임금같이 되지 못하는 것을 부끄럽게 여겼고,

  백성 가운데 어느 한 사람이라도 편히 쉴만한 자리를 얻지 못하면,

  마치 자신이 시장에서 매를 맞는 것 같이 생각했다.

  〈 伊尹 - 恥其君不爲堯舜, 一夫不得其所, 若撻于市 〉

❺ 우(禹)가 이르되

  단주(요임금의 아들)처럼 거만하지 마소서 (無若丹朱傲)

  게으르고 놀기를 좋아하며 (惟慢遊是好)

  거만하고 포악을 지으며 (傲虐時作)

  낮과 밤이 없이 쉬지 않고 (罔晝夜額額)

  물 없는 배를 띄우며 (罔水行舟)

  벗하여 집에서 음탕하게 놀아 (朋淫于家)

  이로써 그의 후손도 끊기고 말았다. (用殄厥世)

* 禹는 부덕한 단주를 예로 들어 순임금을 諫하는 글이다.

  額額(액액) - 쉬지 않다.

5. 서경의 정치론

지도자심서(心書)

❻ 湯(탕) 임금이 夏(하)나라의 桀王(걸왕)을 放伐(방벌)한뒤 亳(호)땅으로 돌아와 來朝(내조)한 제후와 백관들에게 상하가 相應하여 덕을 닦고 선을 행해서 만인의 위에 설 것을 다짐하는 내용이다.   - 尙書 湯誥

■ 무릇 우리가 세운 나라는   (凡我造邦)
  법도가 아닌 것을 쫓지 말며   (無從匪彝)
  방자하고 방탕하게 나아가지 말아   (無則慆淫)
  각기 그들의 법도를 지켜   (各守爾前)
  이로써 하늘의 아름다운 명을 받들라.   (以承天休)

■ 너희가 착하면   (爾有善)
  짐이 감히 덮어두지 않을 것이요   (朕弗敢蔽)
  죄가 내게 있다면   (罪當朕躬)
  감히 스스로 용서치 안할 것이니   (弗敢自赦)
  잘 살피어, 상제의 마음에 들도록 하겠소.   惟簡- (在上帝之心)

■ 그대들(其爾), 온 세상에 죄가 있음은   (萬邦有罪)
  그것은 나 한사람에게 책임이 있고,   (在予一人)
  나 한사람에게 죄가 있다면   (予一人有罪)
  온 세상 사람들과는 상관이 없는 것이요.   (無以萬放)

■ 오오(嗚呼)!, 또한 정성이 지극해야   (尙克時忱)
  나라의 마침이 (끝까지 다스림) 잘 되리라.   (乃亦有終)

＊여기서 옛 성군(聖君)의 정치관을 읽을 수가 있다.
  백성들 가운데 착한 일을 하는 자가 있으면 감히 덮어두지 않겠고, 임금 자신에게 죄가 있다면 스스로 용서치 않겠고 죄를 고쳐 사죄하겠다. 그리고 만방에 죄가 있음은 그것은 나 한 사람의 책임이고, 나 한 사람의 책임이 있다면 그것은 오로지 나의 책임이지 백성들과는 상관이 없는 것이라고 말하고 있다.

❼ 고종 임금은 宰相(재상)인 부열(傅說)을 얻은 다음 그에게 명하여 이르시되 아침, 저녁으로 가르침을 올리어 나의 덕을 도우라고 하였다.

三. 정치입문편

■ 내가 쇠같다면　　　　　　　　　　　　(若金)
　그대를, 숫돌로 삼으며　　　　　　　　(作礪 - 작려)
　큰 내를 건널 것 같으면　　　　　　　(若濟巨川 - 약제거천)
　그대를, 배와 돛대를 삼으며　　　　　(作舟楫 - 작주즙)

■ 날이 크게 가물면　　　　　　　　　　(若歲大旱)
　그대로써, 장마비를 삼으리라　　　　(作霖雨 - 작림우)
　그대의 마음을 열어서　　　　　　　　(啓乃心) 하야
　내 마음을 윤택하게 하라.　　　　　　(沃朕心) 하라

■ 약이 독하지 아니하면　　　　　　　　(藥弗瞑眩) 약불명현 이면
　그 병이 낫지 않는 것 같으며　　　　(厥疾弗瘳) 궐질불추 하며
　만일 맨발로 가며 땅을 보지 아니하면　(跣弗視地) 선불시지 하면
　그 발이 다치는 것 같으니라　　　　　(厥足用傷) 궐족용상 하리라.

〈부열이 임금께 복명하여 이르되〉

　나무는 먹줄을 쫓으면 바르고　　　　(木從繩則正) 목종승즉정 이요
　임금은 간함을 받으면 성인이 되나니　(后從諫則聖) 후종간즉성 이니
　임금이 능히 성인이 되시면　　　　　(后克聖) 후극성 이면
　신하는 명치 아니하여도 받들것이니　(臣不命其承) 신불명기승 이니
　누가 감히 공경하여 임금님의　　　　(疇敢不祗 若王之休命) 주감불지 약왕지휴명 하리잇고,
　아름다운 명을 순종치 아니하리요.　- (書經, 說命)

*부열은 고종이 꿈속에서 나타난 현인을 그림으로 그려서 천하에 求(구)하였던 바 부암이라는 시골에서 농사를 짓고 있던 사람(說)이 그와 꼭 같았다. 이렇게 해서 얻은 것이 부열이었다.
*서경을 모조리 믿는다면 곧 서경이 없음만 같지 못하다. (盡信書則 不如無書) - 맹자
*어리석은 자는 성사에 어둡고 지혜로운 자는 미맹에 본다. - 전국책
　(愚者闇於成事 智者見於未萌). 闇(암): 어둡다 어리석음, 萌(맹): 싹

❽ 주공이 말하기를 嗚呼(오호)라!.　- (周書, 入政)
　모두 훌륭한 분이나　　　　　　　　- 休玆 휴자
　근심할 줄 아는 이는 드므니라.　　- 知恤鮮哉(지휼선재)

5. 서경의 정치론

지도자심서(心書)

당신의 일을 바르게 맡기시고	- 宅乃事(택내사)
당신의 州牧(주목)을 임명하시며,	- 宅乃牧(택내목)
당신의 법도를 바르게 하여야	- 宅乃準(택내준)
이에 임금이니이다.	- 效惟后矣(효유후의)

*주공이 예를 표하고 문왕, 무왕의 뒤를 이어 천자가 된 성왕에게 정사의 일체를 왕에게 일임하며 왕이 정사를 집행하는데 있어서 꼭 유의해야 할 여러 문제를 훈계식으로 당부하고 있다. 入政(입정)-정사를 세워 가는 要道를 밝힌 것이다. 宅(택)-어떤 직위에 적임자를 임명하는 것.

❾ 성왕이 이르시되 모든 나의 벼슬하는 관이들이여!. - (周書, 周官)

■ 그대들이 맡은 일을 공경하며   - 欽乃攸司(흠내유사)
　그대들이 내리는 명령을 삼가라.   - 愼乃出令(신내출영)
　명령을 내리는 것은 행하고져 함이니   - 令出惟行(영출유행)
　도로 취소하여서는 아니된다.   - 弗惟反(불유반)

■ 공익을 위해 사사로움을 버리면   - 以公滅私(이공멸사)
　백성들은 진심으로 따르게 된다.   - 民其允懷(민기윤회)
　벼슬은 교만함에 목적이 있지 아니하며   - 位不期驕(위부기교)
　녹은 사치함에 목적이 있지 않느니라.   - 祿不期侈(녹부기치)

■ 공경과 검소함으로 덕을 행하고   - 恭儉惟德(공검유덕)
　그대의 거짓됨을 행하지 마라.   - 無載爾僞(무재이위)
　총애를 받고 있을 때 위태로움을 생각하며 - 居寵思危(거총사위)
　오직 두렵지 않다고 하지말라.   - 罔不惟畏(망부유외)
　두려워하지 아니하면 두려워할 일을 당한다. - 弗畏入畏(불외입외)

❿ 이윤(伊尹)이 임금 태갑(太甲)에게 고(告)하기를 - (商書 太甲)

백성의 일을 가볍게 보지 마시고 어려움을 생각하시며,
그 자리를 편안히 여기지 마시어 위태로움을 생각하소서.
끝을 삼가 하시려면 처음을 잘 하소서.
당신의 마음을 거슬리는 말이 있거든
반드시 도에 맞지않는 말인가 알아보소서.
오호(嗚呼)라? 생각지 않으면 어찌 얻으며
하지 않으면 어찌 얻으리요.

한사람이 크게 어질면 온 세계가 올바르게 되리라.

*본문은 이윤이 태갑에 대한 정치 강론인데 임금은 항시 어려운 자리임을 알아서 덕을 닦고 백성을 소중히 여겨야만 하고, 매사를 처음부터 신중히 해나가야 하며, 임금이 어질면 천하가 태평하여진다는 것이다.

⓫ 범인은 성인을 만나보지 못했을 때에는　　- 凡人, 未見聖(범인, 미견성)
만날 수 없는 것처럼 여기고　　- 若己不克見(약기불극견)
성인을 만난 뒤에는　　- 旣見聖(기견성)
또한 성인을 따를 수 없다고 여기는 것이요.　　- 亦不克由聖(역불극유성)
그대는 그것을 경계하라.　　- 爾其戒哉(이기계재)
그대가 바람이라면 백성들은 풀이니라,　　- 爾惟風, 下民惟草(이유풍, 하민유초)

*성왕은 주공이 세상을 떠난 후 자신을 보필하고 있는 군진(君陳)에게 주공이 맡아 다스리던 東郊(동교)를 다스리게 맡기면서 주공이 하던 법도에 의해 매사를 처리할 것을 당부하는 글이다.
- 書經. 周書 君陳

♣ 詩經書經은 道를 담은 글이요. 春秋는 성인이 쓰는 도구다.
시경 서경은 약방문(藥方文) 같고, 춘추는 약을 써서 병을 치료하는 것과 같다. 경전(經典)은 그 의(義)를 논하는데, 춘추(春秋)는 옛사람들의 행사에 있어 옳고 그름을 밝히는 것이므로 이(理)를 밝히는데 요긴(要緊)하다.

⓬ 기타 政治의 道

■ 옛날 선대(先代)의 성왕이 천하를 통치할 때는
반드시 공평을 우선시했으니　　- 先必公
공평하면 천하가 안정되고.　　- 公則, 天下平矣
천하의 안정은 공평함에서 비롯된다.

■ 천하는 한 사람의 천하가 아니라　　- 天下非一人之天下
천하는 사람들의 천하이다.　　- 天下之天下也

*통치자의 자리에 올라서게 한 것이 바로 천하 사람이란 것을 깨닫고, 천하 사람을 보호하고 인도하며, 천하 사람들을 위해 봉사해야 한다.
보라! 음향의 조화는 단지 한 가지만 생장하지 않고, 단 이슬과 때맞은 비는 단지 한 가지만 편애하지 않고, 만민의 주인은 단 한 사람만을 편애하지 않는다.

5. 서경의 정치론

지도자심서(心書)

- **洪範**에 말하기를 (서경의 편명으로 고대 제왕의 통치기술을 담고 있다)

치우치지 말고 파당을 짓지도 않으면	- 無偏無黨(무편무당)
왕의 길은 넓고 평탄하리.	王道蕩蕩(왕도탕탕)
치우치지도 말고 편파하지 말고	- 無偏無陂(무편무피)
선왕의 법칙을 따르라.	遵王之義(준왕지의)
자기의 좋아함을 너무 따르지 말고	- 無有作好(무유작호)
선왕의 정도를 따르라.	遵王之道(준왕지도)
자기의 증오함을 너무 드러내지 말고	- 無有作惡(무유작오)
선왕의 바른길을 따르라.	遵王之路(준왕지로)

- **周公**은 아들 백금(伯禽)이 魯나라 다스리는 방법을 묻자
  〈周公曰, 利而勿利也〉 주공이 말하기를
  "백성들에게 이익을 베풀어 주고, 사사로운 이익을 취하려고 해서는 안된다"
  이는 아들 백금에게 공평무사한 통치를 당부한 것이다.

- 높은 지위에 있는 사람은　　　　　　　　　　- 處太官者
  작은 것을 살피느라 정력을 낭비하지 않으며,　- 不欲小察
  작은 지혜를 부리려고 하지 않는다.　　　　　- 不欲小智

- 선왕은 천하를 다스릴 때 〈가장 먼저 민심을 따랐으므로(先順民心)〉,
  공을 이루고 이름이 세워진 것이다. 〈故功名成〉

  * 민심을 얻는 방법은 만승지국(萬乘之國)이건 백호지읍(百戶之邑) 이건
    〈백성이 좋아하는 일을 하면 민심은 얻어진다〉 - (取民之所說以民取矣) 그런고로
    '무릇 일을 할 때 반드시 먼저 민심을 살핀 후에 해야 한다.'

- **夫兵有本幹**이니라. (무릇 용병의 도에 그 근간이 있다)
  부병유본간

  반드시 정의로워야 하고(必義), 반드시 지혜로워야 하고(必智),
  반드시 용맹스러워야 한다(必勇). - (呂氏春秋, 中秋紀)

- **夫兵**은 **貴不可勝**이라. 〈대저 전쟁에서는 적이 자기를 이기지 못하도록 하는 것을 귀하게 여긴다〉.
  부병　 귀불가승

  "적이 자기를 이기지 못하도록 하는 관건은 자기에게 달려있으며 (不可勝在己)",
  "적을 이길 수 있느냐 하는 것은 적에게 달려있다. (可勝在彼)".

■ <small>범거사</small> <small>필선심민심</small> <small>연후가거</small>
  凡擧事에 必先審民心 然後可擧라.
  〈무릇 일을 할 때 반드시 먼저 민심을 살핀 연후에 해야 한다〉.
  * 아무리 훌륭하고 가치 있는 일이라고 해도, 민심이 호응하여 따라주지 않으면 성사될 수 없다. 또한 민심이 따르지 않는 일은 대부분 그다지 가치없는 일이다. 특정 집단이나 계층만의 이익을 대변하는 경우이다.

■ <small>거상불관</small> <small>성인유계</small>
  居上不寬은 聖人攸誡라.　　　　　　- 丁若鏞
  〈높은 지위에 있으면서 너그럽지 않음은 성인도 경계하신 바이다〉.
  너그러우면서도 느슨하지 않으며 인자하면서도 나약하지 않다면 일은 그르침이 없을 것이다.

■ <small>어중지도</small> <small>위신이이</small>
  馭衆之道는 威信而已라.　　　　　　- 丁若鏞
  〈뭇 사람을 통솔하는 방법은 위엄과 신뢰뿐이다〉.
  위엄은 청렴해서 나오고, 신뢰는 자기 마음을 다하는 데에서 말미암는다. 자기 마음을 다하면서 청렴할 수 있어야 이에 뭇사람을 복종케 할 수 있다.

■ <small>당관자</small> <small>선이폭노</small> <small>위계</small>
  當官者는 先以暴怒로 爲戒하라.　　　- 呂本中
  〈관직을 맡은 자는 먼저 갑자기 성내는 것을 경계해야 한다〉.
  일이 잘 안되는 경우에도 차분하게 조처한다면 해결하지 못할 일이 없을 것이다.

■ <small>범군지소이립</small> <small>출호중야</small>
  凡君之所以立은 出乎衆也라.
  〈무릇 군주의 확립은 대중의 힘에서 나오는 것이다〉.

■ 옛날 성왕은 정의의 전쟁을 수행했고, 전쟁을 폐지하지는 않았다.
  〈古聖王, 有義兵而無有偃兵〉
  전쟁의 유래는 상당히 오래되었으니 그것은 애초부터 인류와 함께 생겼다. 黃帝(황제) 炎帝(염제)도 이미 물과 불로 전쟁을 했고, 共工氏(공공씨)도 이미 마음대로 난을 일으켰고, 오제(五帝)도 전쟁을 한 바 있다. 그들은 하나하나 흥기하고 멸망하여 승리하는 자가 천하를 다스렸다.
  * 집안에서 혼내거나 매를 때리는 일이 없으면, 하인이나 아이들이 잘못을 범하는 일이 즉각 나타날 것이요, 천하에 정벌이 없으면 제후들이 서로 침범하는 일이 즉각 나타날 것이다. 그러므로 고대 성왕은 정의의 전쟁을 주장했고, 전쟁을 폐지하지는 않았던 것이며, 정의의 전쟁이야말로 천하를 다스리는 좋은 약으로 생각했던 것이다.

5. 서경의 정치론

지도자심서(心書)

■ 전쟁이 진실로 정의로워서(兵誠義), 이로써 폭군을 주벌하고,

고난에 빠진 백성을 구제하면, 백성들이 기뻐하는 것이 마치 효자가 자애로운 부모를 만난듯 할것이요, 마치 굶주린 사람이 맛있는 음식을 만난듯 할 것이다. 또 백성들이 소리치며 달려가는 것이 마치 강한 쇠뇌를 깊은 골짜기에 쏜 듯할 것이요, 마치 쌓여 있던 큰물이 제방을 뚫고 흐르듯 할 것이다.

그러면 보통 군주도 그 백성을 보유하지 못할 것인데 하물며 폭군은 어떻겠는가? (즉 말할 것도 없다), 그러므로 고대 성왕은 정의로운 전쟁을 주장했고, 전쟁을 폐지한 적이 없었던 것이다. - (呂氏春秋, 孟秋紀)

> ♣ 나라를 다스림에는 불멸의 도가 있으니　　(治國為常)
> 　　백성을 이롭게 함으로써 근본을 삼는다. (利民為本)
> 　　정치에는 대법이 있으니　　　　　　　　(政敎爲經)
> 　　영이 행하는 것으로 으뜸을 삼는다.　　　(令行爲上)
>
> ♣ 제 경공(齊景公)이 안자(晏子)에게 묻기를 〈후세에 누가 장차 우리 제나라〉를 쥐게 될런지요. 그러자 안자는 이렇게 대답한다.
>
>> 안자 : 「일하던 소가 죽었을 때」. 주인 부부가 슬퍼하는 것은 그 소가 골육지친(骨肉之親) 이기 때문이 아니라 바로 그 소가 가져다 주는 이익 때문이지요.
>> "이 齊나라가" 누구의 손으로 넘어갈지를 알고 싶으시다면 "지금 누가 제나라에 이익을 주고" 있는 사람인가를 알면 되겠지요. 안자(晏子)의 답변이다.
>>
>> *〈한 나라의 정치도 이와 마찬가지이다〉, 어느 정당이 더 국민을 위해 힘쓰느냐에 따라 국민은 그 정당을 선택 국정을 맡길 것이다.
>> 민심은 일정하지 않다.
>> 수시 변하는게 민심이다.
>> 민심을 두려워하는 정당이 정권을 잡을 것이다.

■ 어진 인주(人主)는 친하다고 녹을 사사로이 주지 않으며, 또 관직을 그 사랑하는 사람이라고 해서 주지 않는다. 능력에 맞는 자를 그 자리에 처(둔)한다.

사람에게 귀가 둘, 입이 하나인 것은 두배로 수용하되 하나만을 내뱉으라는 말이다. 그런데 양(陽)의 속성을 지닌 입이, 두 개나 되는 음(陰)의 수용 한계를 넘어선 분출은 사람을 피곤케 한다.

> ♣ 우리는 공동체제의 유익, 즉 우리 동료 시민들이 유익을 위해서 살아가는 것을 우리 자신의 목표로 삼아야 한다.
>
>> ■ 逢人只可 三分說 - 남에게 내 마음 전부를 보여서는 안됨을 훈계한 말.

6. 예경의 정치론

- **예기 치의편(禮記 緇衣篇)에**
〈아래 사람이 윗사람을 섬김에는 그 명령하는 바에 따르지 않고, 그 행하는 바에 따른다〉. 윗 사람이 그 물건을 좋아하면, 아래 사람은 반드시 더 심(甚)하게 좋아할 것이다. 그러므로 윗사람을 좋아하고 싫어하는 바를 삼가하나니 이것은 백성의 사표가 되기 때문이다. - 下之事上也 不從其所令 從其所行

- **자로(子路)가 임금 섬기는 도리를 물으니, 공자 말하기를**
〈속이지 말라〉 그 대신 임금의 기색에 구애되지 말고 직언해야 한다.
- 人臣事君, 有犯無隱. - (禮記). 犯(범)은 거슬리다

- **한휴 덕분에 나는 야위었다. 그러나 천하는 살이 찌지 않았는가.**
〈吾雖瘠, 天下肥矣〉 - 十八史略

  *한휴(韓休)는 너무나 엄격하고 직언을 서슴지 않아 현종이 불편해 할 정도로 처신이 지나쳤다. 한 신하가 '한휴가 재상이 된 후로 폐하는 매우 수척해지셨습니다'고 하면서 한휴의 경질(更迭)을 은근히 비쳤다. 그러나 현종의 대답은 위와 같았던 것이다. 당신이 만일 한휴라면 그 말을 전해 듣는 순간 어떤 느낌을 받았을까. 감전되었을 때와 같은 전율을 느낄 것이다. 눈물과 감동으로 가슴이 꽉 막힐 것이다.

- **호령(號令)을 내서 백성이 기뻐하는 것을 和(화)라 일컫고**
상하가 서로 친하는 것을 仁(인)이라 하고,
백성이 원하는 바를 求하지 않고 이를 얻는 것을 信(신)이라 일컫고 천지의 폐해를 없애는 것을 義(의)라 일컫는다.
義와 信, 和와 仁은 패왕의 그릇이다. 백성을 다스릴 뜻이 있어도 이만한 그릇이 없다면 이룰 수가 없는 것이다. - (禮記, 經解)

- **애공이 정치란 어떤 것을 가르키냐고 묻자, 공자 대답하기를**
〈정치란 바른것〉으로써, 임금이 바를 때에는 백성도 정치에 따를 것이다.
임금이 하는 일은 백성들이 따르게 되는 것이니, 임금이 하지 않는 일을 어찌 백성들이 따를 수 있겠는가? 하였다. - (예기, 哀公問)

- **공자 말씀하시길**
임금을 섬김에 있어, 임금과 먼 지위에 있으면서 굳이 간한다면 이는 아첨(阿諂)하는 것이요. 임금과 가까운 지위에 있으면서도 諫하지 않음은 이(利)를 탐하는 것이다.

정치 입문편

- 공자가 말씀하시기를 임금과 친근한 신하는 선을 권하고, 악을 물리쳐 임금을 보좌하여 조화를 지키고, 재상은 백관을 바르게 다스리고, 대신은 사방의 평안을 염려해야 한다.

- 공자 말씀하기를 임금을 섬김에 있어, 간(諫)할 뿐이지 떠벌이지 말아야 한다. 詩에 말하기를 〈임금을 사랑하지만 멀리 있어 간하지 못하나, 심중에 감추어 두고 잊을 날이 없다〉고 했다. - (禮記, 表記)

- 공자 말씀하시기를, 〈子曰, 上好仁則 下之爲仁 爭先人〉
  〈윗 사람이 어진 것을 좋아하면 어진 일을 먼저 하려고 아랫사람이 다툴 것이다〉. 그러므로 백성의 어른된 자는 뜻을 밝혀 가르침을 바르게 하여 어진 것을 높이고 아들처럼 사랑하면 백성은 자기의 모든 힘을 모아 착한 일을 하는데 정성을 기울여 그를 기쁘게 한다. - (禮記, 緇衣)

시경에 말하기를
〈덕행으로 사람을 가르치면 능히 천하가 이에 복종할 것이다〉.
- 〈詩云, 有祜德行 四國順之〉   * 祜(고) - 빌 고, 고유제 고.

- 공자가 말씀하시기를
  〈국가를 가진 자〉가 착함을 밝히고 악함을 염려하여 백성에게 후함을 보이면, 백성이 착한 것을 사랑하고 악한 것을 미워하는 마음이 일정하여 둘이 하나가 된다.
  시경에 말하기를 〈너희 지위를 편안히 하고 삼가 정직함을 좋아한다〉고 했다.
  - 〈詩云, 靖共爾位, 好是正直〉

- 공자는 말했다.
  • 군자가 귀(貴)는 사양하고 천(賤)은 사양하지 않고,
    부(富)를 사양하고 가난을 사양하지 않으면, 혼란은 없어지게 되다.
    그러므로 사람보다 지나친 녹을 주기보다는, 녹(祿)보다 지나친 사람이 좋다.
  • 또 남을 귀하게 여기며 나를 천히 여겨 〈남을 먼저하고 나를 나중으로 하면 백성이 양보하는 마음이 생겨, 남의 군주는 君이라고 하고 자기 임금을 寡(과)이라 한다.
  • 나라를 가진 자가 사람을 귀히 여기고 祿(녹)을 천히 여기면 백성에게 양보하는 덕이 일어난다. 기술을 숭상하고 수레를 천하게 여기면 백성이 技(기)와 藝(예)를 일으킨다. 그러므로 군자는 말을 간략하게 하고 소인은 말이 앞선다. - (禮記, 坊記)

- 군자는 그 옷을 입고 그에 맞는 얼굴이 없음을 부끄러워하고,
  그 얼굴이 있으면서 그에 맞는 말이 없음을 부끄러워하며,

그 말이 있으나 그에 맞는 덕이 없음을 부끄러워하며,
그 덕이 있으나 그에 맞는 행동이 없음을 부끄러워한다.

군자는 〈그 능한 것으로 사람을 病(병)되게 하지 않으며,
능하지 않은 사람을 부끄럽게 하지 않으니〉

이것은 聖人(성인)이 制御(제어)하되 자기를 기준하지 않으며,
백성을 勸勉(권면)하여 스스로 부끄럽게 하여 그 말을 따르게 하며.

예로 조절하고 믿음으로 이어(結), 용모는 아름답고, 의복은 그 덕을 옮기게 하며 지극한 벗으로 대하며 백성이 仁道한 일만 오로지 하게 하는 것이다. - (예기, 表記)

소아(小雅)에 말하기를
〈이웃을 둘러보아도 부끄럽지 않고, 하늘을 우러러보아도 두렵지 않다〉하였다.

■ 君子는, 사람이 춥다고 물으면 옷을 입히고　　　(問人之寒 則衣之)
　배고픔을 물을 때에는 음식을 먹이며　　　　　　(問人之飢 則食之)
　사람이 착한 것으로 칭찬하면 벼슬을 내린다　　 (稱人之善 則爵之)
국풍(國風)에 말하기를 〈國風에 心之憂矣로니 於我에 歸說하니라〉
〈마음속으로 소공의 의지할 곳 없음을 근심한다. 내게 돌아와 쉬라고 했다〉

■ 공자 말씀하시기를 - (예기, 表記)
　입이 어질어도 이루는 것이 없다면 원망을 들어 화를 당한다.
　그러므로 군자는 이루지 못하는 약속은 하기보다 차라리 말이 없다.

■ 공자는 말씀하시기를 - (禮記 表記)
　천자는 명령을 오직 하늘에서만 받고 (唯天子受命于天),
　선비는 임금에게서 명령을 받는다 (受命于君).
　그러므로 임금의 명령이 도리에 맞을 때에는 신하가 명령에 순종하고, 임금의 명령이 도리에 거역될 때에는 신하도 명령에 거역한다.

詩經(廊(용)風, 鶉(순)之賁(분)篇)에 말하기를

〈까치는 강강하는 것이 있고 메추리는 분분하는 것이 있다〉고 했다. 까치가 다투고 메추리가 다투는 것은 자기 짝의 음란함을 막기 위한 것이다.
즉 사람의 진실치 못함을 탄식한 말이다.
〈詩曰, 鵲之姜姜 鶉之賁賁 人之無良 我以爲君〉

6. 예경의 정치론

지도자심서(心書)

■ 공자가 말씀하시기를

   왕의 말씀은 명주실처럼 가늘게 나오고　　(王言 如絲)
   벼리줄처럼 가늘게 나오지만　　　　　　(其出 如綸)
   그 나간 말은 동아줄처럼 클 것이다.　　(其出 如綍) 굵은 줄발

   그러므로 대인은 근거가 없고, 정하지 않은 말을 하지 않으며,
   말할 수는 있으나 행할 수 없는 것을 말하지 않고,

   행할 수는 있으나 말할 수는 없는 것을 군자는 행하지 않으니,
   백성의 말은 행실보다 높지 않고 행실은 말보다 높지 않다.

- 시경에 말하기를　- 詩云호되, 淑愼爾止하여 不愆于儀라 -
  〈그대의 자세를 삼가하며 의례에 허물이 없도록 하라〉 하였다.

■ 공자가 말씀하시기를　- (禮記, 緇衣치의)

   임금이 어진 사람과 친하지 않고 천한 사람들을 믿는다면
   백성들이 이를 본받아 어진 사람을 사랑하는 마음을 잃고,
   소인과 가까워져 가르치고 다스림이 어지러워진다.

- 시경(小雅, 正月)에 말하기를,

     저임금이 처음에 나를 구하여 본보기로 삼으려 할 때는　　(彼求我得)
     나를 얻지 못할까 두려워하더니 이미 나를 구하고는　　　　(如不我得)

     공연히 나를 붙들어 머물게 하고 나 보기를 원수같이 하며　(執我仇仇)
     본받으려고 힘쓰지 않는다.　　　　　　　　　　　　　　(亦不我力)

- 서경(書經) 군진편(君陣篇)에 이르기를
     아직 성인을 보지 못하였을 때는　　(未見聖)
     자기가 볼 수 없을 것처럼 하지만　　(若己弗克見)
     이미 성인을 보고 나서는　　　　　　(旣見聖)
     또한 성인을 쓰지 못한다고 하였으니　(亦不克由聖)
     네가 그를 경계할지니라.　　　　　　(爾其戒哉)

■ 공자기 말씀하시기를

우(禹)임금이 임금된지 3년만에 백성이 어진 사람으로 되었고, 조정에는 모두 어진 사람만 있었으나, 모든 백성을 능히 교화하지는 못했을 것이다. 시경에 말하기를 〈빛나는 태사 윤씨여, 백성이 너의 행실을 우러러 모범으로 삼는다〉하였다.

(詩云, 赫赫師尹 民具爾瞻)

보형에 말하기를 "천자가 착한 행실을 하면 백성이 따른다" 하였다.
〈甫刑曰호되 一人有慶에 兆民賴之로다〉 *甫刑보형(서경의 呂刑편을 말함).

- 선비가 인재를 추천할 때, 안으로는 친족을 피하지 않고 (內稱不辟親)
  밖으로는 원수를 피하지 않는다.   *辟(피)- 피할 피, 讐(원)- 원수 원, (外稱不辟怨)

공을 헤아리고 일을 쌓아서	(程功積事)
어진 사람을 추천하여 임금에게 진달하고	(推賢進達)
보답을 바라지 않으며	(不望其報)
임금이 그 뜻을 얻어	(君得其志)
국가에 진정한 이익이 된다면	(苟利國家)
부귀를 구하지 않는다. - 禮記, 儒行	(不求富貴)

- 나라에 구년을 지낼 비축이 없으면 부족하다 이르고   (國無九年之蓄, 曰不足)
  육년을 지낼 비축이 없으면 위급하다 이르고   (無六年之蓄, 曰急)
  삼년을 지낼 비축이 없으면   (無三年之蓄)
  그런 나라는 이미 나라가 아니라고 한다. - (禮記, 王制)   (曰國非其國也)

- 통치, 지도자가 잊어서는 안될 3가지가 있다. - (주역, 계사전, 하)
  1. 편안할 때 위태함을 잊지 않으며   (安而不忘危)
  2. 존재할 때 멸망을 잊지 않으며   (存而不忘亡)
  3. 다스려질 때 어지러움을 잊지 않는다   (治而不忘亂) 그런 까닭에
     ◀ 위태할까(염려)하는 자는 그 지위를 편안히 하는 자요,
     ◀ 망할까(염려)하는 자는 그 생존을 보전하는 자요,
     ◀ 어지러워질까(염려)하는 자는 그 다스림을 가질 자이니라.

    *인간의 화복은 꼬인 새끼와 같아서 ◀ 편안함을 누릴 때 위기를 생각(居安思危)해야 하고 이에 경계하면 준비가 있고, 준비가 있으면 돌발적인 재난을 면할 수가 있으니 이를 유비무환(有備無患) 이라고 한다.

- 자식이 귀엽거든 미리 고생을 시켜야 한다 라는 말이 있다.

  "제대로 가지도 못하는 애벌레가 나방이 되어 날아보려면 반드시 유폐된 고치속의 고통스러운 생활을 거치지 않으면 안된다. 거쳐 나가야 할 과정으로서의 '책작'은 오히려 깊은 사랑이다. 요즘에는 자식에 대한 모성애 보다 부성애(父性愛)의 이성적인 사랑이 필요하다고 본다."

- 萬章(만장)이 "벗을 사귀는 도리를 묻자 맹자가 말했다."
 나이가 많다고 젠체해서는 안되고, 신분이 귀하다고 젠체해서는 안되며, 형제를 믿고 젠체하며 사귀어서는 안된다. 벗을 사귄다는 것은 그 덕을 벗하는 것이다.

- 선을 勸勉(권면)함은 벗 사이의 도리이다. (責善은 朋友之道也이라 - 孟子)
 선을 권면하는 방법은 정성을 다하되 말을 아끼는 것이다. 그러면 남에게 도움이 되고 나에게도 스스로 욕됨이 없다.

- 말을 해야 하는데 침묵함은 잘못이요, 침묵해야 하는데 말을 함도 잘못이다. 반드시 말을 할 경우에 말을 하고, 침묵해야 할 경우에 침묵함은 오직 군자라야 할 수 있다. (申欽 象村稿)

- 옛날 군자는 친구와 절교할 때 그의 단점을 말하지 않으며. (君子交絶) 충신이 물러설 때 자기 나라 이름을 더럽히지 않는다고 합니다.

- 하급직원과는 주석(酒席)에서 대작(對酌)을 더불지 말아야 하며, 후의를 베풀 필요가 있다면 술 밑천을 포함하여 금전이나 물품을 주는 것이 바람직하다.

- 무릇 "천도(天道)"는 가득한 것을 덜어 겸손한 것에게 보태주고
 지도(地道)는, 가득한 것을 변화시켜 겸손한 쪽으로 흐르게 하며
 귀신(鬼神)은 가득한 것을 해(害)하여 겸손한 자에게 복(福)을 주며
 인도(人道)는 가득한 것을 싫어하며 겸손한 것을 좋아하게 마련이다.
 그리하여 "옷이 다 완성되면 옷고름이 빠져있게 되고, 궁성이 다 이루어지고 낫더니 잘못 얽힌 경우가 있는 것이다". 이는 바로 완벽(完璧)함이 없다는 것을 보여주는 것으로 天道가 그렇게 한 것이다.

   역(易)에 가로되 〈겸(謙)은 형(亨)하다. 군자는 유종의 미를 이루어 길하리라〉고 하였다.
   * 易曰 謙亨 君子有終 吉.

- ▸지위가 높으면 반드시 위험하고, ▸소임이 무거우면 반드시 쫓겨나고, ▸총애를 받으면 반드시 치욕을 볼 것은 금방 올 것으로써, 밥 끓을새도 없이 곧 당할 것이다.
 이것은 왜냐하면
 곧 떠다미는 자들은 많고(墮之者衆) 붙잡아 주는 사람은 적기 때문이다. (持之者寡)

- 태양(권력)에 가까이 가면 타죽고, 멀리 가면 얼어 죽는다. (中庸을 강조)

- 가난하면 저자거리에 살아도 서로 아는 사람이 없고 (貧居鬧市無相識)
 부하게 살면 심산에 살아도 먼 친척이 오고간다.   (富住深山有遠親)

7. 老子·莊子·墨子의 政治 語

- 자신을 사랑하듯이 천하를 다스리는 사람에게는 천하를 맡길 수 있다.
  〈愛以身爲天下者면 可以託天下하니라〉 - 老子

- 전쟁에 이겼더라도 상례로 대처해야 한다.
  〈戰勝이라도 以喪禮處之하니라〉 - 老子

- 성인은 일정한 마음이 없고, 백성의 마음을 자기의 마음으로 삼는다.
  〈聖人無常心하여 以百姓心爲心이니라〉

- 사람을 다스리고 하늘을 섬기는 일은 농사를 짓듯이 해야 한다.
  〈治人事天은 莫若嗇이니라〉 - 노자   *嗇(색) -거두다. 아끼다. 농사짓다.

- 어려운 일을 도모할 때는 그 쉬운 것부터 해야 하고, 큰일을 처리할 때는 그 작은 것부터 해야 한다.
  〈圖難於其易하고 爲大於其細 〉 - 노자

- 강과 바다가 능히 모든 골짜기의 왕이 될 수 있는 까닭은 그것이 낮은 자리에 있기 때문이다. - 노자

- 백성이 위엄을 두려워하지 않는다면, 큰 해로움이 닥칠 것이다.
  〈民不畏威면 則大威至矣니라〉 - 노자

- 큰 원한은 풀더라도 반드시 얼마간 원한이 남는다.
  〈和大怨이라도 必有餘怨이니라〉 - 노자

- 나라의 汚辱을 받아들이는 사람을 일러 나라의 주인이라 한다.   - 노자
  나라의 주인이 되는 사람은 나라에서 가장 좋지 못한 일, 가장 더러운 일을 스스로 떠맡는 마음가짐이 있어야 한다. (受國之垢, 是謂社稷主)
  * 춘추에도 〈나라의 임금이 수치를 참는 것은 하늘의 도이다〉 "國君含垢, 天地之道"라고 했다. 한신이 불량배의 사타구니 밑을 기어나가는 수모를 참은 것은 내일을 기약하기 위해서였다. (跨下之辱)

- 성인은 천하를 위해 목숨을 바친다.
  〈聖人卽以身殉天下이니라〉. - 壯者 外篇   *殉(순) - 따라죽을 순, 쫓을 순.
  서민은 이익을 위해 목숨을 걸고, 선비는 명예를 위해 목숨을 걸고 대부는 가문을 위해 목숨을 걸고, 성인은 천하를 위해 목숨을 바친다.

■ 새를 기르려면 새를 기르는 방법으로 길러야 한다.
〈以鳥養養鳥하니라〉 - 장자 外篇

옛날 魯나라의 서울에 희귀한 새 한 마리가 날아들었다. 임금은 보기 드문 새라 해서 큰 잔치를 베풀고 새에게 음악을 들려주며 좋은 술과 음식을 차려주었다. 그러나 새는 아무것도 먹지 않고 사흘 후 굶어 죽어버렸다. 새를 기르려면 새의 먹이를 주어야지 엉뚱한 짓을 한 것이다. 즉 사람도 지위나 봉급 따위의 형식적인 것만으로는 살아나갈 수 없다는 비유이다.

■ 천하에 다스리는 법을 묻고 싶다. 〈請問爲天下〉 - 莊子 雜篇

황제가 들판에서 말을 먹이는 한 목동(牧童)을 만나 길을 물었는데, 그 대답이 분명하고 보기에 영리해서 여러 문답을 하다가 마침내 "천하를 다스리는 법을 묻고 싶다"고 했다. 그랬더니 목동은 서슴치 않고 대답했다.
천하를 다스리는 법인 들 말을 먹이는 것과 무엇이 다르겠습니까
(夫爲天下者 亦奚以異乎牧馬者哉)?
〈그저 그 말에 해가 되는 것만 제거해 주면 될 것입니다.〉 (亦去其害馬者而已矣).
이 대답을 듣자 황제는 큰절을 두 번하고 머리를 조아리면서 그 아이를 천사(天師)라 일컫고 물러났다.

■ 장딴지의 껍질이 벗겨지고, 정강이의 털이 없어졌다. - 莊子 雜篇
〈腓無胈 脛無毛〉. *腓(비)- 장딴지, 胈(발)- 겉껍질, 脛(경)- 정강이

옛날 우임금은 홍수를 막고 장강(長江-揚子江)과 黃河의 큰 흐름을 조절하여, 명천(名川) 3백과 지천(支川) 3천, 그밖에 수없이 많은 작은 냇물을 통하게 했는데, 그 때문에 장딴지의 껍질이 벗겨지고 정강이의 털이 닳아서 없어졌다. 즉 우임금은 천하를 위해서 이처럼 수고했던 것이다.

■ 선비를 아끼지 않으면 곧 나라를 잃게 된다.
〈不存其士면 則亡國矣니라〉 - 墨子 親士

임금이 옳은 선비를 얻지 못하면 바른말을 들을 수가 없다. 의로운 선비란 언제나 바른 말로서 임금을 보필하며 나라 일을 걱정하는 상대가 되기 때문이다.

■ 현명한 사람을 존중하는 것은 정치의 근본이다.
〈尊賢者는 政之本也니라〉 - 墨子 尙賢上

■ 和同(화동)을 숭상하는 것은 정치의 근본이요 다스림의 요체이다.
〈尙同爲政之本이요 而治要也니라〉 - 墨子 尙同下

옛날 훌륭한 임금은, 천하와 나라 다스리는 것을 한집안을 다스리듯이 했고, 천하의 온 백성 부리는 것을 한 사내를 부리듯이 했다. 성왕(聖王)은 이처럼 화동(和同)을 숭상하여 정치의 근본으로 삼았고 요체(要諦)로 했던 것이다.

- 서로 사랑하면 다스려지고, 서로 미워하면 어지러워진다.
  〈兼相則治하고 交相惡則亂이니라〉 - 墨子 兼愛上

  사람들이 모두 내몸 아끼듯이 남을 사랑한다면 세상은 평화롭게 다스려질 것이다. 그러나 차별하고 미워하게 되면 세상은 혼란밖에 오는 것이 없다.
  또 서로 사랑하고(兼相愛), 서로 이롭게 해야 한다(交相利)고 했다.

- 하늘은 의로움을 바라고 불의를 미워한다.   (天欲義而惡不義)
  하늘의 뜻을 따르는 것은 의로운 정치요.   (順天意者 義政也)
  하늘의 뜻을 거역하는 것은 힘의 정치이다. (反天意者 力政也)   - 墨子 天志上

- 의로움이란 세상에서 가장 값진 보배이다.
  〈義 - 天下之良寶也라〉 - 墨子 耕柱

  사람들은 흔히 금은이나 주옥을 보배로 여기지만, 백성을 다스리는 사람은 무엇보다도 의로움을 보배로 삼아야 한다. 의로움으로써 나라를 다스리면
  인민들은 반드시 많아지고   (人民必衆)
  법과 정치는 반드시 바로 서고   (刑政必治)
  나라는 반드시 평안해진다.   (社稷必安),   * 도의 정치를 해야 한다는 뜻

- 목수가 나무를 깎다가 잘되지 않는다 하여, 그 먹줄을 어기지는 못한다.
  〈匠人之斲而不能이라도 無排其繩이니라〉 - 묵자 貴義
  * 斲(착) - 깎다, 繩(승) - 먹줄, 排(배) - 밀치다

- 정치란 입으로 말한 것을 몸으로 반드시 실천하는 것이다.
  〈政者는 口言之를 身必行之하니라〉

  이 말은 고자가 묵자에게 '나도 나라를 능히 다스리며 정치를 할 수 있다'고 하자 묵자가 고자에게 답한 말이다. 즉 당신은 자신의 몸도 제대로 건사하지 못하면서 어찌 나라를 다스릴 수 있겠소? 즉 세상에는 입으로만 나라를 다스리겠다고 하는 사람이 많음을 보고 꼬집은 것이다.

7. 老子 莊子 墨子(묵자)의 政治 語

지도자심서(心書)

■ 하늘을 법도로 삼는 것보다 더 좋은 것은 없다.
〈莫若法天이이라〉 - 墨子 法儀

하늘은 공평하고 그 公平으로 만물을 愛育한다. 이 하늘의 뜻을 정치의 법칙으로 삼는 이상 잘못은 일어나지 않을 것이다. 즉 나라와 백성을 다스리는 길은 오직 하늘을 본받는 것 이상 없다는 말이다. (J.P의 평소 즐겨 쓴 글이기도 하다)

♣ 경공이 정실(궁궐이름)에 올라 사방을 살피다가 옹문(雍門-궁궐의 문 이름)에 심어둔 숙(欘)이라는 귀한 나무를 잘라가는 자를 발견하게 되었다. 이에 경공이 관리로 하여금 잡아오게 하였다. 그런뒤 안자를 둘러보고서 다급히 그에게 벌을 내리도록 하였으나, 안자는 묵묵히 아무런 대꾸를 하지 않는 것이었다.
그러자 경공이 이렇게 재촉하였다. 〈옹문의 숙(欘)은 과인이 심히 아끼는 나무입니다. 이를 베어가는 자를 붙잡아 선생에게 벌을 내리도록 하였는데도 묵묵히 응하지 않으니 무슨 연유입니까? 안자(晏子)는 이렇게 대답하였다.
「내가 듣기로 옛날에 "임금께서 외출하게 되면 10리 사방을 사람이 오지 못하도록 하였으니 이는 무서운 것이 있을까 겁냈던 까닭이 아니었습니다. 또 "면류관 앞에 많은 수를 늘어뜨린 이유는 보이지 않게 하기 위함이었습니다. 그런가 하면 "광굉(纊紘-귀의 가장자리에 늘어 뜨리는 옷)을 귀에 덮는 것은 많이 들리는 것을 싫어해서였습니다. 그리고

◀ 태대(泰帶- 허리띠의 일종) 의 무게를 반균(半鈞 -15斤)이나 되게 하고,
◀ 사형에 처할 죄인이 한낮에 불려 나왔다가 마침 임금의 눈에 띄게 되면 이를 사면시켜 주는 법입니다.
저는 아직까지 〈임금으로서 자신의 백성을 친히 죄에 얽어매었다는 소리를 듣지 못하였습니다〉, 이 말에 경공이
「풀어 주어라! 선생께서 다시 말씀하시도록 하라」고 명하였다. - (晏子春秋)

♣ 옛날 남의 신하로서 훌륭하였던 자는 "그 명성을 임금에게 돌리고" (名聲歸之君) "재화는 자신의 탓으로 돌렸다"(禍災歸之身), 〈들어와서는 임금의 잘못을 잘 갈고 닦아 고쳐나가도록 하였고〉 (入則切磋 其君之不善), 〈나아가서는 임금의 덕의(德義)를 이루기를 널리 자랑하였습니다〉(出則高譽 其君之德義). 오늘날 참모된 자로서는 한번 음미해 볼 경구(警句)라고 생각합니다.

8. 荀子(순자)의 정치론

❶ **군주의 총애를 오랫동안 받으며, 미움받지 않는 방법**
- 군주가 자기를 존경 하거든 공손하여 몸을 낮추어 물러서며
- 군주가 사랑하거든 근신하여 겸손하며
- 군주가 자기를 신임 하거든 맡은 일을 굳게 지켜 세밀한 데까지 주의하며
- 군주가 자기를 무간하고 가깝게 접하거든 복종하고 친애하되 간사하지 말며,
- 군주가 자기를 멀리하거든 순수하게 마음을 가져 배반하지 아니하며,
- 군주가 자기를 내치거든 두려워하여 원망하지 말아야 한다.

① 귀하게 되어도 사치하지 아니하며, ② 믿음을 받아도 남의 혐의를 받게 하지 말며, ③ 중임을 맡아도 감히 전단하지 말며, ④ 재물이나 이권이 오거든 자기의 선행이 이에 미치지 못함을 말하여 사양한 뒤에 받으며, ⑤ 좋은 일이 오거든 화평하게 그리고 조리있게 처하며, ⑥ 나쁜 일이 오거든 고요히 침착하게 조리에 따라 처리하며, ⑦ 부자가 되거든 널리 남을 도와주고, ⑧ 가난하거든 용도를 절약하며,
⑨ 귀하면 귀한 대로 적절하게 처리하고, ⑩ 비록 죽인다 하더라도 간사한 짓을 하지 아니하는 것이,
이 군주의 총애를 보전하여 높은 지위에서 종신토록 싫게 하지 않는 방법인 것이다. 비록 빈궁하고 혼자 있을 때라도 이렇게 할 것이니 무릇 이런 사람을 吉人이라 하는 것이다.

❷ **높은 자리에서 중대사를 처리하면서도 후환이 없게 하는 방법**
〈다른 사람과 협동을 좋아하는 것 만한게 없다〉
- 어진 이를 끌어 은혜를 널리 베풀고, 원망을 없애며, 남을 방해하지 아니하며,
- 능력이 큰일을 감내할 만하면 삼가서 그 도를 행하고,
- 능력이 감내하기 어렵고 총애를 잃을 것이 두려우면, 〈남과 협동을 빨리 서두름만 같지 못하며, 어진 이를 밀어서 양보하고 그 뒤를 따를 것이다〉.

그와 같이하면 총애를 받을 때에는 반드시 영화를 누리고, 총애를 잃을 때도 반드시 죄를 면할 것이다. 그러므로 슬기로운 자는

〈일을 행함에 있어 만족할 때는 부족할 때를 생각하고, 편안할 때는 위험한 때를 생각하여 그 예비성을 중시하여 오히려 화가 미칠 것을 두려워한다.
그러므로 백번 거행해도 화에 빠지지 않는다. - 荀子仲尼

❸ 천하의 인심을 한결같이 복속(服屬) 시키자면

- 높고 존귀한 자리에 있어도 교만하지 아니하며,
  총명하고 슬기로와도 남을 괴롭히지 아니하며,
  기민하게 앞을 내다봐도 남보다 앞지르지 아니하며,
  강의(剛毅)하고 용감해도 남을 상해하는 일이 없으며,
  모르는 것은 묻고 능치 못한 것은 배우고,
  유능하고 양보할 줄 알아야 덕이 있다고 할 것이다.

- 임금을 만나면 신하의 의(義)를 닦고
  시골에 가면 장유(長幼)의 의를 닦고,
  어른을 만나면 자제(子弟)의 의를 닦고
  친구를 만나면 예절과 사양의 도리를 닦으며
  젊은이를 만나면 지도와 관용의 도를 닦아서
  사랑하지 않는 것이 없고 공경하지 않는 것이 없으며
  남과 다투지 아니하고 널리 천지 만물을 포용하듯 할 것이다.

- 그러면 현자도 귀중하게 여기고 불초한 자도 친해질 것이다.
  그같이 해도 복종하지 않는 자는 곧 요괴하고 교활한 인간이라 할 것이다.
  비록 제자 중에 있다해도 형벌에 처해 마땅할 것이다. - 荀子 非十二子

❹ 천하에 행할 도리(行術)

군주를 섬기면 반드시 통달하고, 남을 위해서 하면 반드시 성스럽게 되려면,
〈우선 유일무이한 높은 중심규범을 세우는 일이다〉

〈그런 뒤에 恭敬으로 앞세우고, 忠信으로 통솔하고, 勤愼(신)으로 행하고, 端正(단정)한 마음으로 지키고,
미워하지 아니하며, 큰 공을 세워도 자랑하지 말며
요구(要求)는 적게, 공(功)은 크게, 그리고 공경하여 게을리하지 아니한다.〉

그러하면 늘 순조롭지 아니한 때가 없다. 임금을 섬기면 반드시 통달하고,
남을 위하면 반드시 성스러울 것이다.
이것을 천하에 행술(行術) 즉 처세하는 법이라 한다.

만일 권세가 남의 위에 있지 아니하면서, 남의 아래에 있는 것을 수치로 여기는 사람이 있다면 이는 간인(姦人)의 심사다.

이러고서 군자 성인의 명예를 구하는 것은 비유컨대 "누워서 하늘을 핥고, 목매단 사람을 구한다고 발을 잡아당기는 것"과 같이 엉뚱한 일이다. 그런 말은 시행도 아니 될 것이요, 애쓰면 애쓸수록 더 멀어질 것이다(是猶伏而咶天, 救經而引其足).

*咶(시)- 핥을 시, 經(경)- 목맬 경, 縊(액)

그러므로 군자는 "구부릴 때는 구부리고(君子, 時詘則詘)하고, 펼 때는 펴고(時伸則伸)" 경우에 따라 적절히 하는 것이다. - 순자 仲尼

❺ **정치하는 법을 듣고자 합니다.** 그래서 다음과 같이 대답한다.
 1. 우수하고 유능한 사람은 순번을 기다리지 말고 擢用(탁용)하며
 2. 열등하고 무능한 사람은 기다릴 것 없이 불사 파면하며,
 3. 대악(大惡)은 타이를 것 없이 주륙(誅戮)하고,
 4. 보통 백성은 형벌없이 감화시킨다.
  계급 분별이 아직 정해 있지 않더라도 종묘(宗廟)에 소(昭), 목(穆)의 구별(昭 아비의 사당, 穆은 아들의 祠堂)이 있듯이 賢愚의 구별이 분명해야 한다.

- 훌륭한 법을 갖고 어지러워지는 수는 있되,　　(有良法而亂者有之矣)
  훌륭한 군자를 갖고 어지러워지는 예는　　　(有君子而亂者)
  자고이래로 듣지 못했다.　　　　　　　　　(自古及今 未嘗聞也)
  古傳(고전)에 말하기를(治生君子 亂生小人)
  〈치세(治世)는 군자에서 나오고, 난세(亂世)는 소인에게서 나온다는 것이 이것을 말한 것〉이다. - 荀子, 王制

❻ **군주의 治國하는 방법은**
- 가까운 데를 다스리고 먼 데를 다스리지 아니하며,
  명백한 것을 다스리고 희미한 것을 다스리지 아니하며,
  하나를 다스리고 둘 이상을 다스리려 들지 아니한다.
- 가까운 데가 잘 다스려지면 먼 데는 따라서 다스려지고
  명백한 것을 다스리면 희미한 것도 따라서 다스려지며
  하나가 잘되면 백사(百事)가 바로 되게 마련이다. - 荀子, 王霸
- 위정자(爲政者)로 백성의 힘을 얻는 자는 富(부)를 얻고
  백성의 死(사)를 얻는 자는 强(강)하고
  백성의 名譽(명예)를 얻는 자는 榮華(영화)롭다.

8. 荀子(순자)의 정치론

지도자심서(心書)

- 현명한 군주는 먼저 그 인물을 찾기에 급하고,
  암매한 군주는 먼저 권세를 잡기에 급급(急急)하다.
  〈급히 그 인물을 얻으면 몸은 안일하고도 국가는 잘 다스려지고
  공적은 크면서 명성이 빛날 것이다〉. 잘하면 가히 왕자가 될 것이요.
  좀 못 되도 패자는 될 것이다.
  그러나 인물을 구하는 데는 급하지 않고, 권세를 잡는 데만 급하면, 몸은 고달프고 나라는 혼란해지며, 공적은 거두지 못하고 이름만 욕되게 하여 사직(社稷)은 위태(危殆)할 것이다. 그러므로
  〈군주는 인물을 구하는데 수고롭고, 인물을 얻은 뒤에는 안일한 법이다〉.

- 서경(書經 康誥)에 말하기를, (有文王敬忌 一人以擇)
  〈군왕은 근신하고 **恐懼**공구 하여, 삼가 한 사람을 찾았다〉 한 것이 이것을 두고 한 말이다. - 荀子, 君道

❼ 聖君을 섬길 때

- 공경하여 듣고 힘써 따르고, 자기의 의사로 선택 결정하지 아니하며, 자기의 의사로 주고받지 아니하며, 다만 위에 따라 순종하는 것은 성왕을 섬길 때의 일이다.

- **中君을 섬길 때** - 성실 위주로 군주에 간쟁하여 아첨하지 아니하며, 의연한 태도로 결단하고 심지를 단정하게 하여 어느 편에 기울어지지 아니하며, 선은 선이다. 악은 악이다. 시비를 분명히 하는 것은 중군을 섬길 때의 일이다.

- **暴君(폭군)을 섬길 때** - 잘 조화를 해가며 그러면서도 되는대로 흐르지 않고, 유화하면서 굴복하지 않고, 관용하면서 지조를 잃지 않고, 최고의 도리로 분명히 말하되 화기를 잃지 아니하며, 그러면서도 군주를 감화시켜가고 적당한 기회를 봐서 선언(善言)을 납득시키는 것은 폭군을 섬길 때의 도리다.

  폭군을 섬긴다는 것은 - 굴레벗은 말을 어거하는 것 같고, 어린애를 기르는 것과 같고, 배고픈 사람에게 밥을 먹이는 것과 같다. 그리하여 군주가 두려워할 틈을 타서 과실을 고쳐주고, 근심할 때를 타서 구습을 고쳐주고, 기뻐할 때를 타서 도리를 일러주고, 성날 때를 타서 그 원망하는 대상을 제거해 주면, 생각하는바 자세한 말을 들려줄 수 있을 것이다. - 荀子, 君道

♣ 서경에 말하기를

군명을 어기지 말며	(從命而不拂)
부드럽게 간해서 해태하지 말며	(微諫而不倦)
웃사람에게 명확하게	(爲上則明)
아랫 사람에게 겸손하게 하라	(爲下則遜)
한 것이 곧 이것을 말한 것이다.	(此之謂也)

♣ 書經 康誥에 말하기를

옳은 형벌, 옳은 사형 집행도	(義刑義殺)
서둘러 하지 말라	(勿庸以即)
너는 아직 가르치지 못했노라고 하라	(汝惟曰 未有順事)

* 이것은 먼저 백성을 가르치고 나서 정령을 시행하라는 말이다. 벌은 신중해야 한다. 고어(古語)에 죄 없는 사람만이 사람을 죽일 수 있다고 했다. 예수는 〈간음을 한 여인〉에게 돌을 던져야 한다는 바리사이파 사람들에게 "너희 중에 죄 없는 사람이 있으면 이 여인을 돌로 쳐라"고 했다.

❽ 저 매미(蟬선)를 불로 모여들게 해서 잡으려는 사람은 불을 환히 켜 가지고 나무를 흔들면 되지만, 그 불이 밝지 못하면 나무를 아무리 흔들어도 아무 효과가 없을 것이다. 만일 "군주가 그 빛나는 덕행을 가졌다면 천하의 사람들이 귀복(歸服)하기를 불빛으로 모여드는 매미 같을 것이다. - 荀子, 致仕

■ 상을 주되 기준에 넘치게 하지 말며, 벌을 주되 기준에 지나치지 말게 해야 한다. 상이 지나치면 소인도 상을 받게 되고, 벌이 지나치면 군자도 해를 입는다.

만일 불행이 과실을 범한다면 상을 지나치게 줄지언정 벌을 지나치게 하지는 말아야 한다. 〈형벌로 선인을 해치는 것보다도 상으로 악인을 이롭게 하는 것이 낫기 때문이다〉
- 순자 致仕

* 서경 大禹謨(대우모)에도 의심스러운 죄는 가벼이 하고(罪疑惟輕), 의심스러운 공(功)은 중히 한다(功疑惟重)라고 했다.

❾ 순자의 천하를 얻는 用兵法 (六術 五權 三至)

■ 이 글은 손경자(荀子)가 임무군(臨武君 - 楚將, 姓名未詳)과 더불어 趙孝成王 앞에서 군사 전략에 대한 논란을 벌일 때의 내용이다. 옛날 성인의
〈전쟁하는 방법은 먼저 민심을 통일하는 데 있었다〉. (用兵攻戰之本 在乎一民)

8. 荀子(순자)의 정치론

왕업을 이루는 仁者의 용병은 피를 흘리지 않고도 천하를 얻고, 길이 보존하는 데 있다. 〈용병의 요점은 백성을 잘 따르게 하는 것뿐이다〉. (兵要在乎 善附民而已)고 손경자는 말하였다.

❿ 〈효성왕과 임무군〉이 장수 되는 법을 묻자, 순자는 말했다.
- 지혜란 의심을 버리는 것보다 더한 것이 없고,
- 행실은 허물없는 것보다 더 큰 것이 없고,
- 일은 후회없는 것보다 더 큰 것이 없으니,
 일은 후회없는 데서 그칠 것이요
 성불성은 기필할 수 없는 것이다. 그러므로

[1] 정령을 제정할 때는 위엄으로서 엄하게 할 것이요.
[2] 상벌은 반드시 공평하게 할 것이요.
[3] 거처하는 곳과 재물을 두는 것은 반드시 견고하게 할 것이요.
[4] 진퇴와 **擧措**의 행동은 안정하고 침착하되 빠르고 신속하게 할 것이오.
[5] 적을 정탐하고 비밀을 살피는 것은 은밀하게 깊이 들어가되 착잡한 방법을 취할 것이요. (착잡 錯雜)
[6] 적을 만나 대전할 때는 자신 있는 일을 하고, 의심스러운 일은 하지 말 것이니.
 이 여섯 가지를 **육술**(六術)이라 한다.

[1] 지위에 연연하여 해임을 두려워하지 말며,
[2] 이기는 데만 급하여 패할 것을 잊지 말며,
[3] 내부의 위신만 생각하고 그 불리한 점을 잊지 말며,
[4] 유리한 점만 생각하고 그 불리한 점을 잊지말며,
[5] 계획은 신중하고 용재(用財)는 절약할 것이니, 이것을 **오권**(五權)이라 한다.

임금의 **명령**을 받지 않는 것이 셋이 있으니,
[1] 군왕의 명령으로 죽일 것이라도, 불완전한 위치에 보내지 말며,
[2] 죽일 일이라도 이기지 못할 적을 치게 하지 말며,
[3] 죽일 것이라도 백성을 속이게 하지 못할 것이니
 이것을 삼지(三至)라고 하는 것이다.

무릇 군왕의 명령을 받아 삼군(三軍)을 행할 때
- 삼군이 이미 정해졌고 (三軍旣定)

- 백관이 질서를 정했고 (百官得序)
- 모든 것이 정돈되면 (基物皆正)

  군왕도 기뻐할 수 없고 적도 노할 수 없는 것이니 이것을 至臣이라 한다.

계획은 사전에 미리하여 다시 신중하게 경계하며, 끝을 처음과 같이 조심하여 시종(始終)이 여일(如一)하면 이를 크게 길하다고 이른다. 무릇 만사가 〈성취〉함은 공경하고 근신함에 있고, 〈패망〉함은 게으르고 업신여김에 있나니

- 근신함이 나태함을 이기면 길하고, 나태함이 근신함을 이기면 멸망하며,
- 계획이 욕심을 이기면 순통하고, 욕심이 계획을 이기면 흉한 것이다.
- 싸우되 지킬 때와 같이하며, 행진하되 싸울 때와 같이하며,

  공을 얻는 것을 요행(僥倖)인 듯 생각할 것이다.

1 계획을 경계하여 빈틈없이 하며 (敬謀無壙)
2 사무를 경계하여 빈틈없이 하며 (敬事無壙)
3 백관을 경계하여 빈틈없이 하며 (敬吏無壙)
4 군졸을 경계하여 빈틈없이 하며 (敬衆無壙)
5 적을 경계하여 빈틈없이 할 것이니 (敬敵無壙)

  이것을 오무광(五無壙)이라 한다.

이상에서 말한바 육술(六術), 오권(五權), 삼지(三至)를 지켜 공경과 무광으로써 처하면 이를 천하의 명장이라 할 것이니 곧 신명에 통할 것이다.

이에 임무군(臨武君)이 옳소이다 하였다.

■ 왕자(王者) 란

① 악한 자를 죽이기는 해도, 싸우지 아니하며, (有誅而無戰)
② 성(城)을 지키기는 해도, 치지는 아니하며, (城守不攻)
③ 적(敵)을 막기는 해도, 진격하지 아니하며, (兵格不擊)
④ 상하(上下)가 서로 기뻐하며, 성을 무찌르지 아니하며 (上下喜則慶之不屠城)
⑤ 적을 숨어서 습격하지 아니하며 (不潛軍)
⑥ 군대가 머물러 있지 아니하며 (不留軍)
⑦ 군사가 3개월을 넘어 주둔하지 아니한다. (師不越時)

그러므로 亂國의 백성들이 그 행정을 기뻐하여, 그 윗사람이 불안하여 왕자의 군사가 오기를 바라는 것이다. 이는 仁義의 戰爭을 말한다.

지도자심서(心書)

♣ 순자의 성상편(成相篇)에

- 임금이 어진 선비 없으면 　　　　　　(人主無賢)
  지팡이 잃은 장님되어 　　　　　　　(如瞽無相)
  어이갈고 어이갈고 　　　　　　　　(何悵悵)
  근본을 아뢰오니 들어주소 　　　　　(請布基 愼聖人)
  모르면서 혼자하면 　　　　　　　　(愚而自專)
  정사는 다스려질 수 없고 　　　　　(事不治)
  남을 의심하고, 이기려만 들면 　　　(主忌苟勝)
  바른말 간하는 신하 없어 　　　　　(羣臣莫諫)
  나라에는 화가 미치오리. 　　　　　(必逢災)

- 신하의 과실 물으려면 　　　　　　(論臣過)
  자기 몸부터 반성하소. 　　　　　　(反其施)
  군왕의 존엄지키고 　　　　　　　　(尊主安國)
  국가 태평 바라거든
  현인을 귀히 여기소서. 　　　　　　(尙賢義)
  간하는 말 물리치고 허물을 가려가며 (拒諫飾非)
  나쁜 자와 부동되면, 국가에 재앙들리 (愚而上同, 國必禍)

- 물은 평평하여 기울지 아니하네 　　(水至平端不傾)
  마음도 그와 같이하면 성인되기 어렵지 않다. (心術如此, 象聖人)
  권세를 잡았거든 내몸 먼저 바로잡고 (而有執直而用抴必參天)
  여러 사람 거느리며 하늘 같은 은덕 내리소서.

- 정치의 근본은, 예의와 형벌 　　　(治之經 - 禮與刑)
  군자는 이것으로 행실 삼고 　　　　(君子之以修)
  백성은 이것으로 안정 누리네. 　　(百姓寧)
  덕을 닦고 형벌 신중히 하면 　　　(明德愼罰)
  나라는 그리하여 태평하고 　　　　(國家旣治)
  세계는 그리하여 평화로우리. 　　(四海平)
  〈참고 ; 新譯 荀子 - 尹五榮 譯에서 引用〉

三. 정치입문편

9. 管子(관자)의 정치론

❶ 관자의 치국 방법 - 管子, 中匡
- 불원천리 현인을 기용할 것
- 백성을 사랑할 것
- 밖으로 망한 나라를 복구시켜 끊어진 대(代)를 잇게 할 것
- 나라를 위해 죽은 자의 아들을 기용해 줄 것
- 세금을 가볍게 할 것
- 형벌을 가볍게 할 것

❷ 군주가 살펴야 할 세 가지 점 - 管子, 入政
- 신하가 그 지위에 어울리는 덕을 갖추고 있는가
- 신하가 그 복록에 어울리는 공적을 세우고 있는가
- 신하가 그 관직에 어울리는 능력을 지지고 있는가

❸ 군주가 삼가야 할 네 가지 점 - 관자, 入政
- 고관이라도 어질지 못한 자에게는 정권을 맡기지 말아야 한다.
- 자기보다 어진 자에게 자리를 양보할 줄 모르는 사람에겐 높은 지위를 주지 말아야 한다.
- 친족이나 귀인이라고 해서 벌하지 못하는 자에겐 군사권을 맡기지 말아야 한다.
- 농사의 중요성을 몰라서 이에 힘쓰지 않고 경솔히 세금만을 걷어 들이는 자는 지방장관으로 임명하지 않아야 한다.

❹ 관자의 정치의 요체(四順) - 관자, 牧民

정치가 흥하는 것은, "민심에 순응하기 때문이며, (政之所興 在順民心)
정치가 패망하는 것은, 민심을 거역하기 때문이다. (政之所廢 在逆民心)

- 백성은 누구나 고생을 싫어한다.
  그러므로 군주는 그 고생을 제거하여 즐겁게 해주지 않으면 안된다.
- 사람은 누구나 가난을 싫어하는 바,
  군주는 그들을 부유하게 해 주어야 한다.
- 백성은 누구나 위험에서 벗어나고자 원하게 마련이다.
  그래서 군주는 백성의 안전을 도모해 주어야 한다.
- 백성은 누구나 자기 집안이 끊어지는 것을 원치 않는다.
  그러므로 군주는 백성의 번영을 도모해 주어야 한다.

❺ 관자의 四維(禮義廉恥) - 관자, 牧民

국가는 네줄(四維)의 그물에 의해 유지되고 있다.
- 네줄 중 어느 하나가 끊어져도 안정이 흔들리고
- 두줄이 끊어지면 위기에 직면해야 되고
- 세줄이 끊어지면 국가가 전복하고 만다.
- 네줄이 다 끊어졌을 때는 멸망의 운명이 닥쳐온다.

  그러면 네 줄의 그물(四維)이란 무엇인가?
  예(禮), 의(義), 염(廉), 치(恥)의 덕목이 그것이다.
- 예(禮)란 절도를 넘지 않는 덕목이다.　　　　　(禮不踰節)
- 의(義)란 스스로 나서지 않는 일이다.　　　　　(義不自進)
- 염(廉)이란 자기의 잘못을 숨기지 않는 법이다.　(廉不蔽惡)
- 치(恥)란 남의 不正에 따르지 않는 법이다.　　　(恥不從枉)

❻ 관자의 십일경(十一經) - 관자, 牧民

1. 나라를 세우려면 무너지지 않는 땅을 택하라.
2. 무진장의 곡창을 만들라.
3. 무진장의 창고를 만들라.
4. 명령은 물이 흐르는 것 같이 침투시켜라.
5. 엽관운동을 근절하라.
6. 거역하면 파멸이 있을 뿐이라는 것을 백성에게 가르치라.
7. 공은 이익과 관련됨을 백성에게 가르치라.
8. 불가능한 사업에 손대지 말라
9. 무리한 요구를 하지 말라.
10. 영속성이 없는 정책을 쓰지 말라.
11. 한번 뿐이요, 두 번 다시 시행할 수 없는 정책을 쓰지 말라.

❼ 선왕의 통치수단 삼개조(治國之器三)

- **명령**- 명령이 아니면 신하를 부릴 수 없다.
  그러므로 명령을 바꾸는 일은 없어야 한다.
  명령을 듣지 않거나 추궁받지 않는 사람이 있어서는 안된다.

- **형벌**-형벌이 아니면 민중을 위압할 수가 없다.
  그러므로 형벌을 늦추는 일이 없어야 한다.
  금령을 어기고 처벌받지 않는 사람이 있어서는 안된다.

- **은상**이 아니면 백성에게 옳은 일을 권할 수 없다.
  그러므로 은상을 필요없이 주는 일이 없어야 한다.
  공이 전무 하면서도 은상을 받는 일이 있어서는 안된다.
  * 이 통치 수단이야말로 나라를 잘 다스리기 위한 必然條件이며, 천하를 바로잡는 방도라고 할 수 있다.

❽ 군주가 실권을 잃을 때는 네가지 일이 생긴다.
- 군주에게 實情이 보고되었는데도 소식이 없는 것, 이것을 멸(滅)이라고 한다.
- 군주로부터 명령이 나왔는데도 아래까지 전달되지 않는 것, 이것을 절(絶)이라 한다.
- 군주에게 보고해도 도중에서 막는 자가 있어서 전해지지 않는 것, 이것을 침(侵)이라 한다.
- 군주가 명령을 내려도 도중에서 폐지되어 시행되지 않는 것, 이것을 옹(塞)이라 한다.
  이것은 정령(政令)이 철저하게 시행되지 않는 것을 말한다. 그러므로 〈명령은 보배보다도 중하고, 사직은 부모에 우선하며, 법은 백성보다 무겁고, 권력은 작록보다 귀하다〉고 하는 것이다.
  故로 세력은 남에게 넘겨주지 말아야 한다.(勢非所以予人也) - 管子, 法法

❾ 관자의 나라를 다스리는 방법(治國之道) - 관자, 治國
  〈먼저 백성을 부유하게 만드는 데 있다〉. - 必先富民

  백성이 부유하면 통치하기가 쉽고,   (民富則易治)
  백성이 가난하면 통치하기가 어렵다.   (民貧則難治)
  * 정치의 근본이 백성을 잘살게 하는 데 있다는 이 말은 치국의 기본이 경제안정에 있다는 것을 말하는 것이다.

  백성을 다스리는 자는 다음 네 가지를 지켜야 한다.
  - 백성이 어떤 고통을 겪고 있는지 살필 것 (必知其疾)
  - 덕행으로 백성들을 어루만져 줄 것   (憂之以德)
  - 형벌로 위협하지 말 것   (勿懼以罪)
  - 권력으로 강요하지 말 것   (勿止以力) - 관자, 小問

- 능력을 살펴서 벼슬을 주고, 실적에 맞게 녹을 내리는 것, 이것이 신하를 부리는 요령이다.
  - (관자, 입정)

- 현명한 사람을 보고도 양보할 줄 모르는 사람에게는 높은 자리를 주어서는 안된다.
  - 관자, 立政

- 명분이 있으면 나라가 잘 다스려지고, 명분이 없으면 어지러워진다. 〈有名則治 無名則亂〉
  - (관자, 樞言)

- 천하를 다투는 사람은 반드시 먼저 사람과 다툰다. 〈爭天下者 必先爭人〉 - 관자, 覇言

- 은상을 밝히는 것은 낭비가 아니요, (明賞不費)
  형벌을 밝히는 것은 포학이 아니다. (明刑不暴) - 管子 樞言
  즉 상과 벌을 밝히는 신상필벌이야말로 통치자만이 할 수 있는 권한이다.

- 범죄자를 용서하는 것은 달리는 말 위에서 고삐를 놓는 격이요,
  용서하지 않는 것은 종기(腫氣)나 악창(惡瘡)을 돌침으로 따는 것과 같은 것이다.
  - (관자, 법법),
  이는 용서만이 능사가 아니고 잘못용서는 범죄를 조장할 수도 있고 더 큰 화를 부를 수도 있다는 것이다.

- 농부가 들에 나갈 일이 없다고 해서 말을 함부로 버릴 수는 없다. 〈不行其野라도 不違其馬니라〉, 임금이 당장 쓸모가 없는 신하라고 해서 버려서는 안된다는 비유이다. 필요할 때를 대비해야 한다는 뜻.

❾ 관중의 빈민(貧民) 보호(保護)책 - 관자, 輕重

환공(桓公)이 '성곽 북쪽 골짜기에서 신이나 삼아 팔아서 살고, 채소나 가꾸어 먹고 사는 빈민들의 도울 방책을 물었을 때', 관중은

1 쌀 백종(百種)을 추수하는 집에서는 신을 삼지 못한다.

2 쌀 천종을 추수하는 집에서는 채원(菜園)을 갖지 못한다.

3 시장에서 三백 보(步) 이내에 사는 사람은 야채를 재배하지 못한다는 구제책을 내놓았다. 이는 농민 보호를 위해 도시인들에게 농지 취득을 금하고, 소상인 보호를 위해 대기업이 일정수준 소기업의 업종에 제한을 두는 것과도 상통한다.

❿ 영척(甯戚)의 반우가(飯牛歌)

남산의 돌은 맑고 흰 돌 빛나도 (矸- 산돌안),	(南山矸 白石爛)
살아서 어진 임금 만나지 못해,	(生不逢堯與舜禪)
짧은 웃옷 얇은 바지 정강이까지 (骭- 정강이뼈한)	(短布短衣適至骭)
저녁부터 소치기 어둡기까지	(從昏飯牛薄夜半)
언제나 날이샐까 밤도 길구나 - (漫- 아득할만)	(長夜漫漫何時旦)

* 영척이 미천하여서 소를 먹이는 사람이었으나, 그의 반우가 인연으로 제나라 환공에게 재상으로 기용되었다고 한다.

⓫ 진문공(晉文公)의 치도(治道)
- 어진 사람이 있으면 천거케 하고,
- 능력있는 자에겐 일을 맡기고
- 형벌을 가볍게 하고 부세를 줄이고,
- 통상을 권하고 외빈을 예의로서 대접하고
- 외로운 사람에겐 배필을 구해주고,
- 가난한 사람을 구제하는 것이었다.

⓬ 건숙(蹇叔)의 천하제패(天下制霸) 삼요소(三要素)

첫째로 욕심을 버려야 하며,
둘째로 분노하지 않아야 하며.
셋째로 무엇이건 서둘지 말아야 한다.
- 욕심이 많으면 그만큼 잃는 것이 많으며
- 분노하면 분노할수록 일은 어려워가며
- 조급히 서둘면 그만큼 실패하기 때문이다.

♣ 중국인들의 오랜 황금률(黃金律) 즉 "평화시에는 전쟁에 대비하고 전시(戰時)에는 평화를 대비" 하여야 한다.

■ 한비자는 〈不亡之術〉이라 해서
 1. 준법정치   2. 신상필벌   3. 지혜집중   4. 실력배양   5. 국민총화
 6. 방위강화를 들었다. - (韓非子 五蠹오두)
■ 한비자는
한비자는 〈현명한 군주가 그 신하를 영도하고 통제하는 수단은 두 가지가 있을 뿐인데 곧 **형벌과 은상**(恩賞)이다. 즉 〈당근과 책직〉.

9. 管子(관자)의 정치론

10. 한비자의 정치론

- 한사람이 죽음을 무릅쓰면 열 사람과 대적할 수 있다. (一人憤死 可以對十)
  한신(韓信)의 배수진(背水陣)은 바로 이를 이용한 것이다. 즉 이러한 각오로 나선다면 능히 천하도 제패할 수 있다는 것이다. - (한비자 初見秦)

- 신하를 아끼되 너무 가까이하면 반드시 그 몸이 위태롭다. (한비자 愛臣)
  〈愛臣太親 必危其身〉, 대신이 지나치게 존귀해지면 임금의 자리와 바꾸려 할 것이다. 예의없이 너무 가까이하게 되면 위엄이 없어지게 되고 신하로부터 얕보이게 될 것이다. 일정한 법도가 있어야 한다는 것이다.

- 楚나라 영왕(靈王)이 허리가 가는 사람을 좋아하자 나라 안에 굶은 사람이 많았다.
  - 초나라의 영왕은 허리가 가는 미인을 좋아했다. 그러자 나라 안의 여자들은 모두 허리를 가늘게 하려고 식사를 굶었으며, 그 때문에 굶어 죽은 사람이 많았다고 한다. 또
  - 월나라 임금이 용맹을 좋아하자, 죽음을 가볍게 여기는 자가 많았다. 즉 임금이 하고자 하는 바는 백성에게 크나큰 영향을 미친다는 말로 위에 있는 사람은 행동에 조심하고 나타내 보이지 말라는 것이다.

- 임금의 근심은 남을 믿는 데에 있다. (人主之患 在於信人) - 한비자 備內
  신하들은 임금의 마음을 엿보면서 행동하고 있다. 〈임금은 일빈일소(一嚬一笑)도 아낀다〉고 했는데 하물며 믿는다는 것은 위험한 일이 아닐 수 없다.
  "신하를 믿다가 실권을 빼앗기고 쫓겨나기도 하고 죽음을 당하기도 하니 과신이나 편애하지 말라" 는 뜻이다.

- 존망(存亡)은 허하고 실한데 있는것이지.　　(存亡在虛實)
  백성의 많고 적음에 있는 것이 아니다.　　(不在於衆寡)
  안위는 옳고 그름에 있는 것이지　　　　(安危在於是非)
  강약에 있는 것은 아니다.　　　　　　　(不在於彊弱)　- 한비자 安危

- 말에 책임을 지우지 않으면 신하는 함부로 말을 한다. (無責下任則 人臣不參)
  책임이 없는 말이란 교묘할 뿐이다. 그 말에는 항상 책임이 뒤따라야 한다.
  *責下-신하에게 말의 책임을 지게 함. (人臣不參 - 신하들이 여러가지 일을 참고하지 않음.)

- 임금은 두 눈으로 한나라를 보지만 한나라는 만인의 눈으로 임금을 본다.
  人主以二目視一國(인주이이목시일국) 一國以萬目視人主(일국이만목시인주)
  - 外儲說 右上

  즉 임금이 백성을 보는 눈은 둘이지만 백성이 임금을 보는 눈을 수없이 많은 것이다. 그러므로 임금은 백성의 여론이나 동향에 마음을 쓰지 않으면 안 된다.

- 물에 잠긴 부엌에서는 개구리가 생겼으나 민심은 돌아서지 않았다.
  침조생와(沈竈生蛙) 이민무반심(而民無反心) - 韓非子 難一 (竈; 부엌 조)

  진(晉)나라 조양자가 진양에서 포위되어 지백(知伯)으로부터 큰 방죽을 끊는 물의 공격을 받았다. 그때 조양자 쪽은 물에 잠기게 되고 집집마다 부엌에서 개구리 생길 정도로 오랫동안 백성들의 생활이 도탄에 빠졌지만, 끝내 한 사람도 배반하는 사람이 없었다고 한다. 이것은 임금과 백성의 마음이 그만큼 통했기 때문이다.

- 남의 직권(職權)을 침해하는 것은 혹심한 추위보다도 더 해가 크다고 한다.
  侵害之害는 甚於寒이니라. - 韓非子 二柄

  옛날 韓나라 소후(昭侯)가 술에 취해 잠이 들어 있었다. 이때 관을 간수하는 직분을 맡은 전 관(典官)이, 임금이 추우리라 생각하여 옷가지로 덮어주었다. 이윽고 깨어난 임금은 옷을 덮어준 것을 기특히 생각하고 누가 옷을 덮었느냐고 물었다. 전관이 덮었다는 대답을 했다. 그러나 임금은 옷을 맡아보는 전의(典衣)가 해야 할 일을 전관(典官)이 했다고 해서 제 직분을 다하지 못한 전의와 남의 직권을 침범한 전관을 모두 벌주었다고 한다. 그래서 남의 직권을 침범하는 짓은 혹심한 추위보다도 해가 크다고 한 것이다.

- 정치를 하는 것은 머리를 감는 것과 같다고 한다. - 爲政猶沐也 - 韓非子 六反

  그 감는 머리로 인해서 머리는 보다 아름다워지고 새로운 머리카락이 다시 생겨나게 된다. 즉 정치도 〈늘 손질하고 부지런히 매만져야〉 새로워질 수 있다는 비유이다. 머리를 감는다는 것은 오늘의 혁신을 의미하는 것이기도 하다.

- 천하를 다스리는 데는 반드시 人情에 따라야 한다. - 治天下 必人情 - 韓非子 八經

  인정이란 남을 도와주고 보살펴주는 갸륵한 마음씨를 말하는 것이다. 인정이 없는 사람은 뭇사람을 거느릴 수 없기 때문이다. 다시 말해 백성의 뜻 인심에 따르라는 것이다.

10. 한비자의 정치론

11. 강태공망의 정치론

- **태공**은 낚시질에는 사람을 낚는 세 가지 권도가 있음을 말하고 있다. (釣有三權)
  1. 미끼를 주어 고기를 낚는 것은 녹봉을 주어 인재를 취하는 것 같고 (錄等以權)
  2. 좋은 먹이를 푸짐하게 주어 큰 고기를 낚는 것은 나라일에 목숨을 바쳐 크게 이바지 할 인물을 얻는 것과 같고 (死等以權)
  3. 그 잡힌 고기는 크고 작은 것에 따라 그 요리법이 다르듯이 사람도 그 능력에 따라 쓰이는 것이 다른 것과 같다 (官等以權). - 文韜 文師
     - ☞ 인재 등용을 낚시질에 비유한 것이다.
       낚시에 걸려 든 고기는 낚시꾼 마음대로 할 수 있는 것이다.

- **주문왕**(文王)이 말하기를 - (文韜 文師)
  어떻게 하면 민심이 거두어지고 천하 만민이 복종하게 되겠소?

  태공이 대답하기를
  - ▸ 천하는 한 사람의 천하가 아니요   天下非一人之天下
    천하 사람의 천하입니다.   乃天下之天下
  - ▸ 천하의 이(利)를 함께하는 자는 천하를 얻고   同天下之利者則 得天下
    천하의 이(利)를 오로지 하는 자는 천하를 잃는다.   擅天下之利者則 失天下

- 하늘에는 때가 있고 땅에는 재물이 있으니 이를 사람들과 나누는 것을 인(仁)이라 하고, 인이 있는 곳에 천하가 귀의(歸依)한다.
  사람의 죽음을 면케 해주고, 사람이 어려움을 풀어주며, 사람의 근심을 구해주고, 사람의 급함을 건져주는 것을 덕(德)이라 하고, 이 덕이 있는 곳에 천하가 歸依한다.
  사람과 더불어 근심을 함께하고, 그 즐거움을 함께하며, 좋아하는 것을 함께하고, 미워하는 것을 함께하는 것을 의(義)라 하며, 이 義가 있는 곳에 천하가 귀의한다.

- 문왕(文王)이 태공(太公)에게 묻기를 나라 다스리는 대무(大務)를 듣고 싶습니다.
  군주로 하여금 존엄케 하고 백성으로 하여금 편안케 하려면 어떻게 합니까?
  태공(太公)이 말했다. 〈백성을 사랑할 뿐입니다.〉   - 愛民而已
  문왕이 물었다. 백성을 사랑하려면 어떻게 해야 합니까? 태공이 말했다.
  이롭게 해서 해치지 말며, 이루어 주어서 패하게 하지 말며   - 利而勿害 成而勿敗
  살려서 죽이지 말며, 주고 빼앗지 말며   - 生而勿殺 豫而勿奪

즐겁게 하여 괴롭히지 말며   - 樂而勿苦 喜而勿怒
기쁘게 하여 성내게 하지 않는 것이다.   - 文韜 國務

- 문왕이 임금의 **몸가짐(主位)**에 대해 묻자, 태공이 대답했다.
  "편안하고 조용하게 하며, 부드러우면서 절도가 있어야 한다".
  공평하게 나누어 주어 다툼이 없게 하여야 하며,
  물건을 접함에 있어 바른길로서 해야 한다.   - 文韜 大禮

- 周 문왕이 임금의 **듣는 것(主聽)**에 대해 묻자, 태공(太公)이 대답했다.
  망녕되게 허락하지 말며, 거슬려서 막지 말아야 한다.
  즉 경솔하게 허락하면 임금이 지켜야 할 절조를 잃게 되고, 덮어놓고 막으면 신하는
  아무리 좋은 의견이 있어도 다시는 말하려 하지 않을 것이다
  군주의 덕량(德量)은 높은 산 깊은 물과 같이 여운이 있게 감추어져 있어야 한다.

- 문왕이 임금의 **밝게 보는 것(主明)**에 대해 묻자, 태공이 대답했다.
  ▸ 눈은 명(明)을 귀히 여기고
  ▸ 귀는 총(聰)을 귀히 여기며,
  ▸ 마음은 지(智)를 귀히 여긴다.
  천하의 눈으로 본다면 보이지 않는 것이 없을 것이고
  천하의 귀로서 듣는다면 들리지 않는 것이 없을 것이며,
  천하의 마음으로서 생각한다면 알지 못할 것이 없을 것이다.

- **태공에게 국토방위에 관해 물었다. (守土如何)**
  태공이 대답했다.

  - 그 친족을 멀리하지 말고, 그 중(衆)을 게을리하지 말며, (無怠其衆)
    그 좌우를 어루만지고, 그 사방을 어루만져야 한다.

  - 남에게 국병(國柄)을 빌려줌이 없어야 한다.
    남에게 국병(國柄)을 빌려주면 곧 그 권세를 잃게 된다.

  - 구렁을 파서 언덕에 붙이는 일을 하지 말며,
    근본을 버리고 말단을 다스리는 일을 말아야 한다.

  - 해가 중천에 있을 때는 반드시 말려야 하고
    칼을 잡았을 때는 반드시 베어야 하며

  - 도끼를 들었으면 반드시 찍어야 한다.
    해가 있는 동안에 빨래를 말리지 않으면 그만 때를 잃게 되고

11. 강태공의 정치론

- 칼을 잡아 베지 않고 머뭇거리면 토벌의 때를 놓치게 되고.
  무기를 들었으면 적을 쳐야지 치지 않으면 도리어 습격을 당하게 된다.

- 물이 졸졸 흐를 때 막지 않으면 장차 강을 이루게 된다.
  형형(熒熒)할 때 구하지 않으면, 염염(炎炎-사납게 타오름)을 어찌할 것인가.

- 두 잎때 제거하지 않으면(兩葉不去) 장차 도끼를 쓰게 된다. (將用斧柯)
  이런고로 군왕은 반드시 부(富)를 얻는 일을 해야 합니다.

  ☞ 부가 없으면 인(仁)을 할 수가 없고, 주지 않으면 친(親)을 화합하지 못합니다.
    그 친족(親族)을 멀리하면 즉 해(害)가 있습니다. 그 민중(民衆)을 잃으면 곧 패(敗)합니다.
    타인에게 병권같은 이기(利器)를 빌리지 말아야 합니다.
    다른 사람에게 이기를 빌린다면, 그 사람에게 해친 바 되어 세상을 온전히 끝마치지 못할 것입니다.

■ 문왕이 태공에게 묻기를 **사람의 왕된 자**는 어떤 것을 위로하고, 어떤 것을 아래로 하며, 어떤 것을 취하고, 어떤 것을 버리며, 어떤 것을 금하고, 어떤 것을 멈추게 해야 합니까?. - 文韜 上賢

태공이 대답했다.
- 현자를 위에 두고 불초한 자를 아래에 두며, **성신**誠信을 취하고 **사위**詐僞를 버려야 하며, **포란**暴亂을 금하고 **사치**奢侈를 멈추게 해야 합니다.

■ 문왕이 묻기를 **어진이를 거용**(擧用)하는 데는 어떻게 해야 합니까?
  장수와 재상이 직책을 나누고, 각각 官名으로서 그에 합당한 사람을 천거합니다.
  이름을 따라 실적을 동독(董督- 감독하고 독촉함)하며, 재주를 가리고 능력을 시험하며 실적을 그 이름에 비교한다면 인재 등용의 도를 얻을 것입니다.

■ 문왕이 태공에게 묻기를 〈나는 한 사람의 선행에 상을 주어 백 사람에게 선행을 권장하고, 한 사람을 처벌함으로서 대중을 징계〉하려 합니다. - 文韜 賞罰
  어떻게 상벌을 했으면 좋겠습니까?
  태공이 말했다.
  "무릇 상을 베푸는 것은 **믿음**(信)을 귀히 여기며, 벌을 주는 것은 **필**(必)을 귀히 여깁니다".
  상신賞信에 **벌필**罰必인 것은 이목(耳目)의 듣고 보는 바에서 행한다면 듣고 보지 못하는 바에서도 음화(陰化-알지 못하는 사이에 감화를 받는 것) 하지 않는 것이 없을 것입니다.

■ **무왕**이 태공에게 묻기를 **병도**(兵道- 용병하는 길)는 어떡해야 합니까?
  태공이 말했다. 〈무릇 병도는 一에서 지나는 것이 없습니다〉. (莫過於一)

- 일(一)이라는 것은 혼자서가고 혼자서 오는 것입니다.
  황제도 이르기를 일(一)은 길의 단계이며 신(神)에 가까운 것이다. (階於道 幾於神)

  이를 쓰는 것은 기틀(기회)이 있고,　(用之在於機) - 기회포착
  이를 나타내는 것은 세(勢)에 있으며 (顯之在於勢) - 세를 타야 한다.
  이름을 이루는 것은 군주에게 있는 것입니다.
  그러므로 성왕은 병(兵)을 이름하여 흉기(凶器)라 하였으며 어쩔 수 없이 이를 썼습니다. 상왕商王(주왕)은 존(存)을 알고, 망(亡)을 알지 못하며,
  즐거움을 알고, 재앙을 알지 못하고 있습니다.
  대저 **存이란** 존하는 것이 아니고, 망하는 것을 걱정하는데 있으며,
  즐거움이란 즐거움이 아니라, 재앙을 근심하는 하는데 있습니다.
  이제 왕은 이미 그 근원을 근심하고 계신데, 어찌 그 흐름을 근심할 것입니까?.

■ 천하(天下)는 천하 사람의 것이다. - 武韜 啓發
　사람으로 더불어 같은 병에는 서로 구해주고　　　同病相救
　같은 감정을 가진 사람끼리는 서로 이루며　　　　同情相成
　서로 미워하는 사람끼리는 서로 돕고　　　　　　同惡相助
　같이 좋아하는 사람끼리 서로 모인다.　　　　　　同好相趣

그러므로 갑옷과 병기가 없어도 이기며,
공격하는 수레나 기계가 없어도 쳐부술 수 있으며,
도랑이나 참호塹壕가 없이도 견고하게 지킬 수 있다.

- 큰 지혜는 지혜가 아니며, 큰 꾀는 꾀가 아닙니다.
  큰 용기는 용기가 아니며, 큰 이익은 이익이 아닙니다.
  ☞ 태공은 병법에도 능한 위대한 정치가였다.
  　그의 치국(治國)의 도(道)는 육도삼략에 (병서)에도 잘 나타나 있다.

■ 대저 주장의 법(主將之法)은 - 상략(上略)
영웅의 마음을 사로잡기에 힘쓰며, 공(功)이 있는 자에게 상록을 더하고,
뭇 사람에게는 뜻이 통하게 하는 것이다. (務攬英雄之心 常祿有功 通志於衆)

그러므로 좋아하는 것을 뭇사람과 함께한다면 이루어지지 않는 일이 없을 것이며, 미워하는 것을 뭇 사람과 함께한다면 기울어(傾)지지 않을 것이 없을 것이다.
나라가 다스려지고 집이 편안한 것은 사람을 얻음이요.　　(治國安家得人也)
나라가 망하고 집이 깨어지는 것은 사람을 잃음이다.　　　(亡國破家失人也)

11. 강태공의 정치론

지도자심서(心書)

- **군국(軍國), 군대와 국가를 다스리는 요체(要諦)는 - 상략(上略)**

  뭇 사람의 마음을 살피고(察衆心), 백무를 베푸(施百務)는 일이다.
  위태로운 자를 이를 편안케 하고, 두려운 자는 이를 기쁘게 하며,
  배반한 자를 돌아오게 하고, 원통한 자를 용서하며,

  하소연하는 사람이 있으면 사정을 들어주고, 낮은 자를 귀히 여기며,
  강한 자를 눌러주고, 적(敵)이 되어 대항하는 자는 잔혹하게 다스리며.

  탐욕하는 자에게는 넉넉히 해주고, 하고자 하는 자에게는 뜻을 펴게 하며
  움츠리는 자는 기(氣)를 펴게 해주고, 꾀가 있는 자는 가까이 하며,

  참소하는 자는 이를 뿌리뽑고, 무너지는 자는 이를 회복시켜 주며,
  반역하는 자는 이를 잡아 없애고, 횡포한 자는 이를 꺾어 버리며,

  넘치는 자는 이를 덜어주고(滿者損之), 귀순하려는 자는 불러주며,
  복종하는 자는 살려주고, 항복하는 자는 용서한다. (20개 항목)

- **장수는 겨울에 갑옷을 입지 않고, 여름에 부채를 잡지 않는다.**
  將冬不服裘(장동불복구)하며 夏不操扇(하불조선)하니라. - 龍韜

  좁고 험한 길을 가거나 진창길을 갈 때 장수는 반드시 먼저 내려서 걷는다.
  또 군사가 다 쉴 곳을 정하고 나서야 장수는 숙사(宿舍)에 든다.

- **지혜로운자도 쓰고 용감한자도 쓰며, 욕심이 많은 자도 쓰고, 어리석은 자도 쓴다.**
  使智使勇 使貪使愚   - 三略 中略

  지자(智者)는 그 공을 세울 것을 즐거워하며, 용자(勇者)는 그 뜻을 펼 것을 좋아한다.
  탐자(貪者)는 그 이(利)에 나갈 것을 구하며, 우자(愚者)는 그 죽음을 돌보지 않는다.
  그 지정(至情)을 인하여 이를 쓰니 이를 군의 미권이라 한다. 微權(미권) - 은밀한권리

- **백성에게 베풀때는 재물을 아끼는 마음이 있어서는 안된다.**
  惠施於民(혜시어민)   心無愛財(심무애재)

  백성이 재난을 당했거나 어려움에 처했을 때, 이를 구제하는 일에는 나라의 재정을 아끼지 말고 넉넉하게 해주어야 한다. 백성은 마치 마소와 같아서 '먹을 것을 자주 주고 사랑으로 어루만지면 저절로 따르게 된다'.

- **현인(賢人)을 상해(傷害)하는 자는 그 앙화(殃禍)가 자손 삼대에 미치고**
  현인을 은폐하는 자는 그 해(害)가 자신에게 돌아온다.

三. 정치입문편

어진 이를 추천하는 자는 복덕이 후세 자손에까지 미친다. - (進賢者 福流子孫 -下略)

☞ 주역에 작은일에 위협을 가하지 않고　　(不威小)
　　큰 잘못에 정벌을 내리지 않으면　　　　(不威大)
　　소인들은 이를 잘못(복으로) 알게 된다. (此小人之福也)

■ **큰일이 위급해지면 작은 일은 절로 희생한다.**
큰 일에 힘쓰는 자는 작은 일은 잊는다. (務大者 固忘小)

♣ 병법에 이르기를 "굴욕을 참는 자는 예장(禮將)인데 예장이라야 큰 공(功)을 세울 수 있다"고 했다. 또 "명장 밑에 우졸 없고 우장밑에 현졸 없다"고 한다.

■ **익(益)이 순임금에게 이르되 경계하소서.** - 書經 大禹謨
염려 없을 때에 경계 하시어 법도를 잃지 마시며
편안히 놀지 마시며 즐거움에 지나치지 마시며
어진이에 맡기되 이간질을 막으시며
간사한 이를 버리되 주저치 마소서
의심스러운 계획을 세우지 않으시면
모든 뜻이 다 넓으리이다.
*이 글은 益이 舜에게 좋은 정치를 펴도록 간(諫)하는 글이다

♣ **중훼(仲虺)는 탕왕에게 임금된 자의 행 할바를 설명하고 있다.**

• 어진 이를 돕고 덕 있는 자를 돌보시며,
　충성된 사람을 나타내시고(顯忠), 훌륭한 이를 끌어 올리시라.

• 약한 자를 어우르시고(謙弱) 사리에 맞지 않는 자를 치시며
　어진 자는 잡고 망할 짓을 하는 자는 욕을 주시며
　망하는 이는 밀어트리고, 존하는 자는 견고히 해주시면,
　나라가 창성해질 것입니다.

• 덕이 날로 새로워지면 만방이 따라오고,
　뜻이 스스로 자만(잘난척)하면 구족이 떠나리니
　임금께서는 힘써 덕을 밝히시어 백성에게 중도를 세우소서.

• 의로운 일을 바로 잡으시고　　(以義制事)
　예로 마음을 바로 잡으시어　　(以禮制心)
　후세에 풍족함을 주시라　　　 (垂裕後昆) - 商書 仲虺之誥

11. 강태공의 정치론

12. 黃石公 素書 (황석공 소서)

■ 현인군자 (賢人君子)는 - 素書 原始
성쇠지도(盛衰之道)에 밝으며 성패지수(成敗之數)에 통(通)하고,
치란지세(治亂之勢)를 살피며 거취지리(去就之理)에 달(達)한 것이다.
성쇠(盛衰)에 도(道)가 있으며 성패(成敗)에는 수(數)가 있다.
치란(治亂)에는 세(勢)가 있으며 거취(去就)에는 이(理)가 있는 것이다.

■ 절기금욕 (絶嗜禁欲)을 소이제루 (所以除累)라. - 求人之志
좋아하는 바를 끊고, 하고 싶은 일을 금하는 것은 여러가지 환란을 제거하는 소이이다.
맑고 정결한 마음을 가지고 금권(金權), 물욕(物欲)을 견제하라는 것이다.
자방(子房-張良)이 이것을 선용(善用)하여 인간 세상사를 버리고 적송자(赤松子)들을 따라
같이 선인(仙人)이 되어 놀다가 세상을 떠난 것이 그 한 예이다.

■ 심계원려 (深計遠慮)는 소이불궁 (所以不窮)이라.
깊이 계략하며 멀리 생각하는 것은 궁하지 않는 이유이다.
멀리 생각하는 바가 없으면 반드시 가까운 근심이 있다고 공자는 말한바 있다.

■ 안막안어 인욕 (安莫安於忍辱) - 本德宗道
평안(平安)함에는 욕됨(辱)을 침는 것보다 더 평안한 것은 없다.
• 길(吉)한 것이란 족한 것을 아는 이상 길한 것이 없다. (吉莫吉於知足)
• 즐거움이란 선을 행하는 것 이상 즐거움은 없다. (樂莫樂於好善)
• 외로운 것은 스스로 고독하다고 믿는 행위보다 더 큰 고독은 없다. (孤莫孤於自恃)

■ 친참원충자 망 (親讒遠忠者亡) - 遵義
참소(讒疏)하는 자를 가까이하고, 충실한 자를 멀리하면 망한다.
자서(子胥)가 살해되고 굴원(屈原)이 추방되자 초(楚)가 망한 것과 같다.
• 과실로서 공 있는자를 버리는 것은 손해이다. (以過棄功者損)

■ 염구원이 기소공자 흉 (念舊怨而棄所功者凶)
• 지나간 구원을 생각하며 새로운 공을 버리는 자는 흉(凶)하다.
천하에 큰 뜻을 품은 자는 구적(仇敵-원수)이라 해도 반드시 이를 말하지 않는다.
- 소인들은 애자(睚眦-밉게 봄)의 원(怨)에 이를 갈고, 한끼의 향응(響應)에 감사하며,
권권(眷眷-간절히 생각)하는 자들은 실(實)로 필부(匹夫)의 도량(度量)이다.

- 서(書)에 이르되 "小怨不赦이면 큰 원한(怨恨)이 반드시 발생한다. 자방(子房)이 이것을 써서 일찍이 고제(高帝)에 진달하여 옹치(雍齒)를 후(侯)로 봉(封)하도록 한 것은 그 공을 록(錄)한 것이다.

■ 결책어불인자험 (決策於不仁者險) 시책(施策)을 불인不仁하게 결행(決行)하는 자는 위험한 곳에 이르는 것이다. 장자방이 이글을 선용(善用)하여 고제께 권하여 六國의 후(侯)를 봉한 것을 파(罷)한 것이다. 子房이 자방된 소이는 이 글(書)을 알고 불과 二언을 능히 쓴 것이다.
  ☞ 불수고중고 난위상인(不受苦中苦 難爲上人) - 고생중의 고생을 해보지 않은 사람은 남의 윗사람이 되기 어렵다.

■ 小功不賞이면 大功不立이니라. (소공불상 대공불립)
  적은 공을 상주지 아니하면 대공을 세우지 못한다.

■ 小怨不赦이면 大怨必生이니라. (소원불사 대원필생)
  적은 원망을 용서치 않으면 큰 원망이 반드시 생긴다.

■ 怨在不捨小過하고 患在不豫定謀하니라. - 安禮(六章)
  원망은 작은 것을 버리지 않는데 있고, 환란은 미리 정하지 않는데 있다.

■ 安在得人하고 危在失人하니라. (안재득인 위재실인)
  평안한 것은 사람을 얻으매 있으며, 위태로운 것은 사람을 잃음에 있다.

■ 輕上生罪하고 侮下無親이니라. (경상생죄 모하무친)
  윗사람을 경히 여기면 죄를 생하게 되고, 아래 있는 사람을 모욕하면 친한 자가 없게 된다.

■ 邦將亡者 賢先避 (방장망자현선피)
  나라가 장차 망하려면 현사가 먼저 알고 떠나간다.
  微子가 상(商)을 떠나고 중니(仲尼)가 로(魯)를 떠나다.

■ 羊質 虎皮者辱 (양질호피자욕)
  양의 바탕이면서 호피를 쓴 자는 욕을 보게 된다.
  • 산이 장차 무너지려면 먼저 하단이 무너진다.
    나라가 장차 쇠약해지려면 먼저 좋은 사람을 상해傷害 한다.
  • 외위자안(畏危者 安) - 위태로운 것을 두려워하는 자는 평안하고
    외망자존(畏亡者 存) - 망함을 두려워하는 자는 존속한다.

12. 황석공 소서

- 옷깃을 들지 않는 자는 넘어진다. (衣不擧領者倒)
  달음질하면서 땅을 보지 않는 자는 넘어진다. (走不視地者顚)
- 집에 기둥이 약하면 가옥이 무너지고 (柱弱者屋壞)
  나라에 보좌하는 자가 재덕이 없으면 나라는 기울어진다. (輔弱者國傾)
- 발이 차면 마음이 상하고 (足寒傷心)
  백성이 상 (임금)을 원망하면 나라가 망한다. (人怨傷國)
- 자기를 버리고 남을 가르치려는 자는 역(逆)이요 (釋己而敎人者逆)
  자기를 바르게 한 후 남을 화육하려는 자는 순(順)이다. (正己而化人者順)
- 뿌리가 말라지면 가지와 잎이 휴사하고 (根枯枝朽)
  백성의 생활이 곤궁하면 나라는 잔멸한다. (人困國殘)

■ 吉莫吉於知足 (길막길어지족). 길(吉)한 것이란 족한 것을 아는 것 이상 길한 것은 없다. 자방(子房)이 이를 선용하여 일찍이 유후(留侯)를 택하고 그 봉(封)함을 스스로 원함이다.

■ 設變致權 所以解決 (설변치권 소이해결)
변화를 설(設)하려는데 권세(權勢)로 하려면, 그것은 결합을 풀려는 所以이다.
자방(子房)이 이것을 선용(善用)하여 사호(四皓)를 초치(招致)하여 혜제(惠帝)를 세웠다.

■ 陰計外泄者 敗 (음계외설자패) - 음계를 외부에 누설하는 자는 실패한다.

■ 苦莫苦於 多願 (고막고어다원)
고통이란 소원이 많은 것 이상 더 큰 고통은 없다.

　☞ 黃石公 素書는 六篇 (原始, 正道, 求人之志, 本德宗道, 遵義 安禮)으로 되어 있으며, 황석공이 비교에서 자방(子房)에게 전수한 것이다. 무릇 1336 언에 지나지 않는 간략한 글이나 그 뜻은 깊다.
　본서는 병서(兵書)이기 전에 인격 수양서로서 또 인간관계에도 도움이 될 것이다.

■ 一夜十起(일야십기) - 후한(後漢)때 제오륜(第五倫)이 앓는 조카를 위하여 하룻밤에 열 번을 일어났다는 고사(故事),

■ 遇敵爭死(우적쟁사) - 한나라 조효(趙孝)는 아우 예(禮)가 적(賊)에게 붙들려 간 것 애통히 여겨 자박(自縛)하고 적에게 가서 아우대신 자기를 죽여 달라고 하니 적이 그 우애에 감화되어 두 사람을 다 석방하였다는 고사.

13. 孫子(손자 병법)

- 손자는 그의 시계始計편에서 말하기를 "전쟁(戰爭)"은 나라의 중대한 일이다.
  - 국민의 생사와 국가의 존망이 달려있다. (國之大事, 存亡之道)
  - 신중히 검토하지 않을 수 없다. (不可不察)
  - 승리하는 군대는 먼저 이기고(勝者先勝), 뒤에 싸움을 구한다.　　(以後求戰)
  - 전승은 싸우지 않으며(全勝不鬪), 대병은 상하지 않는다.　　　　(大兵無創)
  - 침략할 때는 불같고(侵掠如火), 움직이지 않을 때는 산과 같다.　(不動如山)
  - 알기 어려움은 그늘과 같고(難知如陰), 움직이는 것은 천둥같다. (動如雷震)
- 국가를 경영하는 사람은 時運(천명)을 알아야 한다. (始計篇)
  - 하늘의 명은 어떻게 아는가. 〈백성의 마음이 곧 하늘의 마음인 것이다〉.
    백성의 마음이 그에게 돌아가면 그것이 곧 天命인 것이다.
    그러므로 무엇보다도 〈人和〉를 소중히 여기는 것이다.
    맹자도 "天時가 不如地利"요 지리가 不如人和라 하였다.
    손자(孫子)가 오사(五事)-다섯가지 기본요건) 道, 天, 地, 將, 法 중에서
    도를 먼저 든 것은 그 근본이 인화에 있음을 생각한 것이다.
  - 공자도 인화를 이루는 것이 가장 귀하다(和爲貴),
    무슨일이던 사람과 사람 간에 인화가 없으면 되는 일이 없다고 하여 중요시한 것이다.
  - 易經에서도 대유괘(大有卦)의 괘사(卦辭)에서도
    하늘의 법칙에 순응하여 시의에 응한다.　　　　　　　　　(應乎天而時行)
    그런 까닭에 무한이 발전하고 번영한다고 하였다.　　　　　(是以元亨)
  - 맹자는 천명아닌 것이 없다.　　　　　　　　　　　　　　　(莫非命也)
    천명을 순순이 받아들여야 한다고 하였다.　　　　　　　　　(順受其正)
  - 시경 대아편(大雅篇)에서는 "길이 천명의 도리에 맞추니　　 (永言配命),
    스스로 많을 복을 구해 얻도다"　　　　　　　　　　　　　(自永多福)
  - 항우는 천하에 용장이었지만 해하(垓下)라는 곳에 최후를 마칠 때, 힘은 산을 뽑을 수
    있고, 의기(意氣)는 천하를 압도하였다. 그러하건만　　　　(九拔山 氣蓋世)
    "시운이 나에게 이롭지 못해" 라는 말과 함께 말은 가지 않으니 (時不利 雖不逝),
    하늘이 나를 멸망시키는 것이다.　　　　　　　　　　　　　(天之亡我)
    내가 전쟁을 잘못한 죄는 아니다. 라고 한 것이,　　　　　　(非戰之罪)
    천운(天運)의 귀추(歸趨) 곧 대세를 의미하는 것이다.　　　　(民心離反)

지도자심서(心書)

- 손자는 구변(九變)편에서 용병하는 방법은
 "적이 오지 않을 것을 믿지 말고　　　　　　　　　　　(無恃其不來)
 나에게 적이 오기를 기다리는, 대비 있음을 믿어야 한다　(恃吾有以待).
 적이 공격하지 않을 것을 믿지 말고　　　　　　　　　　(無恃其不攻)
 나에게 적이 공격할 수 없는, 방어가 있음을 믿어야 한다. (恃吾有所不可攻).
 는 명언을 남겼다.

- 손자는 군형(軍形)편에서 말했다.
 승리한 군대는 먼저 이긴 뒤에 싸움을 구하고　　(勝兵-先勝而後求戰)
 패배한 군대는 먼저 싸운 뒤에 승리를 구한다.　　(敗兵-先戰而後求勝)

- 손자는 군형편에서 예전에 용병을 잘하는 자는
 먼저 적이 아군을 이길 수 없도록 준비하고(先爲不可勝) 아군이 적을 이길 수 있을 때를 기다리라는 것이다. (以待敵之可勝)

- 아군은 오로지 하나가 되고
 적군은 분산시켜 열이 되게 한다. - 虛實

- 자주 상을 주는 것은 궁색하기 때문이요,
 자주 벌주는 것은 곤란하기 때문이다. - 行軍

- 나아가더라도 이름을 구하지 않고　　　(進不求名),
 물러서더라도 죄를 피하지 않는다.　　　(退不避罪) - 地形
 ☞ 즉 장수는 나아가든 물러서든 오로지 국가 안녕과 백성의 안정을 생각해야 한다.

- 병사를 갓난애 돌보듯 하라　　　　　(視卒如嬰兒)
 그럴 때 깊은 계곡에도 들어갈 수 있다.　(可與之赴深谷) - 地形

- 싸움을 잘하는 자는 적을 나오게 하고　(善戰者致人)
 적에게 끌려가지 (말려들지) 않는다.　　(而不致人) - 虛實

> - 군사 오개요령 (軍事 五個要領) - 兵法
> 능히 싸울 수 있으면 싸우는 것이요
> 능히 싸울 수 없으면 마땅히 지키는 것이고,
> 능히 지키지 못하면 마땅히 달아나는 것이고
> 능히 달아나지 못하면 마땅히 항복하는 것이고
> 능히 항복하지 못할진대 마땅히 죽어야 한다.

- 장수의 도(道)는 위엄과 온화함에 있다. - 伊川 (凡師之道 威和並至即吉也)
  ※ 키케로는 그의 공화국 3권에서
  "일류국가는 신의(神意)나 안전(安全)을 위한 경우가 아니면 전쟁을 하지 말라는 주장을 했다".

♣ 삼십육계(三十六計) 祕本兵法에는 - (저자. 檀道濟로 추정(宋 420-479))
- 제36계〈走爲上 ; 주위상〉- 줄행랑이 상책이다. 적에 병력이 압도적으로 우위이고, 이쪽의 승리가 확실하지 않을 때는 다시 퇴각하여 기회를 보아 적을 격파하는 것이 승리의 열쇠이다. 그러나 大局의 전세를 무시하고서 소국(小局)에 몰두 기책(奇策)을 농(弄)하고 묘기에 貪溺하는 것은 대사를 그르치는 일이다.

  그래서 왕경칙(王敬則)은 남제서(南齊書)에서 단공(檀公)의 삼십육책 - 도망하는 것이 바로 上計이다 하였다. 기업경영도 마찬가지이다. 시대 상황변화에 따라 신속하게 대처, 판로 축소 구조조정 등은 전투 중 퇴각에 비유할 수 있을 것이다.

- 제3계〈借刀殺人 ; 차도살인〉- 남의 힘을 빌어 적을 친다. (예) 조조가 황조의 손을 빌어 이형을 죽인 고사, 후한의 왕윤이 여포를 빌어 동탁을 살해한 고사 등.
- 제6계〈聲東擊西 ; 성동격서〉- 동에서 소리를 지르고 서를 친다. "통전(通典)"에 소리는 동을 친다 하고 실은 서를 친다. 이기려면 동을 놀라게 하고 서를 친다.
- 제10계〈笑裏藏刀 ; 소리장도〉- 웃음 뒤에 칼을 감춘다 함이니, 적에게는 믿게 하여 싱글벙글 안심케 하고는 내심으로는 음험한 생각을 갖고 흉계를 꾸미고 있다는 뜻.
- 제20계〈混水摸魚 ; 혼수모어〉- 물을 혼탁하게 해 가지고 고기를 더듬어 잡는다. 유비(劉備)가 형주를 얻고 서천을 빼앗은 것은 모두 이 계략을 썼기 때문이다.
- 제26계〈指桑罵槐 ; 지상매괴〉- 뽕나무를 가리켜 회화나무 욕을 한다. 직접 상대를 비판하지 않고 제3자(회화나무)로 하여금 자기가 의도하는 바를 상대에게 전한다.
  * 이 36개 비책을 깊이 음미해 두면 인간경영에도 지도력을 더해 줄 것이다.

♣ 墨子는 진격의 공로를 후하게 상주고, 패퇴(敗退)의 책임에 대서는 중벌을 내린다는 것을 틀림없이 믿게 하여야 한다. (進有重賞 退有重刑 行之以信)
  * 국민단결을 선행시켜야만 비로소 전쟁을 단행할 수 있다. (先和以後 造大事)

♣ 노년의 삶 _ 못 말려 건망증 웃음이 솟는다.
  * 일어섰다 용건을 까먹고 다시 앉는다.   * 손에 쥐고 있으면서 휴대폰을 찾는다.
  * 눈에는 모기를 귀에는 매미를 기르고 산다.   * 와놓고 왜 이곳에 왔는지 잊는다.

13. 손자 병법

14. 제갈량(諸葛亮) 심서(心書)

- 제갈량은 그의 심서 병기(兵機) 편에서 이렇게 적고 있다.
  삼군의 병권을 잡은자는 나라의 사령(司令)이다.
  삼군(三軍)의 권세는 곧 주장(主將)의 위세(威勢)이다.

- 지인성(知人性)편에서는 사람들의 성정을 살피기에 매우 어렵다고 하면서 그것을 아는 방법으로서 7개 사항을 들고 있다.
  - 시비(是非)를 물어서 그 뜻을 관찰한다.
  - 곤궁한 일에 변명하는 말을 듣고 그 변화함을 안다.
  - 지모있는 계획을 보고 그의 꾀하는 지식을 알 수 있다.
  - 환난을 고하여 그의 용감함을 알 수 있다.
  - 술에 취한 후에 그의 심성을 알아본다.
  - 이해관계 있는 일에 처하게 하여 청렴을 알 수 있다.
  - 일처리 기한을 주어 그의 성정의 완급을 알 수 있다.

- 장재(將材) 편(篇)에서는 인장(仁將)·의장(義將)·예장(禮將)·지장(智將)·신장(信將)·보장(步將)·기장(騎將)·맹장(猛將)·대장(大將)으로 구분하고 있으며, 인장을 첫번째로 꼽고 있다. 여기에서 仁將이란 덕을 쌓고 예의를 갖추고 백성들의 굶주림을 알며, 수고로움을 알아주는 사람이라고 정의하고 있다.

- 장기(將器)편에서 장군이 된 자의 그릇을 다섯으로 구분하여
  1_십인의 장 2_백인의 장 3_천사람의 장 4_만사람의 장 5_천하의 대장으로 나누고 있는데, 天下의 大將이란 인자(仁慈)한 마음으로 백성을 흡족하게 애무(愛撫)하고, 신의(信義)로서 복종케 하며, 천문에 밝고, 인사(人事)를 잘 살피며, 아래로는 지리(地理)를 잘 알아서, 온 천하 형세를 실내를 보듯이 내려다보며, 판단할 수 있는 자가 곧 천하의 대장이라 하였다.

- 장군이 행할 도리는   - 智用篇
  천하의 정세와 도리에 따라야 한다. 반드시 때가 된 것을 알아서 사람을 세워 적에 응하면 승리할 수 있다. "심인편(審因篇)"에서는 대체로 사람의 형세에 따라 그 죄악을 공벌(攻伐)하는 것이다. "황제(三皇五帝)"도 능히 성(盛)한 것과는 다투지 않고, 때를 기다렸다. 사람의 힘으로 결승(決勝)을 하는데는 탕무(湯武)도 공을 다투는 일을 하지 않았다.

- 군자는 항상 백성들에게 친절하며 오상(五常)을 소홀(疎忽)이 하지말라.
  그리고 그 몸을 굽히고 아무리 소인이라도 극진히 친절하게 힘쓰는 것이다. 고로 따르지 않는 자가 없는 것이다. "용병을 하려는 나라에서는 영웅의 마음을 붙들기에 힘써야 한다". (務攬英雄之心) - 將誠篇

■ 나라에는 무엇보다 힘써야 할 큰일이 있으니 (國之大於務)

이는 국토방위보다 더 급한 일이 없다. (莫先於戒備) - 戒備편

- 사마법(司馬法)에 이렇게 실려 있다.
  나라가 비록 강대하나 싸움을 좋아하면 반드시 망하게 마련이며 (國雖大. 好戰則必亡)
  천하가 비록 편안하나 전쟁을 잊고 살면 반드시 위험한 경우를 당한다. (天下雖安, 忘戰必危)
  또 易에는

  〈군자는 무기를 정돈하여 뜻밖의 사변을 경계하라〉고 하였다.   (君子以除戎器戒不虞)
  무력은 흉기요 전쟁은 역덕이라 한다.   (兵者凶器, 爭者逆德)

- 군에서 연습을 하지 않으면 백사람이 있으나 한사람을 이기지 못하며 연습을 익숙히 하여 쓰면 능히 백사람을 당할 수 있다. - (習練편)
  고로 공자가 말하기를〈백성을 가르치지 않고 전쟁에 쓰는 것은 버리는 것이나 같다.〉

- 장군이 되는 자는 반드시 이목(耳目)과 조아(爪牙)와 같은 심복인이 있어야 한다.
  심복(心腹)이 없는 자는 마치 캄캄한 밤길을 갈 때 수족이 없는 것과 같고,
  귀, 눈이 없으면 천지(天地)가 모두 암흑이 되어 그 움직일 바를 모를 것이고,
  손톱 어금니가 없는 자는 음식물을 먹는데 곤란을 느끼니,
  이와같이 되면 죽음을 면치 못할 것이다. - 腹心편

- 옛날 用兵을 잘하는 사람은 능히 계획의 산출이 정확하다.
  〈그와 싸워서 전승(戰勝)할 수 있을 것인가〉, ▸주장이 현량한가 ▸식량은 풍요한가
  ▸사졸의 훈련- 軍衆의 용태가 정비되어 있는가 ▸병마가 피로치 않은가
  ▸백성은 평안한가 등 이를 관찰하여 강하고 약한 그 형세를 알고 그 후에 결정하는 것이다. - 揣能편/ 揣 - 헤아릴 췌

- 무릇 지형의 형세란 병사들의 도움이 된다. 지세를 모르는 자가 싸워서 이긴다는 것은 있을 수 없는 일이다. - 地勢편
- 옛날에 전투에 능한 자는 먼저 적의 정세를 살핀 후에 도모한다. - **擊勢편**

14. 제갈량 심서

지도자심서(心書)

- ■ 장군이 해야 할 수칙(將之道) - 將情편
  - 군에 우물이 완성되기 전에, 목 마르다는 말을 하지 않으며
  - 군중에서 밥이 되기 전에, 장군은 배고픔을 말하지 않는다.
  - 군에서 불을 피우기 전에 장군은 춥다고 말하지 않으며.
  - 군에 막사를 짓기 전에, 장군은 곤(困)하다 말하지 않는다.
  - 폭염에도 부채를 안 잡으며, 혹한에도 갑옷을 입지 않는다.
  - 우중에도 우비를 안 입는다. 오직 군졸과 한가지로 할 뿐이다.

    註 : 제갈량에 관해서는 누구나 다 잘 알듯이 유비를 도와 삼분천하 한 병법가로서 오늘날 지략의 대명사로 불리운다. 한 인간의 인격 도야는 물론 齊家를 하는데도 더 나아가 국가 사회를 영위해 나가는데도 좋은 교과서가 될 것이다. 이 심서는 五十편에 불과하다.

- ■ 무릇 용병(用兵)하는 道는 먼저 병사들이 화목하고 단결하는 데 있다.
  병사가 화목하면 그 마음이 동요(動搖)되지 않으며, 스스로 단결되어서 적과 싸운다. 만약 화목이 없으면 장수와 병사들이 각각 의심을 품게 되며 장수의 호령에 따르지 않게 된다. 이와같이 되면 탕무(湯武)의 지혜가 있다해도 필부(匹夫)에게 조차 승리할 수 없다. - 和人편

- ■ 훌륭한 장군은 ▶ 지극히 굳으(剛)면서도 부러지지 않고, ▶ 지극히 부드(柔)러우면서도 구부(卷)러 지지 않는다. 그러므로 〈약함으로서 강함을 제압하고 부드러우면서 굳음을 제압〉한다. ▶ 오직 부드럽고 약하기만 하다면 그 세(勢)는 반드시 꺾일 것이요, 오직 굳고 강(强)하기만 하다면 그 세(勢)는 반드시 망(亡)할 것이다. 부드럽지도 굳지도 않음이 도(道)에 합치되는 길이다. - 將剛편

  ※ 이책 (심서) 四十七편 〈동이(東夷)〉에는 동방의 (고구려) 백성은 예절과 충의가 강한 나라이다 라고 적고 있다. 그런고로 외적의 침공에는 여하한 급난한 전투에도 능히 방어할 수 있다. 때문에 감히 침공할 수 없다는 글이 나온다.

  ♣ 모택동의 유격 (게릴라) 전술 (십육자 전법)
  - 敵進我退(적진아퇴) - 적이 진격하면 우리는 후퇴하고
  - 敵駐我擾(적주아요) - 적이 주둔하면 우리는 소요를 일으키고
  - 敵疲我打(적피아타) - 적이 피곤하면 우리는 타격을 가하고
  - 敵退我擊(적퇴아격) - 적이 후퇴하면 우리는 공격한다.

- ■ 사마법에 이렇게 실려 있다. ▍나라가 비록 강대하나, 싸움을 좋아하면 망하게 마련이며, ▍천자가 비록 편안하나, 전쟁을 잊고 살면 반드시 위험한 경우를 당한다. 라고 하였다.
  * 司馬法曰 國雖大 好戰必亡, 天下雖安 忘戰必危,

15. [近思錄] 정치의 글

■ 염계(濂溪)의 나라 다스리는 道

천하를 다스리는데는 근본이 있으니, 자기 자신을 말하는 것이다.
천하를 다스림에는 법칙이 있으니, 자기 집안을 이른다.

근본에는 반드시 실마리가 있으니
실마리의 근본은 마음을 성실하게 갖을 따름이다.

법칙은 반드시 좋아야 하는데
좋은 법칙은 반드시 친족과 화목할 따름이다.

집 다스리는 어려움을 알면 - 家難而天下易
천하는 쉽게 다스릴 수 있다.
집안의 화목은 곧 천하를 다스리는 것이다.

※ 요임금이 두 딸을 규수 냇가의 순에게 시집 보낸 까닭도 순에게 천하를 물려줄 수 있을지를 시험해 보려는 뜻이었다. 이것은 천하를 다스리는 것을 자기 몸을 잘 닦는데에서 보는 까닭이다. 몸이 단정하다는 것은 마음이 성실하다는 것을 말한다.
주염계(敦頤) - 宋나라 英宗시대 사람

■ 난세를 바로 다스리는 방법

역경(易經) 태괘 구이효(泰赴 九二爻)에 이르기를
〈거친 것을 감싸주며 과감하게 행한다 라고 하였다〉. - (包荒 用馮河)
이에 대하여 이천(伊川)선생이 역전(易傳)에 이르기를

- 사람의 감정이 안이하면, 방자해지며 - (人情安肆) 肆 - 방자할사
- 정치는 느슨해지고, 법도는 해이해지며, - (政舒緩 法度廢弛)
- 모든 일에 절도가 없게 된다. - (庶事無節)

그것을 다스리는 도는 〈반드시 거칠고 더러운 것을 감싸주는 아량이 있어야 한다〉
그러면 그 베푸는 정치가 너그럽고 자상해지며, 일의 이치에 어긋나는 것은 고치어 사람들은 거기에 안정하게 된다.
또 〈화합을 통하여 천하 국가 사람 사이가 원만해질 수 있다고 말하였다〉.
무릇 천하로부터 한나라 한 집안에 이르기까지, 만사가 서로 화합하지 못한 까닭은 모두 사람의 틈이 있는 곳에서 말미암는다. 틈이 없으면 곧 합쳐진다.

※ 너그러이 감싸주는 아량을 갖고, 굳세고 과감하게 정치를 행하는 것이 옛 성인의 행위였다.

지도자심서(心書)

■ 포악한 사람을 제어하려면

易經의 대축괘 육오효(大畜卦 六五爻)에 말하기를
〈거세한 돼지의 이빨이니 吉하다〉라고 하였다. (豶豕之牙吉) 豶-제할분(거세)
이에 대해 이천(伊川)선생의 역전에 말하기를
〈물건에는 총괄하는 것이 있고 (物有總攝), 일에는 기회가 있다. (事有機會)

성인은 그 요점을 파악하고 있어서 억조창생의 마음을 한마음과 같이 보고 道를 따라 행하고 거기에 머물러 행한다. 그러므로 수고하지 않고도 다스려져 그 효용이 거세한 돼지의 이빨과 같다.(순하다는 뜻)는 것이다.

■ 국가를 경영하는 요체(要諦)

정이천(程伊川 - 宋의 영종시대)은 정치를 함에 가장 중요한 것은

- 〈백성의 힘을 아끼는 것이라고 말하였다〉 백성을 위하여 임금을 세우는 것은 백성을 기르기 위한 까닭이다.
  백성을 기르는 도는 그들의 힘을 아껴주는 데에 있다. (養民之道 在愛其力)
- 힘이 넉넉하면 생활하고 기르는 일을 다할 수 있다. 생활하고 기르는 일을 다하면 곧 교화가 행하여지고 풍속이 아름다워진다. 그러므로 정치를 하는데는 백성의 힘을 소중하게 여겨야 한다.
- 춘추에는 모든 백성의 힘을 사용한 것은 반드시 기록하였다. 그 일을 기록한 것은 백성들을 수고롭게 하고, 피곤하게 하는 것이 중대한 일이라고 여겨서이다.
  이와같이 백성의 힘을 사용하는 것은 곧 마땅히 사용해야 할 곳에 사용해야 한다.
- 또 다스리는 道와 다스리는 法에 대해 말하고 있다.
  그 몸을 다스리고 집안을 가지런히 하는 데서 부터 천하를 태평하게 하는 데에 까지 모두 다스림의 도(道)이다.
- 정치에 기강을 세우고, 모든 직책을 나누어 올바르게 맡고, 하늘의 때를 따라 일을 처리하는 데서 부터 제도를 마련하고 법도를 세워 천하의 일을 다 처리 하는데 이르기까지 모두 다스림의 법(法)이다.
  "성인이 천하를 다스리는 道도 오직 이 두가지 단서에 의한 것일 따름이다".

■ **명도선생**이 조정에 올린 글에서 천하를 다스리는 데에는
- 풍속을 바르게 하고 (以正風俗),
- 재주가 뛰어난 어진 인재를 얻는 일을 근본으로 삼아야 한다고 하였다. (得賢才爲本)

三. 정치입문편

- 손지(巽之)는 조정을 위해 말하기를
  - 사람은 항상 함께 갈 수 없으며   - 人不足與適
  - 정치는 조금이라도 틈이 있어서는 안된다.   - 政不足與間
  - 우리 인군으로 하여금 온 백성을 적자 사랑하듯 한다면.   - 愛天下之人如赤子
    다스리는 덕(치덕)은 날로 새로워지고   - 則治德必日新
    등용된 관리들은 좋은 선비가 될 것이다.   - 人之進者必養士

- 종묘는 천하를 다스리는 중요한 길이다.
  〈왕은 종묘를 모신다는 말이 있다〉. (王假有廟)

  이에 대하여 "伊川 선생의 역전(易傳)에 이르기를 천하의 모든 백성은 지극히 많아서 가히 하나로 뭉쳐 나가게 할 수가 있다. 인간의 마음은 끊임없이 움직이기 때문에 능히 지성과 공경을 다하여 그의 마음에 이르도록 하는 것이다.

  천하의 인심을 하나로 합하여 뭇사람의 뜻을 집중시키는 방법은 하나가 아니다. 그 가장 큰 것은 〈종묘에 제사지내는 것보다 더한 것은 없다〉.
  그러므로 인군은 천하의 인심을 모아서 종묘에 제사 지내는 것이 천하에 인심을 집중시키는 방법이다. 제사를 지내 조상에게 보답하는 것은 인심의 근본이다. 성인(聖人)은 다만 예를 제정(制定)하여 덕(德)을 이루는 것뿐이다.

  ※ 왕가유묘(王假有廟) - 임금이 종묘를 세워 선조를 제사 지내고 효도하는 마음으로 백성을 감화시키는 일.

- 이 세상에서 먼저 해야 할 세가지 일

  이천선생은 정치를 하는데 있어 〈立志 責任 求賢〉의 세가지 방법을 잘 활용해야 한다고 말하였다. 즉 첫째가 뜻을 세우는 일이요, 둘째가 책임을 다하는 일이요. 셋째가 현자를 구하는 일이다.

- 충언(忠言)은 반드시 밝은 곳에서부터 해야 한다.

  사람의 마음이란 가려져 있는 곳이 있고, 통하여 있는 곳이 있다.〈통하여 있는 곳은 밝은 곳이다. 그를 통해서 밝은데를 찾아간다면 임금의 믿음을 얻기 쉽다. 대저 가르침에는 반드시 그 사람의 장점이 있는데서 부터 들어가야 한다.   - 伊川

- 정치의 목적은 두가지의 개혁(改革)에 있다.

  다스림의 道는 근본에 따라 말하는 경우가 있고, 또한 일에 따리 말하는 경우가 있다. 〈근본을 따라 말하는 경우〉는 인군의 마음의 그릇됨을 바로 잡는 것이다.
  인군의 마음을 바로 잡음으로서 조정을 바로잡고, 조정을 바로 잡음으로서 모든 백관(百官)들을 바로 잡게 된다.

15. 近思錄_정치의 글

지도자심서(心書)

만약 〈일에 따라 말하는 경우〉라면 잘못을 구(救)할 것이 없으면 그만인 것이다. "만약 모름지기 잘못을 구(救)하려면 반드시 변혁해야 하는 것이다". 이것을 크게 변혁(變革)하면 크게 유익되고 작게 변혁하면 작게 유익한 것이다". - 程明道

■ 세인(世人)과 친근(親近)하여 지는 방법

역경(易經)의 비괘 구오효(否卦 九五爻)에 말하기를 〈친함을 나타내는 것이니 - 顯比〉 「임금은 세 방면에서 짐승을 몰아 앞으로 뛰는 짐승은 놓아준다」 - 王用三驅

이에 대하여 이천(伊川) 선생의 역전(易傳)에 이르기를,
임금이 천하를 친근케 하는 도는 마땅히 그 道에 친근함을 나타내어 밝힐 따름이다. 만일 ▶정성스러운 뜻으로 사물을 대하고, ▶자기 처지를 미루어 남을 생각하여 정치를 행하고 인을 베풂에 있어, 천하로 하여금 그 혜택을 입게 하여야 한다. 이와같이 하면 천하에 누가 임금에게 가까이하지 않겠는가.
오는 자들을 어루만져 주며, 억지로 부드러운 모습을 하고 외물(外物)에 친근해지기를 구할 것이 아니다. 그것은 사냥을 할 때, 세 방향에서 짐승을 몰아 도망하는 짐승은 내버려 두고 추격하지 않으며, 달려오는 것만을 잡는 것과 같다.

- ▶ 또 신하로서 임금을 대하는 것도 〈그의 충성을 다하고 그의 재주와 힘을 발휘하는 것〉이, 곧 임금에게 친근감을 나타내는 도이다. 그의 의견의 쓰임 여부는 임금에게 달려 있을 뿐이다.
- ▶ 또 친구 사이에 있어서도 그러하다. 〈자기 몸을 닦고, 정성된 뜻으로 그들을 대하면 된다〉, 자기에게 친근해지거나 그렇지 않은 것은 남에게 달려있을 뿐이다.
- ▶ 마을 사람이나 친척들에게 있어서나, 뭇사람을 대함에 있어서도 모두 그렇지 않음이 없다. 이것이 세 방향에서 몰아 앞으로 뛰어가는 짐승을 놓아 준다는 뜻이라고 하였다. - (근사록 저영호 편역 취함)

■ 이윤(伊尹)은 자신이 받드는 군주가 "요(堯)임금이나 순(舜)임금"같이 되지 못하는 것을 부끄럽게 여겼고, 백성 가운데 어느 한사람이라도 편히 쉴 마땅한 자리를 얻지 못하면 마치 자신이 시장(市場)에서 매를 맞는 것 같이 생각했다. - 近思錄

■ 성인이 경계하여야 할 것은 반드시 모든 것이 왕성(旺盛)한 때에 해야 한다. 한창 왕성할 때 경계할 줄 모르고 안일하고 부귀한 것에 젖으면 교만과 사치가 생기며, 안락을 누리면 기강(紀綱)이 무너지고, 재앙이 어지러움을 잊으면 다시 재앙이 싹트기 시작한다. 이러한 것들이 점점 스며들어 마침내 어지러움에 이르는 것을 알지 못하게 된다.
  - (근사록 정호영 역)

■ 관리(官吏)의 좌우명(座右銘) - 呻吟語

아무런 보람도 없이 먹어만 대는 것은 참새나 쥐의 종류요. (無功而食 雀鼠是已)

마구 피해를 주어 가면서 먹어 대는 것은 호랑이나 승냥의 종류이다.(肆害而食, 虎狼是已)

관리가 된 자는 좌우에 써서 붙여 둘 것이다. (士大夫可圖諸左右)

■ 정치의 요령(要領) - 呻吟語

천하를 다스림에는 언제나 천하 백성의 정신을 분발시키고 의식을 긴장시켰다. ▶ 정신을 분발하면 백성은 생업에 힘써 군비도, 식량도 충족되고 정의의 기풍이 넘쳐 흐르게 된다. ▶ 의식을 긴장시키면 백성은 나쁜 짓을 행하지 않고 한 몸과 한 집안을 지키는데 신중히 하며, 명예와 절의를 중히 한다.

■ 나쁜 폐단은 그 근원(根源)의 하나를 바로 잡으면 천가지 만가지의 폐단을 골고루 제거(除去)할 수 있다.

▶ 정치도 그의 근원인 하나를 다스리면 천가지 만가지의 문제가 단번에 처리될 수 있다. - (呻吟語/ 呂坤 1536-1618)

■ 안자(晏子)는 이렇게 말하였다.

무릇 즐거움이란 윗사람과 아래 사람이 같이 나누어야 하는 것입니다. 그래야 天子가 天下 사람과 더불어 군림할 수 있고. 제후는 그 경내에서 제후 노릇을 할 수 있으며, 대부(大夫) 이하로는 각각 그들의 관료와 같이 일할 수 있는 것입니다. 이와 같아서 혼자 즐긴다는 것은 있을 수 없습니다.

詩에 이르기를 〈훌륭하신 임금 그대 자리 마련해 주니, 이는 바르고 곧은 이를 좋아함이라〉고 하였다. *詩經-靖恭爾位 好是正直 神之聽之 介爾景福 - (小明)

■ 나라에 어진 보좌와 뛰어난 보좌가 없는데도 능히 〈공명을 이루고 안위계절(安危繼絶)한 나라는 이제껏 있지 않았다. 따라서 나라란 "크기에 힘쓸것이 아니라" 어진이를 얻기에 힘써야 하는 것이다.

백성의 마음만 얻으면 백성이 저절로 그리로 쏠리게 마련이고, 어진 보좌가 있게되면 선비들이 그쪽으로 귀의하게 마련이다.

■ 전(傳)에 "산과 풀은 해물을 감추어주고, 내와 못은 오무를 받아 준다"고 하였다. 마찬가지로 나라의 인군은 더러운 때조차 모두 덮어 감싸주는 것이 하늘에 도리이다.

*윗자리에 있는 자는 낮은 백성들의 잘못된 일들을 포용할 수 있어야 한다는 뜻.

16. 설원 說苑 - 정치내용

■ 인군의 도는 청정무위(清淨無爲) 해야 하며, 박애(博愛)에 힘써야 하고, 어진이를 모시어 쓰기에 바빠야 한다. 또 이목(耳目)을 크게 열어 만방(萬邦)을 살펴야 하며, 유속(流俗)에 빠져 들어서도 안된다.

우뚝서서 멀리 바라볼 수 있어야 하며, 바르게 서서 독립할 수 있어야 한다. 그런가 하면 성과와 실적을 자주 살피고 헤아려. 이로써 공정하게 신하를 대하여야 한다. 이것이 人君된 자가 지녀야 할 조도(操道)이다. - 師曠

■ 남의 윗자리에 있을 사람의 도리 (人上之道)
  무릇 높은 자리에 처한 자는
  ❶ 반드시 아래 사람을 공경으로서 대하고,
  ❷ 바르게 간 하는 말을 온유하게 받아들일 줄 알아야 한다.
  ❸ 또 불휘지문(不諱之門)을 열어놓고 절도에 맞추어 이들을 안정시키고 써 그들의 구실을 마련해 주도록 하라.
  ❹ 간언(諫言)을 해오는 자들에게는 자신의 위엄으로서 이들을 가로막거나, 그 말을 조목 조목(條目) 반박(反駁)해서는 안된다.
  ❺ 그들의 말을 널리 채집하여 이에 그럴만한 이유가 있는 것을 채택하여야 한다.
   ☞ 不諱之門(불휘지문) - 꺼리낌없이 말할 수 있는 문, 본문은 주周나라 성왕(成王)이 백금(伯禽)에게 훈시한 글이다.

■ 영명한 군주는 세가지 두려워하는 바가 있다. (明主者有三懼)
  첫째는 높은 지위에 처해 있으면서 자기의 「과실을 듣지 못할까 하는 두려움」이요
  둘째는 득의 만만하여 「교만해지지나 않을까 하는 두려움」이요.
  셋째는 천하에 훌륭한 말을 듣고도 이를 「실행에 옮기지 못할까 하는 두려움」이다.

   ♣ 옛날 요. 순. 이 임금이 되었을 때에는 오직 자기가 말을 해놓고 누구하나 반대하지 않으면 어쩌나 하고 걱정을 하였다. 그러나 걸, 주가 임금이 되었을 때에는 자기가 말을 하였을 때 누구라도 반대하고 나서면 어쩌나 하고 걱정을 하였던 까닭으로 망하고 말았다.

■ 인신지술 (人臣之術)
  남의 신하된 자로서의 처세술은 ▶ 순종하면서 복명하되 감히 전횡을 부리지 않으며,
  ▶ 의를 구차스럽게 합리화시키지 않으며, 지위를 구차스럽게 높이지 않아야 한다.

그렇게 하면 나라에 반드시 이익이 있고, 임금에게 보필함이 있게 된다. 따라서 자신은 존귀해지고 자손들도 이를 보존하게 된다. - 설원 신술

■ 공자 이르되 "처음에 조심하지 않고, 나중에 뉘우친들 비록 후회해도 미치지 못하 느니라"고 하였고,
시(詩)도 역시 〈눈물을 머금고 흐느낀들 어찌 미칠 수 있으리요♪〉 (啜其泣矣 何嗟 及矣)라고 하였으니, 이는 처음 시작에 근본을 바르게 세우지 않았다가 끝에가서 근심에 휩싸임을 말한 것이다. - 啜(철) - 마실 철, 또(차) - 탄식할 차.

■ 관중은 하늘을 귀하게 여겨야(貴天) 한다고 하였다. 임금된 자는 바로 백성을 하늘로 여기라는 뜻이다. "백성이 임금과 함께하면 편안할 것이요. 백성이 임금을 도와주면 강해지는 것이다." 그렇지 않으면 위태해지고 백성이 임금에게 등을 돌리면 망하게 된다는 것이다.

■ 춘추시대란 바로 나라의 거울이다. - 春秋 國之鑑也
춘추시대에는 그 임금을 죽인 사건이 서른여섯번 (弑君三十六),
나라를 망친 경우가 쉰두번 (亡國五十二),
제후로서 도망하여 자신의 사직을 보존하지 못한 경우도 심히 많다.
그러면서 그런 사실을 먼저 보고도 뒤따라 똑같은 길을 가는 자들이 없지 않았다.
☞ 이시대 정권을 잡은 정당 대통령은 이런 역사를 깊이 통찰할 일이다. - 남의 일로 생각말고

■ 管仲(관중)은 수레에 탄 채 이렇게 탄식하였다.
▶ 나는 능히 따뜻한 봄바람을 모든 사람에게 다 불게 해주지 못했고,
▶ 여름의 그 단비를 모든 사람에게 베풀지 못했다.
  나도 궁해질 것이 틀림없도다./
☞ 이는 관중의 정치가 다운 일면을 보여주는 것이라 하겠다. 일상하고 또 해도 항상 부족함을 자책하는 말이다.

■ 물이 탁하면 물고기가 고통을 당하고   - 水濁則魚困
  법령이 가혹하면 백성이 어지러워지며,   - 令苛則民亂
  성이 높기만 하면 무너지게 마련이며   - 城峭則必崩
  축대가 성글면 허물어지게 마련이다.   - 岸疎則必陀

☞ 극을 피하고, 중용을 강조하고 있다.
  급히 수레를 모는 자는 일천리를 모는 자가 못된다.

지도자심서(心書)

■ **자공이 공자에게 백성 다스리는 법을 묻자. 공자가 이렇게 말하였다.**
〈조심조심하여 썩은 고삐로 내딛는 말 다루는 듯 하려므나〉 - (懍懍焉 如以腐索御奔馬)
이에 자공은 '어찌 그렇게 두려운 말씀을 하십니까' 라고 하였다.

공자는 다시 이렇게 말하였다.
"사통팔달의 나라에는 가는 곳마다 사람이 있다. 그들을 '도'로서 인도하면 모두가 나의 가축처럼 말을 듣지만 '도'로서 인도하지 않으면 나의 원수나 마찬가지이다. 그러니 어찌 두려워하지 않겠는가?"

■ **진(晋) 문후(文侯)가 정치에 대해 묻자, 구범(舅犯)이 대답했다.**
▶ 익힌 음식을 나누어 주는 것은 날 곡식을 주느니만 못하고 ▶ 날 곡식을 주는 것은 그에게 땅을 주는 것만 못합니다. ▶ 땅을 떼어 백성에게 나누어 주어 그 작록을 더욱 높여 주어야 합니다.

이리하여 "윗사람이 땅을 얻으면 백성은 자신도 부유해질 것이라고 알게 되고, **윗사람이 땅을 잃으면 자신도 가난해지고 만다는 것을 깨닫게 되지요.** 〈옛날에 군대를 모아 전쟁을 일으켰던 것이 바로 이 때문이라〉"고 말할 수 있습니다.

■ **초(楚) 장왕(莊王)이 사냥을 좋아하자** 대부가 간언하기를 진(晋)과 우리 초나라는 서로 적대관계에 있으므로 晋에 대한 방비를 해야 하는데 어찌 사냥에 탐익(貪溺)해 있으시는 겁니까? 그러나 장왕은 이렇게 대답하였다.
내가 사냥을 하는 목적은, ❶ 선비를 구하기 위함이요, ❷ 그 진총(榛梨-사냥에 창대신 쓰는 교목/ 喬木) 하나로 호표를 찌르는 것으로 나는 그런 자의 용맹을 알 수 있고, ❸ 물소나 시(兕-외뿔소의 일종)와 같은 짐승과 엉켜 싸워 잡는 자들을 보고 그들의 인(仁)을 알아낼 수 있소.

그러므로 이 세 가지를 통해, 세가지 유형의 용사를 얻기 때문에 우리 초나라가 안전을 얻을 수 있는 것이외다. 그래서 **진실로 뜻이 있으면 그릇된 일이란 없다.** (苟有志則無非事者)고 한 것이 바로 이를 두고 한 말이다.

■ **서경(書經) 태서(泰誓)에는 이렇게 말하였다.**
❶ 아래 사람에 빌붙어 윗사람을 속이는 사람은 사형 ❷ 윗사람에게 붙어 아래 사람을 속이는 자는 형벌 ❸ 국정에 참여하여 듣고도 백성에게 유익함을 주지 못하는 자는 퇴임. ❹ 높은 자리에 있으면서도 어진 이를 진달시키지 못하는 자는 축출할 것이니라 (在上位 而 不能進賢者逐). 이는 바로 선을 권장하고 악을 축출하기 위함이다.

그래서 傳에는 "현명한 사람을 상해하는 자는 나라의 잔해(殘害)이다". 또한 선한 사람을 가려 은폐시키는 자는 국가의 참함이다. 무죄한 자를 공소(控所)하는 자는 국가의 적이다. (傳日 傷善者 國之殘也, 蔽善者 國之讒也, 朔無罪者 國之賊也)

- 위 무후가(魏武侯) 원년(元年)의 뜻에 대해 오자(吳子)에게 물었다. 그러자 이렇게 대답했다. 〈나라의 임금이 되어 반드시 조심스럽게 시작함을 말합니다〉.
조심스러운 시작(新(始)이란 어떻게 하는 것입니까? - 바르게(正) 하는 것이지요.
바르게 한다는 것은 어떻게 하는 것입니까? 이에 오자(吳子)는 이렇게 설명하였다.
지혜를 밝게 하는 것입니다. 지혜가 밝지 않으면 어찌 바른 것을 볼 수 있겠습니까?
많이 듣고 선택하면 지혜를 밝힐 수 있는 것입니다.
이 까닭으로 옛날에 처음 임금으로 즉위하여 다스림을 보고 받을 때,
▶대부가 하는 한마디, ▶선비가 들려주는 한마디, ▶서민이 뵙고자 할 때 모두 들어보며, ▶공족(公族)이 묻는 말에 반드시 대답해 주는 등, 사방에서 오는 자들을 막지 않았습니다. 이로서 그들을 막거나 은폐시키지 않았다고 할 수 있습니다.

그리고 나서 ▶녹을 나누어 누구에게나 미치게 하며, ▶형벌은 틀림없는 경우에만 쓰며, 임금은 ▶마음을 안에 두고, ▶그 생각은 백성의 이익에 두며, ▶백성의 피해를 어떻게 제거해 줄까 하면, 가히 민중을 잃지 않을 수 있습니다.

임금의 행동은 반드시 정(正)에 두며, 가까운 측근을 선발하되 대부가 관직을 겸할 수 없도록 하고, 백성의 민원에 관계된 집정(執政)은 어떤 일족의 손에 독점되지 않도록 한다면 가히 권세의 현상이 없어질 것입니다.
이것은 모두 春秋의 뜻이며 元年의 本인 것입니다. - (說苑 建本)
- 춘추(春秋) - 역사의 바른길, 또는 사물의 바른 도리, 기년(紀年)의 바른 이치.

- 무릇 **왕업과 패업**을 이루는 것은 사람이 하는 일이며,
나라나 집을 망치는 것 역시 사람이 하는 일이다. ※ 夫王霸固有人 亡國破家亦固有人

- 좌유左儒(주 선왕의 신하)는 이렇게 말하였다. (不枉義以從死 不易言以求生)
제가 듣건대 "옛날의 선비는 죽음을 따를지언정 의를 굽히지는 않았으며, 살기 위해 자신이 한 말을 바꾸는 일이 없다"고 하였습니다. (정당 대표가 자주 말 바꾸는 것을 보면서 이래도 되는가 싶다).
- 맑은 거울이 형체를 밝게 비추어 주듯이 지나간 옛일이란 오늘을 알게 해주는 거울인 것이다.
- 제나라 환공은 궁궐 뜰에 정료(庭燎)의 횃불을 밝혀놓고 훌륭한 선비들이 밤에라도 찾아와 주기를 바랐다.
  ※ 정료- 옛날 나라의 큰일이 있을 때 궁궐 뜰에 밤새도록 불을 밝히는 것.

지도자심서(心書)

- 복자천(宓子賤)이 선보(單父)땅을 다스리면서, 다만 거문고만 튕길 뿐 직접 당(堂) 아래 내려 오지도 않았건만 그 땅이 다스려졌다.

  한편 무마기(巫馬期)가 역시 선보땅을 다스릴 때에는, 별이 지지 않는 새벽에 일어나 다시 별이 떠야 들어와 쉬면서 밤낮으로 몸소 나서서, 선보를 다스릴 때에도 역시 다스려졌다. 무마기가 복자천에게 그 이유를 물었다.

  복자천은 이렇게 대답했다.
  "나는 사람에게 일을 맡겼고(任人), 그대는 힘에 일을 맡겼기(任力) 때문이요.
  힘에 맡기면 진실로 노고(勞苦)스럽지만, 사람에게 일을 맡기면 편안(便安)하지요!."
  이 말을 들은 사람들이 복자천을 군자라고 하였다.
  사지(四肢)를 편안히 하고, 눈과 귀를 온전히 하며 심기를 평안히 하고도 백관이 다스려졌으니 이는 그 수에 맡겼기 때문이다.(任其數而已矣) - 여씨춘추. 六論

- 인군으로서 천하를 편안히 다스리고 이름을 드날리고자 하는 자는,
  반드시 어진이를 높이고 스스로를 선비보다 낮추어야 한다.
  그래서 역(易)에 〈스스로 위에 있으면서 아랫사람 보다 낮추면 그 도가 크게 빛내리라고 하였고〉, 또한 귀한 자가 천한 자보다 더 아래에 처하면 크게 백성을 얻을 수 있다 라고 한 것이다. ※ 易曰: 自上下下 其道大光, 又曰以貴下賤 大得民也

- 조정(朝廷)에 어진이가 없다는 것은 홍곡(鴻鵠)에게 깃과 날개가 없는 것과 같아 비록 일천리 날기를 소망해도 그 뜻대로 날을 수가 없다. 이런 까닭으로 강과 바다에서 노는 자는 배에 의탁해야 하고, 먼 길을 가는 자는 수레에 의탁해야 하듯이 패왕이 되고자 하는 자는 어진 이에게 의탁해야 되는 것이다.

- 이윤은 탕 임금을, 관중은 제 환공을, 백리해는 진 목공을, 태공망은 주 문왕을, 만나 재상이 되어 그 뜻을 펴게 되었다.
  그래서 시(詩)에 이르기를

  "이리저리 뻗은 칡들, 들에 가득하네.
  훌륭한 기술자 얻어 멋진 갈포(葛布) 만들지.
  그 기술자 만나지 못하면, 들에서 말라죽네! 라고" 하였습니다.
  앞에 든 네 선비가 만약 명군 성주를 만나지 못하였더라면, 그저 걸식이나 하고 거지 노릇을 하다가 말라 죽었을 것이니, 비유컨대 들에 뻗은 칡과 같았을 것이다.
  *위 시는 지금의 詩經에는 전하지 않는다. - 逸詩

- 항상 편안한 나라란 있을 수 없으며
  항상 다스려지는 백성도 있을 수 없다.
  어진 이를 얻으면 나라가 편안하고 창성하되
  어진 이를 잃으면 위험과 멸망을 가져오게 된다.
  그런데 그렇지 않은 경우란 自古及今에 한번도 있어 본 적이 없다.

- 주공이 천자를 섭정(攝政)한지 7년 동안, 포의(布衣)의 선비임에도 주공이 예물을 갖추어 찾아가 뵌 이가 12인이었다.
  궁벽산 동네에 가난하게 살지만 찾아가 뵌 이가 49인,
  ▶ 때때로 훌륭하다고 천거된 이가 1백인
  ▶ 가르침을 줄 만한 이가 1천인
  ▶ 벼슬 살면서 주공을 뵙고 의견을 말한 이가 1만인 이나 되었다.

  ※ 이때에 주공이 교만하고 인색하였다면 천하의 현사들이 그렇게 많이 그를 찾아오지 않았을 것이다. 공자는 자로에게 이렇게 말하였다. 내 듣기로 무리가 많음을 믿고 소수를 공격하였다가 망하지 않은 자가 없다. 그러나 귀한 신분이면서 천한 사람의 아래에 처하게 되면 얻지 못할 것이 없다. 주공은 천하의 정치를 제압하면서도 자신을 낮추어 모신 선비가 70인이나 되었다. 어찌 道가 없어서 그러하였겠느냐? 이는 바로 선비를 얻기 위한 일이다.

- 관중은 패업을 이루는데 방해가 되는 것을 이렇게 열거하였다.
  1. 어진 이를 몰라보는 것   (不知賢)
  2. 알면서도 등용치 않는 것   (知而不用)
  3. 등용은 하되 맡기지 않는 것   (用而不任)
  4. 임무를 맡기되 믿지 못하는 것   (任而不信)
  5. 믿기는 하되 소인배를 시켜 다시 간섭하는 것 (信而後使小人參之)

- 역(易)에 임금의 신하가 되어 온갖 고생을 두려워하지 않는다. 그러면서 결코 자기 몸을 위하지 않는다고 하였다. 사람의 신하로서 그 난관에 대해 온갖 고생을 하면서도 그 임금에게 충간을 하는 것은 모두가 자기 자신을 위한 것은 아니다. 이는 바로 그 임금의 과오를 바로 잡아주고 임금의 실책을 교정해 주는 것이어야 한다. "임금에게 과오와 실책이 있는 것은" 바로 위험과 멸망의 싹이 되는 것이므로 임금의 과실을 보고도 이를 간하지 않는 것은 임금의 위망(危亡)에 대해 경홀(輕忽)이 대처하는 행위이다. 무릇 임금의 위망을 경홀히 하는 일은 충신으로서는 참아 못할 일이다.

  ※ 주역에 나오는 이글은 〈王臣蹇蹇 匪躬之故〉 왕신건건 비궁지고- 임금의 신하가 되어 온갖 고생을 두려워하지 않는다〉는 이 句(구)는 윗분을 모시는 막료가 명심할 어구이다. 〈王臣蹇蹇〉-괴로워하는 모양.

16. 설원_ 정치내용

지도자심서(心書)

- 장온고(張蘊古)의 대보잠(大寶箴)에 이런 글이 있다.
  진실로 성인은 천명을 받아 • 도탄에 빠진 자들을 구제하고, 곤경에 처한 자들을 형통하게 하며 (拯溺亨屯(증익형둔)- 빠진 것을 건지고 막힌 것을 뚫는다).
  자신에게 죄를 돌리고, 백성들의 마음을 따르는 것이다 (歸罪於己 因心於民).
  • 큰 밝음은 사사로이 비춤이 없고, 지극히 공정함은 사사로이 친함이 없다.
  (大明無私照 至公無私親) - (고문진보)

- 한유(韓愈)는 그의 爭臣論(쟁신론)에서 말하기를
  하늘이 사람에게 어질고 성스러운 재능을 준 것은 자신만 어찌 有餘하게 할 뿐이겠는가?, 진실로 그 부족한 자들을 도와주게 하고자 해서였다. (誠欲以補其不足者也)
  예로부터 성인과 현사가 모두 마음을 두어 알려지고 등용되기를 구한 것은 아니다. 그 세상이 均平하지 못함과 인민이 다스려지지 못함을 민망히 여겨, 그 도를 얻으면 홀로 그 몸을 선하게 하지 않고 반드시 천하를 겸하여 구제하려 해서 부지런히 힘써서 죽은 뒤에야 그만 두었다. ☞ 옛 선인들의 애민의 뜻을 새겨 둘 필요가 있다.

- 諫言(간언)에는 5섯 종류가 있다.
  1. 정간(正諫) - 정당하고 바르게 간언함
  2. 항간(降諫) - 자기자신을 최대한 낮추어 간언함
  3. 충간(忠諫) - 충성을 가지고 간언함
  4. 당간(戇諫) - 우직하게 간언함 (戇- 당) -고지식함
  5. 풍간(諷諫) - 풍자 비유를 들어 간언하며 스스로 깨우치도록 유도함을 말한다.

  공자는 이에대해 〈나는 풍간을 따르리라!〉고 하였다.
  무릇 간언하지 않으면 임금이 위험하고 간언을 하면 자신이 위험할 경우가 있다.
  이럴 경우에는 "임금을 위험하게 하느니보다 차라리 자신을 위험하게 하는 편이 낫다. 그래서 지혜로운 자는 임금의 권위와 시의(時宜)를 잘 헤아려 그 완급을 잘 조절하며 그 마땅함을 이해시킨다. 그렇게 하므로서
  ▶ 위로는 임금이 위험에 빠지지 않도록 하고
  ▶ 아래로는 자신도 위험에 빠지지 않도록 하는 것이다. 따라서 나라는 나라대로 위험이 없고 자기 몸은 자기 몸대로 위태롭지 않게 된다. 간언에 정수를 보여주고 있다. 중요한 선현의 가르침이다.

- 춘추에는 논리가 상반된 것이 네가지가 있다.
  즉 ▶ 대부는 일을 자기 마음대로 성사시켜도 안되며, 독단적으로 일을 만들어서도 안되다. 라고 해놓고는 국경을 나가 있을 때 사직을 안정시키고, 국사를 이롭게 할 수 있는

일이라면, 이를 전권(專權)으로 처리할 수 있다. 라고 하였다.

또 이미 ▶대부는 임금의 명령으로 출사하였을 때, 진퇴는 대부자신이 결정해야 한다 라고 해 놓고는 또 임금의 명령으로 출사했을 때 상사(喪事)의 소식을 들으면 천천히 행하되 되돌아와서는 안된다. 라고 하였다.

이 무슨 이유인가? 이것은 네 가지가 각각 그의 맞는 조목에만 한정되며 제멋대로 바꿀 수 없다는 것이다.

▶ 마구 일을 만들 수 없다는 것은 평상적이고 일반적인 원칙을 가져야 한다는 뜻이고,
▶ 전권으로 할 수 있다는 것은 위험과 환난을 구하기 위하여 할 수 있는 일이며
▶ 진퇴가 대부 자신에게 있다 함은 군대를 거느리고 병력을 사용할 때의 일이고
▶ 천천히 가되 되돌아 올 수 없다는 것은 출사(出師)중에 임금이나 어버이의 상(喪)을 들었을 때의 이야기이다.

그러므로 군자가 위험이 있는데도 이를 잘 판단하여 전적으로 구하는 데에 힘을 쏟지 않으면 이는 불충한 것이요. 위험이 없는데도 제멋대로 일을 벌인다면 이는 옳은 신하가 못 되는 것이다.

전(傳)에는 시경은 융통성 없는 해석이란 있을 수 없고   - (詩無通故)
주역(周易)은 항상 길(吉) 하기만 한 경우란 없으며   - (易無通吉)
춘추(春秋)는 항상 옳은 고집만 있는 것은 아니다.   - (春秋無通義)
라고 하였으니 바로 이를 두고 한 말이다.

- 詩經(패풍 곡풍)에 〈백성에 재앙이 있으면 기어가서라도 구하여야 한다〉라고 하였다.
  - 詩云 凡民有喪(범민유상) 포복구지(匍匐救之(포복구지))
- 楚의 昭王이 신포서(申包胥)의 공을 높이 인정하려 하자, 신포서는 사양해 말하기를 〈망해가는 나라를 구한 것은 명예를 구한 것이 아닙니다. 공을 이루었다고 상을 받는 것은 용기를 팔아먹는 행위입니다〉라 하고 받지 않았다.
- 한가지 마음이면 1백명의 임금도 섬길 수 있으나   (一心可以 事百君)
  일 백가지 마음이면 한 임금도 섬길 수 없다.   (百心不可 以事一君)
- 군자는 복이 고루 미치지 못하면 어쩌나 걱정하고   (君子 - 慮福弗及)
  화는 일백가지 중 하나라도 미치면 어쩌나 하고 근심한다. - 慮禍百之

■ 제 환공은 거에서 곤액을 치를 때 비로소 패자(霸者)가 될 생각을 하였고,
구천(句踐)은 회계산으로 쫓겨갔을 때 패자를 꿈꾸었으며,
진문공(晉文公)은 여씨에게 핍박을 받을 때에 패자가 될 결심을 하였다.
따라서

지도자심서(心書)

- ▶ 유폐를 당해 보지 않으면 그 생각이 원대하지 못하고
- ▶ 그 몸이 제약을 받아 보지 않으면 지혜가 넓어지지 않는다. 즉 "속담(俗談)에 팔을 세 번 꺾어봐야 양의(良醫)가 된다고 하였다. - (三折肱而成良醫 삼절굉이성양의)
  - ☞ 역사를 되돌아 보더라도 위대한 지도자나 정치가는 많은 시련과 고난을 통해 이루어졌음을 보게 된다.

■ 서(書)에는〈공경히 백성의 때를 잘 맞추어야 한다〉라고 하였고 (書曰 敬授民時), 시경(詩經)에는〈만물은 다 갖추었으니 오직 그때를 맞출지니라〉고 하였으니, (詩曰 物其有矣 有其時矣) 세상 만물이 늘 있으면서, 끊어지지 않게 하려면 오직 때에 맞게 움직여야 한다는 뜻이다.

■ 공자는 이렇게 말하였다.

풍속을 바꾸는데는 악(樂)보다 더 중요한 것이 없고 (移風易俗 莫善於樂),

위를 편안히 하고 백성을 다스리는 데는 예보다 더 중요한 것이 없다. (安上治民 莫善於禮)

이런 까닭으로 ▮성왕(成王)은 예문(禮文)을 닦고 상서(庠序 - 고대의 학교)를 설치(設置)하며 종고(鐘鼓)를 진설(陳設)하고, ▮천자는 벽옹(辟雍-천자가 있는 도성에 설치한 대학)을 세우니, 이는 덕화를 시행하기 위함이다.

詩에 "호경(鎬京)에 벽옹을 세우고 부터 西에서 東에서
　　　南에서 北에서 복종하고 싶어하지 않는 이가 없네"
　　　라고 하였으니 이를 두고 한 말이다.

▣ 제후는 3년에 한번씩 사(士)를 천자에게 천거하여야 한다. 그 선비가 아주 합당한 경우를 한번 이루었을 때를 호덕(好德)이라 하고, 두 번씩이나 훌륭한 선비를 천거하였을 때를 존현이라 이르며, 세번 훌륭한 선비를 천거하였을 때를 有功이라 한다.

이런 유공(有功)자에게 천자는 그 공이 "한 번일 때에는 여복(輿服)과 궁시(弓矢)을 하사하고 "두 번일 때에는 창(활집)을 하사하며, "세 번일 때에는 호분(虎賁) 1백명을 하사하고 명제후(命諸侯)라는 호를 내린다.

명제후가 된 자는 이웃 나라의 신하가 임금을 시해(弑害)하는 일이나. 또는 서얼(庶孼)이 그 종가(宗家)를 죽이는 일이 생기면, 천자로부터 재가를 받지 않았더라도 그를 정벌할 수 있다. 그러나 정벌 후에는 그 땅을 천자에게 귀속시켜야 한다.

다음으로 제후가 천자에게 선비를 잘못 추천하였을 때, "한 번일 경우를 過(과)라 하고 "두 번일 경우를 傲(오)라하며 "세 번일 경우를 誣(무)라한다(過·傲·誣). 이때에는 천자

가 그를 축출하되 ▸한 번일 경우에는 그 작위를 없애고, ▸두 번일 경우에는 토지를 삭감하며, ▸세 번일 경우에는 그의 토지를 몰수한다.

그리고 『제후로서 선비를 추천하지 않을 경우』에는 이를 不率正(불솔정)이라 하며 이 경우에도 ▸첫 번째에는 작위를 없애고, ▸두 번째에는 토지를 삭감하며 ▸세 번일 경우에는 그의 토지를 몰수한다.

그런 후 천자는 1년 동안 제후들의 고과를 심의하여 여러 관리(官吏)중에, 성적이 없는 자를 축출하고, 제후로부터 추천받은 선비로 하여금 그 자리를 대신하게 한다.

시(詩)에 〈그렇게 많고 많은 선비들, 이로서 문왕은 안녕을 얻네〉
하였으니 바로 이를 두고 한말이다. *詩云 : 濟濟多士 文王以寧

■ 천자의 순시(巡視)를 순수(巡狩)라 하고, 제후는 술직(述職)이라 한다.

▸순수라는 것은 자기의 지키는 바를 두루 돌아보는 것이요. ▸술직이란 자기 맡은 바 직무를 펴 보이는 것이다. 〈봄에는 밭가는 것을 살펴 부족한 것을 도와〉주고, 〈가을에는 수확을 살펴 가난한 자를 도와〉준다. 천자는 5년에 한번씩 순수에 나선다.

천자와 제후는 아무일이 없을 때면 한 해에 세 번 사냥을 한다. 그 목적은 ❶제사에 쓸 말린 고기를 위해서, ❷그리고 손님의 잔치를 위해서 또 ❸임금의 식용에 충당하기 위해서이다.

아무 일이 없으면서 사냥 의식을 거르는 것은 불경스러운 일이라 하며, 사냥을 규정에 맞지 않게 하는 것은 **포천물(暴天物)**이라 한다.

※ 본문은 태평시 단순한 사냥의 목적을 말한 것이고, 초 장왕(楚莊王)은 유사시 국가 보위를 위하고 인재를 얻기 위해 사냥을 한다고 하였다.

■ 진 목공(秦穆公)이 유여(由餘)에게 물었다.

옛날 明王과 聖帝들은 어떻게 하면 나라를 얻고 어떻게 하면 나라를 잃는다고 했습니까?, ▎유여는 대답하기를, 제가 듣기로 〈검소하면 나라를 얻고, 사치를 부리면 나라를 잃는다〉고 하였습니다.

목공이 다시 묻기를 "사치(奢侈)와 검소(儉素)의 절도(節度)"에 대해서 듣고 싶소?

유여가 이렇게 말하였다. 제가 듣기로 〈요임금은 천하를 가졌으면서도 토궤(土簋)에 밥을 담아 먹었고, 물은 토병(土瓶)으로 떠 마셨습니다. 그런데도 그 땅이 남으로는 교지(交址)에 이르고 누구나 빈복(賓服)해 오지 않는 자가 없었습니다.

17. 지도자의 함양·수양

1. 지도자의 함양(涵養) 어(語)

- 허자장은 조조의 자기의 평가 요청에 "당신은 처세에 능신(能臣). 난세에 간웅(奸雄) 이라고 말했다.(삼국지)
  *그는 처세나 난세 모두에 적응할 수 있는 능력있는 인물이라는 뜻.

- 조진은 말했다. "형벌은 악을 징벌(懲罰)하고, 상은 공을 보상(報價)하는 것" 이것은 고금(古今)의 도리이다. 더구나 형상(刑賞)은 천하의 것이지 어느 한 사람의 것이 아니다.

- 유수(流水)의 청탁(淸濁)은 그 원천(源泉)에 있다. 군주는 정사의 원천이며, 백성은 마치 물과 같다. (貞觀政要 性心편)

- 계란 두 개 때문에 간성(干城)의 장수를 버린다. - 十八史略
  子思는 성인이 인물을 등용하는 것은 목수가 재목을 다루는 거와 같아서 좋지 못한 곳이 있으면, 버리고 좋은 것은 살렸음이다. (약간의 흠 때문에 인재를 버려서는 안된다)

- 토지는 나라에 근본이다. - 사기 흉노열전
  모든 것은 다 양보할 수 있어도 국토만은 양보할 수 없다. (독도 지킴이 이와같다)

- 남자는 삼국지를 읽지 말고, 여자는 서상기(西廂記)를 읽지 말라. - 속담
  권모술수가 넘쳐흐르는 삼국지를 탐독하면 이내 권모술수를 좋아하게 되고, 서상기 (西廂記)를 읽으면 여자는 음란하여진다는 것이다.

- 통치하는 데에는 용(勇)도 쓰고, 탐(貪)을 쓰고, 우(愚)를 쓴다. - 三略
  각자의 성격을 잘 가려내 필요 용도에 부린다.

- 人君은 오직 一心인데 이것을 공략(攻略)하는 자는 많다.
  인군의 마음은 단 하나 그러나 그 일심을 흩뜨리려는 자는 여러 가지가 있다.
  勇力을 과시하여 잘 보이려는 자, 능란한 변설로 접근하려는 자, 아첨하여 환심을 사려는 자, 거짓말로 속이려는 자, 즐기려는 욕망을 이용하여 유혹하려는 자 등 많다.

- 큰 일을 하려는 통치자에겐 반드시 불러오지 않는 신하가 있다. - 맹자 공손추
  삼국지 - 三顧之禮 (유비와 제갈공명의 고사)가 그 예이다.
  "明主는 사람 얻는 것을 서두르고, 암주(暗主)는 권세 얻는 것을 서두른다. - 荀子

- 개혁에는 저항이 있게 마련이다. "책으로 다스리는 자는 말의 성질을 다 알지 못하고 옛날의 법도 관습을 가지고 지금을 다스리려는 자는 세상의 변화에 따르지 못한다"
  - 史記 趙世家

- 부하의 비판에 귀를 막지 말라, "백성의 입을 막는 것은 물을 막는 것 보다 더 어렵다". 간언(諫言) 비판을 받아들인다. 민중의 소리를 듣는다.

- 물이 너무 맑으면 고기가 없다. 사람이 너무 살피면 따르는 무리가 없다. (宋명신 言行錄), 그런고로 지도자는 때묻고 더러운 것도 받아들일 줄 아는 도량을 지녀야 한다.

- 너그러움으로 엄격(嚴格)함을 덜어주고, 엄격함으로서 너그러움을 덮어준다. 정치는 이렇게 해서 조화를 이룬다. - 左傳
  *삶 생명을 주신 분에게는 죽음으로서 보답하고   (報生以死)
   물건(도움)을 주신 분에게는 노력으로서 보답한다. (報賜以勞)

- 대장부는 자기를 알아주는 사람을 위해 죽고,   (士爲知己者死)
  여자는 자기를 알아주는 자를 위해 몸을 치장한다. (女爲悅己者容)
  (예) : 예양(豫讓)은 자기를 알아준 지백을 위해 목숨을 바쳤고, 위징(魏徵)은 당 태종의 의기에 감동한 나머지 헌신하였다.

- 고어(古語)에 이르되 군주는 배요, 백성은 물이다. (古語云 君舟也 人水也)
  물은 능히 배를 실어 띄울 수도 있지만 한편 배를 전복시킬 수도 있다. (水能載舟亦能覆舟)

- 자신을 내세우지 말라. 자랑_이것은 자기 숭배에 가깝다.
  그것은 하나님을 예배하는 행위를 하면서, 사실은 자신을 예배하는 행위다.

- 과시하려고 알기를 갈망하는 자가 있는데 부끄러운 허영이다.
  다른 사람들을 봉사하기 위해 알기를 갈망하는 사람이 있다. 이것은 사랑이다.

- 옛사람이 말하기를 아직 충분한 신임을 받지 못하면서 간(諫)하면, 듣는 쪽에서는 자기를 비방하는 것으로 오해를 하고, 신임을 받으면서 간하지 않으면 시록(尸祿 - 국록을 받는 도둑놈)이 된다고 하였다. (古人云 : 未信而諫 則謂爲謗, 信而不諫則 謂爲之尸祿)

- 평화로운 국가를 이루는 근본은 다만 훌륭한 인재를 얻는 일이다. 천하를 다스리는 일은 지극히 중대하다는 이말은 정관(貞觀) 2年 太宗이 상서우복야(尙書右僕射) 봉덕(鳳德)이에게 한 말이다.
  그러면서 다만 애석하게도 쓸만한 인재가 있는데도 그것을 발견하지 못하여 세상에 묻어 두면서, 알지 못하고 넘어가는 것이 가장 우려될 뿐이라고 하였다. 또 이르기를 전대(前代) 명왕이 사람쓰는 데는 기량(器量)과 같이 한다고 하였다.

다른 세대에서 「현재(賢才)를 빌어오는 것」이 아니고, 다 그 시대에서 선비를 채용한 것이다. 어느 시대고 賢才가 없을 것인가? 다만 찾지 못함을 근심할 뿐이다. 오늘날에 있어서도 마찬가지다. 인재를 구하는데 공을 들여야 한다. - 貞觀政要 擇官篇

■ 옛날에 한 문제(漢文帝)는 노대(露臺 -전망대) 하나를 지으려고 하였으나, 그 비용이 중산층 집 열채에 상당하다는 말을 듣고 비용을 아끼기 위해 공사를 중지시켰다. "짐(태종)의 덕은 한 채에 미치지 못하는데 소비하는 바가 이것을 넘는다는 것은 어찌 백성의 부모의 도리가 된다고 이를 것인가?.

- 이는 공경(公卿)들이 전각(殿閣) 하나를 태종의 기병치료(氣病治療)를 위해 세우고자 진언을 했을 때, 재물을 아껴한 애민하는 마음에서 나온 말이다. - 貞觀政要儉約篇

■ 태종이 위징에게 국가를 장구히 보전할 방책을 묻자. - 〈징(徵)이 대답하기를〉
기욕(嗜慾)과 희로(喜怒)의 情은 현우(賢愚)가 다 같습니다. "현자는 능히 이것을 절제하여 도를 지나치지 않고, 우자(愚者)는 이를 방종(放縱)하게 하여 많이 자리를 잃음에 이르릅니다.

"폐하께서는 성덕이 현원(玄遠) 하시어, 삶이 편안하실 때 위태로움을 생각하시니 어찌 보통의 정과 같으시겠습니까?, 그러나 엎드려 원하옵건대 〈항상 능히 스스로 마음을 제어하시어 써 끝을 잘하시는 아름다움을 보전하십시요〉, 곧 만대의 길이 힘입을 것입니다.
- (이것은 정관정요 40편 중 마지막 장이다)

※ 방현령(房玄齡)이 고구려 정벌을 반대한 상소, · 위징(魏微)이 십점(十漸)을 간한 상소가 있다. 신하로서의 충정이 돋보인다.

2. 지도자의 수양(修養) 어(語)

■ 세상을 살아가는 데에는
한걸음 양보하는 것이 최고이니
물러나는 것이 곧 나아가는 바탕이 된다.
사람을 대할 때에는 넉넉케 하는 것이
바로 복이되니, 남을 이롭게 하는 것은
실로 자기를 이롭게 하는 바탕인 것이다. - 채근담

- 조상의 덕택이 무엇이냐 하면
  내 몸이 누리고 있는바가 바로 그것이니
  마땅히 쌓기 어려움을 생각해야 할 것이고

  자손의 복지가 무엇이냐 하면
  내 몸이 끼치는 바가 바로 그것이니
  반드시 기울어지기 쉬움을 생각해야 한다. - 채근담

- 벼슬자리에 있으면서도 백성을 사랑하지 않는다면
  그는 의관을 갖춘 도둑에 불과하다.
  학문을 가르치면서도 몸소 실천하지 않는다면
  말로만 참선하는 것이 될 것이고,
  사업을 일으켜도 덕을 심으려고 하지 않는다면
  눈앞에 피고 지는 한때의 꽃이 될 것이다. - 채근담

- 벼슬자리에 있는 사람을 위한 두가지 말이 있으니
  오직 ▶공평하면 지혜가 생기고,
  오직 ▶청렴하면 위엄이 생긴다 함이다.

  집에 있는 사람을 위한 두가지 말이 있으니,
  오직 ▶용서하면 불평이 없고,
  오직 ▶검약하면 풍족해지는 것이다 함이 그것이다. - 채근담

- 하늘은 한 사람을 현명케함으로서
  모든 사람의 어리석음을 일깨우려 하는데
  세상에서는 오히려 자기의 장점을 뽐내며, 남의 단점을 들추어낸다.
  하늘은 한 사람을 부유케함으로서
  모든 사람의 빈곤함을 구제하려고 하는데
  세상에서는 오히려 자기 소유를 자랑하며, 남의 빈곤을 업신여긴다.
  이는 진실로 천벌을 받을 사람인 것이다. - 채근담

- 세상 모든 일 항상됨 없이   - 諸行無常
  한번 나면 반드시 없어지나니   - 是生滅法
  생과 멸에 끌려가는 마음을 없이 다하면 - 生滅滅已
  적멸(寂滅)이 즐거우리 - (법화경 반게송) - 寂滅爲樂

17. 지도자의 함양·수양

지도자심서(心書)

- 마음은 모든 일의 근본이 된다. - 法句經
  마음은 주가되어 모든 일을 시키나니
  마음속에 착한일 생각하면 그 말과 행동도 그러하리
  그 때문에 즐거움이 그를 따르리. - 마치 형체를 따르는 그림자처럼 -

- 해서 안될 일은 행하지 마라 - 法句經
  한 뒤에는 번민이 있나니
  해야 할 일은 항상 행하여라
  가는곳 마다 뉘우침 없다.

- 성냄을 버려라 거만을 버려라 - 法句經
  모든 탐심과 애욕을 버려라
  정신에도 물질에도 집착하지 않으면
  고요하고 평안해 괴로움이 없다.

- 병이 없는 것 가장 큰 은혜요 - 法句經
  만족을 아는 것 가장 큰 재물이다.
  친구의 제일은 미쁨이요
  즐거움의 제일은 열반이니라.

- 세상에 나지 말아라 죽기가 괴롭도다.　　(莫生兮 其死也苦) - 誓幢 元曉
  죽지도 말아라 사는것도 괴롭도다.　　(莫死兮 其生也苦)

　　♣ 세상에 살고 있는 누구에게나
　　 슬픔과 괴로움과 눈물이 있다.
　　 애착에 기대어 모두 생겼고
　　 애착이 사라질 때 모두 멸한다.
　　 슬픔없이 깨끗하게 살기를 원한다면
　　 이 세상 어디에도 애착두지 말아라.
　　 이 세상 어디에도 애착갖지 않는 자는
　　 슬픔을 멀리 떠나 즐겁게 살아간다. - (아함부/ 불경)

　　♣ 매일이 나의 마지막 날이라는 듯이 살아가면서도 거기에 초조해하는 것,
　　 자포자기해서 무기력한 것이나 가식이 없다면 그것이 인격의 완성이다.

18. 주역 계사전(繫辭傳) 上, 下 - 政治道

- 공자 이르시길 〈역의 도는 지상의 법도이다〉　　　　　- 子曰, 易其至矣乎
  역(易)은 성인의 도덕을 숭상하고 공업을 넓히게 한다.　- 聖人之所以 崇德廣業
  知性은 높이고, 예의는 몸을 낮추어 가지니 (知崇 禮卑)
  높이는 것은 하늘을 본뜬 것이요 낮추는 것은 땅을 본뜬 것이다.
  하늘과 땅이 그 위치를 베풀어 놓으면 역의 법칙은 그 가운데서 행해진다.
  만물이 그 본성을 보전하여 생성 존재하니 역은 道義의 문호인 것이다.

- 겸괘 삼양(謙卦三讓)의 효사(爻辭)에
  "공로와 겸손의 덕이 있는 군자로구나 끝까지 길하리라"(勞謙 君子有終 吉)하였다.
  공자 이르시길, 공로가 있어도 자랑하지 않고, 공이 있으면서도 그것을 공덕이라고 생각지 않는 것은 지극히 돈후한 태도이다. (子曰 勞而不伐 有功而不德 厚之至也) 이것은 공이 있으면서도 남에게 자기를 낮추는 것이다. 〈덕있는 말은 성대하고(德言盛), 예의 바른 말은 공손하다 (禮言恭)〉. 겸손이란 공손한 것으로 그 자리를 보존하는 것이라 하셨다.

- 겸괘 상양(謙卦上陽)의 효사(爻辭)에
  "함부로 정상에 치달은 용, 즉 〈높고 굳센 용이니 뉘우침이 있다〉- (亢龍有悔)고 하였다.
  공자 이르시길 〈乾卦上陽의 爻〉는 지극히 존귀하나 상효임으로 지위가 없고 (易에서는 五爻를 제왕의 位로 본다), 너무 높은 자리에 있어서 백성이 없다 (건괘에는 상효의 밑에 음효는 하나도 없다).
  현명한 인사는 모두 자기보다 아래 위치에 있어도 보필함이 없다. 그러므로 너무 극한에 도달하면 겸손하고 근신해야 한다. 亢龍으로서 행동하면 후회하게 된다고 하셨다.

■ 공자께서 말씀하시기를
  〈지금 위태롭게 여기는 자는 그 자리를 안전케 하는자요〉(危者安其位者也)
  〈지금 멸망할까 하는 자는 그 생존을 보존하는 자요〉　　(亡者, 保其存者也)
  〈지금 어지러워질까 하는 자는 다스리게 되는 사람이다〉.(亂者, 有其治者也)
  故로, 군자는 편안하여도 위태함을 잊지 않고　　　　　　(安而, 不忘危)
  존재할 때 멸망을 잊지 않으며　　　　　　　　　　　　　(存而, 不忘亡)
  잘 다스려질 때 어려워짐을 잊지 않는다.　　　　　　　　(治而, 不忘亂)

지도자심서(心書)

■ 공자께서 말씀하시기를
　덕은 박약하면서도 지위는 높고　　　　　　　(德薄而 位尊)
　지혜는 적은데 큰일을 도모하고　　　　　　　(知小而 謀大)
　능력은 적은데 책임이 무거우면　　　　　　　(力小而 任重)
　화가 미치지 않는 일이 드물 것이다.　　　　(鮮不及矣)

■ 역(易)에 말하기를
〈세사람이 동행하면 한사람은 따돌려지고, 혼자서 가면 벗을 얻게 된다〉
- (易曰 : 三人行則 損一人, 一人行則 得其友) 고 하였다.
　이것은 하나로 일치하는 것을 말한 것이다.

■ 공자께서 말씀 하시길 〈군자〉는
　① 그 몸을 안전하게 한 뒤에 움직이고　　　(安其身而後動)
　② 마음을 수월하게 가진 뒤에 말하며　　　　(易其心而後語)
　③ 그 사귈 것을 정해놓은 뒤에 구하는 것이다.　(安其交而後求)
　군자는 이 세 가지를 닦아 온전하여진다고 하시었다.

- 觀我生하여 進退로다. (관아생 진퇴) - 내 삶을 돌아보아 진퇴한다.
　시의에 맞게 경우에 어긋나지 않게 처신하라는 뜻.

- 羝羊이 觸藩하여 羸其角이로다. (저양 촉번 이기각) (羸- 휘다. 약하다)
　숫 양이 울타리를 들이받아 그 뿔이 휘어졌다.
　무모한 행동을 삼가라는 뜻.

- 思不出其位하니라 (사부출기위) - 생각이 그 자리를 벗어나지 아니한다.
　자기에게 주어진 위치 내에서 행동한다.
　분수를 알고 쓸데없는 야심을 갖지 말라는 뜻.

- 日中則昃하며 月盈則食하나니라 - (일중즉측 월영즉식)
　해가 하늘 가운데 오면 기울어지고, 달이 차면 이즈러진다.

- 信及豚魚也요 - (신급돈어야) - 믿음(信義)의 힘은 돼지나 물고기까지도 감화시킨다.
　신의의 힘이란 그만큼 크고 그만큼 넓게 미친다는 뜻.

- 亂之所生也 則言語 以爲階니라. (난지소생야 즉언어 이위계)
　난이 일어나는 것은 말이 원인이 된다. 모든 분란이 처음은 말에서 시작된다.

- **慢藏이 誨盜며 冶容이 誨淫이니라.** (만장회도 야용회음)
  간직함을 소홀히 하면 도둑질을 가르치게 되고, 얼굴화장을 예쁘게 단장 요염한 자태를 보이는 것은 남에게 음탕한 짓을 하라고 가르치는 것이 된다.

- 주역(계사 下)에 〈**窮則變하고 變則通하고 通則久라**〉 (궁즉변 변즉통 통즉구)
  궁하면 변하고 변하면 통하고 통하면 오래간다. 모든 일이 궁극에 달하면 변화가 생기고 변화가 일어나면 통하는 길이 생기고, 통달하면 오래도록 계속된다. 이는 易의 이치이다.

- **龍蛇之蟄은 以存身也라** - (용사지칩 이존신야) - 용과 뱀이 칩거하고 있는 것은 몸을 보전하려 함이다. 사람도 마찬가지로 난세에는 물러나서 때를 기다리는 것이다.

- **書不盡言하며 言不盡意니라** - (서부진언 언부진의)
  공자 이르시길 "글은 하고자 하는 말을 다 표현하지 못하고, 말은 가지고 있는 뜻을 다 나 타내지 못한다". 글로 아무리 표현을 잘하는 사람이라도 말하고자 하는 바를 다 쓰지 못하고, 말을 아무리 잘해도 마음속에 있는 뜻을 다 나타내지 못한다.

  ┃참고┃ 주역이 저작된 것은 중고시대(주나라 문왕과 은나라 주왕)로 보인다. 그래서 근심 걱정이 있었을 것이다. 그러므로 주역은 항상 근심하고 걱정하여 반성하고 계신하고 덕을 닦고 노력함으로 인하여 극복하는 길을 설명하고 있다. 또한 "위험스럽다고 조심하는 자는 평안하게 하고(危者使平)", 자만하여 안이해 하는 자는 멸망하게 된다. (易者使傾) 는 것을 늘 말하고 있기 때문이다.

♣ 두사람이 마음을 하나로 하게 되면(二人同心),   - (繫辭傳 上)
  그 예리함이 쇠라도 자를 수 있고, (其)利斷金)
  마음을 같이한 말은(同心之言) 향기롭기가 난초와 같다.   (其臭如蘭).

♣ 역(易)에 이르기를 늘 친구를 그리워하며 오고가면   (憧憧往來)
  벗은 너의 생각을 따르게 되리라. (周易/孔子)
  *어떻게 자리를 지킬 것인가?, 이르되 어짊이요 (曰仁),   - (繫辭傳 下)
  무엇으로 사람들을 모을 것인가? 이르되 재물이니라 (曰財),
  재물을 잘 다스리고 말을 바르게 하고 백성의 잘못함을 금함을 義라 한다.

♣ 약한자여 그대 이름은 여자   - (햄릿의 독백)
♣ 사느냐 죽느냐 그것이 문제로다   - (햄릿의 독백)

19. 춘추(春秋) - 政治의 거울

- 백성은 신보다 더한 주인이다. (民-神之主也)
- 전쟁은 용기로 한다. (戰-勇氣也)
- 미워하면 원망이 많다. (忌則多怨)
- 사치는 가장 큰 악이다. (侈-惡之大也)
- 성인은 백성과 바라는 바가 같다. (聖人-與衆同欲)
- 주서에〈덕을 밝히고 벌을 신중히 한다〉. (周書-明德愼罰)
- 전쟁에는 사사로운 노여움이 없다. (軍無私怨)
- 사람을 쓰는 데에는 서열을 뛰어넘지 않는다. (擧不踰等)
- 윗사람은 아래 사람의 스승이 된다. (上者-下者之師)

- 시경에〈동성의 근친과 화친하면 이성의 외척도 친해진다〉.
- 속담에, 백성들에게 요행심이 많다는 것은 나라의 불행이다.
- 문공이, 말하기를〈신용이란 나라를 지키는 보배이다〉

- 임금의 사명은〈백성을 기르는데 있다〉.
- 속담에〈높이는 것이나 낮추는 것이나 마음에 달려 있다〉고 하였다.
- 詩에〈정치를 행하는 것을 여유있게 하면 온갖 복이 모여든다〉.

- 성인은〈많은 사람이 바라는 것을 행하기 때문에 일을 성취한다〉.
- 시(詩)에 "씩씩한 용사는 제후들의 배와 가슴이다".
- 시경에 이르되 "군주가 자주 동맹을 하면 난리가 길어진다".

- 시경에 이르되 "시작이 없는 일은 없으나 끝이 있는 일은 드물다".
- 서경(書經)에〈근본이 굳고 가지가 무성하여 백세에 번영한다〉고 하였다.
- 忠信(충신)은 예의 그릇이고, 卑讓(비양)은 예의 大宗(대종)이다.

- 초거가 말하기를〈신이 듣기로는 허물이 없는 자만이 사람을 죽일 수 있다〉하였다.
- 시경에〈욕심은 법도를 없애고, 방종은 예의를 무너뜨린다〉.
- 속담에〈문란한 집의 문앞은 지나가기도 꺼린다〉.

- 서경 康誥(강고)에〈부자 형제 사이라도 죄는 서로 연관되지 않는다〉
- 옛말에 이르기를〈구하지 않는데 무엇을 얻을 수 있겠는가〉 - 不索何獲

- 속담에 〈오직 먹을 때에는 근심을 잊는다〉고 하였다.
- 관직(벼슬)에는 사사로운 친분이 미치지 않게 하여야 한다. (官不及私昵)
- 옛글에 〈사람을 잘 부리는 사람은 그 몸을 낮춘다〉 하였다.
- 泰誓에 이르기를 백성들의 원하는 바를　　　　　(民之所欲)
  하늘은 반드시 따른다.　　　　　　　　　　　　(天心從之)
- 공자 이르시길 윗사람이 어진 것을 좋아하면　　(上好仁)
  아래 사람은 어진 일을 먼저 하려고 다툴 것이다. (下之爲仁爭先人)
- 商書에 유약한 자는 굳건함으로서 고치고　　　(沈漸剛克)
  높고 밝은 것은 부드러움으로서 고친다　　　　(高明柔克)
- 詩에 윗사람이 그 지위를 지키는데　　　　　　(不解于位)
  게으르지 않으면 백성들이 편안하다.　　　　　(民之攸墍) - (墍) - 쉴기
- 군자는 윗자리에 앉아있어 천하에 의표가 되니　(爲天下之表儀)
  반드시 엄정함과 공경스러움을 다하여야 한다.　(必極其莊敬也)
- 惡(악)이 닥쳐오는 것은 내가 불러들이는 것이다.
- 은혜를 베푸는 자는 언젠가는 게을러지며, 은혜를 받는 자는 만족할 줄 모른다.
- 행보가 말하기를 〈만일의 경우에 대비하라는 것이 옛사람의 가르침이다〉.
  그때를 당해서 구한다는 것은 실로 어려운 일이다.
- 하서(夏書)에 이르기를 〈원망이 어찌 밝은 곳에만 있을 수 있겠는가?〉
  보이지 않는 것을 조심하라고 하였는데 그것은 조그마한 일에도 신중을 기하라는 말이다.
- 詩(시)에서도 이르기를
  〈비록 삼(麻)이 있더라도 사초(沙草)나 띠풀을 버리지 말며, 미녀가 있더라도 못생긴 여자를 버리지 말라〉 "낮은 벼슬아치도 인물이 없을 때에는 대용할 수가 있는 법이다. 농부가 들에 나갈 일이 없더라도(不行其野). 그 말을 버려서는 안된다(不違其馬)."
- 귀해지면 두려워할 줄 알고, 두려우면 내려갈 줄 생각하는 것이 도의 근본이다. 무릇 이미 높은 곳에 올라가 있을 때에는, 내려갈 계단을 찾는 것이 지혜로운 사람이다.
- 사람의 집에 담이 있는 것은 나쁜 일을 방지하기 위한 것인데, 담에 구멍이 생긴다면 누구의 허물인가? 나라를 보위한다면서 나라에 재앙을 불러온다면 나는 더욱 심한 죄를 짓게 되는 것이다.

19. 춘추(春秋) - 政治의 거울

지도자심서(心書)

- 조맹은 말하기를 죽음에 임해서는 나라를 잃지 않는 것이 　　忠 이요.
  어려움을 당하면서도 직분을 지키는 것이 　　　　　　　　　信 이요
  나라를 위하여 죽음을 피하지 않는 것이 　　　　　　　　　貞 이고
  일을 생각함에 있어 충忠, 신信, 정貞 을 근본으로 하는 것은 　義 이다.

- 참정의 명(銘)에, 아침부터 부지런 하고자 하여도, 오후에는 게을러진다고 하였는데 날마다 뉘우침도 없이 즐기고만 있으니 얼마나 가겠는가.

- 옛글에 이르기를 〈경(敬)이면 무재(無災)라〉 공경하면 재앙이 없다 하였고, 오는 사람을 공경해서 맞이하면 하늘이 복을 내린다고 했다.

- 주임(周任)의 말에 이르기를 〈정치인은 사적인 수고로움은 상을 주지 않으며, 사적인 원한은 벌하지 않는다.

- 시에 이르길 〈종가(宗家)는 성과 같으니 그 성이 무너지게 하는 일이 없도록 하라〉… 그래야 혼자 남아 두려워하는 일이 없을 것이다.

- 자산이 말하기를 옛사람의 말에 이르기를 〈아비가 해놓은 나무를 자식이 짊어지지 못한다〉고 하였는데 이는 자식이 가업을 이어받지 못함을 말한 것이다.

- 시경에서도 이르기를 〈할미새는 용서할 줄 안다. 형제의 난은 서로 급히 구한다〉 하였고 또 〈죽음이나 장례를 당했을 때 형제지간이 더욱 그리워진다〉고 하였다.

- 홀어미가 자기가 짜는 길쌈은 걱정않고 (嫠不恤其緯) 〈嫠 : 과부이〉
  주나라가 망할까. 근심한다 하였으니 (憂宗周之隕) 이웃 사람이 문란해지면 하잘것 없는 홀어미에게까지 재앙이 미친다는 것을 뜻한 말이다.

  (註) : 춘추는 5經 중의 하나로 春秋時代 노나라 은공 1년에서 애공 14년까지 (BC 772~BC 481) 12대 242년간의 여러 정치사건을 비롯 전쟁 회맹 주요인물 왕래 사망 등과 일식 홍수 大雪 등의 자연현상까지도 기록되어 있다. 단순한 史書에 불과한 春秋가 孔子의 손을 거쳐 윤리적인 입장에서 비판, 수정을 가하여 正邪 善惡의 가치 판단을 내리고 史實의 시비를 가리고 있어 뒷날에 춘추 필법이라는 말을 낳기도 하였다. 정치인에게 본서는 많은 유익함이 있을 것이다.

    ♥ 가장 강한 자의 말이 가장 옳다. *늑대와 어린양 우화에서 (프랑스/ 라퐁텐)
      고양이 목에 방울달기 시행할 수 없는 일을 이름　*퐁텐의 우화집에서
    ♥ 빛나는 것이 모두 금은 아니다. 사슴의 뿔과 가는 두다리의 역할 (퐁텐의 우화집)

三. 정치입문편

20. 고대 先賢의 治道 · 世尊의 法文

■ 탕(湯) 임금의 다스림　　　- 서경, 중훼지고(仲虺之誥)

1. 노래와 여색을 가까이하지 않으시고,　　- 不邇聲色
2. 재물과 이익을 불리지 않으셨으며　　- 不殖貨利
3. 덕이 높은 사람에는 힘써 벼슬을 주고.　　- 德懋懋官
4. 공이 많은 이에게는 힘써 상을 내리시고,　　- 功懋懋賞
5. 사람을 쓸 때에는 자기같이 하시며,　　- 用人推己
6. 허물을 고치심에는 주저치 않으시고,　　- 改過不吝
7. 지극히 관대하고 지극히 어지셔서,　　- 克寬克仁
8. 만백성이 모두 밝게 신목하였다.　　- 彰信兆民

■ 삼풍 십건 (三風 十愆)　　- 書經 伊訓

巫風 (무풍) - ① 궁에서 항상 춤추며,　② 집에서 취해 노래하는 것
淫風 (음풍) - ③ 재화와　　　　　　　④ 여색을 구하며
　　　　　　⑤ 항상 놀이와　　　　　⑥ 사냥에 빠지는 것
亂風 (난풍) - ⑦ 성현의 말씀을 업신여기며
　　　　　　⑧ 충직을 거스리며
　　　　　　⑨ 노인과 덕을 멀리하며
　　　　　　⑩ 미련하고 유치한 자들과 친하는 것
　　　　　　- 이것을 **삼풍 십건**이라 한다.

※ 탕왕은 지(智)와 덕을 겸비한 명철한 이를 구하여 후세의 번영을 도모케 하였다. 또 官刑을 제정하였으니 "관에 있는 자가 그 직무를 태만하게 할 때에는 그것에 상당한 제재를 가하고, 그 직무를 충실하게 실행할 때는 윗자리에 승진시켰다.
　그리하여 탕왕은 <u>벼슬하는 이로서 그 금(禁)하여야 할 것</u>을 정하였으니 「삼풍 십건」이 바로 그것이다. 이 삼풍십건(三風十愆)에서 ▶벼슬하는 이가 그 하나를 몸에 지니면 집안이 반드시 망할 것이며, ▶임금이 그 하나만 지니고 있어도 그 나라는 반드시 망할 것이니 ▶신하가 이를 바르게 하지 않는 자가 있다면 그 형벌은 묵형(墨刑)이라 하여, 이 모든 교훈을 선비들의 교훈으로 삼게 한 것이다. ▶십건(十愆)이란 위의 삼풍 내용에서 나오는 열가지 허물을 이른다.

지도자심서(心書)

- **先王(선왕)**이 나라를 다스리는 도에는 다섯가지 도가 있다.
  - 貴有德(귀유덕) - 덕이 있는 자를 귀하게 여기고
  - 貴貴(귀귀) - 존귀한 자를 귀하게 여기고
  - 貴老(귀노) - 늙은이를 귀하게 여기고
  - 敬長(경장) - 어른을 공경하고
  - 慈幼(자유) - 어린이를 사랑하는 것이다. - 禮記 祭義

- **聖王**이 천자로서 천하를 다스리는데 다섯가지 할 일이 있다.
  이 다섯가지 일 중에 민사는 들어가지 않는다(民不與焉).
  - 治親(치친) - 친족을 다스리는 일이요.
  - 報功(보공) - 공신에게 보답하는 일
  - 擧賢(거현) - 어진이를 등용하는 일
  - 使能(사능) - 유능한 사람에게 일을 시키는 일
  - 存愛(존애) - 인민이 바라는 바가 무엇인가를 잘 살펴 공경하는 일
    * 위의 다섯가지 일이 충분히 행해진다면 백성들의 부족함이 없을 것이며 넉넉하지 않을 것이 없을 것이다.

- **요임금**의 성덕 정치를 읊은 詩(시) - 십팔사략, 帝堯陶唐氏

우리 백성들 다스리심이	立我蒸民(입아증민)
님의 법도 아님이 없네	莫匪爾極(막비이극)
자기도 전혀 모르는 사이	不識不知(불식부지)
하늘의 도리를 따르며 사네	順帝之則(순제지칙)

  * 요임금이 한번은 재위 50년 만에 천하기 잘 다스려지는지 어떤지 알고 싶었다. 요 임금은 몸소 민정을 살펴보아야겠다고 거리에 나갔다. 조금 걸어간즉 어린이들이 위와 같은 노래를 부르고 있지 않은가? 한가락 태평성대의 찬가였다. 이처럼 요순시대는 가장 살기 좋았던 지상천국이었던 것이었다.

- **요임금**이 다시 거름을 옮기다가 무심코 곁을 보니 백발노인이 음식을 우물거리면서 고복격양(鼓腹擊壤-배를 두드리며 박자를 맞추면서) 놀이를 즐겁게 하고 있었다.

해 뜨면 밖에 나가 일하고	日出而作(일출이작)
해 지면 집에 들어 잠자며	日入而息(일입이식)
우물 파서 물 마시고	鑿井而飲(착정이음)
밭 갈아서 밥 먹으니	耕田而食(경전이식)
임금의 힘이 무엇이 있으랴	帝力何 有於我哉(유어아재)

  * 이번 노래를 듣고 요 임금의 마음은 기뻤다. 이런 시대였으니 요순시절을 가장 살기 좋았던 시대로 꼽은 것은 당연하다. 그야말로 고복격양하던 시대였다.

■ 공자 한거(閑居)에 五至·三無·三無私 (오지·삼무·삼무사)를 논하다. - 禮經 閑居

이편은 공자가 제자인 자로를 위하여 오지 삼무 삼무사 및 삼왕의 덕을 이야기하며 제도(帝道) 제덕(帝德)을 풀이하고 있다.

- 자하(子夏)가 묻기를

"시경에 이르기를 온화하고 즐거워하는 군자가 백성의 부모라고 하였는데 어떠한 것을 백성의 부모라고 말할 수 있습니까?"

공자가 말했다. 백성의 부모란

"반드시 예악의 원리에 통달하여 五至를 이루고 三無의 길을 행하여 道를 천하에 널리 펴고 사방에 어지러운 재앙이 있으면 이를 먼저 알아야 한다. 이를 백성의 부모"라고 말한다.

- 자하(子夏)가 말했다. 오지(五至)란 무엇입니까?

공자가 말했다.
  ▶ 뜻이 있는 곳에 시가 이르고 ▶ 詩가 있는 곳에 예가 이르고,
  ▶ 禮가 이르는 곳에 악이 이르고, ▶ 樂이 이르는 곳에는 슬픔이 이르러
  ▶ 애락을 같이(군신) 누리게 되나니 그러므로 눈을 밝게 하여도 볼 수 없으며, 귀를 기울여 들여도 들을 수가 없지만, 志氣(五至)는 천지에 가득 찬다.
    이것을 五至라고 한다.

- 자하(子夏)가 말했다. 그러면 삼무(三無)란 무엇을 말합니까?

공자가 말했다. 1_소리없는 악과 2_형체없는 예와 3_복없는 상(表)을 이를 가리켜 三無라 이른다. 〈무슨 시(詩)가 이에 가깝습니까? 〉

밤낮으로 애쓰며 천명을 받들어 정치에 힘씀이 소리없는 악(樂)이요,

위의(威儀)가 성대하여 가릴 것이 없음이 형체없는 예(禮)이며, 백성이 상(喪)을 당하여 포복(匍匐- 급히 도와줌) 하고 조문하여 도와줌이 복없는 喪이니라.

- 자하가 말했다. 선생님의 말씀은 실로 크며 아름다우며 성대합니다.
  말씀이 이것으로 끝입니까?

■ 공자가 말했다. 군자는 이것을 따라 행함에는 오기(五氣)가 더 있다. 〈오기(五氣)란

1. 無聲의 악(樂)을 행함에는 기지(氣志)가 中正을 얻어서 도리에 어긋나지 않는다.
2. 무체지예(無體之禮)를 행함에는 위의(威儀)가 느려서 종용(慫慂)하지 않는다.
3. 무복지상(無服之喪)'을 행함에는 자기에 비추어 남을 생각하며, 진실로 슬퍼하고 사랑을 다한다.

20. 고대 先賢의 治道·世尊의 法文

4. 무성지악 (無聲之樂)은 기지(氣志)를 이미 얻으며
5. 무체지예 (無體之禮)는 위의(威儀)가 느리면 태만하기 쉬우니 엄정 정숙해야 한다.

- **자하가 말했다.** 三王의 德은 천지와 나란히 한다고 하였는데 어떻게 해서 天地와 나란히 한다고 할 수 있습니까?
  공자가 말했다. 〈삼무사를 받들어 천하를 위해 일하셨다〉.
  그러면 삼무사(三無私)란 무엇입니까?
  공자 말씀하시기를 ❶ 하늘은 사사로히 덮는게 없으며(天無私覆), ❷ 땅은 사사로히 싣는게 없으며 (地無私載), ❸ 해와 달은 사사로히 비추는 법이없이(日月無私燭), 공평하게 세상을 위해 일을 하니 이를 三無私라 한다.

- 소리없는 음악이란 주나라 문왕이나 무왕이 아침에서 밤늦도록 나라일에 전념하여 나라를 튼튼하게 하고 백성에게 너그럽고 화평스러운 정치를 베풀어 태평성대를 누리며 백성이 종고관현(鍾鼓管絃)을 바라지 않게 되니 이것이 **무성지악(無聲之樂)**이요
  무체지예 (無體之禮)란 어진이의 위의(威儀)는 한결같으니 선택할 것임이 없음이요.
  백성이 상을 당하였을 때 급해서 아무린 준비도 없이 급히 달려가 문상하고 도와주는 것이 無服之喪이라고 공자는 설명했다.

  ▎참고 ▎ 본문은 공자가 제자인 자하를 위하여 五至, 三無, 三無私 및 三王의 德을 이야기하며 帝道 帝德(제도제덕)을 풀이하고 있다.

▣ 세존(世尊)의 나라 다스리는 법문 - 半偈頌

- **대왕이여!** 국왕은 마땅히 법을 따라 정사를 행하고 악한 일은 덜어 버려야 합니다. 어째서냐 하면 국왕과 대신이 착한 법을 버리고 악한 법을 행하면, 현세에는 사람들의 경멸을 받아 가까이하는 이가 없고 모두 의혹을 내어 원수를 맺는 이가 많아 죽은 후에 지옥에 떨어집니다.

- **대왕이여!** 국왕 대신이 악한 법을 멀리하고 착한 법을 닦으면, 현세에는 사람들이 우러러 공경하는 바가 되어 모두 와서 친하게 따르고, 의심을 내지 않으므로 능히 원적(怨敵)을 물리치고 뉘우칠 것이 없으며, 죽은 후에는 천상에 나게 되며 네가 "보 오디" 道에 참되고 항상된 낙(樂)을 얻을 것입니다.

- **대왕이여!** 비유하면 부모는 모든 자식을 불쌍히 여기고 사랑하여, 항상 아들들이 안온하고 폐해가 없기를 원하고 악한 행위는 막아버리게 하고, 착한 업을 닦도록 권합니다. 국왕도 그와 같아서 모든 상하와 내지 국민들을 모두 보시報施·애어(愛語) 이행(利行)·동사(同事)의 〈사섭법(四攝法)〉으로 은혜를 베풀어 기르면,

그 국왕은 능히 크게 요익(饒益)한 일을 하여 국가가 편안하고 두가지 이익이 있을 것입니다. 그 두 가지란

첫째, 국왕은 부모와 같이 사랑하는 마음에 차별이 없고,

둘째, 국민은 아들과 같이 모두 충성과 효도를 생각하는 것입니다.

- **대왕이여!** 국왕은 마음에 항상 은혜와 용서를 생각하여 납세(納稅)를 적게 하고 노역을 덜어주며, 관리를 마련하여 직책을 맡게 하되 번다하지 않도록 힘을 쓰고, 악한 사람은 벌을 주어 내쫓으며,

착한 사람은 상을 입고 나눠 써서 충량(忠良)하지 않은 자는 멀리 여의며, 예전 성인의 법을 순종하여 가혹한 형벌이나 목숨을 죽이지는 말아야 할 것입니다.

대저 사람으로 태어나는 것은 좋은 인연으로 감득(感得)한 것인데,

만일 그 목숨을 끊으면 꼭 악보(惡報)를 받을 것입니다. - 法通社 刊 八萬大藏經

  * 어느날 勝光천자는 〈부처〉에게 국왕이 되는 법을 잘 開示하여 나로 하여금 현세에는 안락을 받다가 죽은 후에는 천상에 태어나며 내지 "보오다" 道에 착한 마음이 상속하게 하소서, 하는 질문에 대한 부처의 답변이다.

■ 세존(世尊)이 국왕 대신에게 행한 법문

장하다. 대왕이여! 대저 국왕이 되어서는 마땅히 백성을 도덕으로 인도하여, 오는 세상의 복을 구하게 하여야 하는 것입니다. 나도 옛날 왕이 되었을 때에, 모든 "사마나" "브라흐만"을 받들고 사무량심(四無量心)과 육(六)바라밀을 행했습니다.

장하다! 왕은 백성의 부모가 되었으니. 마땅히 사랑으로서 윤택하게 하고 밝음으로서 인도하면 반드시 소원을 성취하리이다.

- **대왕이여!** 사람은 세상에서 ▶**마음에 독한 생각을 품고,** ▶**입으로 독한 말을 하면 몸으로** ▶**독한 업을 짓습니다.** 이 세가지 **마음과 몸과 말**에서 나와 악을 이루어 중생에게 해독을 입히면, 중생들은 마음에 원한이 맺히어 맹세하고 갚으려 하는 것입니다. 혹은 현세에서 갚고 혹은 죽은 후에 혼령이 천상에 올라갔더라도 내려올 때에는 갚는 것입니다.

그러므로 사람으로나 혹은 축생 귀신 태산 지옥에서도, 서로서로 죽이고 해롭게 하는 것은 모두 숙명으로 말미암는 것이요. 공연히 생기는 것이 아닙니다.

- **몸에 세가지, 말에 네가지. 뜻에 세가지 악이 없어야 합니다.** 어리석은 사람들은 함부로 방자하여 어버이에게는 불효하면서, 요괴한 귀신은 공연히 받들고, 색에 음란하며 술에 패악하여 하천(下賤)하고 더러운 짓만 행하다가, 몸이 위태하고 집 안이 망하는 화를 당할뿐 아니라,

20. 고대 先賢의 治道·世尊의 法文

죽어서는 태산 지옥의 물에 삶고, 불에 굽는 혹독한 죄를 받아 오래도록 사람의 몸을 얻지 못하는 것입니다. 이것은 부처를 멀리하고 정법을 알지 못하며 〈사마나〉들의 청정(淸淨)한 계행을 즐기지 않고, 항상 어리석은 사람과 사귄 까닭이니, 이른바 위태하고 망하는 화패(禍敗)를 즐긴 것이요. 스스로 사랑하는 것은 아닙니다.

- 스스로 사랑하는 법은 먼저 삼귀의(三歸依)를 행하십시오. 그리고 법으로서 부모를 봉양하고 자심(慈心)으로 어리석고 미혹(迷惑)한 이를 불쌍히 여기고 바른 것을 기르고 평등하게 널리 두호(斗護)하여 중생을 건지어 편안하게 하며 네가지 은혜를 베풀어 궁하고 없는 이에게 보시(報施) 하십시오.

중생들은 원망이 없고 하늘은 도와서 여러가지 횡액(橫厄)이 오지 않으며, 모든 독해(毒害)는 녹아 ▸부모가 편안하고 집안이 흥성하여 살아서는 아무 재난이 없고, 죽어서는 천상으로 올라 가리이다. 이것이 스스로 사랑하는 것입니다.

높은 행을 닦는 현자들이 청정하게 참된 것을 지키고, 더러운 이익과 삿된 즐거움에 마음이 물들지 않으며, ▸입으로는 네가지 악을 말하지 않고, ▸몸에는 세가지 흉한 것을 멀리하며, ▸목숨이 위태하더라도 행실을 온전히 하면, 모든 부처님은 그를 보배로 여겨서 ▸부모는 편안하고 집안은 흥성하여 죽어서는 천상에 올라가 항상 복을 받을 것입니다. ▸이것이 이른바 스스로 사랑하는 것입니다.

* 모든 해독들이 횡으로 오더라도 참고 말하지 말고, 〈삼보(三報)〉에 마음을 두어 안과 밖이 모두 고요하며 도에 마음을 심어서 성인(成因) 본뜻을 깊이 관하고, 어버이에게 효도하며 자기 몸을 건지고 대중도 인도하면 항상 복을 받을 것이니. "이것이 이른바 스스로 사랑하는 것입니다. - 方等經 法文

* 〈슈라이바스티이〉의 왕은 부처님께 나아가 사루었다. 백성들로 하여금 부처님의 높으심을 알게 하고 공양 올리는 의식을 보여 법식이 되게 하며, 요귀(妖鬼)를 멀리하고 부처님의 五戒를 받아 나라에 근심이 없게 하고자 합니다. 하고 부처님의 뜻을 구하였던바 이에 대한 말씀이 바로 본문인 것이다.

■ 천하를 다스리는 아홉가지 법도(九經) - 중용

대체로 천하와 국가를 다스림에는 아홉가지 상도가 있으니

1. 몸을 닦음과 (修身)
   몸을 닦으면 도가 확립되고
2. 현자를 존경함과 (尊賢)
   현자를 존경하면 의혹이 없게 되고

3. 친족을 친애함과 (親親)
　　친족을 친애하면 숙질과 형제가 원망하지 않고

4. 대신을 존경함과 (敬大臣)
　　대신을 공경하면 현혹하지 않게 되고

5. 군신을 보필함과 (體君臣)
　　군신을 보살피면 그들의 예로 보답하는 것이 소중해지고

6. 백성을 자식처럼 사랑함과 (子庶民)
　　백성을 자식처럼 사랑하면 백성들이 서로 충성하도록 권면하게 되고

7. 백성이 와서 모이게 함과 (來百工)
　　백공을 모이게 하면 생산이 잘되어 재물이 넉넉해지고

8. 원방 사람에게 관유히 함과 (柔遠人)
　　원방(객지) 사람들을 돌봐주면 백성들이 사방에서 모여들고

9. 제후를 포용함이다. (懷諸侯)
　　제후를 포용하면 천하가 모두 두려워서 굴복하게 된다.

※ 무릇 천하와 국가를 다스림에 아홉가지 법도가 있으니 그것을 행하는 것은 하나다. 그 하나는 성(誠)을 말한다.

■ 箕子(기자)의 弘範九疇(홍범구주)

- 이 글은 은(殷)나라 기자(箕子)가 周의 무왕(武王)에게 진언한 글이다 -

무왕 13년째 되는 해에 임금님은 기자를 방문했다. 임금님이 말씀하시기를

▶ 오호라 기자여! 하늘이 몰래 아래의 백성들을 정하시어, 그들의 삶을 관장하시고 도우시고 화합하시나, 나는 그 일정한 윤리가 베풀어지는 바를 알지 못하오.

기자(箕子)가 대답하여 가로되
'제가 듣건대' 옛날에 곤(鯀)이 장마를 막아 그 오행의 배열을 어지럽히니, 하나님이 대노하시어 규법 아홉가지를 주시지 않았으니 일정한 윤리가 패(敗)한바 되나이다. 곤(鯀)은 죽을 때까지 귀양살이를 하게 되고, 우(禹)가 일어나니 "하늘은 우(禹)에게 규범 아홉가지를 내리시어 윤리가 베풀어지게 하셨나이다".
① 오행이요 (五行), ② 다섯가지 일을 공경히 행하는 것이요(敬用五事), ③ 농사를 팔정으로서 힘써 행하는 것이요(農用八政), ④ 다섯 기율을 조화시키는 것이요(協用五紀),

⑤는 임금의 법도를 세워 따르게 하는 것이요(建 用皇極), ⑥ 세가지 덕을 다스려 쓰는 것이요(乂用三德).

⑦ 의문을 밝혀 주는 것이요(明用稽疑), ⑧ 여러 서징을 생각하며 쓰는 것이요(念用庶徵), ⑨ 오복을 불러쓰는 것과(嚮用五福), 여섯가지 궁합을 위압하여 쓰는 것입니다(威用六極), 이상 9개의 규범을 가르켜서 천하를 다스리는 아홉가지 원칙이라 한다.

※ 홍범구주란 ① 五行, ② 五事, ③ 八政, ④ 五紀, ⑤ 皇極, ⑥ 三德, ⑦ 稽疑, ⑧ 庶徵, ⑨ 五福과 六極이다. (洪範 - 큰규범, 九疇 - 아홉가지 조목)

註 : 주(周)나라 武王은 은(殷)나라의 끝 왕을 내친 후 주(紂)의 아들 무경(武庚)을 제후로 봉하여 은나라의 제사를 잇게 하는 한편 은의 삼현(三賢) 가운데 한 사람인 기자(箕子)를 우대하여 고문자리에 있게 했다. 이처럼 무왕이 사람을 덕으로 살피자 기자는 크게 기뻐하여 자신의 천도(天道)에 대한 소신을 글로 펴내니 이것이 바로 홍범이다.

■ 오행(五行)이란 [물. 불. 나무. 쇠. 흙]

  [水] - 물은 적시고 내려가는 것은   '짠 것을 만들고
  [火] - 불은 타고 오르는 것은   '쓴 것을 만들고
  [목] - 나무는 굽고 곧은 것은   '신 것을 만들고
  [금] - 쇠는 따르고 변화하는 것은   '매운 것을 만들고
  [토] - 흙은 심고 거두는 것은   '단 것을 만드는 것입니다.

■ 오사(五事)란 [외모. 말. 보는 것. 듣는 것. 생각하는 것]

  [貌] - 외모는 공손해야 하는 것이고
  [言] - 말은 이치를 따라야 하는 것이고
  [視] - 보는 것은 밝게 보아야 하는 것이고
  [聽] - 듣는 것은 분명해야 하고
  [思] - 생각하는 것은 슬기로워야 하는 것입니다.

■ 팔정(八政)은

  1. 식(食) - 먹는 것이요.
  2. 화(貨) - 재화요.
  3. 사(祀) - 제사요.
  4. 사공(司空) - 땅을 다스리는 것이요.
  5. 사도(司徒) - 백성을 가르치는 것이요.
  6. 사구(司寇) - 범죄를 다스리는 것이요.

7. 빈(賓) - 손님을 접대하는 것이고,
8. 사(師) - 군사를 키우는 것입니다.

■ 오기(五紀)란

1. 세(歲)요
2. 달(月)이요
3. 날(日)이요
4. 별(星辰)이요
5. 역법(曆數)의 계산입니다.

■ 삼덕(三德)이란

1. 정직(正直) - 바르고 곧은 것
   평강(平康)은 바르고 곧음으로 하고 (정직_ 正直).
2. 강극(剛克) - 강함으로 다스리는 것
   강하여 따르지 않음에는 강(剛)으로 다스리고 (강극_ 剛克).
3. 유극(柔克) - 부드러움으로 다스리는 것이니
   화하여 따름에는 부드러움으로 다스리고 (유극_ 柔克).
   숨으려 함에는 강으로 다스리고 (강극)
   높고 밝음에는 부드러움으로 다스리는 것입니다.

■ 오복(五福) 육극(六極)이란

오복 - 다섯가지 복이란
① 수(壽)　　　② 부(富)　　　③ 강령(康寧)
④ 유호덕(攸好德)　⑤ 고종명(考終命)을 말한다.

육극(六極) 여섯가지 궁한 것이란
① 횡사나 일찍 죽는 것(凶短折)　② 병드는 것(질(疾))
③ 근심하는 것(憂)　　　　　　　④ 가난한 것(貧)
⑤ 흉한 것(혼)　　　　　　　　　⑥ 약(弱)함이다.　- 書經 周書 洪範

♣ 사랑은 모든 것을 정복한다. (진리는 모든 것을 정복한다). - (프로티우스)
　사랑을 받으려면, 먼저 사랑스럽게 굴어라.　　　　　　- (오비디우스)
■ 겨울이 오면 봄이 멀지 않다.　　　　　　　　　- (서풍에 붙이는 노래/셸리)
■ 꽃이 지기로서니 바람을 탓하랴.　　　　　　　　　　　- (낙화/조지훈)

20. 고대 先賢의 治道·世尊의 法文

♣ 지도자(君子)가 곤궁한 일을 당하였을 때 그것을 막기 위한 방법을 다하여도 면할 수가 없으면 그것은 천명이다. 마땅히 목숨을 바쳐서 그 뜻을 이룬다. 또 천명의 당연함을 알면 궁색한 재화의 근심으로 그 마음을 흔들리지 않게 하고 자기의 정의를 행할 따름이다.
- 사람에게 오는 환난(患難)에는 하나의 처리 방법이 있다. "사람으로서의 할 일을 다하고 노력한 다음에 모름지기 태연하게 천명을 기다려야 한다."

- 盡人事待天命

☞ 참고 : 횡거(橫渠) 선생은 어린이 교육에 네가지 유익한 점이 있다고 말하였다.
- 자기가 가르치는 일에 얽매여 드나들지 않으니 첫째 유익함이요.
- 남을 가르치는데 여러번 반복하면 자기 또한 그 글의 참뜻을 깨우치게 되니, 둘째 유익함이요.
- 어린이를 상대하면 반드시 의관을 바르게 하고 위의(威儀)를 갖추어야 하니 세번째 유익함이요.
- 항상 자기로 인연해서 남의 재질(才質)을 그르치게 되지 않을까 걱정을 하면 감히 자기의 학문을 게으르게 하지 않을 것이니, 네번째 유익함이다.
(근사록)

♧ 사람으로 말하면 재주와 업적이 있는 것이다. (鼎之有實 乃人之有才業)
그러나 잘 못되는 일이 없도록 마땅히 삼가야 한다.
「향하는 곳마다 삼가지 않으면 자기 몸을 잃고, 남을 쫓아 불의에 빠지게 된다」 (當愼所趨向 不愼所往 則亦陷於非義), 정괘에 실속이 있다는 것은 가는 곳을 삼가라는 것이다. (故曰 鼎有實 愼所之也) - 정괘 구이효/ 鼎卦 九二爻.

■ 초(楚)나라 장왕(莊王)때의 일이다.
어느날 임금이 여러 중신들과 밤에 연회를 벌였다. 그런데 갑자기 바람이 불어 모든 불은 꺼지고 사방은 캄캄했다. 이때 평소 임금의 애첩을 남몰래 사모하던 한 신하가 기회다 싶어 얼른 그 애첩을 껴안고 수작을 부리려 했다. 그러자 놀란 애첩은 반항하다가 남자의 갓끈을 잡아채며 앙칼진 목소리로 소리쳤다, 〈대왕님 불꺼진 틈을 이용해 제게 수작을 부리는 자 있어 갓끈을 끊었으니 불을 밝히거든 찾아 주살해 주십시오〉라고, 그러자 임금은 얼른 소리쳤다.
〈여기에 참가한 신하들은 모두 갓끈을 끊으시요.!〉 - (說苑 絶纓)

21. 고대 조선의 통치이념과 사상

❶ 고대 조선의 통치이념

고조선 : 홍익인간(弘益人間), 재세이화(在世理化)

고구려 : 이도여치(以道與治)
- 道로서 세상을 다스린다.
- 동명왕의 유언이 광개토대왕의 비문에 실려있음.

신 라 : 광명이세(光明理世)
- 밝은 빛으로 세상을 다스린다.
- 박혁거세 탄생 신화에 나옴.

고 려 : 금탑 사상(金塔思想)
- 용비어천가에 실려 있음.

조 선 : 금척 사상(金尺思想)
- 용비어천가에 실려 있음.

※ 금탑과 금척 - 용비어천가에 보면 고려 태조가 꿈에 바다 가운데 있는 구척 금탑을 보았고, 이태조(李太祖)가 꿈에 신이 금척을 주면서 나라를 바로 잡으라고 하였다고 기록되어 있다.

❷ 화랑도의 세속(世俗) 오계(五戒)와 삼덕(三德)

【세속 5계 (원광법사) 】
1. 사군이충(事君以忠) - 충성으로서 임금을 섬기고
2. 사친이효(事親以孝) - 효도로서 어버이를 섬기고
3. 교우이신(交友以信) - 신의로서 친구를 사귀고
4. 임전무퇴(臨戰無退) - 전쟁에 임해서는 물러서지 않고
5. 살생유택(殺生有擇) - 생물을 살생함에는 가려서 한다.

【삼덕(三德) 】
1. 겸허(謙虛) - 겸손하여 남의 아래에 있듯이 행동하는 것
2. 검소(儉素) - 세력이 있고 부유하면서도 차림이 화려하지 않는 것
3. 순후(淳厚) - 마음이 양순하고 인정이 두터운 것.

❸ 동학 사상(東學思想)의 이념
- 인내천 (人乃天) – 사람이 곧 하늘이다.
- 사인여천 (事人如天) – 사람을 섬기되 하늘같이 하라. (존엄성)
- 인심즉천심 (人心則天心) – 사람의 마음이 곧 하늘의 마음이다. (順理拿重)
- 오심즉여심 (吾心卽汝心) – 내 마음이 곧 네 마음이다.

❹ 개화 사상(開化思想)
- 개발 변화 (開發變化) – 개발하여 변화시키는 것
- 취립 자신 (就立自新) – 새로운 것을 취하여 자립하는 것
- 취장 사단 (就長捨短) – 장점을 살리고 단점을 버리는 것

♣ 〈 한말씀 더, 여적餘滴 – 세평 〉
* 덕(德)은 사람을 살리는 청심환(淸心丸)이다
* 지도자는 듣고싶은 말을 해야 –
* 같이 **사는법**을 가르쳐 주면 안돼요.

* 잡초는 뽑아야 나무가 싱그럽게 사는 법이야
* 가시를 꺾다보면 손을 다치는 것도 있어,
* 자기보다 더 큰떡을 삼키면 어떻게 되는 줄 아십니까?
* **잘못된 배에 올라탄 것은 아닌지.**   – 지금.
* 만성이 되면 잘못되고 있는걸 모른다.
* 기회는 생각보다 늦게 오고, 위기는 생각보다 빨리온다.

* **꿈도 먼저 시작한 자가 먼저 이룬다.** 그러니 지금 시작하라.
* 비오는 날 우산이 되기보다는, 함께 걸어가는 친구가 더 좋다.
* 사랑은 돈의 크기가 아니라, 마음의 크기이다.
* 악수(惡手)중에도 묘수가 있는 법이다, 더 생각해 보시오.
* 아픈 만큼 성숙해진다. / * 자리가 사람을 만들어 –
* 헛점만 보이면 밟고 올라서는 세상이요.
* **죽었어도 잊지 않으면, 그것이 장수하는 것이다.**
* 아무도 흔들 수 없는 나라, 넘볼 수 없는 경제대국 만들겠다.
* 사나이 주먹이 어찌 여인을 치는데 쓰인단 말이냐!
  – 여인의 과오를 갖고 시비하는 정치인에 대한 힐문(詰問)

22. 정치 명언

【서양】

- 개인의 자유는 무한정으로 허용될 수 없다.
  개인은 타인에게 방해를 주어서는 안된다.   - j·s 밀/ 영국, 철학자
- 현명한 자들을 뽑아(諫官) 그들에게만 직언의 자유를 주라. - 마키아벨리/ 이탈리아
- 폭력으로 이긴 자는 적을 반밖에 이기지 못하는 것이다. - 밀턴/ 영국 시인
- 질서는 사회의 힘이다. - 아이엘/ 스위스, 철학자
- 정객은 다음 선거의 일을 생각하고,
  진정한 정치가는 다음 세대의 일을 걱정한다. - 클라크/ 영국, 작가
- 경제학이란 세상에서 빈곤을 없애기 위한 학문이다. - 마샬/ 영국, 경제학자
- 어떠한 독재정치도 대다수의 피지배자의 동의 없이는 - 모로아/ 프랑스, 소설가
  오래 존재할 수가 없다.
- 순순히 노예가 되는 런던보다. 잿더미가 되는 런던이 차라리 낫다. - 처칠/ 영국정치가
- 사람이 정치에 관계하는 이상, 몸소 전면에 나서야 한다.
  그러므로 경우에 따라서는 암살당하는 것도 각오해야 한다. - 나폴레옹/ 프랑스
- 인간 최고의 도덕이란 애국심이다. - 나폴레옹/ 프랑스
- 부자들의 쾌락은 가난한 사람들의 눈물로 얻어진다. - 토마스플러어/ 영국, 성직자
- 정의는 사회의 지주(支柱)이다. - A·스미스/ 영국, 경제학자
- 인간은 선천적으로 사회적인 동물이다. - 아리스토텔레스/ 그리스
- 무질서는 붕괴이며 죽음이다. - 카알라일/ 영국, 평론가
- 덕이 있는 인민은 부패한 국회의원을 뽑지 않고,
  비열하고 사려(思慮)없는 인민은 선량한 정부를 가질 수 없다. - 에드먼드 버크/ 영국
- 정치와 같은 도박은 없다. (한번에 수억원이 들어가니 말이다). - 디즈렐리/ 영국, 정치가
- 대중은 여자와 같다. 자기를 지배해 줄 자의 출현을 기다릴 뿐
  자유를 주어도 어리둥절할 뿐이다. - 히틀러/ 독일, 수상
- "선한 일을 하고 욕을 먹는 것이 제왕의 일이다". - 안티스테네스 : BC 5세기

지도자심서(心書)

【동양】

■ 공자 : 도(道)로는 같이 갈 수 있으나 권세로는 같이 갈 수 없다.
　(可與適道 未可與權也)　*권세는 부자간에도 나누지 못한다고 한다.

■ 큰 일에 매달린 사람은 작은 일을 잊는 법이다.　　　- 務大者 固忘小
　작은 일에 힘쓰는 자는 큰 것을 잊게 마련이다.　　　- 務小者 亦忘大

■ 윗사람이 좋아하는 바를 아랫사람은 한층 더 즐기게 된다. -上有好者 下必有甚焉者
■ 일에 임할 때는 반드시 계책(계책)이 있어야 한다.　　- 宋名臣言行錄/ 司馬光

■ 재상의 직책은 현인을 등용하는 것보다 중요한 것은 없다. - 爲政三部書 廟堂
■ 썩은 나무는 집에 기둥이 될 수 없듯이　- 腐木 不可以爲柱
　못난 사람은 요직을 맡을 수 없다.　　　　　　　　- 卑人 不可以爲主

■ 금과 옥을 보배로 삼지 않고, 충과 信을 보배로 삼는다.　- 不寶金玉 忠信爲寶
■ 도적이 없다하여 짖지 않는 개를 기를 이는 없다.　- 不以無姦而養不吠之犬

■ 요 임금은 조정에 북을 매달아 놓고 간할 사람이 있으면 북을
　치게 했고, 순임금은 나무를 세워놓고 여기에 경계하는 말을 쓰게 했다. - 堯鼓舜木
■ 국가의 임무는 계비(戒備)보다 더한 것이 없다.　　　- 諸葛亮 將苑

■ 치국의 도는 관맹(寬猛)을 절충해 나가는데 있다.　- 宋明臣言行錄/呂蒙正
■ 여러代 계속해서 장군노릇을 하면 자손은 반드시 패망한다. - 爲將三世 必敗
　즉 선조(先祖)가 많은 사람을 죽인 앙화(殃禍) 때문이라는 것.

■ 천하를 다스리는 길은 힘써 행하느냐 안하느냐에 달려있다. - 爲治不在多言
■ 요설(饒舌)을 농(弄)하는데 있지 않다.　　　　　　　- 顧力行何如耳

■ 세상이 어지러워지기 전에 치술(治術)를 정한다.　　　- 制治于未亂
■ 간언(諫言)에 순종하기를 원구를 굴리는 것 같이 한다. - 從諫若轉圜

■ 천하의 화(禍)는 사람을 죽이는 것보다 더한 것이 없다. - 天下之禍 莫甚於殺人
■ 천하를 다투는 자는 반드시 먼저 사람과 다툰다.　　　- 管子 霸言

■ 국가의 법령은 모름지기 간약(簡約)하여야 한다.　　　- 貞觀政要
■ 군자는 절교하더라도 상대에 대해 나쁘다고 말하지 않는다. - 君子交絶 不出惡聲

■ 나라를 다스리는 술법은 농부가 밭을 김매는 것 같이 백성을
　해롭게 하는 것만을 제거하는데 있다.　　　- 治國若鎛田　*누(鎛-김매다)

- 조그만 생선을 삶는데, 수저같은 것으로 너무 휘저으면 생선이 뭉개지므로 나라를 다스리는데도 정사를 번거롭게 하지 말고 자연에 맡겨야 한다. - 治國若烹於小鮮
- 정치는 나나리벌(蒲盧 : 포로)과 같이 부지런해야 한다. - 政治蒲盧
- 정치를 하는 것은 머리를 감는 것과 같다고 한다. - 爲政猶沐也(韓非子 六反)
- 실패는 잘못을 스스로 깨닫지 못한 것보다 더 큰 것은 없다. - 敗莫大於不自知
- 선왕이 싫어하는 것은 알지 못하는 것보다 더한 것은 없다. - 先王所惡莫大於不可知
- 행하는 일은 익히 생각하지 않을 수 없는 것이니 익히 생각하지 않고 행하는 것은, 깊은 계곡으로 달려가는 것 같이 비록 나중에 뉘우친다 해도 소용이 없는 일이다.
- 재상이 사람을 쓰는데 있어 과실을 허용하고, 어진 재주를 들어 쓴다. - 赦小過, 擧賢才
- 나라가 흥하려면 인군의 덕이 있어야지 험한 요새에 있지 않다. - 興實在德, 險亦難恃
- 하나의 이익을 일으키는 것이 하나의 폐단을 제거함만 못하다. - 興一利, 不若除一害
- 출사표를 읽고 감동하여 울지 않는 사람은 충신이 아니다. - 讀出師表不泣者, 非忠臣
- 나라를 다스리는 것은 이를 탐내어 이익을 목적으로 해서는 안된다. - 國不以利爲利
- 중노(衆怒)는 범(犯)하기 어렵고 전욕(專慾)은 이루기 어렵다. - 左傳 襄公
- 화복은 문이 없다. 오직 사람이 불러들이는 것일 뿐이다. - 左傳 襄公
- 공사(公事)에는 공리(公利)가 있을뿐 사리(私利)가 있을 수 없다. - 左傳 昭公
- 교만하면서 망하지 않는 사람은 아직껏 있어 본 일이 없다. - 左傳 定公
- 사람은 모름지기 萬事에 앞서서 자기를 연마(練磨)해야 한다. - 傳習錄
- 지(知)는 행(行)의 시초(始初)이며 행은 지의 성(成)이다. - 傳習錄
- 마음밖에 이(理) 없고, 마음밖에 일(事) 없다. - 傳習錄
- 인생의 大病은 오직 하나의 오(傲)라는 글자이다. - 傳習錄
- 천하의 악은 현명한 자를 시기하고. 능력 있는 자를 질투하는 것보다 더한 것이 없으며, 천하의 선은 현명한 이를 좋아하고. 착한 이를 반기는 것보다 더 큰 것은 없다.

♣【제언 提言】: 이번 21대 대선에서는 (2025. 6. 3)
　넓고 둥근 마음을 가지고 노여움을 모르고 욕심없이 남의 행복을 기뻐하고
　가난한 자에게 아낌없이 베푸는 자를 – "지금 우리 온 국민은"
　이런 정치 지도자의 출현을 목 말라(갈망渴望) 고대(苦待)하고 있다.

22. 정치 명언

아름다운 지혜

♣ 어떤 귀족이 원수를 감옥에 가두었고, 그 죄수의 부인이 남편을 구하러 왔다. 귀족은 그녀가 자기와 함께 동침한다면 남편을 그녀에게 돌려주겠다고 약속하였다. 그 여자는 덕스러운 사람이었지만 남편이 풀려나기를 바랐다. 그래서 그녀는 남편에게 가서 그를 풀려나게 하기 위하여, 이러한 것을 할 것인지 말 것인지를 물었다. 남편은 풀려나서 목숨을 구하기를 바랐기 때문에 그의 부인에게 허락하였다. 그러나 그 귀족은 그녀와 하룻밤을 지낸 후, 그녀의 남편을 목 베고 시신을 그녀에게 갖다주었다. 그래서 그녀는 찰스 공에게 이 사건을 진정하였는데, 찰스는 그 귀족을 불러서 그녀와 결혼할 것을 명령하였다. 결혼식 식이 끝나자, 찰스는 그 귀족을 목베고 그녀를 자신의 사유재산에 귀속시켰고, 그녀에게 높은 영예도 주었다. 이처럼 찰스는 군주다운 방법으로 범죄를 처벌하였다.

"그와 같은 결단은 교황이나 법률가나 법률책으로부터 나올 수 없었고, 책에 기록된 법률을 능가하는 자유로운 이성에서 나온 것임을 우리는 안다. – (루터 선집/2017)

* 참으로 찰스공의 지혜스로운 처분이다.
그러기에 이런 사실을 후세에 전하기 위하여 적어 놓는다. 옛사람의 말에 "증명할 수 있는 것을 기록해 놓지 않으면 이것은 선대를 잊어버리는 것이 되고"(有徵而不書 是棄其先). "증명할 수 없는 것을 기록해 놓으면 그 선대를 속이는 것이 된다"고 하였다(無徵而書 是巫其先).

♣ 섭공(葉公)이 공자에게 말하기를 '우리 마을에 행실이 정직한 사람이 있습니다'. "그 아비가 양을 훔친 것을 아들이 증언하였나이다"(其父攘羊 而子證之).
'공자 말씀하시기를' 우리 마을에 정직한 사람은 그와 다릅니다(吾黨之直子 異於是). "아비는 자식을 위해서 숨기고, 자식은 아비를 위해서 숨기니"(父爲子隱 子爲父隱). 그 가운데 정직함이 있는 것입니다(仁在其中).

* 공자의 말은 언뜻 보기에 서로의 잘못을 눈감아 준다는 것으로 생각될지 모르나, 사실 그런 뜻에서 말한 것은 아니다. 아들의 소행은 정직한 일이라 할 수 있지만 '효'라 할 수 없으며 "불효에서는 참다운 정직이 나타날 수 없음을 강조"한 것이다.

☞ 공자는 일찍이 말씀한 바 있다.
큰 덕이란 규칙을 벗어 나서는 안되지만, 작은 덕이란 약간의 넘나듦이 가능하다.

♥ 주를 경외함이 곧 지혜이다(욥 28:28).

Ⅳ. 대화연설편

1. 일반대화·연설자료 명문 385
2. 채근담 법구경 성경, 말씀 407
3. 맹자의 예화 416
4. 장자, 열자의 명문 419
5. 순자의 명문 421
6. 한비자의 명문 424
7. 설원의 명문 430
8. 여씨 춘추 438
9. 기타 명문 443
10. 한국 시조 448
11. 한국 명시 451
12. 세계의 명시 455
13. 한국의 역대 명문 459
14. 상소문(조선조) 466
15. 중국 고전 471
16. 부처설법 485
17. 담화 연설 자료
   • 고전 명문 명언활용 492
   • 담화시 단문자료 503
   • 연설시 경구 자료 506
18. 세계명사의 명구 509
19. 지도자 교양지식 516
20. 선거연설의 예 521
21. 성경성찰의 글 526

대화 명문 편

- **천하**는 한 사람의 천하가 아니요, 천하 사람의 천하이다.
  천하의 이(利)를 함께하는 자는 천하를 얻고,
  천하의 이를 오로지 하는 자는 천하를 잃는다. - (姜太公 六韜)

- 대저 믿음이란 나라(인군)의 큰 보배이다.
  나라는 백성에 의해 보장되고　　　　　　　　(國保於民)
  백성은 믿음에 의해 보장되며　　　　　　　　(民保於信)
  믿음이 아니면 백성을 부리지 못하고　　　　　(非信無以使民)
  백성이 아니면 나라를 지키지 못한다.　　　　(非民無以守國)

- 대저 공이란 세우기 어렵고 패하기는 쉬우며　(功者 難成而易敗)
  때는 얻기 어렵지만 잃기는 쉬워서　　　　　　(時者 難得易失也)
  기회란 다시 오지 않는 것이다.　　　　　　　(時乎 時乎不再來)

- 옛날 재상 보형(伊尹)은 자기가 모시는 인군을 요순처럼 만들지 못하면
  그 마음의 부끄러움이 시장에서 종아리를 맞는 것과 같으며,
  한 지아비라도 옳게 되지 않는 이가 있으면 이것은 곧 나의 허물이라 하였다.

- 친애하는 국민 여러분!
  조국이 여러분을 위해 무엇을 해 주실 것인가를 묻지 말고
  여러분이 조국을 위해 무엇을 할 수 있는지를 물어주시라! - (죤F 케네디)

- 〈공자 이르되〉 - 주역 繫辭傳 下
  위태할까 염려하는 자는 그 지위를 편안히 하는 자요
  망할까 염려하는 자는 그 생존을 보존하는 자요
  어지러워질까 염려하는 자는 그 다스림을 가질 자이니라.

- **행동**으로 하는 자는 늘 성취함이 있게 마련이며 (爲者常成)
  먼저 행함이 있은 뒤에 일이 이루어진다.　　　　(行也成也)

1. 일반대화·연설자료 - 명문

- 세상이 움직이는 순간 그곳에 연설(演說)이 있었다.

- 우임금은 천하에 물에 빠진 자가 있으면 마치 자기가 물에 빠지게 한 것같이 생각하고 직(稷)은 천하에 굶주린 사람이 있으면 마치 자기가 굶주리게 한 것 같이 생각하였기 때문에 그토록 바삐 서둘러 다녔던 것입니다.

- 하늘은 사람이 추워한다고 겨울을 거두어 가는 법이 없고,
  땅은 사람이 다니기 싫어한다고 넓이를 줄이는 법이 없으며,
  군자는 사람이 떠들어 댄다고 행실을 고치는 법이 없습니다.

- 저 악당인 도척의 개가 요임금을 보고 짖었다고 해서 그것은 요가 나쁘기 때문은 아닙니다. 개라고 하는 것은 자기 주인이 아니면 누구에게나 짖습니다.
  그 당시 저(괴통)는 오직 한신만을 알았고 폐하(유방)를 모르고 짖었던 것입니다.(초한지)

- 정자(程子) 말씀에 '사람이 없는 것이지 때가 없는 것이 아니다'.
  그 일을 한다면 그 공이 있는 법이니 그 일을 하고 그 공이 없다고 하는 것은 고금에 보지 못하였다고 하였습니다.

- 수괄(搜括)이 비록 교묘하다 하더라도 어찌 밀가루 없는 국수를 만들 수 있으며 한 되들이 뒷박에 한 말들이 물을 담을 수 있겠습니까.

- 지금 이러한 것들의 개혁을 단행한다면 국민들이 기뻐하기를 마치 거꾸로 매달린대서 풀려난 것 같을 것이니, 그러므로 일은 전 사람들이 한 것의 반만 하고도 그 공은 배가 될 것이며 다만 이때만이 그렇게 할 수 있는 절호의 기회올시다. (정권 초기)

- 자사자(子思子)는 말하기를 '不誠이면 無物'이라 하였고
  맹자는 말하기를 '至誠이면 움직이지 않는 것이 없다'고 하였으니
  진실로 지성을 다해 사람을 구한다면 어찌 한 나라를 구제할 인물이 없겠습니까.

- 거북이 등에서 어떻게 털을 뽑을 수 있으며, 토끼 머리에서 어떻게 뿔을 뽑을 수가 있 겠습니까. (불가능을 말함)

- 도학(道學)이란 것은 격치(格致) 성정(誠正)으로써 몸을 닦아 몸에 쌓이면 천덕(天德)이 되고 政事에 베풀면 王道가 되나니, 독서는 격치중(格致中)의 一事뿐인 것이다.
  독서만하고 실천이 없으면 무엇이 앵무(鸚鵡)의 말 잘하는 것과 다를 것인가.

지도자심서(心書)

양원제(梁元帝) 같은 이는 독서가 만권이로되 필경에는 위(魏)의 부로(俘虜)가 되었으니 이것을 도학이라고 말할 수 있을 것인가?

- 치란(治亂)은 사람에게 있는 것이요 때에 관계되지 않는 것이올시다.
  때란 상위(上位)에 있는 자가 만드는 것이니 만약에 우리 성상(聖上)이 분연히 진기(振起)하사 고도(古道)를 회복하고자 하신다면, 인심은 함익(陷溺)된 가운데서 건질 수 있을 것이요 사기(士氣)는 좌절된 나머지에서 진흥할 수 있을 것이니 때가 아니라고 말하지 못할 것입니다. (율곡전서)

- 정치의 성패는 사람에게 달려있으니 사람 취하기를 몸으로서 할 것이요, 몸 닦음을 仁으로서 할 것이올시다. 仁은 人이니 친족을 친애함이 크고 義란 宜이니 어진 이를 높임이 크다고 공자는 말씀하셨습니다.

- 지금이야말로 여러분이 일찍부터 바라고 기다리던 바의 위대한 싸움을 맞이했다. 승리는 여러분의 양어깨에 달려있다. 후세는 여러분의 공훈을 칭찬해 줄 것이다. 여러분은 신한국 창조의 대열에 참가한 한 사람 한 사람이란 것을 후세 사가는 기록할 것이다. (당원선거격려문)

- 하고자 함이 있는 사람은 우물 파는 것과 비슷해서 우물 파기를 아홉길이나 파내려 갔어도 샘솟는 데까지 이르지 못했다면 오히려 우물을 포기한 것과 같은 것입니다. (有爲者 譬若掘井) - 맹자

- 산 위에서 소를 내려다보면 양만하게 작게 보이지만 양인 줄 알고 끌려가지는 않을 것이니, 이것은 먼 것이 큰 것을 가린 까닭이요.
  산밑에서 산 위의 열길 나무를 보면 젓가락만 해 보이지만, 젓가락인 줄 알고 꺾으러 가지는 않을 것이니 이것은 높은 것이 긴 것을 가린 까닭이올시다. (순자)

- 화살 만드는 사람이 어찌 갑옷 만드는 사람보다 인자하지 않겠습니까 만은
  화살 만드는 사람은 곧장 사람을 상하지 않게 될까 두려워하고,
  갑옷 만드는 사람은 곧장 사람이 상하게 될까 두려워하며.
  무당과 관 만드는 목수 역시 이와 같은 것입니다.
  그러므로 직업을 택하는데 있어서 신중을 기하지 않을 수 없는 것입니다. (맹자, 공손추)

- 활을 쏘는데 반드시 표적의 가운데를 쏘아 뚫겠는 뜻을 세우고, 자세를 바르게 하여 활을 쏘지 않으면 그 표적에 맞지 않는 이치처럼, 무슨 일이든 이와 같은 것이니 확고한 각오 없이 자연의 상태대로 맡겨두면 결코 좋은 결과를 얻을 수가 없는 것입니다. (서경, 반경)

- 백성들의 윗사람이 되어 가지고 백성들과 함께 즐거움을 같이하지 않는 것은 역시 잘못입니다. "임금이 백성들의 즐거움을 즐기고" 임금이 백성들의 근심을 근심하면 백성들 역시 그 임금의 근심을 근심하는 것입니다.

- 금세의 정치를 변경하지 않으면 요순이 위에 있고. 고요가 밑에 있더라도 치란에 소용이 없을 것이니 몇 해 못가서 민생은 반드시 생선같이 뭉개지고 흙같이 무너질 것입니다.
  특히 크게 걱정이 되는 것은 지금의 民力이 마치 死境에 든 사람이 호흡이 끊어지려 함과 같아서 평일에도 유지하기 어렵거든 만일 외란이 남북에서 일어난다면 질풍이 낙엽을 쓸어버림과 같이 될 것이니 백성은 그만두고라도 종사가 어떻게 될 것인가. 생각이 이에 미침에 통곡이 아니 나올 수가 없나이다. (율곡전서 동호문답)

- 태공이 말하기를 "해와 달이 비록 밝으나 엎어 놓은 동이의 밑은 비치지 못하고 칼날이 비록 잘드나 죄 없는 사람은 베지 못하고, 불의의 재앙은 조심하는 집 문안에는 들어오지 못한다고 하였습니다.

- 먹이도 주지 않고 말을 살찌게 하라 하면 살찌게 할 방도가 없지 않습니까?
  그림의 떡으로선 배를 부르게 할 수 없는 것입니다.

- 한 알의 밀도 사막에 뿌려지면 소용이 없고,
  사람도 주인을 잘못 만나면 일생을 망친다고 합니다.

- 속담에 사람이 영광된 이름을 얼굴 위하듯 하면 어떻게 시들어 버리는 일이 있을 수 있겠는가?

- 집안의 먼지를 쓸지 아니하면 마당의 풀은 보살필 겨를이 없고,
  칼날이 가슴을 겨누면 화살을 볼 새가 없으며,
  창날이 머리를 때리면 열 손가락이 부러져도 생각할 겨를이 없게 됩니다.

- 주민들은 기다리고 또 기다리기를 마치, 가뭄에 구름일어 비 내리기를 기다리고 바라는 것같이 새로운 지방정부의 탄생을 갈구했던 것입니다. (1995년)

- 일이 빨리 될 것을 원해서 서두르면 일의 진도가 나가지 않고,
  작은 이익에 눈을 팔면 큰일을 이룰 수가 없다고 子路는 말했습니다.

- 석공이 연장도 없이 대리석을 자를 수는 없고, 화가가 물감이나 붓도 없이 그림을 그릴 수 없으며, 건축자가 재료도 없이 집을 지을 수 없는 것과 마찬가지로 성령이 주시는 은혜들 없이 하나님을 섬길 수는 없습니다.

1. 일반대화·연설자료 명문

지도자심서(心書)

■ 수단은 목적과 맞아야 하고, 목표는 능력과 맞아야 하며, 선물의 질은 선물을 받는 사람의 품격에 맞아야 합니다.

■ 성현의 말씀에 천지가 一世의 인물을 낳되 一世事를 족하게 한 것이며, 인재를 다른 세대에서 빌려오지 않는다고 했습니다. (代不乏人)
　*시대마다 그때에 합당한 인물이 나서는 법이라는 뜻.

■ 앞으로의 일꾼은 사상과 신념이 투철해야 하고 국가와 민족을 위해 스스로를 헌신하고자 하는 뜨거운 조국애와 불굴의 개혁정신이 있는 자이어야 합니다.

■ 전(傳)에 말하되 ▸진흙을 이겨서 바다를 만들고 ▸난쟁이가 태산을 이고 가겠다는 것과 같아서 자빠지거나 엎어지고 말 것입니다.

■ 넘칠 정도로 쏟아부은 물은 곧 넘치며, 너무 날카롭게 간 칼은 부러지는 것도 빠르기 마련입니다. 재보를 방 가득히 쌓아두어 봤자 다 가질 수 없으며, 으쓱대다가는 발목을 잡히게 되니, 일을 다 끝마쳤으면 물러나는 것이 하늘의 道올시다.

■ 문단속을 게을리하면서 도둑을 미워하는 것은 가장 어리석은 짓이니 소중한 곳의 열쇠는 단단히 잠궈 두는 것이 도둑을 구원하는 길입니다. 맹자도 말씀하시기를 궁핍과 무관심으로 백성들을 죄짓게 하고 그들을 처벌하는 것은 그물을 쳐놓고 짐승을 잡는 것과 다를 바가 없다고 하셨습니다.

■ 장군이 되는 자는 반드시 이목(耳目)과 조아(爪牙)와 같은 심복인이 있어야 합니다. 심복이 없는 자는 마치 캄캄한 밤길을 갈 때 수족이 없는 것 같고, 耳目이 없으면 천지가 모두 암흑이 되어 그 움직일 바를 모를 것이고, 아조(牙爪)가 없는 자는 음식물을 먹는데 곤란을 느껴 굶주리게 되니 이리되면 죽지 않을 수가 없다고 하겠습니다.

■ 백성은 나라의 근본이니 근본이 튼튼해야 나라가 안녕할 것이온데, 지금 민생은 날로 오그라져 들어감같이 마치 水火속에 있는 것과 같습니다. 옛글에
　▸나를 어루만지면 임금이요 ▸나를 학대하면 원수라 하였으니
　어찌 감이 두려워할 일이 아닙니까? - 율곡전서 만언봉사

■ 맹자 말씀하시되 먹이면서 사랑하지 않으면 돼지로 대하는 것이요.
사랑하면서 공경하지 않으면 짐승으로 기른다는 말이니 정치를 하는 사람이 사랑과 공경으로서 백성을 대하지 않는다면 어찌 지도자라 할 수 있겠습니까?

■ 윗사람이 좋아하는 것이 있으면 아랫사람은 이것을 따라 반드시 그것을 더 좋아하는 경향이 있습니다. 그러므로 ▸군자의 덕은 바람이고, ▸소인의 덕은 풀이니 바람이 풀 위에 불면 풀은 반드시 눕게 되는 것이올시다.

- 국회의원이 믿을 바는 천하에 민의뿐이거늘
  의원이 지역주민의 민심을 얻어 모아 가지고 있음은
  - 마치 나무가 뿌리있는 것 같고,
  - 등잔에 기름 있는 것 같고,
  - 농부가 전답을 가지고,
  - 장사꾼이 자본을 가지고 있는 것과 같습니다.
  - 나무에 뿌리가 없고,
  - 등잔에 기름이 없으며,
  - 농부에게 전답이 없고,
  - 장사꾼에 자본이 없다면,

  이는 눈앞이 캄캄할 뿐 다른 묘책은 없는 것입니다.

- 속담에
  - 같은 병을 앓으면 서로 동정하며   (同病相憐)
  - 같은 근심이 있으면 서로 도와주며   (同憂相救)
  - 날 짐승도 놀라면 서로 모이고   (驚翔之鳥)
  - 물도 서로 모이면 흐른다(因復俱流)고 하였습니다. (오자서)

- 대저 꾀로서 꾀를 막는 것은 마치 돌로 풀을 눌러두는 것과 같습니다
  풀은 반드시 돌 틈을 비집고 자라나고야 말 것입니다.
  무법한 놈들을 엄한 법으로 금한 것은 돌로서 돌을 치는 것과 같습니다.
  결국 두 개의 돌은 깨어지고 말 것입니다. (교화할 것을 이름)

- 대저 영욕(榮辱) 성쇠(盛衰)란 세상에 언제나 있는 법입니다.
  대군은 이 큰 도시를 보십시오.
  - 조금이라도 이익이 있으면 모든 사람은 어깨를 비비며 다투어 성문 안으로 들어옵니다.

  그러나 해가 지고 밤이 되면 이 큰 도읍도 무변황야처럼 쓸쓸해집니다.
  즉 모든 사람은 그들이 구하는 바가 없기 때문에 나타나지 않는 것입니다.
  대저 사람이 부귀영화해지면 아는 사람이 많아지고, 가난해지고 천해지면 찾아오는 친구도 없어집니다.
  그러하거늘 대군은 무엇을 탄식하십니까?

  * 맹상군이 재상자리에서 물러나자, 식객 3천이 모두 가버렸다. 이에 분노하자, 풍환(馮驩)이란 참모가 세정 인심을 들어 충고한 말이다.

- 높아지려면 반드시 언덕으로 올라가야 하고, 낮아지려면 반드시 개울과 못으로 내려가야 합니다.
  높은 곳에 오름이 반드시 아래로부터 함과 같으며, 먼 곳에 행할 이 반드시 가까운데부터 함과 같습니다.

1. 일반대화·연설자료 명문

지도자심서(心書)

- 옛글에 이르기를

  오래된 나무는 가히 불땔만 하고　　　古木可焚

  오래된 단술은 가히 마실만 하고　　　古酒可飮

  오래된 친구는 가히 믿을만 하고　　　古友可信

  오래된 서책은 가히 읽을만 하다　　　古書可讀

- 대체로 혀가 수명을 다하도록 존재하는 것은 어찌 그 부드러움이 아니겠으며 이빨이 망가지는 것은 어찌 그 딱딱함에서가 아니겠는가?

- 하늘은 믿기 어려우며 命은 일정치 않으니 그 덕이 일정하면 그 자리를 보전하고 그 덕이 일정치 아니하면 나라가 이로서 망할 것입니다.　　　(書經 함유일덕)

- 아침 노을은 비가 올 징조이므로 밖에 나가지 않고　　　(朝霞조하 不出門)

  저녁 노을은 맑은 날씨가 될 징조이므로 천리라도 간다.　　　(暮霞모하 行千里)

- 복숭아 나무와 오얏나무는 말이 없지만 그 아래에는 길이 생긴다. (사마천)

  *복숭아 나무와 오얏나무는 꽃을 피우고, 열매를 맺어 덕을 이룰 뿐 이를 말로 자랑하지 않는다. 그러나 사람들은 그 열매(德)를 보고 모이게 마련이라 그 아래는 저절로 길이 난다는 말이다.

- 공자 말씀하시되

  ▸ 좋은 일을 보면 쫓아도 따르지 못할까 두려워하여 끝없이 쫓고

  ▸ 좋지 못한 일을 보면 끓는 물에 손을 담근 듯 속히 뽑아낸다.

  나는 이렇게 하는 사람을 보기도 했고, 그렇게 한 사람들의 말도 들었다고 했습니다.

- 내 듣건대 어리석은 사람에게 바른말을 하는 것은 마치 좋은 구슬을 길에다 버리는 것과 다름없다고 합니다. (불필요한 말을 이름)

- 어진 사람은 임금을 미워하지 않으며, 지혜 있는 자는 안팎으로 고난을 받지 않으며, 용기있는 자는 죽음에서 달아나지 않는다고 합니다.

- 전력을 다하여 주인을 섬기는 것을 忠이라 하고 죽을지언정 약속을 어기지 않는 것을 信이라고 합니다.

- 어진 사람은 상대의 위기를 기회로 삼아 이익을 취하지 않으며, 지혜 있는 사람은 요행수를 믿고 성공을 노리지 않는다고 합니다.

  남의 불행을 다행으로 아는 사람은 어질지 못하고, 남의 은혜를 배반하는 사람은 의롭지 못함이라. 의롭지 못하고 어질지 못하면 어떻게 나라를 지키겠는가.

四. 대화연설편

- 한쪽 손으로 어찌 태양을 가릴 수 있으며, 한잔의 물로 한 수레의 불붙은 나무를 끌 수 있겠습니까.
- 바다의 청룡(青龍)이 잘못 개울에 떨어져 새우새끼의 희롱을 받고, 봉황이 농 속에 갇혀서 참새떼의 조롱을 받는 것과 흡사합니다.
- 천군(千軍)을 얻기는 쉽지만 **위대한 장수를 얻기는** 어렵다고 했습니다.
  지금 한 여자 때문에 장수를 버린다면,
  ▸ 잡초를 사랑한 나머지 벼곡식을 버리는 것과 하등 다를 바가 없습니다.
- 오늘의 ××들은 천하의 무적(無敵)을 바라면서 어진 정사를 베풀지 않으니, 그것은
  ▸ 마치 뜨거운 것을 쥐고 손을 데면서도 물에 담그지 않는 것과 같습니다.
- 큰일을 행하는 데에는 작은 인정을 돌아보지 않는다고 하더이다. 비유하면
  ▸ 집을 지으려고 터를 닦는데 아무리 좋은 화초나 좋은 과목이라도 아니 찍을 수가 없는 것과 같은 것입니다.
- 우리에게는 낙관보다 실천이 중요하다.
  "내일 지구의 종말이 오더라도 오늘 나는 한 그루의 사과나무를 심겠다"
  는 정성을 말한다.
- 제사(祭祀)때 음식을 장만하는 사람이 음식을 제대로 만들지 못한다고 해서 시동(尸童)이 부엌에 들어가서 제물을 챙길 수는 없는 일 아닙니까.
- 장님에게는 무늬의 아름다움이 보이지 않고, 귀머거리에는 좋은 소리 북소리가 들리지 않습니다.
- 기다림은 오랠수록 빛나며 조용할수록 즐겁고,
  준비할수록 깊어지며 음미할수록 아름답습니다. - 茶山詩文集
- 친구는 나보다 나를 더 잘 알고 보태고 보태어도 넘치지 않고,
  나누고 나누어도 모자라지 않는 관계입니다. - 燕巖集
- 욕심(慾心)은 가지고 있는 것의 노예,
  탐욕(貪慾)은 가지고 싶은 것의 노예,
  무엇이든지 자신이 감당할 수 있는 것보다 무거우면 짐이 됩니다.
  집은 쉬는 것이지 자랑삼는 곳이 아닙니다.
  욕심을 내면 쉴 집은 없고 집만 남을 뿐입니다.

- 천하에서 가장 귀한 것은 인간이다.
  물과 불에는 기(氣)는 있지만 생명이 없고,
  풀과 나무에는 생명은 있지만 지각(知覺)이 없으며,
  짐승에게는 지각은 있으나 예의(禮義)가 없다.

  그러나 인간에게만은 기도 있고 생명도 지각도 있으며 (人有氣有生有知)
  또 예의도 있다. ▶고로 천하에 가장 귀한 것이다. (亦且有義) - 순자 왕제편

- 추위에 떤 사람이 봄이 되어서야 뒤늦게 솜옷을 구해 입는다면 무슨 소용이 있겠는가?
  또 겨울이면 찬바람이 불고 추위가 몰아치는데, 여름 더위를 먹었다고 새삼스레 시원한
  옷을 찾는단 말인가? - 장자

- 애욕(愛樂-음락)의 즐거움으로 제 몸을 싸는 것은
  고치를 짓는 누에와 같다. - (법구경 愛欲品)

- 모든 보시(報施)에서 경(經)의 보시가 제일이요
  모든 맛에서는 도(道)에 맛이 제일이요
  모든 낙(樂)에서는 법의 낙이 제일이니라. - (법구경 愛欲品)

- 스승이 될만한 도에는 네 가지가 있는데 널리 익히는 것은 여기에 들지 않는다.
  1. 존엄성을 지니고 매사에 두려워할 줄 알면 남의 스승이 될만하고
  2. 나이 오십이 되도록 사람들로부터 신뢰를 받으면 남의 스승이 될만하고
  3. 경전을 막힘없이 강설하고 그 사상을 훼손치 않으면 남의 스승이 될만하고
  4. 학문의 정미한 점을 알아 이치를 밝힐 수 있으면 남의 스승이 될만하다. (순자 치사)

- 천지는 생명의 근본이요　　　　(天地者 生之本也)
  선조는 인류의 근본이요　　　　(先祖者 類之本也)
  임금과 스승은 정치의 근본이다. (君師者 治之本也) - (荀子 禮論)

- 오른손으로 원(圓)을 그리고, 왼손으로 모(方)를 그리면 둘 다 그릴 수가 없다.
  *즉 두 가지로 마음을 쓰면 한가지 일도 이룰 수 없다는 뜻
  　두 마리 토끼를 쫓으면 한마리의 토끼도 얻을 수가 없다. (逐二兎 不得一兎)

- 활을 잡고서 새를 부르고. 막대기를 휘두르면서 개(狗)를 부른다면
  새나 개가 가까이 올 리가 없다. (희남자 설산훈)
  또 사냥꾼에게 쫓긴 짐승이 굴로 들어갔는데, 활을 들고 그 앞을 지키면 겁에 질린
  짐승이 어떻게 나오겠는가? (방법이 맞지 않음을 이름)

- 앉은뱅이가 소경에게 난리가 났다고 알리자, 소경은 서둘러 앉은뱅이를 업고 달아났다.
   *두 사람은 다 불구자이지만 각자의 기능한 바를 알기 때문에 살아날 수가 있었던 것이다.
   (상호협력이 생의 길)

- 굴뚝새는 숲속에 보금자리를 만들되 나뭇가지 하나면 족하고. 두더지(偃鼠)는 강물을 마시되 자기 배를 채우는데 지나지 않는다. - 偃鼠(언서- 두더지)

- 효지애기자(梟之愛其子) : 부엉이는 그 새끼를 사랑하는데, 그 새끼는 자라서 그 어미를 잡아 먹는다. "비유컨대 白公의 인색함은 부엉이가 그 새끼를 사랑함과 같은 것이다."
   (譬白公之吝 若梟之愛其子 - 비백공지색 약효지애기자)

- 글에 이르기를 세유성쇠(勢有盛衰)하고, 이유치란(理有治亂)이라고 했다.
   아무리 성군 정치가라도 그가 흥할 때가 있으면 반드시 쇠할 때가 있고, 또 잘 다스린다지만 이것도 또한 혼란해질 때가 있는 법이다.
   그러므로 어진 정치가들은 "그가 治道의 권세를 얻었을 때에는 천신만고로 얻었지만 물러날 때를 포착하면 여하한 이유도 변명도 없이 물러가는 것이 어진 정치가의 所致"라고 하는 것이다.

- 옛말에 참으로 잘 다스리는 자는 나라에서는 ▸군주는 북채 같고 ▸신하는 북과 같으며 신하의 재능은 수레와 같고, 이것을 운영하는 지위는 말과 같다.

- 군주가 정치를 함에 있어 "마치 집을 지을 때는 경험있는 목수에게 맡기고, 활을 만들 때에는 익숙한 궁사에게 맡기듯이 해야 하는 것"이다. (적재적소)

- 애정에만 이끌리어 가르치지 않고, 타이르기를 소홀히 하는 경우가 많다.
   이것은 김매지 않고. 벼가 익기를 바라는 것 같이   (是有不芸苗 而望禾熟)
   어찌 이런 일이 있을 수 있겠는가.   (寧有是理)

- 불은 기세가 맹렬하기 때문에 사람들이 겁을 먹고 피하므로 타죽는 일이 드물지만 반대로 물은 온화하기 때문에, 사람들은 물을 얕보다가 빠져 죽는 일이 많게 되는 것이다.

- 해가 중천에 떠 있는 동안에 빨래를 말리지 않으면 그만 때를 잃게 되고
   칼을 잡아 베지 않고 머뭇거리면 토벌의 때를 놓치게 되고
   무기를 들었으면 적을 쳐야지 치지 않으면 도리어 습격을 당하게 된다.
   *즉, 시기를 놓치지 말라는 뜻. 勿失好機(물실호기)도 같은 의미

- 한 철만 사는 여름벌레는 추위를 알지 못하고,
   우물 안 개구리에게는 바다를 말해도 알지 못하며,

1. 일반대화·연설자료 명문

아침에 잠깐 돋는 버섯은 밤과 새벽을 모르고
여름 쓰르라미는 봄과 가을을 알지 못한다.

- 성현이 이르기를
"국가가 태평성세인데 태만하여 잘 살 수 없으면 이를 수치스럽게 여겨야 하고, 또 나라가 환란으로 어려울 때 잘살면 오히려 부끄럽게 여기고 근신하는 것이 어진의 처사"라고 했습니다.

- 신의 소원은 이 나라를 위기로부터 건지는 일입니다.
현실을 보고 미래를 맞추는 것은 지혜이며, 전심전력을 기울여 국가를 돕는 것은 충성이며, 역경에 처해 있을지라도 그 곤란을 피하지 않는 것은 용기이며, 제 몸을 죽여 나라를 구출하는 것은 仁德입니다. - (관자 중광편)

- 송(宋)나라 범중엄(范仲淹)의 악양루기　　　　　(岳陽樓記)에
이 세상 온갖 근심 내가 먼저 근심하고　　　(先天下之 憂而憂)
이 세상의 온갖 즐거움을 맨 나중에 즐기리라.　(後天下之 樂而樂)
라고 하였으니, 정치인이 심중에 깊이 지녀야 할 명언이라 하겠다.

- 옛말에 ▶ 남을 천거함에 있어서는 원수라도 상관치 않아야 하며,
　　　▶ 가까운 자를 천거함에 있어서는 비록 자식이라 할지라도 상관치 않는다고 했습니다.
　　　(外擧不避讎　內擧不避親)

- 율곡은 그의 만언봉사(萬言封事)에서, "금일의 사태"가 실로 이와 같사오니 십년을 지나지 아니하여 禍亂(화난)이 반드시 이를 것임을 역설하였다(十萬養兵說).
이 말은 적중하여 율곡 사(1536-1584)후 8년 1592년 壬辰倭亂이 발생한다.

- 명령은 보배보다 중하고, 사직은 부모에 우선하며, 법은 백성보다 무겁고 권력은 작록보다 귀하다고 한다.

- 남의 아비를 죽이면, 남도 또한 제 아비를 죽일 것이고,
남의 형을 죽이면, 남도 또한 제 형을 죽일 것이니,
그렇게 된다면 제 손으로 제 형을 죽이는 것과 무슨 큰 차이가 있겠는가?

- 부(富)하되 인색(吝嗇)하지 않으니　　　　의(義)요.
남의 어려움을 급(急)하게 여기니　　　　　인(仁)이요.
빈천한 것을 싫어하고, 존귀한 것을 사모하니　지(智)라.
이것이 참 양반이로다. (양반전)

- 고어(古語)에 "해가 중천에 솟아오르고 나면, 서쪽으로 기울기 마련이고, 달이 만월이면 이즈러진다고 하였습니다. 사물이 흥성(興盛)한 다음 쇠퇴(衰退)하는 것은 천지의 공리이고 진퇴와 굴신(屈伸)이 때에 따라 변화에 적응하는 것은 성인의 상도입니다. 지금 어른께서는 당한 원한을 어김없이 보복하셨고. 받은 은혜는 반드시 보답 했으며, 소망은 모두 이루어 놓으셨습니다.

  소진이나 지백같은 인물을 볼 적에 그들의 지혜는 모욕을 피하고, 죽음을 멀리하는데 하등에 부족한 바가 없었습니다. 그렇지만 살해당하고 만 것은 이익을 탐내는데 현혹되어 그칠 줄을 몰랐기 때문입니다.

  역경에 "고귀(高貴)를 다하면 후회가 있다고 했습니다".

  이는 올라갈 뿐이지 내려올 수 없고, 펼 뿐이지 굽히지 못하며, 갈 뿐이지 돌아올 수 없는 사람에 대한 경종(警鐘)입니다. 숙고하셔야 하겠습니다. (범저 채택열전)

- 예부터 정치를 잘하는 자는 훼방(毁謗)이 없을 수 없는 것이다.

  "자산(子産)은 鄭나라의 재상이 되었을 때 일년 만에는 비방이 일어나 衆人들이 그의 살해(殺害)를 희망하였으나 삼년만에는 중인(衆人)들이 그가 죽을까봐 오히려 걱정하였고,

  "공자(孔子)가 노(魯)나라 대신이 되었을 때에 시정(始政)의 초에는 욕하는 노래가 생겼으나 교화(教化)가 행한 뒤에는 송덕(頌德)하는 노래가 유행하게 되었다.

  오직 고도(古道)를 견수(堅守)하여 힘써 행하되 변함이 없고 저상(沮喪) 하지도 않고 노(怒)하지도 않아야 민심이 정해질 것이다.

- 조(趙) 나라의 광무군(廣武君)은 한신(韓信)의 간곡한 자문에 이런 말을 하였다.

듣자하니 지혜로운 사람이 천번 생각하면	智者千慮
반드시 한번은 잃는 일이 있고	必有一失
어리석은 사람이 천번 생각하면	愚者千慮
반드시 한번은 얻는 것이 있다고 했습니다.	必有一得
그러기에 말하기를 미친 사람의 말도	狂夫之言
성인이 택한다고 했습니다.	聖人擇言

  생각컨대 내 꾀가 반드시 쓸 수 있는 것이 못되겠지만 다만 어리석은 충정을 다할 뿐입니다.

- 회남자(淮南子) 설산훈에 이런 구절이 있다.

- 냄비 속에서 요리되고 있는 고기 맛을 보려고 냄비 속의 고기를 전부 먹어 볼 필요는 없다. 그 한 조각만 먹어 보아도 냄비 속의 고기 맛을 전부가 알 수 있다.
  이것은 작은 것을 가지고 큰 것을 밝히는 것이다.
- 또 오동나무의 잎이 하나 떨어지는 것을 보면 가을이 깊어져 이해가 저물어 감을 알고 독 안의 물이 얼어 있는 것을 보면 온 세상이 추어진 것을 알 수 있다.
  이것은 가까운 것을 보고 먼 것을 알아내는 이치이다.
- 이자경의 추충부(秋虫賦)에는 ▶잎이 하나 떨어지니 천지가 가을이다. 〈一葉落天地秋〉라고 나와 있으며, 文錄(문록)에는 唐人(당인)의 시로서 ▶산의 중이 육갑을 헤아릴 줄 몰라도 잎 하나가 떨어지면 천하가 가을인 것을 안다. (山僧不解數甲子, 一葉落天下之秋)라는 시구절이 있다.

■ 賈誼(가의)는 말하기를
   ▶탐욕하는 자는 재물 때문에 죽고, ▶열사는 이름을 위해 죽고 ▶권세를 부리고자 하는 자는 권세 때문에 목숨을 잃고, ▶평범한 서민은 다만 생활에 매달리게 된다고 하였습니다.

■ 옛말에도 ▶듣기 좋은 말은 사람에게 팔아야 좋고 ▶높은 행실은 남에게 팔아야 좋다. 그러므로 군자는 좋은 말은 서로 보내고 소인은 재물을 서로 보낸다고 한 것입니다.

■ 기기(騏驥) 駿馬(준마)는 지친 나귀와 한 수레를 끌 수 없으며, 봉황은 제비나 참새와 무리를 지을 수 없습니다. 마찬가지로 현자도 소인과 같이 생활할 수 없는 것입니다.

■ 신이 듣건대 ▶천금을 가진 부잣집 아들은 마루 끝에 있지 않고, ▶백금을 가진 부자 아들은 난간을 기대고 서지 않으며, 성주(聖主)는 위험을 무릅써가며 요행을 바라지 않는다 합니다.

   ♣ 비유컨대 '제비가 장막에 집을 지은 것 같으며, 물고기가 가마솥 안에서 노는 것과 같아서 저녁을 못 지나서 망할 것이다. (燕巢於幕 魚遊於鼎 亡不侯久)
   侯(후)-오직· 어찌, 임금,
   ♣ 물고기의 눈과 같은 우열(愚劣)한 것들이 명월(明月)의 구슬과 같은 우리들을 비웃고 명월의 구슬같은 지위(地位)를 차지하려고 한다.

■ 기도는 우리 마음의 소원이다. 하나님의 나라는 우리의 죽음을 통해 우리에게 임하는 것이기에 우리는 죽음을 위해 기도해야 한다.
   *이는 프랑소아 페넬롱의 "그리스도인의 완전" 끝장에 있는 말이다.

■ 저 유명한 괴테의 희곡 파우스트의 제1부는 다음과 같은 문구로 시작되고 있다.

그러나저러나 나는 철학도 법학도 의학도, 없어도 괜찮을 것 같은 神學도 열심히 공부하여 그 바닥까지 연구했다. 그리하여 여기에 이르고 있다.

불쌍한 바보인 나다. 그 주제에 아무것도 하지 않았던 옛날보다 조금도 위대해지지 않고 있다. (파우스트)

* 옛날 학생들은 이 파우스트의 최초의 일절을 모르는 학생은 엉터리 학생이라는 낙인까지, 또 그의 詩에는 「그렇게 너무 나무라지 말고 나를 들어가게 해주오」하고 천국의 입구에서 외치는 구절도 있다.

■ 자하가 공자께 질문하기를 "시경에 이르기를 온화하고 즐거워하는 군자가 백성의 부모라 하였는데 어떠한 것을 백성의 부모라 말할 수 있습니까.?"

공자가 말했다.

백성의 부모란 : ▶ 반드시 예악의 원리에 통달하여 五至를 이루고 ▶ 三無의 길을 행하여 도를 천하에 널리 피고, ▶ 사방에 어지러운 재앙이 있으면 이를 먼저 알아야 한다. 이것을 "백성의 부모"라고 말한다.

* 五至란 ▶ 뜻이 이르는 곳에 詩가 이르고, ▶ 시가 이르는 곳에 禮가 이르며, ▶ 예가 이르는 곳에 樂이 이르고 ▶ 악이 이르는 곳에 또한 슬픔이 이른다. ▶ 악과 슬픔이 이르면 군신이 함께 서로 나눈다.
▶ 三無란 소리 없는 악과 형체없는 禮와 복없는 喪을 말한다.

■ 옛말에 "천금의 갖(裘)옷은 한 여우의 겨드랑이 밑 가죽만으로 되지 않는다"고 하였고, 높은 집 석가래는 한 나무의 가지만으로는 되지 않는다고 하며, 夏 殷 周, 삼대의 盛時는 한 사람의 지혜만으로는 되지 않는다고 합니다.

■ 孔丘(공자)는 "어진 이를 믿어 주인으로 받드는 자는 입신하고, 不肖를 모아 그 주인이 되는 사람은 몰락"한다고 말씀하셨습니다.

■ 목재를 다룸에 있어서 능히 다룰 줄 아는 장인이 만나면 명기(名器)가 되는 것이고 그렇지 못하면 재목이 아무리 훌륭하여도 나무 부스러기에 지나지 못하게 되는 것과 마찬가지 이치입니다.

■ 대왕의 현명을 가지고 일을 한다면 천하를 통일하기란 취부(炊婦)가 아궁이의 먼지를 쓰는 것과 같이 매우 쉬운 일입니다. 이것은 萬世에 한때의 기회라 하겠습니다.

■ 시경에, 명(운명)은 나로부터 만들어지는 것이요 복 또한 나에게서 구한다.
천명은 변한다 하였고, 불교의 경전에도 공명은 굳이 추구하면 못 얻을 것도 없고 부귀 또한 얻으려 들면 못 얻을 것도 없다고 하였다.

지도자심서(心書)

- 사람들이여, 내 말을 한번 판단해 보라, 가시나무와 엉겅퀴가 훨훨 타고 있는 불과 맞서 싸우거나, 질그릇이 자기를 만든 토기장이와 맞서 싸우는 것이 과연 이성에 맞는 일입니까?

- 어떻게 생명 없는 시체가 자신의 수의을 벗어버리고 자기를 묶고 있는 밧줄을 풀 수 있겠습니까?

- 속담에 말하기를
"힘써 농사짓는 것이 풍년 만나는 것만 못하고, 착하게 벼슬 사는 것이 임금의 뜻에 맞도록 하는 것만 못하다"고 합니다. 또 제(齊)나라 사람들의 말에 "시세를 따르는 것만 못하고 비록 예리한 농기구가 있다 하더라도 때를 기다리는 것만 못하다"고 하였습니다.

- 옛말에도
"천하에 재난이 없으면 성인(聖人)이 있어도 그 재주를 베풀 곳이 없고, 上下가 화목해 있으면 어진 사람이 있어도 공을 세울 수가 없다"고 합니다.

- 속담에
"말의 상을 볼 때에는 여인 것 때문에 실수하기 쉽고,　　　(相馬瘦失)
선비의 상을 볼 때에는 가난한 것 때문에 잘못 보기가 쉽다." (相士貧失)

- 예로부터
"일을 잘 마무리 하는 자는 화를 돌려 복이 되게 하고　　　(轉禍爲福)
실패로 말미암아 성공을 가져온다"고 합니다.　　　　　　　(因敗爲功)

- 달이 차면 기울고 물이 차면 넘치는 것은 사람 사는 이치이며 또한 역사의 순리입니다. 나아가는 길이 있으면 물러나는 길이 있듯이 앞으로 나아가는 것에만 급급하면 언제나 뒤탈이 생기는 법입니다. (중용을 지키라는 뜻)

- 한비자는
"아는 것이 어려운 것이 아니라　　　　　　　　　　　　　(非知之難)
안 뒤에 대처하는 것이 어렵다고 한다".　　　　　　　　　(處之則難)

- 탕왕이 이르길(湯曰) :
약은 먼저 낮은 사람에게 맛을 보인 후에 지위가 높은 사람에게 올리는 법이고 좋은 말은 약언(藥言)은 먼저 높은 사람에게 알려준 다음에 낮은 사람에게 들려주는 법이다.

■ 속담에
"사람이 영광된 이름을 얼굴 위하듯 하면 어떻게 시들어 버리는 일이 있겠는가" 했다.

■ 좋은 말과 견고한 수레도
무능한 노비가 몰게 되면 나아가지 못하고 남들의 비웃음 살 것이요. 왕량이 수레를 몰게 되면 천리를 갑니다.

■ 옛날 왕량이 말을 사랑하고 월왕 구천이 신하를 사랑한 것은, 장차 그 말을 부려먹고 신하를 전쟁에 보내기 위해서였던 것입니다.
왕량은 평소 말을 사랑하기를 그 자식과 같이하여 어떠한 말이라도 자유로이 부릴 수 있고, "구천은 사람을 자기 몸같이 사랑했기 때문에 그 신하들은 모두 구천을 위해 목숨까지도 바칠 수 있었던 것입니다.

■ 역경에 말하기를 "군자는 처음을 신중히 한다. 처음에 어긋남이 호리(毫釐)정도라면 뒤에 틀리는 것은 천리가 된다"고 했다.

■ 군자가 용병함에는 군대가 아직 출동하기 전에 그 공업은 이미 이루어진다고 하였다. (君子之用兵 莫見其形 其功已成) - 이미 이길 조건하에서 싸운다는 것이다.

■ "인군된 자는 백성을 인도하기가 매우 쉽다"라고 했는데 이는,
인군된 자는 백성의 모범이 되어야 함으로, 그 좋아하고 싫어하는 것을 삼가야 합니다.
▶ 인군이 좋아하는 것은 신하도 이를 좋아하여 행하고
▶ 윗 사람이 행하는 것은 백성도 이것을 또한 따르게 마련입니다.
그러므로 시(詩)에 이르기를 인군된 자는 백성을 인도하기가 매우 쉽다는 것입니다.

■ 옛날이야기가 없으면 나는 이를 못난이로 여긴다. (無舊言 吾鄙之)
고향을 떠나 서울에 와서 벼슬길에 나아가 높고 귀하게 출세한 사람이 그 옛날 시골에서 함께 자라던 옛 친구를 만났다. 그런데 옛친구를 만났는데도 자신을 뽐내느라 자랑만 늘어놓았지, 어릴 때 함께 놀던 그 정다웠던 이야기는 한마디도 하지 않았다. 공자는 이런 인간을 가장 비열하다고 했다.
  * 고향을 떠나 크게 출세한 분들은 한 번쯤은 생각해 볼 일이다. 올챙이적 생각을 해 봄 직하다.

■ 아무리 명마라도 한번 뛰어 열 걸음을 나아갈 수 없고, 아무리 느린 말이라도 열흘을 쉬지 않고 달리면 또한 천리마를 따를 수가 있다고 했다. (순자 권학)
  * 학문의 길도 이와 같아서 재주 없음을 한탄하지 말고 꾸준히 노력하면 성공의 문에 도달할 수 있는 것이다. (無積跬步(규보)면 無以之千里도 같은 뜻)

지도자심서(心書)

■ **세 사람이 말하면 없는 범도 있는 것이 된다**(三人言以成虎). - 한비자 내저설
  세 사람이 함께 증언하면 실제 없는 호랑이도 있는 것이 된다.
  위(魏)나라의 방공(龐公)이 임금에게 지금 시장바닥에 호랑이가 나타났다고 하면 믿겠습니까? 믿을 수 없지. 그러면 두 사람이 그렇게 말한다면 믿겠습니까? 믿을 수 없지. 세 사람이 그런다면 어떻게 하시겠습니까? 그러자 "임금님은 그렇다면 믿어야겠지".
  * 시장바닥에 호랑이가 없는 것은 사실이지만 많은 사람이 똑같은 말을 하게 되면 그때는 믿게 된다는 말이다. (眾議成林 無翼而飛도 같은 뜻)

■ 비록 좋은 안주가 있다 해도 맛을 보지 않고는 그 좋은 것을 알 수 없으며, 그렇듯이 아무리 좋은 도(道)가 있다 해도 배우지 않으면 그것을 알 수가 없다.
  이런 까닭으로 배운 후에야 자기의 지덕이 모자람을 알게 되며
  가르치고 나서야 충분히 사람을 감화시킬 수 없음을 알게 된다.
  지덕이 모자람을 알고 나서야 스스로 반성하여 면학하게 된다.
  또 사람을 가르친다는 어려움을 겪고 나서야 힘쓰게 된다.
  * 그러므로 일컫기를 "가르치는 것이나 배우는 것 모두가 지덕을 키우게 하는 것이라 했다. 〈태명에도 이르기를〉 가르치는 것이 남에게 지덕을 키우게 해줄 뿐 아니라 반을 자기 자신도 배우는 것이니 곧 자신의 지덕도 쌓게 되는 것"이라 하였다.
  (教學相長也 兌命曰 斆學半) - 예경 학기

  ♣ **三餘(삼여)** - 독서를 함에는 이 나머지 시간으로 족하다는 뜻. - (魏略에- 董遇字季直)
    겨울 해의 나머지, 한 날의 밤 나머지, 陰雨(음우) 때의 나머지 시간 (즉 겨울의 여유시간, 한 날의 밤 시간. 오랫동안 비 내릴 때의 여유시간)을 독서 하는데 세 가지 여유가 있다고 董遇(동우)는 魏略(위략)지 에서 말하고 있다. 刻苦勉學(각고면학) 하는 이에게는 하늘이 주는 귀한 시간이라 하겠다. - 활용할지어다.

■ 사람은 평생을 살면서 1. 하루는 저녁이 여유로워야 하고, 2. 일년은 겨울이 여유로워야 하고, 3. 일생은 노년이 여유로워야 하는데 이 세 가지를 三餘(삼여)라고도 한다.

■ ▸ **가난하다**는 것은 별로 부끄러울 것이 없다. 부끄러워할 것은 가난하면서도 잘 살려는 의지가 없다는 것이다.
  ▸ **천한 것**은 별로 싫어할 것이 없다. 싫어할 것은 천하면서도 아무 특별한 능력이 없는 것이다. ▸ **늙은 것**은 별로 한탄할 것이 없다. 한탄할 것은 늙어서도 뜻없이 허송세월을 보내는 것이다. ▸ **죽는 것**은 별로 슬퍼할 것이 없다. 슬퍼할 것은 죽어서 세상에 소문날 만한 명성을 남길 것이 없는 것이다. - (呻吟語/呂坤)

- **번지(樊祉)가** ▸오곡 키우는 법을 가르쳐 달라고 청하자,
  공자께서 〈나는 늙은 농사꾼만 못하다〉(吾不如奴農)고 말씀하셨다.
  번지가 다시 채소 키우는 법을 가르쳐 달라고 청하자,
  공자께서는 또 〈나는 늙은 채소장이만 못하다(吾不如奴圃)고 대답하셨다.
  *즉 전문가에게 묻는 것이 가장 정확하게 알 수 있는 방법이라는 뜻이다.

- ▸말을 다하지 않았는데 말하는 것은 조급한 것이고
  ▸말해야 할 때 말하지 않는 것은 속을 감추는 꼴이며,
  "윗사람의 안색을 살피지 않고 함부로 떠드는 것은 소경 같은 짓이다". (공자 계씨)

- **하늘이 무슨 말을 하더냐**
  사계절이 바뀌어 가고
  만물이 철에 따라 자라고 시들지만
  하늘이 무슨 말을 하더냐
  *하늘은 이처럼 위대한 큰일을 하고도 자랑하지 않는다. 즉 겸손을 본받으라는 뜻.

- **임금이 정성스럽고** 신하가 어질면 이는 국가의 복이며, 아비가 인자하고 자식이 효도하면 이는 집안의 복이며, 그러므로 효자면 누구나 아비가 인자하기를 원할 것이며, 어진 신하라면 누구나 정성스런 임금을 원치 않겠습니까.
  하지만 인간 세상이란 그리 간단하지가 않습니다. 옛적에 비간(比干; 射王때)은 만고에 보기 드문 충신이었건만 결국 은(殷)나라는 망했고, 태자 신생(申生)은 극히 보기 드문 효자였지만 진 나라를 혼란 속으로 몰아놓았습니다.
  이상 말한 두 사람은 지극한 충신이었으며 지극한 효자였건만 그 임금과 그 아비를 구제하지 못했습니다. 그 까닭이 어디 있습니까. 그 임금이 밝지 못하고, 그 아비가 인자하지 못했기 때문입니다. (사마천 사기)

- **살아있는 자는** "죽음을 두려워하지 말아야 하며, 나라를 가진 자는 망하는 것을 두려워하지 말아야 합니다. 망하는 것을 두려워하는 자는, 이 세상에서 살아갈 수 없기 때문입니다. 그러나 총명한 임금이라면 〈살고 죽고 존재하고 망하는〉 이치를 알아둘 필요가 있는 것입니다

- **옛날 순임금은** 고약한 계모를 극진히 섬겼으며 그 계모 몸에서 난 어리석은 동생을 잘 보호했습니다. 그 결과 마침내 천하가 순(舜)을 받들어 제위에 모셨던 것입니다.
  이와 반대로 옛 폭군 걸(桀)은 충신 용봉(龍逄)을 죽이고. 폭군 주(紂)는 비간(比干)을 죽였습니다. 그런 까닭에 마침내 천하가 들고 일어나 멸망을 당했습니다.

- 우(禹) 임금이 이르되 〈임금은 임금 노릇 하기가 참으로 어렵다고 여기고, 〈臣下는 신하 노릇 하기가 어렵다고 여겨야 한다〉고 하였습니다.
  "임금이 임금 노릇하기가 어렵다는 것을 안다면, 불가불 신하에게 좋은 말 듣기를 원하게 되고…"

- 인군이 인정을 베풀면 그 나라가 번영하고, 인정을 베풀지 않으면 욕을 보게 됩니다.
  ▸ 이제 욕보는 것을 싫어하면서 인정을 베풀지 않고 있으니
  ▸ 이는 마치 습한 것을 싫어하면서도 낮은 곳에 있는 것과 같은 것입니다. - 맹자

- 삼대 (三代- 夏殷周) 때에 "천하를 얻은 것은 仁에 의한 것이요. 천하를 잃은 것은 不仁 때문입니다". 나라의 흥망 존속이 다 그러합니다.
  ▸ 천자가 인자하지 못하면 천하를 보존하지 못하고,
  ▸ 경이나 대부가 인자하지 못하면 종묘를 보존하지 못하고,
  ▸ 선비나 필부가 인자하지 못하면 사체(四體)를 보존하지 못합니다.
   그런데 오늘에 "죽는 것이나, 멸망하는 것을 싫어하면서도 불인한 짓을 즐기니 이것은 술 취하는 것을 싫어하면서 술 마시는 것과 같은 것입니다."
   (今惡死亡而樂不仁, 是猶惡醉而强酒) - 맹자

- 물은 지극히 부드럽지만 추위가 극심하면 얼음이 되어 부드러운 게 굳어지고, 쇠는 지극히 굳은 것이지만 뜨거운 열이 극심하면 녹아서 물이 되어 굳은 게 부드러워지는 법이다. 이는 사람이 지극한 정도에 이르지 않으면 변화할 수 없는 것을 알게 하는 말이다.

- 이조 광해군, 인조때의 학자인 여헌 장현광(旅軒 張顯光) 선생은 이런 말을 하였다. 빈 것은 온갖 것을 채우는 창고가 되고, 고요한 것은 온갖 것을 변화시키는 터전이 되고 겸손한 것은 온갖 이로움의 자루(柄)가 되고 아끼는 것은, 온갖 행복의 근원이 된다.

- 전국시대 때의 학자인 맹자는 이런 말을 했다.
  ▸ 인자함은 사람의 마음을 깃들일 편안한 집이고 (仁人之安宅)
  ▸ 의로움은 사람이 다닐 바른길인데   (義人之正路也)
  ▸ 편안한 집을 비워두고 살지 않으며   (曠安宅而不居)
  ▸ 바른길을 버리고 따르지 않으니 슬프다.   (舍正路而不由)

- 뱁새가 깊은 숲속에 둥지를 튼다 해도 나뭇가지 하나면 족하고, 두더지가 강물을 마신다고 해도, 그 작은 배를 채우면 고만이다.
  *아무리 욕심을 부려 보아도 실제로 필요한 재물이란 얼마 안된다는 것이다.

- 말에는 세 가지 표준이 있다.
  - 말의 근본을 살필 수 있어야 하고　　　　　　　(有本之者)
  - 원인을 말할 수 있어야 하고　　　　　　　　　(有原之者)
  - 실용을 증명할 수 있어야 한다　　　　　　　　(有用之者)
  * 이는 墨子(非命 上)의 말이다.

- 신은 장구한 세월 동안 분주히 돌아다닌 때문에 이젠 거의 꺼질 것만 같고, 몸도 마음도 다 소모되어서 마치 구멍 난 옹기솥과 다를 것이 없습니다.
  - 부서진 그릇은 다시 상 위에 올려놓을 수 없으며, ▸찢어진 돗자리는 다시 펼 수 없습니다. 신이 있다고 해서 이익될 것도 없으며 떠난다고 해서 손해될 것도 없습니다. 신은 이제 공자(公子) 곁을 떠날 때가 되었다고 생각합니다. (사임 인사)

- 아무런 하는 일 없이 먹기만 하는 것은　　　　(無功而食)
  참새나 쥐의 종류요,　　　　　　　　　　　　(雀鼠是已)
  마구 피해를 주어가면서 먹기만 하는 것은　　　(肆害而食)
  호랑이나 승량이의 종류다.　　　　　　　　　(虎狼是已) - 呻吟語

- 관중(管仲)이 환공(桓公)에게 말하기를
  짐이 무겁기로는 몸 만한 것이 없고　　　　　　(任之重者莫若身)
  길이(인생행로) 두렵기로는 입 만한 것이 없고　(塗之畏者莫如口)
  기약하기 멀기로는 해(年)만 한 것이 없습니다. (期之遠者莫若年)
  * 요즈음 청문회에서 20년 전의 한 말을 들추어내어 자격 검증을 하려는 것을 보고, 관자가 말한 인생행로 두렵기로는 입 만한 것이 없다는 이 말이 실감난다.

- 관자 패언(霸言)편에 "성인은 시기에 맞추어 어떤 일을 도울 수 있을 뿐 시기를 어겨 가면서 돕지는 못한다." 「지혜 있는 자가 잘 헤아리는 것」이 때를 잘 만남만 같지 못하다. 결국 시기를 잘 볼 수 있는 사람(精時)이면 짧은 시일에 훌륭한 성과(日少而功多)를 올릴 수 있게 된다. 아무리 잘 계획된 일이라도 시기를 기다림 없이 수행하려 하다 가는 곤경에 빠지고 어떤 일이건 준비가 소홀한 경우에는 일을 망칠 수 밖에 없다.
  그러기에 성왕(聖王)들은

  사전에 만반의 준비를 갖추기에 부심했고,
  그러고서도 그 시기가 오기를 신중히 기다릴 줄 알았다. (慎守其時)
  즉 만반의 준비를 갖추어 시기를 기다리고,　　　　　(以備待時)
  시기가 왔을 때 행동으로 옮겼던 것이니　　　　　　(以時興事)
  그들의 성공한 원인이 여기에 있었던 것이다.

지도자심서(心書)

- **얼음이 크면** 물도 많을 것이고, 장애가 많음은 깨달음이 많을 수 있는 것이다.
  악에 강한 자는 선에도 강할 수가 있음을 구체적으로 표현된 것은 저 유명한 능엄경(楞嚴經)의 마등가녀(摩登伽女)의 연심(戀心)인데, 아난을 사모하는 그 정이 지나치게 사악으로 흘렀으나 끝내 貞善의 깨달음을 얻어 선한 수도자가 된 것이다. - (불타)

- **성난 마음을 풀기 어려운 것은** 돌에 글자를 새긴 것 같고
  인자(仁慈)한 마음은 쉽게 풀기가, 흘러가는 물 위에 글씨를 쓰는 것과 같다.
  성난 마음은 불덩어리와 같고. 인자한 마음은 번갯불과 같은 것이다.

♣ 여유(餘裕)는 채우지 못한 빈틈이 아니라

다시 나를 충전시키기 위한 귀중한 시간입니다.
여백(餘白)은 채우지 못한 빈칸이 아니라
다시 나를 되돌아보게 하는 소중한 시간입니다.
만일 계속 꺼내 쓰기만 하면 오래지 않아
인내도 결심도 성실도 금방 바닥을 드러내고 말 것입니다.

- **시간(時間)은** 힘이 셉니다.
  젊은이를 노인으로 만들고, 어린아이를 젊은이로 키웠습니다.

- **여유당(與猶堂)이란** 다산정약용(1762-1836)의 堂號 - 집이름이다.
  이 당호는 도덕경 15장에 있는
  "머뭇거리기는 마치 겨울 강을 건너듯
  두리번거리기는 마치 네 이웃을 두려워하듯" (與兮若冬涉川 猶兮若畏四隣)
  이라는 구절에서 따왔다고 한다.

- **병든 중생을 보거든** 부모가 병든 자식을 보는 듯이 여기고, 그 즐거워함을 볼 때에는 부모가 병든 자식의 병이 나은 것을 보는 듯이 기뻐하고, 이미 보시한 뒤에는 마치 부모가 자식이 장성한 뒤에 잘 살아가는 것을 보는듯이 마음 든든하게 볼일이다.
  (팔만대장경)

- **자공이 공자에게 묻기를** "신하들 중에 누가 어질다고 보십니까?"
  제나라 포숙(鮑叔), 정나라 자피(子皮)를 어진 인물로 보았지 -
  사(賜 : 자공)야 너는 어진 이를 추천하는 것이 어진이라 들었느냐 아니면 자기 힘을 쏟는 것이 어질다고 들었느냐 잘 모르겠다. 지난날에는 이들을 어진 이로 보았지. -
  (포숙은 관중을 자피는 자산을 추천하였음). 어진이 추천한 자를 귀히 여겼음.

- 공자는 말했다. "군자"는 몸을 숨긴다 하여도 자연히 드러나고, 잘난체하지 않아도 자연히 장엄해지는 것이요, 위엄있게 굴지 않아도 저절로 위엄이 나타나는 것이요. 말을 하지 않아도 저절로 남이 믿게 되는 것이다. (예기)

- 공자 - 말씀하시기를 군자는 몸을 삼가하여 화를 피하고, 두텁게 몸을 닦음으로써 德의 빛이 밖으로 발하여 사람이 능히 공경함으로써 치욕에서 멀어진다고 하셨다.

- 공자 -말씀하시기를 군자는 말로 전부를 보지 않는다. (君子不以辭盡人)
  그러므로 천하에 도가 있을 때는 나뭇잎이 무성한 것처럼 사람마다 착한 행실이 있을 것이요. 천하에 도가 없으면 사람들이 예를 지키지 않아 여러 가지 말만을 꾸미며 세상이 어지러워질 것이다.

- 孔子 : 말 잘하는 것으로 사람을 판단하다가 재여(宰予)에게 실수하였고, 생김새로 사람을 판단하다가 자우(子羽- 담대별명)에게 실수했다.
  재여(宰予)는 매끄럽게 말을 잘하였으나 행실이 그리 훌륭하지 못하였고,
  자우(子羽)는 못생겼으나 덕행이 뛰어났다.

- 옛날의 정치는 사람 사랑하기를 큰 것으로 하였습니다.
  사람을 사랑할 수 없다면 그 몸을 온전히 할 수 없으며, 그 몸을 온전히 할 수 없다면 그 땅에서 편히 살 수 없으며 천명을 즐길 수 없습니다. 천명을 즐길 수 없으면 그 몸을 이룰 수가 없는 것입니다. - (예기 哀公問)

■ 고노(故老)의 말을 기억하오니

〈성종께서 병(病)에 누워 大臣이 입문(入門)하여 본즉〉 침소(寢所)의 덮은 것은 다갈색(茶褐色) 명주 이불이 떨어지게 되어도 개비(改備)치 아니하셨다 하니 듣는 자 지금까지 흠앙欽仰하기 마지 않음이라.

- 善은 임금을 일컫고 허물은 자기를 일컫는다면 백성은 충성된 생각을 일으킨다.
  군진(君陳)편에 말하기를 네게 좋은 계획이 있으면 돌아와서 "너의 임금에게 고(告)하고 밖에 나가서 이것이 임금의 덕이라 선포하여라. 이것이 바로 임금의 이름을 나타내는 것"이다.

- 착한 것은 어버이에게 돌리고 허물은 나라(己) 칭하면 백성이 효도의 덕을 일으킨다.
  태서(서경의 편명)에 이르기를 내가 주(紂)를 이긴다면 그것은 나의 무덕(武德)이 아니고 돌아가신 나의 아버지 문왕(文王)이 허물이 없기 때문이며, 내가 진다면, 돌아가신 나의 아버님은 무죄(無罪)며 나의 무량(無良) 때문이다.

지도자심서(心書)

- **명도선생**이 말을 하려고 입을 여닫기만 하는 것에 대하여 말하기를 만약 입을 열었어야 할 때에는 상대의 머리를 요구할 경우라도 모름지기 그 말을 해야 한다.

- **사람이 삶에 백세 가운데 "질병이 있으며 노년기와 유년기가 있다". 故로
  군자는 다시 돌아올 수 없음을 생각하여 먼저 베푸는 것이다.
  (人之生也 百歲之中에 有疾病 有老幼焉이니 故로 君子는 不可復者而 先施之也하나니)
  친척이 이미 돌아가시면 비록 '효' 하고자 하나 누구를 위하여 '효'하며,
  나이가 이미 오십 육십이 되면 비록 공경 하고자 하나 누구를 위하여 공경하겠는가.
  (親戚이 旣沒이면 雖欲孝나 誰爲孝하며 年旣耆艾면 雖欲悌 誰爲悌리요) (雖 : 비록 수)
  그러므로 효에는 미치지 못함이 있고, 공경에는 때 아님이 있다 하였으니 이를 말한 것이다. (故로 孝有不及이요 悌有不時이니라)

> ♣ 말 한마디가 중요하다
> 부주의 말 한마디가 싸움의 불씨가 되고
> 잔인한 말 한마디가 삶을 파괴합니다.
> 은혜스런 말 한마디가 길을 평탄케 하고
> 즐거운 말 한마디가 하루를 빛나게 합니다.
> 때에 맞는 말 한마디가 긴장을 풀어주고
> 사랑의 말 한마디가 축복을 줍니다.

* 입은 관문이며 혀는 기계(舌者機也) 이다. 부당한 말을 내뱉고 나면 네 필 말이 끄는 속도로 뒤쫓을 수 없다. 부당한 말을 내뱉고 나면 도리어 자기 자신을 해친다.
  말은 활쏘기와 같다.
  화살이 시위를 떠나고 나면 비록 잘못 쏘았다고 후회해도 따라잡을 수가 없다. - (說苑)

* 충성은 죽음을 거역하지 않으며(忠不避死)
  간언은 어떤 죄를 뒤집어써도 겁내지 않는다. (諫不違罪) - (晏嬰)

♣ **【대답하기 싫은 질문을 피할 때 사용】** - (래디 킹/대화의 법칙)
- 지금 그 질문에 대답하기에는 시기상조인 것 같습니다.
- 보고서를 아직 읽어보지 않았기 때문에 그 질문에 대하여 뭐라 말할 수 없습니다.
- 그 사건에 관해서는 현재 재판이 진행되고 있기 때문에 저로서는 언급할 수가 없습니다.
- 이미 조사 완료가 되었으니 상세한 보고서가 곧 나올 것입니다.
- 가상적인 질문이군요. 저는 가상적인 문제는 말하지 않습니다.
  - 요즘 국회 청문회에서 최악의 답변은 '노코멘트다'. '기억이 안난다' 이다.

2. 채근담 법구경 성경, 말씀

채근담

- 태평한 세상에 살 때에는 마땅히 방정해야 하고
  어지러운 세상에 살 때에는 마땅히 원만해야 하며
  말세, 평범한 시대에 살 때에는 마땅히 방정하면서도 원만해야 한다. (채근담 50)

- 하늘과 땅은 영원히 존재하되
  이 몸은 두 번 다시 얻지 못하며
  인생은 단지 백년인데 이 하루는 쉽게 지나간다.
  다행히 그 사이에 태어난 몸이니
  생의 즐거움을 몰라서도 안되고
  또한 헛되이 사는 회의(懷疑)를 풀지 않아서도 안된다. (채근담 107)

- 산이 높고 험준한 곳에는 나무가 없지만
  계곡이 감도는 곳에는 초목이 무성하게 자라며
  물살이 센 곳에는 고기가 없지만
  못 물이 고인 곳에는 물고기와 자라가 모여든다.
  이것으로서 고상한 행동과 급격한 마음은
  군자가 경계하여야 할 중요한 사항이다. (채근담 196)

- 복(福) 중에는 일이 적은 것보다 더 큰 복이 없고
  화(禍) 중에는 마음을 많이 쓰는 것보다 더 큰 화(禍)는 없으니
  일에 시달림을 당해 본 사람만이 일이 적은 것이 복됨을 알고
  마음이 평온한 사람만이 마음을 쓰는 것이 禍임을 알게 된다. (채근담 49)

- 천지(天地)의 기운이 따뜻하면 만물이 돋아나고 차가우면 죽는다.
  그러므로 성질이 맑고 차가운 사람은 복을 받아 누림이 박(薄)하다.
  오직 화기(和氣) 있고 마음이 따뜻한 사람이라야 그 복 역시 두터우며 그 은택(恩澤)이
  또한 오래 갈 것이다. (채근담 72)

- 세상을 뒤엎을 만한 공적도 뽐낼 글자에는 당하지 못하고
  하늘을 가득 채울만한 큰 허물도 뉘우칠 회자悔字에는 당하지 못한다. (채근담 8)
  〈蓋世功勞라도 當不得一個矜자요, 彌天罪過라도 當不得一個矜자 이니라〉

지도자심서(心書)

- 일이 조금 뜻대로 되지 않을 때는 나보다 못한 사람을 생각하면
  원망과 탓하는 마음이 저절로 사라진다.
  마음이 조금 나태해질 때는 나보다 나은 사람을 생각하면
  정신이 저절로 분발하게 된다. (채근담 25)

법구경 게송(偈頌)

- 항상 내 몸을 잘 지키자
  성내는 마음에서 잘 지키자
  사나운 행동을 멀리 떠나서
  덕의 행실을 몸으로 행하자

- 어리석은 탐욕도 내지 않고
  재물도 모아 쌓지 않으면
  악업도 사나운 행동을 멀리 떠나서
  덕의 행실을 몸으로 행하자

- 항상 자비스런 마음 갖고
  오만과 게으름을 힘써 끊어서
  어진이를 친하고 색을 멀리해
  넉넉할 줄 스스로 알아야 하나니. (방등경 법문)

- 부처님의 거룩하고 높으신 그 덕
  이루 헤아려 다할 수 없나니
  묘하고 높으사 세상에 뛰어났네

- 부처님은 세상에 지극히 높아
  때없이 맑으신 인천(人天)의 지존님
  내 이제 엎드려 예배합니다.
  삿된 길을 돌이켜 바른길로 드시사
  무상의 성자로서 정적지(靜寂地)에 드시니,
  내 이제 그 법신에 귀명(歸命)합니다. - (법화경 열반부)

  *이 게송은 부처님이 "니르바아나"에 드시자 카이사파는,
  향나무 장작가리 위에 모신 성관에 절하고 통곡하며 부른 노래이다.

- 마음은 모든 일의 근본이 된다.
  마음은 주가되어 모든 일을 시키나니
  마음 속에 착한 일 생각하면
  그 말도 행동도 또한 그러하리라
  그 때문에 즐거움이 그를 따르리
  마치 형체를 따르는 그림자처럼. - 법구경

- 소치는 사람이 채찍으로서
  소를 몰아 목장으로 가는 것처럼
  늙음과 죽음도 또한 그러해
  사람의 목숨을 쉼 없이 몰고간다. - 법구경
  *늙음의 채찍이여! 우리의 목숨을 몰아 어디로 가느냐?
  죽음의 손길이여! 우리의 목숨을 불러 어디로 가느냐?

🍀 찬송 찬양, 성경 말씀

- 주와같이 되기를 내가 항상 원하오니
  온유하고 겸손한 주의 마음 주소서.
  세상에서 우리가 나그네로 있을 때
  주의 형상 닮아서 살아가게 하소서. (찬송 454)

- 주님 내 마음에 오사 날 붙들어 주시고
  내 마음에 새힘 주사 참 평안을 주소서.
  사랑의 주 사랑의 주, 내 마음속에 찾아오사
  내 모든 죄 사하시고 내 상한 맘 고치소서. (찬송 286)

- 주 믿는 나 남 위해서 일하고,
  나 보는 사람 위해서 정결하고 담대하여
  이세상 환란속에 나 용감히 늘 승리하리라
  나 용감히 늘 승리하리라. (찬송 465)

- 내 주 하나님 주만 따라가게 하소서.
  어떠한 역경과 괴로움이 내 앞을
  가로막아도 물리치고 가게 하소서
  환란과 슬픔, 풍파 모두 이겨내고서
  나는 언제나 이 길로만 가게 하소서. (찬송 469)

2. 채근담 법구경 성경, 말씀

- 주여 나의 생명 나의 정성 드립니다.
  이 작은 나의 생명 나의 정성 다해 주님만을 위해 살기 원하오니
  주여 잡아주소서. 나를 잡으소서. 주님만을 위하여 살게 하소서.
  이 불같은 성령으로 충만케 하옵소서.
  환난이 와도 핍박이 와도 주님만을 위해 살게 하소서. (찬송 316)

- 예수를 나의 구주 삼고 성령과 피로서 거듭나니
  이 세상에서 내 영혼이 하늘의 영광 누리도다
  이것이 나의 간증이요 이것이 나의 찬송일세
  나 사는 동안 끊임없이 구주를 찬송하리로다. (찬송 288)

- 구주를 생각만 해도 (성 버나드 1182-1226 작곡 찬송 85)
  구주를 생각만 해도 내 맘이 좋거든
  주 얼굴 뵈올 때에야 얼마나 좋으랴
  만민의 구주 예수여 귀하신 이름은
  천지에 온갖 이름 중 비할 데 없도다.

  참 회개하는 자에게 소망이 되시고
  구하고 찾는 자에게 기쁨이 되신다.
  예수의 넓은 사랑을 어찌 다 말하랴
  그 사랑 받은 사람만 그 사랑 알도다.
  사랑의 구주 예수여 내 기쁨 되시고
  이제와 또한 영원히 영광이 되소서.

- 하나님이여 내 속에 정한 마음을 창조하시고
  내 안에 정직한 영을 새롭게 하소서.
  나를 주 앞에서 쫓아내지 마시고
  주의도 성령을 내게서 거두지 마소서.
  주의 구원의 즐거움을 내게 회복시켜 주시고
  자원하는 성령을 주사 나를 붙드소서. (시 51;10-12)

- 성전 떠나기 전 머리 숙일 때 주께서 함께 계시고
  복 내려주소서. 집으로 돌아가는 길 주 동행하시고
  내 모든 언행 심사를 다 지켜 주소서.
  거룩한 날이 다 가고 저녁이 되도록
  우리 맘에 빛되사 늘 계시옵소서. (찬송 53)

- 거친 세상에서 실패하거든 그 손 못자국 만져라.
  고된 일 하다가 힘을 얻으리. 그 손 못자국 만져라.
  그 손 못자국 만져라. 그 손 못자국 만져라.
  주가 널 지키며 인도하시리. 그 손 못자국 만져라. (찬송 456)

- 그리스도 나를 따르라. 나는 "길"이요 "진리"요 "생명"이다.
  나는 네가 따라야 할 길이고 네가 믿어야 할 진리이며 네가 소망하여야 할 생명이다.
  "너희는 거룩하라 이는 나 여호아 너희 하나님이 거룩함이니라." (레 19:2)

- 화해의 기도 : 사랑의 주님 내게 어떤 식으로든 해악을 입혔거나, 내 마음을 아프게 하였거나, 나를 비방하고 욕하였거나, 내게 손해를 끼치거나 괴로움을 주었던 사람들, 그리고 내가 어느 때든지 알게 모르게 나의 언행을 통해서 그 마음을 아프게 하였거나, 낙담하게 하였거나 무겁게 만들었거나, 실족하게 만들었던 모든 사람들을 위해서 주께 화해의 기도를 드리오니, 우리가 서로에게 행한 죄들과 잘못들을 모두 사해 주소서. 주님 우리의 마음에서 모든 의심과 노여움, 분노와 아픔을 제거해 주시고 사랑을 해치고 형제애를 깎아 먹는 모든 것을 제거해 주소서. - 아멘.

- 토비아가 결혼했을 때 드린 기도
  "우리 조상의 하나님. 찬양을 받으소서. 주님의 이름으로 하여금 영세무궁토록 찬미 받게 하소서. 주님이 창조하신 하늘과 만물로 하여금 영원토록 찬양하게 하소서. 주님은 아담을 창조하셨고, 그를 돕고 받들어 줄 아내로서 하와도 창조하셨습니다. 내가 지금 이 여자를 아내로 맞는 것은 음욕 때문이 아니라, 하나님의 뜻을 참되게 이루기 위해서입니다. 나와 내 아내에게 자비를 베푸옵소서." (토비트 8;5-7)

- 하나님의 뜻이 이루어지기를 구하는 기도
  긍휼에 풍성하신 예수님, 주의 은혜를 내게 허락하셔서, 늘 내게 있게 하시고 내 안에서 역 사하게 하시며 끝까지 나와 함께 하소서.
  나로 하여금 주께서 가장 기뻐하시고 흐뭇해 하시는 일들만을 늘 소원하게 하소서.
  주의 뜻이 나의 뜻이 되게 하시고, 나의 뜻이 늘 주의 뜻을 좇아서 주의 뜻과 나의 뜻이 온전히 일치하게 하소서.
  내가 원하는 것이든 원하지 않는 것이든, 나의 모든 뜻이 주의 뜻과 하나가 되게 하셔서. 나로 하여금 오직 주께서 원하시는 것만을 원하게 하시고, 주께서 원하지 않으시는 것들은 무엇이든 다 원하지 않게 하소서. (토마스 아켐피스)

2. 채근담 법구경 성경, 말씀

- 주님 다시 오실 때까지 나는 이 길을 가리라
  좁은 문 좁은 길 나의 십자가 지고 나의 가는 길 끝에서
  나는 주님을 보리라 영광의 내 주님 나를 맞아 주시리. - (찬송)

- 오오-하나님 저희 마음에 친히 임재하시고,
  저희의 삶을 통해 주의 빛을 비추소서.

- 나의 기쁨이신 나의 하나님이여!
  내 마음의 빛이시고 내 영혼에 양식이시며 나의 깊은 곳에 있는 생각을 퍼 올리셔서 나의 사고와 연결시켜 주시는 힘이신 하나님을 사랑하지 않아서 죽어있는 내자신을 위해서는 울지도 않고 불쌍히 여기지도 않는 이 가련한 자보다 더 가련한 것이 어디 있었겠습니까.

- "하나님을 사랑하면서 쓰지 않는 하루는 잃어버린 날로 간주 하십시오."
                     - (로렌스 형제)
  (이 명언은 하나님의 임재연습 맨 끝부분에 나오는 말이다).

* 믿는 자에게는 모든 것이 가능하고, 소망하는 자에게는 모든 것이 덜 어려워지며, 사랑하는 자에게는 모든 것이 더 쉬워진다.
하나님께 가기 위해 필요한 것은 오직 하나님을 향하고 그분만을 위하고 그분만을 사랑하기로 굳게 결심하는 마음이다. - (하나님의 임재연습/ 로렌스 형제 1605-1691)

♣ 성도들이 책을 읽지 않는다면 은총의 사업은 한 세대도 못 가서 **사라져 버릴 것이다.**
"책을 읽는 그리스도인만이 진리를 아는 그리스도인 이라"고
죤 위슬리는 말했다. 또

◂ 할 수 있는 모든 곳에서
◂ 할 수 있는 모든 때에
◂ 할 수 있는 모든 사람에게
◂ 할 수 있는 만큼 오래도록

⟨우리가 베풀 수 있는 모든 선행을 예수그리스도의 마음으로 힘써 행하는 것⟩
'우리의 의무이자 이 땅에서의 우리의 존재 이유'이다 라고
⟨죤 위슬리⟩는 말했다. *위슬리 : 감리 교회의 창시자(1705-1791)

☞ 그리스도의 마음을 품고 사람들이 사는 동안에 '자기 일을 즐거워하며, 선을 행하는 것보다 더 나은 것이 없는 줄 내가 알았도다. (전3;12)

- 마태복음 5장 (山上의 垂訓)
  - 심령이 가난한 자는 복이 있나니 천국이 그들의 것임이요
  - 애통하는 자는 복이 있나니 그들이 위로를 받을 것임이요
  - 온유한 자는 복이 있나니 그들이 땅을 기업으로 받을 것임이요
  - 의에 주리고 목말은 자는 복이 있나니 그들이 배부를 것임이요
  - 긍휼히 여기는 자는 복이 있나니 그들이 긍휼히 여김을 받을 것임이요
  - 마음이 정결한 자는 복이 있나니 그들이 하나님을 볼 것임이요
  - 화평을 하는 자는 복이 있나니 그들이 하나님의 아들이라 일컬음을 받을 것임이요
  - 의를 위하여 박해를 받은 자는 복이 있나니 천국이 그들의 것임이라
  - 나로 말미암아 너희를 욕하고 박해하고 거짓으로 너희를 거슬러
  - 모든 악한 말을 할 때에는 너희에게 복이 있나니 기뻐하고 즐거워하라
  하늘에서 너희의 상금이 크니라. (3-12)

- 고린도 전서 13장 (사랑)

  내가 사람의 방언과 천사의 말을 할지라도 사랑이 없으면 구리와 울리는 꽹과리가 되고 내가 예언하는 능력이 있어 모든 비밀과 모든 지식을 알고 또 산을 옮길만한 모든 믿음이 있을지라도 사랑이 없으면 아무것도 아니요.

  내가 내게 있는 모든 것으로 구제하고 또 내 몸을 불사르게 내줄지라도 사랑이 없으면 내게 아무 유익이 없느니라.
  - **사랑은** 오래참고 사랑은 온유하며, 투기하지 아니하며, 사랑은 자랑하지 아니하며
    교만하지 아니하며, 무례히 행치 아니하며, 자기의 유익을 구하지 아니하며,
    성내지 아니하며 악한 것을 생각지 아니하며 불의를 기뻐하지 아니하며,
    진리와 함께 기뻐하고 모든 것을 참으며, 모든 것을 믿으며, 모든 것을 바라며 모든
    것을 견디느니라.
  - **사랑은** 언제까지나 떨어지지 아니하되 예언도 폐하고 방언도 그치고 지식도 폐하리라. (고전 13;1-8), 그런즉 믿음·소망·사랑 이 세가지는 항상 있는 것인데 그 중에 제일은 사랑이라. (고전 13;13)

- 내 마음이 내 속에서 뜨겁다 (시 39;3)

  내 마음에 좋은 말이 넘친다. (시 45;1)

  어찌하여 나를 당신의 과녁으로 삼으셔서 내게 무거운 짐이 되게 하셨나이까. (욥 7;20)

- 하나님의 위로가 주어지는 것은 그 사람이 더욱 강해져서 역경들을 감당할 수 있게 하기 위한 것이며, 그런 후에 시험이 주어지는 것은 자기가 해낸 일들로 인하여 교만하지 않게 하기 위한 것이다.

2. 채근담 법구경 성경, 말씀

* 그리스도의 몸을 먹는다는 것은 그리스도처럼 되고 성령이 전이되는 것을 말한다. (고 6;19)
* 사람의 지혜는 그의 얼굴에 광채가 나게 한다. (전 8 ;1)
* 지혜자의 눈은 그 머리에 있다. (지혜서 7;26, 2;4)
* 누가 볼 수 없는 자를 사랑할 수 있겠느냐. (요일 4;20)
* 보이지 않는 것이 어떻게 사랑을 받을 수 있겠는가. 자문해 본다.

◂ 인간은 네가 하나님과 같이 되리라(창 3;5) 고 말한 뱀의 암시를 받아 짐짓 하나님이 된 것처럼 행하였다. 따라서 "하나님 아버지께서" 는 하나님 영광의 광채요, 그 본체의 형상인 내 아들(히 1:3)에게는 동등하게 되려고 질투하여 신성의 동반자가 되기를 원하는 '많은 대적자들이 **생겨나게 될 것**'이라고 말씀하셨다.

◂ 하나님이 그 **해**를 악인과 선인에게 비추시며, **비**를 의로운 자와 불익한 자에게 내려 주심이라(마 5;45). "너희가 너희를 사랑하는 자를 사랑하면 무슨 상이 있으리요, 또 너희가 너희 형제에게만 문안하면 남보다 더한 것이 무엇이냐 하셨다. (稅吏, 異邦人도 그리 한다) - 너희 아버지의 온전함과 같이 온전하라. (마 5;48)

♣ 사람이 성공해서 온 세상을 소유한다 할지라도 (마 16;26). 모든 존재의 주인이신 하나님을 소유하지 못한다면 그들로 하여금 더 많은 것을 찾아 쉼을 얻지 못하게 하는 동일한 원리가 그들을 불만족한 채로 남게 할 것이다.
　　　　　　　　　　- 하나님만이 그들에게 궁극적인 만족을 주실 수 있다.

▣ **아굴의 잠언**(잠 30;15-19) 에

◂ 족한 줄을 알지 못하여 족하다 하지 아니하는 것
　서넛이 있나니 ① 스올과 　② 아이 배지 못하는 태와 　③ 물로 채울 수 없는 땅과 ④ 족하다 하지 아니하는 불이니라.

◂ 또 기이히 여기고는 깨닫지 못하는 것
　서넛이 있나니 ① 공중에 날아다니는 독수리의 자취와 ② 반석 위로 기어 다니는 뱀의 자취와 ③ 바다로 지나다니는 배의 자취와 ④ 남자가 여자와 함께한 자취며 음녀의 자취도 그러하니라.

♣ "여기서 나는 영원에 둘러싸일 것이며, 영원히 살 것이며 영원히, 영원히 주를 찬송할 것입니다. 내 얼굴은 주름지지 않고, 내 머리는 희어지지 않을 것입니다.
　'이 썩을 거시 썩지 아니함을 입고, 이 죽을 것이 죽지 아니함을 입을 때에는 사망을 삼키고 이기리라고 기록된 말씀이 이루어지리라. (성도의 영원한 안식/ 백스터)'

"사망아 너희 승리가 어디 있느냐, 사망아 네가 쏘는 것이 어디 있느냐(고전 15;54-55),
『나의 몸의 임차일이 더 이상 만료되지 않고, 내가 죽음에 대한 생각으로 걱정하지 않고, 기쁨을 잃을까 두려워함으로 그 기쁨을 잃지 않을 것입니다.』
수백만 시대가 지나갈지라도 나의 영광은 조금도 끝으로 다가가지 않습니다.
"모든 날이 항상 정오이며, 모든 달이 추수이며, 모든 해가 희년이며,
모든 시대가 완전한 성년기이며, 이 모든 것이 하나의 영원입니다."
"오- 복된 영원이여, 내 영광의 영광이여, 내 완전의 완전이여!" 라고
리처드 백스터(1615-1671)는 〈성도의 영원한 안식〉에서 이리 노래하고 있다.

♣ **성도의 영원한 안식**, 이 책은 1650년도에 출간되었으며 저자 리처드 백스터가 죽음을 목전에 두고 집필한 것으로, 죽음에 대한 최고의 명작으로 평가받고 있으며, 하나님을 향한 그의 갈망과 열정 그리고 한 영혼의 구원의 간절한 소망이 담겨있어 이 시대 고된 삶을 사는 사람, 노년에게는 안식에 대한 소망을 줄 것이다.

☞ 마음은 항상 둥글고 넉넉하지 않으면 안된다. - (붓다 영적계시록/ 해누리)

* 육체는 영혼이 타고 가는 배(船 -언젠가 버려야 할 이승의 나룻배) 임에 틀림없지만 이것을 소홀히 해서는 인간 생활은 기약할 수 없다.
* 사랑이란 서로 돕고 보완하고 상대를 살리는 관계에서 싹트며 그것은 나아가 선린애(善隣愛) 사회애(社會愛) 인류애(人類愛)로 발전해 나간다.
* 지식만 앞서고 행동이 따르지 않는 것은 그림속의 망고처럼 그 맛을 알지 못한다.
* 물질과 마음은 둘이 아니다(色心不二), 물질과 마음의 조화를 중요하게 여겼다.
* 자연은 누구에게나 평등하다. (三無私, - 天無私覆 地無私載 日月無私燭, - 孔子閑居)

♣ 부처의 말씀 ; 애착하는 것이 백 가지인 사람에게는 슬픔도 백 가지이다.

♣ 애착이 열 가지인 사람에게는 슬픔도 열 가지이다.
▶ 애착하는 것이 한 가지인 사람에게는 슬픔도 한 가지이다. 그러나
▶ 애착할 것이 없는 자에게는 슬퍼할 것도 없게 된다.
이것이야말로 고통과 번민과 슬픔에서 벗어나는 것이라고 부처는 말씀하신다.

♣ 잠을 이루지 못하는 시간은 영적으로 더할 수 없이 귀중한 시간이다. (잠 안오는밤 그것 자체는 하나님을 구하기 위하여 정해진 시간이란 사실이다. 잠 못이루는 시간은 시편 기자의 "하나님께 가까이함이 내게 복이라"는 구절을 적용시키는 기회인 것이다.) - 시 73:28

* 심지어 꿈에 대해서도 우리는 책임을 져야 한다. 꿈속에서 일어나는 일에 대해 우리가 꿈속에서 행한 일에 대해 책임을 져야 하는 것이다. - (必愼其獨)

2. 채근담 법구경 성경, 말씀

3. 맹자의 예화

■ 어느날 맹자께서 제선왕을 뵙고 말씀하시길 왕의 신하 중에, ◀ 자기의 처자를 그의 벗에게 맡기고 초 나라에 가서 돌아다닌 일이 있었는데 그 사람이 돌아오게 되자, 그 벗이 자기의 처자를 얼고 굶주리게 하고 있다면 어떻게 하겠나요?. 라고 묻자
왕께서 대답하시길, 그와 절교하지요.
  - ◀ 사사(士師 : 옥사를 당당한 관리)가 그 재판 사무를 다스리지 못한다면 어떻게 하겠나요? 그러자 파면시키지요.
  - ◀ 사방의 국경안이 다스려지지 않는다면 어떻게 하겠나요?
  그러자 제선왕은 좌우에 있는 사람을 돌아다보고 다른 말을 하였다.

■ (宋)나라 사람 중에 벼 싹이 잘 자라지 않는 것을 안타까이 여겨 싹을 뽑아 올려놓고 피곤한 모양으로 집에 돌아가 집안사람들에게 이르기를 "**오늘은 피곤하다. 나는 곡식 싹이 자라는 것을 도와주고 왔다**"고 한 사람이 있었다.
 이 말을 들은 그 사람의 아들이 뛰어가서 보았더니 싹은 말라 버렸다네.
 천하에 싹 자라는 것을 도와서 뽑아 올리지 않는 사람이 적지 않네.
  - ◀ 무익하다고 생각하여 버려두는 사람은 김매지 않는 사람이요,
  - ◀ 무리하게 자라게 하는 사람은 싹을 뽑아 올리는 이니,
   이는 무익할 뿐 아니라 도리어 해치는 것일세. (맹자 공손추장)

■ 제나라 사람으로 아내와 첩 하나를 데리고 사는 사람이 있었는데,
그 남편이 밖으로 나가면 언제나 꼭 술과 고기를 싫도록 먹고 돌아오곤 하였다.
아내가 음식을 같이 한 사람이 누구냐고 물으면 다 돈 많고 벼슬 높은 사람뿐이었다고 합니다. 그의 아내가 첩에게 말하기를 '주인이 밖으로 나가면 술과 고기를 싫도록 먹고 돌아오는데 음식을 같이 한 사람이 누구냐고 물으면, 다 돈 많고, 벼슬 높은 사람들이라고 하는데, 여지껏 고귀한 사람이라고는 단 한 분도 찾아오는 일이 없으니 나는 주인이 가는 곳을 몰래 알아 보려하네' 하고, 아침에 일어나 남편이 가는 곳을 뒤밟아 보니 남편은 장안 어디를 가도 누구 한 사람 만나 아야기 하는 사람도 없었다. 마침내는 동쪽 성문 밖의 묘지의 산소에 제사 지내는 사람에게 가더니 그들이 먹다 남은 것을 구걸하고, 먹고 나서 그것도 부족하면 또 다시 돌아보면서 다른 데로 가곤 했습니다. 이것이 그가 싫도록 얻어먹는 방법이었다.

그 아내가 돌아와서 첩에게 말하기를 남편이란 우러러보면서 평생을 살 사람인데 지금 우리의 남편은 이런 꼴일세, 하고 아내와 첩은 함께 남편을 원망하며 안 마당에서 서로 울었다. 그런데도 남편은 그런 줄 모르고 자랑스럽게 밖으로부터 돌아와서는 아내와 첩에게, 제법 뽐냈습니다. (맹자 이루장)

♣ 도응(桃應)이 묻기를 〈순임금이 천자로 있고 고요(皐陶-어진 신하의 이름)가 판관으로 있는데 고수(瞽瞍-순임금의 義父)가 사람을 죽였다면 어떻게 하였겠습니까? 맹자가 대답하기를 "그는 고수를 체포했을 것이다" 그렇다면 순임금이 그러지 못하게 하지 않았겠습니까?. 순임금은 천하를 버리기를 헌 짚신과 같이할 것이므로, 몰래 그를 업고 달아나서 바닷가에 가서 살면서 천하를 잊고, 죽을 때까지 그를 모시고 즐겁게 지낼 것이다〉
*즉 부모를 잘 섬기는 일은 천하를 다스리는 일보다 더 중요하고 가장 큰 인륜이라는 뜻.

■ 현명한 군주가 인재를 등용하는 것은 목공이 재목을 다루는 것과 같습니다. 좋은데를 택하고 나쁜데를 버리는 것입니다. 따라서 산 버들이라든지 가래나무 등 몇 아람씩 되는 큰 재목이라면 비록 몇 자 썩은 데가 있다 해도 버리지 않습니다. 그런데 군주께서는 전국시대에 처해 있음에도 달걀 두개 때문에 국가의 간성인 장군을 버리려 하십니다. 이런 일이 이웃 나라에 들려서는 안되겠습니다. (十八史略, 卷一)

■ 악정자(樂正字)의 孝
악정자가 당(堂)서 내려오다가 발을 다쳐 가지고 여러달 동안 나오지 못하고 오히려 고민하는 빛이 있었다. 그 제자가 묻기를 선생님께서는 발이 나았는데도 여러달 동안 나오시지 않고 오히려 고민하는 빛이 있으시니 어찌된 일입니까? 하니

◀ **악정자가 말했다.** 잘 말했구나 말했구나.
나는 증자에게 들었고, 증자는 공자에게 들은 말이 있다. "**하늘이 낳고** 땅이 기른 것 가운데 사람보다 큰 것은 없다. 〈**부모가 완전히** 해서 낳았으니 자식은 온전히 해서 이것을 돌려보내는 것〉이 효도라 한 것이다.

때문에 군자는 발걸음도 감히 효도를 잃지 않는다고 한다.
그런데 지금 나는 효도의 도를 잃었으니 그 때문에 고민의 빛이 있는 것이다.
• 한번 말을 들어도 부모를 잊지 않고, 한번 말을 하는데도 감히 부모를 잊지 않는다. "**한번 말을 들어도 부모를 잊지 않기** 때문에, 길을 가도 지름길을 가지 않으며, 배에서 놀지 않으므로서 부모가 물려준 몸을 위태롭게 하지 않는다.

3. 맹자의 예화

"한번 말을 하는데도 감히 부모를 잊지 않기 때문에 나쁜 말이 입에서 나오지 않고, 성낸 말이 몸으로 돌아오지 않는다. 그 몸을 욕되게 하지 않고 부모를 부끄럽게 하지 않아야 효도라고 할 것이다." - (맹자 이루장)

■ 노래자(老萊子)의 효행 : 노래자는 초(楚)나라 사람, 효성으로 두 어버이를 모셨다. 그때 나이 칠십에
 ◀ 아이 장난을 하며 몸에 오색 무늬옷을 입고 재롱을 부렸다. 또 일찍이
 ◀ 물을 떠 가지고 당(堂)에 오르다가 거짓으로 넘어져 땅에 자빠져 어린아이의 웃음소리를 냈으며, 또 어떤때는
 ◀ 새 새끼를 부모 곁에서 희롱하여 부모를 기쁘게 하고져 하였다. - (二十四孝圖說)
  * 효도는 물질적인 봉양보다도 정신적으로 편안하고 즐겁게 해 드리는 일이 더 중요하다.

■ 왕부의 효 : 왕부는 자(字)가 위원(偉元)이니, 아버지 의(儀)가 위(魏)나라 안동장군 사마소(司馬昭)의 사마(司馬)가 되었다. 동쪽 관문에서 패전했을 때에 사마소가 여러 사람에게 묻기를 〈근일의 일을 누가 그 잘못을 책임져야 하겠는가? 라고 하자 의(儀)가 대답하기를 책임이 원수에게 있습니다〉. 하였다. 사마소는 노하여 사마가 죄를 나에게 돌리려 한다. 하고 마침내 의(儀)를 끌어내어 목을 베었다.

「왕부는 아버지가 비명에 죽은 것을 원통히 여겼다」. 이에 그는 은거하여 제자들을 교수하여, 조정에서 세 번이나 부르고 군국(君國)에서 일곱 번이나 불렀는데도 모두 나아가지 않고는 묘 옆에 여막을 짓고, 아침 저녁으로 항상 묘 앞에 이르러 절하며 무릎을 꿇고 옆에 있는 잔나무를 잡고 슬피 울어 눈물이 나무에 묻으니, 나무가 그 때문에 말라 죽었다.

시경(詩經)을 읽다가 육아편의 〈슬프고 슬프다. 우리 부모님이 나를 낳으시느라 고생하셨다〉라는 내용에 이르면 일찍이 세번 반복하여 외며 눈물을 흘리지 않은 적이 없었다. 이에 문인으로서 학업을 받는 자들은 모두 육아 편을 폐하고 읽지 않았다.

■ **趙岐의 不孝有三**(불효유삼) - (孟子 離婁편 上)
 1 무도한 뜻에 아첨하고 어버이를 불의에 빠트리는 것 (阿意曲從 陷親於不意)
 2 집이 가난하고 어버이가 연로하여도 벼슬을 하지 않는 것 (家貧親老 不爲祿仕)
 3 아내를 취하지 않아서 無子로 先祖의 제사를 끊는 것 (不取無子 絶先祖祀)
  * 이 세 가지 불효 가운데 자손이 없어서 선조의 제사를 끊는 것을 맹자는 가장 크다고 하였다. (맹자 無後爲大)

4. 장자 열자의 명문

- 아침에는 세개, 저녁에는 네개씩 주겠다고 했더니(朝三暮四) 뭇 원숭이들이 화를 내었다 (衆狙皆怒). - 장자 내편 齊物論

  원숭이를 기르는 한 노인이 있었다. 원숭이들에게 상수리 열매를 주면서
  - 아침에는 세 개, 저녁에는 네 개를 주겠다고 했더니 원숭이들은 모두 화를 내며 투덜거렸다. 그러나 이번에는
  - 아침에는 네 개, 저녁에는 세 개를 주겠다고 하자, 원숭이들은 모두 기뻐했다.
   명분과 실상이 다름이 없는데도 원숭이들은 눈 앞의 다과(多寡)만 생각하고 기쁨과 성냄을 나타냈다. *인간의 어리석음도 이와 비슷한 일이 많다.

- 못가의 꿩은 열 걸음 가다가 한입 쪼아 먹고,　　(澤雉 - 十步一啄)
  백 걸음 가다가 한모금 마시지만　　(百步一飮)
  둥우리 안에 갇혀 길러지기를 바라지 않는다.　　(不蘄畜乎樊中) (蘄(기) - 바라다. 구하다)

  들판에 있는 못가에 사는 꿩은 열걸음 걸어서 한 모금의 물을 마시는 자못 힘겨운 생활을 하고 있다. 그런데 먹을 것이 많고 편안한 둥우리 안에서 길러지기를 바라지 않는다. 그것은 몸이 편안하고 원기가 왕성해질지는 모르지만 마음의 즐거움이 없기 때문이다.
  *인간에게 뿐 아니라 금수에게도 자유가 필요하다는 말이다. (樊번- 새장 둥우리)

- 도둑질에도 도(道)가 있는가? (盜亦有道乎 - 장자 外篇 天運)
  도척의 부하가 도척에게 도둑질하는데도 도가 있습니까? 하고 물었다.
  도척이 말했다. 어느 곳인들 도가 없겠느냐.

  그 집안에 무엇이 있는가를 미루어 마치는 것이　　성(聖)이요
  앞장서서 들어가는 것은　　　　　　　　　　용(勇)이요
  맨 나중에 나오는 것은　　　　　　　　　　의(義)요
  훔친 것이 좋고 나쁜지를 가리는 것은　　　　지(知)요
  공평하게 나누는 것은　　　　　　　　　　인(仁)이다.
  *도적에게도 聖·勇·義·知·仁의 오덕(五德)이 없이는 큰 도둑이 될 수 없다는 말이다.

- 본성은 바꿀 수 없고 천명은 고칠 수 없다. (性不可易 命不可變 - 장자 외편)
  - 해오라기는 암수가 서로 바라보며 눈동자를 움직이지 않고 있으면, 잉태(孕胎)하게 되고 - 벌레는 숫놈이 바람 부는 쪽에서 울면 암놈이 바람 부는 쪽에서 응하여 새끼를

낳게 된다.
* 이처럼 같은 종류끼리는 저절로 만나게 되고 짝짓게 되며 잉태하게 되고 생산하게 된다. 참된 도에 작용이란 바로 이런 것이다. 그러므로 자연 그대로의 본성은 바꿀 수 없고 하늘이 준 천명은 고칠 수 없다는 것이다. 이는 우화 속에서 노자가 공자에게 한 말이다.

- 그대는 사마귀를 모르는가? (汝不知 夫螳螂乎)
사마귀(오줌싸게)가 그 팔에 잔뜩 힘을 주고 내 두르면서 수레바퀴를 가로막는 것은 제힘이 그것을 감당할 수 없음을 모르기 때문이다. 사람도 이 사마귀와 같이 상대가 누구인지도 모르고 제 잘난 맛에 놀아나다가 엉뚱한 실수를 하는 경우가 많다.
* 약자가 자기의 분수도 모르고 강자에게 함부로 덤빈다는 비유이다.
이를 螳螂拒轍(당랑거철), 螳螂之斧(당랑지부)라고 한다.

- 조보(造父)는 천하에 명 기수(騎手)지만 거마(車馬)가 없으면 그 재능을 볼 수가 없고 예(羿-이름)는 천하에 명 사수(射手)지만 활과 살이 없으면 그 교묘한 것을 볼 수 없다. 큰 선비도 천하를 잘 조화 통일시키지만 백리의 땅이 없으면 그 공을 보일 수 없다.
이제,
▸ 수레에 말을 튼튼히 준비해 놨건만, 멀리 하루에 천리를 가지 못하면 조보가 아니요.
▸ 활도 고르고 살도 곧건만 능히 멀리 쏘아 작은 것을 맞추지 못하면 예는 아니다.
▸ 백리의 땅을 가지고도 천하를 통일시켜서 강포한 자를 제압하지 못하면 큰 선비는 못된다. - 순자(荀子)

♣ **우리에게 자유아니면 죽음을 달라.** 버지니아 지사 -패트릭 헨리(1775)
여러분은 평화, 평화를 외칠지 모릅니다. 그러나 평화는 없습니다.
전쟁은 눈앞에 시작되고 있는 것입니다. **북쪽**에서 불어치는 바람은 칼과 칼이 부딪치는 소리를 우리의 귀에 전할 것입니다. 우리 동포는 이미 전지에 나서 있습니다. 우리는 어찌하여 팔짱만 끼고 있는 것입니까.
여러분이 바라는 것은 무엇입니까. 〈**생명은** 귀하고 **평화는** 달콤하고 쇠사슬에 묶여 노예가 되어도 그것을 바라는 것입니까?〉 어림도 없는 일입니다.
"다른 사람들은 어떤 길을 선택할지 모르나, 여기 나는 이렇게 외칩니다."
"우리에게 자유를 달라 그렇지 않거든 죽음을 달라!"

- 百里之勞 一日之樂(백리지로 일일지락) 고생하여 하루의 환락을 얻음. - (孔子家語)
- 十年燈火苦 三日馬頭榮(십년등화고 삼일마두영) - 십년 동안 등잔 밑에서 고생하더니 사흘동안 말등(벼슬길 에올라(과거급제) 축하를 받는다. - (推句集)

5. 순자의 명문

■ 흙이 모여 산이 **되면** 풍우가 일고, 물이 모여 못이 되면 용이 살고, 착한 것이 쌓여 덕을 이루면 스스로 神明(신명)에 통하여 성인의 마음씨가 갖추어진 것이다.
그러므로

- 한 걸음씩 한 걸음씩 걸어가지 않으면 천리길을 갈 수 없고, 적은 냇물을 모으고 모으지 아니하면 바다를 이룰 수 없다.
- 준마도 대번에 천리를 뛰는 것이 아니요
- 노둔한 말도 하루하루를 쉬지 않고 열흘을 가면 가지는 것이다. 성공은 쉬지 않는 곳에 있는 것이니 깎다가 놓치면 썩은 나무도 못 자르고, 새기고 새기여 쉬지 아니하면 돌이나 쇠도 깎일 것이다.
- 지렁이는 손톱도 어금니도 없건마는 지상의 흙을 먹고 지하의 물을 마시는 것은 마음이 전일한 까닭이요.
- 게는 다리가 여섯씩이나 되고, 집게발이 둘이나 되건만 뱀이나 뱀장어의 굴이 아니면 몸 붙일 것이 없는 것은 마음이 초조한 까닭이다. 그러므로 안 보이는 어둠 속에 힘을 기울여야 밝은 명예를 얻고, 안 보이는 깊은 속에 노력을 쌓아야 혁혁한 성공이 올 것이니,
- 두 갈래 길에서 헤매는 사람은 아무데도 못갈 것이요. 두 임금을 섬기려는 사람은 누구에게도 용납되지 않을 것이다.
- 눈은 두 가지를 동시에 보지 말아야 밝고,
- 귀는 두가지를 동시에 듣지 말아야 밝다. 등사라는 용은 발이 없어도 날고, 석쥐라는 쥐는 다섯가지 재주가 있어도 쓸모가 없는 것이다.

「시경에 이르기를 (曹風鳲鳩)」
뽕나무 뻐꾸기 세끼는 일곱,
어지신 우리 임의 거동은 하나
거동이 하나라 그 마음 굳으니네.
하였으니 선비는 오직 한가지 道에만 마음을 쓸 것이다. (순자 권학)

■ 고생스러운 일은 앞질러 하고, 즐거운 일은 남에게 사양하며, 단정하고 성실하여 직무를 충실이 지키고, 또 일에 정밀하면, 천하를 횡행(橫行)하고 사이(四夷)의 끝까지 가도 신임하지 않는 자가 없는 것이다. -(荀子 修身) ※ 先憂後樂도 같은 의미.

지도자심서(心書)

- 군자는 행동에 있어서 남하기 어려운 것을 귀하게 여기지 아니하며, 말에 있어서 남하기 어려운 것을 설명한다고 귀하게 여기지 아니하며, 이름이 세상에 전한다고 귀하게 여기지 않는 것이다. 오직 사리(事理), 즉 예의에 합당하게만 할 뿐이다.
그것만이 귀한 것이다. - (荀子 不苟). 시에 이르기를(小雅 魚麗之篇)
〈모든 것이 풍족하되 그때를 맞추어 솜씨 있다. - 詩曰 物其有矣 유기시의〉 하는 것이 이를 두고 한 말이다.

- 군자는 너그럽되 나태하지 아니하며, 강직하되 모나지 아니하며, 변론하되 다투지 아니하며, 예민하되 남의 비위를 맞추지 아니하며, 꼿꼿하되 남을 꺾으려 하지 아니하며, 굳세되 난폭하지 아니하며, 부드럽되 휩쓸리지 아니하며, 공경하고 근신하되, 너그럽게 포용하나니 이것을 지문(至文), 즉 가장 예에 맞는 덕을 갖추었다. 이르는 것이다.
시에 이르기를 - (大雅 抑之篇)
〈부드럽고 부드럽게 사람에게 공손한 것이 덕의 근본이다.〉
 - 시왈 온온공인 유덕지기(詩曰 溫溫恭人 維德之基) 한 것이 이것을 말한다.

- 군자가 ◀남의 덕을 높이고 남의 아름다운 것을 칭찬하는 것이 아첨이 아니며, ◀남의 잘못을 정직하게 지적하는 것이 헐뜯는 것이 아니며, ◀자기의 미덕을 순(舜). 우(禹)에 비하고, 천지에 참여한다는 것이 과장이 아니며, ◀때에 따라 몸을 굽혀 갈대같이 부드럽고 약해지는 것이 겁을 내서가 아니며, ◀강강하고 용맹하여 믿지 않는 데가 없는 것은 교만하고 난폭해서가 아니다. 의(義)로서 응변(應變)하여 곡직(曲直)에 대응할 줄 알기 때문이다. (荀子不苟)

시에 이르기를 (小雅 상상자화편)
〈외로가고 외로가도 군자의 하는 일은 옳고, 바로 가고 바로가도 군자의 길은 옳다〉는 것이 곧 이것을 말한 것이다. (左之左之 君子宜之, 右之右之 君子有之).

- 「남과 다투고 싸우는 자는 제 자신을 잊고, 제 육친을 잊고. 제 군주를 잊는 자다.」
◀자기의 일시적 분노를 터뜨리면 한 생애의 육체를 잃을지도 모르는데 그것을 알면서 한다는 것은 제 몸을 잊은 것이요. 가족도 해를 받고 친척도 형벌을 당하련마는 그런 것을 하는 것은 제 육친을 잊는 것이요, 군주의 미워하는 행동이며 형벌의 금하는 바이지만 그것을 한다는 것은 군주를 잊은 것이다. 아래로는 제 몸을 잊고 안으로는 그 친족을 잊고, 위로는 그 임금을 잊은 것은 형법의 용서하지 않는 것이요. 성왕의 거두지 않는 것이다. 「돼지 새끼도 범에게 가까이 가지 않고, 강아지도 멀리 나가지 않는 것은 그 어미를 잊지 못하는 까닭이다」 하물며 사람이 아래로 제 몸을 잊고 안으로 제 친족을 잊고 위로 제 임금을 잊으면 사람으로서 개돼지만 못한 것이다. (乳彘不觸虎 乳狗不遠遊 不忘其親也) - 荀子 榮辱篇

- 믿을 수 있는 것을 믿는 것이 신념이지만, 의심할 수 있는 것을 의심하는 것도 신념이다. 어진 이를 높이는 것이 인이지만, 어질지 못한 이를 천히 여기는 것도 인이다. 말해서 정당한 것이 지혜지만, 침묵할 때 침묵해서 정당한 것도 지혜. 그러므로 침묵할 줄 아는 것도 말할 줄 아는 것과 같다. 그러므로 말을 많이 해도 모두 규범에 맞는 것은 성인이요. 말을 적게 하되 법에 맞는 것은 군자요. 많으나 적으나 법이 없이 제 멋대로 떠드는 것은 아무리 웅변이라도 그는 소인이다. 그러므로 노력을 다해도 민중에 필요한 일이 아니면 이것을 간사한 일이라고 하고 지려(知慮)를 다한다 해도 선왕의 규범에 맞지 아니하면 이것을 간사한 말(姦說)이라 한다. 이 세가지 간사한 것은 성왕이 금하는 것이다. - (荀子 非十二子篇)

- 司馬溫公은 말한다

  군자가 선비를 기르는 것은 백성을 위한 것이다. (君子之養士 以爲民也)
  주역에 이르기를 "성인은 어진이를 길러 만민에게 미치게 한다." (聖人養賢 以及萬民)

- 사군자(士君子)의 할 수 있는 것과 할 수 없는 것, 「군자」는 능히 귀한 것
  (즉 도덕적 실천)을 할 수는 있어도
  ◂ 남이 반드시 자기를 귀하게 여겨주게 할 수는 없으며, 능히 믿을 일을 할 수 있되
  ◂ 남이 반드시 써주게 할 수는 없다.
   그러므로 「군자」는 내 몸을 닦지 못한 것을 부끄러워하되,
  ◂ 남이 욕되게 하는 것을 부끄러워하지 아니하며, 내가 신의(信義) 없음을 부끄러워하되
  ◂ 남이 믿어주지 않는 것을 부끄러워하지 않으며, 내 무능함을 부끄러워하되
  ◂ 남이 써주지 않는 것을 부끄러워하지 아니한다.
   그러므로 명예에 유혹되지 않으며, 헐뜯는 것을 두려워하지 아니하며, 도(道)에 따라 실천하고, 단정하게 내 몸을 닦고, 외적(外的) 유혹에 흔들리지 않는다. 이것이야말로 진실로 「군자」라 할 것이다. - (荀子 非十二子篇)
   시경에 말하기를 〈온순하게 삼가는 사람이 곧 덕의 기초다〉 - 溫溫恭人 有德之基

> ♣ 한 사람의 로마인이자, 한 사람의 통치자로서 너의 자리에서 네게 맡겨진 국사를 원숙하고 대담하게 처리하다가, 이 세상의 삶으로부터 퇴각하라는 신호가 나면 아주 기꺼이 물러나라. 늘 쾌활함을 잃지 말고, 외부의 도움없이 네 자신의 힘으로 해 나가며, 다른 사람이 주는 편안함을 물리치고 스스로 서라. 내가 스스로 바로 서야 하고 남의 도움을 받아서거나, 남이 너를 바르게 세우게 해서는 안된다. - (마르쿠스/ 명상록)

5. 순자의 명문

6. 한비자의 명문

- 비유컨대 군주는 사발과 같고 백성은 물과 같다. "사발이 네모면 물도 네모가 되고, 사발이 둥글면 물도 둥글게 된다". 추나라 군주는 긴 갓끈을 매고 있었는데 근신들이 모두 흉내를 냈기 때문에, 갓끈 값이 매우 올랐습니다. 제나라 환공이 자색 옷을 좋아하자 나라 안에 자색천 값이 크게 올랐으므로 관중은 이를 간하여 군주가 먼저 자색 옷을 입지 않도록 했습니다. - (韓非子 外儲說) *儲(저- 쌓을 저, 버금 조)
  *지도자는 모든 면에서 백성의 사표가 되어야 한다는 뜻.

- 공의휴(公儀休)는 노(魯)나라 박사였다.
  그는 뛰어난 재주와 학문을 인정받아 노나라 재상이 되었다. 법을 바로 지키고 이치를 따르며 함부로 고치는 일이 없었기 때문에 모든 관청일이 절로 바르게 되었다. 그는 특히 나라의 "녹을 먹는 사람"은 일반 백성들과 이익을 놓고 다투는 일이 없게 하고, 많은 봉록를 받는 사람은 뇌물을 받는 일이 없게끔 하였다.
  또 언젠가
  ◂ 자기집 채소밭의 채소를 먹어 보았더니 맛이 대단히 좋았다. 그러자 그 채소밭의 푸성귀를 뽑아 버렸다. 또
  ◂ 자기 집의 짜는 베가 좋은 것을 보자, 당장 그 여자를 돌아가게 하고 그 베틀을 불태워 버린 다음 이렇게 말했다.
  사서 입어야 할 사람이 사주지 않으면 농사짓는 백성이나 베 짜는 여자들은 그들이 만든 것을 팔 수가 없게 되지 않겠는가?.

- 인간은 ◂ 몸에 털이나 날개가 없으므로 옷을 입지 않으면 추위를 이겨 낼 수가 없습니다. 천체에 속한 해나 달과는 달라 떠 있을 수 없고, 초목과는 달라 땅에서 자랄 수가 없으며, ◂ 위장을 생활의 근본으로 삼아 무엇인가를 먹지 않으면 생명을 유지할 수가 없습니다. 이와같이 ◂ 먹고 입어야 살아갈 수 있으므로 욕심이 생기고 이익을 추구하게 되는 것입니다. - (韓非子 解老)

- 주주라는 새는 머리가 무겁고 꽁지가 굽어있기 때문에 물을 마시려면 반드시 꼬꾸러지고 맙니다. 그래서 다른 한 마리가 그 꽁지를 물어 꼬꾸라지지 않도록 도와주어야만 물을 마실 수가 있습니다.
  ◂ 사람도 이와 마찬가지여서, 어떤 일을 하고자 할 때 힘이 부족하면 도와줄 수 있는 사람을 찾아 그의 협조를 기다려야 하는 것입니다. - (韓非子 說林)

- 주역(周易)에도 ◀몸이 높은 자리에 있으면서 실제가 그를 따르지 못하고, 허명만 좋아하게 되면 행위가 반드시 사치 교만해지게 되고, 따라서 거만 교활하게 되면 반드시 흉화(凶禍)가 이를 따르게 된다고 했습니다.

- 노자(老子)가 말하기를 비록 귀하더라도 반드시 천한 것으로 본을 삼으며 비록 높더라도 낮은 것으로서 기준을 삼는다고 했습니다. 이 때문에 왕후가 스스로 자기를 칭할 때, 과인(寡人- 덕이 없는 사람), 고(孤- 외로운 소국 왕이라는 뜻), 불곡(不穀 - 곡식 만큼 백성을 이롭게 하지 못한다는 뜻). 이라고 하니 이것은 천한 것을 기본으로 해서 그런 것이 아니고 무엇이겠습니까?.

> ♣ **공도 너무 세우면** 주위의 시샘을 받게 마련이며, 가득 찼을 때는 넘치는 것을 경계해야 합니다. 아니면 늘 아직 가득 차지 않은 상태를 유지하는 게 좋습니다.
> 그래서 주역(周易)에서는
> ◀만월(滿月)보다는 열나흘 달이 좋고,
> ◀활짝 핀 꽃보다는 봉우리일 때가 더욱 가치 있다고 여깁니다.
> 그런고로 궁중(宮中) 이름도 아직도 완전 중앙이 아닌 미앙궁(未央宮)이란 이름으로 여유를 두고 있으며, 역(易)의 건괘(乾卦)에서도 가장 꼭대기의 효(爻)는 항용유회(亢龍有悔)라 했으며, 오히려 그보다 아래인 제5효(爻)를 비룡재천(飛龍在天)이라 하여 최고로 여기는 것입니다.
> 늘 조금 덜 찬 여유를 가지고 사는 것이 최상의 삶이라 하겠습니다.
> 거기에 오히려 멋과 가치와 수요의 여백이 있는 것이 아니겠습니까?.

- 불을 끄는데 관리로 하여금 물동이를 들고 화재 현장으로 달려가게 하면 한 사람의 몫밖에 해낼 수 없으나 채찍(지휘봉)을 들고 지휘하여 사람들을 독려하면 많은 사람을 부릴 수 있으니 아무리 큰불도 능히 끌 수 있는 것입니다.
그러므로 성인이 왕위에 있으면 백성 한사람 한사람에게, 은혜를 베푸는 일을 하지 않습니다. 또 현명한 군주는 하찮은 일에 일일이 참견하지 않고 관리를 시켜 처리하는 것입니다. - (韓非子 外儲說)

- 저울이란 것은 수평만을 지킬 때. 모든 물건의 경중(輕重)을 판명할 수 있는 것입니다. 또한 ◀거울도 마찬가지여서 그것을 움직인다면 아무리 좋은 거울일지라도 물건의 모양이 분명하게 비치지 않을 것이며, 〈저울을 움직인다면〉 아무리 좋은 거울일지라도 물건의 중량을 달 수 없는 것입니다. (중용 공평을 말함)

- 옛날 은나라 주왕이 상아로 젓가락을 만들게 했습니다. 기자(箕子)는 그것을 보고 나라의 앞날을 걱정하며 이렇게 말했습니다. "상아 젓가락을 만들게 한 이상은 반드시 오지 그릇에 음식을 담지 못하게 하고, 장차 주옥으로 만든 술잔을 사용할 것이다". 상아 젓가락과 주옥의 술잔을 사용하게 되면, 반찬은 콩이나 콩잎으로는 안되고 반드시 쇠고기나 코끼리 고기, 표범 고기 등 진귀한 음식만 찾게 될 것이다.

  이러한 음식을 먹게 되면 아무래도 짧은 털옷을 입거나 띠풀로 엮은 집에서는 살 수 없는 노릇이므로 반드시 비단옷을 입고 고대광실에서 생활하려고 할 것이다. 이와같이 처음에는 한낱 젓가락에 지나지 않으나, 점점 더 큰 사치로 흐르게 되는 것이다. 그러니 내 어찌 일의 발단이 되는 상아 젓가락을 두렵다하지 않을 수 있겠는가?. 과연 5년이 지나자 주왕은 고기를 늘어놓아 육포도 만들고, 술지게미 언덕을 만드는 등 사치와 낭비를 일삼다가 결국 멸망하고 말았습니다. 이와같이 기자(箕子)는 상아 젓가락을 보는 순간 천하의 존망을 예측했던 것입니다. - (韓非子 喩老)

- 신하된 자는 마치 **요리사 같은 존재로서**, 여러가지 맛있는 음식을 만들어 진상하더라도 군주가 먹지 않는다면 굳이 권할 도리가 없는 것입니다. 즉 ◀아무리 좋은 계책이라도 군주가 채용하여 실행하지 않으면 아무 소용이 없는 것입니다.

  비유컨대 〈군주는 땅 같고 신하는 초목 같아서, 그 땅이 기름져야만 초목은 성장하는 것입니다.〉 환공이 천하를 통일한 것은 전적으로 군주의 힘입니다. 신하에게 무슨 힘이 있다는 것입니까? - (韓非子 難)

- 위나라 영공(靈公)때 미자하(彌子瑕)라는 용모가 출중하여 위왕의 총애를 받고 정치를 전횡했습니다. 그런데 어느날 **한 난쟁이**가 군주를 만나보고 이렇게 말했습니다.

  ◀소인이 어젯밤 꾼 꿈이 참으로 잘 맞았습니다. 영공은 물었습니다. 어떤 꿈인가?. 「아궁이를 보았으니 이는 군주를 알현할 징조입니다. 이 말에 영공은 화를 내면서 말했습니다. 듣건대 군주를 알현하는 자는 꿈에 태양을 본다고 한다. 그런데 너는 과인을 만나기 위해서 아궁이를 보았다니 될 말인가.

  「원래 **태양**은 천하를 두루 비추어 한 사물만이 그 빛을 받는 일은 없습니다.

  이와 마찬가지로 **군주는** 일국(一國)을 두루 비추므로 한사람이 그 빛을 막아서는 안돠는 것입니다. 그러므로 군주를 알현한 자는 꿈에 태양을 본다고 한 것입니다.

  그런데 **아궁이**는 한사람이 그 앞에 앉아 불을 쬐면 뒤에 있는 자는 그 빛을 보수가 없습니다. 지금 위나라는 한 신하가 군주의 빛을 가로막고 서 있는 형편입니다.

  그러니 소인의 꿈이 아궁이를 본 것도 틀린 것은 아니지 않습니까? **영공**은 그럴듯하다고 생각하여 마침내 신하인 옹저와 미자하를 물리치고 司空狗를 등용했습니다.

■ 나무를 흔드는 경우, 나뭇잎을 하나씩 잡아당기면 힘만 들뿐 효과가 없습니다. 그러나 좌우에서 그 줄기를 쥐고 흔들면 잎은 모조리 흔들리는 것입니다. 또 깊은 물가에 있는 나무를 흔들면 새는 놀라 높이 날아가고, 물고기도 두려워 깊이 가라앉을 것입니다. 또 어망을 잘 치는 자는 그 줄만 잡아당기는데 큰 줄만 잡아당기면 어망 속에 많은 물고기가 갇히게 되는 것입니다. 생각해 보면 "관리는 백성에게 있어 나무의 줄기나 어망의 줄에 해당합니다".

그러므로 성인은 관리를 다스리는데 백성을 직접 다스리지 않는 것입니다. (外儲說)

■ 해호解狐라는 사람은 자기의 원수를 조간공(趙簡公)에게 천거하여 재상이 되게 했습니다. 그 원수된 사람 형백류(邢伯柳)는 해호가 자기를 용서해 준 것이라고 생각하고, 사례차 그 집에 찾아가서 공손히 경의를 표했습니다. 그러나 해호는 화살을 쏘아 그를 쫓아내면서 이렇게 말했습니다.

「내가 너를 천거한 것은 네가 적임자라고 생각했기 때문이며 공적인 일이지만 사적인 원한 때문에 너의 능력을 군주에게 은폐하고 싶지는 않았기 때문에 너를 천거한 것이다.」라고 말했습니다. - (外儲說)

■ 어떤 사람이 초나라 임금에게 **불사약不死藥을 바친 자가** 있었습니다.

알자(謁者 - 안내를 맡은 관원)가 그것을 받들고 안으로 들어가는데 근위(近衛)의 무사(武士) 한사람이 물었습니다. 「그것을 내가 먹어도 되는가?」 이에 알자는 농담인줄 알고 괜찮다고 했더니 근위의 무사가 그것을 빼앗아 가지고 먹어 버렸습니다. 왕은 이 말을 듣고 크게 노하여 그 근위의 무사를 죽이려 했습니다. 그러나 근위의 무사는 사람을 시켜 왕을 설득시키기를 〈신이 알자에게 먹을 수 있느냐고 물었다니 먹을 수 있다〉고 하였기 때문에 먹은 것이므로 신에게 아무 죄도 없고, 죄는 그 알자에게 있는 것입니다. 또한 손님이 불사약을 바쳤는데 이것을 먹었다고 해서 죽음을 당한다면, 그것은 불사약이 아니라 그것은 사약이 되는 것이니 결국 손님이 왕을 속인 셈이 됩니다.

〈왕께서 죄 없는 신을 죽이시고, 게다가 왕이 손님에게 속았다〉는 말이 세간에 퍼지는 것보다는 신을 용서하심이 좋을 것입니다.

왕이 결국 그를 죽이지 않았다고 한다. - (韓非子 說林)

■ 진진(陣軫)은 위왕(威王)에게 신임을 받고 있었는데, 어느날 혜자(惠子)가 그에게 충고했습니다. ◀당신은 반드시 최선을 다하여 왕의 근신의 마음에 들도록 해야 합니다. 대체로 수양버들은 옆으로 심거나, 거꾸로 심거나, 부러뜨려 심거나 간에 상관없이 잘 자라는 법입니다. 그러나 열 사람으로 하여금 심게 하더라도 한사람이 계속 뽑아 버리면 살아나는 버들은 없을 것입니다. 열 명이 되는 많은 사람이 쉽게 잘살아 나는 나무를 심더라도 한 사람의 방해자를 이기지 못하는 것은 무슨 까닭이겠습니까?. 말할 것

도 없이 나무를 심는 것은 힘들지만 뽑아 버리는 것은 쉽기 때문입니다. 지금 당신이 위왕의 마음에 자신을 심었지는 모르지만 뽑아 버리는 자가 많으면 반드시 위험할 것입니다. - (韓非子 說林)

■ 송나라 사람으로서 술을 파는 장씨라는 자가 있었는데 그는 되를 속이지 않고 손님에게 매우 친절했으며, 술빚는 솜씨가 매우 훌륭했습니다.
그리고 술집을 표시하는 깃발을 높이 세워두고 있었음에도 불구하고 술이 팔리지 않아 언제나 쉬어 버리는 것이었습니다.
술집 주인은 이상하게 생각하여 박식한 양천에게 술이 팔리지 않는 이유를 묻자 양천이 말했습니다.
◂ 당신네 집 개가 사납지 않소. 개가 사나운 것이 술이 팔리지 않는 것과 무슨 상관이 있습니까. 사람들이 개를 무서워하기 때문이요. 특히 어린아이에게 돈을 주어 사오라고 했을 때, 개가 그 아이를 보고 달려드는 경우가 있지 않은가. 이것이 술이 쉬어 버리도록 팔리지 않는 원인인 것이요.
◂ 나라에도 이와같은 개가 있습니다. 즉 도(道)를 터득한 선비가 웅대한 포부를 품고 대국의 군주에게 등용되고자 해도 대신들이 무서운 개처럼 물어뜯고 그리하여 군주의 지혜가 중간에서 가려지게 되므로 나라를 잘 다스릴 수가 없게 되는 것입니다. (外儲說)

■ 옛 사람의 말에
◂ 새는 숲속에 살고 있건만, 더욱 그 나무가 높지 않은 것을 두려워하여 다시 또 나무의 높은 가지 끝에 깃들인다.
◂ 물고기는 물속에 숨어있건만 그래도 더욱 그물이 깊지 않을 것을 두려워하여 다시 또 깊숙한 바닥의 구멍 속에 살고 있다. 그럼에도 인간에게 잡히게 되는 까닭은 모두 먹이를 탐내어 먹기 때문이라고 하였다. 지금 신하들은 임명되어 높은 자리를 차지하고 있으면서 많은 봉록을 받고 있다.
그렇다면 반드시 성실하고 정직한 길을 실행하여 공명하고 결백하게 사는 방법을 알아 실천할 일이다. 그렇게 하면 재앙이나 실패가 없고 장구하게 부나 지위를 지킬 수 있을 것이다. - (貞觀政要)

■ 예로부터 도덕이 높은 군주는 「백성의 마음을 스스로의 마음으로 삼았습니다.」
그래서 ◂ 군주가 훌륭한 궁전에서 지낼 때, 백성에게도 편안하게 살 수 있는 집이 있어야 하겠다고 바라고,
◂ 좋은 음식을 먹을 때에는 백성이 굶주리고 추워하는 근심이 없기를 바라며, ◂ 아름다운 궁녀를 구하고자 생각하면 ◂ 백성에게도 부부생활의 즐거움이 있기를 바랬던 것입니다. 이것이 군주로서 항상 행하여야 할 바른 도리입니다. - (魏徵)

- 보석이라는 것은 훌륭한 바탕을 지니고 돌 속에 섞여 있어도 良工에 의해 다듬어지지 않는다면 기와장이나 잔돌과 구별할 수가 없다. 만약 양공을 만나 잘 다듬어진다면 만대에 이르는 보물이 된다.
- 손빈(孫臏)이 신세를 지고 있는 제(齊)나라 장군 전기田忌는 가끔 공자(公子)들과 기사(騎士)내기를 하였다. 기사란 말이 끄는 수레를 타고 과녁을 맞추는 시합으로서 서로 三組의 마차를 달리게 하여 3회의 시합으로 승부를 결정하게 되어 있었다.

뭐니 뭐니해도 말의 양부(良否)가 승부를 좌우하게 되어 있다. 손빈은 잠시 말을 물끄러미 바라보고 있다가 이윽고 전기에게 말했다. 왕과 전기가 내기를 하게 되었다.

손빈은 장군 전기에게 작전을 알려주었다.
◁ 당신의 제일 나쁜 말을 상대편의 가장 좋은 말고 짝 지우십시오. 또한
◁ 당신의 제일 좋은 상등의 말과 상대편 중질의 말과, 그리고 당신의 중질의 말은 상대편의 가장 나쁜 하등(下等)의 말과 짝지어 시합을 해 보십시오.

三組의 말이 시합이 끝나고 보니 전기 장군은 二勝一敗의 전적을 거두어, 감쪽같이 큰 내깃돈(상금)을 차지했다. - (史記 孫吳記列傳)

> ♣ 흐르는 물은 썩지 않는다. 썩는 물이란 고인 물이다.
> 이것은 자연법칙이며 사회법칙이다.
> 부패하면 마비(痲痺)된다. 마비되면 무능하다.
> 부패의 원인과 결과에서 가장 주목(注目)할 국면이다.
> 〈성장이 없다는 자체가 부패의 첫 징조이다〉고 파킨슨은 말한다.
> 〈정체를 용허해서는 안된다. 진보하지 않으면 퇴보한다〉고
> 아이젠하워는 말한 바 있다.

> ♣ 맥주를 찬양한(1875년에) 다음과 같은 글이 있다.
> 마시는 것의 3가지 장점이 맥주에게는 다 있다.
> 밀크의 영양가와 물 같은 차가운 맛, 그리고 술의 불길,
> 그리고 마지막으로
> "사랑의 고민을 위로해 주는 **맥주의 효능**"을 읊은 시의 한 구절을 들어보자.
> * 큐피트의 화살에 맞았거든.
> * 맥주로 상처를 잘 씻으렴.

6. 한비자의 명문

7. 설원(說苑)의 명문

- 제(齊)나라 경공(景公)이 루(褰)라는 땅에 유람갔다가 안자가 죽었다는 소식을 듣게 되었다. 이에 경공은 소복을 입고 수레를 타고 재촉하여 돌아오면서 스스로 너무 느리다고 여겨 수레에서 뛰어내렸으며, 뛰는 것이 느리다고 여기면 다시 수레에 올랐다. 이렇게 도성에 이르도록 네 번이나 내려 뛰어오면서 게다가 울음을 그치지 않고 달려왔다. 〈안자(晏子)의 주검에 이르자 그 주검에 엎드려 호곡하였다〉.

  *옛날 제왕의 신하에 대한 사랑은 이렇듯 애틋했다.

- 管子(관중管仲)는 이렇게 말하였다.

  권세는 둘이 양립할 수 없고, 정치는 문이 둘일 수 없다. (權不兩立 政不二門)

  그러므로 종아리가 허벅지보다 크면 걸을 수 없고, 손가락이 팔뚝보다 크면 물건을 잡을 수 없다. 이처럼 근본이 작고 말(末)이 크면 서로 부릴 수가 없는 것이다.

- 공자는 자공(子貢)이 아랫 사람으로서의 도리를 묻자 이렇게 말했다.

  ◁ 남의 아랫사람이라면 곧 땅과 같은 것이 아니겠느냐? 이에 씨를 뿌리면 오곡이 자라고, 파보면 단 샘물이 솟아 초목을 심고 금수를 기르며, 사람이 태어나서는 이를 밟고 다니고, 죽어서는 그 속에 묻히지 않더냐?, 이렇게 큰 공적이 있으면서도 땅이 말하는 것을 보았느냐. 남을 위해 일하는 것, 그것은 곧 땅과 같을진저!

- 공자는 말하였다.

  군자(지도자)는 근본에 힘쓸지니, 본이 서면 도가 생긴다. (君子務本 本立而道生)

  그래서 시(詩)에 〈언덕이 평평하면 그 샘물도 흘러 맑기 마련일세♪〉 라고 하였다.

  역(易)에는 "그 근본을 바르게 세우면, 만물이 이치대로, 다스려진다"고 하였다. 그러나 이를 털끝만큼이라도 놓치면 그 결과의 차이는 일천리나 된다고 하였다. 이런 까닭으로 군자는 그 근본 세우기를 귀하게 여기며, 그 시작 세우기를 중히 여긴다.

- 주지교(舟之僑)는 이렇게 말하였다.

  ◁ 요청하여 얻은 상이라면 청렴한 자는 이를 받지 않는 법이며,

  ◁ 말을 해야만 명분을 얻는다면 인자(仁者)는 이를 하지 않습니다. 지금 하늘에 많은 구름이 몰려와서 한바탕 빗줄기가 온 천지에 내려준다면 어린싹이나 풀이 좋아라 일어서는 것을 그 누구도 막지 못할 것입니다.

  그러나 지금 한 사람이 말한다고 그 한 사람에게 베푼다면, 이는 좁은 한 곳에만 비가 내리는 것과 같아 그 땅조차 홀로 식물을 자라게 할 수 없겠지요!

- 신유(辛俞)는 이렇게 말하였다.
  제가 듣건대, 삼대(三代)에 걸쳐 어느 집의 가신이 된 자는〈그 주인을 임금처럼 모시게 되고, 이대(二代)에 걸쳐 모신 자는〈그를 참주인으로 받들게 된다고 하였습니다.
  그리하여 ◂임금처럼 모신다는 것은 죽음도 불사(不辭)한다는 뜻입니다. 그러므로 하사 받은 것도 그만큼 많게 되겠지요. 그런데 제가 죽음이 두렵다고 삼대(三代)의 은혜를 잊어서야 되겠습니까?

- 위공(威公)은 자기 자신이 포로가 된데 대해 이렇게 말했다.
  이렇게 잡혀 있는 것이 어찌 당연하지 않다는 말인가? 내 듣자하니 ◂말로하는 자는 행동하는 자의 노예이며, ◂실천하는 자는 말로만 하는 자의 주인이라 하였소.
  그대는 능히 행동으로 옮겼고, 나는 말로만 하였을 뿐! 그래서 그대는 주인이 되었고, 나는 노예가 된 것, 그러니 이 경우가 어찌 당연하지 않겠는가?.
  *말보다 행동이 중요하다는 것

- 초(楚) 공왕(共王)이 사냥을 나갔다가 활을 잃어버렸다. 좌우 신하들이 찾아보겠다고 나서자 공왕이 말렸다.「그만두어라 초나라 사람이 활을 잃었으면 초나라 사람이 주우면 됐지. 꼭 찾아야 될게 있으랴」- (共王曰 : 止 楚人遺弓 楚人得之)
  중니(仲尼)가 이말을 듣고 이렇게 평하였다.
  아깝도다 초왕의 대범치 못함이여!, 마땅히「사람이 잃은 것을 사람이 주우면 그뿐이다 라고 해야지 하필 초나라 이름까지 넣어야 한단 말인가?」- (人遺弓 人得之而已)

- 그대는 홀로 듣지 못하였소? (子獨不聞乎?)
  〈죽은 **사람**은 아무리 귀하다 해도 살아있는 자만 못하고, **도망간** 자는 아무리 똑똑하다 해도 남아 나라를 지킨 자만 못하다 했소〉*(死人者不如存人之身 亡人者不如存人之國)

- 현명한 자는 일에 결단력이 있는 것으로 곧 그의 용기를 알 수 있고, 취하고 양보하는 것으로 곧 그의 청렴을 알 수 있는 것이다.
  따라서 호랑이의 꼬리만 보고도 그것이 살쾡이보다 큼을 알 수 있고, 코끼리의 입빨만 보아도 그것이 소보다 큰 동물이라는 것을 알 수 있는 것과 같다. 이처럼 일절(一節)만 보고도 백절(百節)을 알 수 있는 것이다.

- 천지(天地)의 도(道)란 극에 달하면 돌아서게 되어 있고, 가득차면 덜게 되어 있다.
  오채(五彩)는 눈을 현란(眩亂)하게 하나 그 빛이 사라질 때가 있고, 무성한 나무와 풍성한 풀도 조락(凋落)할 때가 있다.
  만물은 성쇠(盛衰)가 있으니 어찌 한결같기만 할 수 있으리요.

7. 설원의 명문

지도자심서(心書)

- 현자와 성인은 때를 만나기 어렵고, 아첨(阿諂)은 언제나 홍성하게 마련이다.
  그래서 천세(千歲)의 난(亂)은 있으나, 백세(百世)의 치는 없는 것이니 공자같은 이가 의심을 받는 것이 그 어찌 **통탄(痛嘆)**스러운 일이 아니리요.

- 증자(曾子)는 이렇게 말을 하였다.
  메아리는 소리를 거절하지 않으며, 거울은 모습 비추기를 사양하지 않는다.
  군자는 하나를 바르게 하면 만물이 모두 이루어진다.
  행동은 그림자를 위해서 하는 것이 아니지만 그림자가 이를 따라 하고,
  소리치는 것은 메아리를 위해서 하는 것이 아니지만 메아리는 소리를 따라 생겨난다.
  그러므로 군자는 공이 이루어지면 그 이름이 따르게 마련이다.

  - 무릇 선비가 치욕으로 느끼는 바는, ◀ 천하가 모두 忠을 거론할 때 여기에 이름이 들지 못하는 것, ◀ 천하가 모두 信을 이야기할 때, 선비라 자칭하면서 이에 끼이지 못하는 것. ◀ 천하가 다 염(廉)을 내세울 때 역시 선비로서 이에 가까이 가 있지 못한 것 바로 이것이다.

♣ 이천(利川) 선생이 말하였다. 사람에게 세가지 불행이 있으니
  ▶ 소년으로 고과(高科)에 오름이 첫째 불행이요
  ▶ 부형의 권세(權勢)를 빌어 좋은 벼슬을 함이 둘째 불행이요
  ▶ 높은 재주가 있어 문장(文章)을 잘함이 셋째 불행이다. - (二程全書 遺書)

- 동곽자혜(東郭子惠)가 자공(子貢)에게 묻기를 그대 선생님(孔子)의 문하에는 어찌 잡다한 사람이 모입니까?, 이에 자공은 이렇게 설명하였다.
  무릇 은괄(隱括 - 굽은 나무를 바르게 펴는 공구)의 곁에는 굽은 나무가 많으며,
  ◀ 양의(良醫)의 문전에는 환자가 모이고, ◀ 숫돌 옆에는 둔해진 칼이 많은 법입니다. 이 때문에 찾아오는 자가 많아 복잡한 것입니다.
  詩에 ▪ 무성한 저 버들매미 울음 요란하고
  　　 ▪ 깊고 깊은 저 연못가 갈대들이 우거지네.
  라고 하였으니, 큰 인물 곁에는 용납하지 못할 것이 없다는 것이다.

- 내가(공자) 들으니 ◀ 단칠(丹漆)은 더 이상 문식(文飾)을 가하지 않으며, ◀ 백옥(白玉)은 더 이상 조각(彫刻)하지 않고, ◀ 보주(寶珠)는 더 이상 가공하지 않는다 하였다. 왜 그렇겠느냐? 그 본바탕 자체가 이미 여유가 있기 때문이며, 더 이상 문식을 받을 필요가 없기 때문이다.

- ◀ 음식은 실컷 먹을 수 있는 단계를 넘었을 때라야 아름다움을 추구해야 하며, ◀ 의복은 따뜻한 것이 해결된 뒤라야 그 고움을 찾아야 하고, ◀ 거처는 안전함이 해결된 뒤라야 즐거움을 찾게 되어야 한다. 그래야 상도(常道)를 얻을 수 있고, 그 행동도 오래갈 수 있는 것이다. 먼저 바탕을 따지고 문채는 뒤로하는 것, 이것이 성인(聖人)이 힘쓰는 것이다. 옛날 뛰어난 명왕(明王)의 일들을 들어보니 ▪음식은 배부르면 족한 것이요. ▪의복은 따뜻하면 족하였고 ▪궁실은 살만하면 되는 것, 그리고 ▪수레와 말은 그저 다닐 수 있으면 된다고 여겼다. 합니다. 그 때문에 위로는 하늘로부터 버림받지 않았고, 아래로는 백성들로부터 버림받지 않았던 것입니다.

- ▪진(晉) 평공(平公)이 사냥용 수레를 만들어 각종 무늬와 깃발로 호화찬란하게 장식하여 놓고, 신하들에게 구경을 시켰다. 이때 전차(田差)라는 신하는 세 번이나 그 앞을 지나면서, 한번도 돌아보지 않는 것이었다. 이에 평공이 화를 내며 그 이유를 물었다. 그러자 전차가 이렇게 대답하였다.
제가 듣기로 ▪천자에게 이야기거리가 되는 것은 천하요. ▪제후에게 관심거리라면 한 나라를 다스리는 일이며, ▪농부에게 이야기거리가 되는 것은 먹는 것, 그리고 ▪부고(婦姑)에게 있어서의 관심거리는 베 짜는 일이라 하였습니다. 걸(桀)은 사치 때문에 망하였고, 주(討)는 음일 때문에 패망하였습나니다. 이 까닭으로 감히(사치스런) 그 수레를 쳐다볼 수가 없었습니다.

- ▪소진(蘇秦)은 공손연(公孫衍)을 위해 양왕(榮王)에게 말하기를
대왕께선 네 필의 말이 끌어야 할 수레에 세 마리의 천리마에 한 마리의 소가 끼어 같이 끄는 이야기를 못 들으셨습니까? 그렇게 되면 백보(百步)도 움직일 수 없습니다. 지금 공손연을 장군으로 삼을만 하다고 하셨으면 그를 써야지 상국의 계책만 듣고 있으니, 이거야말로 참기(驂驥)에 소 한 마리가 끼인 것과 같습니다.

- ▪소진은 말한다. <나에게 고향 낙양에 성을 등진 밭 두어 마지기라도 있었더라면> 내 어찌 육국의 재상 도장을 허리에 찰 수 있었으리오? 이 말은 그의 출세가 가난이기도 하다).

- ▪제(齊) 환공(桓公)이 관중(管仲)에게 물었다.
우리나라는 심히 작아 그 財用도 적은데 여러 신하들의 의복과 거마가 심히 사치스럽소. 내 이를 금지시키고 싶은데 가능하겠습니까? 그러자 관중이 이렇게 대답했다.
<제가 듣기로 임금이 맛만 보아도 백성은 이를 먹어보려 하고, 임금이 좋아하기만 해도 백성들은 유행을 일으킨다고 합니다>, 그런데 지금 임금께서 잡수시는 것은 계피향의 음료요, 임금께서 입으시는 옷은 보라빛의 좋은 비단, 호백구의 좋은 외투이어야만 합니다. 이 때문에 여러 신하들이 사치를 부리는 것입니다.

7. 설원의 명문

지도자심서(心書)

시(詩)에 〈몸소 그리고 친히 실행하지 않으면, 백성은 믿고 따르지 않네!〉
라고 하였습니다. - (詩云 不躬不親, 庶民不信)
지금 임금께서 사치를 금하고자 하신다면 어찌 몸소 실천부터 하시지 않습니까?
이 말에 환공이 옳다 하고는 스스로 누인(제 制練) 비단옷에 흰관을 쓰고 조회를 하자 1년이 지나 제나라 전체가 검소해졌다. - (說苑 反質)

■ 조간자(趙簡子)는 「다 낡은 수레에 비쩍 마른말을 타고 다녔으며, 그 의복 또한 검은 양가죽으로 만든 것이었다」. 이에 그의 재신(宰臣-조간자의 가신)이 보다 못해 이렇게 진간(進諫)하였다. 「수레가 새것이면 안전하고, 말이 튼튼하면 왕래가 빠르지요. 그리고 호백구를 입으면 따뜻하고도 가볍습니다.」

이 말에 조간자가 이렇게 대답하였다. - 「나도 모르는 바가 아니요, 내듣기로 군자가 좋은 옷을 입으면 더욱 더 공손해지고, 소인이 좋은 옷을 입으면 더욱 거만해진다고 하였소. 지금 나는 내 자신을 다스리고 있는 것이요, 혹시 소인의 마음이 당기면 어찌나 하오.」
전(傳)에 이르기를 「주공(周公)은 높은 자리에 오르자 더욱 겸비(謙卑)하게 행동하였고, 적(敵)을 이기고 나자, 더욱 두려운 태도를 취하였으며, 집이 부유해지자 더욱 검소하게 살았다. 그래서 주나라는 8백 여년을 갈 수가 있었다」라고 하였으니 바로 이를 두고 한 말이다. - (설원 반질)

■ 공자(孔子)는 이런 예화를 든 적이 있다.
북쪽 멀리 어떤 짐승이 있어 그 이름을 궐(蹶)이라 한다.
◂ 이 짐승은 앞발이 쥐와 같고 뒷발은 토끼와 같아 잘 달아나지 못한다.
◂ 이 짐승은 공공거허(蛩蛩巨虛)라는 짐승을 아주 좋아하여 감초를 만나면 반드시 이를 씹어 공공거허에게 먹여준다.
한편 공공거허는 사람이 오는 것을 알게 되면 반드시 이 궐이라는 짐승을 엎고 달아나 준다. 궐은 그 본성이 공공거허를 사랑하는 것이 아니라, 다만 그 공공거허의 잘 뛰는 다리를 빌리기 위함뿐이다. 또 공공거허 역시 그 본성이 이 궐을 사랑할 이유가 없지만 그가 감초를 얻어다 자기에게 먹여주기 때문에 가까이하게 되는 것이다.
무릇 이처럼 금수나 곤충도 서로 빌려주고, 그에 따른 보답을 할 줄 아는데 하물며 선비나 군자 중에, 천하에 그 名利를 얻고자 하는자 임에랴!.
무릇 ◂ 신하로서 임금의 은혜에 보답하지 않고 자기의 사문(私門)을 위해 애쓴다면 이는 화(禍)의 근원이 되고, ◂ 임금으로서 신하의 공에 보답해 주지 않고 형벌과 상을 꺼린다면 이 역시 난(亂)의 기틀이 되고 만다. 대저 이처럼 화란(禍亂)의 근원은 바로 은혜를 갚지 않음으로써 생기는 것이다.

■ 위(魏) 문후(文侯)의 태자(太子) 격(擊)이 전자방(田子方)에게 물었다.
가난한 자가 남에게 더 교만한지, 부귀한 자가 더 교만한지...
그러자 전자방이 이렇게 말하였다. 가난한 자가 교만하지요.
부귀한 자가 어찌 교만하겠소...,

◁ 임금된 자가 교만하면 나라를 망치게 됩니다. 나는 아직까지 나라를 가진 자가 스스로 망하기를 바라는 것을 보지 못했습니다.
그러나
◁ 가난하여 아무것도 없는 자는 뜻을 얻지 못하면, 얼른 신을 신고 떠나 버리는 법, 어디에 간들 그 빈궁쯤이야 어찌 못하겠습니까?
따라서 가난한 자라야 남에게 교만스러운 것입니다. 부귀한 자가 어찌 남에게 교만하게 굴 수 있습니까?
  * 역(易)에 이르기를 "스스로 위에 있으면서 아래 사람보다 낮추면" (易曰 自上下下)
       "그 도가 크게 빛날 것이다". (其道大光)

■ 공자가 담(周代의 제후국)으로 가다가 길에서 정자(程子- 당시의 高士)를 만나, 둘은 수레의 덮개를 기울여 놓은채 해가 기울도록 이야기를 나누었다.
그리고 잠깐 사이 자로를 돌아보며 이렇게 말하였다.
<비단 한 묶음을 가져다가 선생님께 예물로 드려라>
그러나 자로는 대답하지 않는 것이었다. 잠시 후 공자가 다시 뒤를 돌아보며, 자로(子路)에게 <비단 한 묶음을 선생님께 드려라! 고 하였다> 자로는 언짢은 듯이 이렇게 물었다. "제가 듣기로 선비로서 소개없이 만나거나, 여자로서 중매 없이 시집가는 일 이런 것은 군자가 행할 일이 아니라던데요?"
그러자 공자가 설명해 주었다. 유(由)야 詩에 이렇게 말하지 않더냐

    들에 치렁치렁 뻗은 풀들 구슬인양 맺힌 이슬
    아름다운 미인 하나 맑고 뛰어난 그 아리따움
    한번이라도 만났으면 내평생 소원 풀리리라.

라고, 지금 정자라는 분은 천하에 현사로다. 지금 드리지 않으면 종신토록 뵙지 못 할지도 모른다. ◁ 큰 덕이란 규칙을 벗어 나서는 안되지만, ◁ 작은 덕이란 약간의 넘나듦이 가능한 것이니라.

■ 안자(晏子)가 경공(景公)과 술을 마시고 있었다. 날이 어두워지자 경공이 불을 밝히라고 소리쳤다. 그러자 안자가 이렇게 만류하였다.

7. 설원의 명문

지도자심서(心書)

시(詩)에 (詩經 小雅 빈지초연)
모자가 기운 모습, 이미 취했네- 라고 하였으니. 이는 덕을 잃었다는 뜻이며,
취해서 춤을 추네, 하였으니 이는 용모를 잃었다는 뜻입니다.
술로 이미 취했으나, 덕으로 배부르네.
취하여 그 자리를 떠나준다면. 이는 함께 복받을 일이지- 라고 한 것은
빈주(賓主) 사이의 예를 말한 것이며,
이미 취하였는데 나가지 않는 것, 이는 덕을 손상하는 일이라 한 것은
빈주(賓主) 사이의 죄를 말한 것입니다.
저는 낮을 택해 즐겁게 술을 마신 것이지 밤까지 마시러 온 것이 아닙니다.
경공이 이 말을 듣고 옳다 하고는 이에 술을 들어 제사를 지내고는 두 번 절하고 나갔다. 그리고 이렇게 말하였다.
"어찌 나의 잘못을 그렇게도 잘 꼬집는고? 내가 이 나라를 안자(晏子)에게 맡기기를 아주 잘했지, 그 집이 가난하면서도 나를 이렇게 잘 대우해 주고 사치를 부리지 않도록 하는데, 하물며 나와 함께 이 나라의 일을 도모함에 있어서랴."

■ **한아름 밖에 안되는** 나무가 1천균의 집을 지탱(支撑)하며, 5촌 밖에 안되는 자물쇠가 그 집을 통제한다. 이는 그 재료가 어찌 큰 것을 감당(堪當)하랴만 바로 그 처한 위치가 긴요(緊要)하기 때문이다.

■ 안자(晏子)가 병이 들어 죽음에 이르자, 기둥을 갈라 그 속에 글을 써 감추어 두고는 그 아내에게 이렇게 일렀다. 저 기둥속에 있는 나의 말을 아들이 자라거든 꺼내어 보여 주시요!, 아들이 자라서 이를 펴 보았더니 이렇게 씌여 있었다.

옷감이 떨어지지 않게하라!// 옷감이 떨어지면 꾸밀게 없다.   (布帛不窮 窮不可飾)
우마를 마르게 하지마라!// 그것이 마르면 일을 시킬 수가 없다. (牛馬不窮 窮不可服)
선비를 궁하게 하지마라!// 선비가 궁하면 일을 맡길 수 없다. (士不可窮 窮不可)

■ 초楚나라, 위나라가 진양에 모여 장차 제(齊)나라를 칠 준비를 서두르고 있었다.
제나라 왕은 매우 겁을 먹고 사람을 시켜 우선 순우곤(淳于髡)을 불러들였다.
초나라와 위나라가 제나라를 치려고 공모하고 있소, 원컨대 선생께서도 저와 함께 이 근심을 같이 해주십시오.
그러자 순우곤은 크게 웃을 뿐 대답을 하지 않는 것이었다. 다시 왕이 순우곤에게 물었지만, 역시 웃기만 할 뿐 대답이 없었다. 다시 세번째에도 대답이 없었다.
왕은 크게 화를 내고, 얼굴을 붉히며 소리쳤다. 〈선생은 이 과인의 나라를 희롱거리로 삼고 있소〉 그러자 순우곤이 이렇게 말하였다.

四. 대화연설편

제가 어찌 감히 왕의 나라를 희롱거리로 삼겠습니까?.

제가 웃은 것은, ◀저의 이웃에 농사가 잘되기를 빌던 어떤 제사를 보고 그런 것입니다. 그는 제사상에 밥 한 그릇과 붕어 한마리만 올려 놓고는 ◀저아래 있는 논은 더욱 기름져 1백 수레의 곡식을 얻게 해 주시고・저 언덕위의 땅에는 벼를 심기에 알맞도록 해 주십시오〉, 라고 빌더이다. 제가 웃은 것은 차려놓은 것은 적은데 바라는 것은 많았기 때문입니다. ◀이에 왕은 옳다 하고는 그에게 1천금과, 수레 1백승을 주며 그 자리에서 그를 상경(上卿)으로 삼았다.

＊어떤 큰일을 두고 도움이나 양보를 댓가없이 요청받았을 경우 우회적인 답변으로 적합하다.

■ 제(齊) 환공(桓公)이 사냥을 나가서 사슴을 쫓느라 그만 깊은 산속으로 들고 말았다. 그곳에서 한 노인을 만나 환공이 ◀여기가 무슨 골짜기이느냐? 고 물었다. 노인은 그곳이 〈우공지곡 愚公之谷〉이라고 했다. 환공이 왜 그런 이름이 붙었느냐고 묻자, 노인은 ◀저 때문에 그런 이름이 되었습니다. 라고 대답하였다.

이에 환공은 다시 지금 그대의 모습을 보니 전혀 어리석은 노인, 즉 우공같이 생기지 않았는데 무슨 연고로 그렇게 되었는가? 고 물었다 노인은 이렇게 대답하였다.
「제가 설명을 올리겠습니다」. 제가 소를 한 마리 길렀는데 그 소가 암송아지를 낳았습니다. 어떤 젊은이가 나타나더니, 소는 망아지를 낳지 못하는데 그 망아지가 어찌 당신의 것이냐고 따지더니 그만 가지고 가버렸습니다. 이웃 사람들이 제가 망아지 빼앗긴 것을 보고서 저를 어리석게 여겨, 제가 사는 이 골짜기를 우공지곡이라 부르게 된 것입니다.
이 설명에 환공은 "노인장은 과연 어리석구려", 이튿날 아침 ◀조회때에 환공이 이 이야기를 관중에게 털어 놓았다. 그랬더니 관중이 옷깃을 여미고 두 번 절하며 이렇게 말하였다. ◀이는 바로 나 관이오(管夷吾)가 어리석기 때문에 생긴 일입니다. 요 임금 같은 분이 윗자리에 계시고 다시 구요咎繇 같은 분이 그 아래에서 법을 다스렸다면 어찌 남의 망아지를 엉뚱한 논리로 빼앗아 가는 일이 벌어졌겠습니까?
또 설령 그러한 사기를 치는 이가 이와같은 노인네 앞에 나타난다 해도 그 망아지를 주지는 않았을 것입니다.
이 말을 듣고 공자가 이렇게 말하였다.
「제자에게 기록하라 환공은 패군이며 관중은 훌륭한 보좌였다고.!」
오히려 지혜로우면서도 스스로 어리석다고 하였는데 하물며 그 환공이나 관중만 못한 자라면 그 태도가 어떡해야 되겠는가?.

8. 여씨 춘추

- 물은 본래 맑은 것인데, 흙이 흐리게 하니 그러므로 물은 맑음을 보존하지 못한다. 사람은 본래 장수할 수 있는데, 외물이 미혹에 빠트리니 그러므로 장수하지 못한다. 옛날 대단한 장사였다는 오획(鳥獲)일지라도 소의 꼬리를 잡아끌려고 하면 꼬리가 끊어질 정도로 있는 힘을 다하여도 소가 따라가게 할 수 없으니, 이는 소의 습성에 역행했기 때문이다.

  어린이에게 소의 코뚜레를 끌고 가게 하면, 소를 가게 하고 싶은데로 가게 할 수 있을 것이니, 이는 소의 습성에 순응했기 때문이다. (만사는 자연의 순리에 따라야 한다는 뜻)

- 전쟁(戰爭)은 폐지할 수 없다. 비유하면 전쟁은 물이나 **불과 같다.**

  그것을 잘 **이용하면** 사람에게 복을 가져다주고, 그것을 잘못 이용하면 화를 가져다 준다. 또한 "약으로 병을 치료하는 것 같아서 좋은 약을 쓰면 사람을 살릴 수 있고, 독약을 쓰면 사람을 죽게 한다. 〈정의 전쟁은 바로 천하를 다스리는 좋은 약이다〉.
  * (義兵之爲天下良藥也) - 여씨춘추 仲春紀

- 밥을먹다 목이메어 죽은 일이 있다고 해서, 천하의 모든 음식을 없애려 한다면, ◀ **배를 타다** 빠져 죽은 일이 있다고 해서, 천하의 모든 배를 없애려 한다면, ◀ **전쟁을 하다** 나라 망한 일이 있다고 해서, 천하의 모든 전쟁을 폐지하려 한다면. 이는 잘못된 것이다.

♣ 말을 잘한 봉인(封人) 자고(子高)

한(韓)나라의 도읍인 의양(宜陽)이 진(秦) 나라에 함락(陷落) 되었으므로 새로운 성(城)을 쌓는데, 15일 동안에 완성하기로 기일을 한정하였다. **단교(段喬)**가 공사를 감독하는 사공(司空)이 되었는데, 한 고을에서 이틀이나 늦게 인부들을 동원하여 왔다. 그래서 단교는 그 책임자인 고을의 관리를 잡아 가두었다. 갇힌 관리의 아들이 봉인인 자고에게 달려가 고하여 말하기를

"선생께서는 저의 부친을 살리실 수 있을 것입니다. 원컨대 저의 부친을 살려 주십시오" 하는 것이 있다. 이에 봉인(封人) 자고(子高)는 "좋다. 그렇게 해보도록 하자."

하고는 단교를 만나 서로 부축하여 성으로 올라갔다. 그리고 봉인 자고가 좌우를 둘러보면서 "아아, 장려(壯麗)하도다. 이 새로운 신성(新城)이야말로 진실로 하나의 큰 공로다. 그대는 반드시 후한 상을 받을 것이요. 예로부터 지금에 이르기까지 공정이 이같이 크고서 능히 한 **사람도 벌주어** 죽이지 않았을 수 있었을까." 하였다.

봉인 자고가 돌아간 뒤에 **단교**는 사람을 시켜 밤에 남모르게 고을 관리의 속박을 풀어 주고 내보냈다. 그러므로 말하기를 봉인 자고는 남을 위해 말하되 자기의 의견을 감추고 말했으며, 단교는 그 말을 듣고 행함에 있어 자기의 행위를 숨기고 행한 것이다. 그것을 말하고 그것을 행함에 있어 말의 효험이 이와같이 정밀하니 봉인 자고는 가히 말을 잘했다고 이를 것이다. - (여씨춘추 六論)

- 귀가 싫어하는 소리를 듣는 것은 아무것도 듣지 못하는 것만 못하고, 눈이 싫어하는 것을 보는 것은 아무것도 보지 못한 것만 못하다. 그러므로 천둥이 치면 사람들은 귀를 막고, 번개가 치면 사람들은 눈을 감으니, 생명이 억눌리는(迫生)것이 죽음만 못한 것은 바로 이런 현상과 같다.
  고기먹는 것을 좋아한다고 해서 썩어 냄새나는 쥐를 먹는다는 것은 아니요,
  술을 좋아한다고 해서 상한 술을 마신다는 것은 아니요,
  생명이 존중된다고 해서 억눌리는 생명도 존중한다는 것은 아니다.
  *이는 생이라 할 수 없으니 존중할 필요가 없다는 말이다.

- 아무런 일함도 없이 먹어만 대는 것은 참새나 쥐의 종류요　　　　(無功而食 雀鼠是已)
  피해를 주어가면서 먹어대는 것은 호랑이와 승냥의 종류다.　　　(肆害而食 虎狼是已)
  - 관리가 된 자는 右에 써서 붙여 둘 것이다. (士大夫 可圖諸座右 - 관리의 좌우명) - (呻吟語/呂坤)

- **억지로 사람들로 하여금 따르게 하는 것에 힘쓰지 않고 사람들이 따를 조건 만드는 것에 힘쓴다.** (여건조성에 힘쓰라는 뜻)
  *샘이 깊으면 물고기 자라가 모여들고, 나무가 무성하면 나는 새가 날아들고, 온갖 풀이 빽빽하면 금수가 달려들고, 군주가 현명하면 호걸들이 찾아드는 것과 같다.

- 좋은 메아리는 메아리에서 나오는 것이 아니라, 좋은 소리에서 나오고.
  좋은 그림자는 그림자에서 나오는 것이 아니라, 좋은 형체에서 나오고.
  천하를 다스리는 것은 천하에서 나오는 것이 아니라, 자신에게서 나온다.

- 물이 산에서 흘러나와 바다를 향해 달려가는 것은, 결코 물이 산을 싫어하여 바다로 가는 것이 아니라, 산은 높고 바다는 낮은 형세가 그렇게 만든 것이다.
  농부가 밭에서 살면서 ◂창고에 저장하는 것은, 결코 농부에게 그런 바람이 있어서가 아니라 사람들이 모두 그것을 사용하기 때문이다.
  *만물이 그렇게 된 것에는 반드시 이유가 있다. 유명한 인물 통달한 스승들이 범상한 무리보다 뛰어난 것은 그들은 만물이 그렇게 된 이유를 알았기 때문이다.

- 속어(俗語)에 어질기는 주(周) 문왕(文王) 같다 해도 백성과 친해지지 않으면 부릴 수 없고, ◂지모(智謀)가 선진(先軫) 같다 해도 훈련되지 않은 사졸로는 싸울 수 없으며, ◂조부

8. 여씨 춘추

(造父)나 王良같이 수레를 잘 모는 자라 해도 낡은 수레에 일어설 줄 모르는 말로는 빨리 그리고 멀리 몰아갈 수 없고, ◂유궁(有窮) 후예(后羿) 봉몽(逢蒙)) 같은 명 사수(射手)로도, 굽은 화살, 약한 활로는 멀리의 희미한 표적을 맞힐 수 없다.

- 올빼미와 비둘기가 만났다. 비둘기가 물었다.

그대는 장차 어디로 가려고 하는가?

이에 올빼미가 나는 장차 동쪽으로 옮겨가려 한다. 라고 하였다.

비둘기가 다시 무슨 까닭인가? 라고 묻자, 올빼미는 이 고을 사람들은 누구나 나의 울음 소리를 싫어한다. 그래서 동쪽으로 옮겨 가려고 하는 것이다. 라고 하였다.

그러자 비둘기가 이렇게 말하였다.

그대는 능히 그 울음소리를 바꿀 일이다. 그 울음소리를 바꾸지 않고는 동쪽으로 옮겨간 그대의 울음소리 또한 듣기 싫기는 마찬가지일 것이다. (설원 담총)

- 적황의 뛰어난 능력(언변) : 위나라 문후가 연회를 베풀고 자기에 대한 평가를 해 달라고 했다. **임좌**가 평할 차례가 되어 평하기를,

"주군께서는 어리석은 군주이십니다. 중산을 얻고는 그곳을 아우에게 봉하지 않고, 아들에게 봉하시었으니 그것으로 어리석음을 알 수 있습니다."

이 말을 들은 군주의 안색이 나빠 보이자, 임좌도 앉아있기 거북하여 밖으로 나가 버렸다. 다음 평할 차례로 **적황**이 되었다.

적황은 문후를 평하기를,

"주군께서는 현명한 군주이십니다. 〈신이 듣기로는 그 군주가 현명하면 그 신하의 말이 곧다고〉 하였습니다. 이것으로서 주군의 현명하심을 알 수 있습니다."

하였다. 이 말을 듣고 문후는 기분이 좋아져 임좌는 돌아올 것인가,? 하고 물었다.

적황이 대답하기를

"어찌 돌아오지 않겠습니까?. 신은 충신은 충성을 다하고는 감히 죽을 죄를 피하지 않는다는 말을 들었습니다. 임좌는 반드시 지금 문밖에서 기다리고 있을 것입니다."

하였다. 그리고는 적황이 나가보니 과연 임좌는 문 밖에 있는 것이었다. 문후에게 적황이 없었다면 거의 충신을 잃을뻔했다.

- 노(魯)나라 칠실읍(漆室邑)에 사는 어떤 여인이 혼기가 지났는데도 시집을 가지 못하고 있었다. 당시는 목공(穆公)때였는데 임금은 늙었고 태자는 어렸다. 그 여인이 기둥에 기대여 한숨을 쉬자 이웃집 아낙이 물었다.

"어찌 그리도 슬픈 한숨을 쉬오? 시집가고 싶어서 그러오?"

그 여인이 말했다.

"내 어찌 시집 못 간다고 슬퍼하겠소? 다만 우리 임금이 늙었고, 태자는 너무 어린 것을 근심해서라오."

이웃집 아낙이 웃으면서 말했다.

"그것은 나라의 대부들이나 걱정할 일이지 우리 같은 아녀자가 어찌 상관할 바이겠소?
◀ 그 여인이 말했다. "그렇지 않소,

ⓓ 전에 진(晉) 나라에서 온 손님이 우리 집에서 묵을 때, 말을 뜨락에 매어 놓았지요. 그런데 그 말이 고삐를 벗고 내달리어 우리 아욱밭을 마구 짓밟아 한해 내내 아욱을 먹지 못하였다오.

ⓓ 또 이웃집 여자가 다른 남자와 정분이 나서 그를 따라 도망가자, 그 집에서 우리 오빠를 고용하여 그녀를 쫓게 하였지요. 그런데 오빠가 갑작스런 홍수를 만나 익사하여 나를 평생 오빠없이 지내게 했다오.

내가 듣건대 〈황하의 물이 강가 구리의 땅을 적시면 (吾聞 河潤九里)〉 마른땅 삼백보까지 젖어 들게 된다(漸여 三百步)〉고 하더군요. "무릇 나라에 난리가 나면 임금과 신하와 아비와 자식이 모두 그 욕을 당하고 그 화가 뭇 백성들에게까지 미칠 것이니 아녀자인들 어디로 피할 수 있겠소?.

*그 뒤 3년이 지나 과연 노나라에 내란이 일어나서 齊나라와 楚나라가 쳐들어와 연달아 침략을 당하니 남자들은 싸우러 나가고 아녀자들은 군수품을 운반하느라 설 겨를이 없었다.

■ 공자는 70여 제후들에게 돌아다니며 유세를 하면서도 그 정해진 처소가 없었다. 그의 뜻은 천하의 백성들이 각각 자기의 뜻한 바를 얻기를 바라는 것이었다. 그러나 그의 도가 실행되지 않자 그는 물러나서 춘추(春秋)를 지었다. 그는 〈선행은 털 끝같이 작은 것일지라도 찾아내었고, 악은 실날같이 작은 것도 드러내어 인사(人事)에 융합되고 왕도(王道)가 갖추어지도록 하였다〉.

■ 강아지가 천하에 어진 요임금을 보고 짖는 것은 요임금이 나빠서 짖는 것이 아니라, 그 강아지는 주인밖에 모르기 때문이다. - 한신의 謀士 괴통의 말이다.
- 괴통은 제왕이 된 한신에게 천하에 큰 명성을 떨치고 병권을 잡았을 때 한고조에게 충성만 하지 말고 한·초·제로 삼분하도록 권한다.
이에 한고조는 괴철을 추궁한다.
한신이 재왕이 되었을 때 왜 모반을 하라고 했느냐? 이에 대한 - 괴철의 답변이다.

지도자심서(心書)

■ 사마천은 그의 사기에서 이렇게 논평하고 있다.

"능히 행할 수 있는 자가 반드시 말할 수 있는 것은 아니며, 능히 말할 수 있는 자가 반드시 행할 수 있는 것도 아니다."

  *즉 명철한 지혜를 지닌 손빈도 다리가 잘리는 화를 미리 방지할 수 없었음을 애석하게 여기는 것이다.

♣ 다스리는 도리를 깨닫지 못한 무마기(巫馬期)

복자천(宓子賤)이 단보(單父) 고을을 다스림에 있어 한가롭게 거문고를 타면서 몸을 대청아래로 내려가는 일이 없었으나 단보 고을은 잘 다스려졌다.

무마기(巫馬期)가 단보 고을을 다스릴 때에는 매일 아침 일찍 일어 나가, 별이 나타날 때까지 늦도록 근무하다 돌아오는 등 밤낮을 가리지 않고 일에 몰두하면서 무슨 일이나 몸소 처리하니, 또한 단보 고을은 잘 다스려졌다.

무마기는 자기의 노력에 비하여, 복자천은 편안하게 지내면서 단보 고을을 잘 다스린 까닭을 물으니 복자천이 말하기를,

"나는 법에 따라 남에게 맞게 일을 처리하게 하였고, 그대는 법에 따라 자신의 노력으로써 일을 처리하였소. 스스로 그 노력으로써 하니 진실로 피로하고, 남에게 맡겨서 일을 처리하니 진실로 몸이 편안했던 것이요."

복자천은 가히 군자라 이를 것이다. 반면 무마기는 다스리는 도를 깨닫지 못한 것이라 할 것이다.

■ 안영(晏嬰)은 말하기를 큰 예(禮)는 그 범위를 넘어설 수 없지만, 작은 예는 다소의 출입이 있다 했습니다.

■ 월석부(越石父)가 안자에게 말하기를 제가 듣건대
선비란 자신을 알아주지 않는 자에게는 굽히고   (士者詘乎不知己)
자신을 알아주는 자에게만 무엇이든지 터놓는다고 합니다. (申乎知己)

♣ 매 순간마다 로마인답게. 그리고 남자답게. 꾸밈없는 당당함과 동포애와 독립심과 정의감을 가지고서 자기에게 맡겨진 소임을 정화하고 꼼꼼하게 사심없이 완수하고, 다른 잡념들은 모두 다 버려라.

"어떤 일을 할 때마다 마치 그 일이 이 땅에서 네가 하는 마지막 일인 것처럼 행하고, 네가 의도적으로 이성의 통제에서 벗어나서 너의 감정에 이끌려서 제멋대로 행하지 않으며, 위선과 이기심과 내게 주어진 운명에 대한 불만에 사로잡히지 않는다면, 너는 얼마든지 그렇게 할 수 있게 될 것이다." - (마르크스 명상록)

9. 기타 명문(안자, 진목공, 조고 소크라테스)

■ 안자(晏子)의 유세(遊說)

❶ 〈제(齊) 나라의 名 재상(宰相) 안자가 사신으로 초(楚) 나라 서울 형(荊)으로 떠났다.〉
초왕은 안자가 현명한 사람이란 걸 알고 욕을 보이려고 시신들과 계략을 짰다.
안자가 초왕과 대좌하고 있는 어전에 시신이 한 남자를 묶어 편전의 복도를 지나가고 있었다. 초왕은 갑자기 나타난 시신(侍臣)을 보고. 그 죄인은 웬놈이냐고 묻자, 시신은 왕과 모의한 대로 "제나라의 백성이 초나라에 와서 강도질을 하였사옵기에 묶어 왔습니다. 이 말을 듣자 왕은 편전에서 술을 마시던 안자를 향해 물었다.
제나라 백성은 모두 강도질을 업으로 삼고 있는 모양이지요?, 이 말을 듣자 안자는 정중히 일어서서 예를 갖추고 대답하였다.
〈회하(淮河)에 있는 강남의 귤(橘) 나무를 제 나라왕이 이를 취하여 江北으로 옮겨 심으면, 탱자나무가 되고 만다〉고 합니다(南橘北枳). 그 까닭은 귤나무와 탱자나무는 거의 비슷하지만 그 열매의 속이 다르다는 것을 임금께서도 아시겠습니다마는, 그 까닭은 그 땅의 물과 흙이 다르기 때문입니다.
제 나라에 있으면 도둑질을 하지 않는데, 초 나라로 오면 도둑질을 하게 되는 것은 바로 이 형도의 토지가 나쁜 탓인가 합니다〉

❷ 제 나라의 재상인 안자가 초 나라에 사절로 오자, 키가 작은 것을 알고 모욕을 줄 생각으로 일부러 정문 옆에 있는 쪽문으로 출입을 시키려고 하였다. 안자는 완강히 거부하고 항변했다. "개의 나라로 간 사람만이 개의 구멍으로 들어가는 법이오, 오늘 나는 초나라의 사절과 왔으니까 이와같은 개구멍으로 들어간다면 오히려 귀 국에게 실례가 될 것 같소"
이렇게 안자는 시치미를 뚝 떼고 말을 했다. 영접 나온 관원은 그 말을 듣고는 그를 정문으로 인도하지 않을 수가 없었다. (개의 나라라는 오명을 쓰지 않기 위해서)...
이윽고 안자는 초의 국왕을 배알하였다. 그러나

❸ 초왕은 〈제나라에는 인물이 없는 모양이군요, 당신 같은 작고 못생긴 사람을 파견하였으니 말이요?.
이렇게 모욕을 주자 안자는 안색을 변하지 않고 침착하게 말했다.
〈제 나라 서울 임사(臨사)에 사는 주민은 능히 일만 호를 넘습니다. 각자가 그 소매를 넓히면 해를 가리울 수도 있고, 땀을 흘리면 마치 비가 오는 것 같습니다. 길가는 사람은 어깨가 서로 부딪쳐 발과 발이 마주칠 지경이올시다. 어찌 감히 인재가 없다고 하겠습니까? ◂ 그렇다면 하필이면 고르고 골라서 어찌 당신같은 사람을 사절로 보냈단 말이요. 초왕은 비꼬는 말투였다 우리 제나라에서는 사절을 파견하는 데에는 일정한 규정이 있어서 상대가 어떤 나라인가에 따라서 그 나라에 상응한 사절을 파견키로 되어 있습니다. "재능이 없는 사람은 그다지 현명하지 못한 군주가 있는 나라로 파견됩니다". 〈나는 가장 쓸모없는 사람〉이기 때문에 그래서 초나라로 파견된 것이 적합하였던 것입니다. 이 말을 듣고 초왕과 그 측근 신하들은 입을 다물지 않을 수가 없었으며, 망신만 당한 꼴이 되었다. 세치의 혀가 백만의 군사보다 강하다(以三寸之說, 强于百萬 之師)라는 말은 이런걸 두고 한 말이다.

- **晏子**가 **화합(和合)** 한다는 것에 대해 말하기를

국을 끓이는 것과 같아서 물, 불, 초, 간장, 소금, 매실 에다 삶은 생선이나 고기를 넣고 나무로 불을 때서 요리사가 그것을 조화시키고, 맛을 보아 모자라는 것은 더 넣고, 많은 것은 덜어내어 만듭니다.

군자는 이것을 먹고 좋아합니다. 임금과 신하 사이도 이와 같습니다.

임금이 옳다 하여도 거기에 잘못이 있으면 신하는 그 잘못을 지적하여 바로 잡는 것이고, 임금이 틀렸다고 하더라도 거기에 옳은 점이 있으면 신하는 그 옳은 것을 고하여 고쳐야 하는 것입니다. 이렇게 해야 정치가 공평해져서 충돌이 없고, 백성들도 다투는 마음이 없어집니다. 그래서

시경에도 이르기를

〈국에 간을 맞추는 것 같이 경계하면, 정치는 공평해지고 백성들은 다투는 마음이 없어진다〉고 하였습니다.

선왕(先王)들이 오미(五味)와 오음(五音)을 조화시킨 것은 마음을 평화롭게 하고 정치를 잘하고자 함이었습니다.

- **진(秦) 목공(穆公)의 도량(度量)**

옛날 진 나라 목공이 마차를 타고 행차를 나갔다가 수레가 부서져 오른쪽에 맸던 말 이 고삐가 풀려 달아났는데. 농부들이 그것을 잡았다. 목공이 직접 그 말을 찾으러 갔다가 기산남쪽에 농부들이 한참 말고기를 나누어 먹는 것을 보았다.

목공은 탄식하며 '준마의 고기를 먹으면서 술을 마시지 않으면 말고기가 너희들의 몸을 상하게 할까 염려된다' 하고, 이에 목공은 그들 하나 하나에게 술을 돌리고 떠나갔다. (이미 잡아 먹힌 말 그들을 책망한다고 되살릴 수는 없는 일, 오히려 관용을 베풀었다) 1년이 지나 진(秦)나라와 진(晉)나라가 한원에서 격전을 벌렸는데(韓原之戰) 쯥나라의

병사가 이미 秦목공의 전차를 포위했고, 진(晉)나라 大夫 양유미(梁由靡)가 이미 목공이 탄 수레의 왼쪽의 말을 잡았고 진혜공(晉惠公)의 수레가 오른쪽 길에서 돌을 쏘아 목공의 투구 를 맞추어 목공의 일곱 투구가 이미 여섯겹이 벗어졌다.
 "이 위급한 시각에 예전에 기산 남쪽에서 말고기를 나누어 먹었던 농부 300여 명이 달려 와 수레 아래에서 온 힘을 다해 목공을 위해 목숨을 걸고 싸워 이미 秦나라는 晉나라 군대에 대승을 거두고 도리어 晉惠公을 사로잡아 돌아갔다. - (여씨춘추)

■ 조고(趙高)의 마록문답(馬鹿問答)

조고는 마침내 승상(丞相)의 자리에 올라 명실공히 진(秦)나라의 실권을 장악했다. 그러나 그는 항상 다른 측근들이 황제에게 자기에게 불리한 정보를 제공하지 않나 해서 불안해했다. 그래서 조고(趙高)는 한가지 시험을 해 보기로 했는데 이것이 그 유명한 마록문답(馬鹿問答)이라는 것이다.
 ◀ 그는 황제에게 사슴을 헌납하며 이렇게 말했다. 〈말입니다〉.
황제는 깜짝 놀라 측근에게 물었다. 〈이것은 틀림없이 사슴이지?〉
 ◀ 측근 중 어떤 사람은 잠자고 있었다. 그러나 어떤 사람은 〈사슴이라고 대답하였으나 또 어떤 사람은 〈말입니다〉, 하고 조고에게 빌붙었다.
조고는 사슴이라고 대답한 자들을 다른 죄로 몰아 처벌하였다. 이래서 군신 모두가 두려워하였다. - (史記 秦始皇 本紀) -
  * 당시 환관들의 실상은 황제에게도 조고가 무서워 함부로 말할 수가 없었다. 고로 안전을 얻었다. 신으로 하여금 빨리 말하게 했다면 모두 이미 주살되어 어찌 지금 이르렀으랴?.

■ 소크라테스의 악처 유용론(有用論)

세계 四聖의 한사람인 소크라테스는 大哲人으로 무수한 제자를 길러 왔지만 가장 가까운 자기 부인을 교육시키는 데에는 영점(零點)이었다. 부인 잔티프는 천하에 악처로서 소크라테스는 늘 처로 인해 고생을 했던 것이다.
소크라테스의 제자 아르키피아테스가
 ◀ 사모님의 악쓰는 목소리는 참을 수 없습니다. 고 말하니
스승은 대답하기를 "거위가 꺼욱꺼욱 울어대도 자네는 아무렇게 생각않겠지" 이에 아르키피아데스는 그러나 「거위는 알을 낳아주거든요」 라고 말하니까,
소크라테스는
 ◀ 내 마누라도 자식을 낳아 준다네!
그의 악처 **유용(有用論)** 이다. 소크라테스는 늘 젊은이들에게
『결혼하시오. 좋은 아내를 얻으면 행복해지고, 악처를 얻으면 철학자가 될테니까.』 고 말했던 것이다.

9. 기타 명문 (안자, 진목공, 조고 소크라테스)

지도자심서(心書)

- **맥아더**는 **참모총장** 시절(1934) 예산 문제로 루즈벨트 대통령과 정면으로 부딪쳤을 때 동행했던 육군장관이 의당 주장해야 할 일에 대해 입을 다물고 있자.
  소신과 신념에 찬 다음과 같은 말을 하였다.
  "전쟁이 나서 우리 미국 청년들의 가슴에 적군의 총검이 꽂히고, 적군 병사의 구둣발이 우리 청년들의 목덜미를 짓밟을 때, 그 저주는 누구에게 향하겠습니까?
  그것은 나 아닌 대통령 각하 당신의 몫입니다" (이말을 듣고 옆에 배석한 장관의 안색이 변했다는 후문이다. 이처럼 맥아더는 신념의 사람이었던 것이다)

- **二次** 대전시 일본의 **15군사령관** 무다구치(牟田口廉也)의 독전(督戰)명령
  〈탄약과 식량이 다할 때까지 임무를 속행하라〉
  손을 잃으면 발로 싸우라
  〈수족을 모두 잃으면 이(齒)를 가지고 상대하라〉
  숨이 끊어지면 정신력으로 싸우라.
  무기가 없다는 것이 패전의 이유가 될 수 없다.

- **二次** 무다구치의 **예하 사단장인** 사토가 부하 참모들에게 한 훈시(訓示)
  나는 부하에게 불가능을 가능하게 만들라는 얼빠진 말은 않는다.
  가능한 일을 가능케 하고, 필승을 불패로 만든다.
  전쟁에 필승이란 것은 있지 않다.
  전쟁도 배를 8분 채우는 경우와 마찬가지이다.
  10의 힘이 있다고 생각하면 8의 힘을 발휘하라고 말한다.
  10의 힘밖에 없는 자에게 12의 힘을 요구하게 되면, 요구한 쪽도 실망하게 되고, 요구당한 쪽도 옥쇄(玉碎) 따위의 짓을 하게 된다.
  옥쇄보다는 지지 않는 쪽이 훨씬 중요한게 아닌가.
  (玉碎 - 공명이나 충절을 위하여 깨끗이 죽는 일)

  ※ 군단장 무다구치가 무모한 독선적 지휘관인데 반하여, 사단장 사토는 양식이 있는 이성적 합리적 지휘관이었을 것이다. 사토선생(해군중장)은 또 다음과 같은 말을 하였다고 전해지고 있다. 〈언제 어떤 때에도 공을 세우려고 생각하지 말라. (오직 임무를 완수하는데 전념하라는 것이다). 생사를 초월하는 것은 어렵지 않다. (그러나 영욕을 초월하는 것은 어렵다는 말이다.) 〈제군이 사령부의 책상 위에서 공을 세우려고 하면 전선의 병정들이 반드시 울게 된다〉 나는 보는 바와 같이 벚꽃 마크를 이렇게 왼쪽 가슴에 단 졸병이니까 말이다. 제군이 공을 세우려고 병정들을 울릴 것 같은 기미가 보이면 나는 단호히 제군과 싸울 것이다.
  그리고 공을 세우려고 하면 전선의 병정들이 울게 된다고 하였다. (놀라운 부하 사랑이다) 손자도 그의 병법에서 이런 말을 하고 있다. 〈전투 명령을 내린 날, 앉은 병사의 눈물은 옷깃을 적시고 누운 자의 눈물은 턱으로 엇갈려 흐른다고 하였다〉

四. 대화연설편

- 우리 독일 병사들이 한번 디딘 땅은 그대로 우리의 영토이다.
  따라서 우리는 그곳에서 한 발자국도 물러서지 않을 것이다. - 히틀러

> ◆ 착(善)한 일처리 한마디
> 　사람은 살아가다 보면 어떤 어려운(난처한) 일에 부탁드릴 때가 있다.
> 　어떻게 해야 할지 방법이 서지 않을 때. 이럴 때 대개 가족 친지 선배 전문가에게
> 　자문을 구할 수도 있겠으나, 그러나 잊고 지내는 한 가지 방법이 더 있다.
> 　〈옛사람의 모범 지혜에서〉 구하는 것이다
> 　▶ 고인(古人)이라면 이 일을 어떻게 처리하였을까.
> 　　어떻게 응대하고 언동하고 어묵(語默)하며 처리하는가 하고
> 　　고인이 남긴 모범에서 구하는 것이다.
> 　　＊공자 예수님이라면 어떻게 하실까?
> 　　(예수님이라면 어떻게 하실까? (찰스 쉘던/1896 刊))

♣ **공도 너무 세우면** 주위의 시샘을 받게 마련이며 가득 찼을 때는 넘치는 것을 경계해야 합니다. 아니면 늘 아직 가득 차지 않은 상태를 유지하는 게 좋습니다. 그래서 〈주역(周易)〉에서는 **만월(滿月)** 보다는 봉우리일 때가 더욱 가치 있다고 여깁니다. 그래서 궁전 이름도 아직도 완전 중앙이 아닌 **미앙궁(未央宮)**이란 이름으로 여유를 두고 있으며, 역(易)의 건괘(乾卦)에도 가장 꼭대기의 효는 **항용유회(亢龍有悔)**라 했으며 오히려 그보다 아래인 제5효를 **비룡재천(飛龍在天)**이라 하여 최고로 여기는 것입니다. 늘 조금 덜 찬 여유를 가지고 사는 것, 거기에 오히려 멋과 가치와 수용의 여백이 있는 것입니다. - (중용을 강조)

♣ **독일 제2제국**의 건설자인 **비스마르크**는 목표의 제한. 한계의 인식에 투철한 정치가였다. 그는 프로이쎈군의 연전연승에도 도취되지 않고 오스트리아의 완패를 추구하지 않았으면서 〈이겨도 和解해야만 完全하다〉는 명언을 남겼다

- **현명한 군주**는 관리를 다스리되 대중을 다스리지 않는다. (明主治吏不治民)
- **괴테**는 인생 四十이면 얼굴에 대하여 책임이 있다〉는 말을 하였다.
- **중국**의 淸朝에 대표적인 현군으로 알려진 康熙大帝는 〈사람을 안다는 것은 지극히 어렵고 사람을 쓴다는 것은 결코 쉬운 일이 아닌데 정치의 성패는 이에 달렸다〉고 하였다.

9. 기타 명문 (안자, 진목공, 조고 소크라테스)

10. 한국 시조 時調

- 태산이 높다하되 하늘 아래 뫼이로다
  오르고 또 오르면 못오를이 없건마는
  사람이 제아니 오르고 뫼만 높다 하더라. - (양사언)

- 잘가노라 닫지말며 못가노라 쉬지마라
  부디 그지 말고 촌음을 앗겨쓰라
  가다가 중지곳 하면 아니감만 못하리라. - (김천택)

- 녹이상제 살찌게 먹여 시냇물에 싯겨 타고
  용천설악을 들게 갈아 두러 메고
  장부의 위국 충절을 세워볼까 하노라. - (최영)

- 청산리 벽계수야 쉬이 감을 자랑마라
  일도 창해하면 다시오기 어려워라
  명월이 만공산하니 쉬어간들 어떠리. - (황진이)

- 방안에 혓는 촛불 눌과 이별하엿 관대
  것으로 눈물 디고 속 타는줄 모르는 듯 하여라.
  우리도 千里에 님 이별
  하고 속 타는 듯 하여라. - (이개)

- 이런들 엇더하며 저런들 엇더하리
  만수산 드렁츩이 얼거듸들 긔 엇더리
  우리도 이같이 얼거져 백년까지 누리리라. - (이방원)

- 이시렴 부디 갈따 아니가든 못할소냐
  無端히 네 슬트냐 남의 말을 드럿느냐
  그래도 하 애도래라 가는 뜻을 일러라. - (성종)

- 장검을 빼어들고 백두산에 올라보니
  일엽제잠이 호월에 짐겨세라.
  언제나 남북 풍딘을 헤쳐 볼가 하노라. - (남이)
  * 一葉(조그마한) 蹄湾(제잠 : 우리나라 별명). 胡越(호월 : 북호와 남월사이)

四. 대화연설편

- 어버이 살아신 제 섬길일란 다하여라
 지나간 후면 애닯다 어이하리
 평생에 고쳐 못할 일이 이뿐인가 하노라. - (정철)

- 한산섬 달 밝은 밤에 수루에 혼자앉아
 큰칼 옆에 차고 깊은 시름하는 적에
 어듸서 일성호가는 나의 애를 긋느니 - (이순신)

- 청산은 엇제하여 만고에 푸르르며
 유수는 엇제하여 주야에 긋지 아닛는고
 우리도 그치지 마라 만고상청 호리라 - (이황)

- 이 몸이 죽어 죽어 일백 번 고쳐 죽어
 백골이 진토- 되어 넉시라도 잇고 없고
 임 향한 일편 단심이야 가실줄 이시랴 - (정몽주)

- 까마귀 싸호는 골에 백로야 가지마라
 성낸 까마귀 흰 빛을 새오나니
 창파에 조히 씻은 몸 더러일가 하노라. - (정몽주 모친)

- 수양산 바라보며 夷齊를 恨하노라
 주려 죽을진들 채미(採薇)도 하는 것가
 아무리 푸새엣 것인들 긔 뉘 따해 낫더니. - (성삼문)

- 삭풍은 나모 긋테 불고 명월은 눈 속에 찬듸
 萬里邊城에 一長劍 짚고 서서
 긴 파람 큰 한소리에 거칠 것이 없어라. - (김종서)

- 솔이 솔이라 하니 므슨 솔만 너기는다
 千尋 絶壁의 落落 長松 내 그로다
 길 아래 樵童의 졉나시야 거러 볼 줄 이시랴. - (솔이)

- 青山도 절로 절로 綠水도 절로 절로
 산 절로 수 절로 산슈간에 나도 절로
 이 중에 절로 자란 몸이 늙기도 절로 하리라. - (김인후)

- 나모도 병이 드니 정자라도 쉬리 없다
 호화이 셔신 제는 오리 가리 다 쉬더니
 입 디고 가지 것조 후는 새도 아니 앉는다. - (정철)

■ 功名을 즐겨마라 榮辱이 반이로다
富貴를 貪치마라 危機를 밟느이라
우리는 一身이 閑暇커니 두려운 일 업세라 - (김삼현)

♣ 제모문(祭母文) - 고승 震黙 (1562-1633)

- 태중(胎中)의 열 달 은혜 어떻게 갚사오며
  무릎 밑의 세 해 양육은 잊을 수 없나이다.

- 만세의 만세를 더 사셔도 자식된 마음은 오히려 부족하거늘
  백년 안의 백년(百年)을 채우지 못하였으니
  어머니의 수명은 어찌 그리 짧으십니까.

- 외짝 표주박으로 길어서 걸행(乞行) 하는
  이 납승(衲僧)은 이미 그렇다고 하지만
  규중의 어린 누이는 어찌 슬프지 않겠습니까.

- 상단불공(上壇佛供) 마치고 하단제사 또 파하니
  스님네는 각방으로 돌아가고
  앞산은 첩첩(疊疊)하고 뒷산은 중중(重重) 하데.

- 어머니의 혼백은 어디로 가시렵니까
  오호, 슬프도다. *통일 불교성전 설법 지침서/ 대한불교진흥원

  *납승(衲僧) - 납의를 입은 사람, 승려가 자기를 낮추어 이르는 말.
  *진묵은 이조 명종 때 깊은 수행력과 신통으로 유명, 어머님 영전에 읊는 글.

♣ 重峯(趙憲) 선생의 哀悼文 - 石洲 權韠

몇 번이나 나라에 바른말을 올렸던고,
어두운 이 세상에 혼자 잠을 깨었었지.
이전부터 알았어라. 높은 재주 지니고서
조정에 구차히 용납될 수 없다는 걸
강직한 님의 기상 온 누리에 서려 있고,
거룩한 님의 충절 햇빛처럼 빛나누나.
거룩하고 높은 금산의 넋은,
청사에 길이길이 변함없이 푸르리. (壬亂 의병장/ 김포인)

11. 한국의 명시

❶ 진달래 꽃 (김소월)

나보기가 역겨워 가실 때에는
말없이 고이 보내 드리오리다

영변의 악산 진달래 꽃
아름따다 가실 길에 뿌리오리다.

가시는 걸음걸음 놓인 그 꽃을
사뿐이 즈려밟고 가시 오소서.

나 보기가 역겨워 가실 때에는
죽어도 아니 눈물 흘리오리다.

❷ 못 잊어 (김소월)

못 잊어 생각이 나겠지요
그런대로 한 세상 지내구료
사노라면 잊을 날 있으리다

못잊어 생각이 나겠지요
그런대로 세월만 가라시구료
그러나 또 한긋 이렇지요
그리워 살뜰히 못 잊는데
어쩌면 생각이 떠지나요?

❸ 산 너머 남촌에는 (김동환)

산 너머 남촌에는 누가 살길래
해마다 봄바람이 남으로 오네
꽃피는 세월이면 진달래 향기
밀 익은 오월이면 보리 내음새
어느 것 한가진들 실어 안 오리
남촌서 남풍 불제 나는 좋데나
산너머 남촌에는 누가 살길래

저 하늘 저 빛같이 저리 고을까? 금 잔디 넓은 벌엔 호랑나비 떼,
버들 밭 실개천엔 종달새 노래 어느것 한가진들 들려 안 오리
남촌서 남풍 불제 나는 좋데나.

❹ **국화 옆에서** (서정주)

　한 송이의 국화꽃을 피우기 위해
　봄 부터 소쩍새는
　그렇게 울었나 보다
　한 송이의 국화꽃을 피우기 위해
　천둥은 먹우기 속에서
　또 그렇게 울었나 보다
　그립고 아쉬움에 가슴 조이던
　머언 먼 젊음의 뒤 안길에서
　이제는 돌아와 거울 앞에선
　내누님 같이 생긴 꽃이여

　노오란 네 꽃잎이 피려고
　간밤에 무서리가 저리 내리고
　내게는 잠도 오지 않았나 보다.

❺ **임** (이광수)

　산 넘어 또 산 넘어 임을 꼭 봐옵고저
　넘은 산이 백이언만 넘을 산이 천(千)가 만(萬)가
　두어라 억(億)이요 조(兆)라도 넘어볼까 하노라.

❻ **불에 타는 벌레** 이광수(李光洙)

　하루 살다 죽는다는 하루살이도
　그 하루 무사히 살기 어려워
　무엇이 애타노 무엇을 구하노
　쉴 새 없이 헤매다 거미줄에 걸려

　불빛에 모여드는 여름밤 나비들
　광명이 그리워서 인가 따슨 거 찾아선가
　기뻐선가 괴로워 선가 싸고 싸고 돌다가
　불속에 몸 던져 타버리는 그들

四. 대화연설편

❼ 복종(服從) - 이병기(李秉岐)

남들은 자유를 사랑한다지 만은 나는 복종을 좋아 하여요.
자유를 모르는 것은 아니지만 당신에게는 복종만 하고 싶어요.
복종하고 싶은데 복종하는 것은 아름다운 자유보다도 달콤합니다.
그것이 나의 행복입니다.
그러나 당신이 나더러 다른 사람을 복종하라면
그것만은 복종할 수 없습니다.
다른 사람을 복종하려면 당신에게 복종할 수 없는 까닭입니다.

❽ 내일의 희망을 향해 - (구전 가요 중에서)

사노라면 언젠가는 좋은날이 오겠지
궂은 날도 날이새면 해가 뜨지 않더냐
새파랗게 젊다는게 한 밑천인데
쩨쩨하게 굴지말고 가슴을 쫙 펴라.
내일은 해가 뜬다. 내일은 해가 뜬다.

❾ 오빠 생각 - (최순애)

뜸북 뜸북 뜸북새 논에서 울고
뻐국 뻐국 뻐국새 품에서 울제,
우리 오빠 말타고 서울 가시면
비단 구두 사가지고 오신다더니

기럭 기럭 기러기 북에서 오고
귀뜰 귀뜰 귀뜨라미 슬퍼 울건만
서울가신 오빠는 소식도 없고
나뭇잎만 우수 수 떨어집니다

❿ 반달 - (윤주영)

푸른 하늘 은하수 하얀 쪽배엔
계수나무 한 나무 토끼 한 마리
돛대도 아니 달고 삿대도 없이
가기도 잘도 간다. 서쪽 나라로
은하수를 건너서 구름 나라로

구름 나라 지나선 어디로 가나
멀리서 반짝 반짝 비추이는 건
새별 등대란다 길을 찾아라.

⑪ **난초** - 이병기(이병기(李秉岐, 1891~1968))
빼어난 가는 잎새 굳은 듯 보드롭고
자짓빛 굵은 대공 하얀 꽃이 벌고
이슬은 구슬이 되어 마디 마디 달렸다
본디 그 마음은 깨끗함을 즐겨하여
정한 모래틈에 뿌리를 서려두고
미진(微塵)도 가까이 않고 우로(雨露)받아 사느니라.

⑫ **서울의 찬가** 패티 김(2009.8.3.)
종이 울리네 꽃이피네
새들의 노래 웃는 그얼굴
그리워라 내사랑아
내곁을 떠나지 마오.
처음 만나고 사랑을 맺은
정다운 거리 마음의 거리
아름다운 서울에서
서울에서 살으렵니다.
봄이 또오고 여름이 가고
낙엽은 지고 눈보라 쳐도
변함없는 내 사랑아
내 곁을 떠나지 마오.
헤어져 멀리있다 하여도
내품에 돌아오라 그대여
아름다운 서울에서
서울에서 살으렵니다.

12. 세계의 명시

❶ **동방의 등불** - (인도, 타고르)

일찍이 아시아의 황금 시기에
빛나던 등불의 하나였던 코리아
그 등불 다시 한번 켜지는 날에
너는 동방의 밝은빛 되리라.
그러나 자유의 천국으로
내 마음의 조국 코리아여 깨어나소서.

❷ **첫 사 랑** - (독일, 괴테)

아- 누가 그 아름다운 날을 가져다 줄 것이냐
저 첫 사랑의 날을.
아- 누가 그 아름다운 때를 돌려 줄 것이냐
저 사랑스런 때를.
쓸쓸히 나는 이 상처를 기르고 있다
끊임없이 새로워지는 한탄과 더불어
잃어버린 행복을 슬퍼한다.
아- 누가 그 아름다운 날을 가져다 줄 것이냐~
그 즐거운 때를.

❸ **삶이 그대를 속일지라도** - (러시아 푸쉬킨)

삶이 그대를 속일지라도
슬퍼하거나 노하지 말라
설음의 날을 참고 견디면
기쁨의 날이 옴을 믿어라
마음은 미래를 바라나니
현재는 한없이 우울한 것,
모든 것 하염없이 사라지나
지나가 버린 것 그리움이 되리니 -

지도자심서(心書)

❹ 이제는 더 이상 헤매지 말자 - (영국, 바이런)

이제는 더 이상 헤매지 말자
이토록 늦은 한 밤중에
지금도 사랑은 가슴속에 깃들고
지금도 달빛은 훤하지만
칼을 쓰면 칼집이 헤어지고
정신을 쓰면 가슴이 헐고
심장도 숨 쉬려면 쉬어야 하고
사랑도 때로는 쉬어야 하니
밤은 사랑을 위해 있고
낮은 너무 빨라 돌아오지만
이제는 더 이상 헤매지 말자
아련히 흐르는 달빛 사이를....

❺ 그대의 곁에 있을 양이면 - (독일, 후흐)

그대의 곁에 있을 양이면
고생도 위험도 견디 오리다
동무도 집도
이땅의 풍성함도 버리오리다.
밀물이 언덕을 그리듯
가을이면 제비들이
남쪽나라 그리듯이
집떠난 알프스의 아들이
밤마다 혼자서 눈쌓인 그 산을
달빛 아래서 그리듯이

❻ 충 고 - (독일, 괴테)

너는 자꾸 멀리만 가려느냐
보아라 좋은 거란 가까이 있다.
다만 네가 잡을 줄만 알면
행복은 언제나 거기에 있나니,

四. 대화연설편

❼ **인생 찬가** - (미국, 롱펠로우)

우리가 가야할 곳 또한 가는 길은
향락도 아니요 슬픔도 아니다.
저마다 내일이 오늘보다 낫도록
행동하는 것이 목적이요 길이다.
아무리 즐거워도 미래를 믿지 말라!
죽은 과거는 죽은채 매장하라!
활동하라 살아 있는 현재에 활동하라
안에는 마음이, 위에는 하나님이 있다.
우리 모두 일어나 일하지 않으려나
어떤 운명인들 이겨낼 용기를 가지고
끊임없이 성취하고 계속 추구하면서
일하며 기다림을 배우지 아니하려나.

❽ **사랑의 찬가** - (프랑스 네르발)

여기 우리는
얼마나 찬란한 날을 보내고 있는가
일렁이는 물결이 흔적처럼
권태는 슬픔으로 사라진다.
욕망밖에 없는 미친듯한 정열에
취하게 되는 시각이요
쾌락 뒤에는
사라져 버리는 허무한 시간이요.

❾ **초원의 빛** - (영국, 워즈워즈)

여기 적힌 먹빛이 희미해짐을 따라
그때 사랑하는 마음 희미해진다면
여기 적힌 먹빛이 마름에 버리는 날
나 그때를 잊을 수 있을 것입니다.
초원의 빛이요!
꽃의 영광이요!
그것이 돌아오지 않음을 서러워 말아라
그 속에 간직한 오묘한 힘을 찾을지라
초원의 빛이요 그 빛이 빛날 때
그대 영광 찬란한 빛을 얻으소서.

12. 세계의 명시

⑩ 미라보 다리 - (프랑스, 아뽈리내르)

미라보 다리 아래 세느강은 흐르고
우리네 사랑도 흘러 내린다.
내 마음 속에 깊이 아로새기리
기쁨은 언제나 괴로움에 이어옴을
밤이여 오라 종아 울려라
세월은 가고 나는 머문다.
나날은 흘러가고 달도 흐르고
지나간 세월도 흘러만 간다.
우리네 사랑은 오지 않는데
미라보 다리아래 세느강이 흐른다.
밤이여 오라 종아 울려라
세월은 가고 나는 머문다.

⑪ 슬퍼하는 마음이여, 너무 괴로워 하지말라. - (롱로오/그리스 소설가)

구름 뒤에는 태양이 비치고 있다.
너의 운명은 누구에게나 공통된 운명이고
어느 정도의 비는 누구의 인생에게도 내리는 법이다.
몇일 동안은 쓸쓸하게 어둠속에 잠기지 않으면 안되니까.

⑫ 오늘을 사랑하라 - (토마스 칼라일/ 영국)

어제는 이미 과거 속에 묻혀있고
미래는 아직 오지 않은 날이라네
우리가 살고 있는 날은 바로 오늘
우리가 사용할 수 있는 날은 오늘
오늘을 사랑하라
오늘에 정성을 쏟아라
오늘처럼 소중한 시간도 없다
오늘을 사랑하라
어제의 미련을 버려라
오지도 않은 내일을 걱정하지 말라.

13. 韓國의 歷代 名文

❶ 龍飛御天歌 (용비어천가)   - 정인지

해동(我國)에 육룡(여섯임금)이 나시어 하시는 일 모두 천복이시라
옛 성인의 사적과 부절을 맞춘 듯 꼭 같으시니라.
뿌리가 깊은나무는 거센 바람에도 흔들리지 않으므로 꽃이 활짝피고
열매도 많이 열리느니라.
샘이 깊은 물은 가뭄에도 마르지 아니하므로 그 흐름이 곧 냇물을 이루어
드디어 바다에 도달하느니라.

〈 海東六龍飛하사 莫非天所扶하시니 古聖同符시니
　　根深之木은 風亦不扤할새 有灼其華하고 有蕡其實하나니
　　源遠之水는 旱亦不竭할새 流斯有川하여 于海必達하니라 〉

❷ 訓民正音序 (훈민정음서)   - 세종대왕

나라 말소리가 중국과 달라서 중국 한문자와 더불어 서로 교류하여 통하지 못할새 고로 어리석은 백성이 하고싶은 말이 있어도 마침내 그 뜻을 펴서 나타낼 수 없는 사람이 많도다.
내가 이런 사람들을 불쌍히 여겨 새로이 二十八字를 제정하나니 사람들로 하여금 쉽게 익혀서 날마다 사용하는데에 편케 하고져 할 따름이니라.

〈 國之語音이 異乎中國하여 與文字로 不相流通할새
　　故로 愚民이 有所欲言하여도 而終不得伸其情者多矣라
　　予爲此憫然 新制二十八字 欲使人人으로 易習하여 便於日用耳니라 〉

❸ 화랑도 세속오계(世俗五戒)

임금을 섬기되 충성으로서 하고　　　　　　(事君以忠)
어버이를 섬기되 효도로서 하고　　　　　　(事親以孝)
벗을 사귀되 믿음으로서 하고　　　　　　　(交友以信)
싸움에 임해서 물러서지 말고　　　　　　　(臨戰無退)
생물을 죽이는데는 가림이 있어야 한다.　　(殺生有擇)

❹ 김유신 (金庾信) - 삼국사기
나라의 위태로움을 보면 목숨을 바치고
어려움을 당하여 몸을 돌보지 않는 것을
열사의 뜻이라고 한다.
대저 사람이 죽을힘을 다하여, 천 사람을 당하고
천 사람이 죽을 힘을 다하여, 만 사람을 당하면
가히 세상에서 마음대로 행동할 수 있을 것이다.

❺ 최치원 (崔致遠) - 격황소서(檄黃巢書)
▶ 바른 마음을 가지고 떳떳한 행실을 닦는 것을 올바른
  도리라고 말하고, 위태로운 일에 임하여 변화를
  마련하는 것을 일러 권모(權謀)라고 한다.
▶ 지혜로운 사람은 때에 순응하여 일을 이루고
▶ 어리석은 사람은 사리를 거슬러 일을 실패한다.

❻ 최치원 (崔致遠)의 난랑비(鸞郎碑) 서문
우리나라에는 현묘한 도가 있으니(玄妙之道) 이를 풍류(風流)라고 한다.
이 가르침을 설치한 근원은 이미 선사(仙史)에 상세히 기술되어 있거니와 이 사상은
실로 유불선 3교를 포함한 것으로서, 모든 생명과 접하여 이들을 감화하였다.
(接化 群生)

❼ 마의태자 (麻衣太子)
나라의 생존과 멸망은 반드시 천명에 달려 있으니, 다만 충성된 신하와 의로운 선비
와 더불어 단합함으로서 민심을 수합하여 굳게 지키다가 힘이 다한 뒤에 그만두어야
지, "어찌 일천년의 사직을 하루아침에 가벼이 남에게 내 줄 수 있으리요"
〈國之存亡은 必有天命이요, 只合與忠臣義士로 收合民心하여 自固하고, 力盡而後已
  어늘, 豈有以一千年社稷을 一旦에 輕以與人이리요.〉

❽ 왕건 (王建)
백성을 부림에 있어서는 때를 보아서 하고,	(使民以時, 輕徭薄賦)
부역을 가볍게 하고, 세금을 적게 하고 농사짓는 일의	(知稼穡艱難)
어려움을 알면 저절로 백성들의 마음을 얻게 되어	(則自得民心)
나라가 부유하고 백성이 편안할 것이다.	(國富民安)

❾ 정몽주 (鄭夢周)

세상에 나라를 다스리는 사람은 반드시 대계(大計)를 정(定)할 것이요
큰 계획이 정해져 있지 않으면 백성들의 마음이 의심하게 되는데
백성들의 마음이 의심됨은 온갖 만사의 화근이 된다.
(爲天下國家者는 必先定大計요, 大計未定이면 則人心疑忒하고, 人心之疑는 百事之禍也니이다.)

❿ 서희 (徐熙)

우리나라는 고구려의 뒤를 이었다.
그러므로 ▸나라 이름도 고려이고 ▸도읍도 평양이다.
만약 국가 경계를 논한다면 동경도 우리 경계안에 있는데
어찌해서 우리더러 땅을 침식하였다고 말하는가?
(我國은 則高句麗之舊也라 故로 號高麗하고 都平壤이라
 若論地界면 東京도 皆在我境이라 何得謂之侵蝕乎아?)

⓫ 민충정공 유서 (閔忠正公 遺書)

아- 아 나라의 부끄러움과 백성의 욕됨이 이지경에 이르렀으니
우리 백성들은 장차 생존 경쟁을 하는 가운데 죽어 없어지겠다.
대체로 ▸살길을 바라는 사람은 반드시 죽고, ▸죽기를 바라는 자는 살것인데,
여러분은 어찌 이를 헤아리지 못하는가?
(嗚呼라 國恥民辱이, 乃至如此하니 我人民이 將且殄滅於生存之中의 하리라.
 夫 要生者는 必死하고, 其死者는 得生인데 諸公은 豈不諒此아?)

⓬ 이준 (李儁, 1859~1907) 한국의 魂

한국 사람의 혼은   ▸독립 자주의 혼이요, ▸동족 애호의 혼이요
 ▸대의 명분의 혼이요, ▸일치 단결의 혼이요, ▸건설 개척의 혼이요,
 ▸세계 평화의 혼이요, ▸살신 成仁의 혼이다.

⓭ 안중근 (安重根) - 하루빈가

사나이 대장부로 세상에 태어나서 무찌르려 의지를 쌓았더니
이제야 뜻한대로 좋은 때를 만났구나.
때가 영웅을 만드는가?, 영웅이 때를 만드는가?
북풍은 차기도 하여라. 내피는 들끓는구나
원통하고 슬픔을 한번 털어놓으면 기필코 좀도둑을 꼭 잡으리라.
우리 동포 형제요, 이 공업을 잊지말아.
만세 만세 만만세, 대한 독립 만만세.

13. 韓國의 歷代 名文

지도자심서(心書)

⑭ 김구(金九) - 나의 소원

내 소원이 무엇이냐 하고 하나님이 물으신다면
나는 서슴치 않고 '내소원은 대한 독립이요' 하고 대답할 것이다.
그 다음 소원은 무엇이냐고 하면
나는 또 우리나라의 독립이요 할 것이요
또 그 다음 소원이 무엇이냐 하는 세 번째 물음에도
나는 더욱 소리 높여서 나의 소원은
우리나라 대한의 완전한 자주 독립이요 하고 대답할 것이다.

동포 여러분!
나 김구의 소원은 이것 하나밖에는 없오. 내 과거의 70평생을
이 소원을 위하여 살아왔고 현재에도 이 소원 때문에 살고 있고
미래에도 나는 이 소원을 달성하려고 살 것이다.

*백범 김구 선생은 칠십평생을 한결같은 마음으로 나라 사랑에 모든 것을 바쳤던 민족주의자시다. 그는 우리민족 모두가 인의와 사랑을 나누는 참다운 문화만족으로서 조국의 자주독립과 통일 뿐만 아니라 세계의 아름다운 문화민족으로서 모범이 되기를(弘益人間 - 단군의 이상) 열망했던 애국자이시다.

⑮ 한용운(韓龍雲) - 독립 선언서 공약 삼장(三章)

1. 금일 오인(吾人)의 차거(此擧)는 정의, 인도, 생존 존영을 위하여 민족적 요구니 오직 자유적 정신을 발휘할 것이요 결코 배타적 감정으로 일주하지 말라.
1. 최후의 1인까지, 최후의 1각 까지, 민족의 정당한 의사를 쾌히 발표하라.
1. 일체의 행동은 가장 질서를 존중하여 오인의 주장과 태도로 하여금 어디까지든지 공명정대하게 하라

*당시 독립선언서는 육당 최남선이 짓고, 만해 한용운이 여기에 공약 3장을 붙였다.

⑯ 이승만(李承晩) - 나의 맹서(盟誓)

〈여기에 게재하는 글은 1945.10.20., 이박사가 귀국 후 군정청 광장에서 처음 대중에게 행한 연설이다.〉

『이 자리에서』 여러분 수많은 시민을 대함에 어떻다고 감상을 표현할 줄 모르겠습니다. 이번에 내가 미국에서 귀국한 것은 한 시민으로 한 평민으로 온 것입니다.
그러므로 정부의 책임자가 되기를 원치 않으며, 높은 지위와 권위있는 자리보다는 자유를 더 사랑합니다. 「나는 항상 우리 민족의 자유를 얻고자 싸워 왔으며, 어떻게

하면 우리의 자유를 회복하여 우리나라 사람이 다 함께 남보다 더 행복하게 안락하게 살아갈 수 있을까를 생각하고 오늘날까지 싸워 왔습니다.」
우리는 자유를 사랑하는 세계 각각 사람들과 동진 병행(同進竝行)하여야 할 줄로 믿습니다. (중략)

고국에 돌아와 보니 과연 몇 개의 당파가 있고 상이한 주의 주장이 있어 정돈(停頓) 상태에 빠져 있는 것이 아니겠습니까? 우리가 파가 갈리고 각자가 각각 자기의 의견만을 쟁론하고 있다면 우리는 찾을 것을 찾지 못하고 말 것입니다. 그러므로 우리는 찾을 것을 찾고나서 연합군이 물러간 다음에 각자의 의견을 발표하고 주의를 위해서 싸워도 좋을 것입니다. (뭉쳐야 함을 강조).

4천 3백년의 역사를 가진 우리가 과거에 있어 우리 부형의 잘못으로 40년간 극도의 고통을 받았고 지위 싸움에 망하고 만 것입니다.
지금은 애국심만을 가지고 나아가야 할 것입니다. 만일 불행히도 싸워야 한다면 나도 끝까지 싸움으로 일생을 마치겠습니다. 우리는 민생을 위하여 죽기를 배웁시다.
그러나 점차로 모든 당파가 함께 합쳐서 우리의 총역량을 발휘하지 않으면 안된다고 강조하고 있는 것을 듣게 됨에 무한히 기쁩니다.

〈나는 여러분들을 위해 몇 해 남지 않은 이 목숨을 바치겠습니다.〉
그런데 "여기에 제일 어려운 문제가 있습니다." 우리 동포들이 북위 38도를 경계로 하여 우리 국토를 남북으로 하여 갈라 놓았으니 이것이 누가 한 것이며, 어찌된 일이냐고 나에게 질문합니다. 나는 대답할 수가 없다고 말하였습니다. 이번에 동경에서 맥아더 원수가 북위 38도 문제는 어떻게 된 것이냐고 역시 나에게 물었습니다.
나는 대답을 못하였습니다. 이곳에 와서 또 하지 중장과 아놀드 소장으로부터 이러한 질문을 받았습니다. 그러나 나는 이에 대답을 못하였습니다.
그러나 이 문제를 잘 알고 잘 대답하는 사람이 있으리라는 것을 나는 알고 있습니다. 그것을 잘 아는 길은 자기를 버리고 다 합치는 그 길 밖에는 없습니다.

- 여러분! 각자의 주의주장을 다 버리고 한 덩어리가 됩시다.
- 우리는 죽어도 같이 죽고 살아도 같이 살아야 할 것입니다.
- 이 길을 위하여 나를 내 세운다면 나는 앞잡이로 나서서 모든 문제를 완만히 해결하겠습니다.
- 여러분! 나와 함께 다같이 나아갑시다./
    * 여기에는 평소 뭉치면 살고 흩어지면 죽는다는 그이 신념이 잘 담겨져 있다.

13. 韓國의 歷代 名文

지도자심서(心書)

☯ 한시(漢詩) -1946.2월 - 이승만

■ 願與二千萬(원예이천만)　　　내 소원 이천만과 함께
　俱爲有國民(구위유국민)　　　나라있는 백성이 되고지고
　暮年江海上(모년강해상)　　　늘그막엔 시골로 돌아가
　歸作一閑人(귀작일한인)　　　한가한 사람으로 지내련다

■ 三十離鄕七十歸(삼십이향칠십귀)　설흔에 고향떠나 일흔에 돌아오니
　歐西美北夢依依(구서미북몽의의)　낯선땅 떠돌던 일 꿈속에 서렸구나.
　在家今日還如客(재가금일환여객)　제집에 온 오늘이언만 도리어 손 같으니
　到處逢迎舊面稀(도처봉영구면희)　곳곳이 마중하는데 낯익은 얼굴 몇 안되는구나

♧ 우남 이승만(1875-1965). 건국 초대 대통령으로 그의 평생은 조국의 근대화와 독립자유를 위해 헌신한 우리 역사에 영원히 기록될 인물이다. 그는 미국에 망명하여 33년동안 독립 외교 투쟁을 하였으며 해방후 귀국하여 사분오열된 민심수습에 힘써 이 땅에 만주주의 건설에 초석을 놓았다. 〈그리고 뭉치면 살고 흩어지면 죽는다〉는 유명한 명언을 남기기도 했다.

⑰ 헌법 전문 (前文)

유구한 역사와 전통에 빛나는 우리들 대한국민은 기미년 3.1 운동으로 대한만국을 건립하여 세계에 선포한 위대한 독립정신을 계승하여, 이제 **민주국가를 재건함**에 있어서, 정의 인도와 동포애로서 민족의 단결을 공고히 하며, 모든 사회적 폐습을 타파하고, 민주주의 제도를 수립하여, 정치 경제 사회 문화의 모든 영역에 있어서 각인의 기회를 균등히 하고 능력을 최고도로 발휘케 하며, 각 인의 책임과 의무를 완수케 하여,

안으로는 국민생활의 균등한 향상을 기하고 밖으로는 항구적인 국제 평화의 유지에 노력하여, 우리들과 우리들의 자손의 안전과 자유와 행복을 영원히 확보할 것을 결의하고, 우리들의 정당 또 자유로이 선거된 대표들로 구성된 국회에서, 단기 4281년 7월 12일 이 헌법을 제정한다.

⑱ 노인 헌장 (1982.5.8.)

노인은 우리를 낳아 기르고 문화를 창조 계승하며 국가와 사회를 수호하고 발전시키는데 공헌하여 온 어른으로서. 국민의 존경을 받으며 노후를 안락하게 지내야 할 뿐이다. 그러나 인구의 고령화와 사회 구조 및 가치관의 변화는 점차 노후 생활을 어렵게 하고 있다. 우리는 고유의 가족제도 아래, 경로효친과 인보상조의 미풍양속을

가진 국민으로서 이를 발전시켜 노인을 경애하고 봉양하여, 노후를 즐길 수 있도록 노인의 복지 증진에 정성을 다하여야 한다.

〈노인은 심신의 변화를 깨닫고 자신의 위치와 할 일을 찾아서 후손의 번영과 국가발전을 위하여 여생을 보내는 슬기를 보여야 한다〉. (이하생략)

⑲ 노인 강령 (1982.3.25)

우리는 사회의 어른으로서 항상 젊은이들에게 솔선수범하는 자세를 지니는 동시에 지난날 우리가 체험한 고귀한 경험과 업적, 그리고 민족의 얼을 후손에게 계승할 전수자로서의 사명을 자각하며, 아래 사항의 실천을 위하여 다함께 노력한다.

1. 우리는 가정이나 사회에서 존경받는 노인이 되도록 노력한다.
1. 우리는 경로효친의 윤리관과 전통적 가족제도가 유지발전 되도록 힘쓴다.
1. 우리는 청소년을 선도하고 젊은 세대에 봉사하며 사회정의 구현에 앞장선다.

♣ 너는 인생이란 것이 얼마나 짧고 덧없는 것인지를 늘 유념해야 한다. 어제는 진액이었다가 내일은 미라나 재로 변한다. 그러므로 올리브 열매가 다 익으면 자기를 낳아 준 대지를 찬양하고, 자기를 길러준 나무에 감사하며 떨어지는 것처럼 너도 이 짧은 인생을 본성에 따라 살아가다가 인생 여정을 끝낸 후 기쁜 마음으로 떠나는 것이 마땅하다.

♣ 기록한 성경말씀 가운데 명심해야 할 구절들은 다음과 같은 것이다.
1. 타락한 자들은 다시 새롭게 하여 회개하게 할 수 없나니' (히 6:6).
2. 짐짓 죄를 범한즉 다시 속죄하는 제사가 없고' (히 10;26)
3. 의의 도를 안 후에 받은 거룩한 명령을 저버리는 것보다 알지 못하는 것이 도리어 그들에게 나으니라' (벧후 2:21).
4. 성경은 폐지하지 못하나니' (요 10:35).

▶ 장병들에게! 〈죽지 마라, 죽어서는 안된다〉.
　너희가 죽지 않으면, 나도 죽지 않는다.
　너희가 죽지 않으면, 너희 가족이 죽지 않는다.
　너희가 죽지 않으면, 조선이 죽지 않는다.
　나에게는 너희가 조선이다.　- (이순신, 1545~1598)

14. 상소문(上疏文)

❶ 율곡의 계미육조계(栗谷의 癸未六條啓) - 선조 16년

계미 육조계는 任賢能, 良軍民, 足財用, 固藩屛, 備戰馬, 明敎化의 6조 항목으로 되어 있는바 여기서는 비전마 항목만을 제외한 나머지 5항목만을 게재(揭載) 하기로 한다.

아조(我朝) 의 승평(昇平)이 이미 오래매 방심함이 날로 심하여 내외(內外)가 공허(空虛)하고 兵과 창(槍)이 모두 궁핍하여 소족(소적(小敵)) 이 변경(邊境)을 침범하여 온다면 비록 지자(智者)라도 계책이 없을 것입니다.

"고어(古語)에 이르기를 적이 나를 이기지 못하도록 먼저 준비하여 내가 적을 이길 수 있는 기회를 기다리라" 하였사오니 오늘날 국사(國事)는 하나도 믿을 것이 없아와 적이 닥쳐오면 반드시 패할 것이오니 생각이 이에 미침에 심담(心膽)이 서늘합니다.

■ 소위 **<현능(賢能)을 임용한다>** 는 것으로 말하면 나라를 다스림에는 요결이 있는 것이오니 임금이 위에서 공수(拱手 - 아무것도 하지 않고 있음) 하여 노력하지 않아도 다스려지는 것은 현자가 자리에 있고 유능한 자가 직(職)에 있어서 각각 그 정성과 재주를 쓰기 때문입니다.

지금 관(官)을 두는데는 물론 사람을 택하기는 하지만 아침에 임명하였다가 저녁에 천관(遷官)하여, 자리가 따스해질 겨를도 없이 비록 소임을 보살피고자 하더라도 할 도리가 없습니다. 주공(周公) 이윤(伊尹) 부열(博說)의 현(賢)과 재(材)로서 만일 오늘 사도(司徒 - 문교 책임자)의 벼슬을 주었다가 명일(明日) 사구의 벼슬을 준다면 반드시 치적을 이룰 수 없고 단지 분주 노고할 따름일 터인데, 하물며 현재(賢才)가 아닌바에 있어서 이겠습니까?

■ 소위 **<군민(軍民) 을 기른다>** 는 것으로 말하면, 양병(養兵)은 양민(良民)을 근본으로 삼는 것이라, 양민을 하지 않고 능히 양병을 했다는 것은 自古及今에 들어본 일이 없습니다. 부차(夫差 - 오왕)의 兵이 천하에 무적하면서도 마침내 그 나라를 복멸(覆滅 - 뒤집혀 망함) 시킨 것은 양민을 하지 않은 까닭이올시다.

지금 민력(民力)은 다하여 사방이 쭈그러들었으니 이제 큰 적이 나타난다면 비록 제갈량을 군사로 앉히고 한신, 오기로 군중을 이끌게 한다 해도 또한 어쩔 수 없는 것입니다. 왜냐하면 조련(操鍊)을 할래야 병졸이 없고, 먹을래야 군량이 없으니 아무리 지자(智者)라도 어찌 밀가루 없이 수제비를 만들 수 있겠습니까? ... (생략)

- 소위 <재용(財用)을 족(足)하게 한다>는 것으로 말하면, 병을 족하게 하려면 식(食)을 족하게 하므로서 근본을 삼는 것이니, 百萬의 兵이 一朝에 흐트러지는 것도 食이 없는 까닭입니다. 지금 국가의 저축(儲蓄)은 일년을 지탱하지 못하겠아오니, 이야말로 소위 나라가 나라 노릇을 못하는(國非其國) 격(格)입니다.

  上下가 다 환난을 보면서 다만 핑계 삼기를 어찌할 도리가 없다(無可奈何). 고만하고, 생재(生財)할 길을 생각지 않사오니 만일 대적(大敵)이 남에서나 북에서나 충돌해 들어온다면 무엇으로 군량을 삼겠습니까?. ....(생략)

- 소위 <번병(藩屛)을 굳게 한다>는 것으로 말하면 경성은 곧 복심이니 사방은 번병(藩屛 - 울타리) 입니다. 울타리가 완고한 연후에야 복심이 믿고 편안한 것인데. 지금은 사방의 군읍이 잔폐(殘廢 - 쇄잔하여 퇴폐함) 하지 않은 곳이 없고. 감사도 자주 바뀌어서 백성은 도백(道伯)이 누구인지 알지 못하니. 포구(暴冠)가 불의에 나타나서 풍치전격(風馳電擊)한다면 감사도 창졸(倉卒) 간에 조발(調發)하려 하여도 백성은 서로 믿지 않을 것이요. 슈은 행해지지 않을 것이니 어찌 무슨 일을 할 수 있겠습니까. 필패의 길입니다. 신이 생각하옵건데 잔폐한 소읍은 합하여 하나로 만들어서 민력을 펴게하고 감사(監司)를 선택하여 구임(久任)케 하여 은(恩)과 위(威)로 한도(일도 一道)가 다 알도록 하고 백성이 평소부터 신복하도록 한다면 평시에는 휴양을 하게 되는 것이요, 급할 때에는 방어를 할 수 있는 것이오니 번병이 견고하면 국가는 반석같은 세(勢)가 될 것이올시다.

- 소위 <교화(教化)를 밝힌다>라는 것으로 말하면, 전(傳)에 이르기를 "자고로 사람마다 죽는 것이지만 신이 없으면 서지 못한다" (民無信不立). 하였고 맹자는 말하기를 "인(仁) 하고는 그 어버이를 버리는 자가 없고 의(義) 하고는 그 임금을 뒤로 미루는 자 없다" 하였사오니 설령 식(食)이 족하고 병(兵)이 족하더라도 인의(仁義)가 없다면, 그것은 본디 기한이 몸에 절박하면 염치를 돌보지 않는다고 하지만 또한 교화가 밝지 않아서 강유(綱維)를 진기(振起) 하지 못하는 때문입니다.

  오기는 일개의 명장에 지나지 않지만 그가 말하기를 <편안케 하기를 道로서 하며, 다스리기를 義로서 하며, 움직이기를 禮로서 하며, 어루만지기를 仁으로서 하여, 이 四德을 닦으면 흥하고 폐(廢)하면 쇄한다>. 하였고 또 말하기를 대개 <나라를 다스리고 군사를 거느리는> 데는 반드시 예로서 가르치며, 의로서 가다듬어 염치를 알게 하여야 하는 것이니, 대개 사람이 염치가 있어야 크게는 싸울 수 있고, 적게는 지킬 수 있다. 고 하였으니 오기(吳起)도 이러한 말을 하였거늘 지금 성왕(聖王)께서 나라들 다스리는데 어찌 교화(教化)가 선무(先務)임을 생각지 않으시겠습니까? ...(생략)

  *율곡은 선조 17년 갑신 정월 16일 향년 49세로 서거하자 선조는 그 부음을 듣고 발송애곡(發聲哀哭) 철조(輟朝 - 임금님의 조회를 폐하는 일) 3일을 명하였다. 그를 아낌이 이와 같았다.

14. 상소문(上疏文)

지도자심서(心書)

❷ 율곡의 만언 봉사(萬言 封事) - 선조 7년, 39세

萬言은 만마디 말이고 封事는 上書나 奉狀이 누설될까 두려워하며 낭봉(囊封)해서 바치는 것이다. 이때 재변으로 인하여 왕이 직언을 구함에 응하여, 이 봉사를 올린 것이다. 전부 게재하지 못하고 지면상 일부분만을 발췌하여 싣는다.

■ 마치 만칸의 큰집이 오래 수리하지 않아, 크게는 대들보에서 작게는 서까래에 이르기까지 썩지 않음이 없고, 버티고 얽어매어 근근이 날을 지내다가 그 동을 수리코져 하면 서쪽이 따라 기울어지고, 그 남(南)을 개비코져 하면 북쪽이 휘어 넘어지니 뭇(衆) 공장(工匠)이 환시(環視 - 둘러 보면서) 하면서 손을 댈 수가 없어 그대로 두고 수리치 않아 썩기가 날로 심하여 붕괴하려 함과 같으니, 금일의 세(勢 - 형세)가 그 무엇이 이와 다르겠습니까?. ...(생략)

■ 아 - 아 병은 중병에 이르러서도 신의(神醫)가 오히려 구할 수 있고, 나라는 거의 망하게 되어도 명왕(明王)이 오히려 흥하게 할 수 있은즉, 지금 아직 조정이 맑아 권신의 종자가 아직 자취 없고 사경(四境)은 아직 완전하여 외난(外亂)이 없으니 지금에 미쳐서는 아직도 가히 할 수 있으되 조금 늦으면 때를 잃어 미치지 못할 것입니다.

맹자 말씀하되〈국가가, 한가(閑暇)하면 이 때를 타서 정형(政刑)을 닦으라〉하였거늘 엎드려 원하오니 전하께서는 유념(留念)하시와 진기(振起)할 도리를 생각하소서 ... (생략).

■ **성제명왕**(聖帝明王)은 사람을 대우하고 이를 처리하는데 한결같이 지성으로 하여 그 군자임을 알면 맡겨서 의심치 않고, ▸ 그 소인(小人)임을 알면 이를 물리쳐 의심치 않으니, ▸ 의심하거든 맡기지 않고, 맡기거든 의심치 않고. 허심(虛心)으로 아래를 거느려 평평탕탕(平平蕩蕩)하면 신(臣)이 된 자, 우러러보길 부모와 같이하고, 믿기를 사시(四時)와 같이하리니 ▸ 쓰이게 되면 임(任)에 감당치 못할까 걱정하여 더욱 충성을 다하고, ▸ 물리치면 스스로 그릇된 바를 알고 오직 그 몸을 책할 것입니다.

이러므로 인심을 득하여 가히 탕화(湯火)속이라도 들어가게 할 수 있고, 가이 백인(白刃)이라도 밟게 할 것이며, 유복자를 앉히어도 천하가 복종하여 오직 군상(君上)이 있음을 알 뿐, 그 몸이 있음을 모르게 되는 것은 다름 아니라 지성이 감동시키는바 올시다. ...중략(율곡전서 : 율곡 1536-1584)

❸ 이항복(李恒福)의 상소문 (1556-1668)

국가라는 것은 큰 그릇과 같아 한사람이 이것을 깨뜨릴 수도 없고, 한가지 일 때문에 망쳐지지도 않으며, 또 하루아침에 망하는 것도 아닙니다. 한 나라가 **망하게 되려면**

〈백가지 일이 다스려지지 않고, 백가지 일이 발생해서 백가지 재앙이 경고를 해도 사람이 깨닫지 못할 때에, 비로서 망하게 되는 것이며〉 앞으로 **흥하게 되려면** 〈백가지 일을 잘 살피고, 백가지 폐단을 제거하여 백가지의 재앙에 대한 반성을 하게 됨으로 해서 나라가 잘 되는 것입니다.〉

그런데 지금 보면 망하게 된 이유를 생각지도 않고, 또 흥하게 되는 이치를 잘 터득해서 옛날의 폐단을 제거하지도 않으면서 특별한 방책만 구하려고 하니 신은 이해가 안됨이다. ...

항간에서는 ▶ 정치는 백성을 기르는 것인데 지금 백성을 해쳤으며, ▶ 신의는 백성을 단합시키는 것인데 지금은 흩어지게 했으며, 토목 공사가 많아서 원망이 높고 부역이 과중해서 백성의 근심과 탄식을 높아지게 한 것은 나라의 잘못된 정사 탓인데 이런 판국에 어찌 싸우랴. 한번 패하게 되자, 만사가 여지없이 무너지는 이유가 바로 이 때문이라 하였습니다.

지형적으로 봐도 그들이 노릴만한 처지에다, 스스로 우리의 허점을 보여 침략할 기회를 만들어 주었으니 어찌 쳐들어오지 말라고 한들 쳐들어오지 않겠습니까?

대개 변방이 한번 놀라면 모든 고을들이 쥐구멍만 찾기에 바쁘니, 사람들이 윗사람을 친애하는 마음이 없어지고. 백성들은 괴로움만 당하는 정치에, 앙갚음할 마음이 생겨 임금을 헐뜯고 원망하며 욕하는 소리가 길에 가득 찼습니다.

그러니 배반할 마음을 가진 백성을 붙잡아 잘 훈련된 적을 막고자 하니 되겠습니까.
- 생략

지금 만약 "훌륭한 인재를 얻으려면" 전하께서 훌륭한 정사를 베풀면 명령이 없어도 인재가 모일 것이며. 전하께서 진심으로 죄를 자책하는 마음이 있다면 교서같은 것이 없어도 백성이 먼저 알고 감동하게 될 것입니다. 그러므로 목전에 가장 긴급한 일은 위의 일들을 힘껏 행하는 길이 급선무입니다.

임금이 아무리 총명하다 해도 혼자서는 일을 하지 못합니다. 반드시 훌륭한 임금과 어진 신하가 서로 만나야 일을 성취할 수가 있는 것이 고금의 공통된 원리입니다.

• 항복 호는 백사(白沙) - 1556, 명종 11~1618. 광해군 10.

❹ **이황(李滉) - 퇴계(退溪)는** 호 (1502, 연산군7 ~ 1571 선조3)

옛날의 어진 임금들은 "백성 보기를 마치 자기 몸에 상처가 난 것처럼 보살피고, 어린 아희 보호하듯이" 하였습니다. 만약 질병과 기한(飢寒)을 당했을 땐 마치 자기가 당한 것처럼 슬퍼하고 가엾게 여겼습니다. 그런데 어찌 백성의 부모가 되어 질병과 기한에

지도자심서(心書)

죽어가는 백성을 못본체 하겠습니까?

이제 사람들은 평화를 누려온지 오래 되었으므로 전쟁을 모르고 있습니다. 그러나 "국가가 망하게 되는 근본 화근은 대개 백성이 원망하는데서 부터 시작되는 것"을 알아야 합니다. (상소문 일부)

❺ 이덕형(李德馨) - 호는 한음(漢陰). (1561, 명종 16 - 1613 광해군 5)

진실로 묵은 병폐를 과감하게 혁파해서 백성에게 농사일을 가르치고. 폐허가 된 정국을 부지런히 수습한다면 4, 5년 안으로 효과가 들어날 것입니다.

그런데 군사에 관한 말이 나오면 어떤 사람들은 적이 물러가는 일만이 살아남을 수 있는 길이다. 「군사를 훈련시켜 적을 막는다는 것은 소나무를 심어서 정자(亭子)를 갖고자 하는 것과 같으니 되겠는가, 하고는 팔짱만 끼고 공론만 하면서 세월을 보내고 있습니다. 도무지 일할 생각은 않으면서 하늘에만 복을 빌고 중국이 구원해 주기를 바라며 적이 스스로 물러가기만을 기다려야만 된다는 것입니까? ...

우리의 취약점을 하루속히 강화시켜 치욕을 씻겠다는 생각을 잠신들 버려서야 되겠습니까?, 그러나 단번에 되는 것은 아니며, 마치 고질병이 있는 사람에게는 조섭(調攝)도 하고 침도 놓고 뜸을 뜨는 등 여러가지 방법을 써서 차츰 소생(蘇生)하도록 하는 것과 같이해야 합니다.

어떤 사람들은 「이 약은 아침에 당장 효과를 볼 수 있는 약이 아니며, 이 병은 이렇게 해서는 고칠 수가 없다 합니다. 그렇다면 자식된 도리로 부모의 병이 위급한데도 그런 말만 믿고 약을 쓰지 않아도 된다는 말입니까? (상소문의 일부)

❻ 조헌(趙憲) -호는 중봉(重峯) - (1544-1592) 〈國朝人物考〉

- 조선 선조 때의 학자 의병장, 임란(壬亂) 4 충신 我國 十八賢중 한 분 -

오늘은 다만 한번 죽음이 있을 따름이니　　　　　(今日只有一死)
죽고 살고 나아가고 물러가는 하나하나의 동작에는　(死生進退)
의리(義理)라는 글자의 뜻에 부끄러움이 없도록 하라. (無愧義字)

♡ 중봉선생의 시(詩)　〈진본靑丘永言〉

　　지당(池塘)에 비 뿌리고 양류(楊柳)에 내 끼인 제
　　사공(沙工)은 어디 가고 빈 배만 매였는고
　　석양에 짝 잃은 갈매기는 오락가락하더라

四. 대화연설편

15. 중국 고전

❶ 어부사(漁父詞)　굴명 (用牛 - B.C - 343 ~ 277 ?)

굴원(屈原)이 이미 추방되어 상강(湘江)의 못가를 거닐면서 시를 읊는데 안색이 초췌(憔悴)하고 형용이 여위었더라.

▶ **어부가 보고 가로되**
　그대는 삼려대부(三閭大夫)가 아닌가. 무슨 까닭으로 여기에 이르렀는가?

▶ **굴원이 가로되** 온 세상이 다 흐렸는데 나홀로 맑으며, 뭇 사람이 다 취했는데 나홀로 깨어 있으니 이로서 추방을 당했다네.

▶ **어부 가로되**, 성인은 사물에 구애받지 않고 능히 세상의 변화에 적응할 수 있는 것을, 세인이 다 흐렸으면 어찌하여 그 진흙의 흙탕물을 튕겨 그 물결과 같이 하지 아니하며, 뭇 사람이 다 취했으면 어찌하여 그 찌꺼기를 먹는 것과 그 박주를 들이마시지 않고 무슨 까닭으로 깊이 생각하고 높이(고상하게) 행동하여 스스로 추방을 당했단 말인가?

굴원이 가로되 내 들었읍네.
"새로 머리를 감는 자는 반드시 관을 털고. 새로 몸을 씻는 자는 반드시 옷을 털어 입는다고 -. 어찌하여 맑고 깨끗한 몸으로 더러운 물을 받아들일 수 있겠는가?. 차라리 상류로 달려가 고기의 배에 장사 지낼지언정, 어찌하여 이 결백한 몸에 세속의 티끌과 먼지를 뒤집어 쓴단 말이요.

어부는 빙그레 웃으면서 배바닥을 울려 장단을 치며 가면서 이에 노래하되 ▶ 창랑(滄浪)의 물이 맑으면 가히 내 갓끈을 씻을 것이요. 창광의 물이 흐리면 가히 내 발을 씻으리라 하며 마침내 가버리니 다시는 더불어 말하지 못하더라.

[원문] : 屈原이 已放에 游於江潭하며 行吟潭畔 할새
　　　　顔色이 憔悴하고 形容이 枯槁어늘
　　　漁 夫　見而問之曰 子非三閭大夫與아 何故至於斯오
　　　屈原이曰 擧世皆濁이어늘 我獨淸하고 衆人이 皆醉어늘 我獨醒이라
　　　　　　是以見放이로다.

漁夫曰 ▶ 聖人은 不凝滯於物하여 而能與世推移하나니
　　　　世人皆濁이어든 何不淈其泥而揚其波하며
　　　　衆人皆醉어든 何不哺其糟而 歠其醨하고
　　　　何故로 深思高擧하여 自令放爲오.

屈原이 曰 ▶ 吾聞之 하니 新沐者는 必彈冠이요 新浴者는 必振衣라
　　　　安能以 身之察察로 受物之汶汶者乎아
　　　　寧赴湘流하여 葬於江魚之腹中이언정 安能以 皓皓之白으로
　　　　而蒙世俗之塵埃乎아

漁夫 莞爾而笑하고 鼓枻而去, 乃歌曰.
　　　▶ 滄浪之水 淸兮어든 可以濯吾纓이요
　　　　滄浪之水 濁兮어든 可以濯吾足이로다. 遂去하여 不復與言하니라.

註 : 屈平(굴명), 자는 原(원), 周末의 楚의 同姓의 公族. 박문하고 문제가 있었다 하며 懷王을 도와 치적이 있어서 삼려대부(초의 왕족인 소씨, 굴씨, 경씨의 족장)가 되었는데 무고에 의하여 추방되었음. (歠其醨 - 걸러내고 남은 술을 마시다. 汶汶 문문 - 더럽고 욕된 것, 莞爾(완이) - 빙그레 웃는 모양, 鼓枻 뱃바닥을 쳐서 장단을 맞춤).
굴원은 참소를 받고는 근심하고 번민하여 마침내 이소(離騷)를 짖게 되었는데, 亂辭(난사 - 結語)에 가서는 〈아서라! 나라에 사람없어 날 알아주는 이 없으니, 또 어찌 고향을 그리워하는가?, 이미 아름다운 정사를 펼 수 없다면 나는 장차 팽함의 사는 곳으로 돌아가리라.〉
굴원은 망국의 비창한 상황을 견디어 볼 수 없어 결국 汨羅(멱라) 못에 투신자살하였다.

❷ 春夜宴挑李園序(춘야연 도리원서)

■ 무릇 천지는 만물의 여관이요　　　　　　　　*天地者는 萬物之逆旅오
　세월은 영원한 나그네이니　　　　　　　　　　光陰者는 百代之 過客이라
　덧없는 인생이 꿈같은데　　　　　　　　　　　而浮生이 若夢하니
　즐거움인들 얼마나 되랴　　　　　　　　　　　爲歡幾何오

■ 옛사람이 촛불을 켜고 밤에까지 놀던 것은　　*古人秉燭夜遊가
　진실로 까닭이 있어서로다　　　　　　　　　　良有以也로다
　하물며 화창한 봄날이 아지랭이로 나를 부르고　況陽春이 召我以煙景하고
　대괴는 나에게 문장을 빌려줌에랴!　　　　　　大塊假我以文章이라

■ 복숭아꽃 오얏꽃 핀 뜰에 모여	*會桃李之芳園하여
형제들간에 즐거운 모임을 여니	序天倫之樂事하니
어린동생들은 모두 뛰어나 모두 혜련이 되었는데	群季俊秀는 皆爲惠連이어늘
나의 읊고 노래함이 홀로 강락에 부끄럽도다.	吾人詠歌는 獨慚康樂이로다
■ 그윽한 완상이 미처 끝나지 않아	*幽賞이 未已어늘
고상한 이야기는 더욱 맑아지고	高談은 轉淸이라
옥같은 자리를 펴고 꽃 위에 앉아	開瓊筵以坐花하고
우상(술잔)을 날리며 달아래 취하니	飛羽觴而醉月하니
■ 좋은 시가 나오지 않으면	*不有佳作이면
어찌 아름다운 회포를 펴내리요	何伸雅懷리오
시를 짓지 못할 것 같으면	如詩不成이면
금곡의 벌주 잔수에 따라 벌을 받으리라.	罰依金谷酒數하리라

註 : 이태백, 이름은 白. 청년거사라 호하였다. 두보와 나란히 당대 제일의 시인, 이백이 봄날에 형제 친척들과 함께 복숭아와 오얏꽃이 만발한 정원에서 연회를 베풀고 시를 지으며 놀 적에 그 시편 앞에 그때의 감상과 일의 경위를 서술한 문장이다.〈惠連(혜련) - 육조시대의 시인, 康樂(강락) - 혜련의 족형으로 유명한 시인임).

　▶ 앞장 굴평의 어부사나 본장 이백의 춘야연도리원서는 외워두면 유용할 것이다.
　　張橫渠(장횡거 1020-1077) 선생은 글은 반드시 외어야 된다고 말하였다. (書須成誦精思)
　　기억하지 않으면 생각이 일어나지 않는다. (近思錄)

❸ 歸去來辭(귀거래사)

「돌아가야지, 전원이 장차 묵으려 하는데 어찌 돌아가지 않으리요.
이미 스스로 마음으로써 몸에 사역(관리가 되다)하였으니 어찌 근심하여 홀로 서러워할 것인가.
이미 지난 일은 고칠 수 없음을 깨달았음이니 장래에는 쫓아서 틀리지 않을 것을 알았음이라. 실로 길을 잘못 들었으나 아직 멀리 가지는 않았음이니 이제부터는 옳고 어제 까지는 글럿음을 깨달았음이라.」

〈歸去來兮여 田園이 將蕪한데 胡不歸리오.
　旣自以心爲形役하니 奚惆悵而獨悲아
　悟已往之不諫이나 知來者之可追아
　實迷途其未遠이라, 覺今是而昨非라.〉

배는 흔들흔들 가볍게 드놓이고, 바람은 표표히 불어 옷자락을 날리누나.

나그네에게 고향길 거리를 물으니 새벽빛(아침햇살) 희미한 것이 한스러워라.
이에 처마를 쳐다보고 기쁜 마음으로 내 집으로 달려간다.
집안 식구들이 기뻐 맞이하고 어린 아들은 문에서 기다린다.
뜰 안에 오솔길은 거칠어지고 松菊은 아직 남았구나.
어린 것을 이끌고 방안으로 들어가니 방안에도 술이 동에 잤다.
단지와 술잔을 잡아당겨 스스로 잔질을 하고 뜰에 있는 나뭇가지를 바라보니
자연이 즐겁다. 남창에 기대여 태연이 앉았으니
무릎을 용납할만한 작은방이지만 편안키만하다.
정원은 날로 거닐어도 아취있는 전망을 이루고,
문은 비록 달아 놓았으나 늘 닫힌 그대로다.
지팡이로 늙은 몸을 의지하여 다니다 아무데서나 쉬고,
때로 머리를 들어 멀리 바라보니 구름은 무심히 산골짝 굴속을 돌아나오고,
새는 날기에 지쳐서 다시 산으로 돌아올 줄 아누나
해는 뉘엿뉘엿 지려하는데 외로운 소나무를 어루만지며
그 주위를 맴돌고 있다. - (생략)

註 : 陶潛(도잠 ; 365 - 427)은 東晉의 시인, 후는 元亮, 淵明 로 田園 시인으로 불리며 작자가 그의 임지인 彭澤(팽택) 縣令(현령)을 고만두고 전원의 집으로 돌아올 때의 결의를 술회한 것으로 六朝(육조) 제일의 문학작품이다.

❹ 前赤壁賦(전적벽부)

임술년의 가을 7월 16일에 소자(소동파)는 손님과 더불어 배를 띄워 적벽의 아래에서 노닐 때 맑은 바람은 서서히 불어오고 물결은 일지 아니함이라.
술잔을 들어 손님에게 권하며 명월의 시를 외고 요조의 장을 노래함이러니, 조금 후에 달이 동쪽 산위에서 나와서 북두성과 견우성 사이를 배회함이라.
흰이슬은 강에 비끼고 물빛은 하늘에 닿았도다. 하나의 갈대같은 작은 배가 흘러가는 대로 맡겨 수면의 넓고 아득함을 무시하고 떠나가니, 넓고 넓어서 허공을 타고 바람을 거느리는 것 같아 그치는데를 알지 못하고 훨훨 날아 속세를 잃어버리고 홀로 남아 날개가 돋아 신선이 되어 오르는 것 같음이라.

▶ 천하의 모든 물건이 각자 임자가 있는지라(天地之間 物各有主).
 진실로 나의 소유가 아니면, 비록 하나의 터럭만한 것이라도 가져서는 안되거니와
 (苟 - 非吾之所有雖一毫而莫取)
 오직 강위에 맑는 바람과 산위에 떠있는 밝은 달은 귀로 이를(청풍) 얻어 소리로

삼고(즐기고), 눈으로 이를(달) 만나 빛을 이루어. 이를 취하여도 금함이 없고. 아무리 써도 다함이 없는 창고라, 나와 그대가 함께 즐기는 바이니라.(생략)

註 : (소식 : 1036-1101), 중국 북송의 문관. 호는 東坡(동파)당송 八代家의 한사람으로 經史에 능하다. 이글은 소식의 적벽강에서 뱃놀이를 하면서 주인이 없는 자연 풍류는 누구나 즐길 수 있는 것이라는 것과 역사적 사실과 자신의 철학까지 나타낸 걸작이다. (적벽부의 일부분이다)

❺ 師說(사설)

옛날에 배우는 사람은 반드시 스승이 있으니, 스승이라 하는 것은 道(도)를 전하고 학업을 가르쳐주고 의혹을 풀어주는 바이니라.
〈古之學者 는 必有師 니 師者 는 所以傳道 受業解惑也라.〉

사람은 나면서부터 이를 아는 것이 아닌데 누가 능히 의혹이 없으리요.

의혹이 있고서도 스승을 따르지 아니하면, 그 의혹하는 것이 끝내 풀어지지 않으리라.
〈人이 非生而知之者 인데 熟能無惑 이리오 惑而不從師 면 其爲惑也- 終不解矣 리라.〉

나보다 먼저 태어나 그 道를 들은 것이, 진실로 나보다 먼저라면 내가 이를 쫓아 스승으로 삼을 것이요. 내 뒤에 태어났더라도 그 도를 들은 것이 또한 나보다 앞섰다면 내가 쫓아서 이를 스승으로 할지니. ▶나는 도를 스승으로 하느니라.

무릇 어찌 그 나이가 나보다 먼저 나고 나중 남을 상관하리요. 이런 까닭으로 귀함도 없고 천함도 없으며, 나이의 적고 많음이 없는 것이니. 道의 있는 바가 스승으로 있는 바이니라. 슬프도다! 師道의 전하지 않음이 오래이라, 사람이 의혹이 없고자 하나 그렇게 되기가 어렵도.

옛날의 성인은 남보다 뛰어남이 멀되. 오히려 또 스승을 쫓아 물었거늘, 지금의 여러 사람들은 성인보다 뒤떨어짐이 멀되, 스승에게 배움을 부끄러워하니. 이런 까닭으로 성인은 더욱 성인이 되고, 어리석은 사람은 더욱 어리석은 사람이 되도.

주 : 韓愈(한유)는 중국 唐(당)나라 때의 문장가, 자는 퇴지, 그는 唐宋(당송) 팔대가의 제일인자로서 그의 최대의 업적은 산문체의 개혁이었다. 이는 전편의 일부로서 스승의 도를 설명한 것이다.

❻ 岳陽樓記(악양루기)

慶曆(경력) 四年 봄에 등자경이 좌천되어 파릉군의 태수가 되었는데, 이듬에 정사가 소통되고 인민이 화하여 온갖 폐지되었던 것들이 모두 일어났다. 이에 악양루를 중수하여 옛 制度보다 더 크게 만들고 唐 나라의 현인과 지금 사람들의 詩賦(시부)를 그 위에 새기고는 나(범중엄)에게 부탁하여 記文(기문)을 지어 기록케 하였다.

15. 중국 고전

范仲淹(범중엄)은 字(자)가 希文(희문)이다. 벼슬이 참지정사에 이르렀는데. 公은 布衣(평민)로 있을때 부터 이미 천하를 經濟 하려 는 큰 뜻을 품어 항상 외어 말하기를 〈선비는 마땅히 천하의 걱정을 먼저 걱정하고, 천하의 즐거움을 뒤에 즐거워해야 한다〉고 하였다. ... (생략)

아 - 내 일찍이 仁人의 마음을 찾아보니 혹이 두가지 행위(근심과 즐거움)와 다름은 어째서인가?. 물건 때문에 기뻐하지 않고, 자기로서 슬퍼하지도 않는다. ▶廟堂(묘당)의 높은 곳에 있어서는 곧 그 백성을 걱정하고, ▶江湖의 먼 곳에 처해서는 곧 그 임금을 걱정한다. 이는 나아감도 또한 걱정이요. 이는 물러감에도 또한 걱정이니. 그렇다면 어느때나 즐거우랴, "그 반드시 천하사람이 근심하기에 앞서, 근심하고, 천하사람들이 즐거워한 뒤에 즐거워할 것이다". 아 - 이런(어진) 사람이 없으면 내 누구를 쫓아 함께 할 것인가?〈其必曰 先天下之憂而憂 하며 後天下之樂而樂歟 〉

❼ 湯王(탕왕)의 장병 蹶起文(궐기문)

▶ 전 장병에게 고하노니 모두 내 말을 잘 들으라 !

나 소자가 감히 난을 일으키려는 것이 아니라, 有夏(유하 : 하나라 걸왕)의 죄가 많아 하늘이 명하시니 그를 치려는 것이요. 이제 그대들이 손수 이르되. ▶우리 임금이 우리를 사랑하지 아니하여 우리 수확(농사)하는 일을 폐하고, 夏(하)나라를 베어(割) 바로 한다. ▶하나니, 내 그대들의 말을 들음에 하씨가 죄있거늘 내 상제(上帝)를 두려워하는지라 감히 바로 잡지 않을 수가 없소.

이제 그대들은 말하기를 「하나라의 죄란 도대체 어떤것요?」하니 ,
하나라 임금은 백성들의 힘을 다 빠지게 하여 (하)나라 고을 전체를 해친즉 백성이다 태만하여 협동치 아니하여 이르되 ▶이 해는 언제 망할꼬?」우리도 너와 함께 망하리라.(是日曷喪, 予及汝皆亡)하니, 夏(하)나라의 덕이 이같은 지라 朕(짐)이 반드시 가서 치리라.

바라건대 모두 나 한 사람을 도와 하늘의 벌을 이루도록 하라. 내 그대들에게 큰 상을 주리라. 그대들은 나를 믿으라. 내가 식언을 하지 않으리라. 그대들이 내 훈시를 쫓지 아니하면 내 그대들의 처자조차 죽이어 용서치 아니하리라. - (서경 湯誓)

註 : 湯 임금이 夏나라 걸왕을 방벌하기에 앞서 자신이 군사를 일으킴은 천명에 의한 것임을. 毫(호) 땅에서 여러 장병들에게 誓言(서언 - 훈시하는 말)한 내용이다. 탕이 병을 일으켜 걸을 멸망시킨 일은 전례가 없는 일이다. 이전에는 요가 순에게. 순이 후에게, 양위한 것 같이 덕있는 자를 찾아 왕위를 계승시켰던 것이다. 그러나 夏(하)에 이르러 자손대대 왕이

된 결과 걸왕과 같은 폭군이 나왔으므로 혁명을 일으켜 신하로서 임금을 토벌한 것이니, 이른바 역성 혁명의 시초를 이룬 것이다. 그렇기 때문에 그 당시 역성혁명의 취지를 알아보고자 하는 뜻에서 그 의의는 크다.

❽ 고대의 檄文(격문)

* 무력은 불의의 군주에게만 행하고, 무력을 행하기 전에 격문을 발표하여 백성을 안심시킨다.

내가 여기에 온 것은 백성을 죽음에서 건지기 위함이다. 너희들 위에 군림한 군주가 황음무도 하여, 오만하고 거만하여, 혼미하고 게으름에 빠져 탐욕을 부리고 포악하며 백성을 해치고, 망령되고 사나우며 자기 마음대로 행동하고,

성왕의 법제를 멀리하고 선왕을 비방하고 헐뜯으며, 선대의 법전을 배척하고 비난하여, 위로 하늘의 뜻을 따르지 않고, 아래로 백성을 사랑하여 어루만지지 않고, 苛斂誅求(가렴주구)함이 끝이 없고, 지칠줄 모르고 탐욕을 부리고. 죄없는 자를 벌주고 죽이며 상 주는 것이 합당치 않다. 이와같은 사람은 하늘이 주벌할 대상이요, 사람들 공동의 대상이니, 한나라의 군주가 되어서는 안된다.

「지금 대군이 여기에 온 것은, 나라의 군주감이 못되는 사람을 주벌하여 백성의 원수를 없애고 하늘의 뜻을 따르고져 하는 것이다.」

백성 중 만약 하늘의 뜻을 어기고 백성의 원수를 도와주는 사람이 있으면 모두 죽음에 처할 것이요. 또한 전 집안을 죽여서 절대 용서하는 일이 없을 것이다.

- 한 집안을 거느리고 귀순하면, 상으로 그에게 한집안을 봉록으로 줄 것이요.
- 한 里(리)를 거느리고 귀순하면, 상으로 그에게 한 里(마을)를 줄 것이요
- 한 鄕(향)을 거느리고 귀순하면, 상으로 그에게 한 鄕(구역)을 줄 것이요.
- 國都(국도)의 백성을 거느리고 귀순하면, 상으로 그에게 국도를 봉록으로 줄 것이다.

☞ 이상이 무도한 군주를 정벌하러 가서 그 나라의 백성에게 발표하는 격문의 내용이다. 정벌하러 온 자신의 군대를 거역하지 않고 잘 따르면 어떠한 화도 미치지 않고 그자 리에서 편안히 살게 할 것이라는 말이다. ★ 귀중한 자료라서 여기에 소개한다.

❾ 명도(송나라) 선생이 神宗(신종)에게 올린 上疏文(상소문)

- 왕도와 패도의 길을 말하고 있다. -

「하늘 이치의 올바름을 얻고, 인륜의 지극함을 다한 것이 堯舜(요순)의 도입니다. 사사로운 마음으로서 仁과 義의 偏僻(편벽)됨에 의지하는 것은 패자의 일입니다.
「王道(왕도)는 숫돌과 같아서, 인정에 근본을 두고. 예의에서 나오는 것이므로 큰 길을 밟아 걷는 것과 같이, 돌고 구부러지는 일이 없습니다. 「霸者(패자)는 험한 길을 오르

지도자심서(心書)

내리고 이리저리 휘도는 지름길 가운데 있는 것으로서. 마침내 요순의 도에 들어갈 수 없습니다. 그러므로 정성된 마음으로 임금 노릇을 하면 올바른 임금이 되고, 패도를 빌어서 임금노릇을 하면 패왕이 됩니다. 이 두가지 도의 다름은 임금 노릇을 하는 처음에 살펴야 할 따름입니다.

易經(역경)에 이른바 「처음에 털끝만한 차이가, 결국에는 천리의 차이를 낸다고 하였으니 그 처음을 잘 살피지 않을 수 없습니다」. (易所謂差若毫釐 繆以千里者, 其初不可不審也).
* 繆(류)- 미끄러지다. 그릇되다.

오직 폐하께서는 옛 성인의 말씀을 상고하시고, 人事의 이치를 살피시어, 요 순의 도를 이해하시어, 그것이 자신에게 갖추어지도록 자신을 반성하여, 마음을 성실되게 하여, 그것을 미루어 성실되게 하셔야 萬世토록 다행한 일이 될 것입니다.

註 : 程明道(정명도 1032~1086) - 이름은 호(顥)요, 자(字)는 백순(伯純), 이천(伊川)은 제(第)이다.

❿ 諸葛亮(제갈량)의 前, 出師表(전출사표)

선제께오서 창업하신지 반이 못되어 중도에 붕저(崩沮)하시고 이제 천하는 삼분이 되었다 하나 익주가 피폐하니 이는 진실로 위급 존망한 때올시다.

연하오나 시위(待衛)하는 신하가 안에서 해이(解弛)하지 아니하고 충성스런 선비들이 밖에서 제 몸을 돌보지 아니하는 것은 모두가 선제의 유달리 대우하신 큰 은혜를 생각해서 폐하께 갚으려는 것입니다. "폐하께서는 성심으로 성청(聖聽)하시여 지사(志士)의 기상을 넓고 크게 하시어 망령되이 스스로 박하게 의(義)를 잃어서 충성스럽게 간하는 길을 막지 마십시오.

궁중(宮中) 부중(府中)은 다함께 일체가 되어야 합니다. 벼슬을 올리는 일이나. 벌을 주는 일이나, 착하고 그른 것을 판단하는데 이동(異同)이 있어서는 안됩니다. 만약 작간범과(作奸犯科)하는 자와 충성하는 자가 있다면, 마땅히 유사(有司)에게 맡기시어 형과 상을 의논하여 폐하의 평명(平明)하신 정치를 밝히시고 편벽되게 사(私)를 두어 안과 밖이 법을 달리하지 않도록 하옵소서. 시중시랑(侍中侍郎) 곽유지, 비위, 동윤 등은 다 어질고 착실하고 생각이 깊고, 충성하고 순박한 사람들이올시다.

이러므로 선친께서 발탁하시어 폐하께 끼치신 사람들입니다. 어리석은 생각이오나 궁중 일은 대소사를 막론하고 모두 다 그들에게 물어보신 연후에 시행하옵소서, 궐하고 빠진 것을 비보(裨補)해서 두루 유익함이 있도록 할 것입니다. 「장군 향총은 성품과 행실이 맑고 고르고, 군사에 밝은 사람입니다. 전일에 선제께서 시험해 보시고 능하다 하셨습니다. 그러므로 중의(衆議)는 그를 천거하여 도독을 삼았던 것입니다.

제 어리석은 생각으로는 영문(營門) 일은 크고 작은 것을 막론하고 다 그에게 물어 처리하신다면 반드시 행진하는 데에 화목하여 우와 열을 가려서 곳을 얻어 잘 부릴 것입니다.

어진 신하를 멀리하고 소인을 가깝게 한 까닭에 후한(後漢)은 기울어지고 뭉그러졌습니다. 선제께서 이 일을 의논하시어 환제(桓帝)와 영제(靈帝)대 일을 아프게 탄식하셨던 것입니다. 「시중상서 진진과 장사 장예와, 참군 장완은 모두가 곧고 밝고 절개를 지켜서 죽을 땅에 죽을 신하들이올시다. 원컨대 폐하께서는 그들을 친히 하시고 믿으신다면 한실(漢室)의 융성은 날을 꼽아 기다릴 수 있습니다.

신은 본시 포의(布衣)로 몸소 남양에 밭갈아 성명을 난세에 보존하고 제후에 문달하기를 원하지 아니했더니 선제(先帝)께옵서 신을 비천하다 아니하시고, 황송하게도 수레를 친히 굽히시어 신을 세 번 초려(草廬)에 찾으시고, 당세(當世)의 일을 물으시니 신은 이에 감격하여 선제를 위하여 구치(驅馳)할 것을 허락했던 것입니다.

뒤에 형세가 기울어져서 패군할 즈음 소임을 맡고 위난(危難)한 중에 명을 받든이래 이십일년이 되었습니다. 선제께서는 신이 근심하는 것을 아시므로 붕어(崩御)하실 때 신에게 큰일을 부탁하셨습니다.

명을 받자온 이래 이르나 늦으나 항상 근심하고 염려하여 부탁이 혹여나 효험을 얻지 못하여 선제의 총명을 상할까 두려워했습니다. 이러한 까닭에 오월에 노수를 건너 깊이 불모지까지 들어갔던 것입니다. 이제 남방이 이미 평정되었고 갑옷 입은 군사는 충족합니다. 삼군을 거느려 북으로 중원을 평정하여 노둔한 재주를 다하고 간흉을 물리쳐 제하고 한실을 부흥시켜서 옛 도읍으로 돌아가려 하는 것이 신이 선제께 은혜를 갚고 폐하께 충성을 다하는 직분인가 합니다.

「손해와 이익을 짐작해서 충성스런 말씀을 올리라는 일은 유지와, 위와, 윤의 임무입니다. 원컨대 폐하께서는 신에게 적을 쳐서 중흥 광복하는 일을 부탁하시옵소서. 만약에 효험이 없다면 신의 죄를 선제의 영 앞에 다스려 고하시고, 유지와 위와 윤 등의 허물을 책망하여 그 태만한 것을 드러내시고, 폐하께서도 또한 착한 일을 하실 길을 물어서 취하시어 아름다운 말씀을 살펴 받으시어 선제의 유조(遺詔)를 쫓으시옵소서. 신은 은혜 받자온 감격을 이기지 못하와 이제 멀리 떠남을 당하여 표를 쓰면서 눈물을 머금어 웁니다. 더 아뢸 말씀 많습니다마는 다 아뢰지 못합니다.

註 : 제갈공명이 위나라 조조를 침공함에 있어 후주 유선에게 올린 표는 두 편이 있는데, 본 편은 전출사표이고 다른 한 편은 후출사표라고 한다. 이 표중에서 공명은 국가의 장래를 생각하여, 군주가 자중자애할 것과 신하의 충고를 잘 들을 것을 가르치고 있다. 또한 유비에 대한 정의

15. 중국 고전

를 잊지 않고 순충(純忠) 지성(至誠) 체읍(涕泣)하여 쓴 이 표의 내용은 읽는 이의 심금을 울리고 있다. "고래로 출사표를 읽고 눈물을 흘리지 않는 자는 충신이 아니라고도 한다"(讀出師表不泣者非忠臣). 또 이밀(李密)의 진정표(陳情表)를 읽고 울지 않는 자는 효자가 아니라고 하며, 한유(韓愈)의 祭十二郞文(제십이랑문)을 읽고 눈물을 흘리지 않는 자는 우애가 없는 사람이라는 말도 전한다. *출사표, 진정표, 제십이랑문을 세상에 三節文이라 이른다.

⑪ 주유(公瑾)의 죽음에 대한 제문

그대의 유학(幼學)을 조상하노니, 옳은 것을 위하여 재물을 생각지 않았으며,
그대의 젊은 시절을 조상하노니, 그대는 만리의 봉새의 날개가 되어

패업을 세우되 강남에 자리하였으며,

그대의 씩씩한 힘을 조상하노니,
역(逆)하는 자를 쳐서 근심이 없게 하였으며,
그대의 풍도를 조상하노니. 소교와 아름다운 인연을 맺어

한나라 신하의 사위로서 당대에 그 지체가 높았으며,
그대의 기개를 조상하노니, 비록 결말을 보지 못하였으나
마침내 능히 날개를 떨쳤으며,

그대의 큰 재주를 조상하노니, 문무 주략(籌略)은
불로서 적을 무찔러 억센 것을 눌렀도다.

그 당년(當年) 그대의 웅장하고 영특하였음을 생각하며
그대가 일찍 세상 떠났음을 통곡하노라. - (제갈량)

⑫ 제갈양이 조진에게 보낸 決戰文(결전문)

- 한승상 무양후 제갈양은 글월을 대사마 조진(曹子丹)앞에 보내노라 -

대저 장수(將帥)된 자는,
- 거취(去就)에 능하고 강유(剛柔)에 능하고
- 진퇴(進退)에 능하고 강약(強弱)에 능하여야 하며
- 산악(山岳)처럼 부동하고 음양(陰陽)처럼 難知(난지)해야 하고
- 무궁(無窮)하기 천지같고 실(實)하기 태창(太倉) 같고
- 사해(四海)처럼 호묘(浩渺)하고 삼광(三光)처럼 현요(眩耀)해서
- 미리 천문을 알아 가뭄과 궂음을 요량(料量)하고

지리의 평강(平康)함을 알아야 하며, 진세(陣勢)의 기회를 살피고
적의 장점 단점을 헤아릴 줄 알아야 하는 법이다.

슬프다? 무학한 후배가 하늘을 거슬러서 역적질한 반적(조조)을 도와 제호(帝號)를 낙낙양에 일컫고 잔병을 사곡에 달려 진창에서 장마를 만나니 물과 뭍에 곤핍(困乏)했고 군사와 말은 미친 듯, 들에 가득하고 갑옷과 투구며 창과 칼을 버렸도다. ...(생략)

> ☞ 장군이 출전 명령을 받으면, 그날부터 집을 잊어버리고 (將軍命之忘其家)
> 군영을 베풀고 야숙(野宿)을 할 때에는, 그 부모를 잊으며 (將軍宿夜忘其親)
> 북채를 들어 군고(軍鼓)를 칠 때에는, 그 몸을 잊어야 한다. (援抱而鼓忘其身)
> - (사기 사마양저 열전)

⑬ 공자가 진(陳), 채(蔡) 두나라

접경 사이에서 적에게 둘러싸여 7일 동안이나 굶은 일이 있었다. 그때 대공임(大公任)이 찾아가서 공자에게 말하기를 "자(구)는 생명이 위독한가 봅니다." 한즉 공자는 역시 그렇소, 하고 대답하였다. 이에 임(任)이 다시 입을 열어 이렇게 말하였다.

내가 죽지 않는 것에 대해 말하겠습니다. 동해에 의태(意怠)라는 새가 있는데 그 새는 아무 재주도 없는 것 같으나. 『날 때에는 친구 새들을 이끌고 날으면서도, 앞에서지 않으며 그렇다고 뒤에 서는 법도 없습니다. 모이도 먼저 먹지 않고 남이 먹고 난 나머지를 취하므로 일행에 배척을 당하지 않고, 외인이 해치지도 않아 화를 면합니다.

곧은 나무는 먼저 잘리우고, 맑은 샘물은 먼저 마르게 마련입니다. 구는 지식을 내세워 우매한 사람들을 놀라게 하고, 몸을 닦아서 남의 허물을 밝히며, 마음 평안히 살아가는 것 같습니다. 그러므로 이런 봉변을 면하지 못하는 것입니다. 하니 "이에 공자가 그래도 할 수 없소", 하고 대답하자. 任은 공자와의 교유(交遊)를 사절하고 곧 제자들의 곁을 떠나 대택(大澤)을 피하여 가죽옷을 입고, 저율(杼栗 - 밤, 도토리)을 먹으며 짐승들 가운데 끼어도 떼를 어지르지 않고. 새들 속에서도 그 무리를 쫓지 않았다.
- (林語堂 處世論)

⑭ 장자(莊子)가 조릉(趙稜)이란

동산으로 놀러갔다. 큰 새가 날아와서 움직이려 하지 않는다. 이것을 탄궁으로 쏘려고 하다가 보니까,

▸ 그 새가 움직이지 않는 것은 버마재비를 노리고 있기 때문이었다. 그래서 또 보니,
▸ 버마재비는 나무 그늘에 있는 매미를 노리고 있는 것이 아닌가.
▸ 노림을 당하고 있는 매매는 그런 줄 모르고 밍밍 울면서 즐기고만 있는 것이었다. 생명있는 모든 존재는 이익만 있으면 그것에 열중해서 자기의 입장을 잃어버리고야 만다.

매미도 버마재비도 새도 눈앞에 이익에 마음을 뺏겨버려, 자기가 지금 무엇에 표적이 되고 있는가 조차도 모르고 있다. "만물은 모두 이런 처지에 놓여있는 것이라"고 장자는 깨닫고 우쭐해서 있으려니까, 이번에는 뒤에서 산지기가 거기 있는 건 누구냐?... 이 동산에 멋대로 들어와선 안돼!. 하고 장자를 꾸짖는 것이었다.

장자도 역시 눈앞에 利를 보고 자기의 입장을 망각했던 것이다. - (莊子)

⑮ 어느 여행자가 지옥을 구경하게 되었다.

거기에는 진수성찬이 차려져 있었는데 수저의 길이가 120 센티나 길었다. 지옥의 백성들은 저마다 큰 수저를 들고 음식을 먹으려고 애를 쓰고 있었으나 먹지를 못하고 삐쩍 말라 있었다. 그 다음 여행자는 천국을 구경하였다.

▶ 천국에도 지옥에서 본 것과 같은 120 센치 짜리 수저가 있었으나 천국 백성들은 즐겁게 음식을 먹고 있었다. 그들은 음식을 서로 먹여주고 있었다. 그들은 남에게도 도움을 줌으로써 자기가 원하는 도움을 받을 수 있다는 것을 알고 있었던 것이다.

〈이것이 천국과 지옥의 차이인 것이다〉. 남에게 맛있는 것을 주라!, 그러면 당신도 맛있는 것을 얻을 수 있다.

⑯ 어느 인색한 할머니가 잠시 죽어서 저승에 다녀왔다.

다른 사람들은 많은 보물과 상금을 받는데 자기는 겨우 짚 한단 밖에 받지 못했다. 할머니는 화가 나서 따졌더니 "너는 세상에 살면서 거지에게 짚 한단 준것 밖에 더 있느냐?, 잔소리하지 말고 네가 저금한 것이나 찾아가라"고 하더란다.

이것은 하나의 비유가 아니라 **천리의 법칙**은 바로 이런 것이기 때문이다. 예수님께서 이렇게 말씀하셨다. 〈이 불쌍한 소자에게 찬물 한 그릇 대접하는 것도 결단코 하늘의 상을 잃지 않는다〉고 하셨다.

"**하늘의 법**은 곧 나보다 불쌍하고 어려운 사람을 위하는 것이며, 어지럽고 혼탁한 이 사회를 위해 인류를 위해 헌신봉사 하는 것이다". 이 지구상에서 천국건설 사업에 동참하지 않는 사람이 어찌 하늘나라의 상을 받으리요.

내 동포, 내 형제자매가 마귀의 유혹에 빠져 사망의 늪에서 광란의 몸부림을 칠 때, 구원의 손길을 뻗치지 않는 사람이 어찌 하늘나라의 상금이 있겠는가?.

"주는 사람이 복이 있습니다. 당신의 이타주의 사랑은 하늘나라 창고에 쌓여집니다".

❶❼ **환공은 춘삼월 들에 나가 풍물을 돌아보고 신하들에게 물었다.**

「군자의 덕을 무엇에 비기면 좋겠는가?」 습붕이 앞으로 나와 대답했다.

곡식을 보건대 안에는 갑옷이 있어서 그 안에 사옵고, 중간에는 성곽이 이를 에워쌌으며, 밖에는 무기가 있어서 이를 지키고 있습니다. 그러면서도 잘난체함이 없이, 스스로 속(粟)이라는 이름을 택하고 있습니다. (自命曰粟), 속(粟)은 속(屬)이니 신속(臣屬)을 뜻합니다. 이것이야말로 군자의 덕에 비길 수 있을까 합니다. 듣고 있던 관중이 말했다. 아주 좋은 말입니다.

곡식의 싹이 처음 나온 것을 보면, 매우 부드러워서 마치 갓난애 같습니다. 그러나 자라고 나면, 아주 의젓해서 장정(壯丁)을 대하는 것 같고. 그 품이 선비와도 같습니다. 그것이 익었을 때에 보면, 소담스러운 이삭이 고개를 숙이고 있어서 어디로 보나 군자와 같습니다. 이것이 충분하면 천하가 평안하고, 이것이 모자라면 천하가 위기에 빠지는바. 그래서 화(禾)라고 부르는 것이니 화(禾)는 곧 화(和)입니다. 이것이야말로 군자의 덕에 비유하기에 족합니다.

아 - 좋은 말이요. 환공(桓公)이 기뻐했다. - (관자 小間)

*아주 아름다운 비유여서 여기에 게재한다. 이 내용은 극히 시적이다.
　그러면서도 그 비유가 실생활을 떠나지 않은 것이어서 더욱 감동적이다.

❶❽ **양주에게는 '포'라는 아우가 있었습니다.**

어느날 그(포)는 흰옷을 입고 외출을 했는데 비가 쏟아져. 옷을 몽땅 적셨음으로 검은 옷으로 갈아입고 집으로 돌아왔던바. 개는 주인을 몰라보고 짖어댔습니다. 양포(楊布)가 성이 나서 때리려 하자, 형인 양주(楊朱)가 말했습니다. 때리지 마라! 처지를 바꾸어 놓으면 마찬가지가 아니겠느냐?. 조금 전 흰모습으로 나갔던 네 개가 검정개가 되어 돌아왔다면 넌들 수상히 안 여기겠느냐.〉

　☞ 말하는 것으로 판단하다가 宰予에게 실수하였고(재여 - 매끄럽게 말을 잘하였으나 행실은 그리 훌륭하지 못하였음). 생김새로 판단하다가 子羽(담대별명)에게 실수하였다. (자우 - 못생겼으나 덕행이 뛰어남)는 말이 있다.

　*彭澤(팽택)은 千載人(천재인) - 천년에 한번 날까말까한 사람. 東坡(동파)는 백세(百世)의 스승이라고 한다.

❶❾ **모수(毛遂) 이야기(毛遂自薦於平原君)** - 通鑑

모수가 평원군에게 자기 자신을 사신으로 추천해 줄 것을 요청하자 평원군이 말하기를 "대저 어진 선비가 처세(處世)하시는 것은 비유컨대 송곳이 주머니 속에 든 것 같아 그 끝이 서서히 밖으로 나타나거늘 이제 선생은 저 勝(승- 평원군 이름)의 문하에 3년이나 있었으나 승이 들은 바 없으니 이는 선생이 가진 재주가 없는 것입니다. 모수 대답하기를 신이 이제 오늘 주머니 속에 있기를 청하는 것입니다.

저 모수로 하여금 일찍이 주머니 속에 있게 하였더라면 그 송곳 자루까지 비어져 나왔을 것이지 단지 그 끝만 나타나지 않았을 것입니다 하니, 이에 함께 가기로 하자 19인이 서로 눈짓을 하며 웃었다.

※ 별도로 전국시대 四公子 이야기가 있다.
- 제(齊)나라 맹상군(田文) • 초(楚)나라 춘신군(黃歇)
- 조(趙)나라 평원군(趙勝) • 위(魏)나라 신릉군(無忌)

♣ 세르반테스의 풍자소설 - 돈키호테

이룰 수 없는 꿈은 불가능한 줄 알면서도 꿈을 이루기 위해 목숨을 바치려는 각오를 다짐하는 돈키호테의 결기에 찬 독백이 「맨 오부 라만치」 작품에 담겨있다.

그 꿈, 이룰 수 없어도 싸움, 이길 수 없어도
슬픔, 견딜 수 없다 해도 길은, 험하고 험해도
정의를 위해 싸우리라. 사랑을, 믿고 따르리라.
잡을 수 없는 별일지라도 힘껏, 팔을 뻗으리라.
이제 나의 가는 길이요 희망조차 없고 또 멀지라도
멈추지 않고, 돌아보지 않고 오직 나에게 주어진 이길을 따르리라.
내가 영광의 이 길을 진실로 따라가면
죽음이 나를 덮쳐와도 평화롭게 되리.
세상은 밝게 빛나리라.
이 한 몸 찢기고 상해도
마지막 힘이 다할 때까지.   - (세르반테스/ 스페인, 17세기 소설가)

♡ **여자를 노리는 사나이들** - 애티앤누 [1777-1845]
아아 - 세월은 흘러도 애절한 마음 가시지 않네.
우리의 가장 즐거웠던 날은 추억속에 있어라
사랑했던 여자는 언제까지나 맘 속에 매달리네
이같이 사랑은 항상 그의 첫사랑으로 되돌아가네.
- 애티앤누가 쓴 희극 죠콘드에서

16. 부처설법 (나폴레옹. 링컨. 케네디. 김영삼. 김대중)

❶ 부처의 녹야원(鹿野苑) 설법(說法)

"코온단냐여! 여래가 체득한 바 법에 4가지 성제(四聖諦)"가 있으니, 곧 고성제(苦聖諦), 고집성제(苦集成諦), 고멸성제(苦滅聖諦), 고멸도성제(苦滅道聖諦)가 그것이다.

▸ **고성제**라 함은 모든 중생(家生)의 삶의 존재는 곧 고(苦)의 존재다. 나고 늙고 병들고 죽는 것이고요. 사랑하는 것을 이별하는 것이고요. 원수를 만나는 것이고요. 구하는 것이 뜻대로 되지 않는 것이고요, 통틀어 정신과 육체로 된 이 신명(身命)자체가 고의 존재다.

▸ **고집성제**라 함은 고의 결과를 가져오는 원인을 말함이니 모든 중생이 무명으로부터 나라는 생각을 일으키어 그것이 탐(貪) 진(嗔) 치(癡)의 행업(行業)을 일으키고, 그 행업으로부터 나고 죽음의 끝없는 흐름에 들어가게 되는 것이다.

▸ **고멸성제**라 함은 苦가 없는 해탈에 이르는 길이니 그 길에는 바로 보는 것(正見), 바로 생각하는 것(正念) 등의 여덟가지 정도(正道)가 있다.

▸ **코온단냐여!** 이 성인의 도에 마땅히 알 것, 마땅히 끊을 것, 마땅히 얻을 것, 마땅히 닦을 것이 있으니, • 고성제는 마땅히 알 것이요, • 고집성제는 마땅히 끊을 것이요, • 고멸성제는 마땅히 얻을 것이요, • 고멸도성제는 마땅히 닦을 것이다. 그러므로 이것이 고(苦)인줄 알고 그 원인인 집(集)을 끊고, 멸(滅)을 얻기 위하여 도(道)를 닦는 것이다.

註 : 세존(世尊- 붓다. 如來)은 지난 6년동안 같이 살면서 고행을 같이하던 다섯사람(코온단냐, 앗사지, 벗디아, 마하아나아마, 밥파)을 사슴의 동산으로 찾아가 거기에서 "여래(如來)가 체득한 사제(四諦) 법문을 말씀해 주시니 이것이 유명한 녹야원의 초전법륜(初轉法輪)이다. 이는 부처가 성도하신 후 첫 설법이다. 이로 인하여 이들은 부처님의 첫 제자가 되었다. 이 다섯 사람은 본래 출가하여 고행하는 태자를, 정반왕의 명을 받고 잘 모시도록 되었으나 고행도중 선생녀의 공양받은 태자를 보고는 타락했다 하여 녹야원으로 자리를 옮겨 고행을 계속하던 사람들이다.

❷ 도리천(忉利天)의 설법(說法)

삼계(三界) 중생(衆生)의 경험하는 것은 괴로움과 즐거움 두가지 길입니다. 모후께서 이때까지 지나신 것도 그것입니다. 이제부터는 苦와 樂(낙)의 구렁에서 떠나주소서,

세상 사람이나 하늘 사람이나 그 받아 난 몸은 다 사대(四大)와 사온(四蘊)이 화합하여 거짓 신명을 구성한 것입니다.

그것은 체(體)가 본래 비어서 나라는 주체가 없는 것이며, 늘 있는 것이 아니며, 나고 죽음의 존재(存在)며, 마침내 고통의 존재가 되는 것입니다. "깊이 이 이치를 본받아 깨닫는 이는 바로 삼계(三界)의 굳은 감옥을 깨뜨리고", 나르비아의 저 언덕에 이르게 되는 것입니다.

註 : 이는 석가가 설법 듣기를 원하는 어머니를 위해서 도리천 善法 강당 앞에서 행한 설법이다. 이 설법은 석가가 기원정사에 있을 때. 제석천왕은 부처님의 어머니께서 도리천에 계시어 법 듣기를 원하시니 설법하여 주소서 하는 간청에 따른 것이다. 「기원정사(祇園精舍)는 수닷타가 부처님의 말씀을 듣고 감격하여 부처님을 위하여 중생을 제도코져 세운 맨 **처음의 사찰**이다.

※ 사대(四大) - 사람의 몸을 이루고 있다는 땅 : 물, 불, 바람,
　시심즉불(是心即拂) - 마음이 곧 부처다 - 傳燈錄
　一切唯心造(일체유심조) : 모든 것이 마음에(달려) 있다. * 석가의 治國法文 정치편 참고 -

❸ 부처님의 임종전 설법

인천(人天)은 다 죽음으로 나아간다. 이 세상에서 죽지 않는 것은 없다. 너희들은 슬퍼하지 말라. 나는 이제 다함이 없는 깨끗한 곳으로 간다. 저곳은 항상 고요하고 영원히 근심이 없는 곳이다. 너희들은 조금도 나를 위하여 근심하지 말라.

너희들은 선행(善行)을 생각하고, 악행을 멀리하며, 전일의 잘못을 고치고, 돌아올 선복(善福)을 닦아라. 덕행으로 힘쓰고 어진 사람을 친하며, 일이 생길 때에는 생각을 깊이 해 처리하고 졸폭(拙暴)하게 처리하지 말라.

사람의 목숨은 얻기 어려운 것이니, 마땅히 만민을 불쌍히 여겨라. 지혜가 밝은 자는 귀히 여기고, 어리석고 미련한 자는 용서하며, 가난한 자에게는 베풀어 주고 없는 자는 도와주라. 백성을 대하되 아들과 같이하고, 정사를 바로 하여 모든 사람에게 원망이 없게 하고, 모든 백성에게는 이익을 주어 상하가 한가지로 즐겁게하라. 이것이야말로 영겁(永劫)에 복이 되는 것이다.

이렇게하면 다만 나를 볼 뿐아니라 모든 고통의 그물에서 벗어날 수 있는 것이다. "道를 행하는 것은 마음에 있는 것이다". 반드시 나를 보는 것이 필요한 것이 아니다.

마치 병자가 의사를 만나지 못할지라도 그의 처방에 의하여 약을 지어 먹으면 병고(病苦)를 제(除)하는 것과 같은 것이다. ▶ 만일 나의 가르침대로 행하지 않는다면 나를 만날지라도

아무 이익이 없는 것이요. 실사 나와 같이 한곳에 있을지라도 나를 떠나서 멀리 있는 거와 같은 것이다.

너희들은 방일(放逸)하지 말고 부지런히 도를 닦아라. "세상에는 모든 악이 있고 고통이 핍박(逼迫)하고 있다." 그래서 모두 마음이 산란(散亂)하여 편안한 때가 없다. 마치 바람 앞의 등불과 같다. 「바라건대 너희는 내가 돌아간 뒤라도 수명이 장원(長遠)하고 병고가 없기를 바라마지 않는다.」

註 : 왕은 부처님이 오늘밤에 돌아가신다는 소식을 듣고 사알라 숲으로 시민 남녀들과 같이 나아갔다. 때는 2월 15일 왕은 부처님 앞에 엎디어 "부처님이시여 원컨대 가르침을 주십시오. 삼가 가르침을 받들어 실행하겠습니다 하고 사루었다. 이에대한 부처님의 임종의 말씀이시다. (법회경 열반부)

☞ : 본문에서 부처님은 귀한 말씀을 하고 계시다. 부처는 그의 임종을 맞는 제자들에게 선행할 것과, 애민할 것, 정사를 바르게할 것, 선복을 닦으라고 한다. 더욱이 도를 행함이 중요하다는 말씀을 하시고, 가르침을 행하지 않는다면 나를 만날지라도 한곳에 있을지라도 멀리 떠나있는 거와 같다고 하신다.

❹ 나폴레옹의 장병 격려문(激勵文)

제군들은 먹을래야 빵이 없고, 입을래야 옷이 없다. 그러면서도 암굴(暗窟)속에서 무기를 베개하여 가며, 조국을 위해 싸우고 있다. 우리 공화정부는 귀관들에게 기대하는바 지대하다. 그러나 재정의 곤란 때문에 하나도 보답하지 못하고 있다. 그러나 이제 안심하여도 좋다.

* 나는 귀관들을 인솔하고 이 지구상에서 가장 부유한 롬바르디아로 쳐들어가려 한다. 천 만의 금은 재화는 모두 귀관들이 빼앗아 가지고 싶은대로 맡길 것이다. 병사 여러분! 조금만 나와 함께 진격하자. 진격하는 곳에 명예와 영광과 부(富)가 있다! 귀관들 전진할 용기는 없는가?

〈참고〉: 본문은 1796년 2월 혁명정부의 영을 받아 이태리 원정을 떠날 때 병사들의 사기를 진작하기 위해 행한 연설이다.

❺ 출정에 임하여 - 나폴레옹

이때야말로 일찍부터 제군이 바라고 기다리던 바의
위대한 싸움을 맞이했다.
승리는 양어깨에 달려 있다.
後世는 제군의 공훈을 칭찬해 줄 것이다.

16. 부처설법

지도자심서(心書)

제군은 모스코바성(城)의 대전에 참가하는
한사람 한 사람이다.

: 본문은 모스코바로 향해 진군하던 때 보로지노 언덕에서 장병들에게 한 나폴레옹의 유명한 연설이다. 물론 그의 모스코바 원정은 패퇴하지 않을 수 없었지만, 그가 70만 대군을 지휘하여 러시아 원정에 나섰던 그 자체가 높이 평가되는 바가 있다. 나폴레옹은 전쟁 영웅이기에 앞서 웅변 선동가였음을 짐작케 한다.

❻ 고별사(告別辭) - 나폴레옹

친애하는 병사여러분! 나는 여러분과 고별하지 하지 않으면 안되게 되었습니다. 나와 여러분은 과거 20년간 같이 있었고, 그동안 언제나 나는 여러분의 충성과 용기에 감격하여 왔습니다. 바야흐로 나와 여러분은 함께 영광이라는 절정에 오르려다가 뜻하지 않게도 전 유럽의 질투를 사게 되어, 밖으로는 열강의 포위를 당하고, 안으로는 두세 장군이 적에게 무릎을 굽히고, 내응(內應)함을 보게 되었습니다. 프랑스의 운명은 확실히 과오를 범했습니다.

나는 지금도 아직 나에게 충성을 다하는 여러분과 여러분의 동지와의 협력으로 다시 한번 싸울 용기를 가지고 있으나, 그러나 내란으로 프랑스를 괴롭힌다는 것은, 내가 능히 하지 못하는 바입니다. 여러분은 바라건대 새 임금께 충성하고 새 수령에게 순종하여 프랑스를 배반하는 일이 없도록 하십시오. 나의 운명에 대해서는 슬퍼하지 마십시오. 여러분의 행복은 곧 나의 행복입니다.

나는 내 자신을 위해서 혹은 주검도 행복으로 여기겠습니다. 그러나 내가 감히 살아 있으려는 것은, 여러분과 여러분의 조국을 위해서, 아직도 할 일이 있다는 것을 굳게 믿기 때문입니다. 나는 여러분이 이루어 놓은 위대한 공적을 후세에 전하고자 노력합니다.

나는 이제 간절한 마음으로 여러분을 일일이 껴안고 여러분 한사람 한사람에게 고별하고 싶으나 그렇게 할 수 없는 사정이므로 여러분의 대표로서 여러분의 사령관을 포옹(抱擁)하려 합니다.

푸티 - 장군이여 이리오십시오!. 와서 마음껏 내가슴에 껴안게 하여주십시오. 군기를 이리 가져오십시오. 나는 동시에 군기도 껴안으렵니다(군기를 껴안으며). 나는 지금 이와같이 여러분을 껴안은 것입니다.

아! 친애하는 군기여! 내가 지금 너에게 보내는 피눈물 나는 키스가, 원컨대 자자손손(子子孫孫)에게 기억되게 하여주시기를!

나는 떠납니다. 나의 사랑하는 여러분이여 !
국내에 머물러서 항상 변함없이 나라에 충성을 다하십시요.
나는 언제나 여러분을 위하여 기도하겠습니다.
여러분도 또한 다행히 이 몸을 잊지 말아주길 바랍니다.

* 참고 : 본문은 1814년 4월 20일 천추의 한을 품고 엘바섬에 유형(流刑)의 몸이되어 떠날 때 근위병에게 행한 연설이다. 국기에 대한 충정과 장병들에 대한 애뜻한 사랑이, 읽는 이의 심금을 울리게 한다. 제갈량의 출사표와 나폴레옹의 고별사를 읽고 울지 않는 자는 충신이 아니라고 전한다.

❼ 게티스버그 연설 - 링컨

우리는 여기서 이들 전사자들의 죽음이 헛되지 않도록 굳게 결의하자.
이 나라로 하여금 하나님 밑에서 새로운 자유의 탄생을 획득케 하자 ! 그리고
「인민의, 인민에 의한, 인민을 위한」
 정부를 이지상에서 멸망하지 않도록 하자.

* 참고 : 링컨 대통령이 1863년 11월 19일 펜실베니아주 게티스버그에서 국립묘지의 헌납에 즈음하여 행한 연설이다.

❽ 대통령 취임연설에서 - 케네디

전세계 인류 여러분 !
「미국이 여러분에게 무엇을 베풀기를 묻지 말고, 우리가 합심하여
 인류의 자유를 위해 무슨 일을 할 수 있을까를 물어주시라」

미국에 우호적이건, 적대적이건 간에, 모든 국가들로 하여금
미국이 자유의 보존과 성공을 보장하기 위하여,

▶ 어떠한 대가라도 지불할 것이며, ▶ 어떠한 부담도 질 것이며,
▶ 어떠한 난관에도 맞설 것이며,   ▶ 어떠한 친구라도 지원할 것이며,

또한 ▶ 어떠한 적과도 대결할 것이라. 는 것을 알도록 해 주어야 합니다.
우리들은 ~~~ 신의 섭리는, 진실로 우리들 인간 자신의 노력으로 이루어짐을 자인하고,
우리들이 사랑하는 이 땅을 이끌고 앞으로 전진합시다.

                                    - 1961.1.20. 34 대 대통령 취임사에서 -

❾ 자유 아니면 죽엄을 달라 - 패트릭-헨리

여러분은 무엇을 바라며 무엇을 원합니까?
생명은 존귀하고 평화는 감미로우니, 노예의 신세가 되더라도

16. 부처설법

이것을 얻고자 합니까?, 당치 않습니다.
다른 사람은 어떤 길을 택할지 모르나
나는 외칩니다
- 나에게 자유를 달라!
- 아니면 죽음을 달라!

*참고 : 미국의 애국지사 패드릭·헨리, 미국의 독립전쟁을 일으키게 한 정신적 지주인 그의 자유는, 목숨과도 바꿀 수 없는 것이었기에. 자유 아니면 죽음을 달라고 외쳤던 것이다.

❿ 김영삼(14대)대통령 취임사중에서 - 1993년

김일성 주석에게 말합니다.

우리는 진심으로 서로 협력할 자세를 갖추지 않으면 안됩니다. 세계는 대결이 아니라, 평화와 협력의 시대로 나아가고 있습니다. 다른 민족과 국가 사이에도 다양한 협력이 이루어지고 있습니다. 그러나 어느 동맹국도 민족보다 더 나을 수는 없습니다. 어떤 이념도 어떤 사상도 민족보다 더 큰 행복을 가져다주지 못합니다.

「김주석이 참으로 민족을 더 중요하게 생각한다면, 그리고 남북한 동포의 진정한 화해와 통일을 원한다면, 이를 논의하기 위해 우리는 언제 어디서라도 만날 수 있습니다.

「따뜻한 봄날 한라산 기슭에서라도 좋고, 백두산 천지 못가에서도 좋습니다. 거기서 가슴을 터놓고 민족의 장래를 의논해봅시다.

그때 우리는 같은 민족이라는 원점에 서서 모든 문제를 풀어나갈 수 있을 것입니다. 금세기 안에 조국은 통일되어 자유와 평화의 고향 땅이 될 것입니다. (이하생략)

註 : 본 취임사에서 김주석에 대해 던진 남북한 협력의 제의는, 제의의 차원을 넘어 무서운 민족의 소리로 압력적이며, 이념과 사상을 초월한 민족애와 조국통일의 간절한 소망의 의지가 잘 나타나 있는 명문장 이라 하겠다.

⓫ 김대중 후보 연설문

- 민주당이 大和合의 큰 뜻을 펼칩니다.
  저의 유일한 소원은 국민여러분의 얼굴에서
  수심의 빛이 가시고 미소가 떠오르며
  소외받은 사람의 눈에서 눈물이 걷히고
  기쁨의 웃음이 터져 나오는 모습을 보는 것입니다.
  대화합의 대상이 바로 그것입니다.

  － 1992.10.14. 김대중 민주당 대표 국회연설중에서 －

⑫ 정계를 떠나면서 - 김대중(1992.12.19)

존경하는 국민여러분!

저는 또 다시 국민여러분의 신임을 얻는데 실패했습니다. 저는 자신의 부덕한 소치로 생각하며 패배를 겸허한 심정으로 인정합니다.(중략) 저는 김영삼 후보의 대동령 당선을 진심으로 축하하는 바입니다. 저는 김영삼 총재가 앞으로 이 나라의 대통령으로서 정치·경제·사회 모든 분야에서 성공하여 민주적 발전과 조국의 통일에 큰 기여있기를 바라마지 않습니다.

저는 오늘로서 국회의원직을 사퇴하고 평범한 한 시민이 되겠습니다. 이로서 40년의 파란 많았던 정치생활에 사실상 종말을 고한다고 생각하니, 감개무량한 심정을 금할 길이 없습니다.

그간 여러분의 막중한 사랑과 성원을 받았습니다. 진심으로 감사합니다. 국민 여러분의 하해와 같은 은혜를 하나도 갚지 못하고 물러나게 된 점, 가슴 아프고 송구스럽게 생각합니다. (중략)

이제 저는 저에대한 모든 평가를 역사에 맡기고 조용한 시민생활로 돌아가겠습니다.
- 국민 여러분과 당원동지 여러분의 행운을 빕니다. ~~~

*참고 : 파란만장했던 40년간의 정치생활을 마감하는 한 정치인의 패장으로서의 참담한 심경이 잘 표현되어 국민과 당원동지 여러분의 눈시울을 붉히게 하고, 읽는 이로 하여금 동정의 염과 떠나는 아쉬움을 남게 한다. 그러나 2년 후 번의하고 다시 정계에 복귀함으로서 본문은 식언(食言)이 되어 사문화되었다.

♡ 부처의 마지막 설법

비구들이여, 내가 죽은뒤에 마땅히 정결한 계율을 지켜 벗어나지 마라, 정결한 계율을 지키면 선법(善法)을 얻고 정결한 계율에서 벗어나면 善功德이 없으리라 너의 비구는 반드시 머리를 숙여라. 비구들이여 아첨과 거짓된 마음은 도(道)와 맞지 않는다. 비구들이여 번뇌에서 벗어나기를 바란다면 반드시 만족할 줄 알아라. 너희 비구들은 슬퍼하지 마라, 내가 이세상에서 한겁(劫)을 머물더라도 결국에는 죽는다. 무릇 만난자는 반드시 헤어지게 된다. 자신과 남을 이롭게 하는 것은 모두 법에 있으니 내가 더살던 않던 차이가 없다. 분명히 알아라. 세상은 덧없는 것, 만나면 반드시 헤어지는 것 슬퍼할 일도 근심할 일도 없다. 이제 내가 죽는 것은 병이 낫는것과 같다. 버려야 할 육신을 버리는 것이며 생노병사의 고해에서 벗어나는 것이다. 지혜있는 자여, 어찌 자신의 죽음을 마치 원수의 죽음처럼 기뻐하지 않으랴.

16. 부처설법

17. 담화 연설 자료

고전명문명언활용문 _ ①

❶ 世能朝朝 하되 鮮能下下 니라   - (六韜, 上略)

이 뜻은 세상에 조상을 조상으로 공경할 줄은 알아도, 아랫사람을 아랫사람으로 대우하는 사람은 드물다는 말입니다. 그래서 〈조상을 조상으로 공경하는 사람은 한 친족을 이끌 수 있고(朝朝爲親), 백성을 옳게 대우하는 사람은 임금이 될 수 있다(下下爲君)〉고 하였습니다.

❷ 食其食者 는 不毁其器 하고 食其實者 는 不折其枝 하니라

희남자(說林訓)에 이르기를 밥을 먹는 사람은 그 밥그릇을 깨지 않고, 그 열매를 따먹는 사람은 그 나뭇가지를 꺾지 않는다고 합니다. 〈거지도 자기 밥그릇은 깨지 않는다〉 하거늘(소중히 한다는 뜻). 배움이 있다는 그들이 노사분규로 자신들의 밥그릇을 깨뜨린 데서야 되는 말입니까?.

❸ 乳彘不觸虎 하며 乳狗不遠遊 하니라

荀子는 영목(榮辱)편에서 이르기를, 〈새끼 돼지는 호랑이에게 가까이 가지 않으며, 젖먹이 강아지는 먼 데로 놀러 다니지 않는다〉고 하는데, 그 까닭은 제 어미가 걱정할까봐 그 행동을 조심하는 것이라고 합니다. 여러분! 동물의 새끼들도 이러할진데 만물의 영장인 사람으로 태어나서 부모에게 불효(不孝)하고 불경(不敬)한데서야 말이 되는 얘기입니까?

❹ 시경에 이르기를 先民有言 하되 詢于芻蕘 라

예전에 〈어진이는 꼴베는 이나 나무꾼에게도 물어보았다〉고 합니다. 서경에도 〈好問則裕〉요. 묻기를 좋아한즉 넉넉하여지고 (좋은 의견을 받아들여 여유가 생긴다). 〈自用則小라〉 스스로의 뜻만을 굳이 쓰면(자기 생각만으로 일하면) 작아진다. 고 했으니 정치를 하는 사람이 어진이나 국민들로부터 널리 듣지 않을 수 있겠오?

정치가 대화를 본령(本領)으로 하는 한 불러서도 만나고. 찾아가서도 만나야 합니다. 민주사회의 가장 큰 적은 언로(言路)의 단절(斷絶)임을 알아야 합니다. 지금 국민은 노사쟁의로 사회가 혼란스러워 슬프고, 정치가 제 구실을 못해 슬픈데, 여야 영수회담을 아니하겠다니 그러면 국민의 이 답답하고 슬픔을 누가 달래준단 말인가. (蕘: 풀베일 요〉

❺ 시경에 이르기를 股肱惟人^{고굉유인} 이요 良臣惟聖^{양신유성} 이라

〈팔다리가 있어야 사람이 되고, 어진 신하가 있어야 성군이 될 수 있다〉고, 했듯이 튼튼한 팔다리가 없이 어떻게 사람 구실을 할 수 있으며. 어진 보좌없이 어떻게 성군이 될 수 있겠습니까. 옛글에도 〈政事는 人事〉 (萬事가 人事)라고 했습니다. 시경에도 〈濟濟多士 어늘 文王以寧〉 이라 훌륭한 선비들이 많이 있었기 때문에 문왕이 편안하게 정치를 잘했다는 것은 다 이와같은 이유에서였습니다.

❻ 鵲之姜姜^{작지강강} 하고 鶉之賁賁^{순지분분} 이라

시경(詩經)에 까치는 강강하고 메추리는 분분하다고 하였습니다. 까치가 강강하고 메추리가 분분하며 싸우는 것은 자기짝의 음란(부정)함을 방지하기 위해서라고 합니다. 이처럼 날짐승 미물도 자기 짝이 잘못을 저지를 때에는 울부짖고 못하게 말린다 하거늘, 사람의 탈을 쓰고 불의와 부정을 보면서 오불관언(吾不關焉) 나몰라라 한다면 말이 되겠습니까? 그래서 어느 정치인은 〈불의를 보고도 행동하지 않는 양심은 악의 편이라〉고 하지 않았습니까. 여러분! ... (鶉 - 메추라기순)

❼ 說而先民^{열이선민} 하면 民忘其勞^{민망기로} 하니라 - 周易 兌彖^{주역 태단}

〈기쁜 마음으로 백성의 앞장을 서면 백성들은 그 노고를 잊고〉, 따르게 된다고 주역에서는 말하고 있는데, 이 말의 의미는 지도자는 우선 앞장서서 행동으로 모범을 보이라는 것입니다. 그리할 때 백성들은 즐거이 쫓는다고 합니다. 또 옛글에도 "윗사람이 하는 바는 백성들의 따르는 바가 된다(上之所爲 民之所歸)"고, 하지 않습니까?.

❽ 맹자가 말씀하시되, 〈人病^{인병}은 舍其田而芸人之田^{사기전이 운인지전}〉 이니라

〈사람의 병폐는 자기 밭을 내버려두고 남의 밭을 김매는 것이라〉고 했습니다. 이 말은 자기의 할 일은 내버려두고 남의 밭을 김맨다는 것이니, 이는 처신의 부족함을 말한 것입니다. 오지랖 넓은 사람, 사돈 남말하는 사람, 참견하기 좋아하는 사람일 것이다.

❾ 言美則響美^{언미즉향미} 하고 言惡則響惡^{언악즉향악} 이니라 - 列子 說符^{열자 설부}

열자는 〈말이 아름다우면 그 메아리도 아름답고, 그 말이 나쁘면 그 메아리도 듣기 싫다고 하였습니다. 가는 말이 고우면 오는 말도 곱게 마련이고 사람 누구나 좋은 일을 하면 좋은 보답을 받는 것이 세상 이치〉인 것입니다. 시경에도 〈말없는 대답없고 덕없는 보답없다〉고 했습니다. 귀 기울여 명심할 가르침입니다.

지도자심서(心書)

❿ 옛말에 〈長袖善舞 요 多錢善賈〉라 - 韓非子 五蠹
　　　　　　장수선무　　다천선고

〈소매가 길면 춤을 잘추고 돈이 많으면 장사를 잘한다〉고 했는데 이는 어떤 일을 하는데 그 기본이 잘 갖추어져 있기 때문입니다. 그래서 옛날도 벼슬길에 나가기 전에 학문을 익히고 덕을 쌓은 후 하였기 때문에 정치하기에 하등 부족함이 없었던 것입니다.

⓫ 〈복지불충은 신지재야〉라 - 服之不衷 身之災也 (春秋)

이 뜻은 "맞지 않는 옷은 몸에 재앙을 부른다"는 것이니 자기 신분이나 능력에 맞는 직책을 맡아야 한다는 것입니다. 만약에 자기 분수를 잊고 능력에 맞지 않는 중책을 맡는다면 이는 필시 자기 신상에 재앙을 초래함은 물론 나라에도 위해를 끼칠 수 있다는 것을 명심해야 합니다. (옛 사람들의 입는 옷은 신분이나 관직에 따라 구별이 있었음)

⓬ 〈병지경의 여 유뢰지치〉로다 - 缾之罄矣 維罍之恥 (小雅 蓼莪)

시경에서는 "술병에 술이 떨어졌음은 술통의 수치"(공급해 주지 않은 책임)라고, 말하고 있습니다. 이는 백성의 생활이 어려운 것은 인군의 선정이 두루 미치지 못한 것이니 정사를 맡은 인군의 책임이란 것이지요. 「탕왕(湯王) 같으신 분은 "만백성들에게 **죄가 있다면 그 죄는 오로지 짐(朕짐-자신)에게 있는 것이라고 생각**」하였고, 「우왕(禹王)같은 분은 천하여 물에 빠진 사람이 있으면 자기 때문에 빠진 것 같이 생각하시고, 또 천하에 굶주린 사람이 있어도 자기 때문에 굶주린 것」이라고 자신을 책망했습니다. 현세의 위정자들은 이런 성현의 마음을 본받아 충정으로 인민을 위한 정사를 펴야 할 것이며, 더욱이 하늘을 두려워하고 백성을 사랑할 줄(敬天愛民) 알아야 합니다.

⓭ 시경에 〈유제재량 하니 불유기익〉이로다 - 維鵜在梁 不濡其翼

사다새가 어살에서 날개도 적시지 않네 라고 하였으니, 이는 소인이 녹만 훔쳐먹고(축내고) 그 직분을 다하지 못함과 같아 그 직분에 어울리지 않는다고 힐난(詰難)한 것입니다.

⓮ 〈수편지장 이라도 불급마복〉이니라 - 雖鞭之長 不及馬腹

춘추(春秋 宣公)에는 〈책직이 비록 길다 하더라도 말의 배까지 닿아서는 안된다〉 했습니다. 이 말은 아무리 권세가 대단하다 해도, 미치지 못하는 곳이 있다는 것입니다. 즉 진(晋)나라가 아무리 강국이라 하나 저멀리 남쪽에 있는 초(楚)나라까지는 그 힘이 미치지 못한다는 데서 나온 것입니다(長鞭不及馬腹). 또한 아무리 책직이 길어도 말의 뱃 바닥을 때려서는 안된다는 뜻으로 권력의 남용을 삼가라는 가르침이기도 합니다.

四. 대화연설편

⑮ 손자는 〈무시기부래하고 시오유이대야〉 라 - (無恃其不來 恃吾有以待也)

그가 적이 오지 않을 것을 믿을 것이 아니라, 내가 갖추고 기다리고 있음을 믿어야 한다고 말한 바 있는데, 아주 옳은 말입니다. 요행을 믿는다는 것은 대사를 그르치는 요인이 되는 것이요, 오직 믿을 수 있는 것은 만반의 준비를 갖추고 있는 자기 자신의 힘만을 믿어야 하는 것입니다. "임진왜란도 실은 왜구가 쳐들어오지 않을 것이라고 믿고 있다가 침략을 받자, 전 강토를 피로 물들이는 비극을 맞이했으며, "6.25 동란의 참상도 전쟁은 일어나지 않을 것이라는 이승만 정부의 안일한 생각과, 북한이 도발하면 하루 아침에 치고 올라가, 평양가서 점심을 먹을 것이라는(당시 유언비어) 오판과 군의 호언장담 자만심이 전쟁 3일 만에 수도 서울을 내어주고 정부가 부산으로 쫓겨가는 어처구니없는 참상을 당하게 되었던 것입니다.

* 참고 : 패트릭 헨리의 한 외침이 내 머리를 스칩니다. 「**생명**은 존귀하고, **평화**는 감미로우니 노예의 신세가 되더라도 이것(생명과 평화)을 얻고자 합니까? 다른 사람은 어떤 길을 택할지 모르나 나는 외칩니다. 나에게 자유를 달라? 아니면 죽음을 달라?」〈생명과 평화만을 치중하다 더 큰 것을 잃는 것은 아닌지 문 정권은 생각해 볼 일이다 - 북한과의 외교면에서

⑯ 〈왕기자 미유능직인자야〉 라 - (枉己者 未有能直人者也)

자기를 굽히는 사람으로서 남을 곧게 할 수 있는 사람은 아직 없다는 맹자의 말씀처럼, 자기를 바르게 하지 않고 어찌 남을 올바로 인도할 수 있겠습니까? 그러기에 옛사람들은 격물치지(格物致知)하여 성의정심(誠意正心)에 힘썼으며 수신제가(修身齊家)후에 치국평천하(治國平天下) 하니, 라고 하였습니다.

⑰ 〈팽우이불염이면 패소위야〉 이니라 - (烹牛而不鹽 敗所爲也) - 회남자 說山訓

소를 삶아도 소금을 치지 않으면 국이 되지 않는다. 소고기를 삶으면서 소금값이 아까워 간을 맞추지 않으면 국이 될 수 없습니다. 즉 한 푼을 아끼다가 백냥을 잃는 것과 같이 작은 것 때문에 큰일을 이루지 못한다면 이는 불행이 아닐 수 없습니다.

* 재물도 쓸데는 써야지 무조건 구두쇠 노릇을 하는 것은 옳지 않다는 뜻이니, 국가나 개인도 마찬가지이다. 재물을 널리 쓰면은 백성이 모여들고(財散則民聚), 재물을 거두어들인즉 백성이 흩어진다(財聚則民散) 고 하지 않던가. 우리는 간혹 예산을 아끼다가, 호미로 막을 일을 가래로 막게되는 일은 없는지 되돌아 볼 일이다.

⑱ 구가이불귀(久假而不歸) 하니 오지기비 유야(惡知其非有也) 니라

맹자는(진심장) 말씀하시기를 오랫동안 빌리고 돌려주지 않았으니, 그것이 내것 아님을 어찌 알겠는가? 하셨습니다. 이 세상에 모든 것은 직위이건 재산이건 오직 임시 맡겨진 것에 불과한데 한자리에 오래 있다보니, 마치 그 자리가 자신의 사유물인양 생각하고 스스로 물러날 줄 모르는 사람이 있으니, 어찌 자신을 아는 장부라 하리이까?

지도자심서(心書)

⑲ 공자님은 말씀하시기를 「觚不觚 면 觚哉觚哉 아」(고불고 고재고재)

모난 그릇이 모나지 않으면 어찌 모난 그릇이라 하겠는가? 말씀 하셨습니다. 즉 이 말은 "임금이 임금 도리를 다하지 못하고, 신하가 신하 도리를 다하지 못함"을 개탄한 것입니다. 오늘에 있어서도 '정치인이 자기의 직분을 다하지 못한다면 어찌 정치지도자'라고 할 수 있겠습니까?

⑳ 옛말에 七尺長身(칠척장신)이 不如一尺面(불여일척면)이요 一尺面(일척면)이 不如一寸鼻(불여일촌비) 하니 一寸鼻(일촌비)가 不如一点心(불여일점심) 이라 했습니다.

이 말은 "일곱자 큰 키보다는 한자밖에 안되는 얼굴이 잘 생겨야 하고, 한자되는 얼굴보다는 한치되는 코가 더 잘 생겨야 하며, 한치되는 코보다는 한점의 마음이 더 고와야 된다"는 말입니다. 그렇습니다. ...

옛 성현께서도 말씀하시기를 「四柱不如相(사주불여상) 이요. 相不如心也(상불여심야) 라」고 하셨습니다.

이 말은 "사주 팔자를 잘 타고 나도 관상만 못하고. 관상이 아무리 좋아도 마음 씀씀이만 못하느니라. 는 뜻으로 마음을 올바로 써야만 복을 받는다는 불변의 진리인 것입니다.

㉑ 비유컨대 "귤이나 유자나무를 심는 자는 맛있는 열매를 먹고,"

향기로운 냄새를 맡을 수 있으나, 가시나무를 심는 자는 그 나무가 자라면 그 가시에 찔리게 될 것이요. 이번 선거에서 후보자의 인격과 능력, 경륜 등을 이모저모 샅샅이 살펴보시고 투표를 하시는 분은, 귤이나 유자나무를 심는 자요. 내 한표 쯤 어떠하랴 하고, 가리지 않고 마구 한 표 던지는 사람은 가시나무를 심는 자이니.

귤이나 유자나무를 심는 자는 향기로운 과일을 따 먹을 수 있지만, 그렇지 못하고 잘못하여 **가시나무를 심는 자는**, 자기가 심은 가시나무에 자기의 몸이 찔리어 상하게 된다는 사실을 깊이 인식해서, 이번 선거에서만은 실수하는 일이 없도록 신중에 신중을 기해 우리의 참된 일꾼을 뽑읍시다.!

㉒ 주서(周書)에 말하기를 「호랑이에게 날개를 달아주지 말라」

만약 날개를 달아주면 즉시 돌아와서 사람을 잡아먹으려 할 것이다. 이는 불초한 자에게 위세를 더해주는 것은 호랑이에게 날개를 달아주는 것과 같다고 해서, 옛사람들이 경계하던바 올시다. 옳지 못한 사람, 부정한 사람에게 우리의 한 표를 행사하는 것은 호랑이에게 날개를 달아주는 것과도 같아서 즉시 자신에게 해가 미친다는 것을 깊이 깨달아야 합니다.

그래서 옛 성인도 사람 쓰는 일을 매우 어려워했던 것입니다. 여러분! 심사숙고하셔야 합니다. 우리의 일꾼을 잘 뽑아야 우리 지역이 발전할 수 있습니다.

四. 대화연설편

㉓ 견고한 수레에 좋은 말을 매어 몸을 맡기면 어떤 험한 고개길이라도 거뜬히 넘을 수 있으며, 튼튼한 배에 좋은 노를 갖추어 타면 큰 강이나 작은 강이나 모두 안전하게 건널 수 있습니다. 지방화 시대 지금 우리가 나아가는 길도 이와 같습니다.

이번 선거에 우리의 일꾼을 잘 뽑아 우리의 살림을 맡긴다면 어떤 어려움도 헤쳐나갈 수 있습니다. 지역 발전을 이룰 수가 있습니다. 이제 우리는 전진해야 합니다.

우리는 멈출 수 없습니다!, 멈춰서는 안됩니다.

우라는 나아가야 합니다!, 그것도 달려 나아가야 합니다.

☞ 和樂民聲 (화락민성) : 악은 사람의 다음을 화평케하고 (풍류악)
　禮節民心 (예절민심) : 예절은 사랑의 마음을 절도있게 한다.

㉔ 시경(詩輕) 四월의 詩에

하늘이 아무리 높다고해도	(謂天蓋高) 위천개고
몸 굽히고 살아야 하며	(不敢不局) 불감불국
땅이 아무리 두텁다 해도	(謂地蓋厚) 위지개후
조심하여 걷지 않을 수 없네	(不堪不蹐) 불감불척

㉕ 시경(詩輕) 백주편(柏舟篇)에

내마음 돌이 아니니	(我心匪石) 아심비석
굴리지도 못하고,	(不可轉乜) 불가전야
내마음 멍석 아니니	(我心匪席) 아심비석
말수도 없네.	(不可卷也) 불가권야
의젓한 나의 위엄	(威儀棣棣) 위의태태
굽힐수도 없고요.	(不可選也) 불가선야

㉖ 시경(詩輕) 상체(常棣) 편(編)에

들판에 할미새 호들갑 떨 듯	(鶺鴒在原) 척령재원
형제의 난은 서로 급히 구한다.	(兄弟急難) 형제급란
죽음이나 장례를 당했을 때	(死喪之威) 사상지위
형제간이 더욱 그리워진다.	(兄弟孔懷) 형제공회

㉗ 시경(詩經) 치효편(鴟鴞篇)에 - (國風 豳風)

　- 나무에 둥우리를 짓고 사는 작은새를 대신하여 읊은 시(詩) -

지도자심서(心書)

아직 하늘이 흐려 비오기전에 　　　(迨天之未陰雨) 태천지미음우
뽕나무 뿌리를 벗겨다가 　　　　　(徹彼桑土) 철피상토
창과 문을 얽었으니 　　　　　　　(綢繆牖戶) 주무유호
이제 밑에 사는 사람들 너 　　　　(今女下民) 금여하민
누가 감히 나를 업신여길 수 있겠는가? (或敢侮予) 혹감모여

　* 이 시는 작은새가 아직 하늘이 흐리고 비내리기 전에 미리 뽕나무 뿌리를 벗겨다가 제 둥우리의 창과 문을 잘 얽어매어 비바람에 흔들리거나 비에 몸이 젖는 일이 없도록 준비하여 놓았으니 이 둥지밑에 사는 사람들아~ 너 누가 감히 나를 업신여길 수 있느냐, 새 자신이 자기를 자랑하는 노래입니다.
　공자는 이 시를 칭찬하여 말하기를 "이 시를 지은 자는 나라 다스리는 도를 알고 있군" 하였으며, 맹자는 이것을 이용하여 "나라가 아무일 없이 한가할 때 안일하고 게으리함이 없이 잘 다스려 준비함이 있다면, 누가 감히 그 나라를 업신여길 수 있겠는가" 라고 하였습니다.
　이 시에서 보듯이 크게는 나라에서 작게는 새에 이르기까지, 미리 준비함이 있다면, 밖으로 부터의 절박한 근심에 직면하는 일은 없을 것입니다. 그러므로 공자는 일찍이 말하기를 "사람이 멀리 염려함이 없으면 반드시 가까운 근심이 있게 된다" 라고 하였습니다. 성수대교 붕괴사고나 삼풍백화점 참상현장을 보더라도 오늘의 위정자나 행정 책임자들이 명심할 명언이라 하겠습니다.

㉘ 시경(詩經) 소명(小明)　　 - (小雅 谷風之습)

아 - 아 이세상 관리들이여　　　　嗟爾君子 (차이군자)
언제나 편히 쉬려고만 하지마오　　無恒安處 (무항안처)
그대들 직책 소중히 여기고　　　　靖共爾位 (정공이위)
정직하게 함께 일하면　　　　　　正直是與 (정직시여)
하늘의 신께서도 어여삐여겨　　　神之聽之 (신지청지)
그대에게 큰복 내려 주시리.　　　式穀以女 (식곡이녀)

㉙ 시경(詩經) 천보(天保)　　 - (小雅 鹿鳴之습)

　- 신하가 임금에게 다복을 비는 노래 -

항상 밝은 달 같고　　　　　　　如月之恒 (여월지항)
떠오르는 해같으시며　　　　　　如日之昇 (여일지승)
남산의 무궁함 같아　　　　　　　南山之壽 (남산지수)
무너지고 이지러짐 없이　　　　　不騫不崩 (불건불붕)
소나무 잣나무 무성하듯　　　　　松柏之茂 (송백지무)
임의 자손 영원히 이어지리　　　無不而或承 (무불이혹승)

㉚ 가정 - 맹어호야   - (苛政 - 猛於虎也)

어느날 **공자께서** 제자들을 거느리고 첩첩산중 길을 걷게 되었는데, 어디선가 여자의 구슬픈 울음소리가 들려오길래 공자가 소리나는 곳을 향해 수레를 몰고 갔습니다. 얼마 가지 않아서 한 여인이 소복을 하고 무덤 앞에 곡하는 것이, 심히 중첩한 근심이 있는 것 같았습니다. 공자는 수레앞 가르새 나무를 잡고 머리를 숙여 경의를 표하고 듣더니 자로를 시켜 알아보게 하였습니다.

왜 그렇게 슬퍼우십니까? 「이 근처는 참으로 무서운 곳입니다. 지난날의 나의 시어머님이 호랑이에게 물려 돌아가셨고, 내 남편이 죽었습니다.」라고 흐느껴 울면서 대답했습니다. 그리고 지금 또 「내아들이 호랑이에게 죽었습니다.」 가만히 있던 공자가 그렇게 위험한 곳이라면 왜 이곳을 떠나지 않느냐고 그 까닭을 물은즉, 여인의 대답은 참으로 기가 막혔습니다.

호랑이가 사람을 물어가는 곳이기는 하지만 "이곳에 살고 있으면 가혹한 세금에 시달릴 걱정은 안해도 됩니다. 이곳에는 세금도 가혹한 정치도 없기 때문에 참아 견디고 있다."고 말하더라는 것입니다. 공자가 이 말을 듣고 제자들에게 이르기를 명심하여라, 「**가혹한 정치는 호랑이의 해독보다 심하다는 것을** 〈苛政猛於虎也〉.   - 禮記檀弓, 下

㉛ 후목불가조   - (朽木不可彫)

옛날 공자에게는 **자아(子我)라는** 말 잘하는 제자가 한사람 있었습니다. 그는 공자님의 제자 중에 자공과 더불어 가장 뛰어난 능변가의 한사람이었는데, 그의 청산유수와 같은 달변에 공자님도 실력이 대단한 줄로 알고 있었습니다. 그런데 뒤늦게 빛좋은 개살구라면 것을 알게 되었습니다.

어느날 제자들이 열심히 글 공부를 하고 있는데 **자아만이** 낮잠을 일삼거늘 공자께서 제자들을 향해 말씀하시기를 「朽木은 不可彫也며 糞土之墻은 不可汚也니라」는 말씀을 하셨습니다. 이 말씀은 "썩은 나무에는 조각할 수가 없고, 썩은 흙을 쌓은 담장은 흙손질을 할 수가 없다" 사람도 바탕이 나쁘면 아무리 교육을 한다해도 소용이 없다. 바탕이 좋지 못한 그를 책망한들 무슨 소용이 있겠느냐 참으로 딱한 놈이다.

이렇게 공자는 나무라셨다는 것입니다.   - (論語 公冶長)

㉜ 맹모단기   - (孟母斷機)

맹자가 어려서 글공부를 하다가 집에 돌아오거늘, 맹자 어머니가 베를 짜다가 이를 보고 묻기를 "너는 배움이 어디만큼 이르렀느냐" 하니, 맹자가 진전이 없다고 말하자. **맹자 어머니가** 칼로 그 베를 끊거늘 맹자가 두려워 그 까닭을 물으니, 맹자 어머니가

지도자심서(心書)

말하기를 〈네가 학업을 그만두는 것은 내가 이 베를 끊는 것과 같은 것이다〉고 하였다. 맹자가 두려워하여 아침, 저녁으로 부지런히 쉬지 않고 배우고 자사(子思)를 스승으로 섬겨 드디어 천하에 이름난 대유학자(大儒學者)가 되었다.

❸❸ 목단어자견   - (目短於自見)

옛사람은 제눈으로 스스로를 볼 수 없기 때문에, 거울에 얼굴을 비추어 보았으며,
"지혜로 자신을 알기에 부족했기 때문에 도(道)로서 자신을 바로 잡았으며, 그렇기 때문에 〈거울이 결점을 보여주었다고 해서 죄 될게 없고, 道가 잘못을 밝혔다고 해서 원망할 수는 없는 것입니다〉.
눈이 있어도 거울이 없으면 수염과 눈썹을 바로 다듬을 수가 없고. 몸이 도에서 벗어나게 되면 자신의 미혹함을 알 수가 없는 것입니다.

▸ 서문표(西門豹)는 자신의 성미가 급한 것을 알았기 때문에 부드러운 가죽끈을 차고 다니면서 성질을 누그러뜨리려 하였고,
▸ 동안우(董安于)는 자신의 성미가 지나치게 느긋하였기 때문에 활시위를 차고 다니면서 성격을 긴장시키려 하였습니다.

그러므로 남의 여유있는 것을 취하여 나의 부족을 보충하며, 남의 장점으로 나의 단점을 보충하는 군주는 명군이 될 수 있으며, 훌륭한 정사를 베풀 수가 있었던 것입니다.
  - (한비자 관행편)

※ 이처럼 선민들이 수신에 혼신의 힘을 쏟았던 것은 자신을 바르게 하지 않고서는 남을 바른길로 인도할 수 없기 때문이었다.

❸❹ 생선을 좋아하기 때문에   - (公儀休)

옛날 중국 노나라 재상에 공의휴라는 재상이 있었습니다. 그런데 그는 평소 생선을 무척이나 좋아했습니다. 그것을 안 한 벼슬아치가 하루는 그 재상이 좋아하는 생선을 선물로 바쳤는데, 그는 그것을 받지 않고 도로 돌려 보냈습니다. 그러자 이 사실을 안 그의 제자가 공의휴에게 선생님은 생선을 그렇게 좋아하시면서 어째서 받지 않으셨습니까? 하고 물었습니다.

* "재상은 대답하기를 생선을 좋아하기 때문에 받지 않은거요. 나는 지금 재상으로 있기 때문에 내가 받는 녹봉으로 내가 좋아하는 생선을 사 먹을 수가 있소. 그런데 만일 내가 이 생선을 받고 이러쿵저러쿵 말썽이 생겨서 재상 자리에서 쫓겨나면 아무리 좋아하는 생선이라도 내 스스로 사 먹을 수 없을 것이요. 그러니 생선을 받지 않으면 재상 자리에서 쫓겨나지 않을 것이며, 오래도록 먹을 수 있을 것이 아니겠오." 하고 말했다는 것입니다.

史記 순이열전(循吏列傳)

㉟ 여도담군   - (餘桃啗君)

옛날 위국(衛國)에 미자하(彌子瑕)라는 미소년이 있었는데 임금으로부터 이루 말할 수 없는 총대를 받고 있었습니다. 어느날 밤 궁중에 머물고 있는 미자하에게 어머니가 위독하시다는 전갈(傳喝)이 와서 미자하는 왕의 허락도 없이 임금의 수레를 몰래 타고 나가서 문병을 했습니다.

그 당시 위국의 국법으로는 임금의 수레를 몰래 타게 되면 발을 잘리는 비형(剕刑)을 받게 되었는데, 이를 안 임금은 처벌은 커녕 칭찬을 했습니다. 〈효자인지고! 어머니를 문병하기 위하여 발 잘리는 것도 두려워하지 않았으니 말이야〉, 또 어느날 미자하는 임금을 따라 산책을 하고 있었는데. 복숭아 하나를 깨물어보니 어찌나 맛이 좋은지 먹다 남은 반쪽을 임금께 드렸습니다. 임금은 말하기를 〈참으로 애정도 알뜰하군. 나를 생각하여 제 입에 맛 좋은 것도 잊고 과인에게 먹게 하는구나〉.

그럭저럭 세월이 흘러서 미자하도 늙고, 임금의 총애도 식어져서 사소한 일로 처벌을 받게 되었는데,「임금은 욕을 하여 말하기를 이 녀석은 언젠가 몰래 나의 수레를 탔다. 또 일찍이 제가 먹다 남은 복숭아를 내게 먹인 일이 있다고 하며 본래 그런 놈이라고 했다는 것입니다」.   - 韓北子 說難篇.   ※ 여도餘桃의 죄라고도 한다.

㊱ 유자와 도박   - (儒者 賭博)

제(齊) 나라의 선왕(宣王)이 광천(匡倩)에게 물었습니다.

▶ 유자도 도박같은 것을 하는가?

광천은 대답했습니다. 아니옵니다. 하지 않습니다.

▶ 이유가 무엇인가?

도박에서 사용하는 패 가운데는 올빼미의 모양을 그린 것이 있는데 그것이 가장 소중한 패입니다. 그런데 이기는 자는 반드시 상대방의 올빼미를 죽여야 합니다. 이것은 이를테면 상대의 가장 중요한 것을 죽이는 것이므로. 유자(儒者)는 도의(道義)를 해치는 것이라 하여 도박을 하지 않는 것입니다.

▶ 선왕은 또 물었습니다.   ▶ **유자(弱者)는 주살놀이를 하는가?**

하지 않습니다. 주살놀이란 곧 밑에서 공중을 나는 새를 쏘는 것인데 이것은 아래 있는 자가 위에 있는 군주를 해치게 되는 것에 해당되므로 유자는 이 또한 도의에 어긋난다고 하여 하지 않는 것입니다.

▶ **그렇다면 거문고는 타는가?**

타지 않습니다. 대체로 거문고라는 것은 작는 **현이 근 소리를 내고, 큰 현(强)** 이 작은 소리를 내는데 이것은 대소의 순서가 전도(轉倒) 되고 그 지위를 바꾸는 것과 같으므로 역시 도의를 해친다고 하며 하지 않는 것입니다.

▶ **선왕은 그럴듯하다고 말했습니다.** - 한비자 외저설 (外儲說)

지도자심서(心書)

③⑦ 불언장단 (不言長短)

예전에 재상 황희가 미천했을 때 여행을 하다가 길가에서 쉬면서, 농부가 소 두 마리에 멍에 하고 밭을 가는 것을 보고는 물어 말하기를 "두 마리의 소 중 어느것이 더 낫습니까?" 하니 농부는 대답하지 않고 밭 갈기를 그치고 와서 귀에 대고 속삭여 말하기를, 이 소가 낫습니다 하거늘.

공이 이를 괴이하게 여겨 말하기를 무엇 때문에 귀에다 대고 서로 말합니까? 하니 농부가 말하기를 〈비록 짐승이라 할지라도 그 마음은 사람과 같습니다〉. 이것이 낫다고 하면 저것은 못한 것이니 소로 하여금 이 말을 듣게 한다면 어찌 불평하는 마음이 없겠습니까? 하니 공이 크게 깨달아 드디어 다시는 남의 장단점(長短點)을 말하지 않았다고 한다.

③⑧ 관포지교 (管鮑之交)

내가(관중) 처음 곤궁할 때 일찍이 포숙과 함께 장사하여 재물과 이익을 나눔에 있어 스스로 많이 가져도 포숙(鮑叔)이 나를 탐(貪)한다고 여기지 않음은, 내가 가난한 줄 알고 있었기 때문이다.

내가 일찍이 세 번 벼슬길에 나갔다가 세 번 임금에게 쫓겨났으되 포숙이 나를 불초하다고 여기지 않음은 때를 만나지 못함을 알기 때문이다.

내가 일찍이 세 번 싸움에 세 번 도망가되 포숙이 나를 겁쟁이라고 여기지 않음은 나에게 노모(老母)가 있음을 알기 때문이다.   - 史記

③⑨ 히포크라테스 의학(醫學) 경구(警句) 에

인생는 짧고 예술은 길다.   기회는 달아나고,
실험은 불확실하고   판단은 어렵다.

④⓪ 우물물이 맑아도

우물물이 맑아도 이를 마시지 않으니   (井渫不食)
내 마음 이를 슬퍼하노라.   (為我心惻)
물을 길으라.   (可用汲)
아울러 명군이 마시면 천하가 태평하여지리라.   (王明並受其福)

※ 경세할 유능한 선비가 초야에 묻혀 쓰여지지 않음을 한탄한 노래

▶ 어린 아이에게 기계충이 있으면 아희가 울더라도 머리털을 깎아야 한다고 한비자는 말한 바 있다. 머리를 깎지 않고 어떻게 기계충을 고칠 수 있겠는가?,
개혁만이 한국의 기계충을 고칠 수 있는 유일한 길이라고 나는 확신한다(국정개혁을 요구).

담화 연설시, 단문명구 활용 _ ②

- 고니(鵠 : 곡)를 만들다 이루지 못하면, 따오기(鶩 : 목)라도 비슷하게 된다. 즉 성인의 도를 닦고 배우면 성인이 되지 못하여도 착한 사람이 될 수 있다는 말.

- 마치 새는 항아리를 막아야 하는 것과 타는 솥에 물을 부어야 하는 것처럼 급박한 일입니다.
  (예 : 불타는 건물 속에 인명구조나 강물 속에 빠져 허우적대는 자의 구조)

- 하늘에 높이나는 새는 입에 먹는 먹이 때문에 사람의 손에 잡히게 된다.
  (高飛之鳥死於美食).

- 한 사람의 손으로는 천하의 모든 사람의 눈을 가릴 수는 없다.
  즉 자기의 죄과를 여러 사람에게 속일 수 없다는 뜻.   (難將一人手 掩得天下目)

- 미끼없는 낚시로는 고기를 잡을 수 없다.   (無餌之釣 不可以得魚)
  즉 모든 일은 맨손으로는 안된다는 뜻.

- 아직 칼도 쥘 줄 모르는 사람에게 칼질을 시킨다.   (未能操刀而使割)

- 소나 말의 발자국에 괸 물에서는 교룡이 생길 수 없다.
  즉 좁은 곳 시골 벽촌에서는 큰 인물이 나오지 못함을 이름.

- 산에 맹수가 있으면 재목은 이것 때문에 나무꾼도 겁이 나서 산에 들어가지 못하므로 숲의 나무들이 벌채를 면할 수가 있다.   (山有猛獸 材木爲之不斬)
  큰 세력에 의지하고 있으면 화(禍)와 해(害)를 당하지 않는다는 비유(譬喩)

- 단 한미디의 말로서 지자도 되고, 무식자도 된다.   (一言以爲知 一言以爲不知)

- 누에는 꼬치를 만들어 제몸을 보호하지만, 끝내는 그 꼬치로 인하여 제몸을 삶게 된다.
  잠토사이위견이자위야 졸이팽기신 (蠶吐絲而爲繭以自衛也 卒以烹其身)

- 술을 권함은 본시 악의가 없음을 나타내는 것이다.   (將酒勸人 終無惡意)

- 하천이 깊으면 뭇 고기들이 모여든다.   (川淵深而 魚龍歸之)
  즉 임금도 덕(德)이 깊으면 백성이 자연이 따른다는 것.

- 옛날에도 천하에 재난이 없으면 성인이 있어도 그 재주를 베풀 수 없고. 상하가 화목해 있으면 어진 사람이 있어도 공을 세울 수 없다고 한다. (난세에 영웅이 난다)

- 마치 구부러진 나무를 세워놓고 곧은 그림자를 찾는거와 같다.

- 한되 그릇에 한 말 물을 담으려는 행동과 같아서 사실을 왜곡하여 기만하는 행위가 아닌가. 〈네모진 그릇에 둥근 뚜껑을 하는 것과 같아서〉

17. 담화 연설 자료

지도자심서(心書)

- 장기, 바둑을 두는데도 깊이 생각하여야 하거늘 큰 일을 행하려는 마당에 어찌 소홀히 결정할 수 있겠는가.
- 바늘 허리 매어 못쓰고 칼도 자루 없이는 제 기능을 발휘못한다.
- 공자 말씀하시기를 "간수함을 소홀히 하면 도둑에게 와서 도둑질을 하라고 가르치는 일이 되고, 얼굴 치장을 난잡하게 하면 나에게 와서 음탕한 짓을 하라고 가르치는 일이 된다."고 하셨습니다. 〈공자 - 慢藏이 誨盜며 冶容이 誨淫하니라〉
- 소를 끌고 남의 논에 들어간 벌로 소를 빼앗는다. (蹊田奪牛 : 혜전탈우)
  즉, 죄보다 벌이 큼을 이름.
- 해어진 호피(狐皮) 옷을 질이 낮은 구피(狗皮)로 기울 수는 없다.
  즉 군자와 소인은 섞일 수 없음을 비유함.
- 모서리를 무너뜨리는 것 같이 쉬운 일이다. (若崩厥角 / 약붕궐각)
- 매어놓치 않은 배와 같다.   (若不繫舟 / 약불계주)
- 납을 가지고 도검을 만들 수 없다.   (鉛不可以爲刀 / 연불가이위도)
- 세치의 혀가 백만의 군사보다 강하다.   (以三寸之舌 强于百萬之師 / 강우백만지사)
- 말이 씨가 된다. *말이 아니면 갚지 말라. (말답지 않으면 맞서지(상대) 말라).
- 오직 악을 행하지 않으면 구원을 이룰 수 있다고 생각하는 것은 잘못이다.
  거기에는 반드시 선한 행동이 함께 동반되어야 한다.   - 성경
- 참으로 우리는 위대한 사물이다. 그것은 하나님의 형상과 같이 만들어졌기 때문이다.
- 역전에는 '마음에 사심이 없으면 교감하여 통하지 않는 일이 없다' 라고 하였다.
  (傳曰 中無私利則 無感不通
- 성현의 말씀은 꼭 필요할 때면 마지못해 내는 것이다. 대개 한번 말이 있으면 천하의 이치가 밝아지고, 말이 없어지면 천하의 이치가 싸여있다. - 伊尹(이윤)
- 격양시(擊壤詩)에 이르기를 〈평생동안 눈찡그릴 일을 하지 않으면 나에게 이를 갈 사람이 없을 것이다.   (平生不作 皺眉事 하면 應無切齒人 이라) / (추미사 응무절치인)
- 경행록에 왈 "생명을 보전하려는 자는 욕심을 버리고, 몸을 보존하려는 자는 이름 나기를 피하여야 한다".   (保生者寡欲 保身者避名, 寡慾易 無名難)
- 군자의 은혜는 오대가 지나면 끊어지고, 소인의 영향도 五代가 지나면 끊어진다.
  (君子之澤도 五世而斬 이요 小人之澤도 五世而斬 이라. - 맹자 이루장) 斬(참) - 베다.

♣ 변화를 원치 않는 사람은 운명이 있다고 믿고,
  변화를 원하는 사람은 기회가 있다고 믿는다.
  * 일은 변통을 귀히 여기고, 말은 때에 절실함을 귀히 여긴다.

■ 어찌하여 모든 남자가 해산하는 여자와 같이, 손을 자기 허리에 대고 모든 얼굴이 겁에 질려 새파래졌는가. (렘 30-6)

■ 평생동안 길을 양보해도 백보를 구부리지 않고   (終身讓路 라도 不枉百步 요)
  평생토록 밭두렁을 양보해도 일단보를 잃지 않는다.   (終身讓畔 이 不失一段 이라)

■ 좋은밭 만이랑이 있어도 하루먹는 것은 두되 뿐이요   (良田萬頃 이 日食二乘 이라)
  넓은집 천칸이 있어도 저녁 누워 자는 데는 여덟자면 된다.   (廣廈千間 夜臥八尺)

■ 사람이 죽어서 세자 되는 흙으로 돌아가지 않고서는   (未歸三尺土)
  몸을 백년동안 보존하기 어렵고,   (難保百年身)
  죽어 석자되는 흙으로 돌아가서는   (已歸三尺土)
  백년동안 무덤을 보전하기 어렵다.   (難保百年墳)

■ 남의 위에 있는 자는 총명하지 못할가 근심하고   (爲人上者患在不明)
  남의 밑에 있는 자는 충성되지 못할까 근심한다.   (爲人下者患在不忠)

■ 일보다 계획을 먼저 세우면 성공하고   (謀先事則昌)
  일이 계획보다 빠르면 망치리라.   (事先謀則亡)

■ 총애를 받거든 욕됨이 있을 것을 생각하고   (得寵思辱)
  편안히 거할 때 위기가 있음을 염려하라.   (居安慮危)

■ 먼 친척은 이웃만 같지 못하고   (遠親不如近隣)
  먼 곳에 물은 가까운 불을 끌 수가 없다.   (遠水不救近火)

■ 많은 예식 연희에서 술이 아니면 행할 수가 없고   (百禮之會 非酒不行)
  엄위하고 엄격함은 어버이를 모시는 소이가 아니다.   (嚴威嚴格 非所以事親)

♣ 〈나는 이 말을 사랑한다〉
  • 해가 나를 위해 뜨고
  • 꽃이 나를 위해 피고
  • 천지가 나를 위해 있으니
    - 이상 무엇이 필요하겠는가.

  * 세상 일은 시작이 있고 끝이 있어 아름답다 (창조 성취의 기쁨).

17. 담화 연설 자료

연설시 경구자료 _ ③ 선거시 후보자들의 일성

- 정치인은 경선(선거)을 통해 부활한다. (某 후보)
- 선거는 도박 중의 큰 도박이다. - 한번에 수십억이 날아가니 말이다.
- 말로 하는 정치가 아니라 가슴으로 하는 정치를 하려고 노력했다.
- 민주주의의 가장 큰 무서운 적은 언로의 단절이다.
- 정치지도자는 어느날 갑자기 만들어지는 것이 아니고 춘하추동을 거치고(시련) 많은 사람의 애정을 밑거름으로 서서히 자라는 느티나무와 같다.
- 단일화하면 반드시 이기고, 각각 흩어지면 진다. (후보단일화)
- 민주주의 하는 것이 최고의 안보이다.
- 권위주의 정당엔 미래가 없다.
- 정치는 수학(數學)이 될 수 없다. 그러나 정치에 수확이 있다고 하면 둘에다 둘을 보태면 반드시 넷이 되지 않고 22가 됨과 같은 수학이다.
- 국익을 생명 위에 두는 것은 정의가 아니다.
- 스스로의 위치를 찾고 개척하며 그 범위 안에서 자기희생의 혼을 던져라. (상도동계)
- 시대가 아무리 달라져도 국가의 자존심을 잃어서는 안된다.
- 독불장군에겐 미래가 없다. - 나는 독불장군이 아니다. (某 의원)
- 한국의 정치가들은 국회를 이지경으로 만드는 권리를 도대체 어디로부터 부여받았단 말인가. - (1996.12.26 노동법 안기부법 날치기 통과)
- 정아한 소리를 내니 평화가 찾아오고
  명리(名利)를 버리는 자만이 진정한 자유를 얻으리라.
- 과거의 경험을 잊지 않으면(前事不忘), 미래의 길잡이가 된다. (後事之師)
- 부처같은 입장에서 세상을 바라보면 부처이고
  도둑놈 같은 입장에서 세상을 바라보면 도둑놈 같이 보인다.
- 집을 지은 사람은 그 집에서 못살게 되어있다. (목수)
  뭐 하겠다는 생각 갖고 내각제 하자는 것 아니다. 一切唯心造
- 꽃을 찾아 들고 나는 나비에 불과하다. (이당 저당 들락거리는 정치인)
- 대하무성(大河無聲)이란 글이 있다. - (큰강은 소리를 내지 않고 조용히 흐른다)
- 한국에는 광우병보다 무서운 지역병이 있다.
- 더러운 정쟁의 경험을 정치적인 검증이라고 하는 것은 土着的 심리상태다.

- 후원자들이 세종대왕 (돈, 지폐)으로 보인다.
- 이제 껍데기는 모두 가고 알곡만 남았다. (잔유 국회의원을 말함)
- 역사는 끄집어낼 수도, 자빠뜨릴 수도, 다시 바로 세울 수도 없는 것.
- 내로남불 : 내가 하면 로맨스이고, 남이하면 불륜.
- 지금 돌덩이 하나가 길을 막고 있는데 내가 나서서 치우겠다. (해결사자처)

대·소 단체 회의에서 _ ④ 깜짝 한마디

- 오늘 이 거론된 문제는 알고 넘어가야 합니다. 어물적 넘길 일이 아닙니다.
- 회장님의 결연한 의지, 야심찬 대책을 우리 전 회원은 듣고 싶습니다. 말씀해 주시겠습니까?
- 계속 말로만 하고 시행하지 않는 것은 기만행위가 아닌가?...
- - (장시간 도론시 -) 회장! 이쯤에서 안건을 可·否간 정리(마무리)하고 넘어갈 것을 촉구합니다. …
- xx 님! 오늘 제기된 이 안건은 중대한 사안으로 토론을 거쳐야 할 것으로 판단되어 한말씀 드리고자 하는데 허락하시겠습니까? …
- 딱하십니다 딱들하십니다. (유감입니다) 어찌그리 나약한 말씀을 하십니까. …
- 왜 집행부 (회장단)에서는 화끈하게 일처리를 하려 하지 않으십니까…
  - 뭐 - 속된말로 쥐약이라도 잡수신 것입니까? 언제까지 어정쩡하게 나가실 겁니까?
- 이번 일처리는 어딘지 찝찝합니다. 속담에 뒷일 보고 씻지 않은 것 같아서 개운치가 않습니다.
- 회장께서는 경계민 (境界人)입장에서만 서려고 하지 마시고 (중간, 모호함) 가·부를 분명히 밝혀 주셨으면 합니다. …
- 몇 필지(筆地)의 땅이 (단체, 종중) 뱀의 입으로 개구리가 넘어가듯 삼켜지려 하는데 보고만 있을 것입니까? 참으로 답답합니다. 서둘러 긴급조치를 취해야지요. …
- 용(龍)의 비늘 (회장·집행부)를 거슬리는 것 같아 이런 말은 하지 않으려고 했는데 중대사 중의 중대사라 부득불 한 말씀 드림을 양해해 주시기 바랍니다. …
- 그림자를 붙들고 (가지고) 내 것이라고 하는 것 같아서 아쉽습니다. 그림의 떡으로는 배부를 수 없는게 아니겠습니까? …

지도자심서(心書)

- 길이 (역사에) 남을 의원이 되고자 할진데, 이 숙원 사업을 조속히 마무리하십시오. 그러면 거꾸로 매달린데서 풀려난 사람처럼 온 주민이 날아갈 듯 기뻐할 것입니다. ...

- 〈모 재개발추진위원회에서 -〉 "오늘 이 일이 결론나면 하고 싶은 말이 있어도 마음에 묻었으면 합니다. 앞으로 〈우리는 하나가 된다〉 - 우리는 위대한 도전에 나선다. ...

- 정치는 백성이 기쁘고자 해서 하는 것인데 지금 정당은 서로 화가 나 매일 싸우고 있고, 보는 국민은 속상해 있으며, 언제 이꼴 보지 않으려나 하고 분노해 있습니다.
  ▶ 정치는 반드시 그 백성 눈높이에 맞아야 하고 (政必合乎民)
    행동은 반드시 그 신(神 - 하늘)의 뜻에 순응해야 합니다. (行必順乎神) - 안자

♣ 【대화를 조정하는 방법】
1. 모든 사람의 공통 화제를 선택하라.
2. 다른 사람의 의견을 구하라. (주위 사람의 의견을 요청하라)
3. 대화를 독점하지 마라. (평등한 기회를 갖도록 하라)
4. 모임에서 가장 수줍어하는 사람을 도와주라. (배려에 신경을 써라)
5. 상대방을 문초하지 마라. (대화에 이것저것을 다 물어볼 필요가 없다)
6. 주변 환경에도 신경써라.
7. 만일 ~라면? 이라는 질문은 사교적인 자리나 침체된 분위기에서 대화를 시작하는데 빠져서는 안될 좋은 방법이다. - (래디킹/대화의법칙)

   ♪ 리멤버(Rememeber) - (빌린)
     그 밤을 기억하시나요
     날 사랑한다고 말했던 그 밤을
     당신은 기억하시나요?
     기억 하시나요?
     밤하늘의 별을 보고 맹세했던 것을
     당신은 기억하시나요?

♣ 【연설을 잘하기 위한 유의점】
- 자기가 잘 아는 일에 관해서 말을 하라.
- "보이 스카우트의 모토" 대로 준비하는 것이다. (항상 대비)
  - 무슨 이야기를 할 것인지 서두에서 밝혀라.
  - 본론을 이야기하라.
  - 무슨 이야기를 했는지 요약함으로써 마무리하라.

18. 세계 명사의 명구

- 희망이 인간을 만든다. 큰 희망을 가져라. (테니슨 -영국시인)
- 현재의 시간이 우리의 것임을 알라. (S. 존슨)
- 우리의 어제와 오늘은 우리가 쌓아 올리는 벽돌이다. (롱펠로우)
- 그대의 하루하루는 그대의 마지막 날이라고 생각하라. (호라티우스)
- 일이 즐겁다면 인생은 극락이다. 괴롭다면 그것은 지옥이다. (고리키- 러시아작가)
- 일은 인생의 맛을 내는 소금이다. (T 플러)
- 일을 할 때에는 아주 좋은 기분으로 하라. (바그너- 독일 경제학자)
- 뜻을 세우는데에 너무 늦었다고 하는 일은 없다. (볼드인- 영국정치인)
- 온갖 사람의 눈에서 온갖 눈물을 닦아내는 것이 나의 최대소망이다. (인도-네루)
- 리더쉽이란 모범을 보이는 것이다. (아이아 코카- 미국 사업가)
- 고통없이 승리 없고 가시없이 왕자 없다. (웰리엄 펜)
- 사람은 산꼭대기에 오를 수는 있지만, 거기에 오래도록 살 수는 없다. (B-쇼,영/극작가)
- 산이 나에게 오지 않는다면 내가 산으로 가겠다. (마호메트- 이슬람교 창시자)
- 기회는 새와 같은 것이다. 날아가 버리기 전에 붙잡으라. (쉴러-독일 시인)
- 기회는 어떤 장소에도 있다. (오비디우스 - 로만시인)
- 사람은 기회가 오는 것을 기다릴 것이 아니라
  몸소 그것을 만들지 않으면 안된다. (F, 베이컨)
- 키가 작으면 창을 들게 하고, 키가 크면 활을 들게 하라. (오자)
- 남의 나쁜 점을 책망할 때에는 너무 심하게 하면 안된다.
  그 사람이 그것을 견디고 받아들일 수 있을 정도이어야 한다. (채근담)
- 악법도 또한 법이다. (소크라테스)
- 소비자는 왕이다. (와나메이커)
- 악화는 양화를 구축한다. (토마스 그리샴-영국 경제학자)
- 세상은 바다와 같다. 헤엄치지 못하는 사람은 익사한다. (B-쇼)
- 네 자신을 누구에겐가 필요한 존재로 만들라.
  누구에게든 인생을 고되게 만들지 말라. (에머슨)

지도자심서(心書)

- 우리는 친구가 없이도 살아갈 수가 있다. 그러나 이웃 없이는 살아가지 못한다. (T. 풀러)
- 젊은 사람은 아름답다. 그렇지만 늙은 사람은 더욱 아름답다. (휘트먼-미국시인)
- 평화는 인류 최고의 이상이다. (괴테)
- 인생은 왕복표를 발행하고 있지 않다.
  한번 출발하면 다시 돌아오지 않는다. (R. 롤랑-프랑스 작가)
- 밝은 성격은 어떤재산 보다도 더 귀하다. (카네기)
- 행복은 어거스틴의 말처럼 오직 "더 나은 삶" 일 뿐이다.
- 지식은 교만하게 한다. (고전 8;1) '사람을 존귀하게 하는 것은 오직 사랑이다.'
- 말하는 것의 두 배는 남에게서 들어야 한다. (데모스테네스 - 그리스정치인)
- 至上의 처세술은 타협하지 않고 적응하는 것이다. (짐멜 - 독일 사회학자)
- 성공의 비결은 단호한 결의에 있다. (디즈레일리 - 영국 정치가)
- 주사위는 던져졌다. (시져 - 로마정치가)
- 피할 수 없는 것은 끌어들여야 한다. (섹스피어)
- 나를 가로막을 알프스가 있겠는가. (나폴레옹)
- 자신은 성공의 비결이다. (에머슨 미국사상가)
- 최대 다수의 최대 행복을 얻는 행동이 최선이다. (허치슨 영국)
- 입에서 나오는 것은 마음에서 나오는 것이다.
  마음에 가득찬 것을 입으로 말하기 때문이다. (눅 6:45)
- 모든 길은 로마로 통한다. (라퐁텐 프랑스 시인)
- 느긋이 서둘러라. (유럽 속담)
- 잘 시작된 일은 반은 끝난 것이다. (플라톤)
- 기하학에 왕도는 없다. (유크레이데스)
- 나는 생각한다. 고로 나는 존재한다. (데카르트 프랑스 철학자)
- 인간은 생각하는 갈대이다. (파스칼 - 프랑스 사상가)
- 인간은 만물의 척도이다. (프로타고라스 - 그리스 철학자)
- 예술 (기술)은 길고 인생은 짧다. (히포크라테스 - 그리스 의사)
- 그래도 지구는 돈다. (갈릴레오)
- 교사는 양초와 같다. 몸소 불태워서 학생을 개발한다. (루마니 - 이탈리아 작가)
- 선배에게서는 지식과 경험을, 후배에게서는 감각을 배우라. (유럽속담)

- 가르치는 것은 두 번 배우는 것이다. (쥐벨 - 프랑스 모랄리스트)
- 斅學半 효학반 : 남을 가르치는 것은 반은 배우는 것이다.
- 그처럼 숙연 熟鍊 은 늦게 오는데, 인생은 빨리 날아가고,
  그처럼 배운 것이 적은데, 잊는 것은 너무 많다. (j - 데이비스)
- 아직껏 자식을 기르는 것을 배운뒤에 시집갔다는 사람은 (아직) 없다.
  〈未有學養子而后 에 嫁者也 니라〉. - 大學
- 병아리는 수탉이 가르치는 대로 노래한다. (프랑스 속담)
- 죽음은 인생의 종말이 아니다. 인생의 완성이다. (M. 루터 - 독일 종교개혁자)
- 훌륭하게 죽을 수 있기 위해 훌륭하게 사는법을 배우라.
  살고 죽는 것이 우리가 배워야 할 전부이다. (I - 데넘)
- 신은 죽었다. (니체). 초자연적인 신은 현대인의 마음에 더 이상 살아있는 실제일 수 없다
  는 뜻. *그리스도교의 종교적 세계관과 도덕 그 이상과 가치의 근거가 무너졌음을 뜻하는 말.
- 박수를 쳐주게 벗들이여! 희극은 끝났다. (베토벤 - 독일 음악가)
- 부의 미덕은 소유하는데 있기 보다는 사용하는데 있다.
  부를 현실화해서 사용하는 것이 부요함이기 때문이다. - (수사학)
- 신은 모든 사람을 자유민으로 이 땅에 보내셨고, 자연은 그 누구도 노예로 만들어 내지
  않았다. - (알키디마스) 기원전 4세기
- 세상에 피할 수 없는 것이 두 가지가 있다. 그것은 生 과 死 이다. (채플린)
- 인생은 여행이고 죽음은 그 종점이다. (드라이든)
- 신앙은 인생의 힘이다. (톨스토이 - 러시아 극작가)
- 종교는 불멸의 별이다. 지상의 밤이 암흑을 더해 감에 따라
  천상에서 그 빛을 더한다. (칼라일)
- 인간 혼자면 인간이 아니다. (테니슨)
- 약한자여! 그대의 이름은 여자이니라. (섹스피어)
- 아름다운 여자에게는 언젠가 싫증이 난다.
  그러나 선량한 여자에게는 절대로 싫증이 나지 않는다. (몽테뉴 - 프랑스)
- 금전은 비료같은 것이다. 살포하지 않으면 소용이 없다. (베이젠 - 영국철학자)
- 만족은 천연의 재산이다. (소크라테스)
- 빚을 지는 것은 노예가 되는 것이다. (에머슨 - 미국사상가)
- 부자가 천국에 들어가는 것은 낙타가 바늘구멍을 지나는것 보다 어렵다. (성서)

18. 세계 명사의 명구

- 사랑이 있는 곳에 항상 낙원이 있다. (장피울 - 독일작가)
- 가난은 가난하다고 느끼는데에 있다. (에머슨)
- 가난해도 만족하는 사람은 부자이다. (섹스피어)
- 끝이 좋으면 모두가 좋다. (섹스피어)
- 첫 번째 재산은 건강이다. (에머슨)
- 인생은 항해이다. (위고)
- 온전한 사랑이 두려움을 내쫓다니 (요일 4;18)
- 가정(家庭)이여 너는 도덕상의 학교이다. (페스탈로치 - 스위스 교육자)
- 최악의 증오는 친척들의 증오이다. (타키투스 - 로마 역사가)
- 서로 돕는 형제는 견고한 성과 같다. (구약성서 - 잠언)
- 99퍼센트 까지는 노력, 1퍼센트가 재능이다. (채플린 - 영국배우)
- 페어플레이는 보석과 같다. (영국속담)
- 화가나면 10까지 세라. 몹시 화가나면 100까지 세라. (제퍼슨 - 미국정치가)
- 불행에 견디지 못하는 것 만큼 큰 불행은 없다. (유럽 속담)
- 현실에 만족할 줄 아는 사람은 행복한 자이다. 최선을 다했기 때문이다.
  〈知足可樂 아요 務貪則憂 니라〉 - 족한 줄 알면 즐겁고, 탐하는데 힘쓴 즉 근심이니라.

기 타 _ 토막지식

- (이미 보았거니와) 송백도 꺾어지면 땔나무가 된다. (已見 : 松柏摧爲薪)
- 모든 근심은 하늘에 맡기고, 걱정은 땅속에 묻어라. (寄愁天上 埋憂地下)
- 예절이 너무 지나치면 친화함이 없어진다. (禮勝則離)
- 자식은 바꾸어 가르친다. (易子教之) : 부자지간은 잘못을 꾸짖기 어렵다는 뜻.
- 음악과 정치는 서로 통한다. (音與政通) - 음악과 정치 사이에는 관계가 있음을 이름.
- 선을 권면함은 벗 사이의 도이다. (責善 - 朋友之道)
- 利不十不易業 - 이익이 열 배가 안되면 직업은 바꾸지 않는다.
- 문제가 발생했다는 말은 곧 기회가 왔다는 말이기도 하다.
- 모든 것은 우리 자신에게서 시작된다.
- 무력함은 선택의 결과이다.
- 말이든 사람이든 누가 고삐를 잡느냐에 따라 짐이 쉽게 운반되기도 하고, 어렵게 운반되기도 한다.

- 영국의 액튼경은 권력은 부패하며 절대 권력은 절대적으로 부패한다.
- 존경심이 곧 지도력이다.
- 위기는 우리에게 자명종 같은 역할을 한다.
- 끊임없는 친절은 많은 것을 이룰 수가 있다.
  태양이 얼음을 녹이는 것처럼 오해의 불신감과 적대감을 녹여 없앤다. (슈바이처)
- 술이란 정인과 같아서 헤어지고 나면 다시 그립고 (酒似情人離則戀)
  근심이란 백발과 같아서 한번 털고나도 다시 생긴다. (愁如白髮落還生)
- 흐르는 물을 바라보매 마음이 초조할게 없고 - (水流心不競)
  한가로운 구름을 벗 삼으니 뜻이 다급할게 없구나 - (雲在意具遲)
- 物聚於所好(물취어소호) - 모든 물건은 좋아하는 곳으로 모인다.
- 박쥐(편복)가 자기의 추태는 모르고 남의(제비) 추태를 비웃는다.
  (蝙蝠不自見 笑他梁上燕 - 편복 부자견하고, 소타 양상연한다.)
- 五百世而聖人出(오백세이 성인출) 오백년에 한번 성인이 나온다.

> ☞ 섭이중(聶夷中) 의 君子行에 나오는 글
> 군자는 미연에 방지하니 　　　　　　　　　(君子防未然 / 군자방미연)
> 혐의받을 곳에는 처하지 않네 　　　　　　　(不處嫌疑間 / 불처혐의간)
> 오이밭에서는 신발 고쳐 신지 않고 　　　　 (瓜田不納履 / 과전불납이)
> 오얏나무 아래서는 관 바로잡지 않는다오. 　(李花不正冠 / 이화부정관)
> ▶ 공부할 때의 고통은 잠깐이지만 못 배운 고통은 평생이다 - (하버드대 도서관)

- 정자(亭子) 이름을 구루정(傴僂亭)이라 한 뜻은

  높은 곳에 자리하면서 위태로움을 생각하지 않으면 안되고
  방에 들어와서는 굽어봄을 생각하지 않으면 안됩니다.
  "몸은 굽혀도 뜻은 굽힐 수 없습니다.
  시간이 갈수록 목에 힘이 들어가는 자신을 깨우치기 위해
  허리도 다 펴지 못하게 정자를 지었습니다.
  이마를 부딪칠 때마다 아프게 자신을 일깨우기 위해
  머리도 다 들지 못하게 지붕을 낮추었습니다." - 金墌 傴僂亭記
- 사람은 저마다 능한 것이 있고, 능하지 못한 것이 있다. (人各有能 有不能也)

지도자심서(心書)

- **서경 군진편**에 범인이 "성현을 보지 못하였을 때에는 자기가 볼 수 없을 것처럼 하지만 이미 보고서는 또한 성인을 쓰지 못한다고 하였으니 너는 그를 경계할지니라" (書經 君陳편 : 未見聖 若不克見, 旣見聖 亦不由聖 爾其戒哉)

- **시경 소아 정월편** : "처음에 나를 부를 때에는 이 몸 얻기 위해 애쓰더니 이 몸 얻고서는 거드름 부리며 가까이할 생각않네" 〈詩經 小雅 正月편 : 彼求我則 如不我得 我執仇仇 亦不我力〉

- 경공이 태사를 불러 그대는 나를 위해 군신이 서로 기뻐하는 음악을 지어주시오. 하시니 바로 그 음악이 치소와 각소(徵招 角招)가 곧 그 음악이다.
  가사는 이렇다. "임금의 하고자 하심을 막는 것이 어찌 허물이 되리오마는 임금의 욕심을 막고 간하는 것은 임금을 좋아하기 때문이다" 어찌 이를 허물이라 하리요.
  (其詩曰(歌辭) 〈畜君何尤이오마는 畜君者 는 好君者也니이다.〉

- **시경 소아편** : "부유한 사람은 괜찮으나 외로운 사람은 슬프다".
  〈哿矣富人이나 哀此煢獨 이로다〉. 煢獨(경독) - 의지할 곳이 없는 사람.
  넉넉한 사람들이야 그래도 괜찮으나, 불쌍한 건 지쳐버린 외로운 사람이라고 하였다.

- 〈평범〉처럼 강한 공감대는 없으며, 상식만큼 커다란 기반은 없다. 칭찬에는 약한 것이 있다. 그러나 그 칭찬도 멋지게 할 줄 알아야 한다. 기분 좋은 재치 한마디는 위기를 면하고 목숨까지 건진다.

- 도연명(陶淵明 : 365~427)은 다섯 말의 쌀에 허리를 구부릴 수 없다고 하여,
  도연명이 팽택현의 현령이 되었을 때 군(郡)의 감독관이 나올 때면 예장(禮裝)해서 출영해야 하는 관습이 있어 "내가 어찌 五斗米를 위해 향리의 小兒에게 능히 허리를 굽히겠는가? 하고 자리를 부하에게 인수해 주고 피임해 돌아와 귀거래사를 지었다.

- 좋은 장수란 사랑과 위엄을 더불어 갖추면 족하다. (善將者 愛與嚴而已) - 尉繚子

- 오래 지속되는 편안함에 의지하지 말고, 처음 겪는 어려움에 겁내지 마라. (菜根譚)
  毋恃久安(무시구안) 毋憚初難(무탄초난)

- 정치를 하는데 있어서 요점은 오직 사람을 얻는데 있다. (爲政之要 惟在得人) - 태종
- 용병의 길은 마음을 공략함을 위로 삼는다. (用兵之道 攻心爲上) - 삼국지

- 사람은 그 지닌 장점으로 인해 죽지 않는 경우가 적다. (人者寡不死其所長) - 묵자
- 연작이 어찌 봉황의 뜻을 알리요. (燕雀安知 鴻鵠之志哉) - 史記

- 왕후 장상이 어찌 그 씨가 있겠는가 (王侯 將相有種乎) - 陳勝

四. 대화연설편

- 날마다 죽음을 준비하는 사람은 복이 있는 사람입니다. "순간순간 이 모습대로 죽는다고 해도 아무런 그런 후회가 없는 그런 삶을 살아가려고 애쓰는 사람은 참 행복하고 지혜 있는 사람입니다." (성도의 안식은 그리스도인의 가장 행복한 상태이다)
- 육체의 죽음에 의해서
  - 우리는 하나님 안에서 완전히 살기 위해 이 세상에 대해서는 완전히 죽는다.
  - 우리는 완전한 장막으로 들어가고 축복의 집으로 들어간다.
- 내 인상의 결말을 좋게 하셔서 행복한 마음으로 이 세상을 떠날 수 있게 해주소서. 나의 하나님이여 나를 기억하시고 바른길로 인도하셔서 주의 나라에 들어가게 하소서.
- 우리의 삶이 성령으로 충만하지 않는다면, 우리가 교회에 다니거나, 집회에 참석하는 것, 성경 공부를 하고 기도하는 것이 무슨 이익이 있겠습니까.
- 자신을 하찮은 존재로 생각하고 낮추고 최하인으로 여겨라.
- 순례자 나그네로 지내십시오.
- 죽음을 더 자주 생각한다면 삶을 고쳐 영적 진보를 하게 될 것이다.
- 내 삶은 이 땅에서 신속하게 끝날 것이다.
  - 내일이면 우리는 눈에서 사라지고 없어진다.
- 죽음을 이 땅에서 가장 바람직한 일로 여기십시오.
- 죽음은 자기에 대해서 죽고 그리스도와 연합하는 것이다.

♣ 【생각하는 대로 살지 않으면 결국 살아온 대로 생각하게 된다】
- 프랑스의 작가이자 비평가인 폴부르게가 남긴 말이다.

- 새 시대의 시작은 아무런 시작없이는 오지 않는다.
- 어제는 역사이고 내일은 미스테리이며 "오늘은 하나님이 우리에게 주신 하나님의 산물이다. 하루 삶의 준비는 기도다".
- 숯불이 아름다우나 재로 묻지 않으면, 곧 사라지는 것 같이 덕의 빛이 크나 겸손으로 덮지 아니하면 오래가지 않는다 소멸한다.
- 로마를 로마로 만든 것은 시련이다.   *그리스도 마음이란 자기 비움과 자기 낮춤이다.
- 의미없는 고난은 없습니다. - 마르다 던. *겸손은 모든 덕의 어머니다.
  고난은 참된 인간이 되는데 필요한 과정이다. 영광의 정상에 오르기 위해서는 고난의 골짜기를 거쳐야 한다.

18. 세계 명사의 명구

19. 지도자 교양지식(教養知識)

- 아무리 높은 지위에 있는 사람일지라도 하나로만 간주하고 하나 이상이나 이하로 간주해서는 안된다. (평등사상) - (벤담)
- 배부른 돼지가 되기보다는 배고픈 인간이 되는 것이 더 바람직하고 만족스러운 바보가 되기보다는 불만족스러운 소크라테스가 되는 것이 더 바람직하다. - (G,S 밀)
- 야스퍼스는 ❶기계화 되고, 대중화된 현대의 자본주의 사회를 〈신뢰를 상실한 위기의 시대〉이며 〈깊이 병든 위독한 시대〉라고 하였다. ❷죽음, 죄, 고통, 투쟁 등과 같이 주체적인 성격이 허용되지 않으며 모면할 수도 변혁시킬 수도 없는 절대적인 극한 사항을 〈한계사항이라고 하였다.〉
- 하이데거는 현존재는 세상에 내던져 있는 존재 〈被投性〉이면서 동시에 미래를 향해서 자신을 던지는 존재 〈企投性〉이다.
  ▸ 피투성은 필연적인 결정의 세계를, ▸ 기투성은 가능성의 자유의 세계를 의미한다.
  현 존재는 필연과 가능 결정과 자유의 두 계기가 통일되어 있는 특수성을 지닌다고 하였다.
- 하이데거는 죽음을 염두에 두고 있는 인간은, 참되게 살기를 원하게 되고 엄숙해지고 진지해지고 성실하여진다. 죽음의 존재임을 깨달은 사람은 늘 양심의 소리에 귀를 기울이게 되고 그리하여 유일하고 절대적인 인생을 결의할 수 있다고 하였다.
- 마르셀은 현대사회의 기계화 기술화 대중화 현상은 인간도 기계와 같이 능률을 올리는 한 단위에 불과한 존재로 전락시켰다.
  오늘날의 기술문명은 인간성을 박탈하여 비인간화를 초래하고 말았으며 이러한 현대사회를 마르셀은 〈병든 세계〉 또는 〈부서진 세계〉라고 하였다.
- 슈바이처는 〈우리의 시대에는 지식을 사상에서 분리하는 방법을 발견했다. 그 결과 실제로 제멋대로 움직이는 과학은 있지만 반성하는 과학은 거의 남아 있지 않다〉라고 하였다.
- 반야경(般若經)에서는 〈물질의 세계〉란 원래 고정된 실체가 없는 것이나(色即是空), 인연(因緣) 관계에 의해서 각각 다른 형상으로 계속 존재하는 것(空即是色)이라고 하여 현실 세계의 모든 것에 대한 집착에서 벗어나기를 강조하였다.
- 프라톤은 일찍이 인간은 서로 도움을 주고받아야 할 필요성과 연대의식 때문에 국가의 공동체를 이루게 되었다고 국가의 필요성을 역설한 바 있다.
- 현대에 있어서 직업은 생계유지를 위한 수단인 동시에, 사회 공동생활에 참여하는 통로이며, 나아가서는 자아실현을 도모하고 인격의 성장을 이룩하는 광장이요 도장이다.

- **종교개혁자인 칼뱅**은 세속의 직업은 신이 부여한 신성한 소명이라고 하고 금욕적 생활윤리를 강조하였다. 또한 베버는 프로테스탄트의 금욕적 윤리가 근대 자본주의 정신적 기반이 되었다고 하였다.

- 보다 풍요로운 삶과 더 많은 자유를 얻기 위하여 만든 문화가 오늘날에 와서는 도리어 인간의 자유를 억압하고 인간을 불행하게 만드는 현상이 나타나고 있는데 이를 〈문화의 **하강현상**〉이라고 한다. 인간이 기계에 의해 위협받고 자기가 만든 제도 속에 스스로 갇혀버리는 셈이 되었다. - (야스퍼스)

- 미국의 사회 윤리학자이며 심리학자인 **니부어**는 개인 윤리와 사회윤리를 구별할 이유가 있음을 지적하고 개인적으로는 상당히 도덕적인 사람들까지도 자기가 소속된 단체의 이익을 위해서는 이기적이 되기 쉽다고 경고했다.   *지금 의사협회의 의대생 증원 결사반대(예)

- **존 롤스**는 그의 정의론(正義論)에서 모든 개인들은 다른 사람들과 같은 종류의 자유에 대하여는 모든 사람이 동등한 권리를 가지며 완벽하게 누릴 수 있어야 한다고 하였다.
  (제1원칙 : 자유의 분배에 관한 원칙)
  또 가장 불리한 처지에 있는 사람들에게 최대의 이익을 줄 수 있도록 우선적인 배려를 한다고 하였다. (제2원리 : 사회적 경제적 가치의 분배에 관한 원칙)

- **루소**는 그의 유명한 교육소설 〈에밀〉에서 "우리는 두 번 태어난다."
  ▶ 한번은 생존하기 위해서 태어나고, 또 한번은 생활하기 위하여 태어난다.
  ▶ 한번은 남자 또는 여자로 태어나고, 또 한번은 인간으로 태어난다고 했다.
  〈제2의 탄생은 자각하는 정신의 탄생 즉 진정한 인간으로서의 탄생을 의미한다.〉

- **맹자**는 "인간들이 본심을 잘 보존하면서 올바른 방향으로 개발해 갈 것"(存心養性)과 "사단 四端"(측은지심 惻隱之心- 仁), (수오지심 羞惡之心- 義), (사양지심 辭讓之心- 禮), (시비지심 是非之心 -智)을 넓혀 가면서 채워갈 것(擴而充之)을 강조하였다.
  ☞ 七情(칠정) - 喜(희) 怒(노) 愛(애) 樂(락) 愛(애) 惡(오) 欲(욕)

- **맹자**는 예에 대해 말하기를 "소체를 따르면 소인이 되고(從其小體 爲小人), 대체를 따르면 대인이 된다고 하였다. (從其大體 爲大人).

- 공자 : 부모 앞에서 어떤 얼굴을 짖는 것이 옳은지 참으로 어려움이 효이다.
  공자 : 부모의 뜻에 어긋남이 없게 하는 것이 효이다. (子曰-無違), (子曰-色難)

- **제논**은 인생의 최고 목적인 〈최고의 선과 행복〉은 이성의 활동에 의해 정념이 없는 마음의 상태를 유지해 나갈 때 실현된다고 하였다.

지도자심서(心書)

- **종교**는 영원한 안식처, 구원, 절대자와의 일치같은 삶의 본질적 문제에 대해 해명해 주며, 삶의 실천적 문제에 대해서도 그 해답을 제시해 준다.

- **공산주의자**들은 계급의 이익보다 국가와 민족을 앞세우면 반동적인 파쇼적 사고방식이라고 보고, 계급의 해방보다 개인의 자유와 권리를 강조하면 부르조아 근성에 사로잡혀 있다고 비판한다.

- **국론의 통합**은 대화와 타협을 통해서 합의점에 도달하려는 태도를 기반으로 할 때 비로서 가능하다.

- **이데올로기**는 우리의 생활 양식과 삶의 질, 그리고 사회적 형태를 결정하는 중요한 바탕이 된다.

- **인간은 본성적으로 정치적 동물이다.** - (아리스토텔레스)

- **현명한 사람은 잘 나가는 때에 화해한다. 그것이 가장 큰 이득이기 때문이다.**

- **만물의 근원은 불이다.** - (헬라클라이도스)

- **마르크스**는 인간의 본질을 노동으로 보고, 노동만이 인간 생존의 근원이며 인간과 자연과의 관계를 결부시켜 주는 것이라고 주장하였다.

- **우리민족의 최대과제는 민족의 동질성을 회복하고, 조국의 통일과 번영을 달성하는 것이다.**

- **피히테**는 독일국민에게 告(고) 함이라는 연설문에서
"개인의 생명은 오직 민족 속에서만 살아 있을 수 있다". 개인의 완성은 그가 국가와 동일체를 이룰 때에 가능하다고 주장하고, 독일의 패망은 도덕적 타락에서 기인한다고 백림학사원에서 갈파(喝破)한 바가 있다.

- **자아실현**이란 타고난 소질과 능력을 최대한으로 계발하고, 자신의 잠재력과 가능성을 발견하여, 자신이 추구하는 목적과 이상을 실현하는 것으로 인격완성과 동시에 동서고금을 막론하고 가장 기본적인 삶의 목적이었다.

- **시경(詩經)**가운데 "봄에는 파종으로 바쁘니 겨울동안 가옥의 수리를 서둘러라"고 경계한 시(詩)가 있다. 이는 '내일 미래를 늘 생각해 나가라'는 뜻이 담겨있다.

- **맹자**는 "스스로 반성해서 곧으면 천만인이라도 두려워하지 않는다" 라고 하여. 도덕적 용기 즉 **호연지기(浩然之氣)**를 갖출 것을 강조하였다.

- **맹자**는 인의예지의 성은 밖에서부터 와서 나를 도금하듯 미화(美化)시켜 주는 것이 아니고 (仁義禮智 非由外鑠我也), 나에게 본래부터 있는 덕성이다 (我固有之也). 라고 하였다.
  * 鑠(삭) - 녹이다 빛나다. 衆口鑠金 - 뭇사람의 입에 오르내리면 쇠도 녹음.

- 공자는 예(禮)에서 사람이 서고, 악(樂)에서 사람이 이룩된다. (立於禮, 成於樂) 충신(忠信)은 예의 근본이라 (忠信禮之本也) 하였다.

- 청소년기에는 꿈과 이상이 넘치기도 하고, 실망과 좌절에 휩싸이기도 하여 행동이 격렬하고 위험성이 많은 시기이다. 이 때문에 청소년기를 〈질풍노도의 시기〉라고 한다.
  * 18세기 후반기에 독일에서 괴테 등을 중심으로 일어난 혁명적인 반항적인 정신운동이나 문예사조를 일컫는 말로 청소년기의 행동을 이에 비유하여 쓰고 있다.
  * 질풍노도(疾風怒濤)- 질풍/ 빠르고 센바람, 노도/ 무섭게 밀려오는 큰 파도

- 잉글하트는 물질적 풍요와 생활안정을 1차적 관심사로 여기던 생활방식에서 벗어나, 점차로 삶의 질의 문제로 관심이 옮겨가고 있는 현상을 가리켜 〈조용한 혁명〉이라고 하였다.

- 순자는 인간의 악한 본성이 선화(善化)되는 까닭은 성현들이 인위적인 노력을 기울여 본성을 변화시켰기 때문이다. (化性起僞)라고 주장한다.

- 플라톤은 국민들을 세계급으로 나누고, 이 세계급에 각기 알맞은 기본적인 덕을 부여했는데, 즉 ❶정치가의 기본덕을 지혜, ❷군인의 기본 덕을 용기, ❸서민의 기본 덕을 절제라 하였다. 그리고 제각기 자기의 분수를 지키고, 공연히 다른 영역을 침범하지 않는 것을 정의의 덕이라고 하였다.

- 베토벤의 예술의 위대성은
  〈고난을 뚫고 기쁨에로〉라는 그의 인간성에 기인한다고 하였다.

- 파스칼이 인간은 생각하는 갈대라고 말한 것은 인간이 육체적으로는 약한 존재이지만 정신적 이성적으로는 강한 존재임을 나타내고 있는 것이다.

- 중세 서양의 스콜라 철학자인 토마스 아퀴나스는
  그의 신학대전에서 미의 3가지 조건으로 ▶완전성 ▶균형 및 조화 ▶명료성을 제시하면서 美와 善은 근본적으로 동일한 것이라고 하였다.

- 아리스토텔레스는 질료(質料)나 형상(形象)이라는 이론을 통하여 〈모든 사물은 어떤 목적을 향해서 발전한다〉는 목적론적 세계관을 주장하였다.

- 칼뱅은 구제예정설을 주장 '직업을 신의 소명(召命)'으로 규정하여 신분적인 직업관과 직업의 귀천의식을 타파시켰다. (직업소명설, 천직관을 역설)
  직업에 충실하는 것은 신의 영광을 드러내는 길이고, 근면과 절약이야말로 하나님의 뜻에 합당한 크리스트교의 원리라고 주장하여 금욕주의적 직업 윤리를 확립시켰다.

- 룻소는 법률에 탄력성이 없고 사태의 움직임에 적응할 수 없는 경우에는 국가의 존립을 위태롭게 하며 위기시에는 국가를 파멸로 이끈다고 경고하였다.

지도자심서(心書)

- **로크**는 폭군에 대한 반항은 국민의 정당한 권리 (**국민 저항권**) 라고 하여 이를 인정하였으며 〈**시민정부론**〉을 주장하였다.
- **홉스**는 인간을 철저한 이기주의자로 규정하고, 인간의 자연상태를 〈**만인의 만인에 대한 투쟁상태**〉라고 하였다. (성악설)
- **키에르케고르**는 인간은 하나의 실존으로서 다른 물건이나 다른 사람과는 바꿀 수 없는 개별적인 주체로서의 〈**고독한 단독자**〉 (신앞에 선 단독자)이다 라고 하였다.
- **알렉산들이아의 성 클레멘스**는 "조각보의 7권에서 그가 현자 즉, 지혜스러운 그리스도의 가장 큰 일은 기도"라고 말한다.
- **필연성**은 그에게 전가된 것이 좋건 나쁘건 변명의 여지가 된다.
  필연성의 존재는 자유의 부재를 내포하기 때문이다.
    * 아아 - 자유여! 그대 이름 때문에 사람들은 얼마나 많은 죄를 지었던가!
      - 이 말은 지롱드당의 간부였든 롤랑의 부인이 처형 직전에 한 말이다. -

　　♣ 【 플라톤은 다음과 같이 말했다. 나는 신에게 네가지를 감사한다. 】
　　　1 이방인이 아닌 그리스도인으로 태어났다는 것
　　　2 노예가 아닌 자유인으로 태어났다는 것
　　　3 여자가 아닌 남자로 태어났다는 것
　　　4 특히 감사하는 것은 소크라테스와 같은 시대에 태어났다는 것이다.

- **믿음**을 통해 우리가 **율법**을 지킨다.
  "믿음이 없는 행함은 외적인 그림자일 뿐이고 하나님을 기쁘게 할 수 없다"
  는 성 바울의 말이다.
- **예레미아**는 말하기를 "만물보다 더 거짓되고 심히 부패한 것이 마음"이다. (렘 10:23)
- 사람의 마음이 계획하는 바가 **어려서부터 악함**이니라. - (창 8:21)
- **솔로몬** - 감사하지 않은 집으로부터는 불행이 떠나지 않을 것이다. - (잠 17:13)
- **복음**은 그리스도 때문에 주어지는 전가된 의라고 부른다. - (신학총론/ 멜란히톤)
- **누가복음**(14:17) ; 그리스도는 말한다. "내가 너희에게 이르노니 이와같이 죄인 한 사람이 회개하면 하늘에서는 회개할 것 없는 의인 아흔아홉으로 인하여 기뻐하는 것보다 더하리라" - (신학총론/ 멜란히톤)
  ♣ 옛 사람이 말하기를 "증명할 수 없는 것을 기록해 놓으면 그 先代를 속이는 것이 되고 증명할 수 있는 것을 기록해 놓지 않으면 이것은 그 선대를 잊어버리는 것이다"고 하였다.　* 역사기록의 중요성 강조 (古人云 無徵而書 是誣其先 有徵而不書 是棄其先)

20. 선거 연설의 예; 실제 - (1995)

연설자(후보)가 도입부에서 하는 모든 일은 청중이 집중하게 해서 자기가 말하는 것을 잘 받아들이게 하는 데 있다. 후보가 좋은 인상을 호감을 주려는 이유도 거기에 있다.

- **예:** 고르기아스는 〈올림피아 경기 연설〉 도입부에서 "오~ 그리스 사람이여, 당신들은 많은 사람에게 칭송받을 자격이 있습니다." 라고 말함으로써 또한 그리스인 전체가 참여하는 대회를 만든 것을 칭송했다. 고르아스가 엘리스인을 칭송하는 글이 있다.
"**엘리스여, 축복받은 도시여**"라는 말로 시작된다. - (修辭學)

- 그리고 연설가는 필요할 때마다 이런 말을 해야 한다.
  ▸ 지금부터 내가 하는 말에 집중해 주십시오. 이 말은 나 보다도 여러분을 위한 것이기 때문입니다.
  ▸ 지금부터 나는 여러분이 한번도 들어 보지 못한 끔찍하고 놀라운 이야기를 들려 드리려고 합니다. - (시선집중)

- 논쟁용 문체에서는 전달이 잘되는 것이 중요하다. 그래서 접속사 생략과 빈번 동어 반복이 중요하다. (예) "- 이 사람이 여러분의 것을 훔친 자이고, 이 사람이 여러분을 속인 자며, 이 사람이 결국에는 여러분을 배신한 자입니다". 또 (예) "나는 갔습니다. 나는 만났습니다. 나는 애원했습니다." - 접속사를 사용하면 여러 가지를 하나로 만들 수도 있다. 한 개의 장음절로 시작해 세 개의 단음절로 끝낸다. (예) "델로스에서 출생하신 분이여", "리카아에서 태어나신 분이여", "금발의 명사수이신 제우스의 아들이시여" 라고 말한 경우이다. - 〈아리스토텔레스/ 수사학〉

♣ **연설 설교시 반복어의 사용시** 청중에게 주는 효과는 크다. (예)

❶ "할 수 있는 모든 곳에서, ▸할 수 있는 모든 때에, ▸할 수 있는 모든 사람에게, ▸할 수 있을 만큼 오래도록, 《우리가 베풀 수 있는 모든 선행을 예수그리스도의 마음으로 힘써 행하는 것》 이것이 우리의 의무이자 이 땅에서의 존재 이유이다.
(존위슬리 - 성서인물)

❷ 여기서 나는 ▸**영원**이 둘러싸일 것이며 영원히 살 것이며, 영원히 영원히 주를 찬송할 것입니다. 내 ▸얼굴은 주름지지 않고 ▸내 머리는 희어지지 않을 것이며 이 ▸썩을 것이 썩지 아니함을 입고 ▸죽을 것이 죽지 아니함을 입을 때에는 ... (백스터 영원한 안식에서)

지도자심서(心書)

❸ ▸ **모든 날**이 항상 정오이며 ▸ **모든 달**이 추수이며 ▸ **모든 해**가 희년이며 ▸ **모든 시대**가 완전한 성년기이며 ▸ 이 **모든 것**이 하나의 영원입니다.
- 오복된 영원이여 • 내 영광의 영광이여 • 내 완전의 완전이여!) - (백스터 1615-1691)
  * 친구는 제2의 나 자신이다. 친구란 두 개의 몸에 깃든 하나의 영혼이다. - (아리스토텔레스)

❹ **아우구스티누스**는 그리스도를 향한 사랑 고백에서 이리 말(修辭)하고 있다.
  ▸ 내 눈의 빛이시여, 나로 하여금 당신을 보게 하소서.
  ▸ 내 영의 기쁨이시여, 오소서 내 마음의 기쁨이시여 나로 하여금 당신을 바라보게 하소서.
  ▸ 나의 목숨이시여, 나로 하여금 당신을 사랑하게 하소서.
  ▸ 나의 기쁨이시고 나의 달콤한 위로이신 나의 하나님,
  ▸ 나의 생명 내 심령의 모든 영광이시여, 내게 모습을 보이소서.
  ▸ 내 마음이 간절히 원하는 이시여, 나로 하여금 당신을 발견케 하소서.
  ▸ 내 심령이 사랑하는 이시여, 나로 하여금 당신을 붙잡게 하소서.
          - (회개하지 않는 자에게 보내는 경고/ 조셉얼라인 :1634-1668)

❺ 또 **아우구스티누스**는 그리스도에 대하여 쓸데(書)
  "오 지극히 아름다우시고, 지극히 사랑이 많으시며, 지극히 인자하시고,
  지극히 사랑스러우며, 지극히 귀하시고, 지극히 사모할만 하시며,
  지극히 매력적이시고, 지극히 훌륭한 분이시여!" 라고 一筆揮之로 써내려 갔다.
  * **지극히**라는 단어를 8번이나 반복 강조함으로써 읽고 들은 이로 하여금 감동케 한다.
  * 조셉 얼라인은 34세의 짧은 생애였지만 〈천국으로 인도하는 안내서〉에 회심으로 인도하는 그의 열심은 구구절절 특히 회심의 동기 결론부분에서의 애절한 부름은 독자를 감동케 한다.

▌도입부 : 예 ▐

■ 존경하는 시(군·읍)민 여러분! 이번 여러분의 참된 일꾼이 돼서 이 지역의 그간 막혔던 일들을 뚫고 새 혁신의 고장을 이루어 보고자 해서 뛰쳐나온 기호 1번 xxx 후보, 여러 어르신께 인사드립니다. 존경하는 여러분! 이 고장 양수(지역)는 옛날 우리 선조들께서 한양을 오고가던 양 P의 관문이요 교통의 요충지이기도 합니다. 북한강과 남한강이 한데 어울려 한 폭의 풍경화도 같은 호반의 도시이고, 삼면이 호수로 쌓여있는 저 두물머리의 정자 터는 천하의 절경이요, 대탄 상심은 강변에 접해있어 지나가는 길손들의 걸음을 멈추게 하는 산하 아름다운 곳입니다. 저 북한강 노문리에는 이조말엽 성리학의 大家이신 이항로(李恒老) 선생이 거닐던 노산팔경과 수입리의 벽계(壁溪) 구곡(九曲)이 한데 어울려 이곳의 운치를 한층 더해 주고 있으며, 여름 피서철이면 서울분들이 반겨 찾는 단골 명승지이기도 합니다.

이런 유서깊고 인연깊은 이 고장에서 후보 연설을 하고자 연단에 서게 되니 출가한 자녀가 친정에 온 기분이요, 친정 어르신을 뵈옵는 심경이올시다.

　〈참고〉; 연설의 시작은 대체로 그 지역의 자연경관이나 역사적 인물 특산물 등에 관해 찬양하는 발언을 하므로써, 지역민과의 공감대를 형성하고, 청중의 시선을 집중시켜 장내 분위기를 장악한다. (새로운 선거방법론, P188, 이강훈 저)

- 선거시 가두방송 　- (예), (xx 는 남경으로 대입하자)

　　존경하는 xx 군민여러분!
　기호 1번 홍길동 후보가 여기에 왔습니다!.
　사랑하는 내 xx! 사랑하는 내고장으로!
　홍길동 후보가 왔습니다!.
　내정열 다바쳐! 내신념 다바쳐!
　사랑하는 내고장! 내가 아끼는 내고장!
　xx 위해 여기에 왔습니다.
　　♣ 후보의 거리 유세용 문안은 강렬하고 간단명료해야 한다.

　　존경하는 xx 주민 여러분!
　근면하고 성실한 일꾼 홍길동 후보!
　성실하고 근면한 일꾼 홍길동 후보!
　여러분의 소금이 되고 빛이 될 홍길동 후보

　불가능이란 존재하지 않는다는 홍길동 후보
　xx 의 행복을 위해, xx의 번영을 위해
　xx 의 발전을 위해 여기에 왔습니다.

　　존경하는 xx의 유권자 여러분!
　풍부한 경험의 소유자 홍길동 후보
　심오한 경륜의 소유자 홍길도 후보
　덕스러운 인품의 소유자 홍길동 후보

　남경에 일꾼 왔습니다.
　남경에 서광이 비칩니다.
　남경의 어려움을 물리칩시다.
　남경의 어둠을 밝힙시다.
　잘사는 내고장 만듭시다.
　우리 모두의 세상이 다가오고 있습니다!

20. 선거 연설의 예: 실제

존경하는 남경시민(군민) 여러분! - (예문)

거북이 등에서 털을 뽑겠다면 없는 털을 어찌 뽑을 수 있겠으며, 밀가루없이 국수를 만들겠다면 수괄이라도 할 수 없는 일입니다.

소매가 긴 사람에게 춤을 추게 하고, 자본이 있는 사람에게 장사를 하게 하는 것이 순리가 아니겠습니까. (능력과 경륜이 있는 자)

- 연설문 예 ; 미국 펜실바니아주 창설자 웰리암 페니(1644-1714)

[명연설중]
- No Cross, No Crown.
- No Pain. No Galn.
- No Thorn. No Throne. 이라는 말이 있습니다.

고통이 없이는 영광이 없고
고통이 없이는 쟁취도 없고
가시 없이는 면류관(성공)이 없다는 뜻이죠.
☞ 지금 우리가 다함께 깊이 음미할만한 말이라고 생각합니다.

■ 1. 선거연설 끝 맺는 말 - (예)

존경하는 xx시민 여러분! 이제 연설을 끝맺으면서 한말씀 더 드립니다. 나는 떡을 먹는 사람이 아니라 떡메 치는 사람이 되겠으며, 가마 타는 사람이 아니라 가마 메는 사람이 되겠습니다. 여러분을 받드는 참 봉사자가 되겠다는 것을 다시한번 더 약속드립니다.

■ 2. 선거연설 끝 맺는 말 - (예)

사랑하는 여러분! 만나기 힘든 세상에 만나게 되고 통하기 힘든 마음이 맞부딪친다는 것 이거 큰 인연이 아니겠습니까? 이를테면 여기 붓이 있습니다. 그 붓이 붓으로서의 사명을 다하기 위해서는 종이가 필요합니다. 붓과 종이가 만나는 곳에 책이 만들어집니다. 지금 붓과 종이가 만났는데, 멋진 작품(남경의 도시 건설작품)을 이루어야 하지 않겠습니까.

여러분께서 종이가 되어 주신다면 이 후보는 붓이 되어 후대에 빛날 도시계획도를 완성할 것입니다. "존경하는 유권자 여러분!" 나는 이 영광스러운 연단을 내려서는데 당하여 저 유명한 영국의 수상 처칠경의 〈피와 눈물과 땀〉이라는 연설의 일절을 인용함으로서 이 연설을 끝맺고자 합니다.

자! 결정된 이상 단결된 힘을 가지고 나아가자고 한 처칠경의 말처럼 이 홍길동이 여러분의 일꾼으로 결정된 이상, 단결된 힘을 가지고 밝아오는 2000년대를 향해 빛나는 새역사 창조를 위해, 우리 모두 손에 손잡고 나아갑시다! 달려 나아갑시다!

■ 3. 끝 맺는 말 - (예)

나는 말했습니다.

여러분은 들었습니다. 이제 여러분은 모든 것을 알았습니다. 여러분이 판단하십시오.
(이 예문은 아리스토텔레스의 수사학 끝 맺는말에 나오는 문구이다.)

* 연설에 있어서 결론이란 중요하다. 끝맺는 말은, 달리는 말이 착 멈추는 것과도 같다. 결론은 연설의 단순한 부속물도 아니요, 정지하는 한가지 교묘한 방법도 아니다. 힘차게 멈춰(끝맺어)야 한다. 아쉬움 허전함이 남게 말이다.

탄성이 나오게 말이다!. 심장에 꽂히게 말이다!.

♣ 결론이란 연설전체의 관(冠)이요 불타오르는 중심점(中心點)이다.

몇가지 방법을 말해두면
- 결론은 길지 않은 것이 좋다.
- 희망(希望)을 가지고 끝을 맺어야 한다.
- 이상 말한 것을 요약해 말한다.
- 적당한 시(詩)나 성서(聖書)의 한 구절을 인용한다.
- 결론은 항상 절정적으로 만들어야 한다.

위에서 ▶ 연설 예문을 게재한 것은 연사의 그때그때의 상황에 따라 유효적절히 원용하라는 뜻에서이며 「옛글에서 내용을 다수 취한 것은 권위를 부여하기 위함」이다.
▶ 이밖에 문자 명문편·정치편에서 그 상황에 걸맞는 명구·명문들을 취하여 대화나 연설에 인용한다면 큰 성과를 거둠이라고 본다.

(위의 연설문 예제들은 ← 1995.6.27. 지자체장 선거에 某 후보가 행한 연설의 일부이다.)

> ♣ 포슈장군은 이런 말을 하였다. "전쟁터는 연구할 기회를 주지 않는다". '이미 알고 있는 지식만을 적용할 수밖에 없다. 그러므로 무엇이나 미리 완전히 연구하고 준비한 후에 신속히 그것을 적용하는 것이다. 라고 말하였다.
> - 새시대의 연설/ 정태시(4291년)
> * 창으로 창을 뚫으니 창구멍이냐, 창구멍이냐.
> * 눈에 눈이 들어가서 눈물이 나니, 눈물이냐 눈물이냐.
> * 몽테뉴는 수상록에서 "잘 달리는 말의 힘을 아는 데는 깨끗이 딱 멈춰서는 것을 보는 것이 제일이라"고 했다. 연설도 이와 같아서 끝마침을 할 때에는 힘차게 멈춰야 한다.

20. 선거 연설의 예: 실제

21. 성경 省察의 글, 生活 명언

■ 성찰(省察)의 글 - ①

- 경영은 의논함으로서 성취하나니 지략을 베풀고 전쟁을 할지니라.
- 구제를 좋아하는 자는 풍족하여질 것이요, 남을 윤택하게 하는 자는 자기도 윤택하여지리라. (잠 11:25)
- 입을 지키는 자는 자기의 생명을 보존하나, 입술을 크게 벌리는 자는 멸망이 오느니라.(잠 13:3)
- 영혼없는 몸이 죽은 것 같이 "행함이 없는 믿음"은 그 자체가 죽은 것이니라. (약 2:26)
- 형제는 위급한 때를 위하여 났느니라. (잠 17:17)
- 손자는 노인의 면류관이요, 아비는 자식의 영화니라. (잠 17: 6)
- 미련한 자라도 잠잠하면 지혜로운 자로 여겨지고, 그의 입술을 닫으면 슬기로운 자로 여겨지느니라. (잠 17:28)
- 사람의 교만은 멸망의 선봉이요, 겸손은 존귀의 길잡이니라. (잠 18:12)
- 사람의 선물은 그의 길을 넓게 하며 또한 존귀한 자 앞으로 그를 인도하느니라.(잠 18:16)
- 사연을 듣기 전에 대답하는 자는 미련하여 욕을 당하느니라. (잠 18:13)
- 발이 급한 사람은 잘못 가느니라. (잠 19:2)
- 재물은 많은 친구를 더하게 하나, 가난한 즉 친구가 끊어지느니라. (잠 19:4)
- 미련한 자의 어리석은 것을 따라 대답하지 말라 너도 그와 같을까 하노라. (잠 26:4)
- 부자는 가난한 자를 주관하고, 빚진 자는 채주의 종이 되느니라. (잠 22:7)
- 우리는 태어날 때부터 돌아갈 본향을 가지고 태어났습니다. 소유는 의미가 없습니다. 나그네의 목표는 집으로 돌아가는 것입니다.
- 입을 것과 먹을 것이 있은즉 족한 줄로 알것이니라. (딤전 6:8)
- 주의 눈앞에는 의로운 인생이 하나도 없나이다. (시 143:2)
- 그가 모태에서 벌거벗고 나왔은 즉 그가 나온대로 돌아가고, 수고하여 얻은 것은 아무 것도 자기 손에 가지고 가지 못하리라. (전 5:15)
- 그리스도와 벨리알이 어찌 조화되며, 믿는자와 믿지 않는 자가 어찌 상관하며, 하나님의 성전과 우상이 어찌 일치가 되리요? (고후 6:15-16)
"순종" - 참된 사랑과 두려움과 소망과 낮아짐과 인내를 포함한다.

- 형통한 날에는 기뻐하고, 곤고한 날에는 되돌아 보아라. (전 7;14)
- 일의 끝이 시작보다 낫고, 참는 마음이 교만한 마음보다 나으니, 급한 마음으로 노를 발하지 말라. (전 7;8)
- 토기장이가 진흙 한덩어리 하나로, 하나는 귀히 쓸 물건을 하나는 천히 쓸 그릇 하나를 만들 권한이 없느냐. (롬 9;21)
- 하나님의 계명을 거역하는 자가 드리는 예배는 용납되지 않는다. 오직 의인의 예배 만이 주님께서 받으신다. (집회서 35;6)
- 네 보물이 있는 곳에 네 마음도 있느니라. (마 6;21)
- 너희 중에 큰 자는 너희를 섬기는 자가 되어야 하리라.
  - 누구든지 자기를 높이는 자는 낮아지고,
  - 누구든지 자기를 낮추는 자는 높아지리라. (마 23;11-12)
  - 먼저 된 자로서 나중에 되고, 나중 된 자로서 먼저 될 자가 많으니라. (마 19;30)
- 네 믿는대로 되리라. (마 8;13)
- 주여주여 하는 자마다 천국에 들어갈 것이 아니요, 다만 하늘에 계신 네 아버지의 뜻대로 행하는 자래야 들어가리라. (마 7;21)
- 주께서는 무엇이든지 땅에서 풀면 하늘에서도 풀리리라. (마 18;18)
- 하나님께서는 "복수는 내게 속한 것이니 내가 갚아 주시리라고 한다." (마 13;33)
- 무엇이든지 기도하고 구하는 것은 받은 줄로 믿으라, 그리하면 너희에게 그대로되리라. (막 11;24)
- 우리를 반대하지 않는 자는 우리를 위한 자이니라. (막 9;40)
- 사람이 죽은 자 가운데서 살아날 때에는 장가도 아니가고, 시집도 아니가고 하늘에 있는 천사들과 같으니라. (막 12;25)
- 나를 먹는 자는 내내 굶주리지 않으리라. (집회서 24;21)
- 하나님을 체험하는 것은 이성이 아니라 마음(중심)이다.
- 쟁기를 잡고 뒤를 돌아보는 사람은 하나님의 나라에 합당하지 않다. (눅 9;61)
- 하나님의 나라는 볼 수 있게 임하는 것이 아니요, 여기있다 저기있다 못하리니 하나님의 나라는 너희안에 있느니라. (눅 16;20)
- 그 형제를 미워하는 자마다 살인하는 자니, 살인하는 자마다 영생이 그 안에 거하지 아니하는 것을 너희가 아는바라. (요 3;15)

21. 성경 省察의 글, 生活 명언

지도자심서(心書)

- 한 알의 밀이 땅에 떨어져 죽지 아니하면 한 알 그대로 있고, 죽으면 많은 열매를 맺느니라. 자기의 생명을 사랑하는 자는 잃어버릴 것이요, 미워하는 자(버리는)는 영생하도록 보전하리라. (요12;24-25)
- 나와 아버지는 하나이니라. (요10;30)
- 하나님의 말씀을 받은 사람들을 신이라 하셨다. (요10;35)
- 인내는 연단을 연단은 소망을 이루는 줄 앎이로다. (롬 5;4)
  예수안에 있는 자는 재주가 없다고 말한다.
- 누구든지 그리스도 영이 없으면 그리스도의 사람이 아니니라. (롬 8;9)
- 소망 중에 즐거워하며, 환난 중에 즐거워하는 자들과 함께 즐거워하고, 우는 자와 함께 울며, 할 수 있거든 모든 사람과 더불어 화목하고, 서로 마음을 함께하라. (롬 6;21)
- 피차 사랑의 빚 외에는 아무에게든지 아무 빚도 지지말라.
  남을 사랑하는 자는 율법을 다 이루었느니라. (롬13;8)
- 지식은 교만하며 사랑은 덕을 세운다. (고전 8;10)
- 너희는 믿지 않는 자와 멍에를 함께 메지말라.
  의와 불법이 어찌 함께하며 빛과 어둠이 어찌 사귀며. (고후 6;14)
- 남자가 여자를 가까이함이 좋으나, 남편은 그 아내에 대한 의무를 다하고, 아내도 그 남편에게 그렇게 할지니라. (고전 7;3)
- 누가 자기 비용으로 군복무를 하겠느냐, 누가 포도를 심고 그 열매를 먹지 않겠느냐 누가 양떼를 기르고 그 양떼의 젖을 먹지 않겠느냐. (고전 9;7)
- 성전의 일을 하는 이들은 성전에서 나는 것을 먹으며, 제단에서 섬기는 이들은 제단과 함께 나누는 것을 너희가 알지 못하느냐. (고전 9;13)
  이와같이 〈주께서도 복음 전하는 이들이 복음으로 말미암아 살리라〉. (고전 9;14)
- 여자는 남자의 영광이니라. (고전 11;7)
  남자가 여자에게서 난 것이 아니요, '여자가 남자에게서 났으며, 남자가 여자를 위하여 자음을 받지 아니하고 여자가 남자를 위하여 지음을 받은 것이니. (고전 11;8)
- 만일 여자가 긴머리가 있으면 자기에게 영광이 되나니 긴머리는 가리는 것을 대신하여 주셨기 때문이니라. (고전 11;15)
- 깨어 믿음에 굳게 서서 남자답게 강건하라 너의 모든 일을 사랑으로 행하라. (고전 16;13-14)
- 주님은 "나를 믿는 자는 성경에 이름과 같이 그 배에서 생수의 강이 흘러나오리라". (요7;38)

- 주의 날이 도둑같이 이르리니 - (살전 5;2)
- 누구든지 자기 친족 특히 자기 가족을 돌보지 아니하면 믿음을 배반한 자요, 불신자보다 더 악(惡)한 자니라. (딤전 5;8)
- 돈을 사랑함이 일만 악의 뿌리가 되나니 이것을 탐내는 자들은 미혹을 받아 믿음에서 떠나 많은 근심으로서 자기를 찔렀도다. (딤전 6;10)
- 주의 종은 마땅히 다투지 아니하고 모든 사람에게 대하여 온유하며 가르치기를 잘하며 참으며 - (딤후 2;24)
- 욕심이 잉태한즉 죄를 낳고 죄가 장성한즉 사망을 낳느니라.
- 마치 집 지은 자가 그 집보다 존귀함과 같으니라. (히 3;3)
- 믿음은 바라는 것들의 실상이요 보이지 않는 것들의 증거니 - (히 11;1)
- 돈을 자랑하지 말고 있는 바를 족한 줄로 알라. (히 13;51)
- 지혜로운 자는 그의 지혜를 말하지 말라. 용사는 그의 용맹을 자랑하지 말라. 부자는 그의 부함을 자랑하지 말라. 여호와의 말씀이니라. (렘 9;21)
- 그들은 아침 구름 같으며 쉬 사라지는 이슬 같으며 타작 마당에서 광풍에 날리는 쭉정이 같으며 굴뚝에서 나가는 연기같으니라. (호 13;3)
- 여호와는 질투하시며 보복하시는 하나님이시니라. (나훔 1;2)
- 이 세계는 모든 피조물이 탄식하는 곳이다.
- 믿음으로 말미암아 그리스도께서 계신다.
  바울사도는 누구든지 경건하게 살고자 하는 자는 박해를 받으리라.
- 인생에 있는 모든 곳에는 어떻게든 이런저런 고통이 따른다는 것은 인정해야 한다.
- 맹세(盟誓)는 그들이 다투는 모든 일의 최후 확정이니라. (히 6;16)
- 그리스도인이 그의 피부를, 표범이 그 반점을 변하게 할 수 있느냐. (렘 13;23)
- 그리스도는 재물을 가시떨기라 부르신다.
  곧 그것을 다루다 보면 반드시 거기에 찔릴 위험이 있다는 것이다. (마 13;22)
- 칼날이 혼자 있지 않고 손잡이와 연결되어 있으나 오직 칼날만이 물건을 자르는 것이다. 이것이 바로 올바로 구성의 오류라고 부르는 그것이다. (예 : 사람의 영혼은 혼자 있지 않고 오성과 함께 결부되어있으나 오직 그것만이 홀로 뜻을 갖는다.)
- 비유컨대 이는 뒷걸음질하면서 앞사람을 따라 잡겠다는 것과 다를바가 없다.
- 사람이 먹고 마시고 즐거워하는 것보다 해 아래에서 나은 것이 없느니라. (전도서 8;15)

21. 성경 省察의 글, 生活 명언

- 온전한 사랑은 두려움을 내쫓느니라. (요일 4;18)
- 사랑은 악을 행하지 않는다. (롬 13;10) "이 믿음은 사랑으로 역사한다". (갈 5;6)
- 질그릇이 불가마 속에서 단련되듯이 의인은 고난으로 수련된다. (집회서 27;5)
- 사람이 넘어질 때 어찌 손을 펴지 아니하며, 재앙을 당할 때에 어찌 도움을 부르짖지 아니하리요. (욥 30;24)
- 누가 볼 수 없는 자를 사랑할 수 있겠느냐 (요 4; 20), 보이지 않는 것이 어떻게 사랑을 받을 수 있겠는가. 자문해 본다. - (성버나드의 하나님의 사랑)
- 〈당신이 나를 사랑하도록, 내가 당신을 사랑한다〉고 말할 수 있는 사람은 우리는 발견하지 못한다. (무한한 사랑)
- 생명의 나무로부터 거둬들이는 열매를 석류라 한다.
  석류의 맛은 하늘의 떡에서 나왔고 그 색깔은 그리스도의 피에서 나왔다.
- 알기 위해서 믿는다. (안젤므스의 명제)
- 존경은 최선의 동반자이다. (암블로우스) 존경은 혀가 당기는 불을 아주 통제하고 꺼줍니다. 명상적으로 그것은 은혜 안에서 받은 영의 입맞춤입니다.
- 끝날 수 있는 우정은 결코 참된 것이 아니다. (제롬)
- 자신을 내세우지 말라. "자랑 이것은 자기의 숭배에 가깝다".
  그것은 하나님을 예배하는 행위를 하면서, 사실은 자신을 예배하는 행위다.
- 어떻게 친절하게 반대하며, 고개를 숙이고, 기도하는 마음으로 그리스도의 삶을 묵상하며 자애롭게 꾸짖어야 하는가를 알 것이다.
- 교회안에 있는 사람으로서 자기의 죄들이 용서받았다는 것을 믿지 않을 때에는 그의 죄가 용서되지 않는다.
- 악한 자는 부활에서 상상할 수 없는 벌을 받으며, 선한 자는 부활에서 영생을 받는다는 것이 사실임을 굳게 믿어야 한다.
- 참으로 우리는 위대한 사물이다. 그것은 하나님의 형상과 같이 만들어졌기 때문이다. 우리는 동물보다 높게 만드는 우리의 이성적인 영혼에 관해서 하는 말이다.
- 과시하려고 알기를 갈망하는 자가 있는데 이는 부끄러운 허영이다. 다른 사람을 봉사하기 위하여 알기를 갈망하는 이가 있다. 이것은 사랑이다. (고전 8;1)
- "너는 참으로 아름답다! 참으로 즐겁다!
  오 사랑이여! 기쁨의 여인이여!" - (아 7;6)
- "내 사랑하는 이는 나의 것이고, 나는 그의 것이다." - (아 2;16)

- "너는 나를 도장같이 마음에 품고, 도장같이 팔에 두라".
  "사랑은 죽음같이 강하고, 질투는 스올같이 잔인하다". - (아 8;6)
- 아가서는 하나님은 사랑이시니라(요일 4;8)의 말씀에 대한 주석이라 할 수 있다.
- 하나님을 공경하는 사람만을 도와주고 죄인은 도와주지 말라. (집회서12;4)
- 하나님께서 뜻하시는 대로 뜻하는 것은 하나님과 같이 되는 것이다.
- 성경 구절들의 표현이 모호한 데에는 이유가 있다. ▶혹은 혹자들의 마음을 훈련하려고 하며, ▶혹은 배우고 싶어도 싫증 난 사람을 자극해서 열정을 내게하며 ▶혹은 불경한 자들의 마음을 가려서 경건하게 되든지, 시비를 알지 못하게 만들려고 한다.
- 웅변가는 가르치며 즐겁게 하며 설득하도록 말을 해야 한다. "가르치는 것은 필요한 것이요, 즐겁게 하는 일은 아름다운 일이요, 설득하는 것은 승리이다.
- 네 자신을 사랑하는 것은 세상에서 그 어떤것 보다 더 해롭다는 것을 알라. 자기의 유익을 구하는 것이 너의 가슴속에 섞여 있다면 너의 기도는 순전하고 온전하다고 할 수 없다.
- 천상의 사역자를 둔 성도들은 행복합니다. 천상적인 아버지와 주인을 둔 아내나 종은 행복합니다.
- 무릇 네 손이 일을 얻는대로 힘을 다할지어다.
- 내가 겸손해지기 위해서 넘어지는 일이 필요합니다.
- 오직 악을 행하지 않으면 구원을 이룰 수 있다고 생각하는 것은 잘못이다.
  거기에는 반드시 선한 행동이 함께 동반되어야 한다.
- 사람이 하나님께 떨어지는 것이 죄악의 시작이다. (시락서10;14)
- 행위가 인간을 의롭게 만들지 못하고, 인간은 선을 행하기 전에 먼저 의로워져야 한다.
- 공평하고 정당한 의견에는 손을 대지 말아라.
- 권세와 사리(私利)에 발을 붙이지 말아라.
- 역경과 곤궁은 호걸을 단련하는 한쌍의 화로와 망치이다.
- 남의 신을 신고 십리를 걸어보지 않고는 그 사람에 대해 말하지 말라고 했다.
- 괴변을 말하는 것은 증오스러운 일이다.
- 공자는 중용에서 색은행괴(索隱行怪) "은밀한 것을 찾고 괴이한 행동을 하지 않는다"고 하였다. (중용 제11장)
- 성 바울은 악은 모든(어떤) 모양이라도 버려라. (살전5;22)
- 사람들은 내생명을 빼앗는 일 이상은 하지 못한다.
- 주님께서는 염소의 머리털이라도 제물로 받으셨다.

21. 성경 省察의 글, 生活 명언

지도자심서(心書)

- 사람은 학과 같은 목을 가지고 있어야 한다. 즉 그들의 말이 입에서 나오기 전에 많은 관절을 거쳐야 한다.

  ♣ 그리스도인은 어떤 경우에든지 자살을 할 수 있는 권위를 갖고 있지 않다. (신국론 1권)
  "누구든지 진자는 이긴 자의 종이 됨이니라." (벧후2;19)

  ♣ 사람은 이성 없는 동물과는 달라서 자세가 땅을 향해 굽지 않았고 "몸의 형태가 똑바로 서서 하늘을 향했으며, 위의 일을 생각하고 땅의 것을 생각하지 말라" (골3;2)는 것이다.

- 입에서 나오는 것은 마음에서 나오는 것이다. 마음에 가득찬 것을 입으로 말하기 때문이다. (눅 6;45)
- 안식은 하나님께만 있습니다. (참 만족은 오직 하나님께 있다)
- 침묵할 줄 아는 사람만이 제대로 말할 줄 아는 자다.
- 해 아래에서 永久(영구)한 것은 그 어디에도 찾아볼 수 없다.
- 언제나 자신을 가장 낮은 곳에 두라. 그러면 가장 높은 곳이 주어질 것이다. 자신을 낮추고 겸손하며 화평하는 사람이 되라.
- 만일 세상과 같은 내세가 없었더라면 나는 우리주 예수 그리스도를 섬기지 않을 것이다. (버나드 형제)
- 화내지 마시오. 〈화는 그 자신을 어둡게 하여 진리를 분별 못하도록 합니다〉.
- 오직 십자가 안에만 완전한 기쁨이 있다. (성프란체스코)
- 환대는 사랑의 자매이며, 증오를 소멸시키며, 사랑을 불붙게 하니라.
- 당신이 눈물로 얻은 것을 웃음 가운데 잃지 않도록 주의하라.
- 묵상은 불이요, 기름부음이요, 무아경이며, 향기이며, 휴식이며 영광이니라.
- 사랑은 모든 덕보다 위대하다.
- 항상 소원하는 모든 것에 대하여 물리지(싫증) 않는 사람은 복이 있도다.
- 누구든지 겸손을 통하지 않고는 하나님의 지식에 이를 수 없다.
- 겸손을 들어 내여 말하고 있을 때 선하지 못하며, 인내는 감히 말하려 하지 않는다.
- 구원의 방법은 나를 버리고 남에게 양보하는 것이다. 자신을 양보하고 이기려 들지 않는다면 그것은 미덕이 된다.
- 기도는 모든 선의 시작이며 성취다. 기도는 영혼을 비추어 주며 그것으로 말미암아 모든 선과 악이 드러난다. 기도는 하나님께 나아가는 길이다.

♠ 回鄕偶書(회향우서) - 季眞 賀知章

어려서 집을 떠나 늙어서 돌아오니	(少小離家老大回)
고향은 변한게 없건만 수염만 희어졌네.	(鄕音無改鬢毛衰)
애들은 보고도 알지 못하고	(兒童相見不相識)
어디서 왔느냐고 웃으며 묻네.	(笑問客從何處來)

♠ 백두를 슬퍼하는 늙은이를 대신하여 - (代悲白頭翁)

해마다 해마다 피는 꽃은 다르지 않지만은	(年歲歲花相似)
해마다 해마다 사람은 같지 아니하도다	(歲歲年年人不同)
나는 혈기 왕성한 소년들에게 부탁하노니	(寄言全盛紅顔子)
그대들은 부디 이 반쯤 죽어가는 백두의	(應憐半死白頭翁)
늙은이를 불쌍히 여겨다오. - (劉 廷芝)	

♠ 해마다 해마다 가는 해 무궁히 가고 - (年年年去無窮去)

날마다 날마다 오는 날 한없이 오누나	(日日日來不盡來)
해가 가고 날이 오되 오고 또 가니	(年去日來來又去)
천시와 인사가 이 세월 속에 재촉을 받고	(天時人事此中催)
떠밀려 가는구나.	

  * 불우의 방랑시인 金笠(김삿갓)이 평양 땅 기생 월선이와 송별을 안타까워하며 세월의 무정함에 떠밀려가는 허무한 인생을 읊음.

♠ 데이비드 브레이너드 - (1718~1747)

그는 죽음을 모든 수고의 끝으로, 또한 "지친 자들이 쉼을 얻는" 곳으로 들어가는 문으로 바라보았다. 그리고 기도 때마다 '우리가 쓸모없어진 후에도 계속 살아있는 얼이 없게 해 주십사'하는 것이었다. 또 '나로 의인의 죽음을 죽게 하시고, 나의 마지막이 의인의 마지막과 같게 하소서', 주여! 주의 모습을 더 많이 담게 하소서, 깰 때에 주의 형상으로 만족하리이다. (시 17-15)

  * 임종에 이르러 한 그의 기도이다. - 브레이너드 일기

■ 실생활 명언(名言) - ②

- 일의 중심, 조직의 중심에 서라. (조직 리더)
- 실행은 철저하게 하라. 손에 닿는 곳에 열매부터 따라.
- 확실한 지지 세력을 구축하라.
- 필요한 사람을 직접 챙겨라.

21. 성경 省察의 글, 生活 명언

지도자심서(心書)

- 스스로를 상품화하라.
- 인재 사냥에 귀재가 되라.
- 미래 예측을 할 수 있어야 한다. 국제적 감각없이 성공감각도 없다.
- 비젼이 없는 사람은 소멸한다.
- 여유와 유모어를 잊지 말라.
- 열심히 일하기보다는 현명하게 일하라. (능률 고려)
- 쓸데없는 박치기를 하지 말라. 벽에는 아무 영향도 주지 못하고, 당신의 머리만 다칠 뿐이다. (만용蠻勇은 금지)
- 바다를 끓이려 들지 말라.
- 운명은 우리 스스로 만드는 것이다. - 허브 코헨은 운명을 협상이라고 말한다.
- 협상은 위로 올라갈수록 유리해진다. 자기를 주목케 하라.
- 최악의 협상 상대자는 자기 자신이다.
- 힘은 자신이 원하는 대로 상황을 만들어 갈 수 있는 존재이다.
- 양보는 막다른 길을 피하기 위해 마침내 써야 할 끝내기 전술이며 예비책이다.
- 만나는 사람 모두를 인생의 후원자로 만들라. (모든 주위 관계인)
- 매스컴을 활용하라. 실력보다 수백 배의 힘을 발휘한다.
- 어디서든 협조자를 구하라. 도와줄 사람이 없으면 성공을 포기하라.
- 아무리 옳다고 해도 결코 승리할 수 없다는 것을 잊지 말라.
  - 무슨 수를 쓰던 이긴다. (쏘비엩 스타일)
- 좋은 비서는 생명선이다. (소중한 자원이다)
- 천사들은 내 편이다. 나는 악마의 힘에 대항하는 선의 힘을 대표한다.
- 세상의 어떠한 작은 일이라도 도와주는 사람이 없으면 이루어지지 않는다.
- 어떤 사람이든 존중하는 마음으로 대하라.
- 상대의 체면을 살려주라. 그러면 상대도 당신의 체면을 살려줄 것이다.
- 무엇이든지 확실히 알지 못할 때, 말을 하는 대신에 침묵을 지키라. 자연은 진공 상태를 싫어하며 대부분의 사람도 그러하다.
- 말로 한 합의는 그걸 쓴 종이만큼의 가치도 없다.
- 사사로운 은혜를 파는 것은 공의를 지키는 것만 못하다.

    ♣ 그 행복은 현재의 충실에 서만 꽃이 피고,
    　지선(至善)은 자기 완성에서만 빛나는 것이다.

- 직장은 증오의 공간이 아니라, 사랑과 화합의 공간이다.
- 재니스 조프린은 이렇게 말했다.
  품위를 떨어뜨리지 말라. 왜냐하면 그것이 당신이 가진 전 재산이기 때문이다.
- 자신의 후견인을 발견하라.
- 가능하면 다른 사람의 경험을 활용하라. (지혜있는 사람)
- 자신보다 높은 지위에 있는 누군가를 정신적인 스승으로 삼아라.
- 생각이 다른 적들을 잠재적인 동맹자로서 소중히 하라.
  생각이 다른 반대자가 감정적인 반대자로 바뀌지 않도록 하라.
- 제때에 꿰맨 한 바늘이 나중에 아홉바늘 꿰맬 일을 덜어준다.
- 파이를 두 조각으로 나누는 자는 상대방에게 원하는 쪽을 먼저 고를(선택) 권리를 줘야 한다.
- 어떻게 할지 모를 때 할 수 있는 최선의 것은 아무것도 안하는 것이다.
- 모든 일에 대해서는 더 좋은 방식이 있다는 생각으로 접근한다.
- 세상으로부터 버림을 받을지라도, 가정으로부터는 버림을 받지 말라 집(house)은 없어도 가정(home)은 있어야 한다.
- 자기개발에는 자연스럽고 점진적이고 매일 매일 순차적으로 단계를 밟아가는 방법이 최선이라는 것이 나의 평소 지론이다. (스티븐 코비)
- 승리란 당신의 신념과 가치에 충실하면서 당신의 필요를 완수하는 것이다. 승리란 당신이 바라는 것을 얻으면서 상대방이 진정으로 바라는 것을 찾아내어 그걸 얻을 수 있는 길을 제시하여 주는 것이다.
- 우리가 자신의 편안함과 안전을 위해 필요한 것 이상으로 가지고 있다면, 우리는 그 차액을 일종의 관리인으로서 돌볼 의무를 가지고 있다는 것. 다른 사람에게 베푸는데 사용해야 한다는 것을 알기 바란다.
- <u>지도자로서의 나의 역할</u>은 내가 원하는 대로 사람들이 움직이는 분위기를 만드는 것이었다. 설령 내가 그 자리에 없더라도 그 사람들이 스스로 그렇게 하고 싶어서 움직이게 만드는 것이다.
- 인생에서 진정한 기쁨은 자신이 가장 중요하다고 생각하고 목적을 위해 쓰여지는 것이다. (스티븐코비, 원칙 중심의 리더쉽)
- 노력에는 한계수확 체감의 법칙이 있음을 기억하라.

21. 성경 省察의 글, 生活 명언

지도자심서(心書)

- 일은 일반적으로 팀이 하강곡선을 긋기 전에 끝내는 것이 좋다.
- 만재 흘수선(滿載吃水線), 플림솔 라인은 과도한 짐을 실은 배가 바다에 빠지는 것을 방지코자, 1880년, 영국의 새무얼 플림솔은 모든 영국 배의 선체에 하나의 선을 그어 물이 올라오면 그 이상 짐을 적재하지 않도록 규제하는 법안이 바로 만재 흘수선이다.
- 기억되지 않는 역사는 되풀이된다고 했다. (戰亂, 대형 慘事 災害)
- 아픔(고통)없이 좋은 세상은 오지 않는다. 그래서 좋은 세상 만들기 위해서 칼(示威 蹶起)을 드는 것이다.
- 따뜻한 세상 함께하는 세상을 만들어 가야 한다.
- 즐거운 가운데 즐거움은 참된 즐거움이 아니며 괴로운 속에서 즐거움을 얻을 수 있어야 비로소 마음의 참된 활동을 볼 수 있게 된다.
- 영원한 봄날은 어디에도 없다.
- 농부는 밭을 탓하지 않는다.
- 무릇 관리가 되어
  너무 굳고 곧곧하면 꺾이고 　　　　　　　　(太剛則折)
  너무 유약하면 폐기된다. 　　　　　　　　　(太弱則廢)
- 대저 공이란 세우기 어렵고 패하기는 쉬우며 　(功者 難成而易敗)
  때는 얻기 어렵지만 잃기는 쉬워서 　　　　　(時者 難得易失也)
  기회란 다시 오지 않는 것이다. 　　　　　　　(時乎 時乎不再來)
- 궁하고 현달함에는 명이 있고 　　　　　　　(窮達이 有命하고)
  길하고 흉함은 사람에게서 말미암는 것이다. 　(吉凶이 由人이라)
- 하늘이 백성을 이 지상에 나게 한 것은 군주를 위해서가 아니고
  하늘이 이 지상에 군주를 세운 것은 백성의 생활을 지키기 위한 것이다
  (天地生民 非爲君也, 天地立君 以爲民也)
- 네가 장부면 나도 장부다. (彼丈夫 我丈夫)
- 기적은 기적을 믿는 자에게만 나타나는 법, 마음(뜻)으로 만사를 이룬다.

　　♣ 무릇 〈국가〉는 하는일 없이 편안해지지 않으며　　(凡國不徒安)
　　〈명성〉은 하는 일 없이 드날려지는 것이 아니다.　 (名不徒顯)
　　반드시 〈현사〉를 얻는 데에 있는 것이다.　　　　　(必得賢士)

- 매일을 그대를 위한 최후의 날이라고 생각하라.
  그렇게 하면 기대하지도 않던 오늘을 얻어 기쁨을 얻어 맛볼 것이다.
- 사람은 자기의 행복을 만들어 내는 대장장이다.
- 아름다운 웃음은 집안의 태양이다.
- 웃음은 인간에게만 허용되는 것이며, 이성이 가지는 특권이다.
- 고난은 사람의 진가를 증명하는 기회이다.
- 자기 자신을 행복하다고 생각하지 않는 인간은 결코 행복해질 수 없다.
- 이 지상에는 할 일이 너무나 많다. 서둘러라.
- 젊은이는 슬퍼해서는 안된다. 명랑하고 즐거워야 하며, 항상 좋은 기분을 가져야 한다.
- 세상은 앞서 준비한 자가 이끌어갑니다.
- 끊임없는 도전(挑戰)이 필요하다. - (큰 목표를 향해)
- 때란 자연히 와 주는 것이 아니고, 내 자신이 만들어 가야 하는 것이다.
- 기회(機會)는 위기(危機)에서 오고, 위기는 저지르는 데서 온다.
- 사람과의 敵(적)은 만들지 않는 게 경영자, 정치인의 제일의 덕목이다.
- 이 세상에서 성공하려면 바보처럼 보이면서 실은 영리하지 않으면 안된다.
- 자신(自信) - 자기를 믿는 것은 성공 제일의 비결이다.
- 성공하는 사람은 송곳처럼 어떠한 점을 향하여 일한다.
- 인생은 바다. 사공은 돈이다. 사공(돈)이 없으면 세상을 잘 타고 넘어갈 수가 없다.
- 일이 즐거우면 인생은 낙원이다.
  일이 의무라면 인생은 지옥이다.
- 나는 나의 돛을 내릴 것이다. 나는 당신의 숫돌처럼 행할 것이다.

♣ 안연은 "순임금은 어떤 사람이며 나는 어떤 사람인가 훌륭한 행동을 하는 자는 또한 순임금과 같을 뿐" 이라고 말씀하셨으니, "나 또한 마땅히 안연이 순임금이 되기를 바란 마음 가짐을 본보기로 삼아야 한다." 고 생각해야 할 것이다.

☞ 하나님은 사랑이십니다. 하나님의 사랑이 언제나 함께 하시기 바랍니다.

21. 성경 省察의 글, 生活 명언

명상 瞑想

▌잡시(雜詩) - 도잠(陶潛)

젊음은 다시 오지 않고	(盛年不重來)
하루는 새벽이 두 번 있기 어렵나니	(一日難再晨)
때에 미쳐 마땅히 힘쓰고 힘쓸지라	(及時當勉勵)
세월은 사람을 기다려 주지 않는다.	(歲月不待人)

▌지도자(指導者)의 마음 자세(姿勢) - 說苑 談叢

마음은 모가 나서는 안되고	(中不方)
이름을 드러 내서도 안된다	(名不章)
밖을 원만하게 하지 못하면은	(外不圓)
화를 불러오는 문이 된다.	(禍之門)
곧기만 하고 능히 원만치 못하면	(直而不能枉)
큰일을(임무) 맡을 수가 없다.	(不可而大任)
모만 나고 능히 원만치 못하면	(方而不能圓)
가히 오래 존속할 수가 없다.	(不可而長存)

▌의지(Will), Ella Wheeler Wilkox.
- 의지가 강한 사람의 단호한 결심을
- 막거나 방해하거나 통제할 수 있는
- 기회니 운명이니 숙명이니 하는 것은 없다.

　　　　　　　　- 엘라 휠러 윌콕스의 詩

▌네 뜻이 이미 저 높은 곳에 가 있으면
현재의 너는 아닌 것이다.
현재의 신분을 이미 넘어선 것이다.

　　　　　　　　- 非復吳下阿蒙

지도자 심서

초판인쇄 2025년 10월 1일
초판발행 2025년 10월 1일

지 은 이 이 강 훈
펴 낸 곳 도서출판 자기다움
주   소 서울특별시 서대문구 여의로41길 142, 501호 (홍은동)
          02) 2266-0412
등   록 제2018-000071호
정   가 30,000 원
I S B N   979-11-91548-440

본 책은 저작권법에 의한 보호를 받는 저작물이므로 무단 전재 복제를 금합니다.
이 책과 관련된 모든 권리와 권한은 저작권자(저자)에게 있으므로 인용이나 발췌를 금합니다.